ECDL

Der Europäische
Computer Führerschein

Das komplette Kursbuch

W0040581

ECDL

Der Europäische Computer Führerschein

Das komplette Kursbuch

Brendan Munnely und Paul Holden

Übersetzung aus dem Englischen:
Astrid Boventer

Markt + Technik Verlag

Die Deutsche Bibliothek – CIP-Einheitsaufnahme

Ein Titeldatensatz für diese Publikation ist bei
Der Deutschen Bibliothek erhältlich.

Die Informationen in diesem Produkt werden ohne Rücksicht auf einen eventuellen Patentschutz veröffentlicht.
Warennamen werden ohne Gewährleistung der freien Verwendbarkeit benutzt.
Bei der Zusammenstellung von Texten und Abbildungen wurde mit größter Sorgfalt vorgegangen.
Trotzdem können Fehler nicht vollständig ausgeschlossen werden.
Verlag, Herausgeber und Autoren können für fehlerhafte Angaben und deren Folgen weder eine juristische Verantwortung noch
irgendeine Haftung übernehmen. Für Verbesserungsvorschläge und Hinweise auf Fehler sind Verlag und Herausgeber dankbar.

Titel der englischen Originalausgabe:
ECDL3 – The Complete Coursebook
© Redacteurs Software Dokument Limited 2000

This edition of Holden & Munnelly: ECDL – The complete Coursebook, First Edition published by arrangement with Pearson Education LTD.

Das ECDL-Logo ist ein in Deutschland eingetragenes Markenzeichen der DLGI. Der Verlag Pearson Education Deutschland ist eine
von der DLGI unabhängige Einheit und in keiner Weise mit der DLGI verbunden. *ECDL – Das komplette Kursbuch* kann genutzt
werden, um Schulungsteilnehmer bei der Vorbereitung auf die European Computer Driving Licence-Prüfung zu unterstützen. Weder
die DLGI, noch der Verlag Pearson Education Deutschland gewährleisten, dass durch die Verwendung dieses *ECDL – Das komplette
Kursbuch* das Bestehen der jeweiligen Prüfung sichergestellt wird. Die Verwendung des von der DLGI genehmigten Lehrmaterial-
Logos auf diesem Produkt bedeutet, dass es unabhängig geprüft und seine Übereinstimmung mit den folgenden Vorgaben genehmigt wurde: Das Produkt enthält in einem zufriedenstellenden Maß das gesamte Lehrmaterial in Hinblick auf das ECDL-Syllabus Version 3.0. Das Lehrmaterial wurde nicht auf technische Richtigkeit überprüft und es wird nicht gewährleistet, dass der Endverbraucher
die dazugehörigen ECDL-Prüfungen besteht. Alle in diesem *ECDL – Das komplette Kursbuch* enthaltenen Einstufungstests und/oder
leistungsbezogene Übungen beziehen sich einzig und allein auf dieses *ECDL – Das komplette Kursbuch* und sind oder implizieren
keine Zertifizierung durch die DLGI für die ECDL-Prüfungen.

Fast alle Hardware- und Softwarebezeichnungen, die in diesem Buch erwähnt werden,
sind gleichzeitig auch eingetragene Warenzeichen oder sollten als solche betrachtet werden.

Umwelthinweis:
Dieses Buch wurde auf chlorfrei gebleichtem Papier gedruckt.
Die Einschrumpffolie – zum Schutz vor Verschmutzung – ist aus umweltverträglichem und recyclingfähigem PE-Material.

10 9 8 7 6 5 4 3

05 04 03 02

ISBN 3-8272-6034-5

© 2001 by Markt+Technik Verlag,
ein Imprint der Pearson Education Deutschland GmbH,
Martin-Kollar-Straße 10–12, D-81829 München/Germany
Alle Rechte vorbehalten
Umschlaggrafik: adesso 21, München
Lektorat: Cornelia Karl, ckarl@pearson.de
Herstellung: Elisabeth Egger, eegger@pearson.de
Satz: mediaService, Siegen (www.media-Service.tv)
Druck und Verarbeitung: Bosch Druck, Ergolding
Printed in Germany

Modul 3: Textverarbeitung

Modul 5: Datenbanken 363

Was ist eine Datenbank? 364

Erstellen Sie Ihre Access-Datenbank 375

Änderungen an einer Access-Datenbank vornehmen 387

E-Mail mit Outlook Express 544

Weitere Informationen zu ausgehenden E-Mails 558

1

Grundlagen der Informationstechnologie

Wenn man sich das erste Mal mit Computern auseinander setzt, dann ist das in etwa so, wie wenn man sich mit einem fremden Land beschäftigt. Ein Land, in dem Wörter wie »Megabyte« und »Peripherie« zum normalen Wortschatz gehören. Das einzige, was hier gesät und geerntet wird, sind Daten. Und wenn es um Computer geht, ist es nicht nur wichtig, dass dieser schneller ist als der Nachbar, sondern auch noch kleiner.

Man muss sich jedoch ein wenig Wissen über dieses Land aneignen. Einst war es ein abgelegenes Fleckchen, von dem sich nur eine Handvoll Wissenschaftler angezogen fühlten. Heute hingegen gibt es kaum ein beliebteres Ziel.

Wie jeder gute Reiseführer versucht auch dieses Modul, behutsam an die gebräuchlichen Begriffe der Computersprache heranzuführen. Es zeigt die wichtigsten Orientierungspunkte auf (Festplatte, Speicher und Prozessor sind einige Stationen). Das erste Modul hilft Ihnen dabei, nicht die typischen Fehler der falschen Wortwahl zu begehen. Dies könnten Computer-Muttersprachler als Beleidigung empfinden, wenn z.B. ein Betriebssystem mit einem Anwendungsprogramm verwechselt wird.

Gute Reise und viel Glück!

Lektion 1.1: Streifzug durch die Geschichte der Informatik

Zu dieser Lektion

Diese Lektion bietet einen kurzen Überblick über die kommerzielle Informatik und zeigt die Rolle des Computers in der heutigen Welt auf.

Neue Fähigkeiten

Am Ende dieser Lektion sollten Sie wissen, dass Computer

- erst vor verhältnismäßig kurzer Zeit entwickelt wurden,
- jedes Jahr schneller, zuverlässiger und billiger werden,
- in der Geschäftswelt und im Erziehungswesen weit verbreitet sind.

Ein langer Weg

Von jeher hat der Mensch Dinge gezählt, gemessen, Aufzeichnungen über etwas gemacht und anderen Leuten davon erzählt. Dabei konnte es sich um die Anzahl Schafe in einer Herde, das Gewicht eines Kindes, die Größe eines Feldes, die Zeit seit der letzten Dürre oder die Intensität eines Erdbebens handeln.

Und von jeher nahm der Mensch Werkzeug und Techniken zu Hilfe, um zuverlässigere Zählergebnisse zu erhalten, genauer zu messen, langfristigere Aufzeichnungen machen zu können und klarer weiterzugeben. Und dazu verwendete er Dinge wie Maßbänder, Rechenschieber, Sextanten, Waagen und Uhren.

Der Computer bildet einfach nur das neueste Glied in dieser langen Kette von Rechen- und Aufzeichnungsmaschinen. Und damit sind wir auch schon bei der Sache. Alles, was ein Computer heute macht, und ein Computer macht ziemlich viel, tut er, weil er rechnen und die Ergebnisse dieser Berechnungen speichern kann.

Und ein Computer nennt noch eine weitere herausragende Eigenschaft sein Eigen. Was Computer tun, mag einfach sein, aber sie bewältigen einen enormen Arbeitsumfang schnell und zuverlässig. Die Geschwindigkeit eines Computers wird heute in Millionen Operationen pro Sekunde gemessen. Die einzelnen Operationen mögen einfach sein, aber sie können auf vielerlei Weise miteinander verbunden werden, um so viele nützliche Funktionen auszuführen.

Fast die gesamte Entwicklung vollzog sich in den letzten 30 bis 40 Jahren und beschreibt somit die gesamte Geschichte der kommerziellen Computernutzung.

In den 60er Jahren nahm ein gewerblicher Computer einen kompletten klimatisierten Raum ein. Ein Team von Spezialisten war nötig, um ihn zu bedienen. Hoher Stromverbrauch und häufige Abstürze standen auf der Tagesordnung.

Heutzutage sind Computer in der Regel sehr viel kleiner und schneller. Was früher einen ganzen Raum füllte, passt heute in ein kleines Gehäuse. Computer können heute mehr Informationen speichern, verbrauchen weniger Energie und sind wesentlich einfacher zu bedienen.

Es folgen ein paar Daten, damit Sie sich ein Bild vom Fortschritt der Geschwindigkeit bei Computern machen können. Die ersten Personalcomputer (PCs) kamen 1974 mit einer Taktgeschwindigkeit bzw. Taktfrequenz (keine Bange, so wird die Geschwindigkeit eines Computers gemessen) von ca. 5 Megahertz (MHz) auf den Markt. Wenn Sie heute einen neuen Computer kaufen, wird Ihnen wahrscheinlich kein Rechner mit weniger als 800 MHz oder sogar 1000 MHz (1 GHz) angeboten, also 160 bis 200 Mal so schnell. Ähnlich rasante Fortschritte gelangen auch in anderen Bereichen, welche die Kapazität eines Computers ausmachen, so z.B. bei der Speicherkapazität.

Sie müssen nicht unbedingt verstehen, wie es dazu kam, und Sie müssen auch nicht alle Details wissen. Allerdings sollten Sie sich der rasanten Entwicklung bewusst sein und wissen, in welchen Einheiten bestimmte Dinge angegeben bzw. gemessen werden. Beim nächsten Computerkauf werden Sie also wenigstens wissen, welche Fragen Sie stellen müssen. Darüber hinaus werden Sie auch die Antworten verstehen.

Jedes Jahr werden Computer kleiner, schneller, billiger, zuverlässiger und einfacher in der Bedienung. Sie werden mittlerweile auf vielen Gebieten eingesetzt, wo es früher unmöglich gewesen wäre. Nicht nur in der Geschäftswelt und der Verwaltung, sondern auch im Erziehungswesen, in der Unterhaltung, im Gesundheitswesen, beim Sport, in der Kunst und im Designbereich. Sie treffen Computer in Privathaushalten, Vereinen und Restaurants an. Man kann sie zwar nicht immer sehen, aber sie sind in Automotoren, Bankautomaten, im Supermarkt, in Waschmaschinen, im Telefonsystem und im Videorecorder. Wahrscheinlich Sie sogar gerade einen versteckt an Ihrem Handgelenk, in Ihrer Armbanduhr.

Wir sind also überall von Computern umgeben.

Aber das ist kein Grund, sich bedroht zu fühlen. Computer sind Maschinen bzw. Werkzeuge, die von Menschen erdacht werden, um den Bedürfnissen des Menschen gerecht zu werden, und sie werden auch von Menschen bedient. Sie werden von Menschen an- und ausgeschaltet.

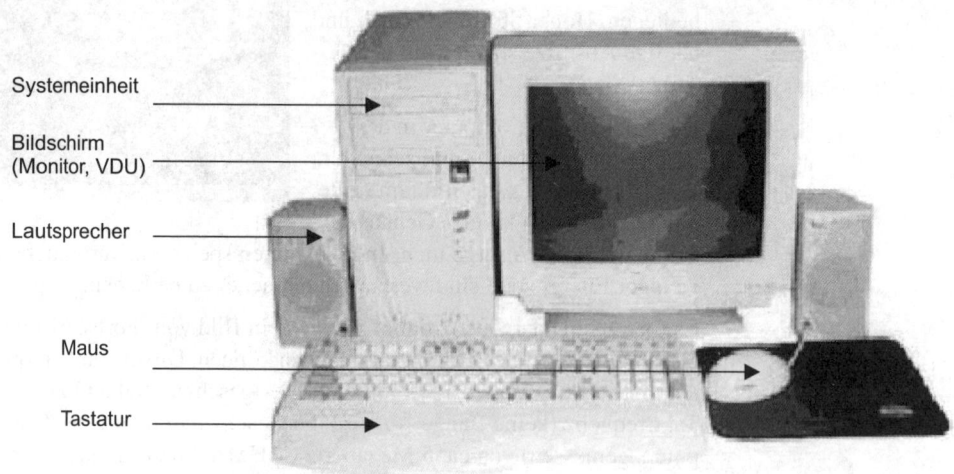

Menschen wie Sie und ich.

Der ECDL soll dazu beitragen, der Computerwelt ihre beängstigende Komponente zu nehmen und Ihnen das notwendige Wissen und die Fähigkeiten zu vermitteln, um diese Technologie zu nutzen. Dieses Buch soll Ihnen die gängigsten PC-Anwendungen nahebringen. Sie werden nicht alles lernen. Es ist nicht nötig, alles zu wissen, es ist sogar unmöglich. Dieses Buch zielt vielmehr darauf ab, Ihnen *ausreichend* Wissen zu vermitteln – genug, um einen Großteil der Aufgaben zu bewältigen, die von den meisten Menschen am häufigsten ausgeführt werden. Weiterhin möchten wir Ihnen genügend Selbstvertrauen mit auf den Weg geben, damit Sie es wagen, sich auch auf unbekannte Pfade zu begeben und durch Erfahrung weiter zu lernen.

Selbsttest 1.1: Streifzug durch die Geschichte der Informatik

1) Um welchen Faktor sind Computer heute schneller als die ersten PCs?

   a) 5-mal so schnell

   b) 30-mal mal so schnell

   c) 200-mal so schnell

   d) 1.000-mal so schnell

2) In welches der folgenden Geräte kann ein Computer eingebaut sein? (Wählen Sie so viele, wie Sie für richtig halten, und geben Sie bei jeder Antwort an, was der Computer dabei machen könnte.)

a) Ein Automotor

b) Ein Videorecorder

c) Ein Bankautomat

d) Ein Fahrrad

3) Richtig oder falsch: In den 60er Jahren wurden Computer von Hand und aus stabilerem Material gefertigt. Daher waren sie zuverlässiger als Computer, die heute hergestellt werden und nur noch Massenware sind. Diese sind kleiner und anfälliger als früher.

4) Richtig oder falsch: Wegen ihrer geringen Größe sind moderne Computer schwer herzustellen, fast unmöglich zu reparieren und folglich sehr teuer.

Zusammenfassung der Lektion: Das haben Sie gelernt

Der Computer ist einfach nur das neueste Glied in einer langen Kette von Werkzeugen zur Anfertigung von Berechnungen und zur Speicherung der Ergebnisse. Im Laufe seiner Entwicklung ist er schneller und zuverlässiger geworden und er kann mehr Informationen speichern. Diese Entwicklung führte dazu, dass er in den verschiedenen Bereichen des kommerziellen Lebens, der Verwaltung, im Gesundheitswesen und in der Unterhaltung zum Einsatz kommt.

Lektion 1.2: Was genau ist ein Computer?

Zu dieser Lektion

In dieser Lektion lernen Sie, was einen Computer von anderen Maschinen unterscheidet und welche verschiedenen Arten von Computern heute verwendet werden.

Neue Fähigkeiten

Am Ende dieses Kapitels sollten Sie wissen,

- was ein Computer ist,
- was der Unterschied zwischen Hardware und Software ist,
- welche verschiedenen Kategorien von Computern es gibt.

Neue Wörter

Am Ende dieser Lektion sollten Sie folgende Begriffe erklären können:

- Hardware
- Software
- PC
- Mainframe
- Dummes Terminal
- Intelligentes Terminal

Das Problem der Definition

Es ist in der Tat einfach, eine Waschmaschine, einen Automotor oder ein Telefon zu definieren. Auch wenn diese Geräte über eine komplizierte und fortschrittliche Technologie verfügen, können wir eine klare Aussage über ihre Bestimmung treffen. Sie waschen Textilien, transportieren Leute von A nach B oder ermöglichen es Menschen, auch über eine räumliche Distanz hinweg miteinander zu sprechen.

Wie wir in der vorherigen Lektion gesehen haben, kann ein Computer für fast alles verwendet werden, einschließlich der Programmierung verschiedener Waschabläufe in einer Waschmaschine.

Der erste Teil unserer Definition eines Computers trägt dieser Tatsache Rechnung. Ein Computer ist eine *Universalmaschine*. Derselbe Computer kann innerhalb von mehreren Stunden als Schreibmaschine, DTP-Studio, Soundeditor, Videoeditor, E-Mail-Übermittler, Internet-Browser etc. benutzt werden.

Wenn Sie einen Lichtschalter betätigen, geht das Licht an. Man kann also sagen, dass das Licht Ihrem Befehl gehorcht hat. Ein Computer reagiert auf die gleiche Weise auf Befehle, die jedoch bei einem Computer als Programme bezeichnet werden. Programme werden geschrieben, damit sich Computer in einer bestimmten Weise verhalten und sie so zur Textverarbeitung oder zur Kontrolle eines Kraftwerks eingesetzt werden können. Computer sind also programmierbar.

Unterschiedliche Programme erlauben, dass ein und derselbe Computer in unterschiedlicher Weise funktionieren kann. Wir könnten es bei unserer Definition hierbei belassen, jedoch ist es hilfreich, noch zwei Dinge hinzuzufügen. Computer können rechnen und die Ergebnisse ihrer Berechnungen speichern.

Computer
Ein Computer ist ein programmierbares Universalgerät, das in der Lage ist, Berechnungen anzustellen und die Ergebnisse dieser Berechnungen zu speichern.

Man kann Computer als eine Art Black Box betrachten, die auf der einen Seite eine Eingabe akzeptiert, diese irgendwie weiterverarbeitet und dann eine Ausgabe auf der anderen Seite produziert.

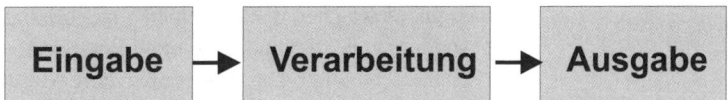

Mögliche Eingaben sind ein mathematisches Problem, die Lieferantenrechnungen eines Monats, die Suche nach einem guten Restaurant in München oder die Temperatur eines Hochofens. Ausgaben sind dann die Antwort auf das mathematische Problem, die Schecks zur Tilgung der Rechnungen, Name und Adresse des gesuchten Restaurants oder die Gebrauchsanweisung, wie man die Steuerventile für die Brennstoffversorgung schließt.

Was innerhalb der Black Box geschieht, nennt man Verarbeitung, also die Manipulation einer Eingabe, die notwendig ist, um eine Ausgabe zu erzeugen.

Jedoch ist die Black Box keine *Magic Box*. Alles, wirklich alles, was in einen Computer eingegeben wird, wird erst einmal in Zahlen umgewandelt. Und alle Ausgaben, sei es ein Textausdruck, Grafik auf einem Bildschirm, Musik und gar Telefongespräche, müssen erst in Zahlen umgewandelt werden, bevor sie ihre endgültige Form annehmen. In der Mitte, also in der Black Box, werden die Zahlen auf verschiedene Art und Weise und verschieden kombiniert addiert, und zwar unter Verwendung bestimmter Regeln, also eines Programms. Das einzig Magische an der Sache ist, dass mehrere Millionen Berechnungen pro Sekunde durchgeführt werden, und natürlich die menschliche Genialität, was Design und Programmierung angeht.

Computer setzen sich aus zwei sehr unterschiedlichen Komponenten zusammen: Hardware und Software.

- Hardware umfasst alle physikalischen Bestandteile, die man anfassen, fühlen, wiegen und in seltenen Fällen auch treten kann.

- Software ist die nicht greifbare Informationskomponente. Also die Befehle oder Programme, welche die Hardware zur Ausführung bestimmter Aktionen veranlassen.

Hardware

Hardware bezeichnet die physikalischen Bestandteile eines Computers.

Software

Software bezeichnet die Befehle, die das Computersystem veranlassen, jegliche Handlung auszuführen.

Computerkategorien

Computer lassen sich in mehrere Kategorien unterteilen, jedoch ist die Grenze zwischen den einzelnen Kategorien nicht immer ganz klar, sondern eher fließend. Am einen Ende des Spektrums stehen Mainframe-Computer. Das sind große, teure Maschinen, die in der Regel in großen Unternehmen, staatlichen Organisationen und wissenschaftlichen Forschungsinstituten verwendet werden. Sie laufen durchgehend 24 Stunden am Tag und 365 Tage im Jahr. Sie sind in der Lage, eine enorme Zahl an Vorgängen zu verarbeiten, und führen extrem komplizierte Berechnungen aus.

Am anderen Ende des Spektrums steht der Computer, den die meisten von uns kennen – der PC (Personalcomputer), früher als Mikrocomputer bekannt. Heute kann man einen PC für weniger als 1000,– € erwerben. Es gibt diese Personalcomputer in verschiedenen Formen und Größen. Desktopcomputer sind die gebräuchlichsten, da sie normalerweise über eine Systemeinheit, auch Zentraleinheit genannt, einen Bildschirm und eine Tastatur als separate Komponenten verfügen. Laptops und Notebooks gelten eher als tragbare Geräte. Der Bildschirm ist hier ein Flüssigkristalldisplay (LCD), das gleichzeitig eine Abdeckung für Tastatur und Systemeinheit bildet. Laptops sind jedoch etwas teurer als Desktopcomputer.

Zwischen diesen beiden Enden des Spektrums sind die Minicomputer anzusiedeln, die in der Regel von Firmen mittlerer Größe oder Abteilungen innerhalb großer Organisationen verwendet werden. Wie auch die Mainframecomputer bieten sie eine höhere Verarbeitungsleistung, eine größere Speicherkapazität und sind zuverlässiger als PCs.

Netzwerkcomputer (Netzwerkserver) sind Computer, welche die Sicherheit eines Computernetzwerks verwalten, unterstützen und schützen. Benutzer eines Netzwerks können auf Ressourcen (Daten, Software, Hardware) auf einem Netzwerkserver zugreifen. In der Vergangenheit haben solche Benutzer in der Regel dumme Terminals verwendet – Geräte, die lediglich Eingaben des Benutzers akzeptierten und Ergebnisse anzeigten. Die Verarbeitung selbst und auch die Speicherung liefen im Server ab. Heutzutage haben die meisten Benutzer intelligente Terminals, also PCs, die über ihre eigene lokale Verarbeitungs- und Speicherkapazität verfügen.

Selbsttest 1.2: Was genau ist ein Computer?

1) Unterscheiden Sie zwischen einem Computer und einem Taschenrechner.

   a) Da die normale Rechenmaschine für einen bestimmten Zweck gebaut wird, ist sie genauer.

   b) Es gibt keinen Unterschied, denn im Taschenrechner steckt ein Computer.

   c) Der Computer verfügt über eine Textverarbeitung, der Taschenrechner nicht.

   d) Ein Computer hat einen größeren Bildschirm.

2) Welche der folgenden Aussagen ist richtig/falsch?

   a) Kabel und andere flexible Teile eines Computers werden als Software, alle festen Teile als Hardware bezeichnet.

   b) Unter Hardware versteht man die physikalischen Bestandteile eines Computers.

   c) Disketten und CDs gehören zur Software, Bildschirm und Tastatur zur Hardware.

   d) Software ist ein anderes Wort für Programm.

3) Welche der folgenden Aussagen ist richtig/falsch?

   a) Als Mainframe bezeichnet man einen riesigen Computer, der in den 60er und 70er Jahren gebaut wurde und heute veraltet ist.

   b) Als Mainframe bezeichnet man einen großen Computer, der in der Regel von großen Firmen und staatlichen Organisationen benutzt wird.

   c) Als Mainframe bezeichnet man einen Metallrahmen innerhalb des Computergehäuses.

   d) Mainframe ist nur ein anderes Wort für Hardware.

4) Ein Mikrocomputer wird oft auch als PC bezeichnet. Die Abkürzung PC steht für:

   a) Personal Computer

   b) Portable Computer

   c) Politically Correct

   d) Personal Calculator

   e) Professional Capacity

5) Welche der folgenden Computer sind tragbare Computer?

    a) Minicomputer

    b) Mikrocomputer

    c) Laptop

    d) Notebook

6) Welche der folgenden Aussagen ist richtig/falsch?

    a) Netzwerkserver ist ein anderes Wort für ein dummes Terminal.

    b) Ein dummes Terminal ist ohne Netzwerkserver nutzlos.

    c) Ein Netzwerkserver ist ohne ein dummes Terminal nutzlos.

    d) Ein dummes Terminal ist ein Computer ohne Lautsprecher.

    e) Ein intelligentes Terminal ist ein Computer für Militär- und Industriespionage.

    f) Ein intelligentes Terminal ist ein anderes Wort für Geldautomat.

Zusammenfassung der Lektion: Das haben Sie gelernt

Computer sind Universalmaschinen. Was einen Computer, der Lohnzahlungen berechnet, von einem Computer unterscheidet, der die Wettervorhersage bestimmt, ist das jeweils verwendete Programm. Und tatsächlich könnte derselbe Computer so programmiert werden, dass er beide Aufgaben ausführen kann.

Computer akzeptieren Information von außen (Eingabe), tun etwas mit ihr (Verarbeitung) und zeigen das Ergebnis an oder drucken es aus. Die zwei wesentlichen Komponenten in einem Computersystem sind Hardware und Software. Als Hardware bezeichnet man die physikalischen Teile, als Software die Befehle oder Programme, die den Computer veranlassen, bestimmte Aktionen auszuführen.

Die weithin bekanntesten Computer werden PCs oder Mikrocomputer genannt. Die größten und teuersten hingegen, die von großen Organisationen verwendet werden, heißen Mainframes. Dazwischen existieren noch die sogenannten Minicomputer.

Ein Computernetzwerk wird von einem Netzwerkcomputer oder Netzwerkserver gesteuert. Die Geräte, die an einen Server angeschlossen werden, heißen Terminals. Das können dumme Terminals sein, die nicht selbst verarbeiten oder speichern können, oder intelligente Terminals, die über eine eigene Verarbeitungs- und Speicherkapazität verfügen.

Lektion 1.3: Computer-Hardware

Zu dieser Lektion

Wenn Sie einen Computer kaufen möchten, so werden Sie mit einer Fülle verschiedener Möglichkeiten und Informationen überhäuft, die selbst bei erfahrenen Computerleuten für Verwirrung sorgt. Um eine vernünftige Wahl treffen zu können, müssen Sie die Hauptkomponenten in einem Computersystem kennen und die verschiedenen Kriterien, nach denen Sie Ihre Auswahl treffen sollten.

Im Normalfall besteht ein PC-System aus verschiedenen Komponenten. Manche davon sind unerlässlich, andere optional. In einigen Fällen stehen Alternativen zur Verfügung, zwischen denen Sie auswählen müssen.

Dieses Kapitel stellt Ihnen ein typisches Computersystem vor und beschreibt alle Hardware-Komponenten. Zuerst schauen wir uns an, was normalerweise in einer Zentraleinheit (im Gehäuse) vorhanden ist. Anschließend werfen wir einen Blick auf die anderen typischen Dinge (außerhalb des Gehäuses).

Neue Fähigkeiten

Am Ende dieses Kapitels sollten Sie in der Lage sein,

- die Hardware-Komponenten in einem Computer zu benennen,
- zu erklären, wozu die einzelnen Komponenten dienen,
- ein paar optionale Extras aufzählen und erklären zu können,
- zu beschreiben, wie Sie Ihren Computer pflegen.

Neue Wörter

Am Ende dieses Kapitels sollten Sie folgende Begriffe erklären können:

- Prozessor *Gehirn*
- Festplatte
- Tastatur
- Maus
- Modem

- Speicher
- Diskette
- Bildschirm
- Drucker
- Multimedia

Wenn es um Computerhardware geht, sind leider einige Ausdrücke aus dem Fachjargon unumgänglich. Weitere neue Wörter im Kapitel sind daher kursiv gedruckt und im Kontext erklärt.

Im Gehäuse

Die Systemeinheit, normalerweise ein graues oder beigefarbenes Gehäuse, ist der wichtigste Teil eines Computers. Das Gehäuse beherbergt den Prozessor (das Gehirn), die verschiedenen Speicher (weiter unten beschrieben) und die Elektronik, die alle Computerkomponenten steuert. Normalerweise befindet sich im Gehäuse auch ein Ventilator, um die Einheit zu kühlen. Der Ventilator verursacht das Summen, das Sie hören, wenn Sie den Computer einschalten. Die Systemeinheit kann vertikal auf dem Boden stehen (ein Tower) oder horizontal auf einem Schreibtisch liegen, mit einem Bildschirm darauf (Desktopeinheit). Bei einem Laptop oder Notebook befindet sich die Systemeinheit für gewöhnlich unter der Tastatur.

Prozessor

Früher bestand die zentrale Verarbeitungseinheit aus mehreren Leiterplatten, die mit einer Vielzahl an integrierten Schaltkreisen bestückt waren. Erst die Zusammenfassung aller Bestandteile der zentralen Verarbeitungseinheit auf einem Chip, dem Mikroprozessor oder kurz Prozessor genannt, ermöglichte den Bau von Personal Computern. Die Zeit, die ein Computer benötigt, um eine Aufgabe auszuführen, hängt unter anderem von der Prozessorgeschwindigkeit ab, welche wiederum vom Chip, also dem Prozessor, im Herzen des Computers abhängt. Diese Geschwindigkeit wird in MHz gemessen. Je größer die Zahl desto schneller der Prozessor (desto mehr Berechnungen pro Sekunde kann er ausführen). Diese Messung der Computerleistung ist so wichtig und entscheidend, dass sie in der Regel schon im Computernamen enthalten ist. So verfügt z.B. der *Dell Dimension R800* über einen *Intel Pentium III 800 MHz Prozessor.*

Prozessor

Die Rechen- und Steuereinheit eines Computers und somit die Einheit, die Befehle interpretiert und ausführt.

Speicher

Die Definition eines Computers beinhaltet auch den Begriff Speicher, denn der Computer muss in der Lage sein, die Ergebnisse seiner Berechnungen zu speichern. Tatsächlich muss ein Computer eine Vielzahl von Informationen speichern, er verfügt dazu über verschiedene Arten von Speichern. Die zwei Speicher, die normalerweise auch in einer Werbung für einen Computer genannt werden, sind RAM und Festplattengröße.

Random Access Memory

Random Access Memory (RAM) ist ein Speicher mit wahlfreiem Zugriff. Er dient dem Computer als eine Art Arbeitsbereich, während dieser Aufgaben bearbeitet. (Man spricht häufig auch vom Arbeitsspeicher.) Hier befinden sich die Liste der Befehle, die Daten und Zwischenergebnisse, die momentan bearbeitet werden. Das R in RAM steht für den Hauptvorteil: *random.* Es erlaubt dem Computer einen *wahlfreien* Zugriff, was bedeutet, dass er direkt auf jegliche Daten zugreifen kann. Es muss also nicht von Anfang bis Ende durch den gesamten Speicher gesucht werden, bevor die gewünschte Information gefunden wird. Ein Zugriff ist in jeder beliebigen Reihenfolge möglich und macht die ganze Sache schnell. Ganz allgemein kann man sagen: je mehr RAM, desto besser. Manche Programme benötigen sogar ein Minimum an RAM, um zu laufen. RAM wird oft auch als Hauptspeicher bezeichnet.

Speicherkapazität wird in Byte gemessen. Ein Byte besteht aus acht Bit. Im elektrischen Sinne ist Bit ein Schalter und es gibt die Stellungen EIN und AUS. Im mathematischen Sinne kommt es einer einzigen Binärzahl gleich, 0 oder 1. Acht von diesen Bits bilden ein Byte und können einen Buchstaben des Alphabets oder eine einzelne Zahl darstellen. Ein neuer Computer wird Ihnen zur Zeit wohl mit mindestens 64 Megabyte (64 MB – ca. 64 Millionen Byte) oder sogar 256 MB RAM angeboten. (Das ist das Doppelte von dem, was man Ihnen vor einem Jahr angeboten hat, und halb so viel, wie man Ihnen voraussichtlich nächstes Jahr um diese Zeit anbieten wird.)

In Binär-Systemen (Dualsystem) werden die Maßeinheiten für die Kapazität von Speichergrößen wie folgt berechnet:

1KB	$= 2^{10}$ Byte	= 1024 Byte	= ca. 1000 Zeichen
1MB	$= 2^{20}$ Byte	= 1024 Kbyte	= ca. 1 Mio. Zeichen
1GB	$= 2^{30}$ Byte	= 1024 Mbyte	= ca. 1 Milliarde Zeichen

Es ist relativ einfach, den Speicher Ihres Computers zu erweitern, indem Sie zusätzliche Speicherchips (Speichererweiterung) kaufen. Diese Chips sind nicht teuer und leicht einzubauen. Abhängig davon, wofür Sie Ihren Computer benutzen, kann eine Speichererweiterung einen erheblichen Unterschied in der Rechnerleistung bedeuten. (Versuchen Sie jedoch nicht, zusätzlichen Speicherplatz ohne fachliche Hilfe zu installieren.)

Read-Only Memory

RAM sollte nicht mit einem anderen Speicher verwechselt werden, von dem Sie gelegentlich hören werden: ROM (Read-Only Memory), zu Deutsch Nur-Lese-Speicher. Das ist der Ort, an dem der Computer seine niedrigen Programme (low-level-programs) speichert. Das wiederum sind die Programme, die ihm sagen, was er tun soll, wie er seinen eigenen Schaltkreis prüft, wie er mit den verschiedenen Eingabegeräten umgehen soll usw. ROM unterscheidet sich in zwei Punkten vom RAM. Erstens: Das ROM ändert sich nicht, nachdem der Computer zusammengebaut ist (man kann davon lesen, es aber nicht beschreiben). Moderne Computer sind jedoch meistens mit einem so genannten Flash-ROM ausgestattet, das es ermöglicht, die Inhalte des ROM-Speichers zu aktualisieren. Zweitens: Der Inhalt des ROM bleibt unverändert, auch wenn die Stromzufuhr abgestellt wird. (Das RAM hingegen ist *temporär, sein Inhalt wird gelöscht, wenn die Stromzufuhr abgestellt wird.*)

Nach Prozessorgeschwindigkeit und RAM-Größe stellt die Festplatte den nächsten wichtigen Faktor dar, der für die Rechnerleistung entscheidend ist. Es handelt sich um eine Platte zum Speichern von Information, die sich wesentlich vom RAM unterscheidet.

- Erstens: Platten zeichnen Informationen magnetisch auf und zwar in fast der gleichen Weise wie Musik- bzw. Videokassetten. Es handelt sich um nicht temporäre Speicher. Die Information, die einmal aufgezeichnet wurde, verbleibt also so lange auf der Platte, bis sie verändert oder gelöscht wird.

- Zweitens: Um Informationen auf eine Platte zu bringen oder Informationen auf einer Platte zu suchen, bedarf es einer mechanischen Bewegung. Die Platte rotiert mit einer hohen konstanten Geschwindigkeit und ein Schreib-/Lesekopf bewegt sich knapp über der Oberfläche der Platte. Der Schreib-/Lesekopf kann die Polarisierung kleinster magnetischer Partikel auf der Oberfläche der Platte verändern und sie auch ermitteln. Bewegliche Teile neigen dazu, mit der Zeit zu verschleißen, was dazu führt, dass Platten eher mal eine Störung aufweisen als das nicht bewegliche RAM.

Bei beweglichen Teilen kommt es außerdem zu einer Verzögerung beim Lese- und Schreibvorgang, während das Lesen von einem RAM fast gleichzeitig vollzogen wird.

Wie die Speicherkapazität wird auch die Plattenkapazität in Byte gemessen. Jedoch ist die Festplattenkapazität um einiges größer. Eine Festplatte von 12 Gigabyte (12 GB – ca. 12 Milliarden Byte) ist bei einem aktuellen Computer schon fast die Regel, die Werte reichen bis zu 64 GB.

Wir sollten uns das einmal verdeutlichen: 12.000.000.000 Byte. Die 32 Bände der Encyclopaedia Brittanica bestehen aus ca. 44.000.000 Wörtern, oder anders gesagt aus ca. 220.000.000 Buchstaben (Byte). Auf einer 12-GB-Festplatte könnte man den gesamten Text fast 56 Mal speichern. Dabei wiegt diese Platte aber nur ca. 1 Kilogramm und beansprucht weniger Platz als ein Band der Enzyklopädie. Die Menge an Information, die auf einer Festplatte gespeichert werden kann, ist das dritte Leistungsmerkmal, das Sie beim Kauf eines Computers berücksichtigen sollten.

Die auf den vorherigen Seiten beschriebenen Platten sind im Computer eingebaut und werden oft Festplatten genannt. Normalerweise verbleiben sie im Computer und werden nicht zwischen einzelnen Computern ausgetauscht. Jedoch gibt es eine Anzahl beweglicher Speicher, die sehr einfach von einem Computer zu einem anderen bewegt werden können. Sie lassen sich auch als Sicherheitskopie, genannt Backup, verwenden, für den Fall, dass der Computer verloren geht, beschädigt oder gestohlen wird. Die Festplatte hat von den externen

Speichern die schnellste, so genannte mittlere Zugriffszeit (Zeit, die der Schreib-/Lesekopf im Durchschnitt zum Wechseln zwischen Sektoren benötigt).

Disketten (Floppy Disks)

Eine andere Plattenart ist die so genannte Floppy Disk oder auch ganz einfach Diskette genannt. Früher waren Wechseldatenträger (Platten) in einer flexiblen Hülle untergebracht, was ihnen den Namen Floppy einbrachte. Das aktuelle Design, das Sie wahrscheinlich kennen, besteht aus einer harten Kunststoffhülle mit einer gleitenden Metallabdeckung.

Der gebräuchlichste Diskettentyp fasst 1,44 MB. Diese Speicherkapazität reicht zum Speichern vieler Textverarbeitungsdateien aus, um sie von einer Person zur anderen weiterzugeben. Sie können eine Diskette verwenden, wenn Sie z.B. Daten von Ihrem Arbeitscomputer auf Ihren Computer zu Hause schaffen möchten. Kopieren Sie das entsprechende Dokument einfach auf die Diskette und nehmen Sie diese mit nach Hause. Der gesamte Inhalt dieses Buchs (jedoch ohne die Bilder und Grafiken) passt leicht auf eine solche Diskette.

So wie man RAM häufig Arbeitsspeicher oder Hauptspeicher nennt, werden Disketten oft als Datensicherung bzw. Sekundärspeicher bezeichnet.

CD-ROM und DVD

Bis vor Kurzem waren Disketten auch das übliche Medium, von denen Programme auf einen Computer geladen wurden. Heutzutage wird Software jedoch meistens auf CD-ROM (Compact Disk Read-Only-Memory) geliefert. Rein äußerlich ist eine CD-ROM nicht von einer Musik-CD zu unterscheiden. Und in der Tat sind fast alle CD-Laufwerke in Computern in der Lage, auch Musik-CDs abzuspielen.

Der Wechsel von der Diskette zur CD-ROM als bevorzugtes Medium zur Softwareverteilung vollzog sich hauptsächlich aufgrund der Größe moderner Softwaresysteme. Neuere Software benötigt mehr Speicherplatz. Es wird mehr Platz gebraucht, da die Funktionalität der Programme gestiegen ist, sie über ein anspruchsvolleres grafisches Design verfügen und eventuell noch andere Multimediakomponenten beinhalten. Eine einzige CD-ROM fasst so viel Information wie 460 Disketten, also ca. 650 MB.

Ein CD-ROM-Laufwerk (der Teil eines Computers, der CD-ROMs lesen kann) ist heute im Standardlieferumfang eines Computers enthalten. Hier müssen Sie lediglich auf die Geschwindigkeit des Laufwerks achten, die immer als ein Vielfaches eines normalen CD-Players angegeben wird. Heutzutage ist eine Geschwindigkeit von 52x normal.

CD-ROMs werden zur Zeit von DVDs (Digital Versatile Disks) überholt. Sie sehen fast wie eine CD-ROM aus, haben aber eine Speicherkapazität von 2,6 bis zu 17 Gigabyte.

Um Informationen auf einer CD zu speichern (zu brennen), benötigen Sie einen CD-Recorder, auch CD-Brenner genannt. Information wird in Form winziger Löcher auf der CD-Oberfläche kodiert, die von einem Laserstrahl abgetastet werden.

Vergessen Sie aber bitte nicht, dass sich CDs von magnetischen Platten (Festplatte und Disketten) dahingehend unterscheiden, dass die einmal in eine CD gebrannten Löcher von permanenter Natur sind. Sie können nicht mehr verändert oder gelöscht werden. Folglich werden sie Read-Only-Memory genannt. Ein magnetisches Medium hingegen kann jederzeit verändert werden. Daher ist anzunehmen, dass Festplatten weiterhin das bevorzugte Speichermedium für normale Office-Anwendungen bleiben werden.

Magnetische Bänder

Magnetische Bänder werden ähnlich wie Musikkassetten dazu verwendet, Software zu verteilen oder Sicherheitskopien großer Datenmengen anzufertigen. Sie sind für den täglichen Gebrauch nicht ganz so nützlich, weil ein Magnetband keinen wahlfreien Zugriff erlaubt, sondern die Daten von Anfang an durchgegangen werden müssen, um die gewünschte Information zu finden.

Zip-Disketten usw.

Wechselbare Disketten mit hoher Kapazität werden immer beliebter, um Sicherheitskopien (Backups) zu erstellen und große Datenmengen zwischen Computern zu transferieren. Einige verwenden Magnettechnologie, andere Lasertechnologie. Eines der bekanntesten ist das so genannte Zip-Laufwerk, das an jeden Parallelport (Druckerverbindung) angeschlossen werden kann. Es erlaubt die Speicherung auf wechselbaren 100-MB- oder 250-MB-Disketten.

Medium	Normale Kapazität	Normale Kosten (Stand März 2001)
Festplatte	12–20 Gigabyte	100,– bis 150,– €
Diskette	1,44 Megabyte	unter 0,50 €
CD	650 Megabyte	0,80 bis 1,– €
DVD	5,2 Gigabyte	10,– bis 35,– €
Zip	150 Megabyte	unter 15,– €
Band	4–100 Gigabyte	10,– bis 30,– €

Außerhalb des Gehäuses

Alles, was sich außerhalb des Gehäuses befindet, wird als Peripherie bezeichnet. (Hier mogeln wir ein wenig, denn technisch gesehen können alle Sekundärspeicher wie Disketten, CD-ROMs etc. auch als peripher angesehen werden.) Die meisten Computersysteme umfassen drei wesentliche Peripheriegeräte: Tastatur und Maus für die Dateneingabe und ein Bildschirm für die Datenausgabe.

Tastatur

Eine Tastatur verfügt ähnlich wie eine Schreibmaschine über Buchstabentasten, die es dem Benutzer erlauben, Informationen und Befehle in den Computer einzugeben. Es gibt drei verschiedene Tastenarten auf einer Computertastatur:

- **alphanumerische Tasten**: Buchstaben und Zahlen
- **Interpunktionstasten**: Komma, Punkt, Semikolon usw.
- **Spezialtasten**: Funktionstasten, Steuerungstasten, Pfeiltasten, Feststelltasten

Bildschirm

Der Bildschirm sieht in etwa aus wie ein Fernseher. Er wird auch als Monitor oder VDU (visual display unit) bezeichnet. Die meisten Programme sind so beschaffen, dass die Dateneingabe sofort von der Tastatur auf den Monitor erfolgt. Tatsächlich wird die Information in den Prozessor eingegeben und der zeigt dann auf dem Monitor an, was er an Informationen erhalten hat. Die meisten Programme geben Ihnen ein ununterbrochenes Feedback und zeigen die Ausgabe auf dem Bildschirm an. Die Kennzeichnung der Bildschirme mit GS-Zeichen und Prüfstellensiegel, vor allem unter Hinweis auf die schwedischen Strahlenschutzprotokolle (MPRII und TCO), garantieren die Einhaltung der verschiedenen Strahlungswerte. Eine Gefährdung für die Gesundheit kann nach heutigen arbeitswissenschaftlichen Erkenntnissen bei zertifizierten Geräten nicht nachgewiesen werden. Zurzeit wird als Standard die Norm *TCO 99 benutzt.* Dieses Prüfsiegel fordert sehr hohe Werte für Kontrast, Helligkeit (Bildwiederholfrequenz – wie oft das Bild pro Sekunde neu aufgebaut wird, mindestens 85 Hz) sowie die Vorgaben zur Geräuschentwicklung, Einschaltzeit, Gehäusedesign usw.

Seit einiger Zeit werden auch Flachbildschirme, sogenannte Flat-Screen-Monitore erschwinglich. Statt herkömmlicher Kathodenstrahlröhren wird bei diesen Flachbildschirmen die LCD-Technik (liquid crystal display) genutzt, wie sie auch für Notebooks, Camcorder, digitale Kameras etc. verwendet wird. Durch die verwendete TFT-Technik (thin film transistor) wird nicht nur Energie und Platz gespart. Die Monitore überzeugen auch durch ein besonders flimmerfreies und brillantes Bild, und das auch bei einem großen seitlichen Betrachtungswinkel oder hellem Umgebungslicht.

LCD-Display - Flüssigkristalldisplay

Ein Displaytyp auf der Basis von Flüssigkristallen, die als dünne Schicht zwischen zwei transparenten Elektroden eingeschlossen sind.

Maus

Viele Programme präsentieren sich auf dem Bildschirm als *Grafische Benutzeroberfläche* (GUI – Graphical User Interface). Eine grafische Benutzeroberfläche stellt Programme, Ordner und Funktionen als Bilder auf dem Monitor dar. Zur grafischen Benutzeroberfläche gehört auch ein Zeiger, den Sie bewegen können, bis er auf die Stelle bzw. das Bild zeigt, das für die Aktivität steht, die Sie ausführen möchten. Durch Klicken wird das Programm aufgefordert, in einer gewissen Weise zu reagieren.

Mit Hilfe der Maus bewegen Sie den Zeiger auf dem Bildschirm. Auf der Unterseite der Maus befindet sich ein Ball und während Sie nun die Maus über Ihren Schreibtisch bewegen, nimmt der Ball die Bewegung wahr und wandelt sie in Bewegungen des Zeigers um. Bewegen Sie die Maus nach rechts, so bewegt sich der Zeiger nach rechts. Eine Mausbewegung nach links und der Zeiger bewegt sich nach links. Entsprechend bewegt sich der Zeiger, wenn Sie die Maus von sich weg (nach oben) bzw. zu sich her (nach unten) bewegen. Nach kurzer Zeit geht Ihnen das in Fleisch und Blut über.

Beachten Sie dabei, dass sich der Ball – und somit der Zeiger – nur bewegt, wenn die Unterseite der Maus Kontakt mit einer Unterlage hat. So können Sie den Mauszeiger über eine lange Distanz hinweg bewegen, indem Sie mit der Maus mehrere kleine Bewegungen in diese Richtung vollziehen und dabei die Maus jedes Mal hochheben, so dass beim Zurückholen der Maus die Position des Zeigers nicht beeinflusst wird.

Die Maus verfügt auf ihrer Oberseite über zwei oder drei Tasten. Sie dienen dazu, dem Computer mitzuteilen, dass Sie mit dem Zeiger dort angekommen sind, wo Sie hin möchten. Hierzu drücken Sie einmal (das nennt man klicken) oder zweimal ganz schnell hintereinander (das nennt man einen Doppelklick) auf eine Taste.

Die Maus oder ein anderes Zeigegerät (siehe auch den folgenden Abschnitt) erleichtern die Handhabung des Computers, sind aber in den seltensten Fällen absolut notwendig. Die meisten Programme erlauben es Ihnen, den Zeiger auf dem Bildschirm zu bewegen, aber Sie haben auch die Wahl, Spezialtasten oder bestimmte Tastenkombinationen auf der Tastatur zu benutzen. Manche Benutzer bevorzugen diese Methode, da sie auf diese Weise alle Arbeiten und Operationen von der Tastatur aus steuern können. Sie müssen also nicht ständig zwischen Tastatur und Maus hin und her wechseln.

Andere Zeigegeräte

Mäuse sind bei Weitem die bekanntesten und gebräuchlichsten Zeigegeräte, aber es gibt auch andere.

Trackballs funktionieren wie umgedrehte Mäuse. Der Zeiger wird hier durch das Bewegen des Balls bzw. der Kugel mit dem Finger gesteuert. Sie empfehlen sich in einer Umgebung, wo nicht genügend Arbeitsfläche vorhanden ist.

Joysticks und *Handsteuergeräte* erfüllen die gleiche Funktion, sind jedoch für den speziellen Gebrauch bei Spielen und Simulationen gedacht.

Die meisten tragbaren Computer haben ein in der Tastatur eingebautes Gerät, um den Zeiger zu bewegen. Entweder in Form eines Miniatur-Joysticks oder eines druckempfindlichen *Touchpads*, das die Bewegungen Ihres Fingers registriert.

Lichtgriffel sind Geräte in Stiftform, die in der Nähe eines Bildschirms als Zeichengerät und zur Steuerung von auf dem Bildschirm angezeigten Icons oder Optionen verwendet werden können.

Touchscreens trifft man oft an Stellen an, wo es um öffentliche Informationen geht. Der Benutzer berührt den Bildschirm an der Stelle, die für ihn von Interesse ist, um damit eine bestimmte Sache bzw. einen Befehl auszuwählen.

Ein *Grafiktablett* ist eine flache Oberfläche, die Bewegungen eines Kunststoffstifts auf ihr wahrnimmt. Sie werden für gewöhnlich in Verbindung mit Kunst- und Designprogrammen verwendet. Aber eine kleinere Ausführung des Grafiktabletts findet man auch bei Pocket-, Handheld- und Palmtopcomputern. Diese Geräte, auch unter der Bezeichnung Personal Digital Assistants bzw. PDAs bekannt, sind zu klein, um damit tippen bzw. schreiben zu können.

Außerhalb des Gehäuses: Optionale Extras

Ohne die auf den vorherigen Seiten beschriebenen Komponenten wäre es relativ schwierig, den Computer dazu zu bringen, sinnvolle Dinge zu tun. Es gibt aber noch eine Anzahl anderer Geräte, die, obwohl sie nicht unbedingt notwendig sind, so doch fast immer normale Teile eines Systems zu Hause, im Büro und in Schulen sind. Da wären z.B. Drucker, Modems und Lautsprecher. Einige andere Geräte wie Scanner, Digitalkamera und Mikrofon wären noch vor einigen Jahren als mehr oder weniger exotisch bezeichnet worden, gehören aber heute vermehrt zur Standardausstattung.

Drucker

Es gibt verschiedene Druckertypen auf dem Markt. Die zwei gebräuchlichsten sind *Laserdrucker* und *Tintenstrahldrucker (Inkjet)*.

Laserdrucker

Laserdrucker verwenden eine ähnliche Technologie wie Kopierer, um ein Abbild auf Papier zu schaffen. Das Abbild wird auf Befehl des Computers hin gezeichnet.

Tintenstrahldrucker

Tintenstrahldrucker verfügen über einen beweglichen Stift (den Druckkopf) mit einer Tintenpatrone. Dieser Druckkopf bewegt sich auf einer Seite hin und her, und gibt – vom Computer gesteuert – eine winzige Menge Tinte auf die Stellen ab, wo sie benötigt wird.

Andere Druckerarten

Sie werden bisweilen einer dritten Art von Druckern begegnen, dem Anschlagdrucker. Diese Drucker arbeiten wie eine Schreibmaschine. Die Markierungen werden hierbei auf dem Papier erzeugt, indem ein Farbband gegen das Papier gedrückt wird. Es gibt hier verschiedene Arten, die alle eine nur geringfügig abweichende Verfahrensweise anwenden: Nadeldrukker oder Typenraddrucker. Heutzutage werden Sie nur noch für bestimmte Aufgaben eingesetzt (Ausdrucke von Registrierkassen, Zeit- und Datumsdruck auf Parkscheinen eines Parkhauses, Ausdrucke mit Durchschlägen), aber auch bei hohen Auflagen von Dokumenten ohne Grafik (Steuerformulare, Stromrechnungen).

Plotter werden bei speziellen Anwendungen verwendet, so z.B. bei Architekten- und Ingenieurszeichnungen. Die meisten von ihnen werden dazu benutzt, große Zeichnungen akkurat umzusetzen. Plotter sind verhältnismäßig teuer.

Wie man den richtigen Drucker wählt

Einige Faktoren, die Sie beim Kauf eines Druckers beachten sollten:

- **Ausgabegeschwindigkeit**: Die meisten Laserdrucker sind in der Lage, 8 bis 12 Seiten pro Minute zu drukken. Die Druckgeschwindigkeit hängt jedoch auch davon ab, was Sie drucken möchten: Grafiken oder Textseiten mit vielen verschiedenen Schriftarten dauern gewöhnlich länger. Wenn Sie einen schnelleren Drucker benötigen, sollten Sie mit einem erheblich höheren Preis rechnen.

  Tintenstrahldrucker sind in der Regel um einiges langsamer als Laserdrucker, aber ihre Druckgeschwindigkeit hängt nicht von dem ab, was Sie drucken möchten. Die Druckqualität kann variieren, da der Druck von einem sich bewegenden Druckkopf abhängt.

- **Farbe:** Wenn Sie farbig drucken möchten, so müssen Sie sich einen Farbdrucker zulegen. So einfach ist das. Farblaserdrucker sind sehr teuer. Farbtintenstrahldrucker sind nur geringfügig teurer als Schwarzweißdrucker.

  Einige Farbdrucker verwenden drei verschiedene Tinten, um eine Druckausgabe zu erzeugen, andere sogar vier. Andere verwenden eine Drei- oder Vierkammerpatrone, andere separate Kammern für jede einzelne Farbe. Ihre Wahl sollte von der Verwendung des Druckers abhängen. Wenn Sie nur gelegentlich farbig drucken, sollten

Sie sicherstellen, dass Ihr Drucker über eine separate schwarze Patrone verfügt. Die Schwärze eines Ausdrucks durch eine schwarze Patrone ist wesentlich höher als die einer Farbkombination. Wenn Sie eine kombinierte Vierfarbpatrone haben, so müssen Sie die noch fast vollen Farbkammern wegwerfen, weil Sie kein Schwarz mehr erzeugen können.

- **Verbrauchskosten**: Der anfängliche Kaufpreis eines Druckers ist nur ein Kostenfaktor, der berücksichtigt werden muss. Tintenpatronen (Tintenstrahldrucker) und Tonerkartuschen (Laserdrucker) müssen regelmäßig ersetzt werden. Es lohnt sich daher, die Kosten pro Seitenausdruck zu berechnen, bevor Sie eine endgültige Entscheidung treffen.

Modem

Ein *Modem* wird dazu benutzt, den Computer mit einem Telefonnetz zu verbinden, damit Sie E-Mail versenden oder das Internet nutzen können. Bei den meisten Computern, die Sie heute kaufen können, gehört ein integriertes Modem bereits zum Lieferumfang. Sie können aber auch ein externes Modem erwerben, das durch ein Kabel mit dem Computer verbunden wird. Die meisten Modems erlauben die Nutzung Ihres Computers als Fax (wenn Sie jedoch nicht über einen Scanner verfügen, können Sie nur im Computer erstellte Dateien als Fax versenden).

Multimedia

Computer können jegliche Art von Daten, die in Zahlen umgewandelt werden können, verarbeiten. Dazu gehören auch Musik, Bilder, animierte Zeichnungen und Sprache. Viele Anwendungen sind auf Grund dieser Möglichkeiten entstanden, beispielsweise die Möglichkeit, Text, Video und Ton zu mischen, um so Gebrauchsanweisungen, Informationen oder ganz einfach Unterhaltung zu produzieren. Solche Anwendungen werden *Multimedia-Anwendungen* genannt und ein Computer, der in der Lage ist, diese Anwendungen abzuspielen, wird oft auch als *Multimedia-Computer* bezeichnet. Heutzutage verfügen die meisten Computer über diese Fähigkeit. Wenn Multimedia jedoch Ihr Hauptanliegen ist, so sollten Sie einen Computer mit größerem Bildschirm, erweitertem Sound und der Möglichkeit, Videos abzuspielen, in Betracht ziehen. Zusätzlich sind noch einige spezielle Peripheriegeräte für den Multimedia-Einsatz im Handel erhältlich.

Scanner

Stellen Sie sich einen Scanner wie einen Teil eines Kopierers vor. Der Scanner erstellt eine Kopie einer Fotografie, Zeichnung oder Textseite in Ihrem Computer, wo Sie diese dann mit den entsprechenden Programmen bearbeiten oder ausdrucken (zweiter Teil eines Kopierers) können. Der Scanner ermöglicht es Ihnen, ein Bild oder eine Zeichnung in ein Rundschreiben einzubinden oder eine OCR-Software

(*OCR – Optical Character Recognition*) zur Texterkennung zu verwenden und so ein gesamtes Textdokument oder Teile daraus zu verwenden, ohne dass Sie es noch einmal neu schreiben müssen.

Digitale Kamera

Eine Digitalkamera funktioniert genau wie eine gewöhnliche Kamera, mit dem einzigen Unterschied, dass sie keinen Film verwendet, sondern die Bilder digital im Speicher der Kamera aufgezeichnet werden. Vom Speicher aus können die Bilder auf Ihren Computer übertragen und dann ausgedruckt werden. Sie können Ihre Fotos auch mit einer speziellen Software bearbeiten, für die Nachwelt archivieren oder Freunden per E-Mail schicken.

Soundkarte

Sehr wahrscheinlich verfügt Ihre Systemeinheit auch über eine Soundkarte, die dazu dient, die Wiedergabe aller Audiodateien (Musik, Sprache etc.) zu steuern. Wenn jedoch die qualitativ hohe Wiedergabe von Musik für Sie wichtig ist, sollten Sie vielleicht eine bessere Soundkarte als die mitgelieferte erwerben.

Lautsprecher

Lautsprecher gehören bei fast allen Computern zum normalen Lieferumfang. Sie dienen der Wiedergabe von Musik und anderen Tondateien.

Mikrophon

Viele Software-Anwendungen können durch Spracheingabe gesteuert werden. Dazu sprechen Sie einfach in ein angeschlossenes Mikrophon.

Hardware-Pflege

Moderne Computer sind robust und zuverlässig. Haben sie ihre Arbeit einmal aufgenommen, laufen sie in der Regel immer weiter. Vergessen Sie aber bitte nicht, dass es sich bei einem Computer um ein empfindliches Gerät handelt, dessen Toleranzgrenzen Sie nicht ständig austesten sollten.

Schaffen Sie Ihrem Computer genügend Raum, damit er atmen kann. Er braucht Zugang zu Frischluft, damit der Ventilator das elektronische System kühl halten kann.

Blockieren Sie die Luftschlitze des Gehäuses nicht durch Bücherstapel oder noch schlimmer, indem Sie Textilien über den Computer hängen.

Halten Sie Ihren Computer trocken. Zuviel Feuchtigkeit kann Schaden an den elektrischen Schaltkreisen hervorrufen.

Essen und trinken Sie nicht, während Sie am Computer arbeiten. Brotkrümel können die Tastatur blockieren und verschütteter Kaffee kann Ihren Computer zerstören oder was noch schlimmer wäre, Ihre gesamten abgespeicherten Dateien unwiederbringlich zerstören.

Halten Sie Ihren Computer staubfrei. Sie werden feststellen, dass er dazu neigt, Staub anzuziehen. Säubern Sie ab und zu die Belüftungsschlitze und reinigen Sie den Bildschirm mit einem Antistatiktuch.

Setzen Sie Ihren Computer keinen extremen Temperaturen aus.

Fahren Sie Ihren Computer ordnungsgemäß runter, indem Sie zuerst alle laufenden Programme schließen. Schalten Sie ihn nicht einfach aus oder ziehen das Stromkabel heraus.

Halten Sie Disketten vom Bildschirm fern. Das starke magnetische Feld des Bildschirms kann Daten löschen oder verändern.

Bewegen Sie die Systemeinheit nicht, während der Computer läuft. Das könnte eine Beschädigung der Festplatte zur Folge haben.

Wenn mal was nicht klappt

Sie werden wohl eher ein Computerbenutzer als ein Computertechniker sein und daher Ihren Computer als ein empfindliches Gerät ansehen. Sollte der Computer einmal nicht richtig funktionieren, versuchen Sie nicht, ihn selbst zu reparieren. Sie laufen Gefahr, ihn zu zerstören oder einen Stromschlag zu bekommen. Bitten Sie immer einen qualifizierten Fachmann um Hilfe.

Selbsttest 1.3: Hardware

1) Welches Teil bzw. welche Teile eines Computers sind unentbehrlich für sein Funktionieren?

   a) Prozessor

   b) Scanner

   c) Hammer

   d) Textverarbeitungsprogramm

2) Das C in CPU steht für:

   a) Central

   b) Computer

   c) Complex

   d) Computing

   e) Commercial

3) Wozu verwendet man einen Scanner?

4) Wozu verwendet man ein Modem?

5) In welcher Einheit wird die Geschwindigkeit eines Computers gemessen?

   a) CPUs

   b) MHz ✓

   c) MB

   d) K

   e) RAM

   f) GUIs

6) Das R in ROM steht für:

   a) Random

   b) Read ✓

   c) Regular

   d) Right

7) Das R in RAM steht für:

   a) Random

   b) Read

   c) Regular

   d) Right

8) Berichtigen Sie die folgenden Aussagen, wenn sie falsch sind.

   a) Ein Bit entspricht genau 8 Byte.

   b) Ein Megabyte ist das Doppelte von einem normalen Byte.

   c) 100 Kbyte entsprechen einem GB.

   d) Ein Gigabyte entspricht ungefähr 1.000.000.000 Byte.

9) Welche der folgenden Aussagen sind/ist falsch?

   a) Information, die im RAM gespeichert ist, wird gelöscht, wenn der Computer abgeschaltet wird.

   b) Information, die im ROM gespeichert ist, wird gelöscht, wenn der Computer abgeschaltet wird.

   c) Das M in RAM steht für Memory.

   d) Das M in ROM steht für Memory.

   e) Festplatten, Disketten und CD-ROMs werden alle dazu verwendet, Computerprogramme zu speichern.

10) Nennen Sie drei verschiedene Arten von Zeigegeräten.

11) Nennen Sie die zwei bekanntesten Druckertypen.

12) Worauf können Sie mehr Information speichern? Auf einer Floppy-Diskette oder einer Zip-Diskette?

Weitere Übungsfragen finden Sie auf der beiliegenden CD-ROM.

In der Regel besteht ein Computer aus einer Systemeinheit, auch Rechnereinheit genannt, einem Bildschirm und einer Tastatur. Normalerweise verfügt auch jeder Computer über ein Zeigegerät. Das bekannteste ist die Maus.

In der Systemeinheit befinden sich der Prozessor (CPU), der Hauptspeicher, die Festplatte und wechselbare Speicher, normalerweise ein Diskettenlaufwerk.

Weitere, fast unumgängliche Geräte sind Drucker und Modem. Ein Modem dient dazu, den Computer mit dem Telefonnetz zu verbinden, so dass Sie E-Mails senden und empfangen können und Zugang zum Internet haben.

Fast alle Computer, die Sie heute kaufen können, sind auf Multimedia ausgelegt. Sie verfügen über Lautsprecher, Soundkarte und Mikrophon.

Um Bilder, Zeichnungen oder Fotografien einzulesen, die Sie dann in Newsletter, Projektberichte oder E-Mails einbauen können, benötigen Sie einen Scanner oder eine Digitalkamera.

Am Ende haben Sie noch gelernt, wie Sie Ihren Computer richtig behandeln, damit er ein langes Leben hat und Ihnen lange gute Dienste leistet.

Lektion 1.4: Software und Daten

In diesem Kapitel lernen Sie mehr über die verschiedenen Arten von Software und deren Herstellung. Sie erfahren auch, was das Wertvollste in Ihrem Computersystem ist – die Daten.

Neue Fähigkeiten

Am Ende dieses Kapitels sollten Sie in der Lage sein,

- zwischen Systemsoftware und Anwendungssoftware zu unterscheiden,
- den Prozess der Softwareentwicklung beschreiben zu können,
- über Software-Lizenzen und verschiedene Lizenzarten zu sprechen,
- zu beschreiben, wie man Software und Daten vor unerlaubtem Zugriff, Verlust oder Beschädigung und Computerviren schützt,
- die wichtigsten Regeln zum Copyright zu nennen,
- die wichtigsten Regeln zum Datenschutz und die Hauptbestimmungen zum Datenschutzgesetz zu nennen,
- die Vorteile von Computernetzwerken zu beschreiben,
- den Gebrauch von Telefonnetzwerken in Verbindung mit Computern zu beschreiben,
- den Gebrauch von E-Mail, Internet und des World Wide Web (WWW) zu beschreiben,
- die Veränderungen von Geschäftspraktiken durch elektronisches Einkaufen (E-Commerce) zu beschreiben.

Neue Wörter

Am Ende dieses Kapitels sollten Sie folgende Begriffe erklären können:

• Systemsoftware	• Anwendungssoftware
• Grafische Benutzeroberfläche	• Systemanalytiker
• Programmierer	• Backup
• Virus	• Copyright
• Datenschutz	• Netzwerk
• LAN	• WAN
• ADSL	• ISDN
• E-Mail	• Internet
• World Wide Web	• Browser
• Suchmaschine	• E-Commerce

Software

Software ist die nicht greifbare Komponente beim Computer. Es ist der Oberbegriff für alle Programme, also die Einheit von Befehlen, die darüber entscheiden, wie ein Computer reagiert.

Wir unterscheiden zwei Arten von Software: Systemsoftware und Anwendungssoftware.

- Systemsoftware bezieht sich auf den Computer selbst. Sie bestimmt, welche Geräte er steuern kann, wie er Dateien verwaltet und speichert und wie er mit außergewöhnlichen Bedingungen umgeht.

- Anwendungssoftware bezieht sich auf die Welt außerhalb des Computers, die Welt der Geschäftsbeziehungen, der Unterhaltung und der Erziehung.

Systemsoftware

Wenn wir von Systemsoftware reden, geht es uns in erster Linie um das *Betriebssystem* (OS – Operating System). Erst dieses Programm bringt Ihren Computer zum Laufen. Ohne ein solches Programm ist der Computer praktisch nutzlos. Alle anderen Programme hängen vom Betriebssystem ab, um mit der Hardware zu kommunizieren und sie zu steuern. Das Betriebssystem steuert auch den zeitlichen Ablauf verschiedener Ereignisse, damit sie in der richtigen Reihenfolge ablaufen. Außerdem verwaltet es den Datenzugriff, um Sicherheit zu gewährleisten.

Wenn Sie Ihrem System eine neue Hardware-Komponente hinzufügen, müssen Sie sich gegebenenfalls eine spezielle Software, so genannte Treiber, laden, damit das Betriebssystem diese neue Hardware steuern kann. Ältere Computer benutzen DOS (Disk Operating System) als Betriebssystem. Um DOS benutzen zu können, müssen Sie Befehle wie DIR, COPY oder REN eingeben.

Systemsoftware

Die Gesamtheit aller Programme und Daten, die ein Betriebssystem ausmachen oder damit zu tun haben.

Grafische Benutzeroberfläche

Neuere Computer zeigen ihr Betriebssystem über eine grafische Benutzeroberfläche (GUI) an. Die grafische Benutzeroberfläche stellt alle Ressourcen des Computers als kleine Symbole dar, so genannte Icons. Das gilt für Hardware-Ressourcen wie Platten und Drucker, Software-Ressourcen – Betriebssoftware genauso wie für Anwendungssoftware und Dateiordner, die Sie bearbeiten können. Sie verwenden die Maus, um den Zeiger auf ein Symbol Ihrer Wahl zu bringen, und führen einen Klick mit der Maustaste aus, um Ihrem Willen Ausdruck zu verleihen. Das ist wesentlich einfacher, als wenn man Befehle behalten und auch noch eingeben muss. Als Beispiele für grafische Benutzeroberflächen seien hier Windows, Windows NT, Linux, Unix, MacOS und SunOS genannt.

Eine Umgebung, in der Programme, Dateien und Optionen durch Symbole, Menüs, und Dialogfelder am Bildschirm dargestellt werden.

Anwendungssoftware

Niemand möchte einen Rasenmäher, ein Telefon oder einen Satelliten benutzen. Vielmehr möchte man Rasen mähen, mit Freunden sprechen oder das Wetter vorhersagen. Dementsprechend möchten Sie auch nicht wirklich einen Computer benutzen, sondern Sie möchten ihn dazu verwenden, etwas anderes zu tun. Dieses *Andere* ist Ihre Anwendung und das Programm, mit dessen Hilfe Sie das tun können; es wird Anwendungssoftware genannt. Wenn Sie dieses Buch durchgearbeitet haben, werden Sie verschiedene Anwendungsprogramme benutzen können: Textverarbeitung, Tabellenkalkulation, E-Mail usw. Einige dieser Anwendungen sind sehr bekannt. Es wird schwer sein, ein Büro zu finden, das nicht *Microsoft Word* oder *Excel* benutzt oder auch verschiedene Internet Browser wie *Netscape Navigator* oder *Microsoft Explorer*. Viele Computer werden schon mit vorinstallierten Programmen verkauft. Große Software-Hersteller wie *Microsoft, Lotus, Star* oder *Corel* verkaufen Ihre Standardanwendungen (Text, Tabellen, Grafik, Datenbank) in einem Paket, das Office-Anwendungen genannt wird.

- Die bekanntesten Textverarbeitungsprogramme: MS-Word, Word Perfekt, Word Pro
- Die bekanntesten Tabellenkalkulationsprogramme: MS-Excel, Quattro Pro, 1-2-3 von Lotus
- Die bekanntesten Datenbankprogramme: MS-Access, StarBase, Paradox, dBase, Filemaker Pro
- Die bekanntesten E-Mail-Programme: MS-Outlook, MS-Outlook Express, Eudora

Andere Programme werden für ganz spezielle Aufgaben entwickelt. Einzelpersonen und auch Organisationen erwerben Programme, die genau auf ihre ganz persönlichen Bedürfnisse abgestimmt sind. Ein Architekt z.B. könnte vielleicht ein hochqualifiziertes Zeichenprogramm verwenden, um Häuser zu entwerfen. Ein Hersteller von U-Booten würde vielleicht ein Programm zum Projektmanagement erwerben, mit dem er die vielen tausend Komponenten zur Herstellung verwalten könnte. Im Abschnitt 1.5 werden wir uns die Programme für den täglichen Gebrauch im Geschäftsleben, in der Verwaltung, im Erziehungswesen, in der Unterhaltung und in der Kommunikation etwas genauer anschauen.

Anwendungssoftware

Ein Programm, das dazu konzipiert ist, den Benutzer bei der Ausführung bestimmter Aufgaben zu unterstützen, z. B. beim Schreiben von Texten, bei der Finanzbuchhaltung, beim Erstellen von Architekturplänen etc..

Die Herstellung von
Software

Die Entwicklung jeglicher Software schließt immer folgende Dinge ein: Forschung, Analyse, Entwicklung und einen Testlauf. Dazu werden bestimmte Spezialisten benötigt:

- **Systemanalytiker:** Sie analysieren den geschäftlichen Ablauf dessen, was die Software später unterstützen soll, und stellen ein Design für die Software her. Sie entscheiden, was die Software tun bzw. können soll, aber nicht notwendigerweise, wie sie es tun soll. Ein Systemanalytiker ist so etwas wie ein Software-Architekt. Systemanalytiker konzentrieren sich auf die Bedürfnisse der Anwender der jeweiligen Programme.

- **Programmierer:** Sie übersetzen quasi das Design in ein Arbeitsprogramm. Sie schreiben Befehle, die dem Computer sagen, was er tun soll, um die Aufgaben zu lösen bzw. zu bearbeiten, für die das Programm ausgelegt ist. Der Programmierer ist so etwas wie ein Software-Erbauer. Programmierer konzentrieren sich auf den Computer auf seine Möglichkeiten wie auch auf seine Grenzen.

Software-Copyright

Eigentlich muss man bei Software eher von Lizenzieren als von Verkaufen sprechen. Wenn Sie ein Software-Paket erwerben, geht die Software nicht in Ihr Eigentum über. Vielmehr erwerben Sie das Recht, sie unter bestimmten Bedingungen zu nutzen. Im Allgemeinen ist es einfach, Software zu vervielfältigen, was skrupellosen Leuten das Produzieren nicht autorisierter Kopien leicht macht. Diese Software-Piraterie ist selbstverständlich illegal. Sie dürfen lediglich eine Sicherheitskopie (Backup) erstellen. Darüber hinaus beraubt es den Entwickler bzw. die Software-Firma ihres rechtmäßigen Einkommens, welches sie aber benötigen, um auch die nächste Version der jeweiligen Software oder eine neue Anwendung – vielleicht auch für Ihren Gebrauch – produzieren zu können. Akzeptieren Sie daher keine Software aus zweifelhaften Quellen weder von Personen direkt noch in E-Mail-Form oder über das Internet. Sie sind dafür verantwortlich, dass die Software, die Sie verwenden, auch legaler Herkunft ist.

Es gibt aber auch Software, so genannte *Freeware*, die kostenlos vertrieben wird. Sie finden solche Software z.B. auf CDs, die Zeitschriften beigefügt sind, oder im Internet, von wo sie geladen werden können. Aber auch hier sollten Sie sich über die Bedingungen im Klaren sein. In den meisten Fällen können Sie diese Programme benutzen, sie aber nicht verkaufen, in irgendeiner Weise verändern oder so tun, als sei es Ihr eigenes Produkt.

Weiterhin gibt es so genannte *Shareware*. Sie wird ähnlich wie Freeware verbreitet. Shareware können Sie ausprobieren und wenn Sie sie dann tatsächlich einsetzen möchten, werden Sie gebeten, dem Entwickler dieser Software eine Lizenzgebühr zu bezahlen. In einigen Fällen basiert dieses Prozedere auf Vertrauen, in anderen Fällen funktioniert die Software nach Ablauf einer bestimmten Frist (meistens 30

Tage) gar nicht mehr oder nur sehr eingeschränkt. Wenn Sie dem Software-Entwickler die Lizenzgebühr zukommen lassen, erhalten Sie eine vollwertige Kopie der Software oder ein Passwort, mit dem Sie dann alle Funktionen frei schalten können.

Probleme mit der Software

Software, auch der noch so winzige Teil einer Anwendungssoftware, ist kompliziert. Es ist sehr schwierig, Software durch und durch zu testen, da es schwierig ist, sich jede erdenkliche Eingabe in jeder erdenklichen Kombination im Vorhinein vorzustellen. Manchmal werden einfach Fehler gemacht bzw. eher ungewöhnlichen Umständen lassen Programmdesigner nicht genügend Sorgfalt zukommen.

Wenn eine Software falsche oder unerwartete Ergebnisse hervorbringt, spricht man von einem *Programmfehler*. Die Bandbreite der Programmfehler reicht von minimalen Störungen, bei denen z.B. die Bildschirmanzeige unbeständig ist, über schwerwiegende Fehler, wie nicht korrekte Summen bei Berechnungen, bis hin zum totalen Absturz.

Ein Beispiel für kurzsichtiges Programmieren war der so genannte *Millennium-Programmfehler*. Viele Programme speicherten ein Datum als sechs Ziffern, wobei jeweils zwei für den Tag, den Monat und das Jahr standen. Für die meisten Gelegenheiten ist das problemlos, wenn Sie jedoch Datumsangaben in Berechnungen verwenden, dann können Probleme auftreten. Ist zum Beispiel jemand, der am   06 01 99 geboren wurde, etwas über ein Jahr oder über hundert Jahre alt? Diese Art von Doppeldeutigkeit kann zu einem wichtigen bzw. kritischen Faktor werden, wenn es sich dabei um Dinge handelt wie Zinszahlung, Haltbarkeitsdatum, Rentenanspruch usw. Auch wenn dieses Problem zunächst unbedeutend scheinen mag, hat es die Geschäftswelt rund um den Globus doch mehrere Millionen Mark gekostet, den Fehler zu beheben.

Wenn der Computer nicht mehr reagiert, also nicht mehr funktioniert, keine Eingaben und auch keine Ausgaben mehr erfolgen können, dann sagt man: Der Computer *hängt*. Wenn Ihnen das passiert, können Sie auf einen kleinen Trick zurückgreifen: Drücken Sie drei Tasten der Tastatur, STRG, ALT und ENTF, gleichzeitig. In den meisten Fällen können Sie auf diese Art und Weise das fehlerhafte Programm schließen und an etwas anderem weiterarbeiten. Wenn Sie diese Tastenkombination zweimal drücken, führt das normalerweise zum Neustart Ihres Computers.

Selten führt ein Programmfehler dazu, dass das gesamte System *abstürzt*. Hier besteht die einzige Lösung darin, die Stromzufuhr zu unterbrechen, eine Minute zu warten und dann den Computer wieder einzuschalten. Ein schnellerer Weg ist das Drücken der *Reset*-Taste an Ihrer Rechnereinheit. Wählen Sie diese Lösung jedoch als letzten Ausweg, da alle Arbeiten, die nach dem letzten Speichervorgang durchgeführt wurden, verloren gehen. Und zwar bei allen zurzeit des Absturzes geöffneten Programmen.

Daten

Wir haben bis jetzt noch gar nicht über Daten gesprochen. Daten sind eine andere nicht greifbare Komponente in einem Computersystem, die jedoch normalerweise nicht vom Software-Entwickler, sondern vom Benutzer selbst erstellt werden, also Leute wie Sie.

Um einen Brief zu schreiben, benötigen Sie eine Tastatur, einen Bildschirm, einen Drucker (Hardware) und ein Textverarbeitungsprogramm (Software). Der Brief selbst, der Name und die Adresse des Empfängers sind Daten.

Daten werden in einem Computersystem in *Dateien* abgelegt. Dateien wiederum sind in Verzeichnissen bzw. *Ordnern* organisiert. Den Dateien und Verzeichnissen werden Namen zugeordnet, damit man sie wiederfinden und erkennen kann, wenn man sie benötigt. Und auch das Betriebssystem kann sie auf diese Weise wiederfinden und bearbeiten.

Datenpflege

Bei den meisten Computern stellen Daten das wichtigste Element dar. Hardware und Software können relativ einfach ersetzt werden, wenn sie zerstört werden oder abhanden kommen. In Daten hingegen kann die Arbeit vieler Jahre stecken, die unersetzlich ist. Es macht also Sinn, seine Daten zu pflegen. Daten können verloren gehen, gefälscht und beschädigt werden oder aber auf vielerlei Möglichkeiten missbraucht werden. Dies kann versehentlich oder auch mit Absicht geschehen.

Sicherheit und Passwörter

Sie können Ihre Daten vor Diebstahl, Fälschung und neugierigen Blicken schützen, indem Sie *Passwörter* verwenden. Abhängig vom Programm, können Sie Passwörter benutzen, um bestimmte Zugangsberechtigungen zu erteilen und so zu entscheiden, wer Ihre Daten nur sehen und wer sie verändern darf. In älteren Betriebssystemen wie MS-DOS, Windows 95 oder auch Windows 98 sind leider keine Sicherheitstechniken vorhanden. Die Betriebssysteme Windows NT und Windows 2000 jedoch bieten eine Zugangskontrolle. Ein Benutzername definiert, wer Sie sind, und ein einzugebendes Passwort dient zur weiteren Identifizierung.

Bei den meisten Programmen können Sie Ihr Passwort selbst festlegen. Sie werden aufgefordert, es von Zeit zu Zeit zu ändern. Wählen Sie ein Passwort, auf das keiner so leicht kommt. Wenn es zu einfach zu erraten ist, ist der Sinn und Zweck des Passworts nicht mehr gegeben. Sie sollten jedoch ein Passwort wählen, das Sie selbst leicht behalten können. Denn wenn Sie es vergessen, bleibt auch Ihnen der Zugang zu Ihren eigenen Daten verwehrt. Wenn Sie Ihr Passwort aufschreiben, könnte es von anderen gefunden und benutzt werden. Am besten sind Passwörter, die aus einer Kombination von Zahlen und

Buchstaben zusammengesetzt sind und so den Zugriff durch unbefugte Personen erschweren.

Sicherungskopien

Dateien können versehentlich gelöscht oder zerstört werden. Datenverluste können die Folge von Festplattencrashs oder sogar einem Brand in Ihrem Büro sein. Sie können sich vor diesen Horrorszenarien schützen, indem Sie von all Ihren Daten Sicherungskopien auf Diskette oder anderen Wechselträgern anfertigen und diese dann zu Hause oder an einem anderen sicheren Ort aufbewahren. Auf diese Weise sind Sie auch für den schlimmsten Fall gewappnet.

Regelmäßig speichern

Sie sollten Ihre Daten auch während der Arbeit in regelmäßigen Abständen speichern. Erinnern Sie sich daran, dass der Computer Ihre Daten im RAM bearbeitet und der ist flüchtig. Wenn es zu einem Stromausfall kommt oder jemand versehentlich Ihren Rechner von der Stromversorgung trennt, geht alles das, was Sie nach der letzten Speicherung erarbeitet haben, verloren. Sie sollten es sich daher zur guten Angewohnheit machen, nach jedem Textabschnitt oder einem komplizierten Vorgang Ihre Daten abzuspeichern.

Viren

Computerviren sind Sabotageversuche. Dabei handelt es sich um schlaue, aber bösartige Programme, die von böswilligen Software-Entwicklern oder Amateurhackern geschrieben werden. Viren attackieren die Sicherheit Ihrer Dateien und sind so aufgebaut, dass sie schnell und mit Tücke von einem auf den anderen Computer übertragen werden können. Oft haben sie auch die Eigenschaft, sich selbst zu kopieren. Die Auswirkungen reichen von kleineren Störungen (auf Ihrem Bildschirm wird eine Meldung angezeigt, aber es werden keine Daten zerstört) über Unannehmlichkeiten (eine oder mehrere Dateien werden in Mitleidenschaft gezogen) bis hin zur totalen Katastrophe (die Festplatte wird dauerhaft unbrauchbar).

Viren werden durch Anhänge an E-Mails und infizierte Disketten verbreitet bzw. übertragen. Öffnen Sie also nie den Anhang einer E-Mail, wenn Sie nicht genau wissen, woher bzw. von wem sie kommt. Außerdem sollten Sie immer einen Virenscanner verwenden, um jede Diskette zu prüfen, die von außen in Ihren Besitz gelangt. Es existieren verschiedene Arten von Viren. Hier einige der bekannten Virentypen:

- **Bootsektorviren** platzieren sich auf dem Startsektor der Festplatte oder Diskette.

- **Programmviren** setzen sich an eine Position innerhalb eines Programms.

Grundlagen der Informationstechnologie

- **Makroviren** befinden sich innerhalb von Dokumenten und werden aktiv, sobald ein Makro ausgeführt wird.

- **Polymorphe Viren** verändern sich bei jeder Infektion.

- **Tarnkappenviren** nehmen Veränderungen am Betriebssystem vor, um sich zu tarnen.

Vorbeugen ist besser als heilen. Sorgen Sie also dafür, dass Sie eine anerkannte Anti-Viren-Software installiert haben, die automatisch Ihre Platten (Festplatte und Disketten) auf Viren überprüft und gefundene Viren entfernt. Eine Anti-Virus-Software muss immer auf dem aktuellen Stand gehalten werden. Es werden ständig neue Viren erzeugt und so sollte denn auch die Software immer die neueste sein.

Daten-Copyright

Denken Sie daran, dass Computerdaten dem gleichen Copyright und der gleichen Verantwortung unterliegen wie das gedruckte Wort oder eine Musikkomposition. Die Daten gehören demjenigen, der sie erzeugt hat. Wenn Sie also Informationen aus dem Internet runterladen, dürfen Sie diese möglicherweise nicht ohne die Zustimmung des Urhebers in einer Ihrer eigenen Publikationen verwenden.

Datenschutz

Wir alle, oder besser gesagt die Daten zu unserer Person, erscheinen in einer Vielzahl von Datenbanken. Banken, Versicherungsgesellschaften, Lehrinstitute, Arbeitgeber und die staatliche Verwaltung verfügen über Dateien, die mit personenbezogener Information gefüllt sind. Geburtsdatum, Adresse und Familienstand, unser Einkommen, unser Gesundheitszustand, die eventuell kriminelle Laufbahn, Zahlungsfähigkeit – alles Daten, die einzelne Institutionen über uns gesammelt haben. Diese Information ist manchmal allgemeiner, aber oftmals auch sehr spezieller Natur. Es kann sich auch um sehr *empfindliche* Informationen handeln, die, wenn sie in die falschen Hände gerät, gefährliche und nachteilige Auswirkungen haben.

Marketingabteilungen sind oft bereit, einen hohen Preis für eine Datenbank zu zahlen, die Informationen wie Name und Adresse einer bestimmten Gruppe von Leuten enthält. Solche Informationen ermöglichen es, Produkte und Dienstleistungen gezielt an eine ganz bestimmte Verbraucherschicht heranzutragen.

Folglich ist das Sammeln, das Aufbereiten und Verwalten sowie der Schutz solcher Informationen mit einem hohen Grad an Verantwortung verbunden und verlangt darüber hinaus großen Respekt. Falsche oder irreführende Informationen können dazu führen, dass einer Person eine Hypothek, eine Arbeitsstelle, ein Arbeitsvisum für Übersee oder eine Krankenversicherung verwehrt wird. Eine falsche Information kann unter Umständen das Leben einer Person ruinieren. Daher verlangt die Handhabung personenbezogener Daten ein Höchstmaß an

Vorsicht und Sorgfalt. All diese Aspekte werden im *Datenschutzgesetz* berücksichtigt und behandelt.

Die europäische Richtlinie zum Datenschutz

Alle EU-Staaten haben schon Gesetze zur Umsetzung dieser EU-Richtlinie verabschiedet oder werden dies in der nahen Zukunft tun.

Diese Richtlinie besagt, dass alle computergestützten Daten

- fair und rechtmäßig verarbeitet werden müssen,

- für einen ganz spezifischen und klar umrissenen Zweck gesammelt werden müssen,

- der Sache angemessen, relevant und nicht übertrieben sein sollen,

- so aufbewahrt werden müssen, dass die Person, über die diese Daten erhoben wurden, nicht mehr identifiziert werden kann, sobald eine Identifikation nicht länger notwendig ist.

Das Sammeln von Daten über Internet-Benutzer ist weitverbreitet, denn es unterstützt Online-Unternehmen bei der effektiveren Gestaltung ihrer Marketingstrategien. Derartige Praktiken sind auch ein Thema der Datenschutzgesetze. In der EU-Richtlinie sind die Informationen festgelegt, die dem Internet-Benutzer gegeben werden müssen, wenn Informationen über ihn gesammelt werden. Der Internet-Benutzer muss über die Identität des Datensammlers sowie die Absicht, mit der die Daten gesammelt werden, informiert werden. Außerdem muss ihm mitgeteilt werden, wem diese Daten eventuell zur Verfügung gestellt werden, und er muss das Recht auf einen Zugang zu diesen Daten haben, um sie im Falle unrichtiger Angaben korrigieren zu können. Jedes EU-Mitglied muss versichern, dass die oben genannten Regeln respektiert und befolgt werden.

Das so genannte *Hacken* bereitet dem Datenschutz bzw. den Datenschützern große Sorgen. Von den Verantwortlichen wird verlangt, dass sie entsprechende Sicherheitsmaßnahmen treffen, um Daten vor zufälligem oder auch böswilligem Zugriff bzw. Enthüllungen zu schützen. Dies gilt besonders dort, wo Information über ein Netzwerk läuft, wie auch fürs Internet.

Die Schwierigkeit beim Internet liegt darin, dass es länderübergreifend ist. Daten können mit einem Klick von einer Webseite in der EU auf eine Seite in den USA kopiert werden. Die EU-Richtlinie verbietet jedoch den Transfer von Informationen in Länder außerhalb der EU, es sei denn, das besagte Land verfügt über ähnliche Schutzmaßnahmen.

Selbsttest 1.4: Software

1) Ist ein Textverarbeitungsprogramm eine Systemsoftware oder eine Anwendersoftware?

2) Ist Windows eine Systemsoftware oder eine Anwendersoftware?

3) Worin besteht der Unterschied zwischen Freeware und Shareware?

4) Welche der folgenden Aussagen ist richtig?

   a) Ordner ist ein anderer Name für Diskette.

   b) Eine Datei kann eine Vielzahl von Ordnern enthalten.

5) Was ist ein Computervirus?

6) Nennen Sie einige Möglichkeiten, Ihre Daten vor Verlust und Missbrauch zu schützen.

7) Sie bringen den Newsletter für Ihre örtliche Gemeinde heraus. Sind Sie berechtigt, die Mailingliste an eine Marketingagentur zu verkaufen? Warum/warum nicht?

Netzwerke

Computer funktionieren für sich alleine ganz gut (eigenständige Computer), werden jedoch immer öfter zu einem *Netzwerk* verbunden.

Die Vorteile eines Netzwerks

Wenn Ihr Computer mit einem anderen Computer verbunden ist, so ist er Teil eines Netzwerks. Dabei spielt es keine Rolle, ob der andere Computer im gleichen Raum oder am anderen Ende der Welt steht. Wenn Sie an ein Netzwerk angeschlossen sind, können Sie auf Ihrem Computer weiterhin Ihre ganz normalen Arbeiten verrichten, aber es eröffnen sich Ihnen auch noch ganz andere Möglichkeiten:

- **Gemeinsame Nutzung von Hardware:** In einer Einzelplatzumgebung kann jemand nur dann drucken, wenn ein Drucker direkt an seinen Computer angeschlossen ist. Wenn jedoch ein oder mehrere Drucker an ein Computernetzwerk angeschlossen sind, dann kann jeder, dessen Computer an dieses Netzwerk angeschlossen ist, über diese Drucker seine Dokumente ausdrucken. Gemeinsame Druckernutzung bedeutet einfach, dass jeder drucken kann (wenn auch nicht gleichzeitig), ohne dass der Einzelne über einen eigenen Drucker verfügen muss. Das Gleiche gilt auch für andere Hardware wie Modem, Scanner und Plotter.

- **Gemeinsame Nutzung von Dateien:** An einem Einzelplatzcomputer können Sie alle Dateien bearbeiten, die auf der Festplatte Ihres Computers gespeichert sind. An einem Computer, der an ein Netzwerk angeschlossen ist, können Sie eventuell auch Dateien bearbeiten, die auf dem Computer anderer Leute gespeichert sind. Damit Netzwerkbenutzer jedoch nicht durch alle Computer der anderen Netzwerkbenutzer stöbern, wird normalerweise die Information, die z.B. von allen Mitgliedern einer Abteilung in einem Kaufhaus (z.B. Rechnungsabteilung) benötigt wird, auf einen einzelnen, leistungsfähigen, so genannten Dateiserver gelegt, der ständig in Betrieb ist.

- **E-Mail:** Innerhalb einer Organisation kommunizieren die einzelnen Mitglieder in der Regel mit Hilfe von Meetings, Telefongesprächen, Briefen und Memos. Durch ein Computernetzwerk wird aber auch noch eine andere Art der Kommunikation möglich: die elektronische Post, kurz E-Mail genannt. Es ist der Austausch von Nachrichten (normalerweise einfacher Text) zwischen Benutzern von Computern, die alle an ein Netzwerk angeschlossen sind.

- **Datenaustausch:** Benutzer eines Netzwerks können Dateien untereinander austauschen. Eine Person kann einen Artikel für den Newsletter verfassen, eine andere Person bearbeitet den Artikel, die nächste macht das Layout, während eine vierte Person eine Zeichnung oder eine vorher eingescannte Fotografie einfügt. Diese Art der kooperativen Arbeit über ein Netzwerk nennt man *Arbeitsgruppe* oder *Gruppenarbeit*.

Computernetzwerk

Zwei oder mehr Computer, die untereinander verbunden sind und somit ihren Benutzern z.B. die gemeinsame Nutzung eines Druckers oder von Dateien und E-Mail ermöglichen.

LANs und WANs

Netzwerke gibt es in zwei Größen, klein und groß. Ein Local Area Network, LAN, ist ein Netzwerk, das Computer eines Büros, eines Gebäudes oder einer Gruppe angrenzender Gebäude miteinander verbindet.

Local Area Network (LAN)

Ein Netzwerk, das Computer über einen relativ begrenzten Bereich hinweg miteinander verbindet.

Große Firmen betreiben Computernetzwerke, die Büros an unterschiedlichen Standorten innerhalb eines Landes, aber auch länderübergreifend miteinander verbinden. Solche Wide Area Networks, WANs, ermöglichen beispielsweise, dass

- das Büro in Frankfurt E-Mails mit dem Büro in Sydney austauscht,

- das Büro in Tokio Dateien lesen kann, die auf einem Computer in New Orleans gespeichert sind,

- das Büro in Kapstadt einen Bericht auf einem Drucker ausdruckt, der im Büro in Bombay steht.

Wide Area Network (WAN)

Ein Netzwerk, das Computer in geografisch weit auseinander liegenden Regionen miteinander verbindet, in der Regel über nationale Grenzen hinweg.

In der Realität sind die meisten Netzwerke größer als LANs, aber kleiner als WANs. Netzwerke, die eine Stadt oder einen Ballungsraum umspannen, nennt man MANs (Metropolitan Area Network). Beispiele: MANDA – Metropolitan Area Network Darmstadt, MAN-BS – Metropolitan Area Network Braunschweig oder das Netzwerk des Münchner Verkehrsverbunds MVV.

Computernetzwerke können für alle offen oder aber nur ausgewählten Benutzern zugänglich sein. Ein Beispiel für ein Netzwerk mit privatem Zugriff ist ein Netzwerk, das von einer Firma oder einer Verwaltungsstelle betrieben wird und auf das nur vom eigenen Personal zugegriffen werden kann. Ein Beispiel für ein Netzwerk mit öffentlichem Zugriff ist das Internet.

Die Verbindung herstellen

Wie aber sind die Computer eines Netzwerks nun tatsächlich miteinander verbunden? Bei einem LAN ist dies relativ einfach. Die Computer und Drucker sind durch spezielle Kabel miteinander verbunden. Bei einem WAN fällt diese Möglichkeit schon aus. Es wäre doch sehr unpraktisch, Kabel von einem Ende des Landes zum anderen zu legen oder gar bis zu einem anderen Kontinent.

Das Telefonnetzwerk

Die Lösung: WANs verwenden bereits vorhandene Kabel, nämlich die Leitungen der nationalen und internationalen Telefonsysteme (öffentliche Telefonnetze). Und sie nutzen auch alle anderen Technologien eines Telefonnetzwerks: Satelliten, Mikrowellen, Glasfaser usw. Dies hat große Vorteile, aber auch einen entscheidenden Nachteil:

- **Vorteile:** Das notwendige Kabelnetz ist schon vorhanden, man muss also keine WAN-Kabel durch Flüsse oder über Berge legen. So sind die Verbindungspunkte nie weit voneinander entfernt. Das Telefonsystem reicht bis in jedes Büro und praktisch bis in jeden Haushalt.

- **Nachteile:** Computersignale (das sind die Signale, die in einem Computer herumschwirren) unterscheiden sich von denen, die von einem Telefonsystem akzeptiert werden (Signale, die durch die menschliche Stimme erzeugt werden). Computersignale sind *digital*, Stimmensignale *analog*.

Wir haben also ein Problem – das Problem der unterschiedlichen Signalformen. Um also einen Computer an eine Telefonleitung anzuschließen, benötigen wir ein Gerät, das zwei Dinge kann. Welche

Aufgabe dieses Gerät dann gerade ausführt, hängt von der Richtung ab, in der die Daten fließen.

- **Ausgehende Information:** Wenn Ihr Computer Daten in eine Telefonleitung sendet (z.B. E-Mail), so muss das Gerät Computer-signale in Telefonsignale umwandeln, also von digital in analog.

- **Eingehende Information:** Wenn Sie Daten empfangen (z.B. Dateien von einem entfernten Computer), so muss das Gerät Telefonsignale in Computersignale konvertieren, also von analog in digital.

Ein anderes Wort, das auch häufig für diese Art der Umformung verwendet wird, ist Modulation. Ein Gerät, das ein Signal **mo**duliert und **dem**oduliert, bezeichnet man als Modem.

> ## Modem
>
> *Ein Gerät, dass es Computern ermöglicht, über eine Telefonleitung zu kommunizieren. Am aussendenden Computer konvertiert das Modem die ausgehenden Daten in ein Format, das von einem Telefonsystem akzeptiert wird. Am empfangenden Computer konvertiert ein anderes Modem die Daten in das ursprüngliche Computerformat zurück.*

Die meisten modernen Computer verfügen über ein eingebautes Modem. Um einen solchen Computer mit der Telefonleitung zu verbinden, stecken Sie den Stecker der Telefonleitung einfach in die dafür vorgesehene Öffnung an der Rückseite Ihres Computergehäuses. Handelt es sich bei Ihrem Modem um ein externes Gerät, so schließen Sie die Telefonleitung an Ihr Modem an und verbinden dieses durch ein separates Kabel mit dem seriellen Port an Ihrem Computer. Es kann sein, dass das Modem per Batteriebetrieb läuft oder an die normale Stromversorgung angeschlossen werden muss.

Modems werden nach ihrer Übertragungsgeschwindigkeit bewertet. Die *Baudrate* drückt aus, wie oft in der Sekunde Signaländerungen vorgenommen werden. Jede Signaländerung kann jedoch mehr als ein Bit Daten übermitteln. Daher wird die Übertragungsrate heutzutage eher in *Bits pro Sekunde, bps*, gemessen. Die schnellsten Modems erreichen derzeit eine Übertragungsgeschwindigkeit von rund 56 Kbps.

ISDN

Eine Alternative zur Nutzung der normalen Telefonsysteme ist die Verwendung von ISDN (*Integrated Services Digital Network*). Wie der Name schon verrät, dient dieses Netz der Übertragung von digitalen Signalen. In der Vergangenheit wurde ISDN hauptsächlich von Geschäftsleuten benutzt, die häufiger große Datenmengen mit anderen Büros austauschten. Mittlerweile wird es jedoch zunehmend auch von Privatkunden genutzt. Die Preise für ISDN bewegen sich heute in einer Größenordnung, die auch für kleinere Firmen und Privathaushalte erschwinglich sind.

ISDN ermöglicht den Zugriff auf zwei 64-Kbps-Leitungen. Diese können getrennt oder zusammen benutzt werden, um Daten mit einer Geschwindigkeit von 128 Kbps zu übertragen.

ISDN - Integrated Services Digital Network

Ein weltweites digitales Kommunikationsnetzwerk, das aus vorhandenen Telefondiensten entwickelt wurde.

DSL und ADSL

Nachdem ISDN auch für Privathaushalte erschwinglich wurde, drängt nun die DSL-Technologie (Digital Subscriber Line) und somit auch die ADSL-Technologie auf den Markt. Bei DSL, oft auch als xDSL bezeichnet, handelt es sich um einen Überbegriff für diverse Technologien zu denen ADSL (Asymmetric Digital Subscriber Line), RADSL (Rate-adaptive Asymmetric Digital Subscriber Line), IDSL (Internet Digital Subscriber Line), SDSL (Symmetric Digital Subscriber Line), HDSL (High-data-rate Digital Subscriber Line) und VDSL (Very-high-rate Digital Subscriber Line) gehören. All diese Technologien arbeiten über verdrillte Kabel, unterscheiden sich aber hinsichtlich der Übertragungsmethode und der Übertragungsgeschwindigkeit. Einige dieser Technologien sind asymmetrisch; was bedeutet, dass sie beim Empfang eine höhere Geschwindigkeit als beim Senden erreichen. Die übrigen Technologien arbeiten symmetrisch, was bedeutet, dass die Übertragung in beiden Richtungen mit derselben Geschwindigkeit abläuft. DSL erzielt eine hohe Übertragungsgeschwindigkeit über das standardmäßige, verdrillte Kupfertelefonkabel, das von den Telefongesellschaften verwendet wird. DSL-Technologien dienen dazu, Hochgeschwindigkeitszugänge zu ermöglichen, ohne dass dafür neue Kabel verlegt werden müssen. ADSL, eine der bekanntesten Technologien dieser Art, erzielt z. B. beim Empfang rund 8 Megabit pro Sekunde (Mbps) und beim Senden 16 bis 640 Kilobit pro Sekunde (Kbps), abhängig davon, wie weit der Telefonanschluss von der Ortsvermittlungsstelle entfernt ist. VDSL bietet noch eine weitaus höhere Übertragungsgeschwindigkeit. Beim Empfang werden rund 50 Mbps und beim Senden etwa 2 Mbps erreicht. Symmetrische DSL-Technologien – dazu gehört HDSL –, übertragen mit etwa 2 Mbps in beiden Richtungen.

ADSL - Asymmetric Digital Subscriber Line

Technologie und Hardwarekomponenten, die Hochgeschwindigkeitsübertragungen von digitalen Signalen über ein gewöhnliches, verdrilltes Kupfertelefonkabel ermöglichen.

E-Mail

Netzwerke ermöglichen ihren Benutzern den Austausch persönlicher Nachrichten. Das ist auch die Idee, die hinter E-Mail steckt.

Um jemandem eine E-Mail senden zu können, müssen Sie mit einem Netzwerk verbunden sein, dem auch der Computer des Empfängers (direkt oder indirekt) angehört. Des Weiteren brauchen Sie eine E-Mail-Software und eine eindeutige Adresse des Empfängers. Das ist das Minimum an nötigen Voraussetzungen. Eine E-Mail-Adresse setzt sich zusammen aus dem Namen, dem Trennzeichen @, der Domäne (Provider, Online-Dienst) und der Kennung.

Beispiel: Heiner.Klein@arcormail.de

In der Praxis bedeutet dies, dass beide Personen mit den folgenden Dingen ausgestattet sind:

- Computer
- Modem oder ISDN-Karte
- Telefonleitung
- Anmeldung bei einem Internet Serviceprovider (ISP)

Der ISP verfügt über eine ständige Verbindung zum Internet und bewahrt auf seinem Computer alle E-Mails aus aller Welt auf, die an Ihre Mailbox geschickt werden, bis diese von Ihnen unter Verwendung eines Passworts zum Nachweis Ihrer Berechtigung abgerufen werden.

Dies bedeutet, dass Sie Ihrem Freund auch dann eine E-Mail senden können, wenn sein Computer gar nicht eingeschaltet ist. Die E-Mail wird von seinem ISP so lange gespeichert, bis sie vom Adressaten abgerufen wird.

ISP (auch Service-Provider)

Ein Unternehmen, das allgemeine Internet-Dienstleistungen an Privatpersonen, Unternehmen und andere Organisationen verkauft.

So können Sie also auf elektronische Weise über einen längeren Zeitraum hinweg eine Art Kommunikation mit Ihrem Freund führen, ohne dass Sie jemals zur gleichen Zeit sprechen. Das ist eine praktische Sache, besonders wenn man in verschiedenen Zeitzonen lebt.

E-Mail

Darunter versteht man den Austausch von Nachrichten (normalerweise einfacher Text) zwischen Benutzern, deren Computer an ein gemeinsames Netzwerk angeschlossen sind.

E-Mail hat zwei frühere Technologien abgelöst, die auch das Telefonnetz zum Senden und Empfangen von geschriebenen Nachrichten nutzten:

- Das **Fax** kann als Kopierer verstanden werden, der in der Ferne kopiert. Der Versender benutzte ein Fax, um einen Brief, eine Zeichnung, eine Karte oder ähnliches einzuscannen. Das Faxgerät kodierte die Nachricht so, dass sie durch eine Telefonleitung verschickt werden konnte. Das Faxgerät des Empfängers dekodierte die Nachricht wieder und druckte sie aus.

Grundlagen der Informationstechnologie

- **Telex** war eine wesentlich simplere Technologie und funktionierte wie eine Schreibmaschine. Es akzeptierte nur Text, der auf einer speziellen Telexmaschine geschrieben wurde (keine Bilder). Auf der Empfängerseite druckte das Telexgerät den gleichen Text bzw. Zahlen wieder aus.

Das Internet

Das Internet ist in aller Munde. Möglicherweise ist es ja auch der Hauptgrund, weshalb Sie etwas über Computer erfahren und lernen möchten.

Internet
Das Internet ist eine weltweite Zusammenführung von Netzwerken.

Wenn Sie mit dem Internet verbunden sind, können Sie:

- E-Mails an andere Benutzer versenden,
- sich Zugang zu Informationen verschaffen, die auf Computern rund um den Erdball gespeichert sind.

Es gibt Millionen von Internet-Nutzern. Hunderttausende von Computern sind permanent mit dem Internet verbunden. Dabei handelt es sich um Regierungscomputer, Universitätscomputer, Firmencomputer, Computer mittelständischer Unternehmen, Computer freiwilliger Organisationen und auch Computer von Privatpersonen. Jeder Benutzer, egal wo er sich befindet, kann eine Nachricht an jeden anderen Benutzer versenden und Zugriff auf Dateien auf anderen Computern haben. Dieser Informationsreichtum kann für Forschung, Nachrichten, Unterhaltung, Erziehung, Information, Sport, aktuelle Begebenheiten, Kunst und zum Einkaufen genutzt werden.

Das Internet ist das wohl bekannteste Netzwerk für den E-Mail-Versand geworden. Und das hat mehrere Gründe:

- Das Netzwerk ist schon vorhanden. Es muss also kein neues aufgebaut werden, um alle Personen, mit denen Sie kommunizieren möchten, zu verbinden.
- Die Anzahl der schon angeschlossenen Benutzer ist sehr groß. Die Chancen stehen also gut, dass die Person, mit der Sie kommunizieren möchten, schon einen Internet-Anschluss hat.
- Das Internet ist so konzipiert, dass es im Falle von Teilabstürzen weiter stabil bleibt. Wenn ein Computer oder Netzwerk zusammenbricht oder eine Telefonleitung nicht funktioniert, übernehmen andere Teile die Aufgabe. Die Nachricht wird einfach umgeleitet und so lässt sich das Problem umgehen.
- Das Internet benutzt allgemeine Standards. Eine Nachricht, die von einem Computersystem in einem Land verschickt wird, kann von einem anderen Computersystem in einem anderen Land korrekt interpretiert und ausgegeben werden.

Der Begriff *World Wide Web* beschreibt Dokumente, die über das Internet verbreitet werden und ein bestimmtes grafisches Format aufweisen. Die Dokumente können durch einen Link miteinander verbunden sein, unabhängig davon, wo ihr physikalischer Standort ist. Ein Benutzer kann diesen *Links* von Dokument zu Dokument folgen. So können Sie durch ein bestimmtes Thema blättern, und zwar von allgemeinen Dingen bis hin zu spezieller Information, von Details bis hin zu großen Bildern, von Grafik bis Text, von Text bis Sound. Diese Links bezeichnet man als *Hyperlinks*. Dokumente, die sich aus diesen Hyperlinks zusammensetzen, nennt man Hypertext oder Hypermedia, wenn auch Sound, Grafik oder Video mit eingebunden sind.

Die Software, die verwendet wird, um WWW-Dokumente (auch Webseiten genannt) anzuzeigen, wird *Browser* genannt. Die bekanntesten Browser sind der *Microsoft Internet Explorer* und der *Netscape Navigator*.

World Wide Web

Die komplette Sammlung von Dokumenten, die im Internet in einer Form veröffentlicht sind, in der sie mit einem Browser angezeigt werden können.

Browser

Ein Programm, das Webseiten darstellen und so genannten Links von einer Seite zur anderen folgen kann.

Wie aber findet man da noch etwas Vernünftiges? Bei Hunderttausenden von Computern, die ans Internet angeschlossen sind und die alle Tausende von Seiten mit Information bereitstellen, keine einfache Sache, oder?

Am besten verwenden Sie eine Suchmaschine, ein Programm, das das Internet nach Informationen absucht, die für Sie interessant sind: Der Kurs einer Aktie, die Flugzeit von Athen nach Rom, der Vergleich zweier Staubsaugermarken, die korrekte Schreibweise eines englischen Wortes, die Prognose eines medizinischen Zustands, das heutige Fernsehprogramm, alles ist vorhanden – irgendwo. Die Suchmaschine kann aber nur die Einträge vergleichen, die sie in der ihr zugrunde liegenden Datenbank findet. Es ist also für Homepage-Betreiber wichtig, eine erstellte Homepage in mehreren Suchmaschinen zu registrieren.

Suchmaschine

Ein Programm, das das World Wide Web nach Dokumenten absucht, die von Ihnen bestimmten Kriterien entsprechen.

E-Commerce

Unternehmen in aller Welt sind dabei, das Internet zum Aufbau neuer Märkte für sich zu nutzen. Sie verwenden das Internet, um für ihre Produkte zu werben, Aufträge anzunehmen und in vielen Fällen auch, um ihre Waren und Leistungen zu liefern. Es ist völlig klar, dass nur ganz spezielle Produkte online geliefert werden können. Darunter befinden sich aber auch Produkte, die ursprünglich in Geschäften verkauft wurden, beispielsweise Software, Musik, Konzertkarten und Bücher. Das Internet wird von Unternehmen aber auch genutzt, um den billigsten oder effektivsten Markt für Rohstoffe zu finden, Nachfragen und Auslieferungen zu verfolgen oder mit ihren Kunden zu kommunizieren.

Diese Nutzungsmöglichkeiten für Unternehmen im Internet fasst man auch unter dem Begriff E-Commerce (elektronischer Handel) zusammen.

Das Internet revolutioniert die Art und Weise, in der Sie einkaufen. Sie können Preise mehrerer Anbieter vergleichen, direkt vom Hersteller oder einem Anbieter irgendwo auf der Welt kaufen. Außerdem können Sie mit anderen Käufern kommunizieren und ihre Meinung zu Qualität und Eignung des Produkts einholen. Wenn Sie eine Reise machen möchten, können Sie Ihren Reiseplan zusammenstellen, den billigsten Flug raussuchen, nach Hotelalternativen schauen und deren Leistungen und Preise vergleichen, besondere Angebote prüfen, Landkarten anschauen und eine Veranstaltungsliste durchsehen. Sie können Flüge buchen, Autos, Hotelzimmer oder eine sonstige Unterkunft mieten, Konzerte, Sportveranstaltungen und sogar ein Abendessen in Ihrem Lieblingsrestaurant buchen.

Selbsttest 1.5: Netzwerke

1) Nennen Sie zwei Gründe, Ihren Computer an ein Netzwerk anzuschließen.

2) Das L in LAN steht für:
   a) Leading
   b) Local
   c) Long
   d) Linked

3) Das A in WAN steht für:
   a) Access
   b) Attaches
   c) Attaches
   d) Area
   e) Aerial

4) Kommentieren Sie die folgenden Aussagen und bewerten Sie sie als richtig oder falsch.
   a) Computernetzwerke werden in Kürze das Telefonsystem überholt haben.
   b) Modems werden verwendet, um die Geschwindigkeit zu erhöhen, mit der Computer miteinander kommunizieren.
   c) Das Telefonsystem ist geradezu ideal für die Kommunikation zwischen Computern.
   d) E-Mail ist ein anderer Name für Internet.

5) Was ist das Internet? Nennen Sie zwei der häufigsten Nutzungsmöglichkeiten.

6) Was ist das World Wide Web? Welche Software benötigen Sie, um es zu nutzen?

7) Was ist eine Suchmaschine?

8) Nennen Sie ein paar Beispiele für E-Commerce.

9) Welche Güter können am einfachsten über das Internet vertrieben werden?

10) Wählen Sie eine der folgenden Unternehmensformen aus und erläutern Sie, wie ihr Geschäft durch E-Commerce verändert werden könnte: Reisebüro, Plattenfirma, Supermarkt, Restaurant, Friseur.

Ein Computer selbst ist Hardware, aber er braucht Software. Die Software entscheidet darüber, wie sich ein Computer bei einem bestimmten Problem, das sich ihm stellt, verhält. Systemsoftware steuert den Computer von innen. Anwendungssoftware richtet ihr Augenmerk nach außen, auf ein bestimmtes Problem. Sie verrichtet Abläufe, die von uns gewünscht werden.

Software wird von Systemanalytikern und Programmierern entwickelt, und zwar in einem Prozess, der eine detaillierte Forschung, Analyse, Programmentwicklung und Tests umfasst. Das Testen von Software kann nie vollkommen sein, so dass manchmal Fehler und Probleme (Programmfehler) auftreten.

Software ist Eigentum des Urhebers und es ist in der Regel illegal, sie zu kopieren.

Daten sind meistens der wertvollste Teil in einem Computersystem, denn sie sind am schwierigsten zu ersetzen. Daher sollten Sie Ihre Daten gegen Verlust und Beschädigung schützen, indem Sie Passwörter und ein Antivirenprogramm verwenden. Sie sollten Ihre Arbeit auch in bestimmten Abständen speichern und regelmäßig Sicherheitskopien anfertigen.

Mit Personendaten müssen Sie besonders vorsichtig umgehen. Das Datenschutzgesetz legt jedem, der über eine Datenbank mit personenbezogenen Daten verfügt, eine gewisse Verantwortung auf.

Die Arbeit in einem Computernetzwerk ermöglicht den Benutzern den gemeinsamen Zugriff auf Hardware und Daten und den Austausch von Nachrichten. Wenn das Netzwerk eine große geografische Fläche (WAN) umfasst, werden zur Kommunikation Telefonleitungen verwendet, wozu ein Modem nötig ist.

Um E-Mail nutzen zu können, müssen Sender und Empfänger über einen PC, ein Modem oder eine ISDN-Karte, Zugriff auf eine Telefonleitung und über einen Zugang über einen Internet Serviceprovider (oder einen anderen E-Mail-Boten) verfügen.

Das Internet ist ein weltweites Netzwerk von miteinander verbundenen Netzwerken. Es ist das gebräuchlichste Medium für E-Mail und stellt die Infrastruktur für das World Wide Web zur Verfügung. Letzteres ist eine enorme Dokumentensammlung, die über das Internet in einem speziellen Format zur Verfügung steht. Dank dieses speziellen Formats ist ein Browser in der Lage, die einzelnen Dokumente darzustellen. Der Browser erlaubt es Ihnen, ein Dokument Ihrer Wahl anzuzeigen und durch Hyperlinks von einem zum nächsten Dokument zu wechseln. Das Internet unterstützt viele Unternehmen dabei, neue Märkte zu erschließen, und es bietet Kunden neue Dienstleistungen rund um den Globus. Und das genau versteht man unter E-Commerce.

Lektion 1.5: Wozu Computer gebraucht werden

Zu dieser Lektion

Dieses Kapitel beschreibt, wozu Computer eigentlich gebraucht werden und welche Auswirkungen sie auf unser Leben haben. Diese Darstellung erhebt natürlich keinerlei Anspruch auf Vollständigkeit. Das wäre auch völlig unmöglich, da täglich neue Computerbenutzer hinzukommen. Dennoch werden Sie am Ende dieses Kapitels die große Vielfalt der Programme schätzen lernen.

Neue Fähigkeiten

Am Ende dieses Kapitels sollten Sie in der Lage sein,

- über die weitverbreitete Nutzung von Computern in der modernen Gesellschaft zu diskutieren,

- Beispiele verschiedener Computerprogramme und ihrer Anwendungsmöglichkeiten in Unternehmen, Industrie, Schulen, im Gesundheitswesen wie auch zu Hause geben zu können,

- den angemessenen und unangemessenen Einsatz von Computern zu diskutieren,

- über die Informationsgesellschaft ganz allgemein zu diskutieren.

Geschäft und Verwaltung

Die meisten Büros sind heutzutage von Computern abhängig. Computer werden dazu verwendet, Konten zu führen, Rechnungen zu versenden, Aufzeichnungen über Kunden und Zulieferer zu sammeln, den Lagerbestand zu verwalten, das Gehalt zu berechnen, Briefe, Memos und Berichte zu verfassen und zu bearbeiten, Verkaufspräsentationen zu entwerfen, mit anderen Firmen zu kommunizieren, Marktdaten zu sammeln und mit anderen in Forschungsprojekten zusammenzuarbeiten.

Computer kommen aber auch in komplexeren Geschäftsprozessen wie Ressourcenplanung, Zeitplanung, Routenplanung, Kundenmanagement, Verkaufsanalysen und Simulationen zum Einsatz.

Computer sind da besonders nützlich, wo große Datenmengen verarbeitet, analysiert, gespeichert und gefiltert oder komplexe, sich wiederholende Berechnungen vorgenommen werden müssen.

Industrie

In der verarbeitenden Industrie dienen Computer allen schon weiter oben genannten administrativen Funktionen und darüber hinaus noch vielen anderen. Computer dienen der zeitlichen Steuerung von Produktionsabläufen, überwachen den Gebrauch von Rohstoffen und die Qualität des Endprodukts, steuern Maschinenwerkzeuge, entwerfen neue Produkte, minimieren den Abfall und helfen, die Lagerbestände zu optimieren.

In den hochautomatisierten Betrieben werden Computer dazu verwendet, Aufträge von Kunden entgegenzunehmen. Daraufhin erteilen sie den Befehl, die benötigten Produkte gemäß den Kundenangaben herzustellen, automatisch Teile und Material bei den entsprechenden Zulieferern zu bestellen (nachdem zuerst geprüft wurde, ob sie auch fristgerecht liefern können) und den Terminplan für den Betrieb und das Personal zu erstellen, damit der Kundenauftrag zufriedenstellend ausgeführt werden kann.

Einzelhandel

In Supermärkten und zunehmend auch in kleineren Geschäften werden Computer dazu eingesetzt, am Ausgang den Barcode Ihrer Einkäufe abzulesen und daraufhin Ihre Rechnung zu erstellen. In vielen Geschäften wird die Information über Ihre Einkäufe unverzüglich an ein Lagerhaus weitergegeben und Nachbestellungen werden automatisch ausgeführt, sobald der Warenbestand unter ein vorher festgelegtes Niveau fällt. Auch für das Personal, das für die Bestückung der Regale zuständig ist, können entsprechende Anweisungen ausgegeben werden, so dass die Regale immer gut mit Ware bestückt sind. Diese Technologie erlaubt es dem Supermarkt, seinen Lagerbestand minimal zu halten. Das verhindert totes Kapital in Form von überflüssigen Lagerbeständen und teurer Lagerfläche.

Computer können weiterhin dazu verwendet werden, bewegliche Spruchbänder zu Werbezwecken zu steuern. Diese Anzeigen, auch Displays genannt, bestehen aus Hunderten kleiner Leuchtdioden (LEDs), die blitzschnell an- und ausgeschaltet werden und so einen Text oder Bilder erzeugen.

Zu Hause

Auch in den privaten Haushalten erschließt sich Computern ein weites Einsatzgebiet: zum Spielen (die wohl häufigste Nutzung), zur Haushaltsabrechnung, zur Informationsbeschaffung über das Internet (Nachforschungen über die Geschichte des Altertums für ein Hausaufgabenprojekt oder der aktuelle Tabellenstand der italienischen Fußball-Liga), um E-Mails an Freunde und Verwandte im Ausland zu versenden. Die Liste wird jeden Tag länger und die Grenzen liegen allein in Ihrer Vorstellungskraft.

Viele Leute haben sich zu Hause ein professionelles Designstudio bzw. DTP-Unternehmen mit Hilfe ihres PCs eingerichtet. Andere wiederum nutzen ihren Computer, um Video- und Soundbearbeitung anzubieten, und zwar vergleichbar mit dem, was sonst nur mit teurer und erlesener Ausrüstung angeboten wird. Buchhalter, Journalisten, Schriftsteller und Betreiber von Datenbanken sind Dank des Computers und der guten Verbindungen auch in der Lage, von zu Hause aus zu arbeiten.

Schulen

Wenn man davon hört, dass junge Leute in der Schule Computer benutzen, dann denkt man immer noch an technische Nutzungsmöglichkeiten wie das Programmieren. Das ist jedoch nur selten der Fall. Die hauptsächliche Nutzung der Computer in der Schule bezieht sich auf die einzelnen Fächer. Es gibt eine Menge Lehr- bzw. Lernsoftware auf dem Markt, in der fächerbezogenes Wissen strukturiert und unterhaltsam aufbereitet wird. Manche Schüler sind für diese Art der Informationsaufnahme empfänglicher und jeder Schüler kann seinem eigenen Rhythmus entsprechend lernen und Fortschritte machen. Der Computer wiederholt Lektionen beliebig oft, ohne dabei ungeduldig zu werden.

Außerdem bedeutet der Computer die Öffnung der Schule hin zur Außenwelt. Schüler können Informationen bei Büchereien, Universitäten, staatlichen Stellen, privaten Gesellschaften, neuen Organisationen und anderen Stellen anfragen und suchen. Sie können mit Schülern in

anderen Ländern kommunizieren und an gemeinsamen Projekten arbeiten. Sie können Unterricht bei Experten dieser Welt nehmen, ohne den Klassenraum verlassen zu müssen.

Computer können dazu verwendet werden, wissenschaftliche Experimente, die entweder sehr teuer oder sehr gefährlich sind, zu simulieren. So können die Schüler lernen, ohne sich selbst in Gefahr zu bringen bzw. die Kosten für Material und Ausrüstung des Experiments aufbringen zu müssen.

Schüler können den Computer auch nutzen, um Berichte zu schreiben, eine Schülerzeitung zu produzieren oder Poster zu entwerfen.

Gesundheitswesen

Die Verwaltung eines Krankenhauses hängt zunehmend vom Einsatz von Computern ab. Tatsächlich decken sich viele Anwendungsbereiche mit denen der verarbeitenden Industrie. Planung für teure und seltene Ausrüstung, Aufstellen von Dienstplänen, Patiententermine planen etc. Außerdem werden hier Computer zur Patientenüberwachung gebraucht, also Überwachung des Gesundheitszustands und eventuell Alarmierung des Personals im Falle besonderer Vorkommnisse. Computer ermöglichen es dem Arzt, genaue Patientenberichte zu erstellen und zu bewahren.

Auch die Forschung ist in hohem Maße von Computern abhängig. Die meisten Medikamente, die heute auf dem Markt sind, werden mit Hilfe von Computern zusammengestellt und computergesteuert produziert. Projekte in der Genforschung, die einen Durchbruch in der Behandlung genetischer Fehler versprechen, wären ohne leistungsstarke Computer gar nicht denkbar.

Computer und Kommunikationstechnologie werden auch dazu verwendet, abgelegene Regionen medizinisch zu versorgen. Der Patient kann für eine Diagnose und eventuelle Behandlung die Verbindung zu einem Hauptzentrum (oder einem Spezialistenteam) herstellen. Diese Entwicklung soll zu Kosteneinsparungen und besseren Behandlungsmöglichkeiten der Patienten in den kommenden Jahren führen.

Regierung und öffentliche Verwaltung

Der gesamte Apparat der öffentlichen Verwaltung nutzt Computer für viele Dinge, ähnlich wie Unternehmen: zur Abrechnung, Bestandsaufnahme, Haushaltsplanung, für Projektmanagement, Vorhersagen usw. Der Hauptunterschied liegt in der Größenordnung. Im Allgemeinen müssen die öffentliche Verwaltung und Regierungsstellen riesige Datenmengen bewältigen, z.B. Geburtsregister, standesamtliche Daten, Steuer- und Sozialversicherungsbescheide, Daten zur Volkszählung, Wahlregister etc. Es wäre heute fast unmöglich, diese Datenflut ohne Computer zu bewältigen.

Computer im täglichen Leben

Sie sind nun in der Lage, Computer in den bisher beschriebenen Anwendungsgebieten auszumachen. Allerdings wird Computertechnik auch in vielen nicht auf den ersten Blick zu erkennenden Bereichen verwendet. Computer steuern z.B. den Waschgang in Ihrer Waschmaschine, die Uhr in Ihrem Videorecorder, Ampelphasen sowie die Kraftstoffzufuhr an Ihrem Auto. Fast überall, wo automatisch etwas passiert, verbirgt sich ein Computer, der die Außenwelt überwacht und auf sie reagiert. Kleine Plastikkarten (Smart Cards genannt), die einen lesbaren Mikroprozessor enthalten, werden in EC-Karten, Telefonkarten, Mitgliederausweisen und Handys sowie als Speicher für digitales Geld verwendet.

Sprachsynthesizer sind Programme zur Erstellung computerbasierter Sprache und somit einer Imitation der menschlichen Sprache. Sie werden verstärkt in Telefonanwendungen eingesetzt, wie Telefonauskunft, Anrufbeantworterfunktionen, Telefon-Banking, und beim Reiseinformationsservice. Sprachsynthesizer ermöglichen aber auch blinden oder augenkranken Menschen die Benutzung eines Computers, indem er z.B. jeglichen, auf dem Bildschirm angezeigten Text laut vorliest.

Informations-technologie und Gesellschaft

Es gibt Leute, die die starke Ausbreitung von Computern eher beunruhigend finden. Gibt es noch Aspekte unseres täglichen Lebens, die vom Computereinsatz unberührt geblieben sind? Tragen Computer, die Menschen ersetzen, zum Problem der Arbeitslosigkeit bei? Werden Computer dazu benutzt, um uns zu überwachen und zu kontrollieren? Sind alle computerunterstützten Dienstleistungen und computergefertigten Produkte besser als ihre Vorgänger?

Diese Fragen können nicht eindeutig beantwortet werden.

Angesichts der Erörterungen dieses Kapitels werden Sie sicher zustimmen, dass in der heutigen Gesellschaft eine Menge Computer benutzt werden und dass viele Waren, die wir konsumieren, und Dienstleistungen, die wir in Anspruch nehmen, ohne Computer gar nicht verfügbar wären. Ob Sie es nun wollen oder nicht, wir leben im Computerzeitalter, dem Informationszeitalter oder dem digitalen Zeitalter – suchen Sie sich etwas aus – und unsere Gesellschaft wird daher als *Informationsgesellschaft* bezeichnet. Zusammengefasst bedeutet dies, dass diese Gesellschaft von Information geprägt ist.

Im Zeitalter der Landwirtschaft stand die Nahrungsmittelherstellung im Zentrum. Im Industriezeitalter war die Gesellschaft durch die industrielle Produktion geprägt. Ausreichend Lebensmittel galten fast schon als etwas Selbstverständliches. Es wurde durch den Einzelnen nur noch vergleichsweise wenig Zeit für die Nahrungsbeschaffung aufgewendet. Werte, Reichtum und Einkommen beruhten zunehmend auf produzierten Gütern.

Die letzten Jahre brachten eine erneute Änderung. Inzwischen stehen Dienstleistungs- und Büroberufe im Mittelpunkt – Berufe, in denen Information, Wissen und Intelligenz eine Schlüsselrolle spielen. Und in dieser neuen Wirtschaft spielen Computer eine wichtige und zentrale Rolle. Die Informationstechnologie (IT) umfasst alle Aspekte der Informationsverarbeitung.

Dennoch lohnt es sich zu hinterfragen, ob die Verwendung eines Computers in jedem Fall gut und angebracht ist. Wenn es um Transaktionen im Bankgeschäft geht, wird schnell der Vorteil des Computers deutlich. Wären wir aber auch damit einverstanden, wenn Computer über die Vergabe eines Darlehens entscheiden? Routinemäßige Verwaltungsarbeit, wie das Erstellen von Bußgeldbescheiden, könnte auf nützliche Weise von Computern erledigt werden. Aber wie wäre es, wenn plötzlich Richter im Gericht durch Computersysteme ersetzt würden? Auch in der Medizin gibt es sicherlich viele sinnvolle Anwendungsmöglichkeiten für Computer, aber auch Anwendungsbereiche, die bei einigen Menschen eher Unbehagen hervorrufen.

Auch in der Welt der Kunst gibt es Diskussionen. Verdient Kunst, die mit dem Computer hergestellt wurde, wirklich den Namen Kunst?

Kann ein Computer Gedichte schreiben, Bilder malen oder Musik komponieren? Und sollten solche Werke nach den gleichen Kriterien bewertet werden wie die von Menschen geschaffenen?

Wie schon eingangs erwähnt, gibt es hier keine klaren Antworten. Aber es lohnt sich auf jeden Fall, darüber nachzudenken. Denn diese Fragen gewinnen in unserem täglichen Leben zunehmend an Bedeutung.

An der Informationsgesellschaft teilnehmen

Computer und die damit verbundenen Technologien begleiten unser Leben rund um die Uhr. Von morgens, wenn der Wecker klingelt, bis zum Abend, wenn wir mit der Fernbedienung den Fernseher ausschalten. Wir können als passive Konsumenten von Unterhaltung und Werbung reagieren oder aktive Teilnehmer dieser Gesellschaft werden.

Teilnahme bedeutet, eine Wahl zu treffen. Eine Wahl darüber, welche Information wir wann und in welcher Form bekommen und was wir damit tun. Es bedeutet auch, die Information zu untersuchen, und zwar auf Wichtigkeit, Bedeutung und Richtigkeit. Weiterhin bedeutet es zu entscheiden, welche Information wir behalten und welche wir verwerfen. Wir müssen entscheiden, was wir produzieren, was wir veröffentlichen, an wen wir uns dabei richten, in welcher Form und zu welcher Zeit.

Der Grundgedanke hinter dem ECDL und so auch hinter diesem Buch ist, Ihnen die Möglichkeit zu geben, einige der Werkzeuge benutzen zu können, um so aktiv an der Informationsgesellschaft teilzunehmen.

Die wichtigsten Instrumente besitzen Sie jedoch bereits und Sie wissen auch, wie man sie benutzt: Ihr gesunder Menschenverstand und Ihre Intelligenz, Ihre kritischen Fähigkeiten und die Fähigkeit, entscheiden zu können, ob etwas Sinn macht oder nicht. Und diese Fähigkeiten sind durch keine Technologie zu ersetzen. Daher sollten Sie sich nie durch irgendwelche technologischen Zaubereien blenden lassen und Ihren angeborenen Talenten nicht misstrauen.

Selbsttest 1.6: Computer in der Gesellschaft

1) Mit welchen der folgenden Aussagen stimmen Sie überein und warum?

   a) Computer sind bei mathematischen Berechnungen schneller als Menschen.

   b) Menschen haben ein verlässlicheres Langzeitgedächtnis als Computer.

   c) Computer können zum Gedichte schreiben programmiert werden.

   d) Computer können medizinische Zustände besser diagnostizieren und behandeln als Ärzte.

2) Nennen Sie einige Bereiche, in denen der Supermarkt bei Ihnen um die Ecke Computer einsetzt. Erläutern Sie kurz, wie jeder dieser Einsatzbereiche Einfluss auf das Management, das Personal oder auch auf die Kunden hat.

3) Was bedeutet der Begriff *Informationsgesellschaft*?

4) Wer profitiert von einem Wechsel hin zur Informationsgesellschaft? Welche Probleme könnten entstehen?

5) „Die Informationsgesellschaft wird einen scharfen Einschnitt in die persönliche Privatsphäre mit sich bringen." Äußern Sie sich zu diesem Statement.

Zusammenfassung der Lektion: Das haben Sie gelernt

Computer werden in Unternehmen, in der Industrie, im Einzelhandel, zu Hause, in Schulen und Universitäten, im Gesundheitswesen, in der öffentlichen Verwaltung und in fast allen anderen Lebensbereichen eingesetzt.

Es lohnt sich, ab und zu einmal darüber nachzudenken, ob jede mögliche Computeranwendung auch immer eine sinnvolle ist. Manche Dinge belässt man besser in der Hand des Menschen, wie z.B. das menschliche Urteilsvermögen und Bereiche, in denen menschliche Werte wichtig sind und zum Tragen kommen.

Und es lohnt sich auch, darüber nachzudenken, was diese Ausbreitung von Computern in alle Lebensbereiche für die Gesellschaft bedeutet. Es besteht die Gefahr einer Spaltung der Gesellschaft – in diejenigen, die Zugang zu einem Computer haben und auch wissen, wie man ihn bedient, und die, die keinen Zugang zu einem Computer haben und nicht wissen, wie man damit umgeht.

Der ECDL vermittelt Ihnen die nötigen Fähigkeiten, um an der Informationsgesellschaft teilzunehmen. Dabei wird aber Ihr kritisches Beurteilungsvermögen immer mehr gefragt sein. Denken Sie immer daran, dass all die Informationen, die Ihnen über das Internet zugänglich gemacht werden, von irgendjemandem, irgendwo erstellt und eingegeben wurden. Und dieser Jemand könnte fehlgeleitet sein, Vorurteile haben oder seine Informationen könnten schlicht falsch sein.

Lektion 1.6: Das Wichtigste: Gesundheit und Sicherheit

Zu dieser Lektion

Dieses Kapitel beschäftigt sich mit etwas, was noch wertvoller ist als Hardware, Software oder Daten. Etwas, das unersetzbar ist – Sie selbst.

So, wie wir uns daran gewöhnt haben, im Auto den Sicherheitsgurt anzulegen, so müssen wir uns auch bezüglich des Arbeitens mit dem Computer sichere Arbeitsweisen angewöhnen. Probleme können in den verschiedensten Bereichen auftreten, aber eine gute Vorsorge hilft Ihnen bei der Vermeidung und Bewältigung von Problemen.

Neue Fähigkeiten

Am Ende dieses Kapitels sollten Sie in der Lage sein,

- ein paar Gefahren zu beschreiben, die mit der Benutzung eines Computers zusammenhängen,

- vernünftige Arbeitsweisen am Computer zu beschreiben.

Neue Wörter

Am Ende des Kapitels sollten Sie in der Lage sein, die folgenden Begriffe zu erklären:

- Repetitive Strain Injury (*RSI*)

Gesundheitswarnung!

Im Normalfall sind Computer sauber, leise und sicher zu handhaben. Dennoch sollten Sie ein paar potentielle Gefahren kennen und wissen, wie man Sie meidet.

Repetitive Strain Injury

Wenn Sie eine körperliche Aktivität über einen längeren Zeitraum ohne Pause ausüben, dann laufen Sie Gefahr, sich zu überanstrengen bzw. sich zu verletzen. Wenn Sie über einen längeren Zeitabschnitt hinweg eine Tastatur und eine Maus bedienen, so kann es bei Computerbenutzern zu gesundheitlichen Beeinträchtigungen ähnlich einem Tennisarm kommen. Dabei können Finger, Hände, Handgelenke, Ellbogen und sogar der Rücken in Mitleidenschaft gezogen werden. Entsprechende Symptome sind unter dem Namen RSI bzw. *Repetitive Strain Injury* oder auch Mausarm bekannt. Hier empfiehlt es sich, alle 15 bis 20 Minuten eine Pause zu machen und somit Ihren Muskeln die Chance zu geben, sich zu entspannen und zu erholen.

Auch sollten Sie sicherstellen, dass Ihr Schreibtisch und Ihr Stuhl die richtige Höhe haben und dass sich die Tastatur in einem angenehmen Winkel zum Körper befindet (siehe Zeichnung).

Sehkraft

Wenn man über längere Zeit hinweg auf einen Computerbildschirm schaut, kann das zur Übermüdung und Überanstrengung der Augen führen. Schauen Sie daher öfter vom Bildschirm weg und fixieren Sie dabei Dinge, die sich am anderen Ende des Raums oder außerhalb des Fensters befinden. Stellen Sie auch sicher, dass Ihre Arbeitsumgebung angemessen beleuchtet und klimatisiert ist. Beleuchtungstechnisch sieht man sich bei der Gestaltung von Bildschirmarbeitsplätzen mit zwei Problemen konfrontiert: Spiegelungen und Helligkeitsunterschiede. Lampen und Fenster, die sich auf dem Monitor spiegeln, wirken störend und lästig. Nach längerer Zeit kann das Gefühl entstehen, als hätten Sie Sand in den Augen. Bei starker Lichteinstrahlung kann die Bildschirmdarstellung gänzlich unlesbar werden. Starke Helligkeitsunterschiede zwischen Bildschirm und Hintergrund wirken störend. Mit einer richtigen Gestaltung des Arbeitsplatzes lassen sich jedoch solche Spiegelungen und Helligkeitsunterschiede vermeiden oder wenigstens vermindern.

Der Bildschirm sollte mit Blickrichtung parallel zur Fensterfront aufgestellt werden. Eine Blickrichtung zum Fenster wäre – obwohl sich dieses nicht spiegelt – ungünstig. Die hohe Helligkeit des Himmels oder auch von sonnenbeschienenen Außenwänden kann bei der Arbeit am Bildschirm blenden. Bei Sonneneinstrahlung helfen Lamellenjalousien und dicht gewobene, nicht zu helle Vorhänge, um die Helligkeit des Fensterbereichs zu dämpfen.

Bildschirme werden zwischen Leuchtenreihen mit Blickrichtung parallel zu diesen platziert. Bisweilen hilft ein leichtes Schrägstellen der vertikalen Bildschirmachse, verbleibende Reflexionen zu eliminieren. Reflexionsmindernd wirken auch spezielle Beschichtungen der Bildröhre, worauf schon beim Kauf geachtet werden sollte.

Körperhaltung

Ergonomische Aspekte sind oftmals so offensichtlich, dass sie übersehen werden. Die Anordnung Ihrer Computerhardware sollte so gestaltet sein, dass Sie einfach und bequem alles erreichen können. Der Bildschirm sollte sich auf der richtigen Höhe auf Ihrem Schreibtisch befinden. Ihr Stuhl sollte bequem und verstellbar sein und eine Unterstützung im Bereich des Lendenwirbels bieten.

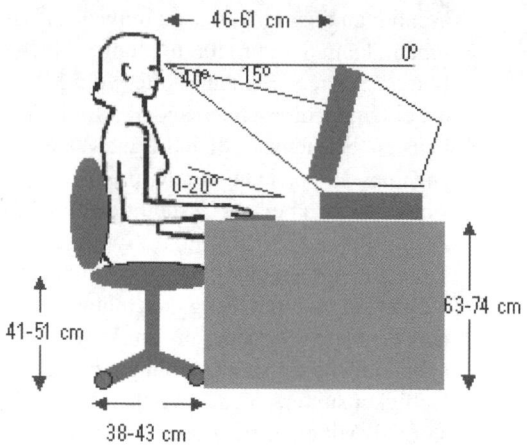

Unfälle

Ihr Computersystem umfasst eine Vielzahl verschiedener physikalischer Geräte, die alle durch Kabel verbunden sind. Die Systemeinheit ist über einen Stecker mit der Hauptstromversorgung verbunden. Bei einigen Modellen erfolgt die Stromversorgung des Bildschirms über die Systemeinheit, bei anderen separat über das normale Stromnetz. Lautsprecher werden normalerweise an die Stromversorgung angeschlossen. Das Modem ist mit der Telefonleitung verbunden.

Wir haben es also mit einer Unmenge von Kabeln und Leitungen zu tun. Stellen Sie sicher, dass die Kabel, mit denen die einzelnen Komponenten verbunden sind, ordentlich und sicher verlegt sind. Sie sollten nicht im Weg liegen, so dass niemand darüber stolpern kann. Sorgen Sie auch dafür, dass die Steckdosen des Stromnetzes für die erforderliche Strommenge bzw. Belastung ausgelegt sind. Stecken Sie also nicht alle Stecker in eine Mehrfachsteckdose und vermeiden Sie so eine Überlastung.

Selbsttest 1.7: Die sichere Benutzung Ihres Computers

1) Welche der folgenden Aussagen ist richtig?

   a) Am besten erledigen Sie Ihre gesamte Dateneingabe morgens, während Sie noch frisch sind.

   b) Sie sollten so nah wie möglich vor dem Bildschirm sitzen, damit Sie Ihre Augen nicht überanstrengen.

   c) Wenn Sie zu nah am Bildschirm sitzen, können Sie sich einen Computervirus einfangen.

   d) Die beste Methode, RSI zu vermeiden, ist es, weiterzuarbeiten, wenn Sie Schmerzen bekommen. Auf diese Art wird Ihre Armmuskulatur schneller aufgebaut.

2) Welche Art von Stuhl sollten Sie verwenden, wenn Sie über lange Zeit hinweg am Computer arbeiten?

   a) Ein Bürostuhl, der höhenverstellbar ist.

   b) Ein Esszimmerstuhl mit Armlehnen.

   c) Ein komfortables Sofa.

3) Richtig oder Falsch: Im Winter sollten Sie das Systemgehäuse mit einer Decke abdecken, damit es nicht zu kalt wird.

4) Nennen Sie einige Gefahren, die bei der Benuzung eines Computers auftreten können, und wie man das Risiko möglichst gering hält.

Weitere Übungsfragen finden Sie auf der beiliegenden Buch-CD.

Zusammenfassung der Lektion: Das haben Sie gelernt

Die Benutzung eines Computers ist in der Regel eine sichere Angelegenheit. Es gibt jedoch ein paar Gefahren, die aber vermeidbar sind. Solche Beeinträchtigungen, besonders RSI und eine Überanstrengung der Augen, treten auf, wenn Sie über einen langen Zeitraum hinweg ohne Pause am Computer arbeiten. Andere Probleme resultieren aus einer schlechten Körperhaltung oder der falschen Position bzw. Anordnung der einzelnen Geräte. Darüber hinaus stellt die Verkabelung eine potentielle Unfallquelle dar. Stellen Sie also eine ordentliche Verlegung der Kabel sicher.

2 Computerbenutzung und Dateimanagement

Modul 1 war der Reiseführer, um Sie auf die Reise ins Computerland vorzubereiten. In Modul 2 lernen Sie nun die Einwohner näher kennen.

Die Einwohner heißen Dateien und können als recht exotische Gestalten bezeichnet werden. Sie leben in Häusern, die Ordner genannt werden, und diese Ordner sind auf Flächen erbaut, die Platten heißen. (Dateien in Ordner, Ordner auf Platten – Sie haben schon eine Menge gelernt!)

Die Einwohner sind zudem auch noch sehr ergeben. Man kann ihre Namen ändern, sie von einer Stelle an eine andere verschieben, ihr Erscheinungsbild verändern, sich ihrer entledigen, falls man sie nicht mehr benötigt, und man kann sogar aus dem Nichts heraus neue erzeugen.

Sie sollten jedoch nicht vergessen, Dateien ihrer Empfindlichkeit wegen mit der nötigen Sorgfalt zu behandeln. Speichern Sie Ihre Dateien in regelmäßigen Abständen. Fertigen Sie Kopien an, für den Fall, dass der Originaldatei einmal etwas zustößt. Es ist wie immer: Die Dateien, die Sie am meisten lieben und am nötigsten brauchen, sind die, die als Erstes abhanden kommen. Daher ist es besser, diese Lektion jetzt und hier aus dem Buch zu lernen, um nicht später die schmerzliche Erfahrung des Datenverlustes machen zu müssen.

Lektion 2.1: Einschalten, klicken, ausschalten

Zu dieser Lektion

Sind Sie bereit, den ersten Schritt mit Ihrem Computer zu wagen?

Diese Lektion leitet Sie sicher durch die Grundlagen. Sie werden lernen, einen Computer ordnungsgemäß ein- und auszuschalten, was die kleinen verschiedenen Bilder auf der *Windows*-Oberfläche zu bedeuten haben und wie man *Word, Excel* und andere Programme, denen Sie beim ECDL begegnen werden, startet und beendet.

Neue Fähigkeiten

Am Ende dieser Lektion sollten Sie in der Lage sein,

- einen Computer hoch- und herunterzufahren,
- das Startmenü zum Öffnen eines Programms zu benutzen,
- zwischen geöffneten Programmen hin und her zu springen,
- einen Klick, Doppelklick und Rechtsklick auszuführen,
- die drei Kontrollkästchen in der oberen rechten Ecke des Programmfensters zu benutzen,
- Fenster zu verschieben und in ihrer Größe zu verändern,
- bei Problemen einen Neustart Ihres Computers durchzuführen.

Neue Wörter

Am Ende der Lektion sollten Sie in der Lage sein, folgende Begriffe zu erklären:

- Hochfahren/Booten
- Cursor
- Klicken
- Menü
- Taskleiste
- Schließenfeld
- Wiederherstellen Feld
- Ordner
- Dialogfeld

- *Desktop*-Fenster
- Programmfenster
- Minimierfeld
- Maximierfeld
- Ziehen
- Doppelklick
- Kontextmenü

Den Computer starten

Stellen Sie sicher, dass Ihr Computer durch einen Stecker mit dem Stromnetz verbunden ist, und schalten Sie ihn durch Drücken des Hauptschalters (Ein/Aus) ein.

Computerbenutzung und Dateimanagement

- Bei manchen Computern wird über den Hauptschalter der Computer, aber auch der Bildschirm eingeschaltet.

- Andere Computer verfügen über zwei getrennte Schalter für Computer und Bildschirm.

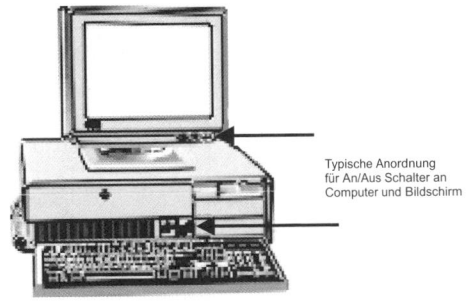

Typische Anordnung
für An/Aus Schalter an
Computer und Bildschirm

Ihr Computer gibt nun ein paar summende Geräusche von sich und gleichzeitig werden verschiedene Meldungen über Ihren Bildschirm laufen. Keine Angst, Ihr Computer wärmt sich nur auf und kontrolliert, ob auch alles in Ordnung ist und richtig läuft.

Der Windows-Desktop

Als Nächstes erscheint die Arbeitsoberfläche von *Windows*, auch *Desktop* genannt. Die kleinen Bilder auf einem farbigen Hintergrund werden *Symbole* oder auch *Icons* genannt. Am unteren Rand des Bildschirms sehen Sie eine graue Leiste mit einer Schaltfläche links (*Start*) und einer Uhr auf der rechten Seite. Diese Leiste wird als *Taskleiste* bezeichnet.

Später werden Sie noch mehr über Icons und die Taskleiste lernen. Weiterhin erfahren Sie, wie Sie das Erscheinungsbild Ihrer *Windows*-Arbeitsoberfläche verändern können, um Sie Ihrem Geschmack und den persönlichen Bedürfnissen anzupassen.

Ein Beispiel für ein Windows Desktop.

Die kleinen Bilder werden Icons genannt.

Die graue Leiste am unteren Rand des Bildschirms wird Taskleiste genannt.

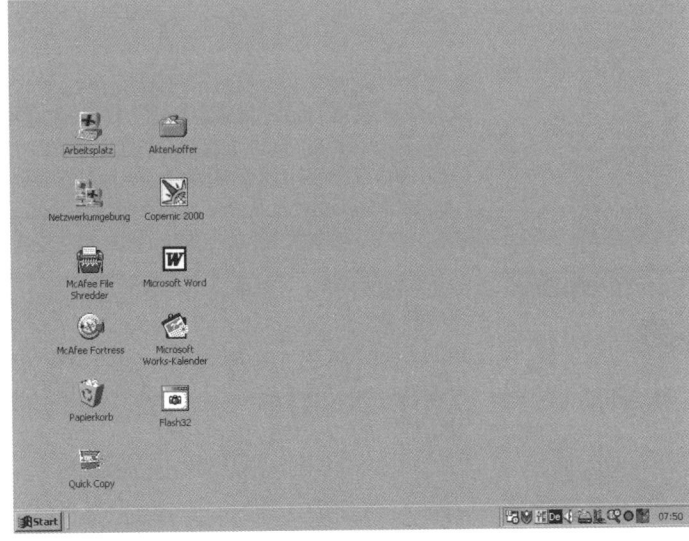

Glückwunsch! Sie haben soeben Ihren Computer hochgefahren.

Hochfahren/Booten

Der technische Ausdruck dafür, einen Computer einzuschalten und die Windows-Oberfläche angezeigt zu bekommen. Man macht einen Computer nicht an, sondern fährt ihn hoch bzw. bootet ihn.

Programme starten

Software-Anwendungen sind nützliche Programme wie z.B. *Microsoft Word, Excel, Access* und *PowerPoint*, die Ihnen dabei helfen, Dokumente, Tabellen, Datenbanken und Präsentationen zu erstellen. Sie werden in den Modulen 3, 4, 5 und 6 des ECDL-Kurses noch viel über diese Programme lernen. Der erste Schritt, um mit Programmen arbeiten zu können, besteht im Öffnen des Programms.

Der Gebrauch der Maus

Legen Sie Ihre Hand auf die Maus und schieben Sie sie auf Ihrer Unterlage umher. Entsprechend der Bewegungen der Maus bewegt sich der Cursor, auch Mauszeiger genannt, auf der *Windows*-Oberfläche. Auf diese Weise können Sie ein bestimmtes Element zum Arbeiten bzw. Bearbeiten auswählen.

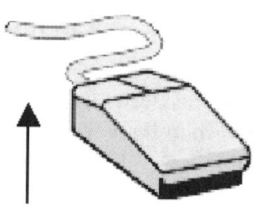  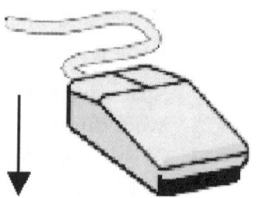

Um den Cursor auf dem Bildschirm nach oben zu bewegen, schieben Sie die Maus von sich weg.

Um den Cursor auf dem Bildschirm nach unten zu bewegen, ziehen Sie die Maus zu sich hin.

Cursor

Der Cursor wird durch ein Symbol, meistens ein Pfeil, dargestellt, den Sie über die Bildschirmoberfläche bewegen können, indem Sie die Maus über einen Untergrund (z.B. Ihren Schreibtisch) bewegen.

Die Schaltfläche Start

Bewegen Sie Ihren Cursor in die linke untere Ecke Ihres Bildschirms auf die Schaltfläche START. Drücken Sie nun kurz die linke Maustaste und lassen Sie sie wieder los. Sie brauchen die Maustaste nicht länger als zwei Sekunden gedrückt zu halten. Diesen Vorgang nennt man Klicken.

Klicken mit der Maus

Als Klicken bezeichnet man das kurze Drücken der linken Maustaste. Indem Sie auf ein Symbol auf dem Bildschirm klicken, teilen Sie dem Computer mit: "Ich möchte diesen Punkt, z.B. einen Befehl, auswählen."

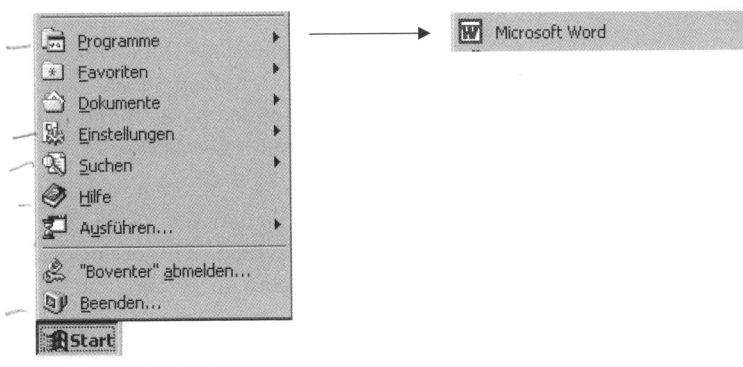

Das Windows Start Menü

Durch Klicken auf die Schaltfläche START wird das Startmenü angezeigt. Bewegen Sie den Cursor nach oben, bis zum Menüpunkt *Programme*. Sobald sich der Cursor auf dem Menüpunkt *Programme* befindet, öffnet sich rechts ein weiteres Untermenü. Bewegen Sie den Cursor auf die Stelle, an der *Microsoft Word* steht, und klicken Sie darauf. Das Programm *Microsoft Word* wird geöffnet.

Menü

Eine Liste verschiedener Punkte auf dem Bildschirm, die es Ihnen ermöglichen, mit Programmen oder Dateien zu arbeiten und mehr Information zu bekommen. Einige Menüs verfügen über Untermenüs mit weiteren Wahlmöglichkeiten.

Multitasking mit Windows

Mehrere Programme gleichzeitig geöffnet zu haben, wird Multitasking genannt. Bewegen Sie den Cursor zurück auf die Schaltfläche START und klicken Sie darauf. Führen Sie den Cursor wieder bis auf den Menüpunkt *Programme*. Gehen Sie mit dem Cursor auf *Microsoft Excel* und klicken Sie darauf. Sie haben nun ein zweites Programm geöffnet.

Aber warum nur zwei Programme öffnen? Die Übung 2.1 zeigt Ihnen die Schritte, um ein weiteres Programm zu öffnen, den Editor.

Übung 2.1: Editor öffnen

1) Klicken Sie auf die Schaltfläche START.

2) Gehen Sie auf START/PROGRAMME.

3) Wählen Sie START/PROGRAMME/ZUBEHÖR. Das Untermenü wird angezeigt.

4) Gehen Sie auf START/PROGRAMME/ZUBEHÖR und klicken Sie auf EDITOR, um das Programm zu öffnen.

Glückwunsch! Sie haben nun drei Programme auf Ihrem Bildschirm geöffnet.

Die Schreibweise START/PROGRAMME ist die Kurzform für: Öffnen Sie das Startmenü und wählen Sie die Option PROGRAMME. Und START/PROGRAMME/ ZUBEHÖR/EDITOR bedeutet: Öffnen Sie das Startmenü und wählen Sie die Option PROGRAMME. Aus dem Programmmenü wählen Sie dann ZUBEHÖR und im Zubehörmenü wählen Sie EDITOR.

Auch wenn Sie mehrere Programme gleichzeitig geöffnet haben, kann immer nur eines im Vordergrund stehen. Die anderen liegen dahinter und warten im Hintergrund. Wie aber machen Sie *Windows* klar, welches Programm Sie gern im Vordergrund hätten?

Schauen Sie sich einmal die Taskleiste am unteren Rand der *Windows*-Arbeitsoberfläche an. Sie sehen dort die Namen aller Programme, die Sie geöffnet haben.

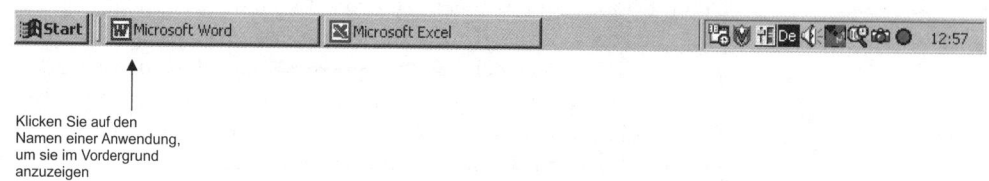

Klicken Sie auf den Namen einer Anwendung, um sie im Vordergrund anzuzeigen

Um ein Programm auszuwählen, z.B. *Word*, klicken Sie auf *Word*. Um *Excel* auszuwählen, klicken Sie auf *Excel*. Sie benutzen die *Taskleiste*, um zwischen offenen Programmen hin und her zu springen und die jeweilige Anwendung im Vordergrund anzuzeigen.

Taskleiste

Eine horizontale Leiste am unteren Rand des Windows-Desktop, in der die Schaltfläche START und die Namen jedes geöffneten Programms angezeigt werden. Klicken Sie auf einen Programmnamen, damit das Programm im Vordergrund angezeigt wird.

Sie werden noch merken, dass diese Eigenschaft von *Windows*, mehrere Programme gleichzeitig geöffnet haben zu können, sehr nützlich ist. So können Sie z.B. einen Brief in *Word* (ECDL Modul 3), eine Excel-Tabelle (Modul 4) und eine E-Mail (Modul 7) zur gleichen Zeit geöffnet haben. Sie werden auch noch lernen, dass man Dinge von einer Anwendung in andere kopieren kann.

Multitasking

Die Fähigkeit von Windows, mehrere Programme und Dateien gleichzeitig geöffnet zu haben.

Die Fenstersymbole

Gehen Sie in die Taskleiste und wechseln Sie zum Editor. Dort sehen Sie in der oberen rechten Ecke drei kleine Schaltflächen, die so genannten Fenstersymbole. Wie Sie in der folgenden Übung sehen werden, können Sie über diese Schaltflächen verschiedene Aktionen ausführen.

Schließfeld

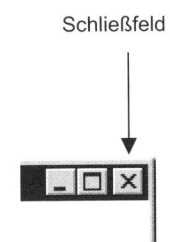

Übung 2.2: Gebrauch des Fenstersymbols Schließen

1) Ist der *Editor* im Vordergrund? Wenn nicht, klicken Sie bitte auf den entsprechenden Namen auf der *Taskleiste*.

2) Bewegen Sie den *Cursor* in die rechte obere Ecke der Anwendung und klicken Sie auf die Schaltfläche, die mit einem X gekennzeichnet ist.

Sie haben den *Editor* unter Verwendung des *Schließenfeldes* geschlossen.

Schließenfeld

Eine Schaltfläche in der oberen rechten Ecke eines Programmfensters, über die eine Anwendung geschlossen werden kann.

In den nächsten zwei Übungen lernen Sie, wie Sie das Maximieren-/ Wiederherstellenfeld benutzen.

Übung 2.3: Gebrauch des Wiederherstellenfeldes zur Verkleinerung des Anwendungsfensters

1) Ist *Excel* im Vordergrund? Wenn nicht, klicken Sie bitte auf den entsprechenden Namen auf der *Taskleiste*.

2) Bewegen Sie den Cursor in die rechte obere Ecke der Anwendung und klicken Sie auf das Wiederherstellenfeld.

Das *Excel-Fenster* wird reduziert, so dass es nicht mehr den gesamten *Windows-Desktop* einnimmt.

Wiederherstellenfeld

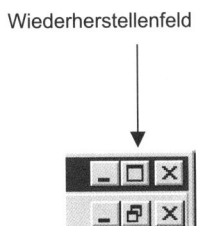

3) Gehen Sie in die *Taskleiste* und wechseln Sie zu *Word*. Klicken Sie auch bei *Word* auf das Wiederherstellenfeld.

Sie sollten jetzt beide Anwendungen auf Ihrem Bildschirm sehen. Die gerade ausgesuchte (aktive) Anwendung, in diesem Fall *Word*, überlagert die andere Anwendung *Excel*. Jede der Anwendungen erscheint in ihrem eigenen Programmfenster.

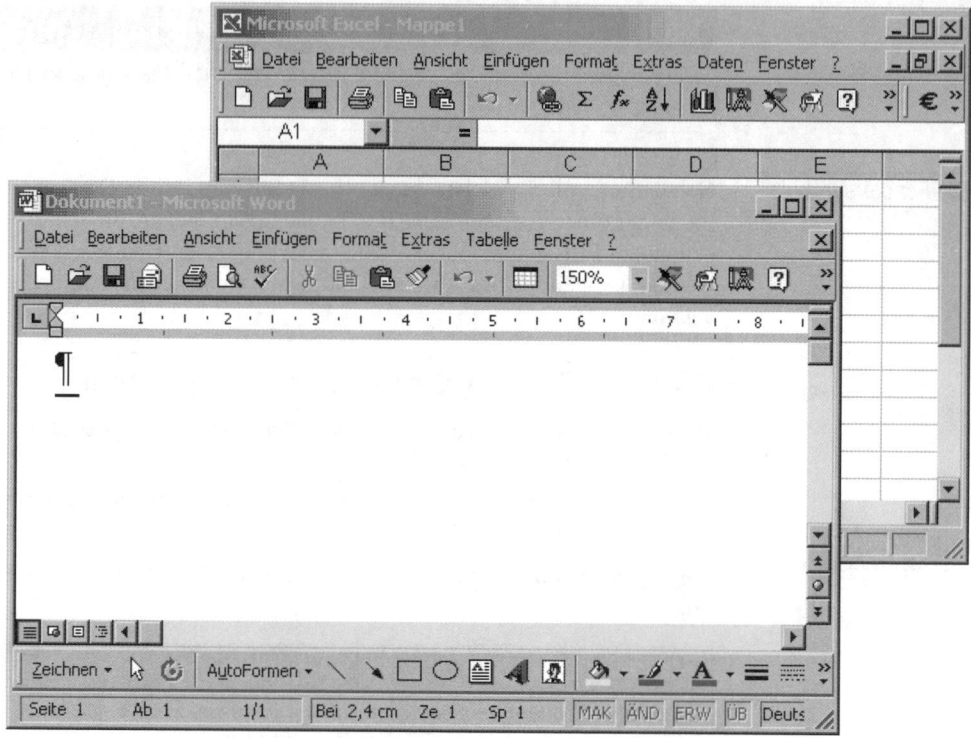

Sich überlappende Anwendungsfenster von Microsoft Word und Microsoft Excel

Wiederherstellenfeld

Eine Schaltfläche neben dem Schließenfeld, über die man die Größe des Anwendungsfensters reduzieren kann.

Um nun *Excel* in den Vordergrund zu bringen, klicken Sie einfach auf eine Stelle im *Excel-Fenste*r. Sie müssen nicht auf den Namen in der *Taskleiste* klicken. Das *Excel-Fenster befindet sich* im Vordergrund und überlappt das *Word*-Fenster. Wenn Sie das *Word-Fenster* wieder im Vordergrund haben möchten, klicken Sie einfach wieder an eine Stelle im *Word-Fenster*.

Anwendungsfenster, Programmfenster

Ein rechteckiger Bereich, in dem eine Datei oder Dateien einer Anwendung angezeigt werden können. Alle Anwendungsfenster, gleich welchen Inhalts, verfügen über gemeinsame Komponenten und Merkmale.

Wenn Sie auf das Wiederherstellenfeld klicken, um die Größe eines Fensters zu reduzieren, so verschwindet das Wiederherstellenfeld und es wird durch ein anderes Feld, das Maximierfeld, ersetzt.

Maximierfeld

Wenn Sie auf dieses Feld klicken, wird der Effekt des Wiederherstellenfelds rückgängig gemacht. Die Größe des Fensters wird maximiert, so dass es wieder die gesamte Größe des *Windows Desktops* einnimmt.

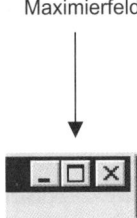

Maximierfeld

Eine Schaltfläche, über die man die Größe eines vorher verkleinerten Fensters wieder auf die volle Größe des Windows Desktops zurückbringen kann.

Es bleibt uns noch ein Fenstersymbol, das Minimierfeld. In Übung 2.4 geben wir Ihnen ein Beispiel für den Gebrauch des Minimierfelds.

Minimierfeld

Übung 2.4: Ein Fenster mit Hilfe des Minimierfelds verkleinern

1) Ist *Word* im Vordergrund? Wenn nicht, klicken Sie bitte auf den entsprechenden Namen auf der *Taskleiste*.

2) Klicken Sie im *Word-Fenster* auf das Minimierfeld.

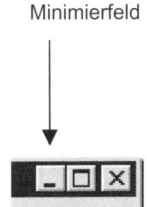

Word wird reduziert und erscheint nur noch auf der *Taskleiste*.

3) Klicken Sie in das *Excel-Fenster*, um es auszuwählen, und dann auf das Minimierfeld.

Beide Anwendungen erscheinen jetzt nur noch auf der *Taskleiste*.

Um *Word* und *Excel* wieder anzuzeigen, klicken Sie auf die Namen in der *Taskleiste*.

Minimierfeld

Eine Schaltfläche, über die ein Programmfenster reduziert wird. Es ist dann nur noch in der Taskleiste sichtbar.

Sie finden die Felder zum Schließen, Wiederherstellen, Maximieren und Minimieren in der oberen rechten Ecke jeder Anwendung.

Fenster mit Hilfe der Titelleiste verschieben

Ein anderes Merkmal, das allen Fenstern gemein ist, ist die *Titelleiste*. Diese Leiste dient zur Identifizierung und verläuft quer am oberen Rand des Fensters. Sie können die *Titelleiste* dazu verwenden, das Fenster in eine andere Position auf dem *Desktop* zu verschieben. Das funktioniert folgendermaßen:

- Klicken Sie auf die *Titelleiste* des entsprechenden Fensters, ohne dabei die Maustaste loszulassen.

- Bewegen Sie die Maus, um das Fenster an eine andere Position zu bringen, und halten Sie dabei die Maustaste gedrückt.

- Wenn Sie das Fenster an der gewünschten Stelle positioniert haben, lassen Sie die Maustaste einfach los.

Microsoft Excel - Mappe1

Klicken Sie auf die Titelleiste, um das Fenster an der gewünschten Stelle zu positionieren

Diese Abfolge von *Klicken-Verschieben-Loslassen* nennt man Ziehen.

Ziehen mit der Maus

So bezeichnet man das Verschieben eines ausgewählten Elements auf dem Desktop, indem man auf die linke Maustaste klickt und sie gedrückt hält.

Schließen Sie *Excel* über das Schließenfeld. Jetzt ist nur noch *Word* auf Ihrem *Desktop* geöffnet.

Das Arbeiten mit Desktop-Fenstern

Bewegen Sie den *Cursor* auf dem *Windows-Desktop* auf das kleine Symbol mit dem Namen *Arbeitsplatz* und klicken Sie darauf. Das Symbol erscheint jetzt markiert. Ein einfacher Klick markiert das Symbol, ohne dass eine Handlung ausgeführt wird.

Arbeitsplatz

Klicken Sie nun auf eine beliebige andere Stelle auf dem *Desktop*, um die Markierung des vorher markierten Symbols wieder aufzuheben.

Bringen Sie den *Cursor* erneut auf das Symbol *Arbeitsplatz*. Klicken Sie nun zweimal schnell hintereinander auf das Symbol *Arbeitsplatz*. Mit dieser Aktion, Doppelklick genannt, öffnet sich das Symbol und Sie können den Inhalt sehen.

Ein Beispiel für ein Arbeitsplatz Desktop Fenster

Klicken Sie auf das Schließenfeld in der oberen rechten Ecke des Arbeitsplatz-Fensters, um es zu schließen. Der *Arbeitsplatz* ist ein Beispiel für einen *Desktop-Ordner* – ein Symbol, das verschiedene gemeinsam gruppierte Elemente repräsentiert.

Andere Ordner auf Ihrem *Desktop* sehen wie ganz normale Ordner aus. Hier ein paar Beispiele:

Office 2000   Das Netz   Grafiken

Ein Fenster, das sich bei einem Doppelklick auf einen Ordner öffnet, nennt man *Desktop*-Fenster. *Desktop-Fenster* sind in ihrem Aussehen und in ihrer Handhabung Programmfenstern so ähnlich, dass der Begriff Fenster für beide Arten gleichermaßen verwendet wird.

Üben Sie das Öffnen von Ordnern auf Ihrem *Desktop* durch Doppelklick. Sie werden feststellen, dass einige Ordner Unterordner beinhalten. (Ein Unterordner ist nichts anderes als ein normaler Ordner, mit dem Unterschied, dass er sich in einem anderen Ordner befindet.) Schließen Sie nun alle Ordner über das jeweilige Schließenfeld.

Die Form und Größe eines Fensters ändern

Sie können die Form und die Größe eines *Desktop-/Programm-*Fensters ändern, indem Sie es auswählen und an einer der vier Seiten ziehen.

Um die Breite eines Fensters zu verändern, klicken Sie auf den rechten oder linken Rand. Der Cursor wird zu einem Strich mit zwei Pfeilenden. Ziehen Sie die Maus in eine Richtung. Während Sie das Fenster ziehen, werden seine Ränder als unterbrochene Linien dargestellt.

Um ein Fenster höher oder niedriger zu machen, klicken Sie auf den oberen bzw. unteren Rand. Der *Cursor* wird wieder zu einem Strich mit zwei Pfeilenden und Sie können den Rand mit der Maus verschieben.

Um gleichzeitig Breite und Höhe eines Fensters zu verändern, klicken Sie auf die untere rechte Ecke des Fensters. Der *Cursor* wird zu einem diagonalen Strich mit zwei Pfeilspitzen. Sie können nun die Ecke mit Hilfe der Maus ziehen.

Üben Sie das Ändern der Fensterform und -größe mit dem Fenster des *Arbeitsplatz-Ordners*.

Das Scrollen in einem Fenster

Manchmal ist ein Fenster nicht groß genug, um den gesamten Inhalt anzuzeigen. In einem solchen Fall erscheinen rechts und/oder unten am Fensterrand so genannte *Bildlaufleisten*. Sie können damit verschiedene Teile eines Fensters anschauen.

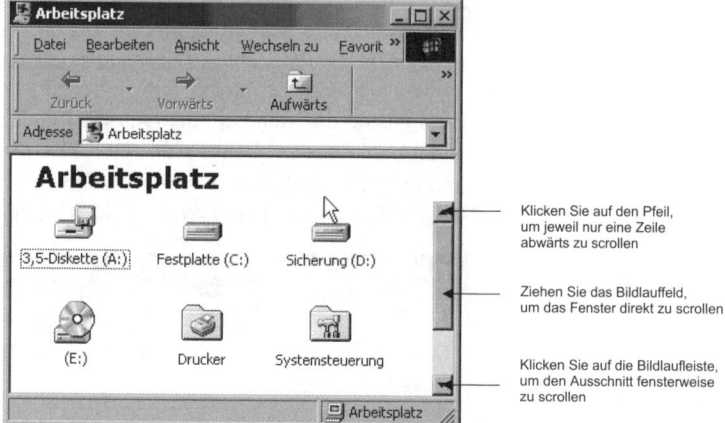

- Die Position der *Rollbalken* innerhalb der *Bildlaufleiste* zeigt an, welche Stelle im Fenster eingeblendet wird. Wenn sich der *Rollbalken* z.B. in der Mitte der *Bildlaufleiste* befindet, so wird der Inhalt in der Mitte des Fensters angezeigt.

- Die Größe des Rollbalkens zeigt an, wie viel Inhalt auf einmal im Fenster sichtbar ist. Wenn der Rollbalken also halb so groß ist wie die *Bildlaufleiste* selbst, können Sie die Hälfte des Fensterinhalts auf dem aktuellen Bildschirm sehen.

Zusätzlich zum Klicken (Auswählen), Ziehen (Verschieben) und Doppelklicken (eine Aktion ausführen) bietet *Windows* noch eine vierte Möglichkeit der Mausbewegung, den Rechtsklick.

Rechtsklick bedeutet, einen einfachen Klick mit der rechten Maustaste ausführen.

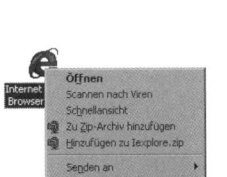

Durch einen Rechtsklick auf ein Element, sei es ein Ordner, eine Anwendung, ein Dateisymbol oder sogar der *Desktop* selbst, wird ein Kontextmenü eingeblendet. Die eingeblendeten Menüoptionen hängen vom angeklickten Element ab.

Rechtsklick mit der Maus

Das kurze Drücken der rechten Maustaste in Windows zeigt ein Kontextmenü mit mehreren Optionen an.

Eine Option, die immer durch einen Rechtsklick angezeigt wird, ist EIGENSCHAFTEN. Wählen Sie diese Option aus dem Kontextmenü, wenn Sie Details über das angeklickte Element angezeigt bekommen möchten.

Üben Sie das Rechtsklicken auf Symbole und auf den *Desktop*-Hintergrund. Klicken Sie dabei immer auf die Option EIGENSCHAFTEN im Kontextmenü.

Kontextmenü

Ein kleines Menü, das zeitweise erscheint. Üblicherweise wird es angezeigt, wenn Sie einen Rechtsklick auf ein Element ausführen. Wenn Sie eine Option aus dem Kontextmenü ausgewählt haben, wird es in der Regel wieder ausgeblendet.

Das Gegenteil von *Hochfahren* bei einem Computer ist das *Herunterfahren* bzw. Schließen. Schalten Sie Ihren Computer nie einfach so aus. Sie könnten dadurch nicht abgespeicherte Informationen verlieren und die Festplatte Ihres Computers beschädigen (und dabei auch gespeicherte Informationen verlieren).

Um Ihren Computer ordnungsgemäß zu schließen, führen Sie bitte die Schritte in Übung 2.5 aus.

Übung 2.5: Ihren Computer herunterfahren

1) Klicken Sie auf die Schaltfläche START.

2) Klicken Sie auf BEENDEN.

3) Wählen Sie die Option HERUNTERFAHREN.

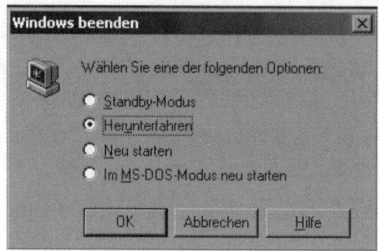

4) Klicken Sie auf OK, um Ihre Auswahl zu bestätigen.

Einige Computer können sich selbst automatisch abschalten. Bei anderen muss man, nachdem die Meldung "Sie können den Computer jetzt ausschalten" erscheint, den Ein/Aus-Schalter betätigen.

Fahren Sie Ihren Computer nun wieder hoch. Warten Sie aber mindestens zwanzig Sekunden, bevor Sie dies tun, da sonst das Laufwerk Ihrer Festplatte beschädigt werden könnte.

Der Neustart Ihres Computers

Die Option NEU STARTEN hat den gleichen Effekt, wie wenn Sie Ihren Computer herunterfahren und schnell wieder hochfahren, allerdings ohne das Risiko, dass die Hardware beschädigt wird.

Übung 2.6: Neustart des Computers

1) Klicken Sie auf START/BEENDEN.

2) Wählen Sie die Option NEU STARTEN.

3) Klicken Sie auf OK.

Wenn Ihr Computer einmal hängt

Manchmal kann es passieren, dass ein Programm *hängt* bzw. *einfriert*. Das bedeutet, dass Ihr Computer nicht mehr auf das Drücken von Tasten oder Mausklicks reagiert. Es kann aber auch passieren, dass *Windows* selbst nicht mehr auf Befehle reagiert. Der gesamte Computer reagiert dann nicht mehr. Was ist in einem solchen Fall zu tun? Die Antwort darauf finden Sie hier.

Anwendungsprobleme

Wenn eine bestimmte Anwendung nicht mehr reagiert, drücken Sie gleichzeitig die drei folgenden Tasten: STRG, ALT und ENTF. Die meisten Benutzer halten dafür die STRG und ALT-Taste mit den Fingern der linken Hand gedrückt und drücken dann mit einem Finger der rechten Hand die ENTF-Taste.

[Strg] + [Alt] + [Entf]

Die Kurzschreibweise hierfür ist: STRG+ALT+ENTF.

Ein Fenster ähnlich wie das in der Abbildung wird eingeblendet, das alle geöffneten Programme Ihres Computers auflistet. Neben dem Programm, das *hängt*, steht *Reagiert nicht.*

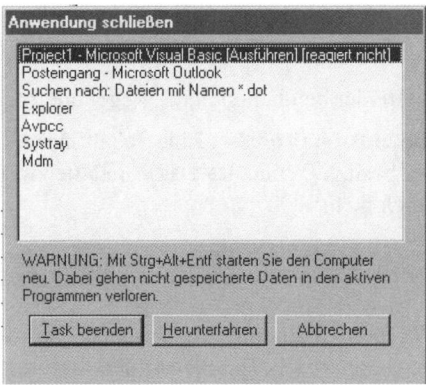

Das Dialogfeld Anwendung schließen zeigt
eine Anwendung, die nicht reagiert

Klicken Sie auf den entsprechenden Programmnamen und dann auf die Schaltfläche TASK BEENDEN. Die Anwendung und das Fenster *Programm schließen* werden geschlossen. Sie können das Programm nun wie gewöhnlich wieder starten.

Probleme mit Windows

Wenn *Windows* nicht mehr reagiert, drücken Sie STRG+ALT+ENTF zweimal kurz hintereinander. Ihr Computer wird nun herunter- und schnell wieder hochgefahren, ohne Risiko für Ihre Hardware. Durch Drücken von STRG+ALT+ENTF erreichen Sie das Gleiche wie über die Option NEUSTART im *Windows beenden*-Fenster.

Unsachgemäßes Abschalten und ScanDisk

Wenn Sie Ihren Computer anders als über START/BEENDEN abschalten, schlägt Ihnen *Windows* beim nächsten Start vor, ein Programm namens *ScanDisk* laufen zu lassen. Dieses Programm untersucht die Festplatte bzw. Platten auf Fehler. Nach Beenden von ScanDisk wird *Windows* automatisch gestartet.

Das Dialogfeld

Das Fenster *Programm schließen*, wie im letzten Abschnitt beschrieben, ist ein Beispiel für ein *Windows*-Dialogfeld. Wenn Sie den *Windows-Explorer*, *Word, Excel* und andere Anwendungen benutzen, werden Sie diesen Dialogfeldern öfter begegnen.

Dialogfeld

Damit bezeichnet man ein rechteckiges Fenster, das Windows einblendet, wenn weitere Informationen benötigt werden, bevor ein Befehl weiterbearbeitet werden kann, oder Windows Ihnen etwas mitteilen möchte.

Die Komponenten eines Dialogfelds

Dialogfelder beinhalten in der Regel die folgenden Komponenten:

*   **Befehlsschaltfläche:** Eine Schaltfläche, die ausführenden Charakter besitzt. OK und ABBRECHEN sind die zwei häufigsten. Aber es gibt noch mehr:

*   **Dropdown-Listenfeld:** Eine Liste, aus der Sie Optionen auswählen können. Klicken Sie auf den Pfeil rechts, um alle verfügbaren Optionen angezeigt zu bekommen.

Das Beispiel unten stammt aus einem Druckdialogfeld. Es zeigt Ihnen die verfügbaren Drucker an. Durch Klicken wählen Sie einen Drucker aus.

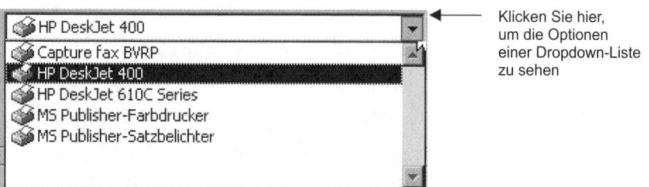

Klicken Sie hier, um die Optionen einer Dropdown-Liste zu sehen

*   **Optionsfelder:** Mehrere kleine Kreise, die Alternativen anzeigen. Hier ein Beispiel aus dem Dialogfeld *Drucken*.

*   **Kontrollkästchen:** Mehrere kleine Kästchen, die Sie aktivieren oder deaktivieren können, um Optionen auszuwählen. Es können mehrere Kontrollkästchen gleichzeitig aktiviert werden.

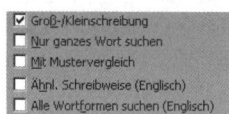

Die Standardoptionen	Die meisten Dialogfelder bieten voreingestellte oder Standardeinstellungen an. Wenn Sie nichts anderes angeben, bestimmen die Standardeinstellungen, welche Aktionen ausgeführt werden. Wenn Sie START/BEENDEN wählen, ist die Standardeinstellung z.B. HERUNTERFAHREN und die Standardoption ist OK. Um die angebotenen Standardeinstellungen zu akzeptieren, drücken Sie einfach die Eingabetaste.
Zusammenfassung der Lektion: Das haben Sie gelernt	Um Ihren Computer zu starten, schalten Sie ihn an der Systemeinheit ein. Wenn der Bildschirm einen separaten Ein/Aus-Knopf besitzt, schalten Sie ihn an. *Windows* wird gestartet und *Icons* werden auf dem *Desktop* angezeigt.

Benutzen Sie das Menü START/PROGRAMME, um eine Anwendung wie *Word* oder *Excel* zu starten und die *Taskleiste*, um zwischen geöffneten Programmen zu wechseln.

Über die Schaltflächen in der oberen rechten Ecke des Fensters können Sie das Fenster maximieren, minimieren und schließen. Sie können ein Fenster durch Ziehen an der *Titelleiste* auf dem *Desktop* verschieben. Um die Größe eines Fensters zu verändern, ziehen Sie an dessen Rändern.

Die Symbole auf dem *Desktop*, auch *Icons* genannt, stehen für Laufwerke, Anwendungen, Dateien oder Ordner.

Ein Element wird durch Klicken ausgewählt. Ein Doppelklick führt zu einer Aktion. Durch einen Rechtsklick wird ein Kontextmenü mit möglichen Optionen eingeblendet.

Wenn ein Fenster zu klein ist, um den gesamten Inhalt auf einmal anzuzeigen, können Sie scrollen, um die verschiedenen Teile des Fensters sehen zu können. Wenn das Fenster weitere Informationen benötigt, um Befehle auszuführen, wird ein Dialogfeld eingeblendet.

Fahren Sie Ihren Computer immer ordnungsgemäß herunter. Um eine Anwendung, die nicht mehr reagiert, zu schließen, drücken Sie STRG+ALT+ENTF. Drücken Sie diese Tastenkombination zweimal kurz hintereinander, wenn *Windows* nicht mehr reagiert bzw. sich aufgehängt hat.

Lektion 2.2: Entdecken Sie Ihren Computer

Zu dieser Lektion

Haben Sie sich schon einmal gefragt, welche Informationen auf Ihrem oder auf den Computern anderer Leute gespeichert sind? Nach dem Lesen dieser Lektion werden Sie in der Lage sein, folgende Fragen zu beantworten: Welche Laufwerke sind auf einem Computer installiert? Welche Namen haben seine Ordner und Dateien? Welchen Prozessor und wie viel Speicher hat der Computer?

Sie werden auch erfahren, wie man eine bestimmte Datei findet, ohne ihren Namen zu kennen, und wie man die *Windows-Online-Hilfe* verwendet.

Neue Fähigkeiten

Am Ende dieser Lektion sollten Sie in der Lage sein,

* zwischen Dateien, Ordnern und Laufwerken zu unterscheiden,

* den Arbeitsplatz zu nutzen, um Laufwerke, Ordner und Dateien anzuschauen,

* die Reihenfolge, in der Ordner und Dateien im *Arbeitsplatz*-Fenster angezeigt werden, zu verändern,

* Dateinamenerweiterungen zu erklären und die bekanntesten unter ihnen zuordnen zu können,

* nach Ordnern und Dateien zu suchen,

* die *Windows-Online-Hilfe* zu verwenden.

Neue Wörter

Am Ende dieser Lektion sollten Sie in der Lage sein, die folgenden Begriffe zu erklären:

* Datei

* Ordner

* Unterordner

* Laufwerk

* Arbeitsplatz

* Papierkorb

* Dateinamenerweiterung

* *Windows*-Suchen

* Platzhalter

Computerbenutzung und Dateimanagement

Wenn Sie alle Ihre Sachen auf einen großen Haufen werfen, werden Sie es schwer haben, etwas zu finden. Wie viel einfacher ist es, Ihre Dinge vorher zu ordnen und sie ordentlich in Regalen und Schubladen unterzubringen. Wenn Sie dann einmal etwas suchen, wissen Sie genau, wo es ist.

Was für Ihre persönlichen Dinge zutrifft, gilt auch für die Information auf Ihrem Computer. In dieser Lektion lernen Sie etwas über Dateien, Ordner und Laufwerke. Das sind zugleich die drei Ebenen, in denen Informationen auf einem Computer gespeichert werden.

Dateien

Alle Informationen auf Ihrem Computer sind in einzelnen Dateien gespeichert. Betrachten Sie eine Datei als die grundlegende Einheit zur Speicherung auf Ihrem Computer.

Datei

Dies ist die grundlegende Einheit eines Computers zur Speicherung. Alles auf einem Computer ist in einer Datei der einen oder anderen Art gespeichert.

Ordner

Ein Computer kann leicht über mehrere tausend Dateien verfügen. Um dem Computer und auch Ihnen die Suche zu erleichtern, kann man Dateien in einem Ordner zusammenfassen.

Ordner

Eine Gruppe von Dateien. Dateien, die in Ordnern organisiert sind, sind leichter zu finden.

Ein Ordner kann auch einen oder mehrere Ordner beinhalten und so eine baumähnliche Hierarchie bilden.

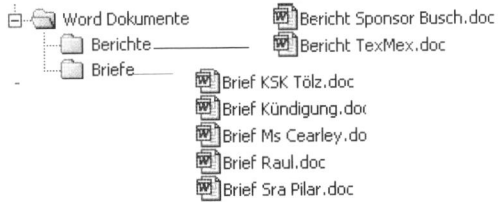

Eine Beispielhierarchie von Ordnern und Dateien

Im Beispiel oben beinhaltet der Ordner *Word-Dokumente* zwei Unterordner: *Briefe* und *Berichte*.

Ein anderer Vorteil, der sich aus dem Ablegen von Dateien in Ordnern ergibt, ist der, dass Sie mit Dateien als Gruppe arbeiten können. Sie können z.B. alle Dateien eines Ordners auf einmal löschen.

Laufwerke	Auf einem Laufwerk werden Dateien und Ordner gespeichert. Normalerweise trägt die Festplatte den Namen Laufwerk C:. Manche Computer haben die Festplatte auch in Laufwerk C: und Laufwerk D: unterteilt. Die Festplatte ist dann *partitioniert*.

Der nächste verfügbare Buchstabe wird dem CD-ROM-Laufwerk zugeteilt, also D: oder E:. Das hängt, wie schon erwähnt, davon ab, ob Ihre Festplatte partitioniert ist oder nicht. Das Diskettenlaufwerk wird mit A: bezeichnet. |

Laufwerk

Dabei handelt es sich um ein Speichergerät, um Dateien in einem Ordner aufzubewahren. Normalerweise ist A: das Diskettenlaufwerk, C: die Festplatte und D: das CD-ROM-Laufwerk.

Und wo ist das B:-Laufwerk? Ältere Computer verfügten nur über zwei Diskettenlaufwerke, A: und B:. Mit dem Aufkommen der Festplatte C: und der Standardisierung von Disketten wurde das zweite Diskettenlaufwerk überflüssig.

Arbeitsplatz benutzen Arbeitsplatz	Schauen Sie sich den *Windows-Desktop* Ihres Computers an. Sie sehen einen Ordner mit dem Namen *Arbeitsplatz*. Wenn nicht, verkleinern oder minimieren Sie alle offenen Programmfenster, bis Sie den *Arbeitsplatz* sehen.

Wenn Sie den Arbeitsplatz öffnen, werden Symbole für Festplatte, Diskettenlaufwerk und CD-ROM-Laufwerk auf Ihrem Computer angezeigt. Sie sehen auch Ordner mit dem Namen *Systemsteuerung* (hier können Sie die Einstellungen Ihres Computers verändern), Drucker (hier können Sie Druckereinstellungen ändern) und DFÜ-Netzwerk (hier können Sie Internet-Verbindungen einstellen). |

Arbeitsplatz

Ein Desktop-Ordner, in dem Sie fast alles auf Ihrem Computer sehen können. Dazu gehören auch Laufwerksinhalt und Computer-, Drucker- und Internet-Einstellungen.

Die Laufwerke über den Arbeitsplatz erkunden	Über welche Laufwerke verfügt Ihr Computer? In Übung 2.7 können Sie dies herausfinden.

Übung 2.7: Laufwerke über den Arbeitsplatz erkunden

1) Führen Sie einen Doppelklick auf das Symbol ARBEITSPLATZ auf dem *Windows-Desktop* aus. Im Beispiel unten können Sie fünf Laufwerke sehen: ein Diskettenlaufwerk (A:), zwei Festplatten (C: und D:), ein CD-ROM-Laufwerk (E:) und ein Zip-Laufwerk (F:).

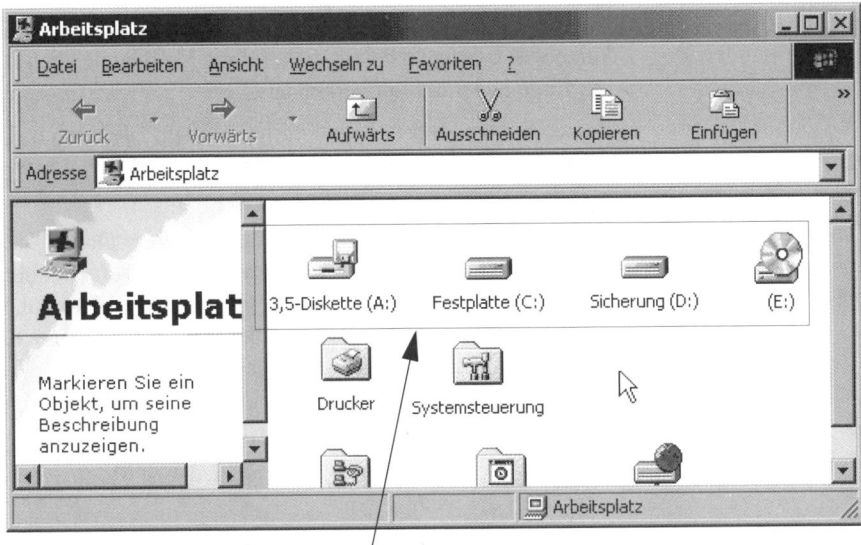

Der Ordner Arbeitsplatz zeigt vier Laufwerke an

Nun wissen Sie also, wie Sie feststellen können, welche Laufwerke sich auf Ihrem oder jedem anderen Computer befinden. In Übung 2.8 werden Sie lernen, wie man sich grundlegende Informationen über die eingebauten Laufwerke anzeigen lässt.

Übung 2.8: Laufwerkseigenschaften anschauen

1) Rechtsklicken Sie im offenen Fenster *Arbeitsplatz* auf das Symbol für Laufwerk C:.

2) Klicken Sie dann im eingeblendeten Kontextmenü auf die Option EIGENSCHAFTEN.

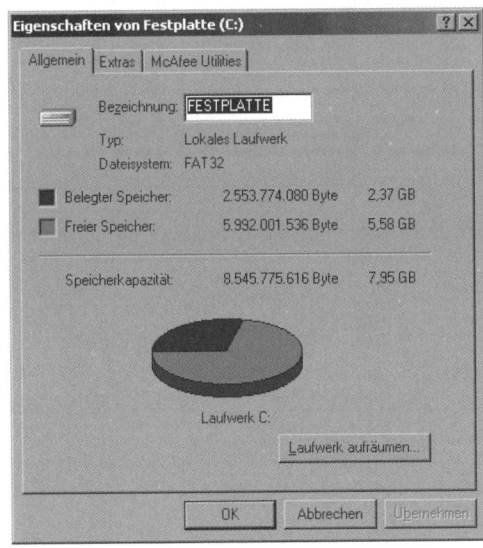

Ein Dialogfeld, ähnlich dem hier abgebildeten, wird gezeigt. Sie können erkennen, wieviel Platz auf Ihrer Festplatte belegt und wieviel frei ist. Über dieses Dialogfeld können Sie Ihrer Festplatte auch einen Namen geben.

3) Wenn Sie fertig sind, klicken Sie auf OK.

Um etwas Übung zu bekommen, führen Sie den gleichen Ablauf auch mit Ihren anderen Laufwerken aus.

Lassen Sie das *Arbeitsplatz*-Fenster auf dem *Desktop* geöffnet. Das Symbol für *Arbeitsplatz* wird auch auf der *Taskleiste* angezeigt.

Ordner und Dateien über den Arbeitsplatz erforschen

Sie können den *Arbeitsplatz* dazu benutzen, um Ordner und Dateien, die auf einem Laufwerk gespeichert sind, anzuzeigen. Führen Sie einfach einen Doppelklick auf das entsprechende Symbol, z.B. das Symbol für Laufwerk C:, aus und der Arbeitsplatz öffnet ein zweites Fenster, das den Inhalt des Laufwerks anzeigt.

Im *Arbeitsplatz* können Ordner und Dateien der einzelnen Laufwerke in verschiedener Weise dargestellt werden. Mit einem Klick auf das Menü ANSICHT werden Ihnen die verschiedenen Möglichkeiten angezeigt. Hier die wichtigsten:

- **Große Symbole**. Zeigt Ordner und Dateien wie folgt an:

- **Kleine Symbole**. Zeigt Ordner und Dateien in Spalten geordnet an, wobei oben Ordner und darunter Dateien angezeigt werden.

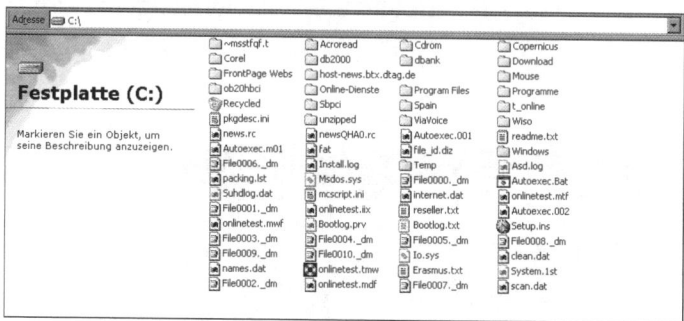

- **Liste**. Zeigt Ordner und Dateien als Liste an, erst alle Ordner und dann die Dateien.

- **Details**. Listet zuerst Ordner und dann Dateien in einer einzigen Spalte auf. Gleichzeitig werden zusätzliche Informationen zu jedem Element angezeigt.

Adresse	C:\			
	Dateiname	Größe	Typ	Geändert am
	~msstfqf.t		Dateiordner	25.12.00 11:36
Festplatte (C:)	Acroread		Dateiordner	16.02.00 11:56
	Cdrom		Dateiordner	20.08.99 12:15
	Copernicus		Dateiordner	17.07.00 19:25
	Corel		Dateiordner	21.12.00 20:16
Markieren Sie ein Objekt, um	db2000		Dateiordner	02.06.00 22:07
seine Beschreibung anzuzeigen.	dbank		Dateiordner	02.06.00 21:33
	Download		Dateiordner	16.12.99 09:16
	FrontPage Webs		Dateiordner	21.11.99 15:51
	host-news.btx.dtag.de		Dateiordner	17.04.00 12:39
	Mouse		Dateiordner	20.08.99 12:18
	ob20hbci		Dateiordner	06.01.00 21:01
	Online-Dienste		Dateiordner	18.08.99 10:24
	Program Files		Dateiordner	25.11.99 14:25
	Programme		Dateiordner	18.08.99 10:13

Für die Übungen in diesem Buch wählen Sie bitte ANSICHT/DETAILS. Dieser Ansichtenmodus bietet Ihnen die meiste Information über den Inhalt Ihrer Laufwerke.

Am unteren Rand des *Arbeitsplatz*-Fensters, in der Statusleiste, können Sie ablesen, wie viele Elemente sich im Fenster befinden und wie viel Speicherplatz diese auf der Platte einnehmen. Wenn Sie die Statusleiste oder Symbolleiste nicht sehen können, klicken Sie auf die entsprechenden Optionen im Menü ANSICHT, sie werden dann angezeigt.

Ordner und Dateien sortieren

Sie können die Reihenfolge, in der Ihre Ordner und Dateien im Arbeitsplatz angezeigt werden, verändern. Mit der Standardeinstellung werden Ordner und Dateien dem Namen nach in alphabetischer Reihenfolge angezeigt. Möchten Sie alles nach Größe sortiert haben, klicken Sie einfach in der Leiste am oberen Fensterrand auf *Größe*. Als alternative Möglichkeiten können Sie auch nach *Typ* und *Geändert am* sortieren.

Übung 2.9: Ordner und Dateien im Arbeitsplatz sortieren

1) Lassen Sie über *Arbeitsplatz* den Inhalt Ihres Laufwerks C: anzeigen.

2) Klicken Sie oben im Fenster auf die Überschrift *Dateiname*. Die Ordner und Dateien werden nun in umgekehrter Reihenfolge alphabetisch sortiert. Klicken Sie noch einmal auf *Dateiname*, um sie wieder in die ursprüngliche Reihenfolge zu bringen.

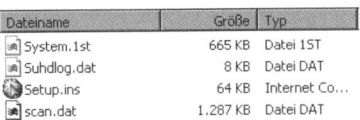

Dateiname	Größe	Typ
System.1st	665 KB	Datei 1ST
Suhdlog.dat	8 KB	Datei DAT
Setup.ins	64 KB	Internet Co...
scan.dat	1.287 KB	Datei DAT

3) Klicken Sie oben im Fenster auf die Überschrift *Größe*. Die Ordner und Dateien werden nun der Größe nach sortiert, wobei das kleinste Element oben steht. Klicken Sie noch einmal auf *Größe*, um sie in umgekehrter Reihenfolge zu sortieren.

4) Klicken Sie oben im Fenster auf die Überschrift *Geändert am*. Die Ordner und Dateien werden nun so angezeigt, dass das Element, das zuletzt bearbeitet oder erstellt wurde, ganz unten steht. Klicken Sie noch einmal auf *Geändert am*, dann wird das älteste Element unten angezeigt.

Sie können die einzelnen Spalten in ihrer Breite verändern. Klicken Sie dazu oben in den Trennstrich zwischen den Spaltenüberschriften. Der Cursor verwandelt sich in ein kreuzähnliches Zeichen. Halten Sie die Maustaste gedrückt und ziehen Sie die Trennlinie nach rechts oder links.

Die Eigenschaften eines Ordners betrachten

Um Information über einen Ordner im *Arbeitsplatz* anzuzeigen, z.B. den Inhalt des *Windows*-Ordners, führen Sie einen Rechtsklick auf den Ordner aus. Ein Kontextmenü wird eingeblendet, aus dem Sie nun die Option EIGENSCHAFTEN auswählen.

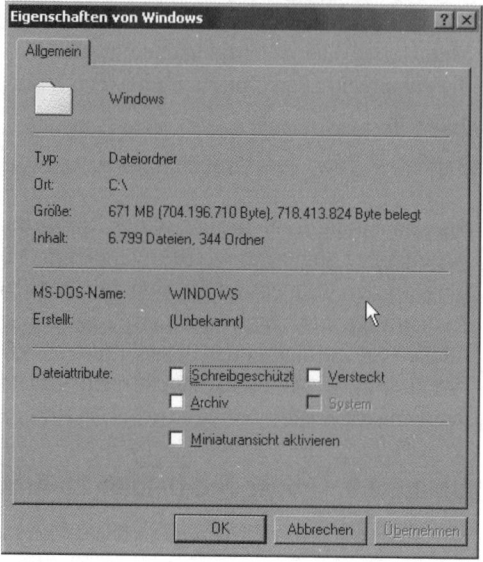

Es wird Ihnen ein Dialogfeld angezeigt, das ähnlich aussieht wie das in der Abbildung.

Neben anderen Details erfahren Sie hier, wie viele Ordner und Dateien sich im *Windows*-Ordner befinden.

Außerdem wird das Laufwerk, auf dem sich der Ordner befindet (hier Laufwerk C:), und die Größe des Ordners (in diesem Fall 671 Megabyte) angezeigt.

Dateinamenerweiterungen und Icons

Eine Datei ist, wie schon am Anfang dieser Lektion erwähnt, die grundlegende Einheit eines Computers zur Speicherung. Wenn Sie Dateien im Fenster von Arbeitsplatz betrachten, werden Sie feststel-

len, dass verschiedene Dateien durch verschiedene Symbole dargestellt werden. Das Symbol, das *Windows* zur Darstellung einer Datei
verwendet, hängt von der aus drei Buchstaben bestehenden *Dateinamenerweiterung* ab. Anwendungsdateien haben die Endung .exe
oder .dll. Die Dateinamenerweiterung ist durch einen Punkt vom
Dateinamen getrennt.

Wenn Sie eine Datei in einem Programm speichern (z.B. ein *Word-
Dokument* in *Microsoft Word*) oder ihr einen Namen geben, so wird
dem Dateinamen automatisch eine entsprechende Endung aus drei
Buchstaben angehängt.

Dateinamenerweiterung

*Eine Drei-Buchstaben-Erweiterung, die an den Dateinamen angehängt
wird und angibt, um welche Art von Datei es sich handelt. Ein Punkt trennt
die Erweiterung vom Dateinamen.*

Es folgen ein paar Dateinamenerweiterungen von gebräuchlichen Programmen zusammen mit ihren entsprechenden Symbolen.

Dateityp / Anwendung	Erweiterung	Symbol
Microsoft Word-Dokument	.doc	
Microsoft Excel-Tabelle	.xls	
Microsoft Access-Datenbank	.mdb	
Microsoft PowerPoint-Präsentation	.ppt	
Nur-Text-Datei	.txt	
Online-Hilfe-Datei	.hlp	
Webseiten-Datei	.htm	

**Nach Ordnern und
Dateien suchen**

Der schnellste Weg einen Ordner oder eine Datei auf Ihrem Computer
zu finden, führt über das *Windows*-Merkmal SUCHEN. Die meisten
Suchvorgänge basieren auf einem kompletten Ordner- oder Dateinamen oder Teilen davon. Aber die Option SUCHEN erlaubt auch eine
erweiterte Suche nach Datum oder Inhalt.

Um einen Ordner oder eine Datei auf einem Laufwerk zu finden, wählen Sie START/SUCHEN/ORDNER UND DATEIEN. Ein Dialogfeld wird eingeblendet. Im Feld *Suchen in* können Sie angeben, welches Laufwerk oder

welcher Ordner auf einem Laufwerk durchsucht werden soll. Ins Feld *Name* tragen Sie den Dateinamen ein. Klicken Sie nun auf die Schaltfläche STARTEN.

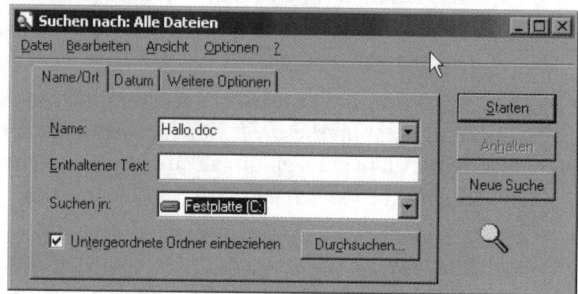

Sie können die Schaltfläche DURCHSUCHEN dazu verwenden, eine Ansicht ähnlich der Ansicht *Arbeitsplatz* von Laufwerken, Ordnern und Dateien angezeigt zu bekommen.

Die Suche mit Platzhalter

In Ordner- und Dateinamen sind Sternchen (*) oder Fragezeichen (?) so genannte Platzhalter, die ein (Fragezeichen) oder mehrere (Sternchen) Zeichen repräsentieren. Wenn Sie sich also nicht an den ganzen Namen des gesuchten Elements erinnern können, schreiben Sie den Platzhalter an die Stelle eines oder mehrerer Buchstaben.

Eine Suche nach *Bericht*.doc* findet alle Dateien, die mit *Bericht* beginnen und die Erweiterung .doc haben. Beispiele wären z.B. Bericht3.doc, Berichtneu.doc und Bericht-a.doc.

Wenn Sie nach .xls suchen, findet *Windows* alle Dateien, die eine *Microsoft Excel*-Endung bzw. Erweiterung haben. Probieren Sie es einfach mal aus.

Platzhalter

Das Sternchen (*) oder das Fragezeichen stehen für ein Zeichen oder eine Kombination aus mehreren Zeichen, wenn Sie eine Suche nach einem Ordner oder einer Datei starten.

Übung 2.10: Alle Word-Dokumente mit Hilfe des Platzhalters finden

1) Wählen Sie START/SUCHEN/DATEIEN UND ORDNER.

2) Schreiben Sie **.doc* in das Feld *Name*.

3) Im Feld *Suchen in* wählen Sie Laufwerk C:.

4) Klicken Sie auf DURCHSUCHEN.

Windows zeigt Ihnen in einem Fenster alle Dateien mit der Erweiterung .doc an. Sie können jede angezeigte Datei direkt mit einem Doppelklick öffnen. Um das Dialogfeld *Suchen* zu schließen, klicken Sie auf das Schließenfeld in der oberen rechten Ecke.

Die datumsbasierte Suche

Wenn Sie auf das Register *Datum* im Dialogfeld *Suchen nach* klicken, können Sie Ihre Suche eingrenzen. Sie können bestimmen, dass nur Dateien oder Ordner, die während eines bestimmten Zeitabschnitts oder während einer bestimmten Anzahl von Tagen oder Monaten erstellt oder geändert wurden, gesucht werden.

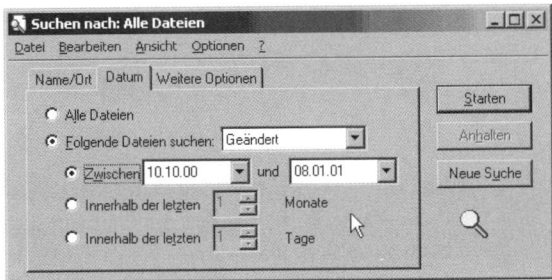

Suche durch Datumseingabe begrenzen

Sie können auch einfach nur nach Datum oder Zeitabschnitt suchen, wenn Sie den Datei- oder Ordnernamen nicht kennen. Oder wenn Sie einfach nur wissen möchten, welche Dateien bzw. Ordner an bestimmten Tagen oder innerhalb eines Zeitabschnitts erstellt oder geändert wurden.

Die inhaltsbasierte Suche

Wenn Sie überhaupt keine Ahnung haben, wie das gesuchte Element heißt oder wann es erstellt bzw. geändert wurde, können Sie auch nach Inhalt suchen.

Im Register *Name/Ort* des Dialogfelds *Suchen* befindet sich ein Feld *Enthaltener Text*. Hier können Sie ein oder mehrere Wörter eingeben, die in der gesuchten Datei enthalten sein könnten.

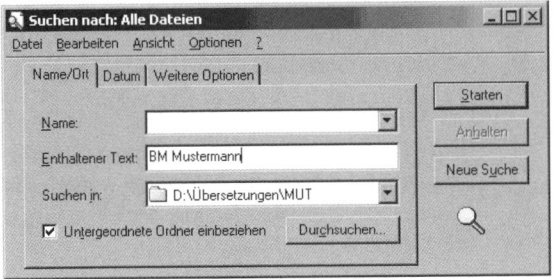

Suche nach Inhalt

Der Papierkorb

Windows speichert gelöschte Dateien zunächst in einem Bereich, der Papierkorb genannt wird. Können Sie das entsprechende Symbol auf Ihrem *Desktop* sehen? Wenn nicht, ändern Sie bitte die Größe der geöffneten Fenster oder minimieren Sie sie, bis das Symbol sichtbar wird.

 Papierkorb mit Inhalt   Leerer Papierkorb

Papierkorb   Papierkorb

Wenn Sie versehentlich eine Datei löschen, doppelklicken Sie einfach auf den Papierkorb. Klicken Sie dann auf die entsprechende Datei, um sie auszuwählen, und wählen Sie im Menü DATEI/WIEDERHERSTELLEN. Sie können Ihren Papierkorb leeren, indem Sie DATEI/PAPIERKORB LEEREN wählen. Durch das Leeren des Papierkorbs schaffen Sie weiteren Speicherplatz auf Laufwerk C:.

Welche Spezifikationen hat Ihr Computer? Um dies herauszufinden, führen Sie folgende Schritte durch:

System

- Wählen Sie START/EINSTELLUNGEN/SYSTEMSTEUE-RUNG, um den Ordner *Systemsteuerung* angezeigt zu bekommen.

- Wahlweise können Sie auch einen Doppelklick auf das Symbol SYSTEMSTEUERUNG im *Arbeitsplatz*-Fenster ausführen.

- Klicken Sie auf das Symbol SYSTEM.

Das Dialogfeld *Eigenschaften* von System wird angezeigt. Im Register *Allgemein* werden der Name Ihres Betriebssystems, der Prozessor und die Größe des RAM angezeigt.

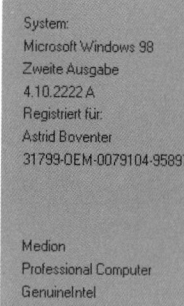

System:
Microsoft Windows 98
Zweite Ausgabe
4.10.2222 A
Registriert für:
Astrid Boventer
31799-OEM-0079104-95897

Medion
Professional Computer
GenuineIntel
Pentium(r) III Processor
64,0 MB RAM

Die Online-Hilfe

Windows bietet eine *Online-Hilfe* an, die Sie nach Themen durchsuchen können.

• Das Wort *Hilfe* in Online-Hilfe bedeutet, dass Informationen vorliegen, die Sie dabei unterstützen, *Windows* zu verstehen und zu benutzen.

• Das Wort *Online* bedeutet, dass die Information auf dem Bildschirm verfügbar ist, statt auf Papier.

Sie können die Online-Hilfe durchsuchen und lesen, indem Sie START/HILFE wählen. Wahlweise können Sie ?/HILFETHEMEN wählen, wenn Sie den Arbeitsplatz benutzen.

Sie können die Online-Hilfe auf zwei Arten lesen: entweder über das Menü ? oder über Dialogfelder.

Die Optionen im Hilfe-Menü verwenden

Wählen Sie ?/HILFETHEMEN, um die drei Register des Dialogfelds *Hilfe* angezeigt zu bekommen. Sie werden hier näher erklärt.

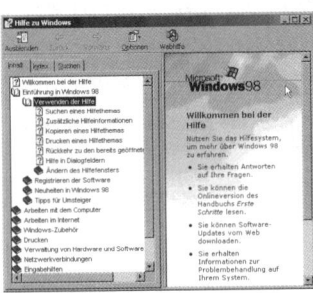 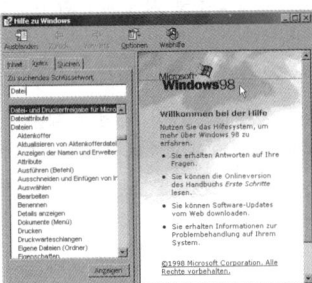 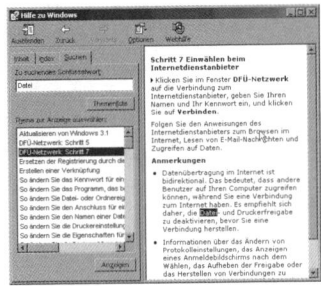

Register *Inhalt*

Dieses Register bietet Ihnen eine kurze Beschreibung der Hauptmerkmale von *Windows*.

Wo Sie ein Buchsymbol sehen, doppelklicken Sie darauf, damit Ihnen die damit verwandten Themen angezeigt werden.

Doppelklicken Sie auf ein Fragezeichen, um den Hilfetext zu lesen.

Klicken Sie auf einen Pfeil, damit *Windows* Ihnen zeigt, wie Sie eine bestimmte Aktion ausführen können.

Klicken Sie auf einen Doppelpfeil, um eine *Schritt für Schritt-Anleitung* zu erhalten.

Register *Index*

Das hier angezeigte Material können Sie wie das Schlagwortregister eines gedruckten Buchs lesen bzw. verwenden.

Geben Sie die ersten Buchstaben eines Wortes (oder Satzes) ein, das für Sie interessant ist.

Windows zeigt gefundene Übereinstimmungen mit der Online-Hilfe im unteren Teil des Dialogfelds an.

Wenn Sie den gesuchten Eintrag gefunden haben, klicken Sie auf die Schaltfläche ANZEIGEN.

Register *Suchen*

Sie können das Wort oder Thema, das Sie suchen, nicht über das Register *Inhalt oder Index* finden? Dann versuchen Sie es hier.

Wenn Sie ein Wort oder einen Satz schreiben, führt *Windows* eine Suche durch, die bis in die Tiefen der Online-Hilfe vordringt.

Windows zeigt auch einige verwandte Wörter an, um Ihnen das Eingrenzen der Suche zu erleichtern.

Wenn Sie das Element bzw. Thema, das Sie suchen, gefunden haben, führen Sie einen Doppelklick aus, um es anzuzeigen.

Während Sie die Online-Hilfe lesen bzw. durchsuchen, sehen Sie die folgenden Schaltflächen am oberen Rand des *Online-Hilfe*-Fensters.

- **Ausblenden/Einblenden:** Blendet den linken Fensterausschnitt des Dialogfelds Online-Hilfe ein oder aus.

- **Zurück/Vorwärts:** Führt Sie vorwärts und rückwärts durch vorher schon besuchte Hilfethemen.

- **Optionen:** Bietet einige Optionen zur Ansicht und ermöglicht das Drucken gerader angezeigter Online-Hilfe-Texte.

- **Webhilfe:** Bringt Sie auf die Microsoft-Seiten zum Support von Internet Explorer.

Der Gebrauch der Hilfe im Dialogfeld

Sie können auch direkt vom Dialogfeld aus auf die Online-Hilfe zugreifen. Dies wird Ihnen in Übung 2.11 demonstriert.

Übung 2.11: Gebrauch der Online-Hilfe in einem Dialogfeld

1) Wählen Sie START/SUCHEN/DATEIEN UND ORDNER. Das Dialogfeld SUCHEN wird eingeblendet.

2) Klicken Sie auf das Register NAME/ORT und dann in das Feld *Enthaltener Text*.

3) Drücken Sie nun auf F1. *Windows* blendet einen Online-Hilfetext ein, der Ihnen Auskunft über den Gebrauch dieses Feldes gibt.

> Dient zur Eingabe von Textteilen aus dem Inhalt einer Datei. Wenn Ihnen der Dateiname nicht bekannt ist, können Sie die Datei möglicherweise anhand von Textauszügen aus ihrem Inhalt finden.

4) Klicken Sie auf eine beliebige Stelle im Dialogfeld SUCHEN, damit der Hilfetext ausgeblendet wird.

Üben Sie das Aufrufen der Online-Hilfe über andere Dialogfelder in *Windows*.

Zusammenfassung der Lektion: Das haben Sie gelernt

Eine Datei ist die grundlegende Einheit zur Speicherung in einem Computer. Ein Ordner besteht aus einer Gruppe von Dateien (und vielleicht auch Unterordnern). Wenn man Dateien in Ordnern zusammenfasst, ist es einfacher, sie wiederzufinden.

Ein Laufwerk ist ein physikalisches Speichergerät für Ordner und Dateien. In der Regel ist A: ein Diskettenlaufwerk, C: die Festplatte und D: das CD-ROM-Laufwerk.

Im *Arbeitsplatz* können Sie die Hierarchie der Ordner auf Ihrem Computer sehen und sich alle Dateien und Unterordner in einem beliebigen ausgewählten Ordner anzeigen lassen.

Zur Anzeige von Detailinformationen eines Laufwerks, Ordners oder einer Datei führen Sie einen Rechtsklick aus und wählen die Option EIGENSCHAFTEN.

Windows hängt eine aus drei Buchstaben bestehende Dateinamenerweiterung an jede Datei, um anzugeben, um welche Art von Datei es sich handelt. Ein Punkt (.) trennt die Erweiterung vom Namen der Datei. Übliche Dateierweiterungen sind .doc (*Word*), .xls (*Excel*), .mdb (*Access*) und .ppt (*PowerPoint*).

Um eine Datei auf einem Laufwerk zu finden, wählen Sie START/ SUCHEN/DATEIEN UND ORDNER. Unter *Windows* können Sie so genannte Platzhalter verwenden, um einen oder mehrere fehlende Buchstaben darzustellen. Sie können die Suche nach einer Datei auch einschränken und zwar unter Angabe eines Datums, einer bestimmten Zeitspanne oder bestimmter Schlüsselwörter aus dem Inhalt der Datei.

Die *Windows-Online-Hilfe* stellt Ihnen eine Hilfe zur Verfügung, in der Sie die Merkmale und Abläufe des Systems verständlich beschrieben finden und die Sie auf bestimmte Themen hin durchsuchen können.

Lektion 2.3: Mit Ordnern und Dateien arbeiten

In der vorherigen Lektion haben Sie den *Arbeitsplatz* verwendet, um die Ordner und Dateien auf Ihrem PC zu erforschen. In dieser Lektion werden Sie lernen, wie man mit Ordnern und Dateien arbeitet bzw. was man mit ihnen machen kann. Man kann sie erstellen, benennen und umbenennen, verschieben und kopieren, löschen und ihre Löschung rückgängig machen. Dabei werden Sie den Gebrauch des *Windows-Explorers* kennen lernen.

Neue Fähigkeiten

Am Ende dieser Lektion sollten Sie in der Lage sein,

- Ordner zu erstellen, zu speichern, umzubenennen und zu löschen,

- Dateien zu erstellen, zu speichern, umzubenennen und zu löschen,

- Ordner und Dateien zu verschieben und zu kopieren,

- mehrere zusammenhängende oder nicht zusammenhängende Ordner oder Dateien auszuwählen.

Neue Wörter

Am Ende dieser Lektion sollten Sie in der Lage sein, die folgenden Begriffe zu erklären:

- Windows-Explorer

- Zwischenablage

- Pulldown-Menü

- Symbolleiste

Der Windows-Explorer

Wenn man an eine *Windows*-Anwendung denkt, fallen einem wahrscheinlich sofort Namen wie *Word*, *Excel* und *PowerPoint* ein. Aber es gibt noch eine andere leistungsfähige Anwendung unter *Windows*. Es ist der *Windows-Explorer*. Dieser kann verwendet werden, um

- Ordner sowie die Hierarchie von Unterordnern und Dateien innerhalb eines Ordners auf Ihrem Computer anzeigen zu lassen,

- Operationen wie Umbenennen, Kopieren, Verschieben und Löschen an Ordnern und Dateien durchzuführen.

Sie können den *Explorer* auf zwei Arten öffnen:

- Wählen Sie Start/Programme/Windows-Explorer.

- Oder: Rechtsklick auf die Schaltfläche Start und dann auf *Explorer* klicken.

Die zwei Fensterausschnitte im Windows-Explorer

Der *Windows-Explorer* unterscheidet sich vom Arbeitsplatz in der Weise, dass sein Fenster in einen rechten und einen *linken Fensterausschnitt* unterteilt ist.

- Im *linken Fensterausschnitt* wählen Sie ein bestimmtes Laufwerk oder einen bestimmten Ordner aus. Hier werden keine Dateien angezeigt.

- Im *rechten Fensterausschnitt* werden Ihnen Ordner und Dateien des vorher auf der linken Seite ausgewählten Laufwerks oder Ordners angezeigt.

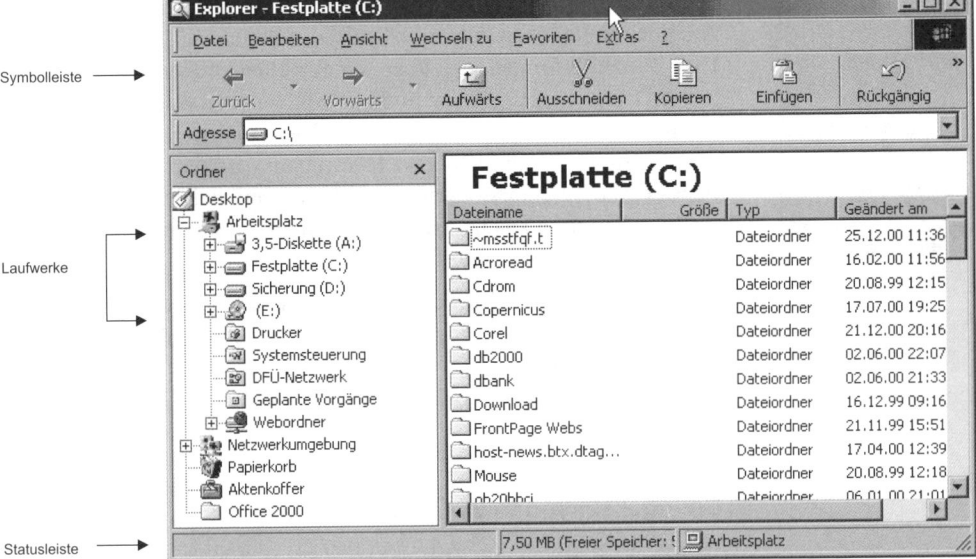

Im linken Fensterausschnitt des *Windows-Explorers* können Sie ein hierarchisches Diagramm des Speicherplatzes Ihres Computers sehen.

- **Oberste Ebene:** *Windows-Desktop* (Arbeitsoberfläche)

- **Zweite Ebene:** Systemordner wie *Arbeitsplatz* und *Papierkorb* sowie alle anderen, vom Benutzer erstellten *Desktop*-Ordner.

- **Dritte Ebene:** Laufwerke, Systemsteuerung und Drucker.

Der *rechte Fensterausschnitt* sieht so ähnlich aus wie das Fenster des *Arbeitsplatzes* und wird auch in ähnlicher Weise verwendet.

- Wenn Sie im linken Fenster auf ein Laufwerk klicken, werden Ihnen im rechten Fenster die Ordner und Dateien angezeigt, die auf diesem Laufwerk gespeichert sind.

- Wenn Sie einen Doppelklick auf einen Ordner im rechten Fenster ausführen, werden Ihnen die darin enthaltenen Unterordner und Dateien angezeigt.

Windows-Explorer

Eine Windows-Anwendung, zur Anzeige der Hierarchie bzw. Struktur von Ordnern und Dateien und zur Durchführung von Operationen wie Umbenennen, Verschieben, Kopieren und Löschen.

Optionen zur Ansicht

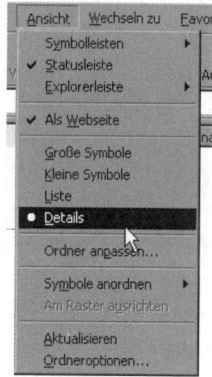

Wie im *Arbeitsplatz*, so haben Sie auch im *Windows-Explorer* die Möglichkeit, sich die Laufwerke, Ordner und Dateien auf verschiedene Weise anzeigen zu lassen. Wählen Sie ANSICHT/DETAILS. Mit diesem Ansichtsmodus bekommen Sie die meiste Information auf kleinstem Bildschirmraum dargestellt.

Am unteren Rand des *Explorer*-Fensters befindet sich die Statusleiste. Hier werden Informationen über den aktuellen Ordner bzw. die markierte Datei angezeigt. Es wird angezeigt, wie viel Speicherplatz der im linken Fenster markierte Ordner auf dem Laufwerk einnimmt und wie viel freier Speicherplatz noch verfügbar ist. Wenn Sie im rechten Fenster eine Datei markieren, so wird Ihnen im gleichen Fenster Information über diese Datei (Art des Dokuments, Änderungsdatum, Größe, Autor, Titel) angezeigt.

Wenn Sie die Statusleiste oder Symbolleiste nicht sehen können, dann klicken Sie auf die entsprechenden Optionen im Menü ANSICHT, sie werden dann angezeigt.

Führen Sie Übung 2.12 durch, um Ihre Fähigkeiten mit dem *Windows-Explorer* zu trainieren.

Übung 2.12: Windows-Ordner anzeigen

1) Falls Sie den *Windows-Explorer* noch nicht geöffnet haben, öffnen Sie ihn jetzt.

2) Klicken Sie im linken Fensterausschnitt auf das Symbol für Laufwerk C:.

3) Scrollen Sie im rechten Fensterausschnitt so lange, bis Sie den *Windows*-Ordner gefunden haben. Führen Sie nun einen Doppelklick darauf aus.

Sie sehen die Ordner und Dateien, die im *Windows*-Ordner enthalten sind. An oberster Stelle werden die Ordner aufgeführt. Scrollen Sie im Fenster weiter nach unten, um auch die enthaltenen Dateien zu sehen.

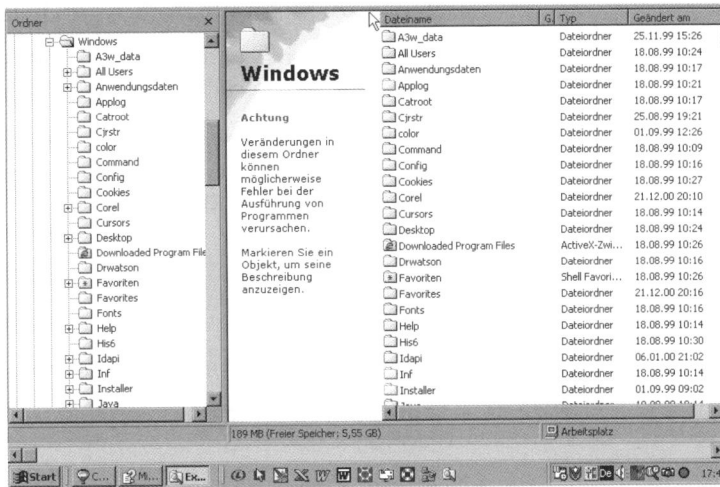

Die Plus- und Minuszeichen im Explorer

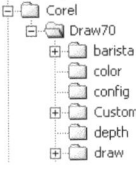

Ein Ordner im *Windows-Explorer*, vor dem kein Plus- (+) oder Minus-zeichen (-) steht, ist entweder leer oder beinhaltet nur Dateien.

Ein Ordner, vor dem ein Pluszeichen (+) steht, beinhaltet Ordner und vielleicht auch Dateien. Um einen solchen Ordner zu öffnen, klicken Sie auf den Ordnernamen oder das Pluszeichen.

Ein Minuszeichen (-) vor dem Ordner bedeutet, dass der Ordner geöffnet ist. Seine Unterordner werden auf dem Bildschirm angezeigt.

Klicken Sie auf das Pluszeichen, um die untergeordnete Ebene angezeigt zu bekommen, oder auf das Minuszeichen, um die untergeordnete Ebene auszublenden.

Mit Ordnern arbeiten

In den nächsten Übungen werden Sie mit dem *Windows-Explorer* Ordner und Unterordner erstellen, umbenennen, löschen und wiederherstellen.

Übung 2.13: Zwei neue Ordner erstellen

1) Klicken Sie im linken Fensterausschnitt des *Windows-Explorers* auf Laufwerk C:.

2) Wählen Sie DATEI/NEU/ORDNER. *Windows* fügt am Ende der Liste im rechten Fenster einen neuen Ordner ein. Er wird standardmäßig *Neuer Ordner* genannt.

3) Schreiben Sie den Namen für Ihren neuen Ordner. Wenn Ihre Initialen BM sind, so nennen Sie ihn *BM Ordner 1*.

4) Wiederholen Sie die Schritte 1 bis 3. Nennen Sie Ihren zweiten Ordner *BM Ordner 2*.

Übung 2.14: Einen Unterordner erstellen

1) Doppelklicken Sie im rechten Fensterausschnitt des *Windows-Explorers* auf den Ordner *BM Ordner 1*, den Sie in Übung 2.13 erstellt haben.

2) Wählen Sie DATEI/NEU/ORDNER. *Windows* fügt einen neuen Unterordner ein.

3) Schreiben Sie den Namen für Ihren neuen Ordner. Wenn Ihre Initialen BM sind, dann schreiben Sie *BM Unterordner 1*.

Einen Ordner umbenennen

Sie können den Namen eines Ordners jederzeit ändern. In Übung 2.15 erfahren Sie, wie es funktioniert.

Übung 2.15: Ordner umbenennen

1) Führen Sie einen Rechtsklick auf den Ordner aus. Es wird Ihnen ein Kontextmenü angezeigt.

2) Wählen Sie UMBENENNEN.

3) Schreiben Sie den neuen Namen Ihres Ordners, z.B. *BM Neuer Ordner*.

Geschafft. Sie haben Ihrem Ordner einen neuen Namen gegeben.

Einen Ordner löschen

Nun kann es ja vorkommen, dass Sie einen bestimmten Ordner nicht mehr benötigen. Hier erfahren Sie, wie Sie einen Ordner löschen, den Sie nicht mehr brauchen.

Übung 2.16: Ordner löschen

Schaltfläche Löschen

1) Klicken Sie im linken Fensterausschnitt des *Windows-Explorers* auf den Ordner *BM Ordner 1*, den Sie in Übung 2.13 erstellt haben. Er sollte den Unterordner *BM Unterordner 1*, den Sie in Übung 2.14 erstellt haben, enthalten.

2) Führen Sie im linken Fensterausschnitt einen Rechtsklick auf den Unterordner aus. Wählen Sie aus dem Kontextmenü die Option LÖSCHEN.

Wahlweise können Sie den Ordner auch mit einem Mausklick auswählen und dann in der *Windows-Explorer*-Symbolleiste auf die Schaltfläche LÖSCHEN klicken.

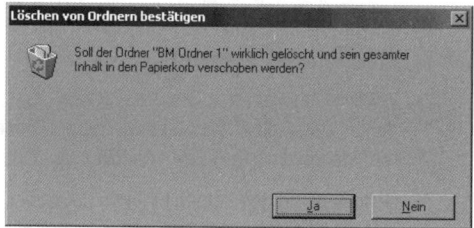

3) Klicken Sie auf JA, um das Löschen des Ordners zu bestätigen.

Der Ordner und auch alle darin eventuell enthaltenen Unterordner und Dateien sind jetzt gelöscht.

Das Wiederherstellen von Dateien eines Ordners	Wo ist Ihr gelöschter Ordner? Er wurde von *Windows* in den *Papierkorb* verschoben. Führen Sie die Schritte in Übung 2.17 aus, um Ihre gelöschten Dateien wiederherzustellen.

Übung 2.17: Dateien eines gelöschten Ordners wiederherstellen

1) Scrollen Sie im linken Fensterausschnitt so lange, bis Sie den *Papierkorb* gefunden haben, und klicken Sie darauf.

   Der *Windows-Explorer* zeigt Ihnen den Inhalt des *Papierkorbs* im rechten Fensterausschnitt an.

2) Wählen Sie BEARBEITEN/RÜCKGÄNGIG LÖSCHEN, damit der Ordner mit seinen Dateien wiederhergestellt wird.

Mit Dateien arbeiten	Wie Sie in Lektion 2.2 gelernt haben, ist eine Datei die grundlegende Einheit zur Speicherung auf einem Computer. In den nächsten Übungen werden Sie erfahren, wie man eine Datei erstellt, speichert und mit einem Namen versieht, löscht und wiederherstellt.

Eine Datei erstellen	Dateien werden von Programmen erstellt. Sie können z.B. einen Brief in *Word* oder eine Tabelle in *Excel* erstellen.

Die unproblematischste Datei, die Sie auf einem Computer erstellen können, ist eine einfache Textdatei. Eine Datei dieser Art besteht nur aus Wörtern, Zahlen und Interpunktionszeichen. Wir haben es hier also nicht mit kunstvollen Formatierungen oder Grafiken zu tun.

Die *Windows*-Anwendung zum Erstellen solcher einfachen Textdateien heißt Editor.

Übung 2.18: Eine Datei erstellen

1) Wählen Sie START/PROGRAMME/ZUBEHÖR/EDITOR. Ein leeres Editorfenster wird eingeblendet und Sie können schreiben.

2) Schreiben Sie die folgenden Wörter: *Das ist nur ein Test*

Sie haben eine Datei erstellt und ihr einen Inhalt gegeben. Ihre Datei ist aber noch nicht auf der Festplatte gespeichert. Sie existiert bis jetzt nur im Speicher des Computers. Wenn Ihr Computer jetzt aus irgendeinem Grund abgeschaltet würde, so ginge Ihre Datei verloren.

*Einer Datei einen
Namen geben und sie
speichern*

Wenn Sie eine Datei zum ersten Mal abspeichern, werden Sie von *Windows* aufgefordert, ihr einen Namen zu geben. Führen Sie die Schritte in Übung 2.19 aus, um zu erfahren, wie das funktioniert.

Übung 2.19: Einer Datei einen Namen und geben und sie speichern

1) Wählen Sie DATEI/SPEICHERN. Das Dialogfeld SPEICHERN wird eingeblendet. *Windows* möchte von Ihnen wissen:

- Auf welchem Laufwerk möchten Sie die Datei speichern?

- In welchem Ordner möchten Sie Ihre Datei speichern?

- Welchen Namen möchten Sie Ihrer Datei geben?

2) Klicken Sie auf den Pfeil des Felds *Speichern in*. Ein Dropdown-Listenfeld wird angezeigt.

Scrollen Sie nun, bis Sie das Symbol für Laufwerk C: gefunden haben, und klicken Sie darauf.

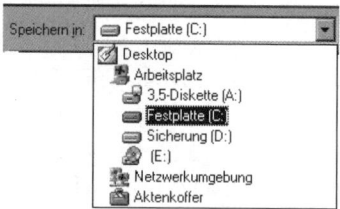

Es werden Ihnen über das Dialogfeld *Speichern unter* die Ordner auf Laufwerk C: angezeigt.

3) Suchen Sie den Ordner, den Sie in Übung 2.15 umbenannt haben, und führen Sie einen Doppelklick darauf aus.

Sie haben *Windows* nun mitgeteilt, auf welchem Laufwerk und in welchem Ordner Sie Ihre Datei speichern möchten. Sie müssen Ihrer Datei jetzt nur noch einen Namen geben.

4) Geben Sie im Feld *Dateiname* den Namen für Ihre Datei ein. Wenn Ihre Initialen BM sind, nennen Sie sie *BM Neue Datei*.

Danach klicken Sie auf SPEICHERN.

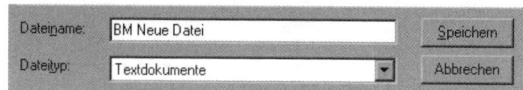

Windows fügt dem Namen automatisch die Drei-Buchstaben-Erweiterung .txt an. Das ist die Endung aller Nur-Text-Dateien, die im Editor erstellt werden.

Geschafft! Sie haben gelernt, wie man einer Datei einen Namen gibt und sie speichert.

Gehen Sie mit dem *Cursor* in die obere rechte Ecke und schließen Sie den *Editor* über das Schließenfeld.

Den Namen einer Datei ändern

Sie können den Namen einer Datei jederzeit ändern. In Übung 2.20 erfahren Sie, wie es funktioniert.

Übung 2.20: Den Namen einer Datei ändern

1) Öffnen Sie über den *Windows-Explorer* den Ordner, der Ihre in Übung 2.19 gespeicherte Datei enthält.

2) Führen Sie einen Rechtsklick auf die Datei aus. Ein Kontextmenü wird eingeblendet.

3) Wählen Sie UMBENENNEN.

4) Schreiben Sie einen neuen Namen für Ihre Datei, z.B. *BM umbenannte Datei*. Ändern Sie nichts an der Dateinamenerweiterung (.txt) und löschen Sie diese auch nicht.

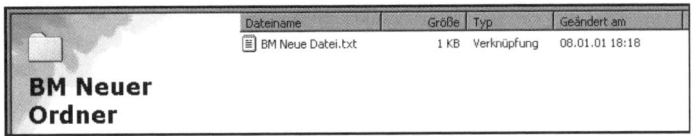

Sie haben Ihrer Datei einen neuen Namen gegeben.

Eine Datei löschen

Wenn Sie über einen längeren Zeitraum mit Ihrem Computer gearbeitet haben, gibt es vielleicht Ordner oder Dateien, die Sie nicht mehr benötigen, die aber unnötig Platz auf der Festplatte einnehmen.

Sie können diese Dateien löschen. Seien Sie aber vorsichtig, dass Sie keine Dateien löschen, die Ihr Computer zum Laufen von Programmen benötigt. Wenn Sie Zweifel haben, löschen Sie lieber nicht!

In Übung 2.21 erfahren Sie, wie man unerwünschte Dateien löscht.

Übung 2.21: Eine Datei löschen

1) Gehen Sie über den *Windows-Explorer* zu der Datei, die Sie in Übung 2.20 umbenannt haben, und führen Sie einen Rechtsklick aus.

2) Wählen Sie LÖSCHEN aus dem Kontextmenü.

3) Klicken Sie auf JA, um das Löschen der Datei und somit das Verschieben in den Papierkorb zu bestätigen.

Sie können auch im *Windows-Explorer* die Datei markieren und auf die Schaltfläche LÖSCHEN klicken.

Führen Sie die Schritte der Übung 2.22 aus, um Ihre gelöschte Datei wiederherzustellen.

Übung 2.22: Eine Datei wiederherstellen

1) Scrollen Sie im linken Fensterausschnitt so lange, bis Sie den *Papierkorb* gefunden haben, und klicken Sie darauf. Der *Windows-Explorer* zeigt Ihnen den Inhalt des *Papierkorbs* im rechten Fensterausschnitt an.

2) Klicken Sie auf die Datei, um sie zu markieren, und wählen Sie DATEI/WIEDERHERSTELLEN.

Nehmen wir einmal an, Sie wollten einen Ordner oder eine Datei an einer anderen Stelle auf Ihrem Computer ablegen. Oder aber Sie wollen eine Datei reproduzieren, so dass eine zweite Kopie Ihrer Datei an einer anderen Stelle auf dem Computer abgelegt ist. Ist das überhaupt möglich? Ja natürlich! Dazu sind zwei Schritte nötig:

- **Kopieren:** Sie wählen einen Ordner oder eine Datei aus und kopieren sie in die *Zwischenablage*, einem temporären Speicher. Der ausgewählte Ordner oder die Datei verbleiben dabei an ihrem Ursprung.

  –oder–

- **Ausschneiden:** Sie wählen einen Ordner oder eine Datei aus und schneiden sie aus, so dass sie in der *Zwischenablage* abgelegt wird. Der ausgewählte Ordner oder die Datei verbleiben dabei nicht mehr an ihrem Ursprung.

- **Einfügen:** Sie fügen den Ordner oder die Datei von der *Zwischenablage* an einer anderen Stelle auf Ihrem Computer wieder ein. Das kann ein anderer Ordner oder sogar ein anderes Laufwerk sein.

Zwischenablage

Ein temporärer Speicherbereich, in den man Ordner oder Dateien kopieren oder ausschneiden kann. Aus der Zwischenablage können Sie Elemente an jeder Stelle des gleichen oder eines anderen Laufwerks des Computers einfügen.

Drei Dinge, die Sie über die *Zwischenablage* wissen sollten:

- Die *Zwischenablage* ist temporär. Wenn Sie Ihren Computer abschalten, wird der Inhalt der *Zwischenablage* gelöscht.

- Die *Zwischenablage* kann nur ein kopiertes Element enthalten. Wenn Sie ein zweites Mal kopieren oder ausschneiden, so wird der Inhalt der *Zwischenablage* überschrieben.

- Elemente verbleiben auch nach dem Einfügen in der *Zwischen-ablage*. Sie können also einen Ordner oder eine Datei an beliebig vielen Stellen einfügen.

Ordner kopieren und verschieben

Einen Ordner kopieren bedeutet, eine Kopie von ihm zu erstellen, um diese an einer anderen Stelle einzufügen. Übung 2.23 zeigt Ihnen die erforderlichen Schritte.

Übung 2.23: Einen Ordner kopieren

Schaltfläche Kopieren

1) Klicken Sie im linken Fensterausschnitt des *Windows-Explorers* auf den Ordner, den Sie in Übung 2.15 umbenannt haben.

2) Wählen Sie BEARBEITEN/KOPIEREN oder klicken Sie auf die Schaltfläche KOPIEREN in der *Symbolleiste* des *Windows-Explorers*.

Schaltfläche Einfügen

3) Scrollen Sie im linken Fensterausschnitt so lange, bis Sie den *Windows*-Ordner gefunden haben. Klicken Sie auf den Ordner. Im rechten Fensterausschnitt wird Ihnen der Inhalt angezeigt.

4) Wählen Sie BEARBEITEN/EINFÜGEN oder klicken Sie auf die Schaltfläche EINFÜGEN in der *Symbolleiste*.

Eine Kopie Ihres Ordners befindet sich jetzt im *Windows*-Ordner.

Einen Ordner verschieben bedeutet, ihn an einer neuen Stelle abzulegen und ihn von seinem alten Platz zu entfernen. In Übung 2.24 erfahren Sie, wie das funktioniert.

Übung 2.24: Einen Ordner verschieben

Schaltfläche Ausschneiden

1) Suchen Sie im rechten Fensterausschnitt den Ordner, den Sie in Übung 2.23 in den *Windows*-Ordner kopiert haben. Klicken Sie darauf, um ihn zu markieren.

2) Wählen Sie BEARBEITEN/AUSSCHNEIDEN oder klicken Sie auf die Schaltfläche AUS-SCHNEIDEN in der *Symbolleiste*.

3) Scrollen Sie im rechten Fensterausschnitt zum Ordner *System*.

4) Führen Sie einen Doppelklick auf den Ordner aus, um ihn zu öffnen.

5) Wählen Sie BEARBEITEN/EINFÜGEN oder klicken Sie auf die Schaltfläche EINFÜGEN in der *Symbolleiste*.

Ihr Ordner wird so im Systemordner des *Windows*-Ordners abgelegt.

Dateien kopieren und verschieben

In Übung 2.25 kopieren Sie Ihre einfache Textdatei. Die Kopie legen Sie in einem anderen Ordner auf Ihrer Festplatte ab. In Übung 2.26 werden Sie die Datei dann aus ihrem jetzigen Ordner in einen anderen Ordner verschieben.

Übung 2.25: Eine Datei kopieren

1) Suchen Sie im linken Fensterausschnitt den Ordner, der die Datei enthält, die Sie in Übung 2.18 erstellt haben. Führen Sie einen Doppelklick auf diesen Ordner aus. Sein Inhalt wird im rechten Fensterausschnitt angezeigt. Klicken Sie auf die Datei, um sie zu markieren.

2) Wählen Sie BEARBEITEN/KOPIEREN oder klicken Sie auf die Schaltfläche KOPIEREN in der *Symbolleiste.*

3) Scrollen Sie im linken Fensterausschnitt bis zum Ordner *Windows.*

4) Klicken Sie auf den *Windows*-Ordner, um ihn zu öffnen. Sein Inhalt wird nun im rechten Fensterausschnitt angezeigt.

5) Wählen Sie BEARBEITEN/EINFÜGEN oder klicken Sie auf die Schaltfläche EINFÜGEN in der *Symbolleiste.*

Sie haben nun eine Kopie Ihrer Datei im *Windows*-Ordner abgelegt.

Übung 2.26: Dateien verschieben

1) Suchen Sie im rechten Fensterausschnitt die Datei, die Sie in Übung 2.25 in den *Windows*-Ordner kopiert haben. Klicken Sie darauf, um sie zu markieren.

2) Wählen Sie BEARBEITEN/AUSSCHNEIDEN oder klicken Sie auf die Schaltfläche AUS-SCHNEIDEN in der *Symbolleiste.*

3) Scrollen Sie im rechten Fensterausschnitt zum Ordner *System.*

4) Führen Sie einen Doppelklick auf den Ordner aus, um ihn zu öffnen.

5) Wählen Sie BEARBEITEN/EINFÜGEN oder klicken Sie auf die Schaltfläche EINFÜGEN in der *Symbolleiste.*

6) Sie haben nun die Datei in den Unterordner *System* im *Windows*-Ordner ver-schoben.

Sie können Dateien aber auch mit der Maus kopieren oder verschie-ben. Setzen Sie den Mauszeiger auf eine der markierten Dateien, hal-ten Sie dann die linke Maustaste gedrückt und ziehen Sie den Maus-zeiger auf den gewünschten Ordner oder das entsprechende Laufwerk.

Ob Sie kopieren oder verschieben, können Sie an der Form des Maus-zeigers erkennen.

Das Pluszeichen (+) zeigt an, dass die Dateien kopiert werden. Stan-dardmäßig werden Dateien innerhalb eines Laufwerks mit der oben beschriebenen Methode verschoben. Wenn Sie Dateien kopieren (statt verschieben) möchten, halten Sie die STRG-Taste gedrückt. Halten Sie die SHIFT-Taste gedrückt, wenn Sie Dateien verschieben (statt kopie-ren) möchten.

Mit mehreren Dateien arbeiten

Windows-Explorer stellt Ihnen eine einfache Methode zur Verfügung, um mehrere Dateien in einem Arbeitsgang zu kopieren oder zu ver-schieben. Das funktioniert aber nur dann, wenn

- die Dateien, die Sie kopieren oder verschieben möchten, sich im gleichen Ordner befinden.
- der Ordner, in den sie kopiert oder verschoben werden sollen, auch ein und derselbe ist.

Es gibt zwei denkbare Möglichkeiten, wie die Dateien, die Sie im *Windows-Explorer* kopieren oder verschieben möchten, angeordnet sind.

- Es sind zusammenhängende Dateien. Das bedeutet, dass sie in der Liste hintereinander stehen.

- Es sind nicht zusammenhängende Dateien. Das bedeutet, dass sie in der Liste nicht unmittelbar hintereinander stehen.

Bei zusammenhängenden Dateien gehen Sie wie folgt vor:

- Klicken Sie auf die erste Datei.
- Drücken Sie die SHIFT-Taste und halten Sie sie gedrückt.
- Klicken Sie auf die letzte Datei.

Alle Dateien, die erste, die letzte und alle dazwischen liegenden, sind nun ausgewählt und Sie können sie in einem einzigen Arbeitsschritt kopieren oder verschieben.

Bei nicht zusammenhängenden Dateien gehen Sie wie folgt vor:

- Klicken Sie auf die erste Datei.
- Drücken Sie die STRG-Taste und halten Sie sie gedrückt.
- Klicken Sie nun auf die weiteren Dateien, die Sie auswählen möchten.

Auch bei diesem Vorgang werden alle ausgewählten Dateien in einem einzigen Arbeitsschritt kopieren oder verschoben.

Während Sie mehrere Dateien auswählen, können Sie nach oben oder nach unten scrollen. Diese Methode funktioniert mit Dateien und mit Ordnern. Eine weitere Operation, die Sie mit ausgewählten Dateien oder Ordnern ausführen können, ist das Löschen. Wählen Sie einfach die entsprechenden Dateien oder Ordner aus (zusammenhängend oder nicht) und klicken Sie auf die Schaltfläche LÖSCHEN in der Symbolleiste.

Menüleisten, Symbolleisten und Tastenkombinationen

Im letzten Abschnitt dieser Lektion werden Ihnen drei Wege aufgezeigt, wie Sie Operationen in einer *Windows*-Anwendung ausführen können: Menübefehle, Schaltflächen der Symbolleiste und Tastenkombinationen.

Die Menüleisten

Starten Sie das Programm *MS Word für Windows*. Sehen Sie sich die Wörter in der Leiste unterhalb der Titelleiste einmal genauer an. Jedes dieser Wörter repräsentiert ein *Pulldown-Menü*.

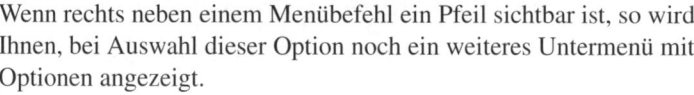

Words Menüleiste

Klicken Sie auf DATEI. Die verfügbaren Befehle werden im Menü angezeigt. Sie teilen Word mit, welche Handlung Sie gern ausführen möchten, indem Sie auf den entsprechenden Befehl im Pulldown-Menü klicken. Wenn Sie im Menü auf BEENDEN gehen, wird Word geschlossen.

Pulldown-Menü

Eine Liste mit Optionen, die eingeblendet wird, wenn Sie oben auf ein Menü klicken. In der Regel befindet sich der Menüname in einer Menüleiste am oberen Rand des Fensters. Das Menü erscheint unterhalb der Menüleiste, so als würden Sie es herunterziehen.

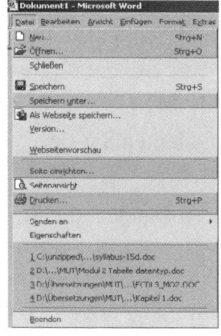

Words Pulldown Menü Datei

Wenn rechts neben einem Menübefehl ein Pfeil sichtbar ist, so wird Ihnen, bei Auswahl dieser Option noch ein weiteres Untermenü mit Optionen angezeigt.

Einige Menüs sind in allen *Windows*-Anwendungen gleich. Wenn Sie den Sinn und Zweck dieser Menüs verstehen, sind Sie in der Lage, die meisten Anwendungen zu benutzen. Die folgenden Menüs finden Sie in fast allen Anwendungen:

- **Datei:** Die Befehle in diesem Menü werden dazu verwendet, neue Dateien zu erstellen, schon existierende Dateien zu öffnen, die aktuelle Datei zu speichern, die aktuelle Datei unter einem anderen Namen abzuspeichern (Speichern unter), die aktuelle Datei zu drucken und die Anwendung zu beenden.

- **Bearbeiten:** Die Befehle in diesem Menü werden dazu verwendet, ausgewählte Dateien oder Elemente (Text oder Grafik) zu kopieren und zu verschieben.

- **Ansicht:** Die Befehle in diesem Menü werden dazu verwendet, Dateien auf verschiedene Arten anzuzeigen, einschließlich einer Zoom-Funktion.

- **Hilfe:** Die Befehle in diesem Menü werden dazu verwendet, Informationen der *Online-Hilfe der jeweils aktiven Anwendung anzuzeigen.*

Die Symbolleisten

Die zweite Methode, Handlungen auszuführen, führt über eine Schaltfläche auf der *Symbolleis*te. Statt z.B. DATEI/SPEICHERN zu wählen, klicken Sie einfach auf die Schaltfläche SPEICHERN in der *Symbolleiste.* Nicht von jedem Menübefehl gibt es eine Entsprechung als Schaltfläche, aber von den gebräuchlichsten.

Symbolleiste

Eine Ansammlung von Schaltflächen in einer Leiste, auf die Sie klicken können, um häufig gebrauchte Aktionen wie z.B. das Erstellen, Öffnen und Speichern einer Datei auszuführen, und für Operationen, die über die Zwischenablage laufen.

Die folgende Abbildung zeigt die Schaltflächen, die Sie bei den meisten *Windows*-Anwendungen vorfinden.

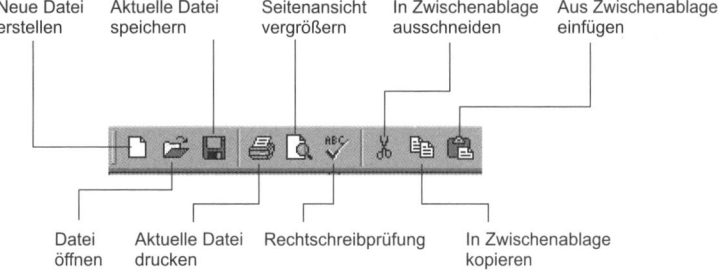

Tastenkombinationen

Die dritte Art, Aktionen unter *Windows* auszuführen, ist die Benutzung bestimmter Tastenkombinationen. Möglicherweise ist diese Art der Bedienung für Sie schneller als die Verwendung der Menüpunkte oder Schaltflächen der Symbolleiste, da beide Hände auf der Tatstatur bleiben.

Ein Beispiel für eine Tastenkombination ist STRG+C. Das bedeutet im Klartext: Halten Sie die *Steuerungstaste* gedrückt und drücken Sie die Buchstabentaste c. Das Ergebnis ist das Gleiche wie bei BEARBEITEN/ KOPIEREN oder das Klicken auf die Schaltfläche KOPIEREN.

Folgende Tabelle zeigt die gebräuchlichsten Tastenkombinationen:

Tastenkombination	Aktion	Menübefehl
Strg+o	Bestehende Datei wird geöffnet	DATEI/ÖFFNEN
Strg+n	Neue Datei	DATEI/NEU
Strg+s	Aktuelle Datei speichern	DATEI/SPEICHERN
Strg+c	Kopieren in die Zwischenablage	BEARBEITEN/KOPIEREN
Strg+x	Ausschneiden in die Zwischenablage	BEARBEITEN/AUSSCHNEIDEN
Strg+v	Einfügen aus der Zwischenablage	BEARBEITEN/EINFÜGEN

Zusammenfassung der Lektion: Das haben Sie gelernt

Verwenden Sie den *Windows-Explorer*, um die Hierarchie der Ordner auf Ihrem Computer anzusehen. Außerdem können Sie sich die Laufwerke, Ordner und Dateien auf Ihrem Computer anzeigen lassen und damit arbeiten. Der *Windows-Explorer* besteht aus zwei Fensterausschnitten. Der linke Ausschnitt wird dazu verwendet, ein bestimmtes Laufwerk oder einen Ordner auszuwählen. Der rechte Ausschnitt dient dazu, die Ordner und Dateien des im linken Fensterausschnitt ausgewählten Laufwerks oder Ordners anzuzeigen.

Im *Windows-Explorer* können Sie Ordner und Dateien kopieren, verschieben, umbenennen und löschen. Sie können aber auch neue Ordner erstellen. Dateien hingegen werden mit Anwendungen erstellt. Die *Zwischenablage* dient als temporärer Speicher, in den Sie Ordner oder Dateien kopieren oder ausschneiden können. Aus der Zwischenablage können Sie Elemente an jede Stelle auf dem gleichen oder einem anderen Laufwerk einfügen.

Sie können mehrere Dateien gleichzeitig auswählen und sie dann in einem Arbeitsgang kopieren, ausschneiden, einfügen oder löschen. Wenn es sich um zusammenhängende Dateien handelt, klicken Sie auf die erste, halten die Umschalttaste gedrückt und klicken dann auf die letzte Datei. Wenn es sich um nicht zusammenhängende Dateien handelt, klicken Sie auf die erste, halten die STEUERUNGSTASTE [Strg] gedrückt und klicken dann nacheinander die noch fehlenden einzelnen Dateien an, um sie auszuwählen.

Ein *Pulldown-Menü* ist eine Liste von Optionen, die angezeigt wird, wenn Sie auf einen Menünamen in der Menüleiste klicken. Ein Pfeil rechts neben einer ausgewählten Option bedeutet, dass es zusätzlich noch ein *Untermenü* mit weiteren Optionen gibt. Sie teilen *Word* mit, dass Sie eine bestimmte Aktion ausführen möchten, indem Sie die entsprechende Menüoption im *Pulldown-Menü* anklicken.

Die zweite Möglichkeit, eine Aktion auszuführen, führt über die Schaltflächen der Symbolleiste. Die meisten Anwendungen verfügen über Schaltflächen zum ERSTELLEN, ÖFFNEN und SPEICHERN von Dateien und für Operationen in Verbindung mit der Zwischenablage.

Die dritte Möglichkeit ist die der Tastenkombination. Dabei halten Sie die STRG-Taste in Verbindung mit einer bestimmten Buchstabentaste gedrückt. Beispiele für solche Tastenkombinationen sind STRG+c, um in die Zwischenablage zu kopieren, und STRG+v, um aus der Zwischenablage heraus einzufügen.

Lektion 2.4: Windows beherrschen

Zu dieser Lektion

Sie haben sich mit den Grundlagen von *Windows* vertraut gemacht und können sich nun den Funktionen für Fortgeschrittene zuwenden.

Sie werden in dieser Lektion erfahren, wie Sie mit dem *Windows-Desktop* umgehen und ihn Ihren Arbeitsbedürfnissen und Ihrem persönlichen Geschmack anpassen können. Weiterhin lernen Sie, wie Sie eine Sicherungskopie, ein so genanntes Backup, von Ihren Dateien auf Diskette machen.

Neue Fähigkeiten

Am Ende dieser Lektion sollten Sie in der Lage sein,

- Ihren *Desktop* Ihren persönlichen Bedürfnissen anzupassen, indem Sie Icons verschieben und Ordner erstellen, die Anwendungen und Dateisymbole beinhalten,

- Verknüpfungen zu erstellen, mit denen Sie direkt auf eine bestimmte Anwendung, einen bestimmten Ordner oder eine bestimmten Datei zugreifen können,

- einen Bildschirmschoner auszuwählen,

- Ihr Hintergrundbild, Hintergrundmuster und Bildschirmauflösung anzupassen,

- die Datums- und Zeiteinstellungen an Ihrem Computer vorzunehmen,

- die Lautstärke an Ihrem Computer zu regulieren,

- die Ländereinstellungen Ihres Computers zu ändern,

- Disketten zu formatieren,

- eine Datei auf Diskette zu speichern,

- verschiedene Druckereinstellungen zu nutzen,

- sich Informationen über das Betriebssystem Ihres Computers, die Art des Prozessors und die Größe des RAM anzeigen zu lassen.

Neue Wörter

Am Ende der Lektion sollten Sie folgende Begriffe erklären können:

- *Desktop*-Verknüpfung

- Bildschirmschoner

- Druckerwarteschlange

Ihren Desktop beherrschen

Sie können Ihren *Windows-Desktop* so anpassen, dass er Ihren Arbeitsbedürfnissen und Ihrem persönlichen Geschmack entspricht.

- Um Ihre Icons auf dem *Desktop* neu zu ordnen, ziehen Sie diese einfach an die gewünschte Stelle.

- Um Ihrem *Desktop* ein aufgeräumtes Aussehen zu geben, erstellen Sie Ordner, in denen Sie Symbole für Anwendungen und Dateien unterbringen.

Einen *Desktop*-Ordner erstellen Sie wie folgt:

- Rechtsklicken Sie auf den *Desktop*. Ein Kontextmenü wird eingeblendet.

- Wählen Sie NEU/ORDNER. *Windows* erstellt einen *Desktop*-Ordner mit dem Standardnamen *Neuer Ordner*.

- Schreiben Sie den Namen Ihres Ordners und drücken Sie die EINGABETASTE.

Führen Sie nun einen Doppelklick auf den Ordner aus, um ihn zu öffnen und *Icons* vom *Desktop* oder anderen *Desktop*-Ordnern durch Hineinziehen in ihm abzulegen.

Eine Desktop-Verknüpfung erstellen

Es gibt Anwendungen, die man öfter benötigt als andere. Sie können Zeit sparen, indem Sie Verknüpfungen zu diesen Programmen auf Ihrem *Desktop* oder in anderen *Desktop*-Ordnern erstellen. Sie brauchen dann nicht mehr jedes Mal den Weg über START/PROGRAMME zu gehen, um eine Anwendung zu öffnen.

Führen Sie die Schritte in Übung 2.27 aus, um eine *Desktop*-Verknüpfung für den Editor zu erstellen.

Übung 2.27: Eine Desktop-Verknüpfung für den Editor erstellen

1) Wählen Sie START/PROGRAMME/WINDOWS-EXPLORER. Wenn der *Explorer* den gesamten Bildschirm einnimmt, klicken Sie auf das Wiederherstellenfeld in der oberen rechten Ecke.

2) Suchen Sie die Anwendung, zu der Sie eine Verknüpfung erstellen möchten. Sie finden den Editor im *Windows*-Ordner.

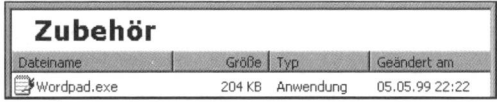

3) Rechtsklicken Sie auf das Editorsymbol und ziehen Sie es vom *Windows-Explorer* auf den *Desktop*. Lassen Sie dann die rechte Maustaste los.

4) Wählen Sie aus dem angezeigten Kontextmenü VERKNÜPFUNG HIER ERSTELLEN.

Wenn Ihnen der Standardname Ihrer Verknüpfung nicht gefällt, führen Sie einen Rechtsklick aus und wählen UMBENENNEN, schreiben einen neuen Namen und drücken die EINGABETASTE. Sie können auch Verknüpfungen für häufig gebrauchte Dateien oder Ordner erstellen. Sie können das Icon für den Editor auf dem *Desktop* belassen oder es in einen *Desktop*-Ordner ziehen.

Desktop-Verknüpfung

Ein vom Benutzer erstelltes Icon, über das er durch Daraufklicken direkt auf eine Anwendung, einen Ordner oder eine Datei zugreift. Es ist eine schnelle und bequeme Alternative zum Startmenü.

In Übung 2.28 werden Sie einen *Desktop*-Ordner mit dem Namen *Office 2000* erstellen und in ihm drei *Desktop*-Verknüpfungen für drei Office-Anwendungen.

Übung 2.28: Einen Office 2000 Desktop-Ordner mit drei Verknüpfungen erstellen

1) Führen Sie einen Rechtsklick auf Ihr *Desktop* aus. Wählen Sie aus dem angezeigten Kontextmenü NEU/ORDNER. *Windows* erstellt einen Ordner mit dem Standardnamen *Neuer Ordner*.

2) Schreiben Sie den Ordnernamen *Office 2000* und drücken Sie die Eingabetaste.

3) Führen Sie einen Doppelklick auf Ihren neuen Ordner aus, um ihn zu öffnen.

4) Wir fangen mit einer Verknüpfung für *Microsoft Word* an. Wählen Sie START/ SUCHEN/DATEIEN/ORDNER. Das Dialogfeld *Suchen nach* wird eingeblendet.

5) Schreiben Sie *winword.exe* in das Namenfeld und drücken Sie auf STARTEN.

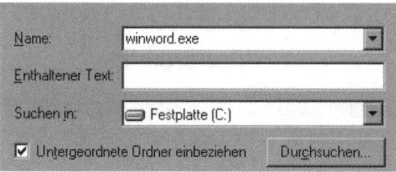

6) Wenn *winword.exe* gefunden wurde, führen Sie einen Rechtsklick auf das Icon aus und ziehen Sie es vom Dialogfeld *Suchen nach* in Ihren *Office 2000*-Ordner.

7) Klicken Sie wiederum auf das Dialogfeld *Suchen nach*. Wiederholen Sie die Schritte 5 und 6 für die folgenden Anwendungsdateien: excel.exe und powerpnt.exe.

Wenn Sie fertig sind, sollte Ihr Office-2000-Ordner wie abgebildet aussehen.

Datum/Uhrzeit

Zeigt Ihr Computer die richtige Zeit und das richtige Datum? Falls dem nicht so ist, dann erstellen und bearbeiten Sie Dateien und versenden E-Mails mit irreführenden Zeitangaben. In Übung 2.29 lernen Sie, wie man die Zeit und das Datum an Ihrem Computer einstellt.

Übung 2.29: Datum und Uhrzeit an Ihrem Computer einstellen

1) Wählen Sie START/EINSTELLUNGEN/SYSTEMSTEUERUNG.

2) Im angezeigten Ordner klicken Sie auf das DATUM/UHRZEIT-Symbol.

3) Nehmen Sie die notwendigen Änderungen vor, klicken Sie dann auf ÜBERNEHMEN und auf OK.

Eine kleine Batterie im Inneren Ihres Computers stellt sicher, dass *Windows* diese Einstellungen auch behält, wenn Ihr Computer abgeschaltet ist.

**Die
Lautstärkeregelung**

Moderne Computer sind in der Lage, Musikdateien über Lautsprecher oder Kopfhörer auszugeben. Folgen Sie den Schritten in Übung 2.30, um zu erfahren, wie man die Wiedergabelautstärke an Ihrem Computer regelt.

Übung 2.30: Wiedergabelautstärke verändern

1) Klicken Sie auf das Icon für Lautstärke, das rechts auf der *Taskleiste* angezeigt wird. Das Aussehen des Icons hängt von der eingebauten *Soundkarte* ab. Im Normalfall sieht es wie ein kleiner Lautsprecher aus.

    Wenn Sie nicht sicher sind, welches das richtige Icon für die Lautstärke ist, positionieren Sie den Cursor nacheinander auf jedes Icon, bis Sie in einem Textfeld das Wort *Lautstärke* lesen.

2) Schieben Sie nun im angezeigten Kontextmenü den Lautstärkeregler nach oben bzw. nach unten, um die Einstellung auf lauter oder leiser zu stellen.

Sie können den Klang auch komplett ausschalten, indem Sie in das Kontrollkästchen TON AUS klicken.

3) Wenn Sie fertig sind, klicken Sie einfach auf eine beliebige Stelle auf Ihrem Bildschirm oder schließen Sie das Fenster. Das Feld *Lautstärke* wird geschlossen.

Bildschirmschoner einstellen

Ein Bildschirmschoner ist ein Programm, das die Steuerung der Bildschirmanzeige übernimmt, wenn während eines zuvor eingestellten Zeitraums keine Tasten- oder Mausbewegung registriert wird.

Bildschirmschoner sollten ursprünglich Beschädigungen am Bildschirm verhindern, die durch lange auf dem Bildschirm angezeigte, unveränderte Abbildungen entstehen konnten. Bildschirmschoner ließen den Bildschirm komplett leer oder sie zeigten eine Reihe sich bewegender Motive.

Heutzutage sind Bildschirm gegenüber diesem Problem unempfindlicher geworden und Bildschirmschoner dienen mittlerweile eher dekorativen Zwecken.

In Übung 2.31 zeigt Ihnen, wie Sie einen Bildschirmschoner auf Ihrem Computer einrichten oder ändern.

Bildschirmschoner

Ein Programm, das die Steuerung der Bildschirmanzeige übernimmt, wenn keine Tasten- oder Mausbewegung über einen zuvor eingestellten Zeitraum registriert wird. Der Bildschirm wird komplett leer gelassen oder sich bewegende Motive werden eingeblendet.

Übung 2.31: Einen Bildschirmschoner einrichten oder ändern

1) Führen Sie einen Rechtsklick auf den *Windows-Desktop* aus und wählen Sie aus dem Kontextmenü die Option EIGENSCHAFTEN. Gehen Sie dann auf die Registerkarte BILDSCHIRMSCHONER.

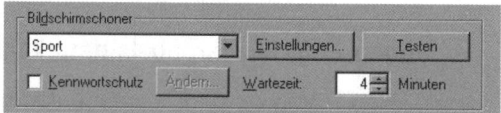

2) Klicken Sie auf den Pfeil rechts neben dem Dropdown-Listenfeld. Eine Liste mit den auf Ihrem Computer installierten Bildschirmschonern wird angezeigt.

3) Klicken Sie in der Liste auf den Bildschirmschoner Ihrer Wahl.

4) Im Feld WARTEZEIT tragen Sie die Minuten ein, die bis zur Aktivierung des Bildschirmschoners vergehen sollen. Klicken Sie dann auf OK.

Um wieder zum ursprünglichen Bild zurückzukommen, nachdem sich der Bildschirmschoner eingeschaltet hat, bewegen Sie einfach die Maus oder betätigen Sie eine Taste auf der Tastatur.

Den Bildschirm individuell anpassen

Das Erscheinungsbild von *Windows* auf Ihrem Computer wird durch die Einstellung von drei Elementen bestimmt. Sie können jedes einzelne Element ändern und es Ihren individuellen Bedürfnissen und dem persönlichen Geschmack anpassen.

- Hintergrundmuster
- Hintergrundbild (*Wallpaper*)
- Schema

Das Hintergrundmuster

Als Standardeinstellung besteht der *Windows*-Hintergrund normalerweise aus einer einheitlichen endlosen Farbfläche. Dieses Hintergrundmuster lässt sich aber durch mehr als ein Dutzend weiterer Optionen austauschen.

So wird Ihr Hintergrundmuster angezeigt, das Sie dann ändern können.

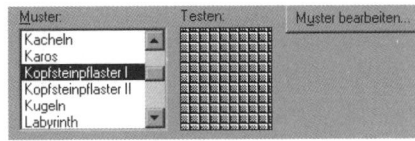

- Führen Sie einen Rechtsklick auf den *Desktop* aus und wählen Sie aus dem Kontextmenü die Option EIGENSCHAFTEN. Wählen Sie dann auf der Registerkarte HINTERGRUND die Schaltfläche MUSTER.
- Wählen Sie ein Muster aus der Dropdown-Liste aus und klicken Sie auf OK.

Über die Schaltfläche MUSTER ÄNDERN lassen sich Muster bearbeiten.

Das Hintergrundbild

Als Hintergrundbild für Ihren *Desktop* können Sie ein Bild einfügen. Das kann ein eingescanntes Foto oder ein Bild sein, das Sie aus dem Internet heruntergeladen haben.

Führen Sie die folgenden Schritte aus:

- Durch einen Rechtsklick auf den *Desktop* öffnen Sie das Kontextmenü. Wählen Sie die Option EIGENSCHAFTEN und dann die Registerkarte HINTERGRUND.

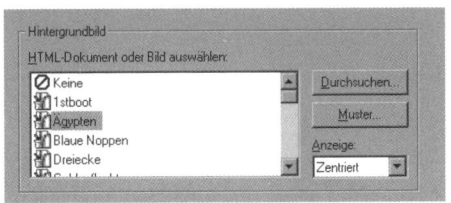

- Wählen Sie Ihren Hintergrund aus der Dropdown-Liste.

- Über ein Dropdown-Menü legen Sie die Art der Anzeige fest (zentriert, gestreckt etc.). Klicken Sie dann auf OK.

Das Schema

Hierbei handelt es sich um eine Kombination aus Farbe, Schriftart und Abständen, die das Aussehen der Elemente wie Titelleiste, Bildlaufleiste und Icons steuert. Um sich ein Schema anzeigen zu lassen oder es zu ändern, gehen Sie wie folgt vor:

- Führen Sie einen Rechtsklick auf den *Desktop* aus und wählen Sie aus dem Kontextmenü die Option EIGENSCHAFTEN. Gehen Sie dann auf das Register *Darstellung*.

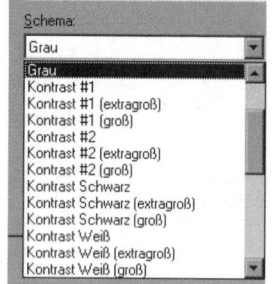

- Wählen Sie Ihr Schema aus der Dropdown-Liste und klicken Sie auf OK.

Sie können Ihr Hintergrundmuster, Hintergrundbild und das Schema beliebig oft ändern. Die entsprechenden Dialogfelder beinhalten ein Vorschaufenster, in dem Sie alle Veränderungen begutachten können, bevor Sie auf OK klicken. Experimentieren Sie einfach ein wenig mit den verschiedenen Einstellungen herum.

Das Ändern der
Bildschirmauflösung

Alles, was Sie auf dem Bildschirm sehen, ist aus kleinen quadratischen Punkten zusammengesetzt, die so genannten Pixel. Die Anzahl der angezeigten Pixel hängt von der Bildschirmauflösung ab.

- Bei einer niedrigen Bildschirmauflösung (z.B. 640x480) werden weniger und größere Pixel angezeigt. Alles auf Ihrem Bildschirm erscheint größer und unförmiger.

- Bei einer hohen Bildschirmauflösung (z.B. 1024x768) werden mehr und kleinere Pixel angezeigt. Alles auf Ihrem Bildschirm erscheint kleiner und genauer.

So ändern Sie die Auflösung Ihres Bildschirms:

- Führen Sie einen Rechtsklick auf den *Desktop* aus und wählen Sie aus dem Kontextmenü die Option EIGENSCHAFTEN. Wählen Sie dann das Register *Einstellungen*.

- Verschieben Sie den Regler für die Auflösung nach links, um sie zu verringern, oder nach rechts, um sie zu erhöhen.

Sie können die Änderung der Auflösung im Vorschaufenster verfolgen. Wenn Sie fertig sind, klicken Sie auf OK, um Ihre Einstellungen zu speichern und das Dialogfeld zu schließen.

Die Ländereinstellungen ändern

Ländereinstellun...

Die Optionen, die Sie unter *Windows* Ländereinstellungen wählen, entscheiden darüber, welches Währungssymbol standardmäßig in Ihren Anwendungen verwendet wird und nach welchen Regeln sich *Windows* bei der Anzeige von Uhrzeit, Datum und Nummern richtet.

So ändern Sie die Ländereinstellungen:

- Wählen Sie START/EINSTELLUNGEN/SYSTEMSTEUERUNG und klicken Sie dann auf das Symbol LÄNDEREINSTELLUNGEN.

- Im Register *Ländereinstellungen* wählen Sie aus dem Dropdown-Menü die für Sie relevante Einstellung.

- Um die Standardeinstellungen der gewählten Ländereinstellung zu überschreiben, benutzen Sie das Register *Zahlen, Währung, Uhrzeit und Datum.*

- Wenn Sie die Änderungen vorgenommen haben, klicken Sie auf OK, um Ihre neuen Einstellungen zu speichern und das Dialogfeld zu schließen.

Mit Disketten arbeiten

Sie können Dateien und Ordner von Ihrer Festplatte auf Disketten kopieren.

- Machen Sie eine Kopie von einer Arbeit, die Sie einem Kollegen oder Freund geben möchten.

- Machen Sie eine zweite Kopie (Sicherungskopie oder Backup) von Ihrer Arbeit, für den Fall, dass Ihr Computer beschädigt wird und die darauf befindlichen Daten verloren gehen.

Je regelmäßiger Sie solche Backups durchführen, desto aktueller sind Ihre Sicherungskopien, wenn Ihr Computer mal versagt.

Eine Diskette formatieren

Sie können eine Datei nur auf eine *formatierte* Diskette kopieren. Bei der Formatierung durch *Windows* geschieht Folgendes:

- Eine Auflistung, die *Dateizuordnungstabelle*, wird auf der Diskette erstellt, so dass die gespeicherten Daten später gefunden und abgerufen werden können.

- Es wird nach eventuell beschädigten Bereichen auf der Diskette gesucht. Diese beschädigten Bereiche werden dann als für das Speichern von Daten unbrauchbar markiert.

Die meisten neuen Disketten sind schon formatiert. Aber es ist billiger, unformatierte Disketten zu kaufen und sie selbst zu formatieren. Der ECDL-Lehrplan verlangt auch, dass Sie wissen, wie man eine Diskette formatiert. In Übung 2.32 erfahren Sie, wie das funktioniert.

Übung 2.32 Eine Diskette formatieren

1) Schieben Sie die zu formatierende Diskette in das Diskettenlaufwerk ein.

2) Wählen Sie START/PROGRAMME/WINDOWS-EXPLORER und führen Sie einen Rechtsklick auf Laufwerk A: im linken Fensterausschnitt aus.

3) Wählen Sie FORMATIEREN und dann die zwei Optionen aus dem Dialogfeld.

4) Wenn *Windows* die Diskette formatiert hat, klicken Sie auf OK. Das Dialogfeld FORMATIERUNGSERGEBNISSE wird angezeigt.

5) Klicken Sie auf SCHLIESSEN.

Durch das Formatieren einer Diskette werden alle Datenabteilungen, die vorher auf ihr gespeichert waren, überschrieben. *Windows* kann dadurch keine vor der Formatierung abgespeicherten Dateien auf dieser Diskette mehr finden.

Kommen Sie daher auf keinen Fall auf die Idee, die Festplatte Ihres Computers zu formatieren!

Eine Diskette kann nicht formatiert werden, wenn auf ihr befindliche Dateien geöffnet sind.

Eine Datei auf Diskette kopieren

Sie können eine Datei mit der unter *Windows* vorhandenen Option KOPIEREN und EINFÜGEN auf eine Diskette kopieren. Wie dies funktioniert, erfahren Sie in Übung 2.33.

Übung 2.33: Eine Datei auf eine Diskette kopieren

1) Schieben Sie eine formatierte Diskette in das Laufwerk A: Ihres Computers.

2) Wählen Sie START/PROGRAMME/WINDOWS-EXPLORER, so dass die von Ihnen ausgesuchte Datei, z.B. die Datei Mouse.txt aus dem *Windows*-Ordner, im rechten Fensterausschnitt angezeigt wird.

3) Klicken Sie auf die Datei und wählen Sie im Menü BEARBEITEN den Befehl KOPIEREN oder klicken Sie auf die Schaltfläche KOPIEREN auf der *Symbolleiste*.

4) Klicken Sie im linken Fensterausschnitt auf das Symbol für Laufwerk A:.

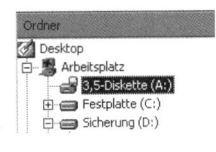

Wenn sich auf der aktuellen Diskette Dateien befinden, so werden diese im rechten Fensterausschnitt angezeigt.

5) Wählen Sie im Menü BEARBEITEN die Option EINFÜGEN oder klicken Sie auf die Schaltfläche EINFÜGEN in der Symbolleiste.

Eine Datei auf Diskette speichern

Eine zweite Möglichkeit, eine Datei auf eine Diskette zu kopieren, bieten das Menü DATEI/SPEICHERN UNTER des Programms, in dem die Datei erstellt wurde. Wenn Sie die entsprechende Anwendung gerade auf Ihrem Bildschirm geöffnet haben, so geht das schneller als über den *Explorer*. Übung 2.34 zeigt das Vorgehen.

Übung 2.34: Eine Datei auf einer Diskette speichern

1) Wählen Sie START/PROGRAMME/ZUBEHÖR/EDITOR.

2) Wählen Sie DATEI/ÖFFNEN. Suchen Sie die Datei, die Sie in Übung 2.19 gespeichert haben, und klicken Sie auf ÖFFNEN.

3) Wählen Sie DATEI/SPEICHERN UNTER, suchen Sie Laufwerk A: und klicken Sie auf SPEICHERN, um die Datei auf Diskette zu speichern.

Eine Kopie der Textdatei ist nun auf der Diskette gespeichert.

Dateien drucken

Jetzt, wo Sie Dateien öffnen und bearbeiten können, möchten Sie Ihre Arbeit sicherlich auch ausdrucken, um das Ergebnis auf Papier betrachten zu können.

Übung 2.35: Eine Datei drucken

1) Öffnen Sie eine Datei, z.B. ein *Word*-Dokument.

2) Wählen Sie DATEI/DRUCKEN.

3) Klicken Sie auf OK im Dialogfeld DRUCKEN.

Wenn Ihr Drucker ordnungsgemäß angeschlossen und eingestellt ist, wird Ihre Datei jetzt gedruckt.

Die Druckwarteschlange

Was passiert mit einer Datei, nachdem Sie den Befehl zum Drucken gegeben haben? Die Datei wird vorübergehend in einem Bereich abgelegt, in der so genannten Druckwarteschlange, bevor sie vom ausgewählten Drucker ausgedruckt wird.

In der Druckwarteschlange können viele Dateien gespeichert werden, die der Drucker dann der Reihe nach abruft, sobald er für den Ausdruck bereit ist. Die Zeit, die ein Drucker benötigt, um eine Datei auszudrucken, hängt von der Anzahl und Größe der noch vor ihr in der Druckwarteschlange stehenden Druckaufträge ab.

Sie können sich die Druckwarteschlange ansehen, um einen Überblick über die vorliegenden Druckaufträge zu bekommen. Druckaufträge lassen sich löschen, die Reihenfolge der Druckaufträge in der Liste können Sie ändern.

Druckwarteschlange

Eine Liste mit Dateien (Druckaufträge), die darauf warten, ausgedruckt zu werden. Der Drucker ruft die Aufträge aus der Druckwarteschlange nacheinander ab.

Die Druckwarte-schlange anschauen

Welche Druckaufträge befinden sich augenblicklich noch in der Druckwarteschlange? In Übung 2.36 erfahren Sie mehr.

Übung 2.36: Druckwarteschlange anschauen

1) Wählen Sie START/EINSTELLUNGEN/DRUCKER.

2) Führen Sie einen Doppelklick auf das Symbol des Druckers aus, über den Sie mehr erfahren möchten.

Windows blendet eine Liste ein, in der alle Druckaufträge der Druckwarteschlange aufgeführt sind.

Einen Druckauftrag in der Druckwarte-schlange löschen

Es kann viele Gründe für das Löschen eines Druckauftrags geben. Vielleicht druckt der Drucker nicht einwandfrei, Sie haben schon eine ausgedruckte Kopie der Datei oder Sie ändern einfach Ihr Vorhaben.

Führen Sie die Schritte in Übung 2.37 aus, um einen Druckauftrag zu löschen.

Übung 2.37: Einen Druckauftrag aus der Druckwarte-schlange entfernen

1) Wählen Sie START/EINSTELLUNGEN/DRUCKER.

2) Führen Sie einen Doppelklick auf das Symbol des Druckers aus, über den Sie mehr erfahren möchten. *Windows* blendet eine Liste ein, in der alle Druckaufträge der Druckwarteschlange aufgeführt sind.

3) Wählen Sie das Dokument, das Sie doch nicht drucken möchten.

4) Wählen Sie DOKUMENT/DRUCKAUFTRAG ABBRECHEN.

Die Reihenfolge der Druckaufträge ändern

Sie können die aktuelle Reihenfolge der Druckaufträge in der Druckwarteschlange wie folgt ändern.

Übung 2.38: Die Reihenfolge der Druckaufträge ändern

1) Wählen Sie START/EINSTELLUNGEN/DRUCKER.

2) Führen Sie einen Doppelklick auf das Symbol des Druckers aus, über den Sie mehr erfahren möchten. *Windows* blendet eine Liste ein, in der alle Druckaufträge der Druckwarteschlange aufgeführt sind.

3) Wählen Sie das Dokument, das Sie verschieben möchten, und ziehen Sie es an eine andere Stelle in der Liste.

Ein Dokument, das bereits gedruckt wird, können Sie nicht mehr verschieben.

Alle Dokumente aus der Druckwarteschlange löschen

Führen Sie die Schritte in Übung 2.39 aus, um alle anstehenden Druckaufträge aus der Druckwarteschlange zu entfernen.

Übung 2.39: Alle Druckaufträge aus der Druckwarteschlange löschen

1) Wählen Sie START/EINSTELLUNGEN/DRUCKER.

2) Führen Sie einen Doppelklick auf das Symbol des Druckers aus, über den Sie mehr erfahren möchten. *Windows* blendet eine Liste ein, in der alle Druckaufträge der Druckwarteschlange aufgeführt sind.

3) Wählen Sie DRUCKER/DRUCKAUFTRÄGE LÖSCHEN.

Das Dialogfeld Drucken

Wenn Sie DATEI/DRUCKEN in einem Programm wählen, wird ein Dialogfeld angezeigt, das normalerweise die folgenden Optionen anbietet:

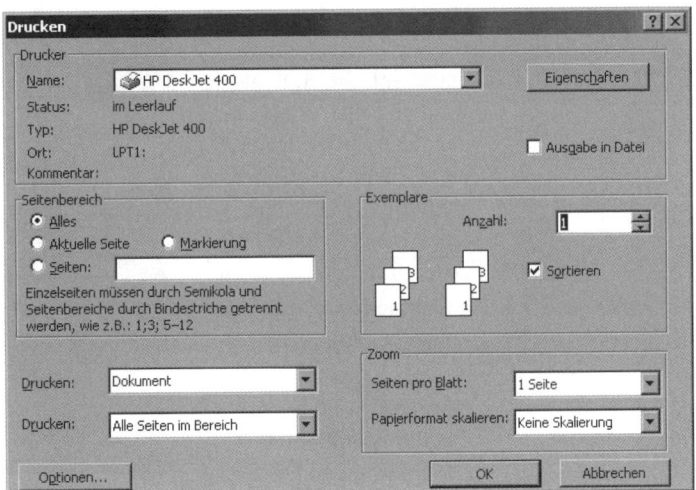

Name	Um einen anderen Drucker aus- zuwählen, klicken Sie auf den Pfeil rechts neben dem Namen- feld. Wählen Sie dann aus dem Dropdown-Menü den entspre- chenden Drucker. 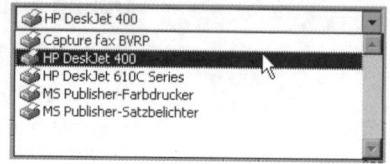

Der Druckbereich

Sie können einen Druckbereich festlegen. Wählen Sie zwischen *Alle*, *aktuelle Seite* oder *Seiten*.

Um eine bestimmte Anzahl nacheinander liegender Seiten zu drucken, geben Sie die erste und die letzte Seitenzahl ein, getrennt durch einen Bindestrich, beispielsweise 2-6 oder 12-13.

Um Seiten zu drucken, die nicht direkt hintereinander liegen, tragen Sie die einzelnen Seitenzahlen jeweils durch ein Komma getrennt ein. Das sieht dann z.B. so aus: 3,5,7 oder 13,16,19. Sie können den Druck hintereinander liegender Seiten mit nicht hintereinander liegenden Seiten kombinieren. Schreiben Sie z.B. 3,5,6-8,9.

Die Anzahl der Kopien

Sie können festlegen, wie viele Kopien eines Dokuments Sie drucken möchten. Wenn Sie mehrere Kopien eines Dokuments drucken, stellen Sie sicher, dass Sie das Kontrollkästchen zum Sortieren im Dialogfeld *Drucken* aktiviert haben.

Die Schaltfläche Eigenschaften

Wenn Sie auf die Schalt-fläche EIGENSCHAFTEN kli-cken, werden Ihnen noch weitere Möglichkeiten angezeigt, die vom ausge-wählten Drucker abhän-gen, ob es sich z.B. um einen Farb- oder Schwarz-weißdrucker oder um einen Laser- oder InkJet-Drucker handelt.

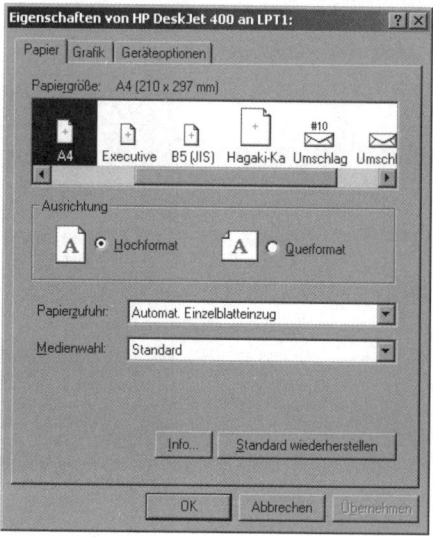

Alle Drucker bieten ver-schiedene Optionen bezüglich des Papierfor-mats (A4 ist Standard) und der Ausrichtung (Hochformat und Quer-format) an.

Wenn Sie Ihre Wahl getroffen haben, klicken Sie auf OK, um Ihre Datei zu drucken.

Die Druckvorschau	Fast alle *Windows*-Anwendungen verfügen über den Befehl SEITENAN-SICHT im Menü DATEI. So können Sie auf dem Bildschirm sehen, wie Ihr Dokument später im ausgedruckten Zustand aussieht.

Den Standarddrucker ändern

Wenn Ihr PC an ein Netzwerk angeschlossen ist, steht Ihnen möglicherweise mehr als nur ein Drucker zur Verfügung. Es macht daher Sinn, den Drucker, den Sie am häufigsten nutzen, als Standarddrucker zu definieren. Wenn Sie in *Word* oder einer anderen *Windows*-Anwendung den Befehl DRUCKEN aus dem Menü DATEI wählen, so wird Ihr Dokument automatisch über den Standarddrucker ausgegeben, es sei denn, Sie machen eine andere Vorgabe.

Mit den folgenden Schritten definieren Sie Ihren Standarddrucker.

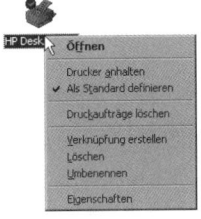

*   Wählen Sie START/EINSTELLUNGEN/DRUCKER.

*   Führen Sie einen Rechtsklick auf das Symbol des Druckers aus, den Sie zum Standarddrucker machen möchten.

*   Wählen Sie aus dem Kontextmenü den Befehl ALS STANDARD DEFINIE-REN.

Wenn sich neben dem Befehl ein Häkchen befindet, so ist der Drucker schon als Standard definiert.

Zusammenfassung der Lektion: Das haben Sie gelernt

Sie passen Ihren *Windows-Desktop* individuell an, indem Sie Symbole neu anordnen, neue Ordner erstellen und Programm- und Dateisymbole darin ablegen. Sie können auch *Desktop*-Verknüpfungen erstellen, Symbole, über die Sie direkt auf bestimmte Anwendungen, Dateien oder Ordner zugreifen können. Weiterhin können Sie das Hintergrundbild, das Hintergrundmuster, das Schema und den Bildschirmschoner anpassen.

Die Datums- und Zeiteinstellungen auf Ihrem Computer lassen sich anpassen, so dass *Windows* von Ihnen erstellte Dateien und E-Mails, die Sie versenden, mit der korrekten Zeit- und Datumsangabe versieht. Sie können außerdem noch die Ausgabelautstärke an Ihrem Computer regeln.

Wenn über einen vorher festgelegten Zeitraum kein Tastenanschlag bzw. keine Mausbewegung registriert wird, übernimmt ein Bildschirmschoner die Steuerung des Bildschirms. Der Bildschirm wird entweder abgeschaltet oder eine Reihe von sich ständig bewegenden Objekten wird angezeigt.

Über die Ländereinstellung können Sie einen Standard für Währungssymbole bestimmen, die in Ihren Anwendungen angezeigt werden. Außerdem lässt sich hier festgelegen, welches Zeit-, Datums- und Zahlenformat von *Windows* verwendet wird.

Hinter der Bildschirmauflösung verbirgt sich die Anzahl der angezeigten Pixel. Eine niedrige Auflösung lässt alles größer und klobiger erscheinen, während eine höhere Auflösung alles kleiner, aber genauer anzeigt.

Bevor Sie eine Datei auf eine Diskette speichern können, müssen Sie die Diskette formatieren. Wenn Sie eine vorher benutzte Diskette formatieren, sind eventuell darauf abgespeichert Dateien nicht mehr zugänglich.

Alles, was Sie ausdrucken möchten, wird zunächst einmal in der so genannten Druckwarteschlange gesammelt. Dort können sich mehrere Druckaufträge befinden. Der ausgewählte Drucker holt sich die Druckaufträge nacheinander aus der Druckwarteschlange ab. Sie können sich die Druckwarteschlange anzeigen lassen, um zu sehen, welche Druckaufträge noch in der Liste stehen, um Druckaufträge zu löschen und um die Liste der Druckaufträge neu zu ordnen.

3 *Textverarbeitung*

In vergangenen Tagen, als die Menschen dachten, sie könnten die Zukunft vorhersehen, benutzte jemand den Ausdruck »Papierloses Büro«.

Als immer mehr Computer in Büros und an Arbeitsplätzen Einzug hielten, ging man davon aus, dass eine Kommunikation auf Papier für immer verschwinden würde.

Aber mit dem Aufkommen erschwinglicher Computer kamen auch preiswerte Drucker auf den Markt. Das führte zu einem eher höheren als niedrigeren Papierverbrauch an Computerarbeitsplätzen. Nie zuvor hat der Handel mit Artikeln des Bürobedarfs ein besseres Geschäft gemacht.

In diesem Modul »Textverarbeitung« werden Sie lernen, wie Sie Ihren Beitrag zum computergenerierten Papierwerk dieser Welt leisten können.

Sie werden erfahren, wie man formelle Geschäftsbriefe und -berichte sowie stilvolle Poster und Menükarten erstellt. Außerdem werden wir Sie in das Geheimnis der personenbezogenen Formbriefe einweihen, die auch als meist unerwünschte Wurfsendungen bekannt sind.

Lektion 3.1: Ihr erster Brief mit Word

Zu dieser Lektion

Zur Textverarbeitung gehört zwar weit mehr, als nur das Schreiben und Bearbeiten von Wörtern, aber es sind zwei grundlegende Dinge. Lesen Sie dieses Kapitel und nehmen Sie die angeführten Beispiele zu Hilfe. Sie werden die grundlegenden Fähigkeiten erwerben, um später auch schwierigere Aufgaben zu bewältigen.

Sie lernen, wie Sie die *Word*-Online-Hilfe benutzen, denn sie ist ein hervorragendes Instrument, um Antworten und Hinweise zur Bedienung des Programms zu finden.

Neue Fähigkeiten

Am Ende dieser Lektion sollten Sie in der Lage sein,

- *Word* zu starten und zu beenden,
- Text einzugeben und ihn zu bearbeiten,
- nicht druckbare Zeichen in *Word* zu erkennen,
- die Umschalt-, Rück-, Lösch-, Pfeil- und TAB-Taste zu benutzen,
- einen Standardbrief zu schreiben und zu drucken,
- *Word*s Funktion *Datum einfügen* zu verwenden,
- Eingaben mit dem *Word*-Befehl RÜCKGÄNGIG rückgängig zu machen,
- *Word*-Dokumente zu speichern, zu benennen, zu öffnen, zu erstellen und zu schließen,
- die Online-Hilfe zu benutzen, um mehr über *Word* zu lernen.

Neue Wörter

Am Ende dieser Lektion sollten Sie in der Lage sein, folgende Begriffe zu erklären:

- Dokument
- Absatzmarke
- Automatischer Zeilenumbruch
- Nicht druckbare Zeichen

Word starten

Microsoft Word

Führen Sie einen Doppelklick auf das *Word*-Symbol aus oder wählen Sie START/PROGRAMME/MICROSOFT WORD. *Word* wird gestartet und zeigt ein neues Fenster mit einem neuen, leeren Dokument an, in dem Sie nun schreiben können.

Ein leeres Word Dokument bereit zur Texteingabe

Word-Dokument

Eine Microsoft Word-Datei, z.B. ein Brief oder Bericht.

Was? Ein neues, leeres Dokument?

Wenn *Word* nicht automatisch ein neues, leeres Dokument öffnet, klicken Sie einfach auf die Schaltfläche NEU oben links im Bildschirm.

Schaltfläche Neu

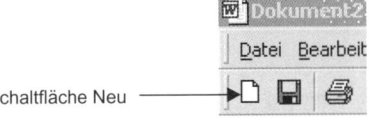

Einfügemarke und Absatzmarke

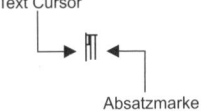

In der oberen linken Ecke Ihres Dokuments sehen Sie zwei Elemente:

- **Einfügemarke:** ein blinkender vertikaler Strich. Wenn Sie einen Text eingeben, so gibt *Word* ihn immer genau an der Stelle ein, wo sich die Einfügemarke befindet. Betrachten Sie den Cursor als Anzeige für: *Sie befinden sich gerade hier.* Er teilt Ihnen mit, an welcher Stelle im Dokument Sie sich befinden.

- **Absatzmarke:** In jedem neuen *Word*-Dokument ist ein solches Zeichen sichtbar (es ähnelt einem seitenverkehrten P). Immer wenn Sie die Eingabetaste drücken, um einen neuen Absatz zu beginnen, fügt *Word* eine weitere Absatzmarke an dieser Stelle ein. Die Absatzmarke erscheint jedoch nur auf dem Bildschirm und nicht im Ausdruck.

Absatzmarke

Jedes Dokument verfügt über mindestens eine Absatzmarke. Jedes Mal, wenn Sie die Eingabetaste betätigen, fügt Word eine weitere Absatzmarke ein.

Wenn *Word* keine Absatzmarke anzeigt, klicken Sie auf die Schaltfläche ABSATZMARKE EIN-/AUSBLENDEN am oberen Rand des Bildschirms, oben rechts im *Word*-Fenster.

Schaltfläche
Absatzmarke ein-/ausblenden

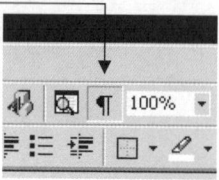

Hier finden Sie die wichtigsten Operationen, die Sie für *Word* beherrschen müssen:

* Text schreiben,
* vorher geschriebenen Text bearbeiten (ändern),
* Umschalttaste verwenden, um Großbuchstaben zu schreiben
* Eingabetaste verwenden, um eine neue Absatzmarke einzugeben

Sie werden diese Dinge in den vier folgenden Übungen trainieren.

Übung 3.1: Text in Word eingeben

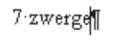

1) Schreiben Sie die Zahl *7*.

2) Drücken Sie die Leertaste. *Word* zeigt einen Punkt im Dokument an. Mit diesem Punkt teilt *Word* Ihnen mit, dass Sie einen Leerschritt eingegeben haben. Dieser Punkt wird jedoch nicht gedruckt.

3) Schreiben Sie das Wort *zwerg*.

Glückwunsch! Sie haben Ihren ersten Text in *Word* geschrieben.

Übung 3.2: Vorher eingegebenen Text bearbeiten

Eingegebene Texte werden Sie später sicher auch mal verändern oder löschen wollen. Und das nennt man dann Bearbeiten.

1) Klicken Sie mit der Maus rechts neben die 7.

2) Drücken Sie die Rücktaste. (Sie befindet sich genau über der Eingabetaste.)

3) Schreiben Sie das Wort *sieben*.

Sie haben diese Übung zur Bearbeitung abgeschlossen.

Übung 3.3: Verwendung der Umschalttaste

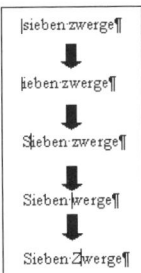

1) Klicken Sie links neben den Buchstaben *s* des Wortes *sieben*.

2) Drücken Sie die Taste ENTF, um das *s* zu löschen.

3) Halten Sie nun die Umschalttaste gedrückt und schreiben Sie den Buchstaben *s*. *Word* fügt einen Großbuchstaben *S* ein.

4) Bringen Sie den Cursor rechts neben den Buchstaben *z* des Wortes *zwerge*.

5) Drücken Sie die Rücktaste, um das *z* zu löschen.

6) Halten Sie nun die Umschalttaste gedrückt und schreiben Sie den Großbuchstaben *Z*. *Word* fügt einen Großbuchstaben *Z* ein.

Gut gemacht! Sie haben eine weitere Übung beendet.

Übung 3.4: Verwendung der Eingabetaste, um eine neue Absatzmarke einzufügen

1) Sie verwenden nun die Eingabetaste, um einen Absatz zu beenden und einen neuen zu beginnen.

2) Klicken Sie rechts neben das Wort Zwerg und drücken Sie die Eingabetaste. Ein neuer Absatz wird eingefügt. *Word* platziert den Cursor am Anfang einer neuen Zeile.

3) Schreiben Sie *Jan*.

4) Drücken Sie die Eingabetaste.

5) Schreiben Sie *Paul*.

6) Drücken Sie die Eingabetaste.

7) Schreiben Sie *Georg*.

8) Drücken Sie die Eingabetaste.

9) Schreiben Sie *Tim*.

Diesen Text benötigen Sie nicht mehr für weitere Übungen. Löschen Sie ihn wie folgt:

1) Klicken Sie rechts neben das Wort *Tim*.

2) Betätigen Sie die Rücktaste und halten Sie sie gedrückt, bis *Word* den gesamten Text des Dokuments gelöscht hat.

Tasten, die Sie kennen sollten

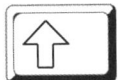

Im Folgenden sehen Sie eine Zusammenfassung der wichtigsten Tasten.

* **Umschalttaste:** Wenn diese Taste in Verbindung mit einer Buchstabentaste gedrückt wird, erzeugt das einen Großbuchstaben. In Verbindung mit einer Zahlen- oder Symboltaste wird das obere Symbol der Taste erzeugt. Sie finden eine Umschalttaste an beiden Seite der Tastatur.

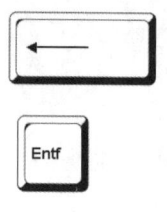

- **Rücktaste:** Mit der Rücktaste wird das Zeichen links vom Cursor gelöscht. Die *Rücktaste* befindet sich oben rechts auf der Tastatur, genau über der *Eingabetaste*.

- **Entfernentaste:** Hiermit wird das Zeichen rechts neben dem Cursor gelöscht. Diese Taste befindet sich im Sechsertastenblock rechts neben der *Eingabetaste*.

- **Pfeiltasten:** Sie können den Cursor nicht nur mit Hilfe der Maus im Dokument bewegen, sondern auch mittels der *Pfeiltasten,* die sich rechts neben der *Eingabetaste* befinden. Möglicherweise ist dies für Sie eine schnellere Möglichkeit, den Cursor zu bewegen, als mit der Maus zu klicken und sie zu bewegen, da Sie keine Hand von der Tastatur nehmen müssen.

Einen Brief schreiben Nun sind Sie bereit, einen längeren Text, einen Brief, zu schreiben.

Übung 3.5: Einen Absatz eines Briefes schreiben

1) Schreiben Sie den folgenden Text:

Ich schreibe Ihnen bezüglich unseres nächsten Treffens am 17. Oktober im Wissenschaftszentrum Bonn.

Ihr Bildschirm sollte nun Folgendes anzeigen.

Ich schreibe Ihnen bezüglich unseres nächsten Treffens am 17. Oktober im Wissenschaftszentrum Bonn.¶

Sie werden bemerkt haben, dass *Word* den Cursor beim Erreichen des Zeilenendes automatisch an den Anfang der nächsten Zeile gebracht hat.

Bei einer alten Schreibmaschine mussten Sie am Ende einer Zeile auf die Eingabetaste drücken, um in die nächsten Zeile zu gelangen. *Word* erledigt das für Sie automatisch. Dieses Merkmal bezeichnet man als automatischen Zeilenumbruch. Dieser veranlasst *Word*, in eine neue Zeile zu springen, sobald eine Zeile voll ist.

Automatischer Zeilenumbruch

Die Funktion in Word, die den Cursor automatisch in eine neue Zeile bringt, sobald der Text das Ende der vorherigen Zeile erreicht hat.

Übung 3.6: Noch mehr Text in Ihren Brief schreiben

In dieser Übung werden Sie Ihren Absender oben in den Brief schreiben, mehr Text in den Brief einfügen und Ihren Namen ans Ende des Briefes setzen.

1) Klicken Sie an den Anfang der ersten Zeile, so dass der Cursor sich links vom *I* befindet.

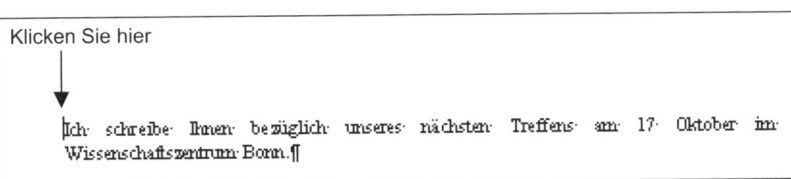

Klicken Sie hier

Ich schreibe Ihnen bezüglich unseres nächsten Treffens am 17. Oktober im Wissenschaftszentrum Bonn. ¶

2) Drücken Sie die Eingabetaste, um eine neue Zeile zu erstellen, und dann die Pfeiltaste nach oben, um den Cursor an den Anfang der neuen Zeile zu bringen.

3) Schreiben Sie *Beate Mustermann* und drücken Sie dann die Eingabetaste.

4) Tippen Sie Straße und Hausnummer und drücken Sie zweimal die Eingabetaste.

5) Geben Sie nun die Postleitzahl und Stadt ein und drücken Sie zweimal die Eingabetaste.

6) Schreiben Sie *Sehr geehrter Herr Müller* und drücken Sie die Eingabetaste.

7) Klicken Sie ans Ende der letzten Zeile, so dass sich der Cursor rechts neben dem Punkt und links neben der Absatzmarke am Satzende befindet. Drücken Sie zweimal die Eingabetaste.

Ich schreibe Ihnen bezüglich unseres nächsten Treffens am 17. Oktober im Wissenschaftszentrum Bonn. ¶

Klicken Sie hier

8) Schreiben Sie den folgenden Text und drücken Sie zweimal die Eingabetaste:

In den vergangenen Jahren waren Sie so freundlich, immer einen Preis für unser Glücksrad zu stiften.

9) Schreiben Sie den folgenden Text und drücken Sie zweimal die Eingabetaste:
Wir würden gern wissen, ob wir auch dieses Jahr wieder mit einer Spende rechnen können.

10) Halten Sie die Umschalttaste gedrückt und drücken Sie ca. zwanzig Mal auf die Bindestrichtaste. (Es ist die zweite Taste von rechts in der unteren Buchstabenreihe.)

Bindestrichtaste

Lassen Sie die Umschalttaste los. Wenn Sie den Brief drucken, können Sie Ihren Namen auf die Linie schreiben, die Sie durch das wiederholte Drücken der Bindestrichtaste erstellt haben.

11) Drücken Sie die Eingabetaste und schreiben Sie *B. Mustermann*.

Fertig! Sie haben die Übung beendet.

Ein Brief ist jedoch ohne Datum nicht vollständig. In Übung 3.7 erfahren Sie, wie Sie mit Hilfe von *Word* das heutige Datum in diesen Brief oder auch in andere Dokumente einfügen können.

Übung 3.7: Datum einfügen

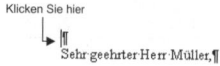

Klicken Sie hier

1) Klicken Sie auf die Absatzmarke der leeren Zeile über *Sehr geehrter Herr Müller* und drücken Sie die Eingabetaste, um eine neue Zelle zu erstellen.

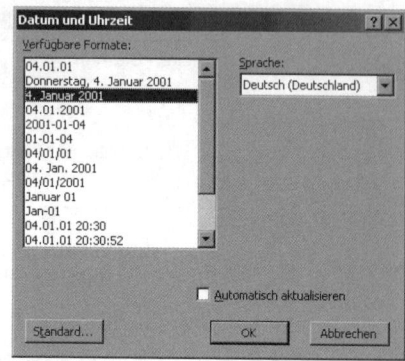

2) Wählen Sie EINFÜGEN/DATUM UND UHRZEIT.

3) *Word* blendet ein Dialogfeld ein, welches das heutige Datum in verschiedenen Schreibweisen anzeigt.

   Wählen Sie ein Format aus und klicken Sie auf OK.

   Das Datum wird in Ihren Brief eingefügt und das Dialogfeld geschlossen.

4) Drücken Sie zweimal die Eingabetaste, um zwei leere Zeilen nach der Zeile mit dem Datum und vor der Zeile *Sehr geehrter Herr Müller* einzufügen.

Gut gemacht! Sie haben den ersten Brief in *Word* geschrieben. Er sollte wie in der Abbildung aussehen.

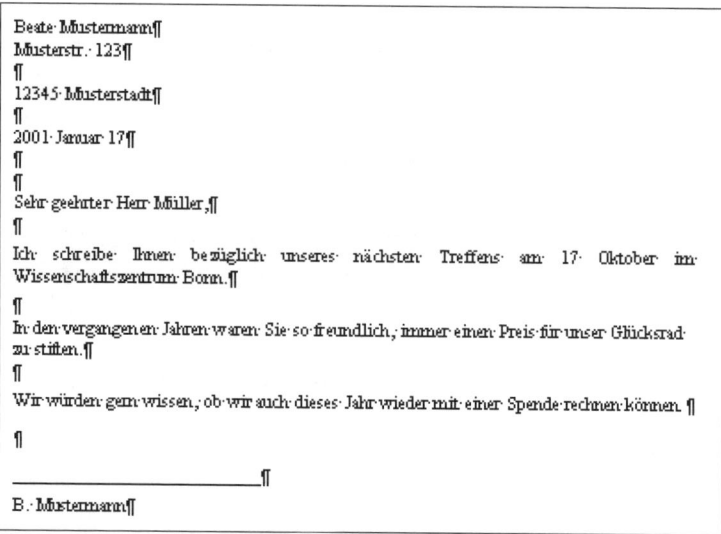

Text mit der Tab-Taste verschieben

Nun gibt es da noch ein Problem bei Ihrem Brief. Die Adresse und das Datum am oberen Rand befinden sich an der falschen Stelle. Beides muss nach rechts verschoben werden.

In Übung 3.8 lernen Sie, wie Sie die TAB-Taste verwenden, um die Position von Text im Dokument zu verändern.

Übung 3.8: Verwenden der TAB-Taste

1) Bringen Sie den Cursor ganz nach oben, vor das *B* von *Beate*.

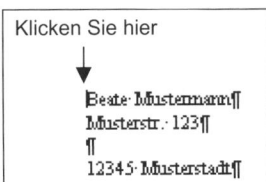

2) Drücken Sie achtmal auf die TAB-Taste. *Word* verschiebt den gesamten Text zwischen dem Cursor und der Absatzmarke nach rechts.

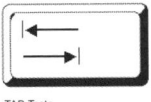

TAB Taste

3) Wiederholen Sie Schritt 2 für alle Adresszeilen und die Datumszeile. Auf Ihrem Bildschirm sollte es jetzt so aussehen.

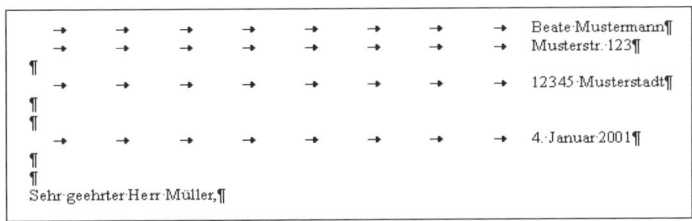

Nicht druckbare Zeichen und wellenförmige Unterstreichung

Jedes Mal, wenn Sie die TAB-Taste drücken, fügt *Word* ein Pfeilsymbol auf dem Bildschirm ein. Wie die Absatzmarke, die das Ende eines Absatzes markiert, und der Punkt, der einen Leerschritt zwischen Wörtern darstellt, ist auch das Tabulatorsymbol ein nicht druckbares Zeichen.

Nicht druckbares Zeichen

Symbole, die von Word auf dem Bildschirm angezeigt werden, um Ihnen beim Schreiben und Bearbeiten Ihrer Dokumente behilflich zu sein. Diese Zeichen werden nicht gedruckt.

Musterstr.·¶

Wellenförmige Unterstreichung weist auf ein eventuelles Rechtschreib- oder Grammatikproblem hin

Abhängig davon, wie *Word* auf Ihrem Computer eingestellt ist, sehen Sie grüne und/oder rote wellenförmige Unterstreichungen bei bestimmten Wörtern oder Sätzen. Sie haben etwas mit der Rechtschreib- bzw. Grammatiküberprüfung in *Word* zu tun. Sie werden in Lektion 3.3 näher erklärt und sollten bis dahin einfach ignoriert werden.

Ihren Brief drucken

Ihr Brief ist nun fertig und kann ausgedruckt werden. Wählen Sie DATEI/DRUCKEN. Wenn Ihr Drucker korrekt eingerichtet ist, brauchen Sie nun nur noch auf OK im Dialogfeld DRUCKEN zu klicken. Im Abschnitt 3.3 werden Sie noch mehr über das Drucken erfahren.

Die Symbolleiste von Word

Über dem Dokumentenfenster sehen Sie die zwei Hauptsymbolleisten von *Word*: die Standardsymbolleiste und die Formatsymbolleiste.

Die Standardsymbolleiste enthält Schaltflächen zur Dateiverwaltung, also *Word*-Dokumente, und zur Arbeit mit Tabellen.

Die Formatsymbolleiste enthält Schaltflächen zur Veränderung von Text und zum Einfügen auf Aufzählungszeichen.

Statt alle diese Schaltflächen auf einmal zu erklären, werden wir sie einzeln vorführen, und zwar in der Reihenfolge, in der sie im ECDL-Modul Textverarbeitung auftreten.

Der Befehl Rückgängig in Word

Sie haben einen falschen Text eingegeben oder die falsche Taste gedrückt? Der Befehl RÜCKGÄNGIG in *Word* macht es möglich, die zuletzt ausgeführten Aktionen rückgängig zu machen, falls sie ein unerwünschtes Ergebnis hervorgerufen haben.

Schaltfläche Rückgängig

Schaltfläche Wiederherstellen

• Wählen Sie BEARBEITEN/RÜCKGÄNGIG oder klicken Sie auf die Schaltfläche RÜCKGÄNGIG auf der Standardsymbolleiste.

• Indem Sie den Befehl RÜCKGÄNGIG mehrmals anwenden, werden nach und nach die zuletzt vorgenommenen Aktionen rückgängig gemacht. Um eine Liste der zuletzt ausgeführten Aktionen angezeigt zu bekommen, auf die Sie den Befehl anwenden können, klicken Sie auf den Pfeil rechts neben der Schaltfläche RÜCKGÄNGIG. Wenn Sie eine Aktion rückgängig gemacht haben und sich nun doch anders besinnen, klicken Sie auf die Schaltfläche WIEDERHERSTELLEN (rechts neben der Schaltfläche RÜCKGÄNGIG).

Das Arbeiten mit Word-Dokumenten

Ein *Word*-Dokument ist eine Datei, die Text enthält (und manchmal auch Grafiken oder andere Objekte). Die Namen von *Word*-Dokumenten haben die Endung .doc. Das hilft Ihnen, *Word*-Dateien von anderen Dateien zu unterscheiden.

Das Speichern Ihres Dokuments

Schaltfläche Speichern

Wie in allen anderen Programmen, sollten Sie auch in *Word* Ihre Dokumente regelmäßig speichern. Warten Sie mit dem Speichern eines Dokuments nicht, bis Sie es fertig gestellt haben. Um ein Dokument zu speichern, gehen Sie wie folgt vor:

- Wählen Sie DATEI/SPEICHERN oder klicken Sie auf die Schaltfläche SPEICHERN in der Standardsymbolleiste.

Wenn Sie ein Dokument zum ersten Mal speichern, werden Sie von *Word* aufgefordert, der Datei einen Namen zu geben. Die folgende Übung zeigt Ihnen, wie das funktioniert.

Übung 3.9: Ein neues Dokument speichern und benennen

1) Wählen Sie DATEI/SPEICHERN. *Word* blendet ein Dialogfeld, ähnlich der Abbildung, ein.

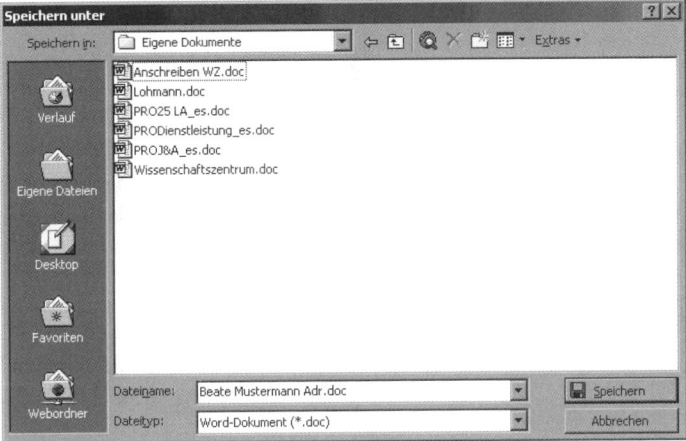

2) Standardmäßig schlägt *Word* die ersten Worte im Dokument als Dateinamen vor. Ändern Sie den Dateinamen in einen Namen, den Sie behalten und wiedererkennen können. Wenn Ihr Name Beate Mustermann ist, so nennen Sie die Datei z.B. *Brief BM*. Klicken Sie nun auf die Schaltfläche SPEICHERN.

Word hängt dem Dateinamen automatisch die Erweiterung .doc an. Sie müssen das nicht extra schreiben.

Ein neues Dokument erstellen

 Schaltfläche Neu

Um ein neues *Word*-Dokument zu erstellen:

- Wählen Sie DATEI/NEU.

- oder -

- Klicken Sie auf die Schaltfläche NEU in der Standardsymbolleiste.

Ein vorhandenes
Dokument öffnen

 Schaltfläche
Öffnen

Um ein schon vorhandenes Dokument zu öffnen:

- Wählen Sie DATEI/ÖFFNEN.

  - oder -

- Klicken Sie auf die Schaltfläche ÖFFNEN in der Standardsymbolleiste. Wählen Sie die gewünschte Datei aus dem Dialogfeld aus.

Ein Dokument
schließen

Um ein Dokument zu schließen:

- Wählen Sie DATEI/SCHLIESSEN oder klicken Sie auf das Schließenfeld im Dokumentenfenster.

Schließfeld Dokument

Wenn Sie das Dokument seit der letzten Speicherung noch verändert haben, werden Sie von *Word* dazu aufgefordert, die Änderungen vor dem Schließen zu speichern.

Word beenden

Um *Word* zu verlassen:

- Wählen Sie DATEI/BEENDEN oder klicken Sie auf das Schließenfeld im *Word*-Fenster.

Schließfeld Word

Wenn Sie Dateien geöffnet haben, die noch nicht gespeichert wurden, fordert *Word* Sie auf, diese zu speichern.

Online-Hilfe

Wie *Excel*, *Access*, *PowerPoint* und andere *Microsoft*-Anwendungen bietet auch *Word* eine Online-Hilfe an, die Sie nach Themen durchsuchen können.

- Das Wort *Hilfe* in Online-Hilfe bedeutet, dass Informationen vorliegen, die Sie dabei unterstützen, Word zu verstehen und zu benutzen.

- Das Wort *Online* weist darauf hin, dass die Information auf dem Bildschirm verfügbar ist, statt auf Papier.

Sie können die Online-Hilfe auf zwei Arten lesen: entweder über das Menü ? oder über Dialogfelder.

Die Optionen im Menü   Wählen Sie ?/MICROSOFT WORD-HILFE, um die drei Register des Dialogfel-
Hilfe verwenden   des *Hilfe* angezeigt zu bekommen. Sie werden hier näher erklärt.

  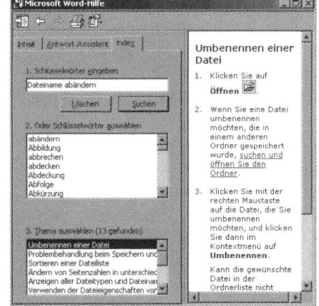

Register *Inhalt*

Dieses Register bietet Ihnen eine kurze Beschreibung der Hauptmerkmale von *Word*.

◆ Wo Sie ein Buchsymbol sehen, doppelklicken Sie darauf, damit Ihnen die damit verwandten Themen angezeigt werden.

[?] Doppelklicken Sie auf ein Fragezeichen, um den Hilfetext zu lesen.

◣ Klicken Sie auf einen Pfeil, damit *Word* Ihnen zeigt, wie Sie eine bestimmte Aktion ausführen können.

◥ Klicken Sie auf einen Doppelpfeil, um eine *Schritt für Schritt-Anleitung* zu erhalten.

Register *Antwort-Assistent*

Sie können das Wort oder Thema, das Sie suchen, nicht über das Register *Inhalt oder Index* finden? Dann versuchen Sie es hier.

Wenn Sie ein Wort oder einen Satz schreiben, führt *Word* eine Suche durch, die bis in die Tiefen der Online-Hilfe vordringt.

Word zeigt auch einige verwandte Wörter an, um Ihnen das Eingrenzen der Suche zu erleichtern.

Wenn Sie das gesuchte Element bzw. Thema, gefunden haben, führen Sie einen Doppelklick aus, um es anzuzeigen.

Register *Index*

Das hier angezeigte Material können Sie wie das Schlagwortregister eines gedruckten Buchs lesen bzw. verwenden.

Geben Sie die ersten Buchstaben eines Wortes (oder Satzes) ein, das für Sie interessant ist.

Word zeigt gefundene Übereinstimmungen mit der Online-Hilfe im unteren Teil des Dialogfelds an.

Wenn Sie den gesuchten Eintrag gefunden haben, klicken Sie auf die Schaltfläche ANZEIGEN.

Während Sie die Online-Hilfe lesen bzw. durchsuchen, sehen Sie die folgenden Schaltflächen am oberen Rand des Online-Hilfe-Fensters.

- **Ausblenden/Einblenden:** Blendet den linken Fensterausschnitt des Dialogfelds Online-Hilfe ein oder aus.

- **Zurück/Vorwärts:** Führt Sie vorwärts und rückwärts durch vorher schon besuchte Hilfethemen.

- **Drucken:** Druckt das ausgewählte Thema.

- **Optionen:** Bietet einige Optionen zur Ansicht und ermöglicht das Drucken gerader angezeigter Online-Hilfe-Texte.

Der Gebrauch der Hilfe   Sie können auch direkt vom Dialogfeld aus auf die Online-Hilfe
im Dialogfeld   zugreifen. Dies wird Ihnen in Übung 3.10 demonstriert.

Übung 3.10: Gebrauch der Online-Hilfe in einem Dialogfeld

1) Wählen Sie BEARBEITEN/SUCHEN, um in das Dialogfeld *Suchen und Ersetzen* zu gelangen.

2) Klicken Sie auf das Fragezeichen in der rechten oberen Ecke des Dialogfeldes. *Word* blendet ein Fragezeichen rechts neben dem Cursor ein.

3) Bewegen Sie die Maus nach unten und klicken Sie irgendwo in das Feld *Suchen nach.*

Word zeigt Ihnen einen Hilfetext an, der Ihnen Auskunft über die Verwendung des Feldes *Suchen nach* gibt.

4) Klicken Sie irgendwo im *Word*-Fenster, um den Hilfetext auszublenden.

5) Führen Sie diese Übung auch mit anderen Dialogfeldern in *Word* durch.

Wenn Sie fertig sind, können Sie Ihr Briefdokument schließen und *Word* beenden. Sie haben nun die Lektion 3.1 des ECDL-Moduls Textverarbeitung abgeschlossen.

Zusammenfassung der Lektion: Das haben Sie gelernt

Ein *Word*-Dokument ist eine Datei, die Text enthält (manchmal auch Grafiken oder andere Objekte). In jedem neuen *Word*-Dokument sehen Sie einen Text-Cursor. Immer wenn Sie Text eingeben, setzt *Word* ihn an die Stelle, an der sich der Cursor gerade befindet. Sie können den Cursor mit der Maus oder den Pfeiltasten an eine andere Stelle bewegen.

Jedes neue Dokument enthält auch eine Absatzmarke. Immer wenn Sie die Eingabetaste drücken, um einen neuen Textabsatz oder eine leere Zeile einzugeben, fügt *Word* dort eine neue Absatzmarke ein.

Sie können Text mit den zwei folgenden Tasten bearbeiten:

*   Rücktaste: Löscht Text, der sich links vom Cursor befindet.

*   ENTF-Taste: Löscht Text, der sich rechts vom Cursor befindet.

Drücken Sie die Umschalttaste in Verbindung mit einer Buchstaben-, Nummern- oder Symboltaste, um einen Großbuchstaben oder ein Symbol zu erzeugen.

Drücken Sie wiederholt die TAB-Taste, um Text nach rechts zu verschieben. Verwenden Sie die TAB-Taste z.B., wenn Sie die Adresse und dazugehörige Details in die obere rechte Ecke des Briefs verschieben möchten.

Der Befehl DATUM UND UHRZEIT im Menü EINFÜGEN von *Word* fügt das aktuelle Datum ein. Sie können zwischen verschiedenen Formaten auswählen.

Die nicht druckbaren Zeichen in *Word,* wie z.B. der Punkt für einen Leerschritt, erscheinen nicht auf dem Ausdruck. Sie werden nur auf dem Bildschirm angezeigt und dienen als Eingabe- und Bearbeitungshilfe.

Der Befehl RÜCKGÄNGIG in *Word* ermöglicht es, die letzten ausgeführten Aktionen rückgängig zu machen, falls sie ein unerwünschtes Ergebnis hervorgerufen haben.

Speichern Sie in *Word*, wie in allen anderen Anwendungen auch, Ihre Arbeit in regelmäßigen Abständen. Wenn Sie ein Dokument zum ersten Mal speichern, fordert *Word* Sie auf, der Datei einen Namen zu geben. Die Dateinamenerweiterung *.doc* wird von *Word* automatisch an alle gespeicherten Dateien angehängt.

Word bietet Ihnen eine Online-Hilfe zum Durchsuchen an, auf die Sie auf zwei Arten zugreifen können: über das Menü HILFE und über das FRAGEZEICHEN der oberen rechten Ecke eines einzelnen Dialogfeldes.

Lektion 3.2: Text formatieren, positionieren und kopieren

Neben dem Schreiben und Bearbeiten von Text können Sie ein Textverarbeitungsprogramm auch noch für folgende Dinge verwenden:

- Sie können Text in seinem Aussehen verändern. Dabei spricht man von Formatieren. Darunter versteht man Aktionen, wie Text fett, unterstrichen oder kursiv darzustellen. Außerdem können Sie die Schriftart und die Schriftgröße verändern, dem Text Aufzählungszeichen und Ränder hinzufügen oder mit Schatten (farbiger Hintergrund) hinterlegen.

- Sie können die Position eines Textes innerhalb einer Seite verändern. Wie Sie Text mit Hilfe der TAB-Taste verschieben, haben Sie ja schon gelernt. Jetzt werden Sie noch zwei weitere Methoden kennen lernen: Ausrichten und Einrücken.

In dieser Lektion werden Sie außerdem erfahren, wie man Text innerhalb eines Dokuments oder mehrerer Dokumente kopiert und wie man Symbole und Sonderzeichen einfügt.

Neue Fähigkeiten

Am Ende dieser Lektion sollten Sie in der Lage sein,

- Text auszuwählen,
- Text zu formatieren (fett, kursiv und unterstrichen),
- Text zu kopieren, auszuschneiden und einzufügen,
- Text vom rechten und linken Rand her einzurücken,
- Text auszurichten (links, rechts, zentriert, bündig),
- Text mit Aufzählungszeichen zu erstellen,
- Schriftarten und Schriftgrößen sowie die Begriffe hochgestellt und tiefgestellt zu erklären,
- Rahmen und Schattierungen hinzuzufügen,
- *Words* Zoom-Funktion zu verwenden, um die Dokumentenanzeige zu vergrößern bzw. zu verkleinern,
- ein *Word*-Dokument auf Diskette zu speichern,
- Symbole und Sonderzeichen einzufügen,
- den *Word*-Befehl FORMAT ÜBERTRAGEN zu verwenden.

Neue Wörter

Am Ende dieser Lektion sollten Sie in der Lage sein, folgende Begriffe zu erklären:

- Auswählen

- Aufzählung
- Zwischenablage
- Schriftart
- Einrücken
- Hochgestellt
- Tiefgestellt
- Ausrichtung
- Format übertragen

Text auswählen

Wenn Sie Text formatieren oder positionieren möchten, handelt es sich normalerweise nur um einen bestimmten Buchstaben, ein Wort, eine Wortfolge oder einen Abschnitt, auf den die Änderung angewendet werden soll.

Um *Word* mitzuteilen, welchen Teil des Textes Sie verändern möchten, müssen Sie ihn auswählen. Diesen Vorgang bezeichnet man auch manchmal als Hervorheben oder Markieren.

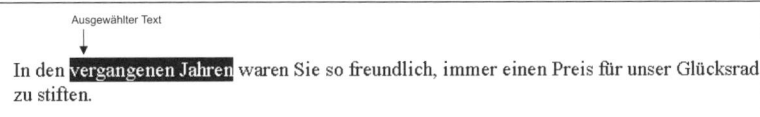

Ausgewählter Text

In den **vergangenen Jahren** waren Sie so freundlich, immer einen Preis für unser Glücksrad zu stiften.

Wenn Sie Text auswählen, so stellt *Word* ihn negativ dar (weiße Schrift auf schwarzem Hintergrund), ähnlich wie beim Negativ eines Fotos.

Text auswählen

Das Hervorheben eines Textteils, um daran Veränderungen bezüglich der Formatierung oder Ausrichtung vorzunehmen.

Formatieren und Ausrichten sind nur zwei der möglichen Änderungen, die Sie an ausgewähltem Text vornehmen können. Später werden Sie noch erfahren, wie man Text sucht und ersetzt und die Rechtschreibprüfung an ausgewähltem Text anwendet.

Um in einem *Word*-Dokument Text auszuwählen bzw. zu markieren, stehen Ihnen mehrere Möglichkeiten zur Verfügung:

- Zum Markieren eines einzelnen Worts platzieren Sie den Mauszeiger mitten im Wort und führen Sie dann einen Doppelklick aus.

- Um Text in einer Zeile auszuwählen, ziehen Sie die Maus bei gedrückter Taste nach rechts, bis Sie die Buchstaben oder Wörter, die Sie auswählen möchten, hervorgehoben haben. Alternativ können Sie den Mauszeiger links im Markierungsbereich platzieren und einmal klicken.

- Um einen ganzen Absatz zu markieren, platzieren Sie den Mauszeiger links im Markierungsbereich und führen dann einen Doppelklick aus.

- Um Text über mehrere Zeilen auszuwählen, ziehen Sie die Maus bei gedrückter Taste nach rechts und dann nach unten, bis Sie die Zeilen, die Sie auswählen möchten, hervorgehoben haben.

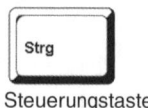

Steuerungstaste

- Um das gesamte Dokument auszuwählen, halten Sie die Steuerungstaste gedrückt und klicken irgendwo in den linken Randbereich. Alternativ können Sie den Mauszeiger auch links im Markierungsbereich platzieren und dreimal klicken.

Übung 3.11: Text auswählen

In dieser Übung erfahren Sie, wie man Text auswählt: Buchstaben, Wörter, Sätze und ganze Abschnitte.

1) Öffnen Sie *Word* und den Brief, den Sie in Übung 3.9 abgespeichert haben.

2) Setzen Sie den Cursor links neben den Buchstaben S von *Sehr geehrter Herr Müller*.

3) Ziehen Sie die Maus nach rechts, bis der Buchstabe S ausgewählt ist, und lassen Sie die Maustaste los.

Sie haben gelernt, wie man einen einzelnen Buchstaben auswählt. Klicken Sie nun irgendwo im Dokument, um die Auswahl des Buchstabens aufzuheben. Die Auswahl eines Textbereichs aufzuheben, bedeutet nicht, dass dieser Teil gelöscht wird. Es hat nur zur Folge, dass er nicht mehr ausgewählt, also hervorgehoben ist.

4) Setzen Sie den Cursor wieder links neben den Buchstaben S und ziehen Sie diesmal die Maus, bis Sie das gesamte Wort *Sehr* ausgewählt haben.

Lassen Sie die Maustaste los.

5) Bringen Sie den Cursor nun wieder links neben den Buchstaben S und ziehen Sie die Maus nach rechts und nach unten, bis Sie den ersten Absatz Ihres Briefes ausgewählt haben.

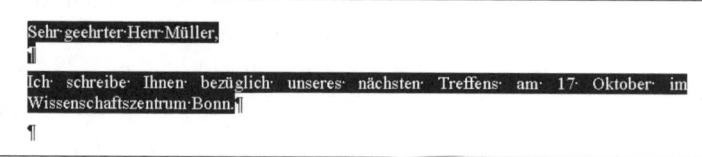

Sie haben gelernt, wie man mehrere Zeilen Text auswählt. Klicken Sie irgendwo ins Dokument, um die Auswahl aufzuheben.

Die Übung ist hiermit beendet. Sie sollten aber an den verschiedenen Stellen des Dokuments das Auswählen von Textstellen durch das Ziehen der Maus in verschiedene Richtungen noch weiter üben.

Einen Text formatieren

Schaltflächen Format

Die am häufigsten in *Word* verwendeten Formatierungen sind:

- **Fett:** Dicker, schwarzer Text, oft als Überschrift verwendet.
- *Kursiv:* Schräger Text, oft zum Hervorheben von Fremdwörtern verwendet.
- Unterstrichen: Eine einfache Linie unter dem Text, oft in Rechtsdokumenten und als Unterschriftenlinie in Briefen verwendet.

Sie finden diese Schaltflächen in der Formatierungssymbolleiste. In der nächsten Übung lernen Sie, wie man die Formate FETT und *Kursiv* anwendet.

Übung 3.12: Das Format Fett anwenden

1) Bringen Sie den Cursor an den Anfang der ersten Zeile der Adresse.

2) Ziehen Sie mit der Maus, bis Sie die gesamte Adresse ausgewählt haben.

3) Klicken Sie auf die Schaltfläche FETT oder drücken Sie STRG+ Umschalttaste+f (Steuerungstaste und Umschalttaste gedrückt halten und gleichzeitig auf f drücken).

4) Heben Sie die Auswahl auf, indem Sie auf irgendeine Stelle im Dokument klicken.

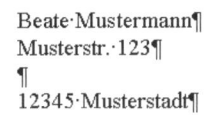 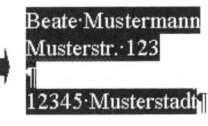 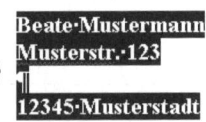 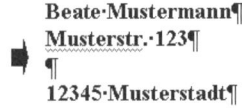

Das Format fett zuweisen

Übung 3.13: Das Format Kursiv anwenden

1) Bringen Sie den Cursor an den Anfang von B. Mustermann.

2) Ziehen Sie die Maus nach rechts, bis der komplette Name ausgewählt ist.

3) Klicken Sie auf die Schaltfläche KURSIV oder drücken Sie STRG+Umschalttaste+k.

4) Heben Sie die Auswahl auf, indem Sie auf irgendeine Stelle im Dokument klicken.

Gut gemacht! Speichern Sie Ihren Brief jetzt ab.

Einen Text kopieren und einfügen

Stellen Sie sich vor, Sie möchten denselben Text, Wörter oder Abschnitte, mehr als einmal in einem Dokument verwenden. Müssen Sie dann alles noch einmal schreiben? Nein, müssen Sie nicht.

Mit *Word* brauchen Sie einen Text nur einmal zu schreiben. Sie können ihn dann so oft Sie möchten irgendwo einfügen. Das geschieht in zwei Schritten:

- **Kopieren:** Sie wählen einen Text aus und kopieren ihn dann in die Zwischenablage, einen temporären Speicher.

- **Einfügen:** Sie fügen den Text aus der Zwischenablage an einer anderen Stelle desselben oder auch eines anderen Dokuments wieder ein.

Zwischenablage

Ein temporärer Speicherort, in den Sie Text (oder Grafik) kopieren können. Sie können die Daten aus der Zwischenablage an jede Stelle desselben oder auch eines anderen Dokuments einfügen.

Übung 3.14: Kopieren und Einfügen eines Textes innerhalb eines Dokuments

1) Wählen Sie den zweiten Absatz Ihres Briefs aus.

In·den·vergangenen·Jahren·waren·Sie·so·freundlich,·immer·einen·Preis·für·unser·Glücksrad·
zu·stiften.¶

 Schaltfläche Kopieren

2) Klicken Sie auf die Schaltfläche KOPIEREN der Standardsymbolleiste oder wählen Sie BEARBEITEN/KOPIEREN.

 Schaltfläche Einfügen

3) Setzen Sie den Cursor nun links an die Absatzmarke der nächsten Zeile.

In·den·vergangenen·Jahren·waren·Sie·so·freundlich,·immer·einen·Preis·für·unser·Glücksrad·
zu·stiften.¶
¶

4) Klicken Sie auf die Schaltfläche EINFÜGEN der Standardsymbolleiste oder wählen Sie BEARBEITEN/EINFÜGEN.

In·den·vergangenen·Jahren·waren·Sie·so·freundlich,·immer·einen·Preis·für·unser·Glücksrad·
zu·stiften.¶
In·den·vergangenen·Jahren·waren·Sie·so·freundlich,·immer·einen·Preis·für·unser·Glücksrad·
zu·stiften.¶

Wählen Sie den Absatz, den Sie aus der Zwischenablage eingefügt haben, aus und drücken Sie die ENTF-Taste. Sie benötigen diesen Absatz nicht mehr.

Wichtiges über die Zwischenablage

Es gibt vier Dinge, die Sie über die Zwischenablage wissen sollten:

- Die Zwischenablage ist temporär. Wenn Sie den Computer abschalten, ist der Inhalt der Zwischenablage gelöscht.

- Dieselbe Zwischenablage ist für alle *Windows*-Anwendungen verfügbar. So können Sie also z.B. aus *Excel* kopieren und in *Word* einfügen.

- Die Zwischenablage fasst bis zu zwölf Elemente (Text, Grafik etc.). Werden mehr als zwölf Speicherplätze in der Zwischenablage benötigt, so wird der erste Inhalt gelöscht, um Platz zu schaffen, usw.

- Inhalte bleiben auch nach dem Einfügen in der Zwischenablage erhalten. Sie können also denselben Inhalt einfügen, so oft und wo Sie möchten.

Übung 3.15: Text zwischen verschiedenen Dokumenten kopieren und einfügen

Schaltfläche Neu

Die Zeile, die Sie in Übung 3.14 kopiert haben, befindet sich also immer noch in der Zwischenablage. In dieser Übung fügen Sie diese in ein anderes Dokument ein.

1) Klicken Sie auf die Schaltfläche NEU, um ein neues, leeres Dokument zu erstellen.

2) *Word* platziert den Cursor an den Anfang des Dokuments.

3) Klicken Sie auf die Schaltfläche EINFÜGEN der Standardsymbolleiste oder wählen Sie BEARBEITEN/EINFÜGEN.

4) Wählen Sie DATEI/SCHLIESSEN, um das neue Dokument zu schließen. Wenn *Word* Sie fragt, ob Sie das neue Dokument speichern möchten, klicken Sie auf NEIN.

Wenn Sie mehr als ein Dokument geöffnet haben, können Sie zwischen den einzelnen Dokumenten hin und her springen, indem Sie FENSTER/<DOKUMENTENNAME> wählen.

Einen Text ausschneiden und einfügen

Es kann vorkommen, dass Sie einen Teil des Textes in einem Dokument entfernen und ihn an einer anderen Stelle wieder einfügen möchten.

Statt Text zu löschen und an einer anderen Stelle wieder neu zu schreiben, ermöglicht *Word* es Ihnen, Text zu verschieben. Dazu schneiden Sie ihn an der aktuellen Stelle aus, um ihn an einer neuen Stelle wieder einzufügen.

Ausschneiden/Einfügen unterscheidet sich von *Kopieren/Einfügen* in der Weise, dass *Word* den ausgeschnittenen Text entfernt, während kopierter Text an seinem ursprünglichen Ort verbleibt. Sie können ausgewählten Text über die Schaltfläche AUSSCHNEIDEN in der Standardsymbolleiste oder über das Menü BEARBEITEN/AUSSCHNEIDEN ausschneiden.

| *Tastenkombinationen* | Über Tastenkombinationen zum Kopieren, Ausschneiden und Einfügen kommen Sie eventuell schneller zum Ziel, da die Hände an der Tastatur bleiben. |

- Kopieren: STRG+c
- Einfügen: STRG+v
- Ausschneiden: STRG+x

Sie können aber auch einen Rechtsklick auf Ihr Dokument ausführen. Es erscheint ein Kontextmenü mit den verfügbaren Befehlen zum Kopieren, Ausschneiden und Einfügen.

Formatierte Dokumente

Alle *Word*-Dokumente sind formatiert, einige mehr, andere weniger. Am Ende der Lektion finden Sie die *Word*-Werkzeuge, um ein Poster zu formatieren. Dazu gehören die Funktionen Einrücken, Ausrichten, Aufzählung, Schriftarten, Rahmen und Schattierungen.

Rechter und linker Einzug

Der Begriff Einzug steht für das Einrücken vom Rand. Das *Word*-Merkmal Einzug ermöglicht es, einen Textabsatz in einen gewissen Abstand zum rechten oder linken Rand oder beides zu bringen.

Um einen ausgewählten Absatz einzurücken, wählen Sie FORMAT/ABSATZ und tragen Sie dann die benötigten Abstände rechts und/oder links im Register *Einzüge und Abstände* des Dialogfelds *Absatz* ein.

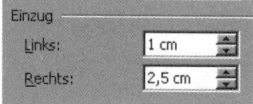

In langen Dokumenten kommt es vor, dass Einzüge dazu verwendet werden, die Aufmerksamkeit auf bestimmte Textpassagen zu lenken. Hier ein Beispiel für einen rechten und linken Einzug, verbunden mit dem Format kursiv.

> *In den weiteren erfolgreichen Jahren stiegen die Einkünfte um 35% und die Gewinne um 47,5%. Unser Unternehmen ist gut vorbereitet auf die Herausforderungen der Zukunft.*

Einzug

Die Positionierung eines Textabsatzes mit bestimmten Abständen zum rechten und/oder linken Rand.

Einen Text ausrichten

Schaltflächen Ausrichten

Text ausrichten bedeutet, ihn in eine bestimmte horizontale (rechts/links) Form zu bringen. *Word* bietet vier Möglichkeiten an:

- **Links:** Das ist die Standardeinstellung, die für Briefe und Geschäftsdokumente verwendet wird. Links ausgerichteter Text ist in der Regel am einfachsten zu lesen.

- **Zentriert:** Platziert den Text genau zwischen den rechten und linken Rand. Wird oft bei Überschriften verwendet.

- **Rechts:** Richtet den Text am rechten Rand der Seite aus. Wird von Grafikern zu dekorativen Zwecken verwendet.

- **Block:** Der Text ist gleichzeitig am rechten und linken Rand ausgerichtet. Wird bei schmalen Spalten wie z.B. Zeitungen und Zeitschriften verwendet.

Verwenden Sie keinen Blocksatz, wenn sich Ihr Text in einer Spalte befindet, die über die gesamte Breite des Dokuments geht (wie bei Briefen üblich). Es wird dadurch schwieriger, den Text zu lesen.

Sie können nur Absätze ausrichten und keine einzelnen Buchstaben oder Wörter innerhalb eines Absatzes.

Um einen einzelnen Absatz auszurichten, brauchen Sie nicht den gesamten Absatz auszuwählen. Sie brauchen nur den Cursor an eine Stelle innerhalb des Absatzes zu setzen. Die vier Schaltflächen für die Ausrichtung finden Sie auf der Formatierungssymbolleiste.

Ausrichten

Die horizontale Positionierung von Zeilen in einem Absatz. Sie können einen gemeinsamen Mittelpunkt haben, im gleichen Abstand rechts oder links vom Rand stehen, oder eine gleichmäßige Ausrichtung der Textzeilen bezüglich beider Ränder haben.

Aufzählung mit Zeichen und Zahlen

Schaltfläche
Aufzählungszeichen

Schaltfläche
Nummerierung

Aufzählungslisten eignen sich gut, um mehrere kurze Aussagen oder Anweisungen aufzulisten. Man unterscheidet dabei zwei Arten:

- **Liste mit Aufzählungszeichen:** Sie wird verwendet, wenn die Reihenfolge nicht so wichtig ist. In der Regel ist das Zeichen vor der Aufzählung ein Punkt, ein Viereck, eine Raute, ein Strich oder ein Pfeil. Um eine Liste mit Aufzählungszeichen zu erstellen, wählen Sie den Absatz aus und klicken auf die Schaltfläche AUFZÄHLUNGSZEICHEN in der Formatierungssymbolleiste.

- **Nummerierte Liste:** Sie wird verwendet, wenn die Reihenfolge wichtig ist. Dies ist z.B. bei Anweisungen und Benutzungsvorschriften der Fall. Jedem Element wird eine Nummer in ansteigender Reihenfolge zugeordnet. Um eine nummerierte Liste zu erstellen, wählen Sie den Absatz aus und klicken auf die Schaltfläche NUMMERIERUNG in der Formatierungssymbolleiste.

Sie können auch eine Liste erstellen, indem Sie FORMAT/NUMMERIERUNG UND AUFZÄHLUNG wählen. *Word* bietet Ihnen eine Palette verschiedener

Aufzählungszeichen und Zahlenformate sowie verschiedene Abstände zwischen Nummer bzw. Zeichen und dem eigentlichen Listentext.

Listen mit Zahlen und Aufzählungszeichen

Eine Liste kurzer Aussagen. Die Liste kann mit davor stehenden Zeichen (Punkt, Strich etc.) oder Nummern (in aufsteigender Reihenfolge) gegliedert sein.

Die Übungen 3.16, 3.17 und 3.18 führen Sie durch die einzelnen Schritte, um einen ausgewählten Text als Aufzählung mit Zeichen oder Zahlen zu formatieren.

Übung 3.16: Liste mit Zahlen versehen

Feststelltaste

1) Öffnen Sie ein neues Dokument, drücken Sie die Feststelltaste einmal, schreiben Sie den folgenden Text und drücken Sie zweimal die Eingabetaste.

    MEIN LIEBLINGSOBST

    (Die Feststelltaste befindet sich links neben dem Buchstaben *a*. Nachdem Sie diese Taste gedrückt haben, wird jeder angeschlagene Buchstabe als Großbuchstabe dargestellt.)

2) Drücken Sie die Feststelltaste noch einmal, um die Großschreibung aufzuheben.

3) Klicken Sie an das rechte Zeilenende und drücken Sie zweimal die Eingabetaste für zwei neue Zeilen.

4) Schreiben Sie die folgenden sechs Obstnamen und drücken Sie nach jedem Wort die Eingabetaste: Äpfel, Bananen, Trauben, Kiwis, Orangen, Pfirsiche.

5) Wählen Sie den Text *MEIN LIEBLINGSOBST* aus, indem Sie vor das *M* in *Mein* klicken und die Maus nach rechts ziehen.

• MEIN·LIEBLINGSOBST MEIN·LIEBLINGSOBST¶

Klicken Sie vor den Text... und ziehen Sie die Maus nach rechts.

6) Klicken Sie auf die Schaltfläche UNTERSTRICHEN in der Formatierungssymbolleiste, um den ausgewählten Text zu unterstreichen. Ihr Text sollte nun so aussehen:

7) Wählen Sie nun die sechs Obstnamen aus, indem Sie vor das *Ä* von *Äpfel* klicken und dann die Maus nach rechts und unten ziehen, bis Sie bei der letzten Absatzmarke angekommen sind.

▪ MEIN·LIEBLINGSOBST¶
¶
Äpfel¶
Bananen¶
Trauben¶
Kiwis¶
Orangen¶
Pfirsiche¶

8) Klicken Sie auf die Schaltfläche NUMMERIERUNG in der Formatierungssymbolleiste, um dem ausgewählten Text eine Nummerierung zuzuweisen.

9) Klicken Sie irgendwo im Dokument, um die Auswahl des Textes aufzuheben. Ihr Text sollte nun so aussehen. (Die Pfeile nach den Zahlen sind nicht druckbare Zeichen.)

10) Wählen Sie DATEI/SPEICHERN oder drücken Sie STRG+s, um das Dokument zu speichern. Falls Ihre Initialen BM sind, speichern Sie es z.B. unter *BMListe.doc*. Lassen Sie das Dokument geöffnet.

- MEIN·LIEBLINGSOBST¶
¶
1. → Äpfel¶
2. → Bananen¶
3. → Trauben¶
4. → Kiwis¶
5. → Orangen¶
6. → Pfirsiche¶

In Übung 3.17 ersetzen Sie die Zahlen in der Liste aus Übung 3.16 durch Zeichen.

Übung 3.17: Liste mit Aufzählungszeichen versehen

1) Wählen Sie die sechs Obstnamen aus, die Sie in Übung 3.16 eingegeben haben. (Sie werden feststellen, dass Sie die Zahlen nicht mit auswählen können. Warum ist das so? Sie sind kein eingegebener Text, sondern wurden von *Word* automatisch generiert.)

2) Klicken Sie auf die Schaltfläche AUFZÄHLUNGSZEICHEN in der Formatierungssymbolleiste. *Word* ersetzt nun die Zahlen durch Zeichen.

3) Wählen Sie FORMAT/NUMMERIERUNG UND AUFZÄHLUNG, dann das Register *Aufzählung* und klicken Sie auf ANPASSEN.

4) Ersetzen Sie nun im Feld *Textposition* den Wert 0,63cm (Standardwert) durch 1 cm und klicken Sie dann auf OK.

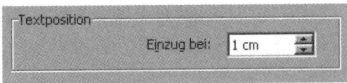

5) Klicken Sie irgendwo im Dokument außerhalb des ausgewählten Bereichs, um die Auswahl aufzuheben.

Ihr Text sollte nun so aussehen.

(Die Pfeile nach den Zeichen sind nicht druckbare Zeichen.)

Manchmal möchten Sie vielleicht nur bestimmten Elementen eine Aufzählung zuweisen. Übung 3.18 zeigt Ihnen dazu ein Beispiel.

- MEIN·LIEBLINGSOBST¶
¶
• → Äpfel¶
• → Bananen¶
• → Trauben¶
• → Kiwis¶
• → Orangen¶
• → Pfirsiche¶

Übung 3.18: Ausgewählten Elementen in einer Liste Aufzählungszeichen zuweisen

1) Klicken Sie auf die Absatzmarke hinter dem Wort Kiwi und drücken Sie die Eingabetaste, um eine neue Zeile zu erzeugen. Sie werden feststellen, dass *Word* ein Aufzählungszeichen vor die Zeile setzt.

2) Schreiben Sie Folgendes: (mein absoluter Favorit)

3) Sie möchten nun nicht, dass diese neue Zeile durch ein Aufzählungszeichen angeführt wird.

4) Wählen Sie die neue Zeile aus und klicken Sie auf die Schaltfläche AUFZÄHLUNGS-ZEICHEN in der Formatierungssymbolleiste. *Word* entfernt das Aufzählungszeichen wieder von der ausgewählten Zeile.

5) Nun müssen Sie nur noch die neue Zeile an den anderen Aufzählungszeilen ausrichten.

6) Die neue Zeile ist immer noch ausgewählt. Wählen Sie nun FORMAT/ABSATZ, tragen Sie einen *Einzug links* von 1 cm ein und klicken Sie auf OK.

7) Klicken Sie irgendwo im Dokument, um die Auswahl aufzuheben. Ihr Text sollte nun so aussehen.

- MEIN·LIEBLINGSOBST¶
  ¶
  • → Äpfel¶
  • → Bananen¶
  • → Trauben¶
  • → Kiwis¶
       (mein·absoluter·Favorit)¶
  • → Orangen¶
  • → Pfirsiche¶

Die Übung zur Nummerierung und Aufzählung ist hiermit beendet. Speichern Sie Ihr Dokument und schließen Sie es.

Schriftarten

Eine Schriftart ist eine bestimmte Art von Text. Welche Schriftarten sind auf Ihrem Computer installiert? Klicken Sie auf den Pfeil am Dropdown-Menü *Schriftarten* in der Formatierungssymbolleiste, um die installierten Schriften zu sehen.

Müssen Sie sich die Namen und Charakteristika all dieser Schriften merken? Nein, müssen Sie nicht. Sie sollten sich allerdings zwei Dinge in Bezug auf Schriftarten merken:

- Es gibt eigentlich nur zwei Arten (Familien) von Schriften: Serifenschriften und serifenlose Schriftarten.

- Serifenschriften sind aufgrund der besseren Lesbarkeit besonders für lange Textabschnitte geeignet. Serifenlose Schriftarten eignen sich besonders für kurze Textabschnitte wie Überschriften, Titel und eventuell Auflistungen.

Sie können die Familienzugehörigkeit einer Schriftart danach beurteilen, ob sie Serifen (Schnörkel, Schwänzchen) an den Enden hat.

Serife

Serifenschrift

serifenlose Schrift

Serifenschriften	*Words* Standardschrift ist eine Serifenschrift mit Namen *Times New Roman*. Sie erhielt ihren Namen von der Londoner Zeitung *The Times*, für die sie in den 30er Jahren entwickelt wurde.

Weitere bekannte Serifenschriften sind *Garamond* und *Century Schoolbook*.

Dieser Text ist in Garamond geschrieben.

Dieser Text ist in Century Schoolbook geschrieben.

Serifenlose Schriften	*Words* Standard für eine serifenlose Schrift ist Arial. Sie basiert auf einer anderen Schriftart namens Helvetica, die in den 70er Jahren die am meisten verwendete Schriftart war.

Weitere bekannte serifenlose Schriften sind Futura und AvantGarde.

Dieser Text ist in Futura geschrieben.

Dieser Text ist in AvantGarde geschrieben.

Schriftarten

Eine bestimmte Art von Schrift. Die zwei Hauptfamilien sind Serifenschriften und serifenlose Schriften.

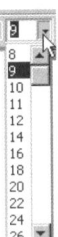

Schriftgrößen	Schriftgrößen werden in einer nicht metrischen Einheit namens Punkt gemessen. Dabei entsprechen 72 Punkt ungefähr 2,2 cm.

- Für einen Textkörper oder ein längeres Geschäftsdokument, z.B. einen Bericht, ist ein Schriftgrad von 10, 11 oder 12 Punkt angemessen. Für Überschriften werden Schriftgrößen zwischen 14 und 28 Punkt verwendet.

- Für die Beschriftung von Kopf- oder Fußzeilen, Fußnoten und Bildunterschriften wird oft eine Schriftgröße von 8 oder 9 Punkt verwendet.

Um die Schriftgröße eines ausgewählten Textes zu verändern, klicken Sie auf die benötigte Schriftgröße der Dropdown-Liste für Schriftgrößen in der Formatierungssymbolleiste.

Schrifteigenschaften	Über das Dialogfeld FORMAT/ZEICHEN können Sie den einzelnen Schriften mehrere Eigenschaften wie Schriftschnitt, Effekte, Farbe und Abstand zuweisen.

Schriftschnitt	Sie haben diese verschiedenen Möglichkeiten schon über die Schaltflächen FETT und KURSIV in der Formatierungssymbolleiste angewendet.

| Unterstreichen | Hier gibt es eine Vielzahl von Möglichkeiten. Die einfache Unterstreichung ist nicht nur die einfachste, sondern auch die gebräuchlichste. Sie wird auch zugewiesen, wenn Sie die Schaltfläche UNTERSTREICHEN in der Formatierungssymbolleiste verwenden. |

| Schriftfarbe | Haben Sie einen Farbdrucker? Wenn ja, möchten Sie eventuell einmal eine andere Schriftfarbe als *Auto* zuweisen. Und auch ohne Farbdrucker möchten Sie vielleicht Ihre Überschriften einmal in Grau drucken. |

Welche Farbe ist nun *Auto*? *Auto* ist schwarz, es sei denn, der Hintergrund ist schwarz oder dunkelgrau. In diesen Fällen wechselt Auto zu weiß.

| Effekte | Sie können mit den verschiedenen Schrifteffekten experimentieren, indem Sie die verschiedenen Effekte in den Kontrollkästchen des Dialogfeldes ZEICHEN anklicken und sich das Ergebnis im Vorschaufenster gleich darunter anschauen. |

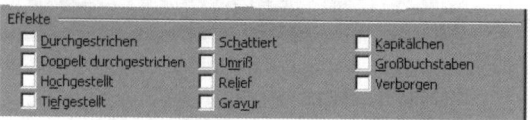

Ein wichtiger Effekt, den Sie kennen sollten, heißt *hochgestellt*.

Diese Auswahl bewirkt einen Versatz des ausgewählten Textes nach oben in der gleichen Zeile, während der Schriftgrad gleichzeitig reduziert wird. Das Hochstellen von Text wird häufig für mathematische Symbole wie 2^2, X^8 oder 10^3 verwendet.

Hochgestellt

Text, der höher als der Resttext in der gleichen Zeile gestellt wird und dessen Schriftgrad gleichzeitig reduziert wird. Wird häufig in mathematischen Texten als Indexziffer verwendet.

Das Gegenteil von hochgestellt ist tiefgestellt. Sie werden diesen Effekt beispielsweise in chemischen Formeln wie H_2SO_4 finden.

Tiefgestellt

Text, der tiefer als der Resttext in der gleichen Zeile gestellt wird und dessen Schriftgrad gleichzeitig reduziert wird. Wird häufig in chemischen Texten für Formeln verwendet.

Schriftabstand	Sie können den Abstand zwischen den einzelnen Buchstaben vergrößern oder verringern, indem Sie die Option *Laufweite* des Registers *Abstand* im Dialogfeld *Zeichen* verwenden.

Hier ein Text, dessen Laufweite um 1 Punkt erweitert ist.

Dieser Buchstabenabstand eignet sich gegebenenfalls für Überschriften.

Rahmen und Schattierung von Schrift

Sie können Ihren Dokumenten eine besondere Note geben, indem Sie Rahmen (dekorative Kästchen) und Schattierungen (farbige Hintergründe) verwenden, die Ihnen als Optionen über FORMAT/RAHMEN UND SCHATTIERUNG zur Verfügung stehen.

Word bietet eine Reihe von verschiedenen Rahmenmöglichkeiten, wobei *Kontur* und *Schattiert* die gebräuchlichsten sind. Verwenden Sie die Vorschau auf der rechten Seite des Dialogfeldes, um die entsprechenden Seiten auszuwählen, die Sie als Rahmen dargestellt haben möchten. Als Standard sind alle vier Seiten ausgewählt.

Achten Sie auch auf das Dropdown-Feld *Anwenden auf* unten rechts. Ihre Wahl ist entscheidend dafür, wie *Word* den Befehl ausführt. Schauen Sie sich die Beispiele an.

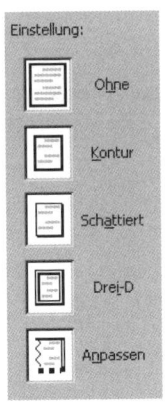

Optionen bei Rahmen

Um einem ausgewählten Text eine Schattierung zuzuweisen, wählen Sie FORMAT/RAHMEN UND SCHATTIERUNG und suchen dann die entsprechenden Optionen für Ausfüllen, Linienart und Farbe im Register *Schattierung* des Dialogfeldes.

- Ausfüllen: Hier wird die Farbe für die Schattierung bestimmt. Wenn Sie eine schwarze Schrift mit grauem Schatten hinterlegen, sollte das Grau nicht mehr als 25% betragen, da der Text sonst nur schwer zu lesen ist.

- Linienart: Diese Option erlaubt es Ihnen, verschiedene Tönungen (Farbprozente) oder Muster einer zweiten Farbe (im Feld *Farbe* auszuwählen) über der ausgewählten Füllfarbe zuzuweisen. Wenn Sie keine zweite Farbe zuweisen möchten, lassen Sie einfach den Standardwert *Transparent* im Feld *Linienart* stehen.

- Farbe: Wenn Sie im Feld *Linienart* ein Muster ausgewählt haben, können Sie hier die Farbe der Linien und Punkte in diesem Muster auswählen.

Sie können Rahmen und Schattierung einem oder mehreren Buchstaben, aber auch Wörtern und ganzen Absätzen zuweisen. Sie müssen nicht beides gemeinsam anwenden, aber in der Regel werden die Merkmale Rahmen und Schattierung zusammen verwendet.

Übung 3.19: Ein Poster entwerfen

Übung macht den Meister. In dieser Übung verwenden Sie die in dieser Lektion erlernten Kenntnisse über Formatierung (Schriftarten, Aufzählung, Rahmen und Schattierung) und Textposition (Ausrichtung und Einzug). Das Ziel ist es, ein Poster mit Text zu entwerfen.

1) Öffnen Sie ein neues Dokument und schreiben Sie den angegebenen Text.

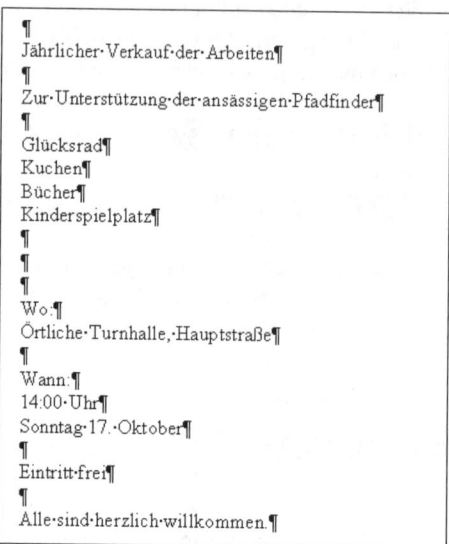

2) Wählen Sie den Text *Jährlicher Verkauf der Arbeiten* aus und weisen Sie ihm über FORMAT/ZEICHEN das Format *Times New Roman, 28* Punkt und über Format *Absatz Zentriert* zu.

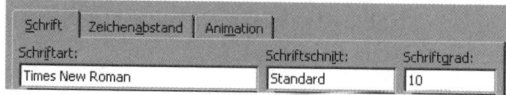

3) Wählen Sie FORMAT/RAHMEN UND SCHATTIERUNG, dann *Kontur* und im Feld *Übernehmen für: Text* als Option.

4) Aus der Schattierungstabelle wählen Sie 15% grau. Klicken Sie dann auf OK.

5) Wählen Sie nun den Text *Zur Unterstützung der ansässigen Pfadfinder* aus. Verwenden Sie die Optionen auf der Formatierungssymbolleiste, um den Text zu *zentrieren* und ihn in *Arial 14* Punkt zu ändern.

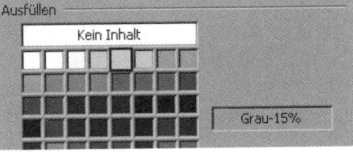

6) Wählen Sie die vier Attraktionen Glücksrad, Kuchen, Bücher und Kinderspielplatz aus und ändern Sie diese in *Arial 20* Punkt.

Stellen Sie sicher, dass die Absatzmarke hinter Kinderspielplatz mit ausgewählt ist.

Wählen Sie FORMAT/NUMMERIERUNG UND AUFZÄHLUNG. Im Register *Aufzählung* wählen Sie Rauten als Aufzählungszeichen aus.

7) Die Aufzählung sollte dort plaziert werden, wo sie die Aufmerksamkeit auf sich zieht, also zwischen dem rechten und linken Seitenrand.

Weisen Sie aber nicht *zentriert* als Ausrichtung zu, wie unten dargestellt. Denn die Aufzählung ist einfacher zu lesen, wenn die Aufzählungszeichen untereinander angeordnet sind.

Aufzählungszeichen
Raute

♦→Glücksrad¶
♦→Kuchen¶
♦→Bücher¶
♦→Kinderspielplatz¶

8) Die vier Attraktionen sind immer noch ausgewählt. Wählen Sie FORMAT/ABSATZ und weisen Sie einen linken Einzug von 4,5 cm zu.

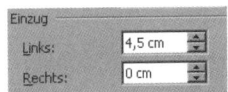

Der Text der Aufzählung erscheint nun linksbündig, aber auf der Mitte der Seite.

9) Wählen Sie den restlichen Text aus und weisen Sie ihm *Arial, Standard 20* Punkt und *zentrieren* zu.

10) Wählen Sie nun hintereinander die Wörter *Wo, Wann* und *Eintritt Frei* aus und klicken Sie auf die Schaltfläche FETT in der Formatierungssymbolleiste.

11) Markieren Sie die Wörter *Alle sind herzlich willkommen* und weisen Sie ihnen über die Schaltfläche KURSIV den entsprechenden Schriftschnitt zu.

12) Am Ende platzieren Sie den Cursor irgendwo auf der Seite, wählen FORMAT/RAHMEN UND SCHATTIERUNG und gehen auf das Register *Seitenrand*.

Wählen Sie hier die Option *Kontur* und im Feld *Übernehmen für: Gesamtes Dokument*. Klicken Sie nun auf OK.

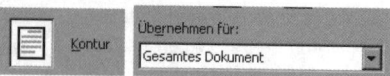

Ihr Poster ist nun fertig gestellt und sollte wie das abgebildete Beispiel aussehen. Speichern Sie Ihr Poster unter einem Namen ab, den Sie leicht behalten und wiedererkennen, beispielsweise BMposter.doc.

Wenn Sie über einen Drucker verfügen, drucken Sie Ihr Poster aus, um Ihr Werk zu begutachten.

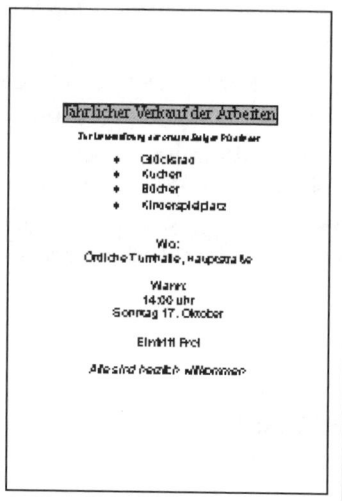

Die Zoom-Ansichten in Word

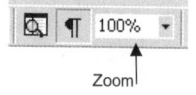

Mit der Zoom-Funktion in *Word* können Sie die Dokumentenansicht vergrößern oder verkleinern. Sie können diese Funktion auf zwei Arten verwenden:

• Klicken Sie auf das Zoom-Feld in der Standardsymbolleiste, wählen Sie einen Wert zwischen 100% und 500% aus und drücken Sie die Eingabetaste.

• Wählen Sie ANSICHT/ZOOM. Ein Dialogfenster wird angezeigt, in dem Sie eine Zoom-Option durch Anklicken auswählen können.

Um von einer vergrößerten oder verkleinerten Ansicht wieder zur Normalgröße zu gelangen, wählen Sie 100% oder klicken auf die Schaltfläche RÜCKGÄNGIG in der Standardsymbolleiste.

| *Zoom und Drucken* | Die Zoom-Funktion hat nur Einfluss auf die Bildschirmdarstellung eines Dokuments und nicht darauf, wie es ausgedruckt wird. (In Lektion 3.3 werden Sie mehr über das Drucken von Dokumenten erfahren.) |

Auf eine Diskette speichern

Haben Sie Ihre Dokumente im Verlauf der Übungen gespeichert? Sie sollten es jedenfalls getan haben. Es ist auch ratsam, eine Kopie Ihrer Arbeit auf Diskette zu speichern. Führen Sie die Schritte in Übung 3.20 aus, um Ihr Poster auf Laufwerk A: speichern.

Übung 3.20: Ein Word-Dokument auf Diskette speichern

1) Schieben Sie eine Diskette in das Diskettenlaufwerk Ihres Computers.

Stellen Sie bei einer neuen Diskette sicher, dass sie formatiert ist.

Wenn die Diskette schon beschrieben ist, stellen Sie sicher, dass genügend Speicherplatz vorhanden ist, um Ihr Poster darauf abzuspeichern. Die Größe Ihrer Posterdatei dürfte rund 60 KB betragen.

2) Wählen Sie DATEI/SPEICHERN UNTER. Gehen Sie auf Laufwerk A: und klicken Sie auf SPEICHERN, UM DIE DATEI ZU SPEICHERN. *Word* schlägt Ihnen den Standardnamen, in diesem Fall BMposter.doc, vor, den Sie akzeptieren oder ändern können.

Wenn Sie damit fertig sind, speichern Sie Ihr Dokument noch einmal an seinem ursprünglichen Ort auf Ihrem Computer ab.

Wenn Sie dies nicht tun, so wird das Dokument bei späteren Speicherungen (über DATEI/SPEICHERN oder die Schaltfläche SPEICHERN auf der Standardsymbolleiste) automatisch wieder auf Diskette und nicht auf der Festplatte Ihres Computers gespeichert.

Symbole und Sonderzeichen

Word ermöglicht es Ihnen, Symbole und Sonderzeichen in Ihr Dokument einzufügen.

- **Symbole:** Unter Symbolen versteht man unter anderem die Buchstaben fremder Sprachen mit Akzenten (z.B. á, é, ñ), Brüche und Zeichen, die in der Mathematik und in der Wissenschaft verwendet werden. Welche Symbole Ihnen zur Verfügung stehen, hängt von den verwendeten Schriftarten ab.

- **Sonderzeichen:** Darunter versteht man z.B. das Copyrightzeichen ©, das Registrierzeichen ®, das Trademarkzeichen ™ und typographische Zeichen wie Anführungszeichen etc.

Um ein Symbol oder Sonderzeichen einzufügen:

- Klicken Sie an die Stelle, an der das Zeichen stehen soll.

- Wählen Sie EINFÜGEN/SYMBOL und klicken Sie dann auf eines der Register *Symbole* oder *Sonderzeichen*.

- Führen Sie einen Doppelklick auf das Zeichen bzw. Symbol aus, das Sie einfügen möchten.

- Klicken Sie auf SCHLIESSEN, um das Dialogfeld zu schließen.

Format übertragen

Schaltfläche
Format übertragen

Die Schaltfläche FORMAT ÜBERTRAGEN, die in *Word* zur Verfügung steht, ermöglicht es Ihnen, das Format eines ausgewählten Textes schnell und einfach auf einen anderen Text zu übertragen. Führen Sie die folgenden Schritte aus:

- Wählen Sie den Text aus, der das Format hat, welches Sie übertragen möchten.

- Klicken Sie auf die Schaltfläche FORMAT ÜBERTRAGEN in der Standard-symbolleiste.

- Wählen Sie nun den Text aus, auf den Sie das Format übertragen möchten.

Um das ausgewählte Format auf verschiedene Textstellen im Dokument zu übertragen, führen Sie einen Doppelklick auf die Schaltfläche FORMAT ÜBERTRAGEN aus.

Wenn Sie mit dem Kopieren des Formats fertig sind, klicken Sie erneut auf die Schaltfläche FORMAT ÜBERTRAGEN oder drücken Sie die ESC-Taste in der oberen linken Ecke Ihrer Tastatur.

Übung 3.21: Formatierung kopieren

Sie beginnen diese Übung mit der Aufhebung der Formatierung von zwei Zeilen Ihres Posters.

1) Wenn Sie das Poster-Dokument aus der Übung 3.19 nicht geöffnet haben, öffnen Sie es bitte.

2) Wählen Sie das Wort *Wo* aus, wählen Sie FORMAT/ZEICHEN und gehen Sie dann auf *10* Punkt, *Times New Roman, Standard* und klicken dann auf OK.

3) Wählen Sie das Wort *Wann* aus und ändern Sie es auch in *10* Punkt, *Times New Roman, Standard.*

Im nächsten Teil der Übung kopieren Sie die Formatierung eines anderen Teils des Posters, um Sie den zwei Zeilen, die Sie in Schritt 2 und 3 geändert haben, wieder zuzuweisen.

4) Klicken Sie irgendwo zwischen die Wörter *Eintritt Frei.*

5) Doppelklicken Sie auf die Schaltfläche FORMAT ÜBERTRAGEN.

6) Wählen Sie das Wort *Wo* aus und klicken Sie auf die Schaltfläche FORMAT ÜBERTRAGEN.

7) Wählen Sie das Wort *Wann* aus und klicken Sie auf die Schaltfläche FORMAT ÜBERTRAGEN.

8) Drücken Sie auf die Esc-Taste, um das Merkmal FORMAT ÜBERTRAGEN wieder auszuschalten.

Nun sieht Ihr Poster wieder so aus wie vor dieser Übung. Speichern Sie das Poster, schließen Sie das Dokument und beenden Sie *Microsoft Word*. Sie haben nun die Lektion 3.2 des ECDL Moduls Textverarbeitung abgeschlossen.

Zusammenfassung der Lektion: Das haben Sie gelernt

Bevor Sie einen Text formatieren oder ausrichten, müssen Sie ihn auswählen. Dazu klicken Sie mit der Maus und ziehen diese über den gewünschten Text. *Word* stellt ausgewählten Text negativ dar (weißer Text auf schwarzem Hintergrund).

Die gebräuchlichsten Formatierungen in *Word* sind *Fett*, *Kursiv* und *Unterstrichen*. Schaltflächen für diese Optionen finden Sie in der Formatierungssymbolleiste.

Sie können an einer Stelle im Dokument Text kopieren und ihn an einer anderen Stelle (auch in einem anderen Dokument) wieder einfügen. Dies geschieht über die Zwischenablage, einem temporären Speicherort. Sie können Text auch ausschneiden und wieder einfügen. In diesem Fall löscht *Word* den ausgeschnittenen Text an seiner ursprünglichen Stelle aus dem Dokument.

Einzug oder auch *Einrücken* bedeutet, Text in einem bestimmten Abstand zum rechten oder linken Seitenrand oder auch zu beiden Rändern zu verschieben. Mit dem Merkmal *Ausrichten* kann die Position von Text in einem Abschnitt beeinflusst werden, so dass dieser entweder mit dem rechten oder linken Rand bündig abschließt, bis zu beiden Rändern (Blocksatz) oder genau zwischen den beiden Rändern (zentriert) läuft. Schaltflächen für diese Optionen finden Sie in der Formatierungssymbolleiste.

Verwenden Sie Listen für kurze Aussagen oder ein Folge von Anweisungen. Aufzählungslisten, in denen jedem Element ein Aufzählungszeichen bzw. -symbol wie z.B. ein Punkt oder eine Raute vorangestellt wird, eignen sich besonders, wenn die Reihenfolge der einzelnen Elemente keine große Rolle spielt. Nummerierte Listen hingegen, bei denen jedem Element eine Zahl (in aufsteigender Reihenfolge) vorangestellt wird, eignen sich für Gebrauchsanweisungen und Anleitungen, bei denen es auf eine genaue Reihenfolge ankommt.

Schriften sind verschiedene Schriftarten, die auf einen Text angewendet werden können. Serifenschriften eignen sich eher für lange Texte, während serifenlose Schriften vor allem für Überschriften oder Bildunterschriften verwendet werden. Zwei wichtige Schrifteffekte sind Hochgestellt (wird in der Mathematik verwendet) und Tiefgestellt (wird in chemischen Formeln verwendet).

Sie können Ihren Dokumenten ein interessantes Aussehen verleihen, indem Sie mit dekorativen Rahmen und Schattierungen arbeiten.

Mit der Zoom-Funktion in *Word* können Sie die Dokumentenanzeige auf dem Bildschirm vergrößern oder verkleinern, ohne dass dies Auswirkungen beim Drucken hat.

Sie können auch Symbole und Sonderzeichen in Ihren Text einfügen, um z.B. Buchstaben aus anderen Sprachen mit Akzent oder Tilde, Brüche, Zeichen aus Wissenschaft und Mathematik und typographische Zeichen wie Gedankenstrich und Anführungszeichen darzustellen.

Der *Word*-Befehl FORMAT ÜBERTRAGEN bietet eine schnelle und bequeme Möglichkeit, um die Formatierung eines bestimmten Textes zu kopieren und auf einen anderen Teil des Textes zu übertragen.

Lektion 3.3: Umfangreiche Dokumente, kleine Details

Zu dieser Lektion

Um Ihnen bei der Eingabe von langen Texten behilflich zu sein, stellt *Word* eine Rechtschreib- und Grammatiküberprüfung sowie eine *Suchen/Ersetzen*-Funktion zur Verfügung.

Sie können dem Leser helfen, sich in Ihren Dokumenten zurechtzufinden, indem Sie Seitenzahlen und andere Details in Kopf- oder Fußzeilen einfügen.

Darüber hinaus werden Sie in dieser Lektion erfahren, wie Sie den vertikalen Abstand zwischen Zeilen und Absätzen steuern, wie Sie neue Einzüge festlegen, um Pausen zwischen Absätzen hervorzuheben, und wie Sie Zeilen- und Seitenwechsel einfügen.

Neue Fähigkeiten

Am Ende dieser Lektion sollten Sie in der Lage sein,

- die Abstände zwischen Zeilen und Absätzen zu verändern,
- einen Erstzeileneinzug im Absatz anzuwenden,
- einen hängenden Einzug im Absatz anzuwenden,
- Text zu suchen und zu ersetzen, auch formatierten Text und Sonderzeichen,
- Seitenränder und Papierformat anzupassen,
- Kopf- und Fußzeilen zu erstellen und zu formatieren,
- Seitenzahlen und andere Details in Kopf- oder Fußzeilen einzufügen,
- manuelle Zeilen- und Seitenwechsel einzufügen,
- die Rechtschreib- und Grammatikprüfung in *Word* zu verwenden
- und die Druckoptionen in *Word* zu benutzen.

Neue Wörter

Am Ende dieser Lektion sollten Sie in der Lage sein, folgende Begriffe zu erklären:

- Zeilenabstand
- Seitenrand
- Abstand zwischen Absätzen
- A4
- Erstzeileneinzug
- Kopf- und Fußzeile
- Hängender Einzug

Um den Umgang mit umfangreichen Dokumenten in *Word* zu erlernen, benötigen Sie ein langes Beispiel-Dokument. Zu Beginn kopieren
Sie daher bitte einen Text aus der *Word*-Online-Hilfe.

Übung 3.22: Einen Text schreiben und mehrmals kopieren

1) Öffnen Sie *Word* und wählen Sie DATEI/NEU.

2) Schreiben Sie den folgenden Text in das leere Dokument.

Internationaler Standard für PC-Anwender

*Sie kennen sich in manchen Anwendungen aus, aber es fällt Ihnen
schwer, klar zu formulieren, welche Kenntnisse Sie tatsächlich
haben.*

*Auch sind Sie davon überzeugt, dass Sie Ihren PC effizient nutzen
können, aber Sie haben keine Möglichkeit, das zu dokumentieren.
In Stellenanzeigen ist oft von PC-Kenntnissen die Rede. Aber was
bedeutet das eigentlich? Und wie können Sie sicher sein, diesen
Anforderungen gerecht zu werden?*

3) Beachten Sie dabei bitte auch die Absätze.

```
Internationaler·Standard·für·PC·Anwender¶
¶
Sie·kennen·sich·in·manchen·Anwendungen·aus,·aber·es·fällt·Ihnen·schwer,·klar·zu·formulieren,·welchen·
Kenntnisse·Sie·tatsächlich·haben.¶
¶
Auch·sind·Sie·davon·überzeugt,·dass·Sie·Ihren·PC·effizient·nutzen·können,·aber·Sie·haben·keine·Möglichkeit·das·
zu·dokumentieren.·In·Stellenanzeigen·ist·oft·von·PC·Kenntnissen·die·Rede.·Aber·was·bedeutet·das·eigentlich?·
Und·wie·können·Sie·sicher·sein,·diesen·Anforderungen·gerecht·zu·werden?¶
```

4) Setzen Sie den Cursor an den Anfang der ersten Zeile und drücken Sie ENTER,
um eine neue Zeile zu erstellen. Setzen Sie den Cursor an den Anfang dieser
neuen Zeile.

5) Halten Sie STRG gedrückt und klicken Sie gleichzeitig in den linken Rand der
Seite, wo sich kein Text befindet. Der gesamte Text im Dokument wird markiert.

```
¶
Internationaler·Standard·für·PC·Anwender¶
¶
Sie·kennen·sich·in·manchen·Anwendungen·aus,·aber·es·fällt·Ihnen·schwer,·klar·zu·formulieren,·welchen·
Kenntnisse·Sie·tatsächlich·haben.¶
¶
Auch·sind·Sie·davon·überzeugt,·dass·Sie·Ihren·PC·effizient·nutzen·können,·aber·Sie·haben·keine·Möglichkeit·das·
zu·dokumentieren.·In·Stellenanzeigen·ist·oft·von·PC·Kenntnissen·die·Rede.·Aber·was·bedeutet·das·eigentlich?·
Und·wie·können·Sie·sicher·sein,·diesen·Anforderungen·gerecht·zu·werden?¶
```

6) Wählen Sie BEARBEITEN/KOPIEREN, um den Text in die Zwischenablage zu kopieren. Heben Sie die Textauswahl auf, indem Sie irgendwo außerhalb des ausgewählten Textes ins Dokument klicken.

7) Setzen Sie den Cursor nach unten ans Ende des zweiten Absatzes und drücken
Sie zweimal die Eingabetaste. Der Cursor rutscht zwei Zeilen nach unten.

8) Der Text, den Sie in die Zwischenablage kopiert haben, befindet sich immer noch dort. Wählen Sie BEARBEITEN/EINFÜGEN, um ihn einzufügen.

9) Wiederholen Sie die Schritte 7 und 8 achtzehn Mal, um ein umfangreiches Dokument von drei Seiten zu erzeugen.

10) Wählen Sie DATEI/SPEICHERN, um das Dokument unter einem Namen abzuspeichern, den Sie leicht behalten können, beispielsweise BMlang.doc.

Zeilenabstand

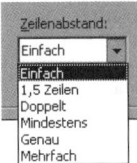

Als Zeilenabstand bezeichnet man den vertikalen Abstand zwischen den Zeilen innerhalb eines Absatzes in einem Text. Als Standard weist *Word* immer einen einfachen Zeilenabstand zu. Sie können den Abstand eines ausgewählten Textabschnitts aber auch vergrößern, indem Sie FORMAT/ABSATZ wählen und dann im Feld *Zeilenabstand* auf *1,5* oder *doppelt* gehen.

Wahlweise können Sie auch eine Schriftgröße im Feld *Maß* eingeben und im Feld *Zeilenabstand* den Wert *Mindestens* auswählen. Als Regel gilt: Der Zeilenabstand sollte immer um 20% über dem Schriftgrad liegen. Wenn Ihr Text in 10 Punkt geschrieben ist, so sollte der Zeilenabstand 12 Punkt betragen.

Zeilenabstand

Der vertikale Abstand zwischen den Zeilen innerhalb eines Absatzes in einem Text. Die Standardeinstellung in Word ist einfacher Zeilenabstand.

Beispiel für Zeilenabstände
Einfach
1,5 Zeilen
Doppelt

Einfach	1,5 Zeilen	Doppelt
Eine Zusammenfassung eines Onlinedokuments können Sie lesen, wenn Sie das Dokument in der Ansicht **AutoZusammenfassen** anzeigen lassen. In dieser Ansicht können Sie zwischen einer Anzeige, bei der nur die Schwerpunkte angezeigt werden (der übrige Teil des Dokuments bleibt ausgeblendet), und einer	Eine Zusammenfassung eines Onlinedokuments können Sie lesen, wenn Sie das Dokument in der Ansicht **Auto Zusammenfassen** anzeigen lassen. In dieser Ansicht können Sie zwischen einer Anzeige, bei der nur	Eine Zusammenfassung eines Onlinedokuments können Sie lesen, wenn Sie das Dokument in der Ansicht **Auto Zusammenfassen** anzeigen lassen. In

Abstände zwischen Absätzen

Das Betätigen der Eingabetaste zum Einfügen einer neuen Zeile ist ein eher grober Weg, um den Abstand zwischen zwei Absätzen in Ihrem Dokument zu steuern.

Bei umfangreicheren Dokumenten bietet es sich jedoch an, diesen Abstand über FORMAT/ABSATZ einzustellen. Hier können Sie einen Wert für den Abstand vor und nach einem Absatz eingeben.

- Für den Textkörper tragen Sie einen Wert in das Feld *Nach* ein (der Wert sollte etwas höher als der Schriftgrad des Textes ein), um den nächsten Absatz vom vorherigen zu trennen.
- Für Überschriften tragen Sie einen Wert in das Feld *Vor* ein. So bleibt über der Überschrift immer noch Raum frei. Auf diese Weise heben sich die Überschriften vom restlichen Text noch weiter ab.

Beispiel für mit und ohne zusätzliche Absatzmarke erzeugte Abstände zwischen Absätzen

Eine Zusammenfassung eines Onlinedokuments können Sie lesen, wenn Sie das Dokument in der Ansicht **AutoZusammenfassen** anzeigen lassen. ¶ ¶ In dieser Ansicht können Sie zwischen einer Anzeige, bei der nur die Schwerpunkte angezeigt werden (der übrige Teil des Dokuments bleibt ausgeblendet), und einer ¤	Eine Zusammenfassung eines Onlinedokuments können Sie lesen, wenn Sie das Dokument in der Ansicht **Auto Zusammenfassen** anzeigen lassen. ¶ In dieser Ansicht können Sie zwischen einer Anzeige, bei der nur ¤

Eine andere Möglichkeit, in umfangreichen Texten den Beginn eines neuen Absatzes zu kennzeichnen, besteht darin, den Abstand für Textkörper auf Null zu setzen und stattdessen die erste Zeile eines Absatzes einzurücken. Mehr dazu erfahren Sie im nächsten Abschnitt.

Erstzeileneinzug

In Lektion 3.2 haben Sie gelernt, wie man einen ausgewählten Absatz von der rechten und/oder linken Seite her einrückt. Mit *Word* können Sie aber auch nur die erste Zeile eines Absatzes einrücken. Die erste Zeile bekommt dadurch, verglichen mit dem restlichen Absatz, einen größeren Abstand zum linken Rand.

Übung 3.23: Einen Erstzeileneinzug erstellen

Sie werden einen Erstzeileneinzug verwenden, um zwei Absätze eines Textkörpers voneinander zu trennen.

1) Wählen Sie den zweiten Abschnitt Ihres Beispieltextes aus.

¶
Auch sind Sie davon überzeugt, dass Sie Ihren Computer effizient nutzen können, aber Sie haben keine Möglichkeit das zu dokumentieren. In Stellenanzeigen ist oft von Computer Kenntnissen die Rede. Aber was bedeutet das eigentlich? Und wie können Sie sicher sein, diesen Anforderungen gerecht zu werden? ¶
¶

2) Wählen Sie FORMAT/ABSATZ.

3) Im Register *Einzüge und Abstände* im Feld *Extra* wählen Sie die Option *Erste Zeile* aus. Im Feld *Um* geben Sie den Wert *1 cm* ein und klicken dann auf OK.

4) Löschen Sie die Absatzmarke über dem eingerückten Absatz. Ihr Text sollte nun so aussehen.

Kenntnisse·Sie·tatsächlich·haben.¶
    Auch·sind·Sie·davon·überzeugt,·dass·Sie·Ihren·PC·effizient·nutzen·können,·aber·Sie·haben·keine·
Möglichkeit·das·zu·dokumentieren.·In·Stellenanzeigen·ist·oft·von·PC·Kenntnissen·die·Rede.·Aber·was·bedeutet·
das·eigentlich?·Und·wie·können·Sie·sicher·sein,·diesen·Anforderungen·gerecht·zu·werden?¶

5) Machen Sie das Einrücken der ersten Zeile und das Löschen der Absatzmarke rückgängig, indem Sie zweimal BEARBEITEN/RÜCKGÄNGIG wählen. Der Befehl RÜCKGÄNGIG in *Word* kann nicht nur Schreib- und Bearbeitungsaktionen rückgängig machen, sondern auch Formatierungs- und Positionsoperationen. Ersetzen Sie bitte auch die Absatzmarke, um die beiden Absätze voneinander zu trennen.

Ihr Beispieltext sollte nun wie vor dieser Übung aussehen.

Erstzeileneinzug

Die Positionierung der ersten Zeile eines Absatzes in einem größeren Abstand zum linken Rand als der restliche Text desselben Absatzes.

Wenn Sie den Erstzeileneinzug verwenden, um Absätze voneinander zu trennen, setzen Sie den Abstand zwischen den Absätzen auf 0 oder höchstens 1 oder 2 Punkt. Wenden Sie den Erstzeileneinzug nicht bei einem Absatz direkt nach einer Überschrift an.

Hängender Einzug

Man spricht von einem hängenden Einzug, wenn alle Zeilen außer der ersten eingerückt sind. Ein hängender Einzug wird manchmal bei Listen wie Bibliografien verwendet. Hier ein Beispiel:

Rainer Maria Rilke, Katharina Kippenberg. Briefwechsel. Hg von Bettina von
    Bomhard. Wiesbaden 1954
Rainer Maria Rilke und Marie von Thurn und Taxis. Briefwechsel. 2 Bde. Zürich
    und Wiesbaden 1951

Üben Sie das Erzeugen eines hängenden Einzugs am Beispieltext, indem Sie FORMAT/ ABSATZ wählen und dann das Feld *Extra* auf

Hängend stellen und im Feld *Um* einen Wert eintragen. Machen Sie am Ende alle vorgenommenen Änderungen im Dokument wieder rückgängig.

Hängender Einzug

Alle Zeilen eines Absatzes außer der ersten sind eingerückt. Wird gelegentlich bei Listen angewendet.

Text suchen

Müssen Sie auf die Schnelle ein bestimmtes Wort oder einen bestimmten Satz in einem umfangreichen Dokument suchen? Der *Word*-Befehl

SUCHEN hilft Ihnen dabei und bringt Sie direkt an die gesuchte Textstelle im Dokument.

Standardmäßig durchsucht *Word* das gesamte Dokument. Um die Suche auf einen bestimmten Teil des Textes einzugrenzen, wählen Sie den Teil des Textes aus, den *Word* durchsuchen soll. Wenn *Word* die Suche für den ausgewählten Bereich beendet hat, werden Sie gefragt, ob der Suchvorgang für das restliche Dokument fortgesetzt werden soll.

Die Grundlagen

Wählen Sie BEARBEITEN/SUCHEN, um das Dialogfeld *Suchen und Ersetzen* aufzurufen. Im Feld *Suchen nach* tragen Sie den Text ein (oder fügen Sie ihn über die Zwischenablage ein), nach dem Sie suchen, und wählen Sie dann WEITERSUCHEN.

Word sucht nun nach der ersten Übereinstimmung in Ihrem Dokument. Das Dialogfeld bleibt auf dem Bildschirm geöffnet. Klicken Sie auf WEITERSUCHEN, um die Suche nach weiteren Übereinstimmungen fortzusetzen, oder klicken Sie auf ABBRECHEN, um die Suche zu beenden und das Dialogfeld zu schließen. Üben Sie diesen Vorgang, indem Sie in Ihrer Beispieldatei nach dem Wort *Dokument* suchen.

Besondere Optionen

Standardmäßig sucht und findet *Word* sowohl Teile eines Wortes als auch ganze Wörter. Wenn Sie also nach *Dokument* suchen, findet *Word* auch Dokumentes. Sie können *Word* aber auch mitteilen, dass es nur nach ganzen Wörtern suchen soll. Klicken Sie dazu auf ERWEITERN und dann in das Kontrollkästchen *Nur ganzes Wort suchen*.

Eine andere Möglichkeit besteht darin, das Kontrollkästchen GROSS-/KLEINSCHREIBUNG zu aktivieren. Wenn Sie dann nach *Dokument* suchen, werden Schreibweisen wie *dokument* oder *DOKUMENT* bei der Suche ausgelassen.

Um Absatzmarken, Tabstopps oder andere nicht druckbare Zeichen zu finden, wählen Sie SONSTIGES und klicken dann auf das entsprechende Zeichen.

Formate	Sie können *Word* auch nach Text suchen lassen, der mit einem bestimmten Format übereinstimmt. Wählen Sie ERWEITERT und dann FORMAT. Suchen Sie nun aus der Liste das Format aus, nach dem Sie suchen möchten. 

Text suchen und ersetzen

Es kann vorkommen, dass Sie ein bestimmtes Wort oder einen Satz im Text finden und immer durch ein anderes Wort bzw. einen anderen Satz ersetzen möchten – wenn Sie z.B. das ganze Dokument hindurch ein Wort falsch geschrieben haben oder im gesamten Dokument das Wort *Mensch* durch *Leute* ersetzen möchten.

Wählen Sie BEARBEITEN/ERSETZEN, um Text zu ersetzen. Tragen Sie im Feld *Suchen nach* den Text, der ersetzt werden soll, und im Feld *Ersetzen durch* den Ersatztext ein.

Zwei Methoden des Ersetzens

Im Register *Ersetzen* des Dialogfeldes *Suchen und Ersetzen* werden Ihnen zwei Möglichkeiten angeboten:

- **Ersetzen** Ersetzen: *Word* ersetzt nacheinander die gefundenen Übereinstimmungen im Text. Bei jeder gefundenen Übereinstimmung fragt *Word* nach, ob Sie den gefundenen Text ersetzen möchten. Das ist also der *sichere* Weg.

- **Alle ersetzen** Alle ersetzen: *Word* ersetzt alle gefundenen Textstellen in einem Arbeitsschritt. Sie sollten diese Möglichkeit nur dann verwenden, wenn Sie wirklich sicher sind, dass Sie jede mit den Suchkriterien übereinstimmende Textstelle ersetzen möchten.

Besondere Optionen

Alles, was Sie über den Befehl SUCHEN finden können, kann auch durch den Befehl BEARBEITEN/SUCHEN UND ERSETZEN ersetzt werden. Dazu gehören auch Formatierungen, Tabulatorzeichen und andere Sonder- und nicht druckbare Zeichen.

Übung 3.24: Text suchen und ersetzen

In dieser Übung lernen Sie anhand Ihrer umfangreichen Beispieldatei das *Suchen und Ersetzen* von Text.

1) In Ihrem Text haben Sie immer die Abkürzung PC verwendet. Nun möchten Sie aber lieber Computer als PC schreiben.

    Statt nun alle Vorkommen von PC per Hand zu ersetzen, gehen Sie wie folgt vor.

2) Setzen Sie den Cursor an den Anfang der ersten Zeile des Dokuments und wählen Sie BEARBEITEN/ERSETZEN.

3) Fügen Sie *PC* in das Feld *Suchen nach* ein.

4) Schreiben Sie *Computer* in das Feld *Ersetzen durch*.

5) Klicken Sie auch auf die Schaltfläche ERWEITERT und aktivieren Sie das Kontrollkästchen Groß-/Kleinschreibung. Sonst werden alle PC durch COMPUTER ersetzt.

6) Klicken Sie auf die Schaltfläche ALLE ERSETZEN.

Word wendet nun den SUCHEN UND ERSETZEN-Befehl auf das gesamte Dokument an. Das ist sehr viel einfacher, als wenn Sie jedes Vorkommen einzeln korrigieren würden.

Übung 3.25: Formatierung suchen und ersetzen

In dieser Übung verwenden Sie die *Word*-Funktion *Suchen und Ersetzen*, um alle Überschriften in Ihrem langen Beispieltext umzuformatieren.

1) Setzen Sie den Cursor an den Anfang der ersten Zeile des Dokuments und wählen Sie BEARBEITEN/ERSETZEN.

2) Im Register *Ersetzen* steht im *Suchen nach*-Feld immer noch der Text aus Übung 3.24. Klicken Sie in dieses Feld, löschen Sie den Text und schreiben Sie *Internationaler Standard für Computer-Anwender.*

3) Klicken Sie in das Feld *Ersetzen durch* und löschen Sie den darin enthaltenen Text.

4) Klicken Sie auf die Schaltfläche ERWEITERT und dann auf FORMAT.

Sie brauchen nicht noch einmal den ganzen Text zu schreiben, sondern nur noch das neue Format anzugeben.

5) Wählen Sie hier die Option ZEICHEN aus der Liste und dann *Arial, Fett* und *14* Punkt. Klicken Sie auf OK.

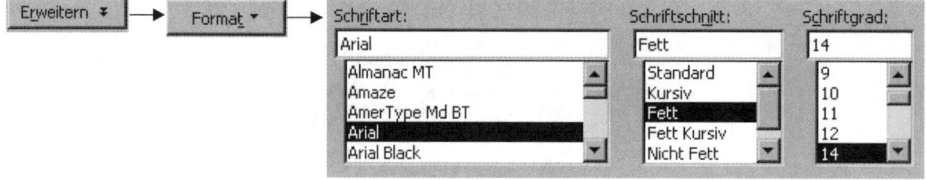

6) Klicken Sie auf ALLE ERSETZEN.

Word ersetzt automatisch alle Vorkommen der Überschrift und setzt das neue Format ein. Klicken Sie auf SCHLIESSEN, um das Dialogfeld zu schließen.

Übung 3.26: Sonderzeichen finden und ersetzen

In dieser Übung werden Sie die Absatzmarke, welche die zwei Absätze Ihres Beispieltextes trennt, entfernen.

1) Setzen Sie den Cursor an den Anfang der ersten Zeile des Dokuments und wählen Sie BEARBEITEN/ERSETZEN.

2) Im Register *Ersetzen* steht im *Suchen nach*-Feld immer noch der Text aus Übung 3.25. Klicken Sie in dieses Feld, um den Text zu löschen.

3) Während sich der Cursor im Feld *Suchen nach* befindet, klicken Sie auf die Schaltfläche ERWEITERT, dann SONSTIGE und wählen dann *Absatzmarke* aus der Liste aus. Klicken Sie noch einmal auf SONSTIGE und wählen Sie aus der Liste noch einmal *Absatzmarke* aus.

Das Feld *Suchen nach* sollte nun zwei Symbole für *Absatzmarke* enthalten.

4) Klicken Sie auf das Feld *Ersetzen durch*. Klicken Sie auch auf KEINE FORMATIERUNG, damit auch alle Formate, die Sie in Übung 3.25 ausgewählt haben, gelöscht werden.

5) Während sich der Cursor im Feld *Ersetzen durch* befindet, klicken Sie auf die Schaltfläche ERWEITERT, dann SONSTIGE und wählen Sie *Absatzmarke* aus der Liste aus.

6) Klicken Sie dann auf ALLE ERSETZEN.

Word ersetzt automatisch alle Vorkommen von zwei aufeinander folgenden Absatzmarken durch eine. Klicken Sie auf SCHLIESSEN, um das Dialogfeld zu schließen.

Übung 3.27: Textpositionen suchen und ersetzen

In dieser Übung weisen Sie allen auftretenden zweiten Absätzen des Beispieltextes einen Erstzeileneinzug zu.

1) Setzen Sie den Cursor an den Anfang der ersten Zeile des Dokuments und wählen Sie BEARBEITEN/ERSETZEN.

2) Im Register *Ersetzen* steht im *Suchen nach*-Feld immer noch der Text aus Übung 3.26. Klicken Sie in dieses Feld, löschen Sie den Text und schreiben Sie das erste Wort *Auch* des zweiten Abschnitts des Beispieltextes.

3) Klicken Sie in das Feld *Ersetzen durch*, löschen Sie den darin enthaltenen Text aus Übung 3.26 und schreiben Sie auch hier *Auch*.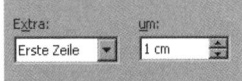

4) Während sich der Cursor im Feld *Ersetzen durch* befindet, klicken Sie auf FOR-MAT, dann ABSATZ und definieren Sie dann einen Erstzeileneinzug von 1 cm. Klicken Sie auf OK.

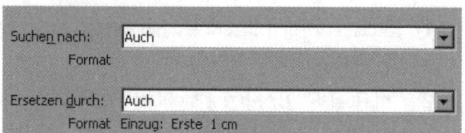

5) Klicken Sie auf ALLE ERSETZEN.

Word rückt nun die erste Zeile des jeweils zweiten Absatzes Ihres Bei-spieltextes ein. Klicken Sie auf SCHLIESSEN, um das Dialogfeld zu schließen. Ihr Text sollte nun wie das Beispiel unten aussehen.

Internationaler·Standard·für·Computer·Anwender¶
Sie·kennen·sich·in·manchen·Anwendungen·aus,·aber·es·fällt·Ihnen·schwer,·klar·zu·formulieren,·welchen·
Kenntnisse·Sie·tatsächlich·haben.¶
    Auch·sind·Sie·davon·überzeugt,·dass·Sie·Ihren·Computer·effizient·nutzen·können,·aber·Sie·haben·keine·
Möglichkeit·das·zu·dokumentieren.·In·Stellenanzeigen·ist·oft·von·Computer-Kenntnissen·die·Rede.·Aber·was·
bedeutet·das·eigentlich?·Und·wie·können·Sie·sicher·sein,·diesen·Anforderungen·gerecht·zu·werden?¶
¶

Sie haben die Übung zum Suchen und Ersetzen hiermit abgeschlos-sen. Speichern Sie Ihr langes Dokument und lassen Sie es geöffnet.

Seite einrichten

Sie haben gelernt, wie man Text an der richti-gen Stelle positio-niert, wie man Text ausrichtet und Zeilen- bzw. Absatzabstände kontrolliert.

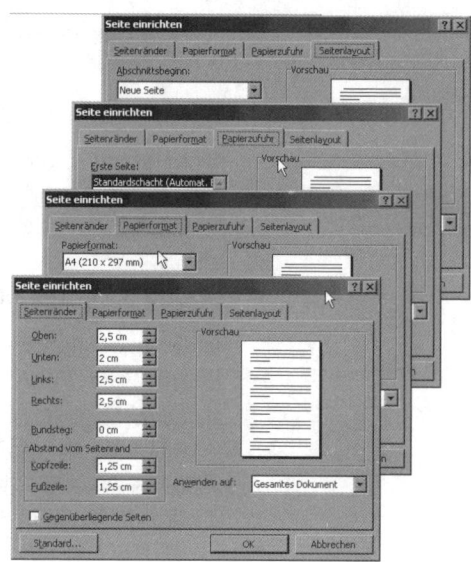

Wie aber steht es mit der Seite, also dem Stück Papier, auf dem der Text erscheinen soll? Welche Optio-nen kann *Word* Ihnen hier bieten?

Wählen Sie DATEI/SEITE EINRICHTEN. Es erscheint ein Dialogfeld mit vier Registern, über die Sie eine Seite einrichten können. Zum jetzigen Zeitpunkt sind nur zwei dieser Register für uns interessant: *Seitenränder* und *Papierformat*.

Seitenränder werden durch
gestrichelte Linien dargestellt

Als Seitenrand bezeichnet man den Abstand vom Papierrand zu der Stelle, an der Text bzw. Grafik eingefügt wird.

Die Standardwerte in *Word* liegen bei 2,5 cm für die Ränder oben, rechts und links und bei 2 cm für den unteren Rand. Diese Einstellung eignet sich für die meisten Briefe und Geschäftsdokumente.

Sie können die Seitenränder Ihres Dokuments jederzeit verändern und Ihre neuen Einstellungen zu Standardeinstellungen machen, indem Sie auf STANDARD klicken.

Seitenrand

Der Abstand von Textkörper oder Grafik zum tatsächlichen Papierrand. Sie können in Word verschiedene Abstände für den oberen, unteren, linken und rechten Rand bestimmen.

Papierformat

Verwenden Sie im Register *Papierformat* die Einstellung für das europäische Standardpapierformat A4 (21 cm breit und 29,7 cm hoch). A4 wird für fast alle Briefe und Geschäftsdokumente verwendet.

A4

Das Standardpapierformat für die meisten Briefe und Geschäftsdokumente in Europa.

Die Kontrollkästchen für *Ausrichtung* beziehen sich darauf, wie das Dokument ausgedruckt werden soll. Es gibt die Möglichkeit *Hochformat* oder *Querformat*. Briefe und die meisten anderen Dokumente werden im Hochformat gedruckt.

Kopf- und Fußzeilen

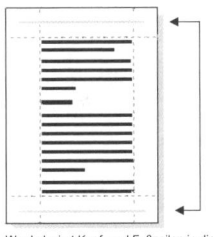

Word plaziert Kopf- und Fußzeilen in die
über den Befehl Datei/Seite einrichten
festgelegten oberen und
unteren Seitenränder

Kopf- und Fußzeilen gibt es am oberen und unteren Rand jeder Seite eines Dokuments (außer auf Deckblättern und Inhaltsverzeichnissen).

Wenn Sie sich einmal veröffentlichte Dokumente ansehen, so werden Sie feststellen, dass sich in den Kopf- bzw. Fußzeilen in der Regel Informationen wie Dokumententitel, Firmenname, Name des Autors und vielleicht eine Versions- oder Entwurfsnummer zu finden sind. Normalerweise sind in der Kopf- oder Fußzeile auch die einzelnen Seitenzahlen zu finden. Mit der Seitennummerierung werden wir uns im nächsten Abschnitt noch näher beschäftigen.

Mit *Word* brauchen Sie den Text einer Kopf- und/oder Fußzeile nur einmal zu schreiben. Das Programm setzt den Text automatisch in jeder Seite ein. Sie können dem Text in der Kopf- und Fußzeile die gleichen Formatierungen – fett, kursiv, Ausrichtung, Rahmen und Schattierung – zuweisen wie dem normalen Text im Dokument. Auch Grafiken wie z.B. das Firmenlogo können in die Kopf- bzw. Fußzeile eingefügt werden.

Kopf- und Fußzeile

Standardtext und Grafiken, die beim Druck standardmäßig auf jeder Seite eines Dokuments im oberen oder unteren Rand erscheinen.

Hier ein paar Fakten über Kopf- bzw. Fußzeilen in *Word*:

- Sie werden über den Befehl ANSICHT/KOPF- UND FUSSZEILE zugewiesen.

- Über diesen Befehl erscheinen die Kopf- oder Fußzeile in einem gestrichelten Rahmen, der Dokumententext (kann in dieser Ansicht nicht bearbeitet werden) und die Symbolleiste für Kopf- und Fußzeilen (über diese Symbolleiste sind die häufigsten Befehle direkt zugänglich).

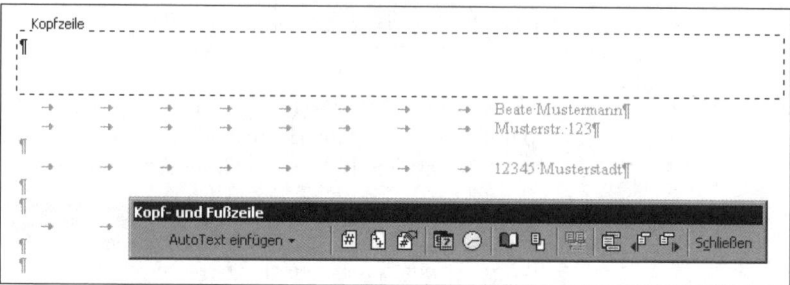

- *Word* setzt die Absatzmarke links oben in die Kopf- oder Fußzeile, so dass Sie sofort schreiben können.

- *Word* fügt automatisch zwei vordefinierte Tabstopps ein, um Ihnen die Arbeit zu erleichtern. Betätigen Sie die TAB-Taste einmal, um Ihren Text der Kopf- oder Fußzeile zentriert zu schreiben, oder zweimal, um ihn rechtsbündig zu schreiben.

- Klicken Sie auf die Schaltfläche ZWISCHEN KOPF- UND FUSSZEILE WECHSELN, um in den jeweils anderen Bereich zu wechseln. Die zwei Bereiche gleichen sich im Aussehen und in der Handhabung.

- Positionieren Sie Seitenzahlen (Näheres im nächsten Abschnitt) außerhalb des Seitenrands (rechts für rechte Seiten, links für linke Seiten) oder zentriert in der Kopf- bzw. Fußzeile.

- Setzen Sie Text zentriert oder rechts- bzw. linksbündig zum Rand des Kopf- bzw. Fußzeilenbereichs.

Schaltfläche
Zwischen Kopf-
und Fußzeile
wechseln

Übung 3.28: Eine Kopfzeile erstellen

In dieser Übung fügen Sie Ihrem Beispieldokument eine Kopfzeile hinzu.

1) Wählen Sie DATEI/SEITE EINRICHTEN und gehen Sie auf das Register *Seitenlayout*. Stellen Sie sicher, dass die Kontrollkästchen der Kopf- und Fußzeile wie hier abgebildet erscheinen und klicken Sie auf OK.

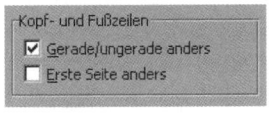

2) Wählen Sie ANSICHT/KOPF- UND FUSSZEILE. *Word* setzt die Absatzmarke an den linken Rand des Kopfzeilenbereichs und Sie können sofort schreiben.

3) Schreiben Sie *Jahresbericht*.

4) Klicken Sie auf die Schaltfläche NÄCHSTE ANZEIGEN in der Symbolleiste der Kopf- und Fußzeile. *Word* zeigt die nächste Seite an und zwar die erste Seite (linke Seite) mit gerader Seitenzahl.

Schaltfläche
Nächste anzeigen

5) Drücken Sie zweimal auf die TAB-Taste, um die Absatzmarke an den rechten Rand zu setzen. Schreiben Sie *ABC GmbH*.

6) Klicken Sie auf die Schaltfläche SCHLIESSEN in der Kopf- und Fußzeile-Symbolleiste.

Sie haben am Anfang der Übung über DATEI/SEITE EINRICHTEN das Kontrollkästchen GERADE/UNGERADE ANDERS ausgewählt. Auf Grund dieser Einstellungen in *Word* kann sich der Text in der Kopfzeile ungerader (rechter) Seiten von dem gerader (linker) Seiten unterscheiden.

In der folgenden Übung setzen Sie eine Linie unter den Text der Kopfzeile, um den Bereich noch sichtbarer vom Textkörper zu trennen, und Sie ändern die Schriftart und die Schriftgröße. In der Regel ist der Text einer Kopfzeile um 2 bis 3 Punkt kleiner als der des Textkörpers. Bei einer solchen Schriftgröße ist eine serifenlose Schrift wie Arial besser zu lesen als eine Serifenschrift.

Übung 3.29: Eine Kopfzeile formatieren

1) Wählen Sie ANSICHT/KOPF- UND FUSSZEILE.

2) Wählen Sie den Text der Kopfzeile auf der ersten Seite Ihres Dokuments aus.

3) Wählen Sie FORMAT/ZEICHEN und dann *Arial, Standard, 8* Punkt.

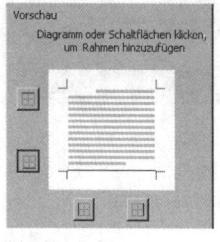

Weisen Sie der Kopfzeile
einen unteren Rand zu

4) Lassen Sie den Text weiter ausgewählt und gehen Sie auf FORMAT/RAHMEN UND SCHATTIERUNG.

5) Im Register *Rahmen* wählen Sie als Einstellung *Ohne*. Wählen Sie dann im Vorschaufenster die Option für einen Rand unten und eine Linienbreite von *1* Punkt. Im Feld *Übernehmen für* gehen Sie auf *Absatz* und klicken dann auf OK.

6) Klicken Sie auf die Schaltfläche NÄCHSTE ANZEIGEN in der Kopf- und Fußzeilen-Symbolleiste und wiederholen Sie die Schritte 4 und 5 für die linken Seiten.

7) Klicken Sie nun auf die Schaltfläche SCHLIESSEN der Kopf- und Fußzeilen-Symbolleiste.

Der obere Teil Ihrer rechten Seite sollte nun wie die Abbildung unten aussehen.

Der obere Teil Ihrer linken Seite sollte nun wie die Abbildung unten aussehen.

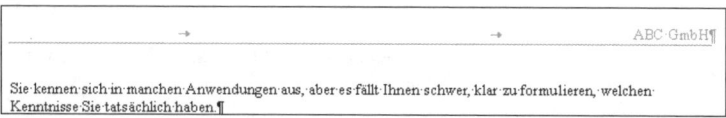

Sie werden feststellen, dass der Text der Kopfzeile in Grau erscheint. Dies bedeutet, dass Sie den Kopfzeilenbereich nicht bearbeiten können, während Sie am Textkörper des Dokuments arbeiten.

Seitennummerierung

Sie können dem Dokument über die Kopf- oder Fußzeile Seitenzahlen hinzufügen. Wenn Sie Ihrem Dokument Seiten hinzufügen oder löschen, aktualisiert *Word* die Seitennummerierung entsprechend. Der Seitennummerierung können die gleichen Formatierungen wie dem normalen Text im Kopf- und Fußzeilenbereich zugewiesen werden. Sie können eine Seitenzahl im Kopf- und Fußzeilenbereich am rechten oder linken Seitenrand ausrichten oder auch zentriert platzieren.

Übung 3.30: Seitenzahl einfügen

In dieser Übung fügen Sie eine Seitenzahl mit der Ausrichtung *zentriert* in die Fußzeile des Dokuments ein.

1) Wählen Sie ANSICHT/KOPF- UND FUSSZEILE.

2) Lassen Sie sich den Fußzeilenbereich der ersten Seite anzeigen. Drücken Sie die TAB-Taste, um die Absatzmarke in die Mitte (zentriert) zu bringen.

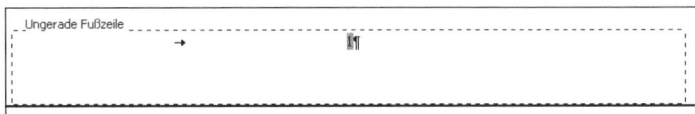

3) Klicken Sie auf die Schaltfläche SEITENZAHL EINFÜGEN in der Kopf- und Fußzeile-Symbolleiste. *Word* fügt eine Seitenzahl ein.

Schaltfläche Seitenzahlen einfügen

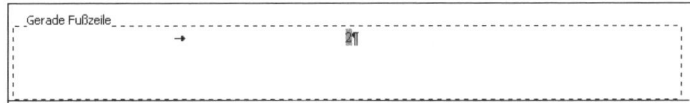

4) Klicken Sie auf die Schaltfläche NÄCHSTE ZEIGEN in der Kopf- und Fußzeile-Symbolleiste, um auf die zweite und gleichzeitig erste Seite mit gerader Seitenzahl (linke Seite) in Ihrem Dokument zu gelangen.

5) Wiederholen Sie die Schritte 2 und 3, um eine Seitenzahl zentrierter Ausrichtung einzufügen.

6) Klicken Sie auf die Schaltfläche SCHLIESSEN der Kopf- und Fußzeile-Symbolleiste und speichern Sie Ihr Dokument.

Verschiedene Möglichkeiten bei der Seitennummerierung

Schaltfläche Seitenzahlen formatieren

Klicken Sie auf die Schaltfläche SEITENZAHLEN FORMATIEREN in der Kopf- und Fußzeile-Symbolleiste. Ein Dialogfeld mit den verschiedenen Möglichkeiten zur Seitennummerierung wird eingeblendet.

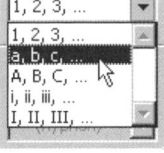

Sie können für die Nummerierung zwischen Zahlen, Buchstaben und römischen Zeichen auswählen und müssen nicht unbedingt mit Seite 1 anfangen.

Erstelldatum und Autorenname

Schaltfläche Datum

Word bietet bestimmte Funktionen an, um Ihnen die Eingabe des Erstelldatums und des Autorennamens in einer Kopf- oder Fußzeile zu erleichtern.

Erstelldatum eines Dokuments

Um das heutige Datum (wie in Ihrem Computer eingestellt) in eine Kopf- oder Fußzeile einzufügen, führen Sie bitte die folgenden Schritte aus:

• Wählen Sie ANSICHT/KOPF- UND FUSSZEILE.

- Setzen Sie den Cursor an die Stelle, an der Sie das aktuelle Datum einfügen möchten.

- Klicken Sie auf die Schaltfläche DATUM EINFÜGEN in der Kopf- und Fußzeile-Symbolleiste.

Name des Autors

Um den Namen des Autors des Dokuments (Ihren Namen) einzufügen, gehen Sie bitte folgendermaßen vor:

- Wählen Sie DATEI/EIGENSCHAFTEN und stellen Sie sicher, dass Ihr Name im Feld *Autor* angezeigt wird.

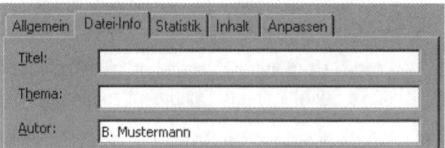

Hier trägt *Word* automatisch den Benutzernamen ein, der bei der Installation von Windows auf Ihrem Computer angegeben wurde. Wenn Ihr Name nicht im Feld *Autor* steht, löschen Sie den Eintrag und schreiben Sie Ihren Namen. Klicken Sie auf OK.

- Wählen Sie ANSICHT/KOPF- UND FUSSZEILE.

- Setzen Sie den Cursor an die Stelle in der Kopf- oder Fußzeile, an der Sie den Namen einfügen möchten.

- Wählen Sie EINFÜGEN/FELD. Das Dialogfeld *Feld* wird angezeigt.

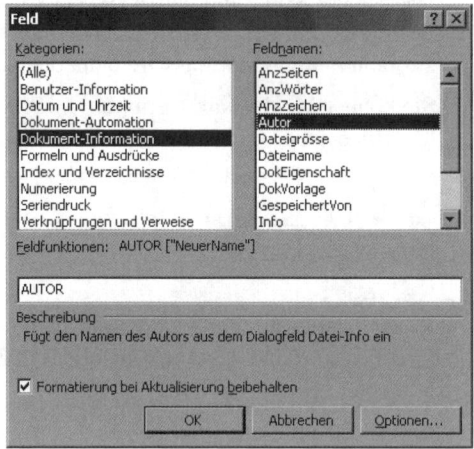

- Wählen Sie im Fenster *Kategorien Dokumenteninformation* und im Fenster *Feldname Autor*. Klicken Sie auf OK.

Manueller Zeilen- und Seitenwechsel

Word fügt jedes Mal, wenn Sie die Eingabetaste betätigen, eine neue Absatzmarke ein. Um einen Zeilenwechsel innerhalb eines Absatzes zu erzeugen, drücken Sie gleichzeitig die Umschalt- und die Eingabetaste.

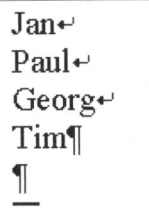

Beispiel für drei manuelle Zeilenwechsel

Word erzeugt automatisch eine neue Seite, wenn der Text über eine Seite hinausgeht.

Sie können aber auch an jeder Stelle des Dokuments einen manuellen Seitenwechsel einfügen, indem Sie gleichzeitig die Steuerungs- und die Eingabetaste drücken. Wahlweise können Sie auch EINFÜGEN/MANUELLER WECHSEL wählen und die Option *Seitenwechsel* anklicken. Bestätigen Sie dann mit OK.

Words Anzeige für einen manuellen Seitenwechsel

Rechtschreibprüfung

Und wie steht es mit Ihrer Rechtschreibung? *Word* kann Ihre Rechtschreibung überprüfen und hat zwei Möglichkeiten, Ihnen Korrekturvorschläge zu machen.

- *AutoKorrektur* während Sie ein Dokument erstellen bzw. bearbeiten.

- Korrektur auf Anfrage immer dann, wenn Sie EXTRAS/RECHTSCHREIBUNG UND GRAMMATIK wählen.

Sie können die automatische Rechtschreibprüfung über das Kontrollkästchen *Rechtschreibung während der Eingabe überprüfen* im Register *Rechtschreibung und Grammatik* aktivieren bzw. deaktivieren. Zu diesem Register gelangen Sie über EXTRAS/OPTIONEN.

Automatische Rechtschreibprüfung

Eine rote wellenförmige Linie, die während der Eingabe unter einem Wort erscheint, weist Sie auf einen möglichen Rechtschreibfehler hin.

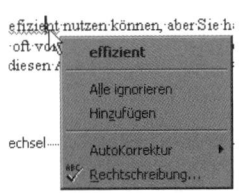

Um eine Korrektur vorzunehmen, üben Sie einen Rechtsklick auf das unterringelte

Wort aus. Sie können nun aus einem Kontextmenü die für Sie in Frage kommende Lösung auswählen.

Wenn Sie die unterste Option RECHTSCHREIBUNG im Kontextmenü wählen, blendet *Word* das Dialogfeld *Rechtschreibung* ein.

Dialogfeld Rechtschreibung

Sie können Ihr Dokument jederzeit über EXTRAS/RECHTSCHREIBUNG UND GRAMMATIK auf Rechtschreibfehler hin überprüfen lassen, egal ob die automatische Rechtschreibprüfung aktiviert ist oder nicht.

Wenn *Word* bei der Überprüfung keine Fehler findet, wird ein Dialogfeld eingeblendet, das Ihnen mitteilt, dass die Überprüfung abgeschlossen ist.

Wenn *Word* Wörter findet, die es nicht erkennt, wird das Dialogfeld *Rechtschreibung* eingeblendet. Dabei wird das fragliche Wort rot angezeigt.

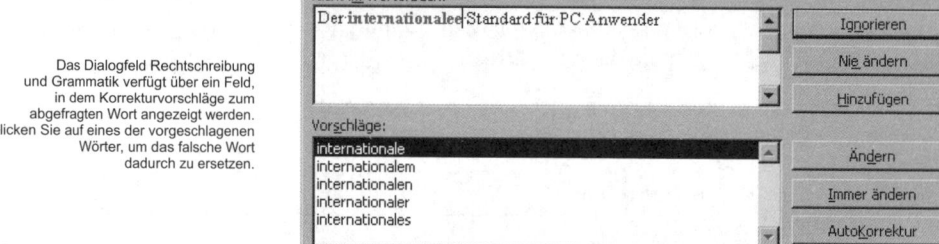

Das Dialogfeld Rechtschreibung und Grammatik verfügt über ein Feld, in dem Korrekturvorschläge zum abgefragten Wort angezeigt werden. Klicken Sie auf eines der vorgeschlagenen Wörter, um das falsche Wort dadurch zu ersetzen.

Wenn die Rechtschreibhilfe ein fragliches Wort findet, bietet Sie Ihnen mehrere Möglichkeiten an.

- **Ignorieren:** Lässt den hervorgehobenen Fehler unverändert.

- **Nie ändern:** Lässt den hervorgehobenen Fehler im gesamten Dokument unverändert.

- **Hinzufügen:** Fügt dem Benutzerwörterbuch das hervorgehobene Wort hinzu, so dass *Word* dieses Wort bei neuerlichen Überprüfungen erkennt. Wählen Sie diese Option für Namen, Orte, Abkürzungen oder Akronyme, die Sie regelmäßig verwenden.

- **Ändern:** Korrigiert den hervorgehobenen Fehler, es erscheint aber bei weiteren Vorkommen des gleichen Fehlers im Dokument eine neue Aufforderung zur Änderung.

- **Immer ändern:** Korrigiert den hervorgehobenen Fehler an dieser Stelle und falls vorhanden auch an allen anderen Stellen im Dokument.

Ein Wort zur Vorsicht: Wenn ein Wort richtig geschrieben, aber im Kontext falsch ist – z.B. der statt die –, so erkennt die Rechtschreibprüfung diesen Fehler nicht. Daher sollten Sie die letzte Version Ihres Dokuments am Ende immer noch einmal lesen, um sicherzustellen, dass es fehlerfrei ist.

Welche Sprache?

Bevor Sie Ihr Dokument durch die Rechtschreibprüfung laufen lassen, wählen Sie bitte über EXTRAS/SPRACHE/SPRACHE BESTIMMEN die richtige Sprache, also das richtige Wörterbuch aus. Wenn die Einstellung nicht stimmt, z.B. *Deutsch (Österreich)* statt *Deutsch (Deutschland)*, wählen Sie bitte die richtige Sprache und dann STANDARD.

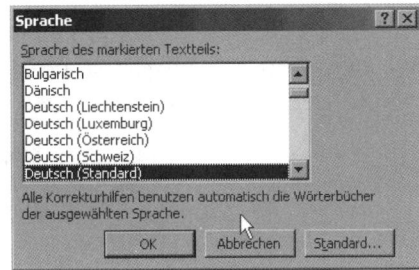

Die Grammatikprüfung

Word ist in der Lage, Ihre Grammatik zu überprüfen und Korrekturvorschläge zu machen. Das kann auf zwei Arten geschehen.

- *AutoKorrektur* während Sie ein Dokument erstellen bzw. bearbeiten.

- Korrektur auf Anfrage immer dann, wenn Sie EXTRAS/RECHTSCHREIBUNG UND GRAMMATIK wählen.

Sie können die automatische Grammatikprüfung über das Kontrollkästchen *Grammatik während der Eingabe überprüfen* im Register *Rechtschreibung und Grammatik* aktivieren bzw. deaktivieren. Zu diesem Register gelangen Sie über EXTRAS/OPTIONEN.

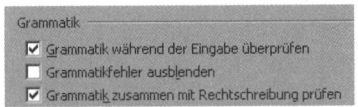

Bei aktivierter Grammatiküberprüfung weist eine grüne wellenförmige Linie, die während der Eingabe unter einem Wort erscheint, auf einen möglichen Grammatikfehler hin. Die Grammatikprüfung kann in der gleichen Weise wie die Rechtschreibprüfung gehandhabt werden.

Die Druckoptionen

Word bietet Ihnen eine Fülle von Druckoptionen. Darunter befinden sich Möglichkeiten wie Vorschau des Dokuments auf dem Bildschirm vor dem Druck, die Möglichkeit, das gesamte Dokument, die aktuelle Seite, zusammenhängende und nicht zusammenhängende Seiten oder einen ausgewählten Text zu drucken.

Schaltfläche
Seitenansicht

Dieser Befehl zeigt ein Dokument auf dem Bildschirm so an, wie es auf einem Ausdruck auf Papier aussieht. Und so gelangen Sie zur Seitenansicht Ihres Dokuments:

- Wählen Sie DATEI/SEITENANSICHT oder klicken Sie auf die Schaltfläche SEITENANSICHT in der Standardsymbolleiste. Klicken Sie auf SCHLIESSEN, um zu Ihrem Dokument zurückzukehren.

Den Druckbereich festlegen

Wenn Sie DATEI/DRUCKEN wählen, können Sie auswählen, welche Seiten des Dokuments gedruckt werden sollen.

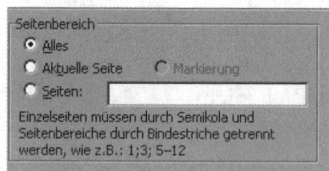

- **Alle:** Druckt alle Seiten des Dokuments.
- **Aktuelle Seite:** Druckt die Seite, auf der sich momentan der Cursor befindet.
- **Auswahl:** Druckt nur die aktuelle Markierung, Text und/oder Grafik.
- **Seiten:** Druckt die von Ihnen als Nummern in das Feld eingegebenen Seiten.

Um mehrere aufeinander folgende Seiten zu drucken, geben Sie bitte die erste und die letzte Seitenzahl ein und trennen Sie die Zahlen durch einen Bindestrich, z.B. 2-6 oder 12-13.

Um nicht aufeinander folgende Seiten zu drucken, geben Sie bitte die einzelnen Seitenzahlen ein und trennen diese durch Semikolon, z.B. 3;5;9 oder 12;17;34. Sie können die Auswahl für aufeinander folgende und nicht aufeinander folgende Seiten kombinieren.

Weitere Optionen im Dialogfeld *Drucken* ermöglichen es Ihnen zu entscheiden, wie viele Kopien eines Dokuments bzw. ob Sie nur Seiten mit gerader oder ungerader Seitenzahl drucken möchten.

Speichern und schließen Sie Ihr *umfangreiches Dokument* und beenden Sie *Microsoft Word*.

Die Symbolleisten anpassen

Die Symbolleisten in *Word* erlauben Ihnen einen direkten Zugriff – mit einem Klick – auf die am häufigsten verwendeten Befehle. Wenn Sie jedoch zu viele Symbolleisten eingeblendet haben, wird dadurch der eigentliche Fensterbereich, in dem Sie schreiben und Ihr Dokument bearbeiten, verkleinert.

Die Symbolleisten ein-
und ausblenden

Sie können die Symbolleisten in *Word* ein- und ausblenden und somit an Ihre persönlichen Arbeitsbedürfnisse anpassen.

- Wählen Sie ANSICHT/SYMBOLLEISTE, um eine Symbolleiste auszuwählen. In einem Untermenü listet *Word* die zur Verfügung stehenden Symbolleisten auf. Ausgewählte Symbolleisten zeigt *Word* durch ein Häkchen im Feld vor der jeweiligen Symbolleiste an.

- Wählen Sie ANSICHT/SYMBOLLEISTE, um eine Symbolleiste auszublenden. Im Untermenü listet *Word* die zur Verfügung stehenden Symbolleisten auf. *Word* entfernt das Häkchen im Feld vor der jeweiligen Symbolleiste, wenn sie nicht angezeigt wird.

Die Häkchen neben der Standard- und den Formatsymbolleiste zeigen an, dass diese schon zur Anzeige auf dem Bildschirm ausgewählt sind.

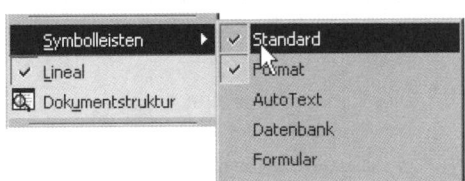

Ein- und Ausblenden
von einzelnen
Schaltflächen

Sie können aber auch eine oder mehrere Schaltflächen von den Symbolleisten entfernen. Führen Sie hierzu die folgenden Schritte aus:

- Blenden Sie die Symbolleiste ein, die Sie verändern möchten.

- Halten Sie die Alt-Taste gedrückt und ziehen Sie die Schaltfläche gleichzeitig mit der Maus von der Symbolleiste weg. *Word* entfernt die ausgewählte Schaltfläche von der Symbolleiste.

Wenn Sie die entfernte Schaltfläche wieder einblenden möchten, gehen Sie wie folgt vor:

- Blenden Sie die Symbolleiste ein.

- Wählen Sie EXTRAS/ANPASSEN.

  Word blendet das Dialogfeld *Anpassen* ein. Sie müssen dieses Dialogfeld nicht unbedingt verwenden, aber es muss auf Ihrem Bildschirm geöffnet bleiben.

  Beachten Sie, dass jede ausgeblendete Schaltfläche wieder in die Symbolleiste eingefügt wird.

- Führen Sie einen Rechtsklick auf die Schaltfläche aus, die Sie wieder einfügen möchten.

- Wählen Sie aus dem Kontextmenü ZURÜCKSETZEN.

Das Dialogfeld *Anpassen* wird geschlossen und die Schaltfläche wird wieder in der Symbolleiste angezeigt.

Sie haben nun die Lektion 3.3 des ECDL-Moduls Textverarbeitung abgeschlossen.

Sie können den Standardwert für Zeilen- und Absatzabstände in *Word* vergrößern oder verkleinern.

Sie können den Beginn eines neuen Absatzes auf verschiedene Arten hervorheben: Indem Sie eine neue Absatzmarke einfügen (grob, aber effizient), indem Sie den Abstand zwischen den Absätzen vergrößern oder indem Sie einen Erstzeileneinzug einfügen. Das Gegenteil eines Erstzeileneinzugs ist der hängende Einzug, dieser wird oftmals für Listen verwendet.

Der *Word*-Befehl SUCHEN UND ERSETZEN hilft Ihnen, einen bestimmten Textteil schnell zu finden und ihn durch einen anderen Text zu ersetzen. Sie können auch Text mit einer bestimmten Formatierung und Sonderzeichen wie Tabstopps oder Absatzmarken suchen und ersetzen.

Das Standardseitenformat ist A4 und kann als Hoch- oder Querformat verwendet werden. Als Seitenrand bezeichnet man den Abstand zwischen Textkörper (oder Grafik) und eigentlichem Papierrand.

Kopf- und Fußzeilen sind kleine Textelemente, die auf jeder Seite (oder jeder zweiten Seite) erscheinen. In der Regel enthalten sie Details zum Dokumententitel oder den Namen des Autors. Beide können auch eine automatische Seitennummerierung beinhalten.

Word verfügt auch über eine Rechtschreib- und Grammatikprüfung. Sie können beide Prüfungen permanent mitlaufen lassen oder in einen Modus auf Anfrage schalten.

Die Druckoptionen in *Word* erlauben eine Druckvorschau sowie das Drucken einer oder mehrerer Seiten.

Lektion 3.4: Tabellen, Tabstopps und Grafiken

Zu dieser Lektion

Bei den meisten *Word*-Dokumenten fließt der Text für gewöhnlich von links nach rechts über die gesamte Seitenbreite. Manchmal kann es aber auch angebracht sein, dass Sie nebeneinander liegende schmale Spalten für Text, Zahlen oder Grafiken verwenden.

In dieser Lektion lernen Sie die zwei Möglichkeiten in *Word* kennen, die das Erstellen von nebeneinander liegenden Spalten ermöglichen: Tabellen und Tabulatoren.

Außerdem erfahren Sie, wie man Grafiken und AutoFormen in *Word* verändert.

Zum Schluss lernen Sie noch die Silbentrennung kennen. Es geht hierbei um die Trennung langer Wörter in einer Zeile, um das Erscheinungsbild eines Textes zu verbessern.

Neue Fähigkeiten

Am Ende dieser Lektion sollten Sie in der Lage sein,

- Tabellen zu erstellen und zu formatieren,

- Tabulatoren einzufügen und zu bearbeiten,

- Grafiken einzufügen,

- AutoFormen zu erstellen,

- Grafiken und AutoFormen zu verschieben und in ihrer Form und Größe zu verändern,

- manuelle und automatische Silbentrennung in einem Text anzuwenden.

Neue Wörter

Am Ende dieser Lektion sollten Sie in der Lage sein, folgende Begriffe zu erklären:

- Tabelle

- Tabulator

- Autoform

- Silbentrennung

Die Verwendung von Tabellen in Word

Eine Tabelle besteht aus rechteckigen Zellen, die in Zeilen und Spalten angelegt sind. Text verhält sich in einer Zelle genauso wie auf einer normalen Seite. Während Sie Text in eine Zelle eingeben, wächst die Zeilenhöhe mit jeder neuen Textzeile.

Sie können entweder neue, leere Tabellen erzeugen und sie mit Text und Grafik füllen oder Sie wandeln einen schon vorhandenen Text in eine Tabelle um. Eine Tabelle sollte nach Möglichkeit nicht ganz oben in einem Dokument erstellt werden. Wenn Sie oben im Dokument zuerst eine Leerzeile einfügen, haben Sie danach immer die Möglichkeit, noch einen Titel oder sonstigen Text oberhalb der Tabelle einzugeben.

Tabelle

Eine Reihe von Zellen, die in Zeilen und Spalten angeordnet sind und sowohl Text als auch Grafik enthalten können.

Übung 3.31: Eine Tabelle neu erstellen

In dieser Übung erstellen Sie eine Tabelle, die Sie mit Text füllen.

1) Öffnen Sie *Word* und klicken Sie dann auf die Schaltfläche NEU, um ein neues Dokument zu erstellen. Klicken Sie auf die Schaltfläche SPEICHERN, um das Dokument zu speichern. Geben Sie dem Dokument einen Namen, den Sie sich leicht merken können, z.B. *BMtabelle.doc*.

2) Wählen Sie TABELLE/ZELLEN EINFÜGEN/TABELLE EINFÜGEN. Geben Sie in das eingeblendete Dialogfeld den Wert 2 für Spalten und 4 für Zeilen ein und klicken Sie auf OK. Sie können später noch Zeilen und Spalten hinzufügen oder löschen.

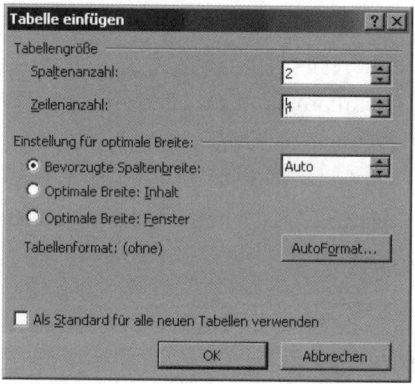

Belassen Sie den Standardwert *Auto* für die Spaltenbreite. Bei dieser Einstellung werden gleich breite Spalten erzeugt, die auf die Seitenbreite anpasst sind.

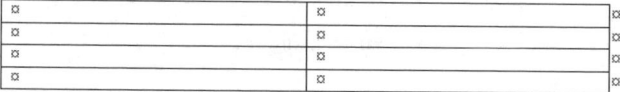

3) Klicken Sie in die obere linke Zelle und schreiben Sie *Verkaufsregion.*

4) Drücken Sie auf die TAB-Taste. Wenn Sie innerhalb einer Tabelle die TAB-Taste verwenden, wird dadurch kein Tabstopp eingefügt, sondern der Cursor springt in die nächste Zelle. Wenn Sie gleichzeitig die Umschalt- und die TAB-Taste (SHIFT+TAB) drücken, springt der Cursor zurück in die vorherige Zelle. Sie können aber auch die Pfeiltasten und die Maus verwenden, um in die verschiedenen

Zellen zu gelangen. (Um einen Tab in eine Tabelle einzugeben, drücken Sie STRG+TAB.)

Mit dem Cursor in der oberen rechten Zelle schreiben Sie *Anzahl verkaufte Einheiten*.

5) Bewegen Sie den Cursor durch die übrigen Zellen und geben Sie Text ein, bis Ihre Tabelle wie unten aussieht.

Verkaufsregion	Anzahl verkaufte Einheiten
Europa	1234
Lateinamerika	5678
China	4321

Glückwunsch, Sie haben gerade Ihre erste Tabelle in *Word* erstellt! Speichern Sie Ihre Tabelle und lassen Sie das Dokument dann geöffnet.

Einzelne Zellen einer Tabelle auswählen

Das Formatieren und Ausrichten von Text innerhalb einer Zelle läuft nach den gleichen Regeln ab wie bei Text auf einer normalen Seite. Text in einer Zelle wählen Sie wie folgt aus:

- Um Text in einer Zelle auszuwählen, ziehen Sie die Maus darüber.

- Um eine einzelne Zelle auszuwählen, klicken Sie einfach an den linken Zellenrand.

- Um eine ganze Zeile auszuwählen, doppelklicken Sie an den linken Rand der am weitesten links liegenden Zelle.

- Um eine Spalte auszuwählen, bewegen Sie den Cursor mit Hilfe der Maus an den oberen Rand einer Spalte, bis der Cursor sich in einen dicken, nach unten gerichteten Pfeil verwandelt. Klicken Sie dann, um die gesamte Spalte auszuwählen.

Verkaufsregion¤	Anzahl·der·verkauften·Einheiten¤	¤
Europa¤	1234¤	¤
Lateinamerika¤	5678¤	¤
China¤	4321¤	¤

- Um die gesamte Tabelle auszuwählen, wählen Sie TABELLE/TABELLE MARKIEREN.

Hier ein paar Regeln, um in einer Tabelle Änderungen vorzunehmen.

- Um eine neue Zeile einzufügen, wählen Sie die Zeile unterhalb oder oberhalb der Stelle, an der Sie die neue Zeile einfügen möchten, und anschließend die Optionen TABELLE/ZELLEN EINFÜGEN/ZEILEN UNTERHALB ODER ZEILEN OBERHALB.

- Um am unteren Ende der Tabelle eine zusätzliche Zeile einzufügen, wählen Sie die Markierung *Zeilenende* und drücken Sie die Eingabetaste. Wahlweise können Sie auch in die letzte Zelle der Tabelle gehen und die TAB-Taste drücken.

- Um eine Spalte einzufügen, wählen Sie die Spalte rechts oder links neben der Stelle, an der Sie die neue Spalte einfügen möchten, und anschließend die Optionen TABELLE/ZELLEN EINFÜGEN/SPALTEN NACH LINKS ODER SPALTEN NACH RECHTS.

- Um eine Zeile oder Spalte zu löschen, wählen Sie diese aus und dann TABELLE/LÖSCHEN/SPALTEN oder TABELLE/LÖSCHEN/ZEILEN.

- Um zwei oder mehrere Zellen derselben Zeile zu einer einzigen zu verbinden, wählen Sie TABELLE/ZELLEN VERBINDEN.

- Um eine ausgewählte Zelle in zwei Zellen der gleichen Zeile zu teilen, wählen Sie TABELLE/ZELLEN TEILEN.

- Um Zellen einen Rahmen und eine Schattierung hinzuzufügen, wählen Sie die entsprechenden Zellen, Zeilen, Spalten oder die gesamte Tabelle aus und anschließend FORMAT/RAHMEN UND SCHATTIERUNG.

- Um die Standardrahmen (Gitternetzlinien) einer Tabelle auszuschalten, so dass sie zwar auf dem Bildschirm, nicht aber im Ausdruck erscheinen, wählen Sie die Tabelle aus und dann TABELLE/GITTERNETZLINIEN AUSBLENDEN.

Übung 3.32: Ihre Tabelle formatieren und verändern

1) Markieren Sie die oberste Zeile der in Übung 3.31 erstellten Tabelle. Wählen Sie dann FORMAT/ZEICHEN, *Arial, 12* Punkt, *Fett* und klicken Sie dann auf OK.

2) Während die oberste Zeile noch ausgewählt ist, klicken Sie auf die Schaltfläche ZENTRIERT.

Verkaufsregion¤	Anzahl·der·verkauften·Einheiten¤	¤
Europa¤	1234¤	¤

3) Setzen Sie den Cursor in die Zelle, in der Lateinamerika steht, wählen Sie TABELLE/ZELLE EINFÜGEN/ZEILEN OBERHALB und schreiben Sie den folgenden Text.

4) Wählen Sie die oberste Zeile der Tabelle aus und dann TABELLE/ZELLE EINFÜGEN/ ZEILEN OBERHALB.

5) Während die oberste Zeile noch markiert ist, wählen Sie TABELLE/ZELLEN VERBIN-DEN.

6) Schreiben Sie *Verkaufszahlen* in die Zelle.

7) Markieren Sie die oberste, verbundene Zeile. Wählen Sie dann FORMAT/ZEICHEN und *Arial, 14* Punkt, *Fett, kursiv*. Klicken Sie auf OK.

8) Als Standard hat jede Zelle in *Word* einen Rahmen, der als ½ Punkt, schwarze, durchgehende Linie formatiert ist. Wählen Sie die oberste Zeile aus, dann FOR-MAT/RAHMEN und Schattierung und weisen Sie ihr dann eine doppelte Linie als unteren Rand zu.

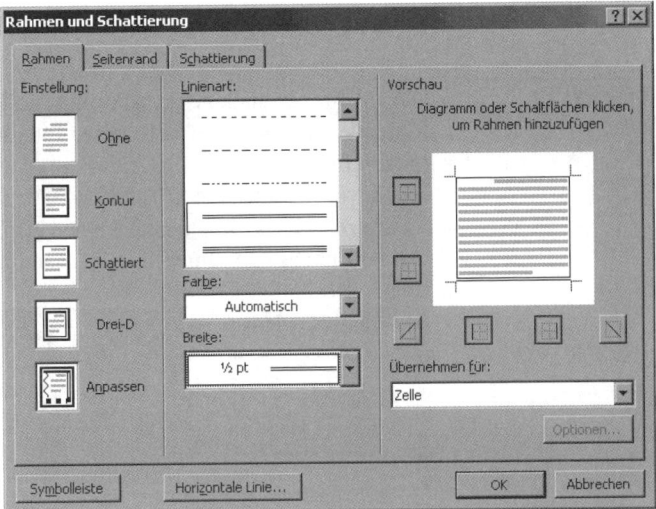

9) Wählen Sie alle Zeilen außer der obersten aus und klicken Sie dann auf FORMAT/RAHMEN UND SCHAT-TIERUNG. Klicken Sie auf das Register *Schattierung* und wäh-len Sie dann einen *Hintergrund 15% grau* aus.

Ihre Tabelle sollte wie abgebildet aussehen.

Speichern Sie Ihre Tabelle wieder und lassen Sie das Dokument geöffnet.

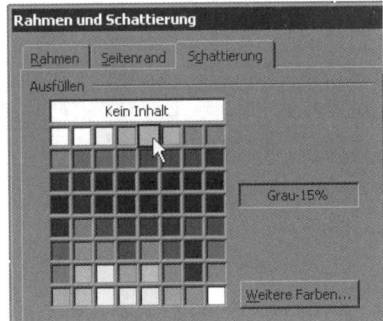

Verkaufszahlen¤	
Verkaufsregion¤	Anzahl·der·verkauften·Einheiten¤
Europa¤	1234¤
Südafrika¤	581¤
Lateinamerika¤	5678¤
China¤	4321¤

Spaltenbreite, Zeilenhöhe und Abstand

Um die Breite einer Spalte zu verändern, setzen Sie den Cursor über den rechten oder linken vertikalen Rand der Spalte. Ziehen Sie dann mit der Maus, bis die Spalte die gewünschte Breite hat.

Während Sie die Breite einer Spalte verändern, passt *Word* die übrigen Spalten automatisch an, so dass die Gesamtbreite der Tabelle bestehen bleibt. Wenn Sie während der Änderung der Spaltenbreite die Umschalt-Taste gedrückt halten, verändert *Word* die Breite der gesamten Tabelle um dieses Maß.

Die Zeilenhöhe kann auf ähnliche Weise geändert werden.

AutoFormat für Tabellen

Das in *Word* enthaltene AutoFormat für Tabellen bietet Ihnen eine Reihe verschiedener vordefinierter Tabellen mit Rahmen und Schattierung. Um einer Tabelle ein AutoFormat zuzuweisen, wählen Sie diese aus, bevor Sie auf TABELLE/TABELLE AUTOFORMAT klicken. Das Dialogfeld *AutoFormat* bietet Ihnen eine Vorschau an, in der Sie die verschiedenen Formatierungen Ihrer Tabelle sehen können.

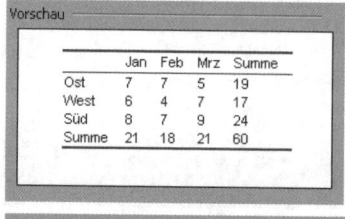
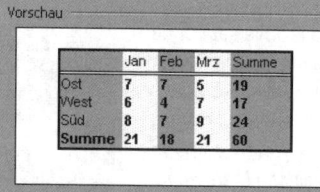
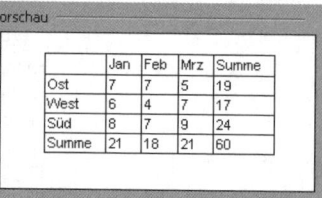

Einige Beispiele der in Word vorhandenen Möglichkeiten von AutoFormat

Üben Sie diesen Vorgang, indem Sie Ihre Tabelle auswählen und ihr die verschiedenen AutoFormate zuweisen. Speichern und schließen Sie Ihr Dokument, wenn Sie fertig sind.

Einführung in die Welt der Tabulatoren

Alte Schreibmaschinen hatten eine TAB-Taste, die, wenn sie gedrückt wurde, die Position des Anschlags veränderte. In der Regel gab es ca. 10 Tabulatorstellen, Tabstopps genannt, die ca. 1,5 cm voneinander entfernt waren.

Das einmalige Drücken der TAB-Taste brachte den Anschlag auf den ersten Tabstopp, ein weiters Drücken auf den zweiten Tabstopp usw.

Das Schreiben eines Textes an den gleichen Tabstopp in verschiedenen Reihen untereinander ermöglichte es, vertikale Textspalten zu erzeugen.

1	2	3	4	5	6	7	8	9	10
	Gebratene Zwiebelringe				€ 3,95				
	Champignons in Bierteig				€ 4,95				
	Gebackene Zucchinischeiben				€ 4,95				
	Panierte Mozarellastangen				€ 5,95				

Im Beispiel sehen Sie, wie der zweite Tabstopp dazu verwendet wird, die verschiedenen Artikel untereinander zu schreiben, während der sechste Tabstopp die verschiedenen Preise aufreiht.

Die Idee der Tabstopps findet sich auch in den Programmen der Textverarbeitung wieder. Die Tastatur eines Computers verfügt über eine TAB-Taste und wie andere Programme, bietet auch *Word* Tabulatoren an.

Wenn Sie Tabulatoren verwenden, ähnelt das Ergebnis einer Tabelle. Text erscheint in Spalten und läuft nicht ohne Unterbrechung vom linken zum rechten Seitenrand.

Tabstopps

Eine vordefinierte Stelle zwischen dem linken und rechten Seitenrand zur horizontalen Textpositionierung. Durch die Verwendung gleicher Tabstopps in aufeinander folgenden Zeilen wird eine spaltenähnliche Struktur des Textes erreicht.

Wenn es darum geht, kleine Textmengen wie z.B. Adressen am oberen Teil eines Dokuments zu positionieren, ist die Verwendung von Tabstopps schneller als die einer Tabelle.

Die Verwendung von Tabulatoren in Word

Wählen Sie FORMAT/TABSTOPP, um in das Dialogfeld *Tabulatoren* zu gelangen, in dem die festgelegten Tabstopps von *Word* zu sehen sind. Als Standardeinstellung verfügt *Word* über zehn vordefinierte Tabstopps, die jeweils 1,25 cm auseinander liegen.

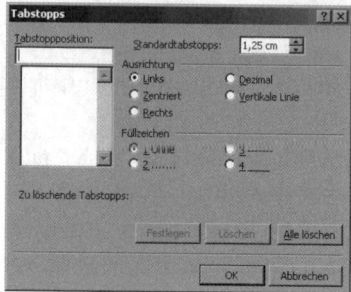

Übung 3.33: Der Gebrauch von Tabstopps

1) Öffnen Sie den Brief, den Sie in Übung 3.1 erstellt und abgespeichert haben.

2) Setzen Sie den Cursor an den Anfang der ersten Zeile und schreiben Sie *ABC GmbH*.

3) Setzen Sie den Cursor an den Anfang der zweiten Zeile und schreiben Sie *Block 5A*.

4) In der dritten Zeile schreiben Sie *Gewerbepark Hürth*.

   Sollte eine Zeile des Absenders beim Eingeben der Adresse nach unten rutschen oder sich verschieben, verwenden Sie bitte die ENTF-Taste, um Tabstopps in der entsprechenden Zeile zu löschen. Löschen Sie so viele Tabstopps wie nötig, um den Absender wieder an die ursprüngliche Position zu bringen.

5) Der neu eingegebene Text nimmt die Formatierung *fett* des Absenders an. Ändern Sie die Formatierung in *Standard*. Ihr Brief sollte jetzt so aussehen.

```
ABC·GmbH  →      →     →      →      →      →        →      Beate·Mustermann¶
Halle·5→    →     →      →      →      →        →      Musterstr.·123¶
Industriepark¶
12345·Musterstadt  →      →      →      →        →      12345·Musterstadt¶
¶
    →      →      →      →      →        →      4.·Januar·2001¶
¶
¶
```

Speichern und schließen Sie Ihr Dokument.

In der nächsten Übung verwenden wir die Tabulatoren in *Word*, um eine Speisekarte zu erstellen.

Übung 3.34: Mit Hilfe von Tabstopps eine Speisekarte erstellen

1) Öffnen Sie ein neues Dokument und geben Sie den folgenden Text ein:

```
Brot·mit·Gouda·5,50€·Brot·mit·Appenzeller·6,50€¶
Brot·mit·Frischkäse·5,50€·Brot·mit·Emmentaler·6,50€¶
Brot·mit·Mettwurst·6,50€·Brot·mit·Blutwurst·6,50€¶
Brot·mit·geräuchertem·Schinken·8,50€·Brot·mit·gekochtem·Schinken·8,50€¶
```

2) Werden die Tabstopps in *Word* in cm, Zoll oder einer anderen Maßeinheit gemessen? Um das herauszufinden, wählen Sie FORMAT/TABSTOPP. Schauen Sie nach und klicken Sie dann auf OK.

Wenn die Angaben z.B. in Zoll erfolgen, ändern Sie diese in cm. Wählen Sie dazu EXTRAS/OPTIONEN und dann im Register *Allgemein* die Einheit Zentimeter.

3) Setzen Sie den Cursor in der ersten Zeile an das Ende des Wortes *Gouda* und drücken Sie die ENTF-Taste, um den Leerschritt zwischen *Gouda* und *5,50€* zu entfernen. Drücken Sie dann dreimal die TAB-Taste.

4) Wiederholen Sie Schritt 3 bei den nächsten drei Zeilen. Achten Sie darauf, wie oft Sie die TAB-Taste drücken müssen, damit alles klar untereinander steht.

```
Brot·mit·Gouda→    →      →    5,50€·Brot·mit·Appenzeller·6,50€¶
Brot·mit·Frischkäse →      →    5,50€·Brot·mit·Emmentaler·6,50€¶
Brot·mit·Mettwurst  →      →    6,50€·Brot·mit·Blutwurst·6,50€¶
Brot·mit·geräuchertem·Schinken→ 8,50€·Brot·mit·gekochtem·Schinken·8,50€¶
```

5) Setzen Sie den Cursor in der ersten Zeile hinter *5,50€* und drücken Sie die ENTF-Taste, um den Leerschritt zwischen *€* und *Brot* zu löschen. Drücken Sie zweimal auf die TAB-Taste.

6) Wiederholen Sie Schritt 5 mit den übrigen drei Zeilen.

7) Setzen Sie den Cursor in der ersten Zeile hinter *Appenzeller* und drücken Sie die ENTF-Taste, um den Leerschritt zwischen *Appenzeller* und *6,50€* zu löschen. Drücken Sie zweimal auf die TAB-Taste.

8) Wiederholen Sie Schritt 7 mit den übrigen drei Zeilen. Ihr Text sollte nun so aussehen.

```
Brot·mit·Gouda→    →      →    5,50€ →    →    Brot·mit·Appenzeller →    →      →    6,50€¶
Brot·mit·Frischkäse →      →    5,50€ →    →    Brot·mit·Emmentaler →     →      →    6,50€¶
Brot·mit·Mettwurst  →      →    6,50€ →    →    Brot·mit·Blutwurst  →     →      →    6,50€¶
Brot·mit·geräuchertem·Schinken→ 8,50€ →    →    Brot·mit·gekochtem·Schinken →     →    8,50€¶
```

Speichern Sie Ihr Dokument unter einem leicht zu merkenden Namen, z.B. BMspeisekarte.doc, ab und schließen Sie es.

Tabulator-Ausrichtung

Die Tabstopps, die Sie bis jetzt verwendet haben, waren alle linksbündig. Bei einem Tabstopp von 5 cm bedeutet dies, dass der entsprechende Text oder die entsprechende Zahl so positioniert wird, dass die Eingabe 5 cm vom linken Blattrand nach innen eingerückt erfolgt. *Word* hat aber noch drei andere Tabstopps zu bieten:

- **Zentriert:** Der durch diesen Tabstopp positionierte Text bzw. die Zahl ist so ausgerichtet, dass seine Mitte (angenommen) 5 cm vom linken Blattrand liegt.

- **Rechtsbündig:** Der durch diesen Tabstopp positionierte Text bzw. die Zahl ist so ausgerichtet, dass er bei (angenommen) 5 cm endet.

- **Dezimal:** Wenn es sich um eine Dezimalzahl handelt, die durch diesen Tabstopp positioniert wird, wird die Zahl so ausgerichtet, dass sich das Dezimalkomma (angenommen) 5 cm vom linken Rand befindet.

Wenn es sich um Text oder eine Zahl ohne Dezimalkomma handelt, so entspricht das Ergebnis dem rechtsbündigen Tabstopp.

In der nächsten Übung verwenden wir alle vier Arten von Tabstopps: rechtsbündig, linksbündig, zentriert und dezimal.

Übung 3.35: Die vier verschiedenen Arten des Tabstopps verwenden

1) Erstellen Sie ein neues Dokument und schreiben Sie den Text, wie unten angezeigt. Formatieren Sie den Text *Preis pro Einheit* fett.

```
Preis·pro·Einheit¶
,853¶
621¶
45¶
68,82¶
```

2) Wählen Sie hintereinander jede einzelne der fünf Zeilen aus (jedoch ohne die dazugehörige Absatzmarke), kopieren Sie den Text dreimal und fügen Sie ihn rechts wieder ein. Ihr Dokument sollte nun so aussehen.

```
Preis·pro·Einheit·Preis·pro·Einheit·Preis·pro·Einheit·Preis·pro·Einheit¶
,853,853,853,853¶
621621621621¶
45454545¶
68,8268,8268,8268,82¶
```

3) Fügen Sie nun, wie unten angezeigt, in jeder Zeile vier Tabstopps ein. (Die Positionen der Tabstopps sind *Words* Standardwerte.)

```
Preis·pro·Einheit·   →   Preis·pro·Einheit·   →   Preis·pro·Einheit·   →   Preis·pro·Einheit¶
,853 →  ,853  →  ,853  →  ,853¶
621  →  621  →  621  →  621¶
45   →  45   →  45   →  45¶
68,82 → 68,82 → 68,82 → 68,82¶
```

4) Wählen Sie alle fünf Zeilen des Textes aus und dann FORMAT/TABSTOPP.

5) Setzen Sie die folgenden Tab-Werte mit den entsprechenden Ausrichtungen.

Position des Tabulators	Ausrichtung
6 cm	Zentriert
11 cm	Rechts
15 cm	Dezimal

Geben Sie dabei die einzelnen Werte ein, wählen Sie eine Ausrichtung und klicken Sie auf FESTLEGEN.

6) Wenn Sie fertig sind, klicken Sie auf OK. Ihr Dokument sollte nun so aussehen.

Preis pro Einheit	→	Preis pro Einheit	→	Preis pro Einheit	→	Preis pro Einheit¶
,853	→	853	→	,853	→	,853¶
621	→	621	→	621	→	621¶
54	→	54	→	54	→	54¶
26,25	→	26,25	→	26,25	→	26,25¶

7) Speichern Sie Ihr Dokument unter einem leicht zu merkenden Namen, z.B. *BMpreis pro einheit.doc.*

Tabstopps mit Lineal verwenden

Sie können die Standard-Tabstopps von *Word* anzeigen lassen und ändern, indem Sie ANSICHT/LINEAL wählen. Am oberen Rand des Dokuments erscheint ein Lineal. Sie können die Standard-Tabstopps hierauf als gleichmäßige Abstände ablesen.

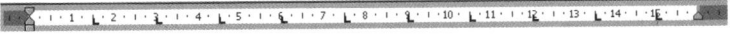

Sie können die Position der einzelnen Tabstopps verändern, indem Sie sie auf dem Lineal einfach nach rechts oder links verschieben.

Der Abstand zwischen den einzelnen Standard-Tabstopps ändert sich proportional. Währen Sie einen Tabstopp verschieben, zeigt *Word* eine vertikale, gestrichelte Linie an, die sich vom Lineal unten durch das Dokument zieht.

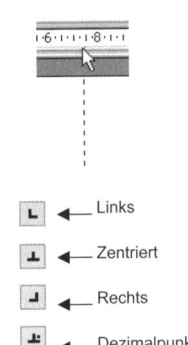

- ⌊ ← Links
- ⊥ ← Zentriert
- ⌐ ← Rechts
- ⊥ ← Dezimalpunkt

Am linken Ende des Lineals befindet sich der Knopf, um die gewünschte Tabulatorart auszuwählen. Durch das Anklicken dieses Knopfes werden die vier verschiedenen Tabulatorarten im Wechsel angezeigt: Tabstopp links (Standard), Tabstopp zentriert, Tabstopp rechts und Tabstopp dezimal.

Tabstoppausrichtung

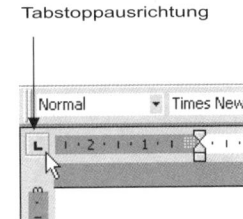

Um einen neuen Tabstopp einzufügen, klicken Sie so lange auf den Knopf zur Tabstoppwahl, bis der gewünschte Tabstopp angezeigt wird. Klicken Sie dann an die Stelle des Lineals, an der Sie den Tabstopp setzen möchten. Um einen Tabstopp zu entfernen, klicken Sie ihn einfach an und ziehen Sie ihn aus dem Lineal.

Der Gebrauch von Grafiken in Word

Sie können Ihre *Word*-Dokumente mit verschiedenen Arten von Grafik illustrieren:

- Mit Diagrammen, die Sie in einem Programm zur Tabellenkalkulation, z.B. *Excel*, erstellt haben.

- Zeichnungen und Fotos, die in einem Zeichenprogramm, z.B. *Paint Shop Pro* oder *Adobe Photoshop*, erstellt bzw. geändert wurden.

In *Word* finden Sie 51 Kategorien von so genannten ClipArts. Diese ClipArts können Sie immer wieder in den unterschiedlichsten Dokumenten verwenden. Beispiele für Standard-ClipArts sind z.B. Mann am Telefon, Weihnachtsmann, Zeigefinger, Sonnenuntergang etc. Sie können ClipArts auch auf vielen CD-ROMs und im Internet finden.

ClipArt-Sammlung

Eine Sammlung frei verfügbarer Standardbilder, die immer wieder in verschiedenen Dokumenten verwendet werden können.

Grafik importieren: zwei Methoden

Es gibt mehrere Möglichkeiten, Grafiken zu importieren: zum *einen Kopieren und Einfügen*, zum anderen *Aus Datei einfügen oder aus ClipArt Galerie einfügen*.

Grafiken: Kopieren und Einfügen

Diese Möglichkeit funktioniert nur, wenn Sie die Datei, in der sich die Grafik befindet, öffnen können. Dazu benötigen Sie auf Ihrem Computer ein Programm, das die verschieden Grafikformate lesen kann.

Wenn Sie z.B. eine Grafik in *Word* einbinden möchten, die in Adobe Photoshop erstellt worden ist, muss Adobe Photoshop auf Ihrem Computer installiert und geöffnet sein. Wenn dies nicht der Fall ist, benötigen Sie zumindest ein anderes Grafikprogramm, das in der Lage ist, Photoshop-Dateien (.psd) zu öffnen.

Öffnen Sie die Datei mit der gewünschten Grafik. Wählen Sie dann die Grafik (oder Teile davon) aus und kopieren Sie dann mit BEARBEITEN/ KOPIEREN die Grafik in die Zwischenablage. Wechseln Sie dann wieder zu *Word* und setzen Sie den Cursor an die Stelle, an der Sie die Grafik einfügen möchten. Wählen Sie dann BEARBEITEN/EINFÜGEN.

Grafiken: Datei einfügen

Diese Variante ermöglicht es Ihnen, eine Grafik in *Word* einzubinden, auch wenn Sie das Programm, mit dem die Grafikdatei erstellt wurde, nicht auf Ihrem Computer installiert haben.

Setzen Sie den Cursor an die Stelle im Dokument, an der die Grafik eingefügt werden soll, und wählen Sie dann EINFÜGEN/GRAFIK/AUS DATEI. Suchen Sie nach der gewünschten Grafikdatei, die sich auf Ihrer Festplatte, einer Diskette in Laufwerk A: oder einer CD-ROM befinden kann. Klicken Sie die entsprechende Datei an und wählen Sie dann EINFÜGEN.

Um an die ClipArts zu gelangen, die zu *Word* gehören, wählen Sie EINFÜGEN/GRAFIK/CLIPART. Wählen Sie eine ClipArt-Kategorie aus, dann das entsprechende Bild und klicken Sie auf das Symbol für *Clip einfügen*.

Mit Grafiken arbeiten

Es gibt eine Reihe von Operationen, die Sie an einer eingefügten Grafik vornehmen können. Dabei ist es egal, um welchen Datentyp es sich handelt.

Eine Grafik verschieben

Um eine Grafik zu verschieben, müssen Sie diese zuerst formatieren, indem Sie einfach irgendwo in der Grafik einen Doppelklick ausführen. Wählen Sie im Dialogfeld *Grafik formatieren* die Registerkarte *Layout* und klicken Sie auf die Umbruchart *Rechteck*. Wenn Sie nun den Cursor über die Grafik führen, wird dieser zu einem Kreuz. Halten Sie die linke Maustaste gedrückt und ziehen Sie die Grafik ganz einfach an eine andere Stelle im Dokument.

Um eine Grafik zwischen zwei Dateien hin und her zu schieben, verwenden Sie den Befehl zum AUSSCHNEIDEN UND EINFÜGEN im Menü BEARBEITEN.

Form und Größe einer Grafik ändern

Sie können die Form und Größe einer Grafik verändern, indem Sie die Grafik auswählen und auf einen ihrer acht Markierungspunkte klicken.

Halten Sie die Maustaste gedrückt und ziehen Sie am Rand, um die Form der Grafik zu verändern. Während Sie die Grafik verändern, also am Rand ziehen, stellt *Word* den Rahmen als gestrichelte Linie dar.

Um die Größe einer Grafik zu ändern und gleichzeitig die ursprüngliche Form beizubehalten, benutzen Sie zum Ziehen die Markierungspunkte an den Ecken.

Übung 3.36: Einfügen eines Word-ClipArts

1) Öffnen Sie das Poster, das Sie in Übung 3.2 erstellt und gespeichert haben.

2) Setzen Sie den Cursor an das Ende der letzten Zeile *Alle sind herzlich willkommen*. Drücken Sie die Eingabetaste, um eine neue Absatzmarke einzufügen.

3) Wählen Sie EINFÜGEN/GRAFIK/CLIPART, während der Cursor an der neu eingefügten Absatzmarke steht. Im Register *Bilder* suchen Sie nun die Kategorie *Zeichen* und öffnen sie durch Klicken.

Zeichen

4) Führen Sie einen Rechtsklick auf das Nichtraucherzeichen aus und wählen Sie EINFÜGEN aus dem Kontextmenü.

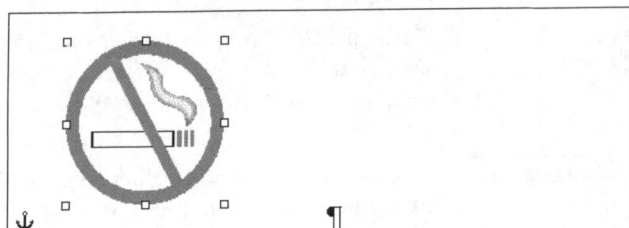

5) Führen Sie einen Doppelklick auf die Grafik aus. Wählen Sie auf der Registerkarte *Layout* die Umbruchart *Rechteck* oder *Passend* und dann OK. Ziehen Sie die Grafik unter die Zeile *Alle sind herzlich willkommen*. Löschen Sie die Absatzmarke, die Sie in Schritt 2 eingefügt haben. Ihr Poster sollte nun so aussehen. Speichern Sie es ab.

Eventuell müssen Sie die Grafik noch verkleinern.

AutoFormen einfügen

AutoFormen sind Kategorien vordefinierter Formen, die Sie in Ihr *Word*-Dokument einfügen können. Unter den AutoFormen finden Sie Linien, Standardformen, Elemente für Flussdiagramme, Sterne und Bänder und Legenden.

Wenn Sie eine AutoForm in einem Dokument verwenden, können Sie deren Position, Form, Größe und Farbe nach Ihren Bedürfnissen verändern.

So wählen Sie eine AutoForm aus:

- Blenden Sie die Symbolleiste *Zeichnen* in *Word* ein, indem Sie ANSICHT/SYMBOLLEISTE/ZEICHNEN wählen.

- Klicken Sie nun auf die Schaltfläche AUTOFORMEN in der Symbolleiste *Zeichnen*.

Sie können aus dem eingeblendeten Kontextmenü eine Kategorie auswählen.

AutoFormen

Verschiedene Kategorien vorgefertigter Formen. Unter den AutoFormen befinden sich Linien, Standardformen, Elemente für Flussdiagramme, Sterne und Bänder und Legenden.

Wenn Sie einen Rechtsklick auf eine AutoForm ausführen, bietet *Word* Ihnen mehrere Möglichkeiten an.

- **Text hinzufügen:** Dieser Befehl ermöglicht es Ihnen, in eine AutoForm – Kreis, Rechteck, Oval oder eine andere Form – hineinzuschreiben. Sie können auch Text aus der Zwischenablage in eine AutoForm einfügen.

- **AutoForm formatieren:** Über diesen Befehl können Sie die Farbe der Außenlinie und der Füllung einer AutoForm verändern.

AutoFormen werden auf die gleiche Weise wie andere Grafiken in ihrer Form und Größe verändert.

Übung 3.37: Mit AutoFormen arbeiten

1) Wenn Ihr Dokument *BMposter.doc* nicht geöffnet ist, öffnen Sie es jetzt.

2) Markieren Sie den Text *Eintritt frei* (aber nicht die dazugehörige Absatzmarke).

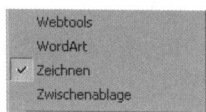

3) Schneiden Sie den markierten Text in die Zwischenablage aus.

4) Während sich der Cursor an der Absatzmarke des ausgeschnittenen Textes befindet, drücken Sie sechs Mal die Eingabetaste, um mehrere Absatzmarken einzufügen.

5) Platzieren Sie den Cursor an der zweiten der eingefügten Absatzmarken. Wählen Sie ANSICHT/SYMBOLLEISTE und dann ZEICHNEN aus.

6) Klicken Sie auf die Schaltfläche AUTOFORMEN in der Symbolleiste *Zeichnen*. Wählen Sie aus dem Kontextmenü Standardformen aus. Klicken Sie dann auf das Rechteck mit abgerundeten Ecken.

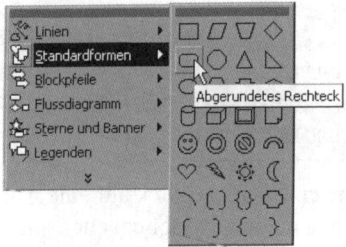

7) Ziehen Sie das Rechteck auf eine Größe, die ausreicht, den Text der Zwischenablage zu fassen. Richten Sie die Form zentriert zwischen rechtem und linkem
Rand aus.

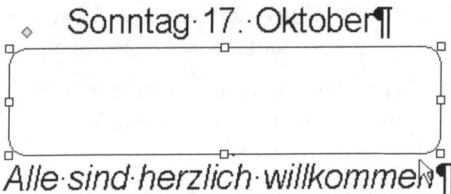

8) Führen Sie einen Rechtsklick auf die AutoForm aus, wählen Sie TEXT HINZUFÜGEN
und fügen Sie dann den Text aus der Zwischenablage in die AutoForm ein. Markieren Sie den eingefügten Text und wählen Sie dann zentriert, um ihn in der Mitte
der AutoForm zu positionieren. Ändern Sie den Text in *Arial, 20* Punkt, *Fett*.

9) Klicken Sie auf eine Ecke der AutoForm, um sie zu markieren. Führen Sie einen
Rechtsklick aus und wählen Sie aus dem Kontextmenü AUTOFORM FORMATIEREN
aus.

Wählen Sie im Register *Farben und Linien* als Füllfarbe *Gelb* und eine
Linienstärke von *1,5* Punkt.

10) Markieren Sie den Text innerhalb der AutoForm und wählen Sie dann FORMAT/
ABSATZ. Ändern Sie den *Abstand vor* so lange, bis der Text auch vertikal mittig
zwischen dem oberen und unteren Rand der Autoform steht. Das neue Poster-
Layout sollte nun so aussehen.

Wann:¶

14:00·Uhr¶

Sonntag·17.·Oktober¶

Eintritt·Frei¶

Alle·sind·herzlich·willkommen¶

Speichern und schließen Sie das Posterdokument.

Silbentrennung beim Blocksatz

In Lektion 3.2 haben Sie die Ausrichtungsform Blocksatz kennen gelernt, bei der Text gleichmäßig zwischen dem rechten und linken Rand verteilt ist. Blocksatz wird normalerweise bei schmalen Textspalten in Tageszeitungen oder Zeitschriften verwendet.

Als Blocksatz gesetzte Spalten können bisweilen größere weiße Leerstellen aufweisen, da *Word* den Text so auseinander zieht, dass er auch tatsächlich bis an beide Ränder läuft. Besonders wenn der Text viele lange Wörter enthält, kommt es zu diesen großen Lücken.

Hier kann die Silbentrennung helfen. Sie trägt zu einem professionelleren Aussehen von Text im Blocksatz bei, indem sie lange Wörter trennt und auf zwei Zeilen aufteilt.

Sie· können· die· Funktion zur· Silbentrennung setzen,· um· das nungsbild· Ihres· ments· professioneller aussehen· zu· lassen. Durch· Silbentrennung vermeiden· Sie· spielsweise· Lücken· in einem· Text,· der· im Blocksatz· formatiert wurde.·Außerdem· lassen sich· dadurch· ßige· Zeilenlängen· in schmalen· Spalten

Sie· können· die· Funktion zur· Silbentrennung· einsetzen,· um· das· Erscheinungsbild· Ihres· Dokuments· professioneller aussehen· zu· lassen. Durch· Silbentrennung vermeiden· Sie· beispielsweise· Lücken· in einem· Text,· der· im Blocksatz· formatiert wurde.·Außerdem· lassen sich· dadurch· gleichmäßige· Zeilenlängen· in schmalen· Spalten· errei-

Ohne Silbentrennung   Mit Silbentrennung

Word wendet bei der Silbentrennung zwei Regeln an. Es gibt Wörter, die nie getrennt werden, und Wörter, die nur an ganz bestimmten Stellen im Wort getrennt werden. Sie können Silbentrennung auf gleichmäßig und nicht gleichmäßig ausgerichteten Text anwenden.

Silbentrennung

Das Trennen eines langen Wortes über zwei Zeilen, um unschöne Lücken im Text zu vermeiden. Wird meistens bei schmalen Spalten im Blocksatz angewendet.

Die Silbentrennung kann auf zwei Arten angewendet werden: automatisch und manuell.

Automatische Silbentrennung

Word kann die automatische Silbentrennung während der Eingabe auf Ihr Dokument anwenden. Wählen Sie EXTRAS/SPRACHE/SILBENTRENNUNG, aktivieren Sie das Kontrollkästchen AUTOMATISCHE SILBENTRENNUNG und klicken Sie auf OK.

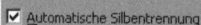

Einstellungen der automatischen Silbentrennung

Word bietet Ihnen bei der Auswahl der automatischen Silbentrennung mehrere Möglichkeiten der Anwendung auf Ihr Dokument an.

- **Wörter in Großbuchstaben trennen:** In der Regel sind nur Überschriften in Großbuchstaben geschrieben. Sie können entscheiden, ob die automatische Silbentrennung auf diesen Teil des Textes angewendet werden soll oder nicht.

- **Silbentrennzone:** Die Entfernung vom rechten Rand, innerhalb derer der Dokumententext getrennt werden soll (nicht bei Blocksatz). Eine breitere Trennzone reduziert die Anzahl der erforderlichen Trennungen, eine schmale Trennzone erhöht die Anzahl der zu trennenden Wörter und somit einen allzu *ausgefransten* rechten Rand.

- **Aufeinanderfolgende Trennstriche:** Die maximal zulässige Zahl aufeinander folgender Textzeilen, die mit einem Trennstrich enden.

Manuelle Silbentrennung

Wenn Sie nicht möchten, dass *Word* eine automatische Silbentrennung auf Ihr Dokument anwendet, sorgen Sie dafür, dass diese Option im Kontrollkästchen deaktiviert ist.

Oftmals ist es besser, die automatische Silbentrennung auszuschalten und eine manuelle Silbentrennung durchzuführen, nachdem Sie einen Text zu Ende geschrieben und bearbeitet haben.

Anwendung der manuellen Silbentrennung

Um die manuelle Silbentrennung auf Ihren Text (oder einen Teil davon) anzuwenden, wählen Sie bitte EXTRAS/SPRACHE/SILBENTRENNUNG und klicken Sie dann auf die Schaltfläche MANUELL.

Word durchläuft den Text und blendet ein Dialogfeld ein, wenn es ein Wort findet, das seiner Meinung nach getrennt werden sollte.

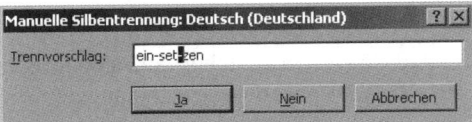

Klicken Sie auf JA, wenn *Word* den Trennstrich an der vorgeschlagenen Stelle einfügen soll. Wenn Sie das Wort an einer anderen als der vorgeschlagenen Stelle trennen möchten, bewegen Sie den Cursor an diese Stelle und klicken Sie dann auf JA. WENN SIE AUF NEIN KLICKEN, WIRD DAS WORT NICHT GETRENNT.

Sie können nun alle geöffneten Dokumente schließen und *Microsoft Word* beenden. Hiermit ist die Lektion 3.4 des ECDL-Moduls Textverarbeitung abgeschlossen.

Zusammenfassung der Lektion: Das haben Sie gelernt

Eine *Word*-Tabelle besteht aus Zellen, die in Zeilen und Spalten angeordnet sind. Falls nötig, können Sie zusätzliche Zeilen und Spalten in die Tabelle einfügen. Außerdem können Sie Zellen teilen, also aus einer Zelle zwei machen, oder mehrere Zellen zu einer verbinden.

Sie können Höhe und Breite von Zeilen und Spalten ändern, Formatierungen anwenden und Rahmen und Schattierungen hinzufügen. Die Option AUTOFORMAT in *Word* bietet Ihnen eine schnelle Möglichkeit, das Aussehen Ihrer Tabelle zu verbessern.

Tabstopps sind vordefinierte horizontale Einteilungen. Wenn Sie Tabstopps in hintereinander folgenden Zeilen anwenden, entsteht der Eindruck von Textspalten. Füllzeichen sind durchgehende, gepunktete oder gestrichelte Linien, die das Auge des Lesers von einer Spalte zur nächsten führen.

Sie können auf mehrere Arten Grafiken in ein *Word*-Dokument einfügen: durch *Kopieren und Einfügen* oder indem Sie *Grafik Aus Datei oder aus ClipArt einfügen*. Sie können jede Grafik verschieben, neu positionieren und ihre Größe und Form ändern.

AutoFormen sind vordefinierte Formen, die Sie in Ihre *Word*-Dokumente einfügen können. Unter AutoFormen finden Sie Linienformen, Standardformen, Blockpfeile, Elemente für Flussdiagramme, Sterne und Banner und Legenden. AutoFormen werden ähnlich wie Grafiken behandelt bzw. verändert.

Sie können die in *Word* enthaltene Funktion zur Silbentrennung verwenden, um störende, weiße Lücken im Text zu vermeiden. Dabei werden zu lange Wörter am Ende einer Zeile getrennt. Silbentrennung wird meistens auf schmale Spalten im Blocksatz angewendet.

Lektion 3.5: Seriendruck und Dokumentenvorlagen

Post, die zwar individuelle Namen und Adressen (wie *Sehr geehrter Herr Müller*), aber denselben Brieftext (z.B. *Wir erlauben uns, Sie auf unsere neue Kollektion aufmerksam zu machen*) enthält, wird auch als Massenpost oder Postwurfsendung bezeichnet.

Wie werden solche Postwurfsendungen erstellt? Vom Grundsatz her sind die einzelnen Briefe gleich, aber bei näherer Betrachtung stellt man fest, dass es sich nicht einfach um identische Kopien handelt. In einigen Dingen unterscheiden sie sich voneinander.

An dieser Stelle schon mal ein kleiner Hinweis: Jeder einzelne Brief ist das Ergebnis der Zusammenführung von zwei Komponenten. Zum einen der Formbrief, der den eigentlichen Text enthält, und zum anderen die Datenquelle, die aus einer Liste von Namen und dazu-gehörigen Adressen und anderen Details besteht.

Außerdem erfahren Sie in dieser Lektion etwas über Dokumentenvor-lagen und Formatvorlagen. Diese Vorlagen bieten eine schnellen Weg zu Dokumenten, die einen vorgefertigten Text, Bilder, bestimmte For-mate und Seiteneinstellungen enthalten.

Neue Fähigkeiten

Am Ende dieser Lektion sollten Sie in der Lage sein,

- die zwei Komponenten eines Serienbriefs zu erstellen, das Haupt-dokument und die Datenquelle,

- die entsprechenden Seriendruckfelder auszuwählen und sie in den Formbrief einzufügen,

- einen Formbrief mit einer Datenquelle zu einem Serienbrief zu verbinden,

- die zwei möglichen Rollen einer *Word*-Dokumentenvorlage zu erklären: Dokumentenmuster und Schnittstellensteuerung,

- eine geeignete *Word*-Dokumentenvorlage für einen bestimmten Dokumententyp auszuwählen,

- die Beziehung zwischen Stilen und Dokumentenvorlagen zu erklä-ren und Stile auf markierten Text anzuwenden,

- eine andere Dokumentenvorlage mit einem Dokument zu verknüp-fen und eine neue Dokumentenvorlage zu erstellen,

- die verschiedene Arten der Seitenansicht in *Word* zu verwenden.

Neue Wörter	Am Ende dieser Lektion sollten Sie in der Lage sein, folgende Begriffe zu erklären:

- Hauptdokument
- Dokumentenvorlage
- Datenquelle
- Stil
- Seriendruckfeld
- Ansicht Normal
- Ansicht Seiten-Layout
- Ansicht Gliederung

Komponenten des Seriendrucks	Ein Seriendruck besteht aus zwei Komponenten: dem Hauptdokument und der Datenquelle. Die Seriendruckfelder übernehmen dabei die Rolle einer *Verbindung*, die die zwei Komponenten zusammenhält. Im weiteren Verlauf werden Sie erfahren, was diese Begriffe bedeuten.

Das Hauptdokument

Das Hauptdokument beinhaltet den Text, der in der Regel bei allen Briefen des Serienbriefdrucks gleich ist. Das gilt auch für Zeichensetzung, Abstände und eventuelle Grafiken.

Name und Adresse werden nie in das Hauptdokument eingetragen, weil sie in jeder Kopie des Serienbriefs verschieden sind.

Hauptdokument

Ein Word-Dokument, das Informationen (Text, Abstände, Zeichensetzung und Grafiken) enthält, die in der Regel in jeder Kopie eines Seriendrucks gleich sind.

Datenquelle

Eine Datenquelle enthält die Informationen, die bei jeder Kopie eines Seriendrucks unterschiedlich sind. Dabei handelt es sich um Name und Adresse der Leute, denen Sie eine Kopie des Serienbriefs zukommen lassen möchten.

Sie können eine Datenquelle in *Word*, in einer Tabellenkalkulation (z.B. *Excel*) oder in einem Datenbankprogramm (z.B. *Access*) erstellen. Egal welchen Dateityp Sie verwenden, der Inhalt muss in einer Tabelle stehen. Die oberste Zeile der Tabelle muss eine Titelzeile sein, in der die Namen der verschiedenen Kategorien wie Name, Ort etc. stehen, denen die darunter liegenden Spalten angehören.

Datenquelle

Eine Datei, die Informationen (Name, Adresse) enthält, die in jeder ausge-gebenen Kopie des Seriendrucks unterschiedlich sind.

Seriendruckfelder

«Anrede»¶
«Vorname»·«Name»¶
«Adresse1»¶
¶
«Adresse2»¶

Seriendruckfelder
stehen in
Winkelklammern.

Im Serienbrief ersetzt
Word die Seriendruckfelder
durch die damit verknüpften
Inhalte aus der Datenquelle.

Seriendruckfelder sind spezielle Befehle, die in das Hauptdokument eingefügt werden. Über diese Felder erfährt *Word*, welche Details aus der Datenquelle eingefügt und wo sie im Brief positioniert werden sollen.

Seriendruckfelder haben Bezeichnungen wie z.B. Position, Vorname und Stadt. Wenn Sie nun das Hauptdokument mit der Datenquelle verbinden, ersetzt *Word* die Seriendruckfelder durch die entsprechenden Details der Datenquelle. Dabei würde zum Beispiel das Seriendruckfeld *Stadt* in den verschiedenen Kopien durch München, Köln oder Hamburg ersetzt.

Seriendruckfeld

Ein Befehl für Word, an dieser Stelle des Hauptdokuments eine bestimmte Art von Information, z.B. Position oder eine Adresszeile, einzufügen.

Der Ablauf zum Seriendruck

Stellen Sie sich einen Seriendruck als einen Ablauf bestehend aus fünf Schritten vor. Die Schritte 1 und 2 betreffen die Vorbereitungen, das Hauptdokument und die Datenquelle.

In Schritt 3 stellen Sie die Verbindung zwischen den zwei Komponenten her, indem Sie die Seriendruckfelder in Ihr Hauptdokument einfügen. Dabei entspricht ein Seriendruckfeld jeweils einer Kategorie der Datenquelle, die Sie als Information im Hauptdokument aufnehmen möchten.

Schritt 4 ist optional, aber empfehlenswert. Bevor Sie Ihren Seriendruck endgültig fertig stellen, sollten Sie sich das Ergebnis der ersten und zweiten Kopie vorab in der Vorschau anzeigen lassen, um zu überprüfen, ob die Zusammenführung auch erfolgreich vollzogen wurde.

Schritt 5 beinhaltet dann das eigentliche Ausdrucken Ihres Serienbriefs.

Schritt 1: Hauptdokument vorbereiten

Hier handelt es sich um ein einfaches *Word*-Dokument. Wenn Sie EXTRAS/SERIENDRUCK wählen, sind verschiedene Dinge möglich.

- Sie können einen neuen Brief für Ihren Seriendruck erstellen.

- Sie können einen schon bestehenden Brief als Hauptdokument auswählen.

Die Übungen 3.38 und 3.39 leiten Sie durch diese Schritte.

Schritt 2: Datenquelle vorbereiten

Wenn Sie EXTRAS/SERIENDRUCK wählen, können Sie auch hier wieder zwei Dinge tun:

- Ein neues *Word*-Dokument erstellen und darin die Namen und Adressen der Leute eintragen, denen Sie eine Kopie Ihres Serienbriefs zukommen lassen möchten.
- Eine in einer anderen Anwendung erstellte Datei auswählen.

Schritt 3: Seriendruckfelder ins Hauptdokument einfügen

Wenn Sie Ihr Hauptdokument auf dem Bildschirm öffnen, blendet *Word* eine spezielle Symbolleiste für den Seriendruck ein. Eine der Schaltflächen heißt SERIENDRUCKFELD EINFÜGEN. Über diese Schaltfläche wählen Sie die entsprechenden Seriendruckfelder aus, um sie an die richtige Stelle im Hauptdokument zu setzen. In Übung 3.41 erfahren Sie, wie Sie Feldfunktionen einfügen.

Klicken Sie hier,
um Seriendruckfelder
in Ihr Hauptdokument
einzufügen.

Klicken Sie hier,
um sich eine Vorschau
der ersten Dokumente
Ihres Seriendrucks anzusehen.

Klicken Sie hier,
um den Seriendruck
auszuführen.

Schritt 4: Vorschau des Seriendrucks

Bevor Sie Ihren Serienbrief (vielleicht ja Hunderte oder Tausende) fertig stellen, klicken Sie auf der Seriendrucksymbolleiste auf die Schaltfläche SERIENDRUCK-VORSCHAU, um sich einige der verbundenen Serienbriefkopien anzuschauen.

In Übung 3.42 erfahren Sie, wie Sie eine Vorschau auf Ihren Serienbrief durchführen können.

Schritt 5: Ausdruck des Serienbriefs

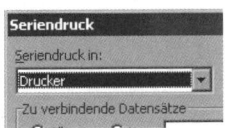

Wenn Sie mit der Vorschau zufrieden sind, klicken Sie einfach auf die Schaltfläche SERIENDRUCK UND DANN AUF ZUSAMMENFÜHREN ODER AUF DAS SYMBOL AUSGABE EINES NEUEN DOKUMENTS, um das Seriendruckdokument zusammenzuführen. Wählen Sie SERIENDRUCK AN DRUCKER, um die einzelnen Kopien Ihres Seriendokuments auszudrucken.

In Übung 3.43 erfahren Sie, wie Sie Ihren Serienbrief drucken.

Word bietet Ihnen die Möglichkeit, alle Serienbriefe in einer einzigen Datei zu speichern. Dies ist jedoch nicht zwingend notwendig, da Sie die Verknüpfung jederzeit über die Schaltfläche SERIENDRUCK und dann ZUSAMMENFÜHREN oder AUSGABE IN NEUES DOKUMENT schnell wieder herstellen können.

Die Übungen zum Seriendruck

Die Übungen 3.38 bis 3.43 führen Sie durch den gesamten Prozess, der für einen Seriendruck notwendig ist.

Bei diesen Übungen setzen wir voraus, dass die Briefe auf ein schon bestehendes Briefpapier mit Absendername und -adresse gedruckt werden. Es müssen also nur noch die Namen und Adressen der Empfänger eingetragen werden.

Übung 3.38: Ein bestehendes Dokument als Hauptdokument verwenden

Wenn Sie Ihren Brief aus Übung 3.33 noch haben, dann erfahren Sie jetzt, wie Sie diesen Brief als Hauptdokument verwenden.

Wenn Sie den Brief nicht mehr haben, gehen Sie weiter zu Übung 3.39, um ein neues Dokument zu erstellen.

1) Öffnen Sie das Dokument, das Sie in Übung 3.33, Lektion 3.4 gespeichert haben.

2) Entfernen Sie die Empfängerdaten wie Name und Adresse im linken oberen Bereich und auch die Absenderdaten rechts oben. Als Nächstes löschen Sie bitte die Zeile *Sehr geehrter Herr Müller.*

3) Fügen Sie oben links vier neue Zeilen ein. Ihr Brief sollte nun wie der weiter unten abgebildete aussehen.

4) Wählen Sie EXTRAS/SERIENDRUCK, damit das Dialogfeld *Seriendruck-Manager* eingeblendet wird.

5) Klicken Sie im Bereich 1, Hauptdokument auf die Schaltfläche ERSTELLEN. Ein Kontextmenü wird eingeblendet.

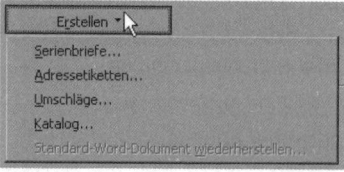

Wählen Sie hieraus die Option SERIENBRIEFE.

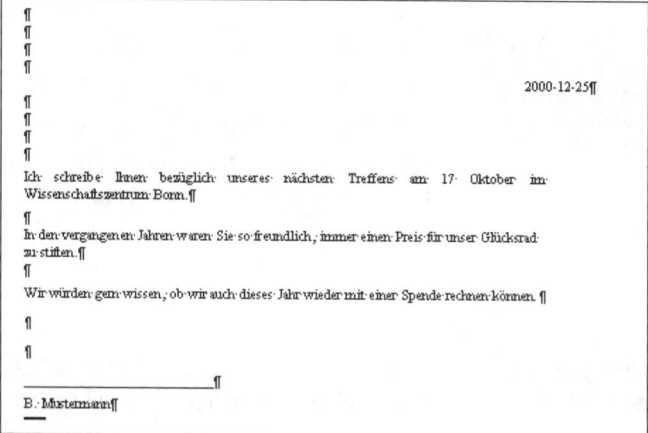

6) Klicken Sie im nächsten Dialogfeld, das angezeigt wird, auf AKTIVES FENSTER.

7) Als Nächstes blendet *Word* ein Dialogfeld ein, in dem Sie aufgefordert werden, eine Datenquelle zu erstellen oder auszusuchen. Gehen Sie weiter zu Übung 3.40.

Übung 3.39: Ein neues Hauptdokument erstellen

Folgen Sie den Schritten in dieser Übung, um einen neuen Brief für Ihren Seriendruck zu erstellen.

1) Wählen Sie EXTRAS/SERIENDRUCK, um das Dialogfeld *Seriendruck-Manager* einzublenden.

2) Klicken Sie im Bereich 1, Hauptdokument auf die Schaltfläche ERSTELLEN. Ein Kontextmenü wird eingeblendet.

Wählen Sie hieraus die Option SERIENBRIEFE.

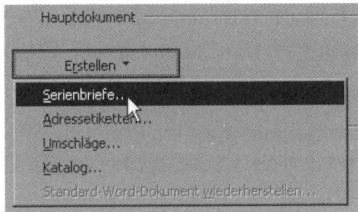

3) Im nächsten Dialogfeld, das eingeblendet wird, klicken Sie AUF NEUES HAUPT-DOKUMENT und dann auf ABBRECHEN.

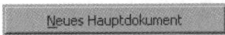

4) *Word* hat ein neues Dokument geöffnet, in das Sie nun den Text für Ihr neues Hauptdokument eingeben können. Schreiben Sie den Text wie in Übung 3.38.

5) Wählen Sie SPEICHERN und geben Sie Ihrer Datei einen leicht zu merkenden Namen wie z.B. BMSerienbrief.doc.

Fahren Sie mit Übung 3.40 fort.

Übung 3.40: Eine Datenquelle erstellen

In dieser Übung erstellen Sie eine Datenquelle mit Namen, Adressen und anderen Informationen, die sich in den einzelnen Kopien Ihres Serienbriefs unterscheiden.

Fangen Sie mit dieser Übung nicht an, bevor Sie Übung 3.38 oder 3.39 beendet haben.

1) Wenn das Dialogfeld *Seriendruck-Manager* noch nicht geöffnet ist, wählen Sie EXTRAS/SERIENDRUCK.

2) Im Bereich 2, Datenquelle, wählen Sie DATEN IMPORTIEREN, worauf ein Kontext-menü eingeblendet wird.

Wählen Sie hier die Option DATENQUELLE ERSTELLEN.

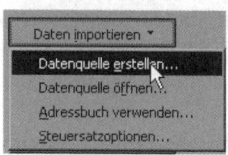

3) Das Dialogfeld *Datenquelle erstellen* wird angezeigt.

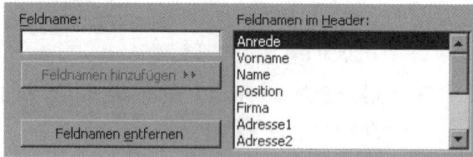

4) Klicken Sie in der angezeigten Liste auf folgende Feldnamen, um sie dann über die Schaltfläche FELDNAMEN ENTFERNEN ZU löschen: *Position, Firma, Post-leitzahl, Ort, Bundesland, Land, Tel_privat, Tel_geschäftlich.*

5) Sie haben nun alle nötigen Seriendruckfelder. Klicken Sie auf OK.

6) Als Nächstes werden Sie von *Word* aufgefordert, Ihrer Datenquelle einen Namen zu geben und sie zu speichern. Nennen Sie die Datenquelle z.B. *BMdaten-quelle* und klicken Sie dann auf SPEICHERN.

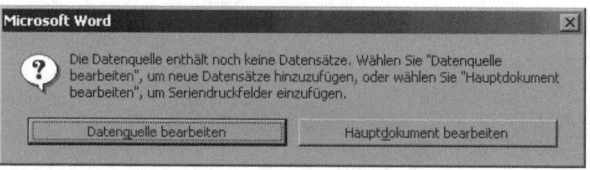

7) Es wird Ihnen ein Dialogfeld angezeigt. Klicken Sie AUF DATENQUELLE BEARBEITEN.

8) *Word* zeigt das Dialogfeld *Datenmaske* an. Tragen Sie die folgenden Daten ein und klicken Sie dann auf NEUER DATENSATZ.

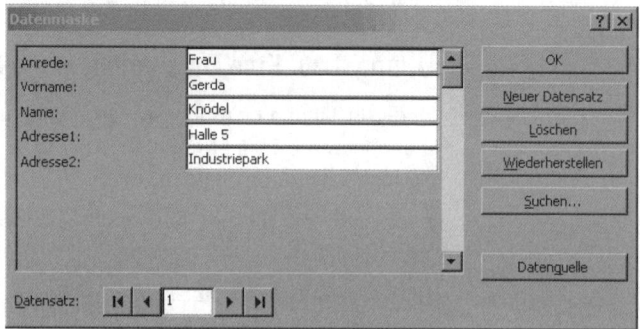

9) Geben Sie einen zweiten Datensatz in die Datenmaske ein.

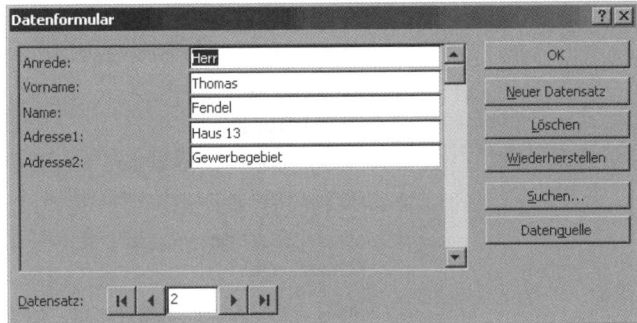

Sie haben eine Datenquelle mit zwei Datensätzen erstellt. Das reicht für diese Übung aus. Es ist aber auch eine Datenquelle mit Hunderten oder Tausenden von Datensätzen denkbar. Dabei enthält jeder einzelne Datensatz die Informationen wie Name, Adresse etc. zu einer bestimmten Person oder Firma.

Datenquelle anschauen

Sie können Ihre Datenquelle genau wie jede andere *Word*-Datei öffnen und bearbeiten. Öffnen Sie nun die Datenquelle, die Sie in Übung 3.40 erstellt haben. Sie sollte so aussehen:

	Anrede¤	Vorname¤	Name¤	Adresse1¤	Adresse2¤	¤
Steuersatz ➞	Frau¤	Gerda¤	Knödel¤	Halle·5¤	Industriepark¤	¤
Erster Datensatz ➞	Herr¤	Thomas¤	Fendel¤	Haus·13¤	Gewerbegebiet¤	¤

In der obersten Zeile sehen Sie die einzelnen Kategorien der Seriendruckfelder: Anrede, Vorname, Nachname etc. Darunter befinden sich die einzelnen Datensätze, wobei jede Zeile einen eigenen Datensatz darstellt.

Datenquellen verwenden, die nicht in Word erstellt wurden

Muss Ihre Datenquelle unbedingt ein *Word*-Dokument sein? Nein, muss sie nicht. Sie können auch Dateien verwenden, die in *Excel* oder *Access* erstellt wurden. Die einzige Bedingung besteht darin, dass die Information in einer Art Tabelle stehen muss. Eine Titelzeile bzw. ein Steuerungssatz mit den Namen der Seriendruckfelder, gefolgt von anderen Zeilen, welche die Informationen der einzelnen Datensätze enthalten.

Seriendruckfelder einfügen

Bevor Sie nun alle Daten zusammenführen, bedarf es noch eines letzten Schritts. Sie müssen die Seriendruckfelder in Ihr Hauptdokument einfügen. In Übung 3.41 erfahren Sie, wie das funktioniert.

Übung 3.41: Seriendruckfelder einfügen

1) Öffnen Sie Ihr Hauptdokument.

2) Für jedes Seriendruckfeld führen Sie folgende Schritte aus:

- Setzen Sie den Cursor an die gewünschte Stelle im Hauptdokument.

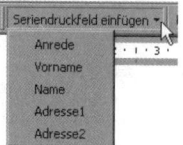

- Klicken Sie auf die Schaltfläche SERIENDRUCKFELD EINFÜGEN der Seriendrucksymbolleiste.

- Klicken Sie auf das entsprechende Feld aus dem Kontextmenü.

Fügen Sie alle Felder ein, bis Ihr Hauptdokument wie folgt aussieht:

```
«Anrede»¶
«Vorname»·«Name»¶
«Adresse1»¶
¶
«Adresse2»¶
  →     →     →     →     →     →     →       4.·Januar·2001¶
¶
¶
Hallo·«Anrede»·«Name»,¶
¶
```

Vergessen Sie nicht, Leerschritte zwischen den einzelnen Seriendruckfeldern einzugeben, wie Sie es auch bei einem normalen Text tun würden. Geben Sie auch Kommas und Punkte ein.

Wenn Sie fertig sind, geben Sie Ihrem Dokument einen Namen und speichern es ab.

Es sind nun alle nötigen Vorbereitungen für einen Seriendruck getroffen.

Übung 3.42: Vorschau des Seriendrucks

Schaltfläche
Seriendruck-Vorschau

1) Öffnen Sie Ihr Hauptdokument, falls Sie es nicht geöffnet haben.

2) Klicken Sie auf die Schaltfläche SERIENDRUCK-VORSCHAU in der Symbolleiste. *Word* zeigt Ihnen den Serienbrief mit den Daten des ersten Datensatzes an. Er sollte so aussehen:

```
Frau¶
Gerda·Knödel¶
Halle·5¶
¶
Industriepark¶
  →     →     →     →     →     →     →       4.·Januar·2001¶
¶
¶
Hallo·Frau·Knödel,¶
```

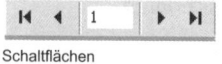

Schaltflächen
Pfeile zum Blättern

3) Über die Schaltfläche NÄCHSTER DATENSATZ können Sie weiterblättern und sich den Brief mit den Daten des zweiten Datensatzes anschauen.

Sie können den Seriendruck jetzt starten.

Übung 3.43: Seriendruck ausführen

1) Öffnen Sie Ihr Hauptdokument, falls Sie es nicht geöffnet haben.

2) Klicken Sie auf die Schaltfläche SERIENDRUCK in der Seriendrucksymbolleiste. Ein Dialogfeld *Seriendruck* wird eingeblendet. Wählen Sie die Optionen wie im Bild angegeben aus und klicken Sie dann auf ZUSAMMENFÜHREN.

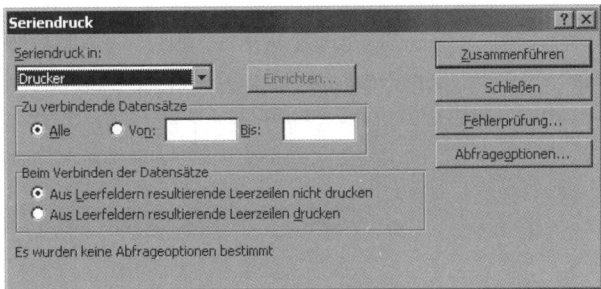

3) *Word* blendet daraufhin das Dialogfeld *Drucken* ein. Klicken Sie auf OK. Das Hauptdokument wird nun mit den zwei Datensätzen im Druck zusammengeführt.

Glückwunsch! Sie haben Ihren ersten Serienbrief in *Word* fertig gestellt.

Adressetiketten im Seriendruck

Sie können die Funktionen des Seriendrucks in *Word* auch dazu verwenden, eine Namens- oder Adressenliste (oder jede andere strukturierte Information) auf Etiketten zu drucken. In Übung 3.44 erfahren Sie, wie das funktioniert.

Übung 3.44: Seriendruck von Adressetiketten

1) Klicken Sie auf die Schaltfläche NEU, um ein neues WORD-Dokument zu erstellen.

2) Wählen Sie EXTRAS/SERIENDRUCK.

3) Klicken Sie auf ERSTELLEN, wählen Sie die Option ADRESSETIKETTEN und dann AKTIVES FENSTER.

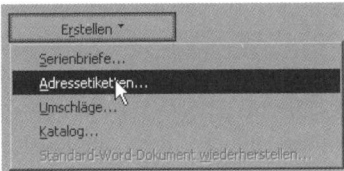

4) Wählen Sie DATEN IMPORTIEREN, um eine Datenquelle mit den gewünschten Namen und Adressen auszuwählen. *Word* bietet Ihnen drei Optionen an:

Datenquelle erstellen: Wählen Sie diese Option, wenn Sie neue Adressdaten in *Word* eingeben möchten.

Datenquelle öffnen: Wählen Sie diese Option, wenn Sie eine schon vorhandene Liste mit Namen und Adressen in *Word* (oder in einer Tabelle oder Datenbank) verwenden möchten.

Adressbuch verwenden: Wählen Sie diese Option, wenn Sie die Namen und Adressen eines elektronischen Adressbuchs, wie z.B. in *Outlook Express* enthalten, verwenden möchten.

Für die aktuelle Übung wählen Sie bitte *Datenquelle öffnen* und dann die Datenquelle, die Sie in Übung 3.40 in *Word* erstellt haben.

5) Klicken Sie auf HAUPTDOKUMENT EINRICHTEN.

Wählen Sie im Dialogfeld *Etiketten einrichten* den Drucker und die Etiketten, die Sie verwenden möchten, und klicken Sie auf OK.

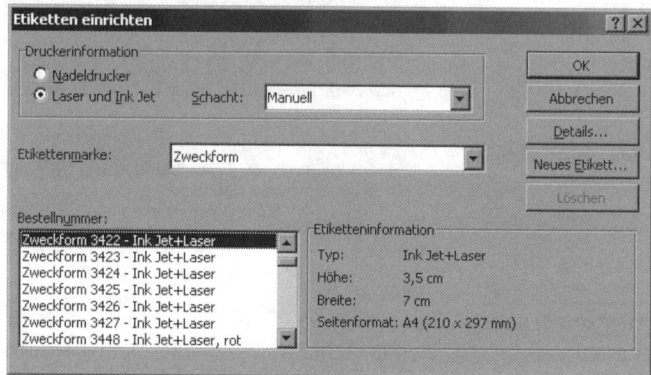

6) Fügen Sie im Dialogfeld *Etiketten erstellen* die nötigen Seriendruckfelder in *Musteretikett* ein. Klicken Sie dann auf OK.

7) Klicken Sie im *Seriendruck-Manager* auf die Schaltfläche AUSFÜHREN und dann ZUSAMMENFÜHREN.

8) Sie haben ein neues Dokument erstellt, in dem in Tabellenform alle Adressen angezeigt werden. Bevor Sie die Etiketten ausdrucken, können Sie eventuelle Änderungen (Schriftschnitt, Schriftart, Schriftgröße, Zeilenabstand usw.) vornehmen.

Gut gemacht! Damit sind die Übungen zum Seriendruck abgeschlossen.

Word-Dokumenten-vorlagen

Microsoft Word besteht aus drei Komponenten: dem eigentlichen Anwendungsprogramm *Word*, den Dokumenten, die in *Word* erstellt werden, und einer dritten Komponente, die wir bis jetzt noch nicht kennen gelernt haben: die Dokumentenvorlage.

• **Word-Anwendung:** Die Anwendung stellt Ihnen die Standardmenüs, -befehle und -symbolleisten zur Verfügung. Also all das, was Sie zum Erstellen und Bearbeiten von Dokumenten benötigen.

- **Dokumentendateien:** In diesen Dateien finden Sie den Text, die Grafiken, Formatierungen und Seiteneinstellungen wie Ränder und Ausrichtung für ein bestimmtes Dokument.
- **Word-Dokumentenvorlagen:** Dokumentenvorlagen verfolgen zwei Absichten.
  - Sie können Ihnen ein fertiges Muster für ein Dokument liefern.
  - Sie steuern die *Word*-Schnittstellen: Menüs, Befehle und Symbolleisten, die mit bestimmten Dokumentenvorlagen zur Verfügung stehen.

Eine Dokumentenvorlage als Dokumentenmuster

Eine Dokumentenvorlage kann als Muster für ein Dokument dienen, indem sie folgende Dinge speichert:

- Häufig verwendeten Text oder Grafiken, wie z.B. Ihren Firmennamen und ihr Firmenlogo
- Vordefinierte Formatierungen (wie Schriftart) und Textposition (wie Ausrichtung, Einzüge, Tabstopps, Zeilen- und Absatzabstände)
- Vordefinierte Seitenelemente (wie Seitenränder und Seitenformat)

So könnten Sie den Mitarbeitern in Ihrer Firma viel Zeit sparen, indem Sie z.B. eine Memo-Dokumentenvorlage mit voreingestellten Seitenrändern, dem Firmenlogo und Standardtext für Memos, wie *An:* und *Von:*, erstellen. Der Benutzer einer solchen Dokumentenvorlage muss dann nur noch den fehlenden Text eingeben, da der größte Teil der Formatierung schon erledigt ist.

Eine Dokumentenvorlage als Schnittstellensteuerung

Eine Dokumentenvorlage kann auch benutzerdefinierte *Word*-Befehle wie Menüs und Symbolleisten speichern, nicht benötigte Merkmale lassen sich entfernen. Auf diese Weise kann *Word* relativ einfach an die verschiedenen Bedürfnisse unterschiedlicher Benutzer angepasst werden.

So könnten Sie z.B. eine Dokumentenvorlage erstellen, die neuen Benutzern von *Word* eine benutzerdefinierte Symbolleiste mit entsprechenden Schaltflächen und Menüs zur Verfügung stellt, um die häufigsten Aufgaben des normalen Tagesablaufs bewältigen zu können.

Dokumentenvorlagen und Dokumente

Ob Sie es nun bemerkt haben oder nicht, jedes *Word*-Dokument, das Sie neu geöffnet haben, basiert auf einer Dokumentenvorlage.

Eine einzige Dokumentenvorlage kann die Basis vieler Dokumente bilden. Aber jedem Dokument kann nur jeweils eine Dokumentenvorlage zugrunde liegen.

Wie ein normales Dokument, so ist auch eine Dokumentenvorlage eine *Word*-Datei. Dokumente tragen die Dateinamenerweiterung *.doc*, während die Dateinamenerweiterung für Dokumentenvorlagen *.dot* lautet.

Wenn Sie ein neues Dokument in *Word* erstellen, basiert es, wenn
nicht ausdrücklich anders angegeben, auf einer Dokumentenvorlage
mit Namen *Normal.dot*.

Zusätzlich zu dieser Allzweck-Dokumentenvorlage bietet *Word* auch
noch andere speziellere Dokumentenvorlagen für Briefe, Faxe,
Memos und Berichte an.

Word-Dokumentenvorlage

*Eine Datei, die vorgefertigten Text, Formatierungen, Seiteneinstellungen und
eine Schnittstellensteuerung enthalten kann. Jedes Word-Dokument basiert
auf einer Dokumentenvorlage, deren Charakteristika es übernimmt.*

 Schaltfläche
Neu

In Lektion 3.1 haben Sie zwei Möglichkeiten kennen gelernt, ein
neues Dokument zu erstellen:

* Das Klicken auf die Schaltfläche NEU in der Standardsymbolleiste.
* Die Wahl des Befehls DATEI/NEU.

Wenn Sie auf die Schaltfläche NEU klicken, öffnet *Word* automatisch
ein neues Dokument, das auf der *Normal.dot* basiert.

Wenn Sie über den Befehl DATEI/NEU gehen, stellt *Word* Ihnen eine größere Auswahl verschiedener Dokumentenvorlagen zur Verfügung, die
Sie in unterschiedlichen Registern des Dialogfelds *Neu* finden.

Übung 3.45: Eine Vorschau auf Word-Dokumentenvorlagen

1) Wählen Sie DATEI/NEU, um in das Dialogfeld *Neu* zu gelangen.

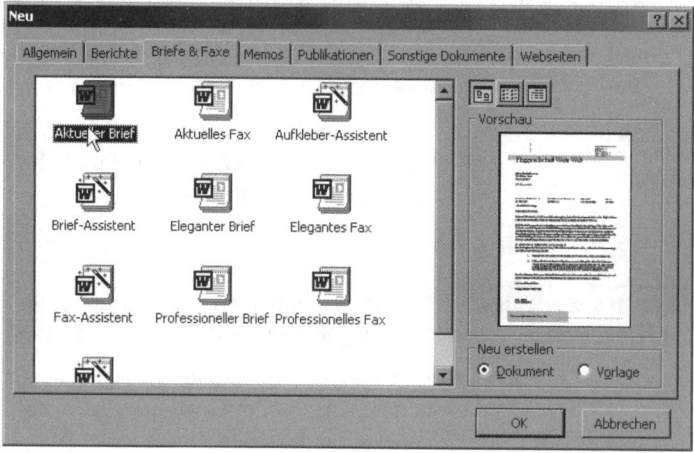

2) Klicken Sie auf die verschiedenen Register, um die verfügbaren Dokumentenvorlagen zu betrachten.

3) Klicken Sie auf die einzelnen Dokumentenvorlagen. Rechts im Vorschaufenster wird eine Miniatur-Vorschau der jeweiligen Dokumentenvorlage angezeigt.

Dokumentenvorlagen und Formatvorlagen

Dropdown-Liste
Formatvorlage

Oben links in der Standardsymbolleiste gibt es eine Dropdown-Liste, die Begriffe wie *Standard, Überschrift1, Überschrift2* etc. enthält. Diese Bezeichnungen werden *Formatvorlagen* genannt.

Für den ECDL müssen Sie nur vier Dinge über Formatvorlagen wissen.

- Eine Formatvorlage ist eine Einheit mehrerer Formatierungs- und Positionierungseinstellungen.

- Um eine Formatvorlage zuzuweisen, setzen Sie den Cursor an die gewünschte Stelle im Text und klicken dann in der Dropdown-Liste auf das entsprechende Format.

- Wenn Sie nicht ausdrücklich etwas anderes angeben, legt *Word* automatisch die Dokumentenvorlage *Normal.dot* zugrunde.

- Formatvorlagen sind immer an Dokumentenvorlagen gebunden. Während in einer Dokumentenvorlage das Format *Überschrift3* zentriert, Times 10 Punkt, kursiv sein kann, kann *Überschrift3* in einer anderen Dokumentenvorlage als linksbündig, Arial, 12 Punkt, fett formatiert sein.

Übung 3.46: Einem Text eine Formatvorlage zuweisen

Für diese Übung öffnen Sie ein zuvor erstelltes und gespeichertes Dokument und weisen ihm eine Formatvorlage für die Überschrift zu.

1) Öffnen Sie das Dokument, das Sie in Übung 3.30 in Lektion 3.3 gespeichert haben.

2) Wählen Sie BEARBEITEN/ERSETZEN und schreiben Sie im Register *Ersetzen* die Wörter *Internationaler Standard für Computer-Anwender* in das *Suchen nach-* und *Ersetzen durch-*Feld.

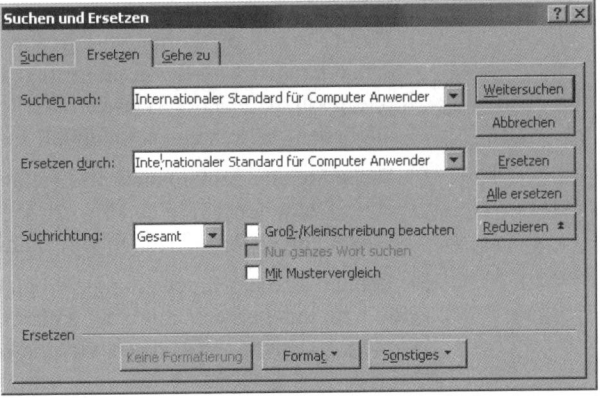

3) Klicken Sie auf die Schaltfläche ERWEITERN, während sich der Cursor im Feld *Ersetzen durch* befindet. Als Nächstes klicken Sie auf die Schaltfläche KEINE FORMATIERUNG, um noch aus vorherigen Übungen vorhandene Formatierungen zu entfernen.

4) Wählen Sie im Kontextmenü FORMATVORLAGEN und dann ÜBERSCHRIFT1 aus der angezeigten Liste aus. Klicken Sie auf OK.

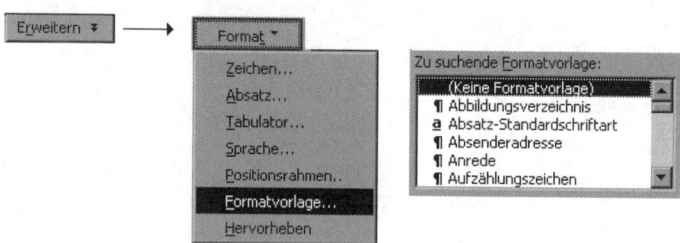

5) Sie kommen automatisch wieder zum Dialogfeld *Suchen und Ersetzen*. Klicken Sie auf ALLE ERSETZEN.

Word weist nun allen Überschriften in Ihrem Dokument die Formatvorlage *Überschrift1* zu. Das Format für alle Überschriften sollte nun Arial, 14 Punkt, fett sein. Es sei denn, Sie haben die in *Normal.dot* enthaltene Formatvorlage für *Überschrift1* irgendwann einmal geändert.

Warum Formatvorlagen verwenden?

Die Verwendung von Formatvorlagen zur Steuerung des Erscheinungsbildes eines Dokuments hat drei entscheidende Vorteile.

• Sie können einem ausgewählten Text auf diese Weise in einem Arbeitsschritt schnell ein Paket von Formatierungs- und Textpositionierungseinstellungen zuweisen.

• Wenn Sie die Einstellungen einer bestimmten Formatvorlage ändern, kann *Word* diese neuen Einstellungen automatisch auf alle Vorkommen dieses Formats innerhalb des gesamten Dokuments anwenden.

  Wenn Sie z.B. die Formatvorlage für *Überschrift1* von fett in kursiv ändern, so wird der gesamte Text im *Überschrift1*-Format von fett in kursiv geändert. Das ist natürlich wesentlich einfacher, als alle Überschriften einzeln manuell auszuwählen und zu ändern.

• Wenn Sie eine Dokumentenvorlage ändern, die als Grundlage eines Dokuments verwendet wird, so nimmt das Dokument die Einstellungen der neuen Dokumentenvorlage an.

Sie können also das Erscheinungsbild eines gesamten Dokuments verändern, indem Sie es mit einer anderen Dokumentenvorlage verknüpfen. In Übung 3.47 führen wir eine solche Änderung durch.

Formatvorlage

Eine Sammlung von Formatierungs- und Positionierungseinstellungen, die in einem einzigen Arbeitsschritt auf einen ausgewählten Text angewendet werden. Formatvorlagen sind immer mit einzelnen Dokumentenvorlagen verbunden und können daher in verschiedenen Dokumentenvorlagen auch unterschiedliche Formatierungen haben.

Übung 3.47: Einem Dokument eine andere Dokumentenvorlage zuweisen

1) Falls das Dokument, mit dem Sie in Übung 3.46 gearbeitet haben, nicht geöffnet ist, öffnen Sie es jetzt. Markieren Sie den gesamten Text des Dokuments und wählen Sie BEARBEITEN/KOPIEREN (oder STRG+c). Schließen Sie das Dokument.

2) Wählen Sie DATEI/NEU, um in das Dialogfeld *Neu* zu gelangen. Gehen Sie ins Register *Berichte*. Klicken Sie auf die Dokumentenvorlage *professioneller Bericht.dot* und klicken Sie dann auf OK.

Professioneller Bericht

3) *Word* öffnet ein neues Dokument auf der Grundlage von *professioneller Bericht.dot*.

Das Dokument enthält Anweisungen, die Sie ignorieren können. Halten Sie die Steuerungstaste gedrückt und klicken Sie gleichzeitig in den linken Seitenrand, um den Inhalt des gesamten Dokuments auszuwählen. Drücken Sie auf die ENTF-Taste, um den Inhalt zu löschen.

Internationaler Standard für Computer-Anwender

Sie kennen sich in manchen Anwendungen aus, aber es fällt Ihnen schwer, klar zu formulieren, welche Kenntnisse Sie tatsächlich haben.

Auch sind Sie davon überzeugt, dass Sie Ihren Computer effizient nutzen können, aber Sie haben keine Möglichkeit das zu dokumentieren. In Stellenanzeigen ist oft von Computer Kenntnissen die Rede. Aber was bedeutet das eigentlich? Und wie können Sie sicher sein, diesen Anforderungen gerecht zu werden?

---

4) Wählen Sie BEARBEITEN/EINFÜGEN (oder STRG+v), um den kopierten Text aus der Zwischenablage einzufügen. Geben Sie dem neuen Dokument einen Namen und speichern Sie es.

Sie werden bemerken, dass der gesamte Text in Ihrem Dokument mit der Formatvorlage *Normal* und *Überschrift1* sein Erscheinungsbild ändert. Das liegt daran, dass dieser Text seine Formatvorlagen jetzt aus der Dokumentenvorlage *professioneller Bericht.dot* und nicht mehr aus *Normal.dot*, der ursprünglichen Dokumentenvorlage, bezieht.

Sie können das Dokument nun schließen.

Word bietet mehrere Möglichkeiten, um eine neue Dokumentenvorlage zu erstellen. Nachfolgend finden Sie die einfachste Möglichkeit beschrieben.

• Erstellen Sie ein Dokument, das über die Merkmale, die Sie in Ihre Dokumentenvorlage übernehmen möchten, verfügt. Das kann z.B. häufig verwendeter Text oder auch eine bestimmte Seitenrandeinstellung sein.

• Speichern Sie dieses Dokument auf dem Bildschirm nicht als Dokument, sondern als Dokumentenvorlage.

Wenn Sie nun über DATEI/NEU ein neues Dokument öffnen, wird künftig Ihre Dokumentenvorlage im Register *Allgemein* des Dialogfelds *Neu* erscheinen.

Übung 3.48 leitet Sie durch die einzelnen Schritte dieses Ablaufs.

Übung 3.48: Eine neue Dokumentenvorlage erstellen

1) Öffnen Sie ein neues Dokument und geben Sie Folgendes ein.

Weisen Sie die folgenden Einstellungen zu:

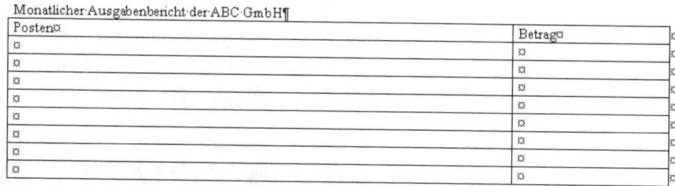

Papierformat: Verwenden Sie das Register *Papierformat* unter DATEI/SEITE EINRICHTEN, um die Ausrichtung von hoch in quer zu ändern.

Überschrift: Zentrieren Sie die Überschrift und weisen Sie ihr *Times New Roman, 20* Punkt zu.

Tabelle: Erstellen Sie eine Tabelle aus 2 Spalten und 9 Zeilen. Markieren Sie die Tabelle und führen Sie einen Rechtsklick aus. Im Kontextmenü wählen Sie TABELLENEIGENSCHAFTEN und dann das Register *Zeile*. Setzen Sie die Zeilenhöhe auf 2 cm.

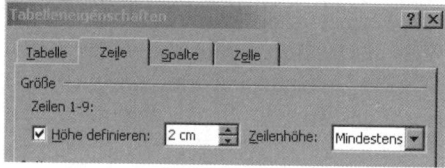

2) Wählen Sie DATEI/SPEICHERN UNTER und speichern Sie das Dokument als Dokumentenvorlage ab.

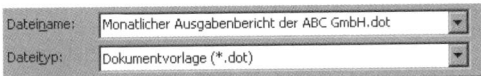

| Dateiname: | Monatlicher Ausgabenbericht der ABC GmbH.dot | ▼ |
| Dateityp: | Dokumentvorlage (*.dot) | ▼ |

3) Wählen Sie DATEI/SCHLIESSEN, um Ihre neue Dokumentenvorlage zu schließen.

4) Wählen Sie DATEI/NEU, UM IN DAS REGISTER *Allgemein* DES DIALOGFELDS *Neu* ZU GELANGEN. HIER FINDEN SIE NUN IHRE NEUE DOKUMENTENVORLAGE ALS ZUSÄTZLICHE OPTION. WÄHLEN SIE IHRE NEUE DOKUMENTENVORLAGE AUS UND KLICKEN SIE AUF OK.

Word erstellt ein neues Dokument auf der Grundlage Ihrer Dokumentenvorlage. Sie können die Dokumentenvorlage wieder schließen.

Formatvorlagen und Gliederungsansicht

Die Verwendung von Formatvorlagen in Ihren *Word*-Dokumenten bietet noch weitere Vorteile. Dokumente können so dargestellt werden, dass ihre Struktur erkennbar ist. Eine solch strukturierte Ansicht eines Dokuments wird Gliederungsansicht genannt.

Um in die Gliederungsansicht zu wechseln, wählen Sie ANSICHT/GLIEDERUNG. Die Gliederungsansicht eines Dokuments, das mit Formatvorlagen formatiert ist, sieht in etwa so aus.

  ⊕ **Das·ist·Überschrift·1¶**
    □ Das·ist·Textkörper·Standard¶
      ⊕ *Das·ist·Überschrift·2¶*
        □ Das·Ist·Textkörper·Standard¶
  ⊕ **Das·ist·Überschrift·1¶**
    □ Das·ist·Textkörper·Standard¶

Im abgebildeten Beispiel sind drei Formatvorlagen zugewiesen. Überschrift1, Überschrift2 und Standard (Standard für den Textkörper).

Sie werden feststellen, dass *Word* den Text, der mit einer Formatvorlage belegt ist, je nach Wichtigkeit einrückt. Überschrift1 nimmt dabei die höchste Priorität ein.

Um von der Gliederungsansicht in eine andere Ansicht zu wechseln, wählen Sie ANSICHT und dann NORMAL oder SEITENLAYOUT. Die verschiedenen Ansichten werden im nächsten Abschnitt behandelt.

Gliederungsansicht

Die Ansicht eines durch Formatvorlagen formatierten Dokuments. Die Gliederungsansicht zeigt die Struktur des Dokuments an, wobei Text mit niedrigerer Priorität nach rechts eingerückt dargestellt wird.

Die häufigste Art und Weise ein Dokument anzeigen zu lassen, ist *Normal* oder *Seiten-Layout*.

Normalansicht

Die Standardeinstellung in *Word* ist die Normalansicht für alle Dokumente. Diese Einstellung bietet die schnellste Ansicht zum Schreiben, Bearbeiten und Scrollen. Im Dokument enthaltene Grafiken und Auto-Formen werden in dieser Ansicht nicht angezeigt. Um in die Normalansicht zu wechseln, wählen SIE ANSICHT/NORMAL.

Normalansicht

In dieser Ansicht wird nur der Text in einem Word-Dokument angezeigt.

Seiten-Layout

Wenn Sie eine Grafik oder AutoForm in Ihr Dokument einfügen, wechselt *Word* automatisch in die Ansicht *Seiten-Layout*. Diese Ansicht ist notwendig, um Grafiken und Autoformen zu verändern, verlangsamt aber Aufgaben wie Schreiben, Bearbeiten und Scrollen. Um in die Ansicht *Seiten-Layout* zu wechseln, wählen SIE ANSICHT/SEI-TEN-LAYOUT.

Wenn Sie an einem umfangreichen Dokument arbeiten, das nur wenige Grafiken oder AutoFormen enthält, ist es sinnvoll, in die Normalansicht zu wechseln.

Ansicht Seiten-Layout

In dieser Ansicht werden auch alle Grafiken und AutoFormen in einem Word-Dokument angezeigt.

Sie können alle Dokumente schließen und *Microsoft Word* beenden. Hiermit ist die Lektion 3.5 des ECDL-Moduls Textverarbeitung abgeschlossen.

Zusammenfassung der Lektion: Das haben Sie gelernt

Unter Seriendruck versteht man die Zusammenführung eines Hauptdokuments (der Text, der in der Regel für alle Kopien gleich bleibt) und einer Datenquelle (Namen, Adressen und andere Details, die in jeder Kopie des Seriendrucks unterschiedlich sind).

Die Datenquelle kann in *Word*, in einer Tabellenkalkulation (*Excel*) oder in einem Datenbankprogramm (*Access*) erstellt werden. Egal, welchen Dateityp Sie verwenden, die Daten müssen in einer Tabelle angeordnet sein. In der obersten Zeile der Tabelle müssen die Titel der unterschiedlichen Kategorien der Information stehen, z.B. Anrede, Vorname, Zuname etc.

Die Seriendruckfelder in einem Brief geben an, welche Information aus der Datenquelle eingefügt werden soll und an welcher Stelle im fertigen Dokument sie erscheint.

Eine Vorlage kann als Muster für ein Dokument verwendet werden, indem man vorgefertigten Text und Grafiken, z.B. das Firmenlogo, vordefinierte Formatierungs- und Positionierungseinstellungen und ein bestimmtes Papierformat verwendet. Eine Vorlage kann auch als Schnittstellensteuerung fungieren. Dabei wird dann entschieden, auf welche Menüs, Befehle und Symbolleisten zugegriffen werden kann.

Wie ein normales Dokument, so ist auch eine Vorlage eine *Word*-Datei. Dokumente besitzen die Dateinamenerweiterung .doc, Vorlagen hingegen die Erweiterung .dot.

Jedes neue *Word*-Dokument wird automatisch auf der Grundlage der so genannten *Normal.dot* erstellt, es sei denn, Sie haben vorher etwas anderes eingestellt. *Word* bietet Ihnen auch Dokumentenvorlagen für bestimmte Arten von Dokumenten. Sie können außerdem neue Dokumentenvorlagen selbst erstellen oder die Dokumentenvorlage, auf der ein Dokument basiert, ändern.

Formatvorlagen, die mit einer Dokumentenvorlage verbunden sind, erlauben die Zuweisung mehrerer Formatierungs- und Positionierungseinstellungen auf einen ausgewählten Text in einem einzigen Arbeitsschritt.

In der Gliederungsansicht wird die Struktur eines Dokuments, das auf Formatvorlagen basiert, dargestellt. In der Normalansicht sehen Sie nur den Text eines Dokuments. In der Ansicht *Seiten-Layout* hingegen werden auch im Dokument enthaltene Grafiken und AutoFormen angezeigt.

Lektion 3.6: Dateiformate, Daten aus einer Tabellenkalkulation importieren

Zu dieser Lektion

In dieser Lektion erfahren Sie, dass *Word 2000*, wie alle anderen Anwendungen auch, ein bestimmtes Dateiformat verwendet. Weiterhin lernen Sie, wie Sie Ihren Dokumenten ein anderes als das *Word-2000*-Format geben, so dass diese Dateien auch von Leuten, die mit anderen Anwendungen als *Word 2000* arbeiten, geöffnet und gelesen werden können.

Das Kopieren und Einfügen innerhalb und zwischen *Word*-Dokumenten haben wir schon in einer früheren Lektion dieses Moduls beschrieben. Diese Lektion geht jedoch noch einen Schritt weiter. Sie zeigt Ihnen, wie man Daten aus einer Tabellenkalkulation in ein Textverarbeitungsprogramm verschieben kann. Sie werden sehen, dass man Daten auf zwei Arten verschieben kann: Einfügen und Einbetten.

Neue Fähigkeiten

Am Ende dieser Lektion sollten Sie in der Lage sein,

- *Word-2000*-Dokumente unter den folgenden Formaten abzuspeichern: niedrigere Versionen von *Word*, RTF, WordPerfect, nur Text und HTML,

- den Unterschied zwischen Einfügen und Einbetten von Daten aus einem Tabellenkalkulationsprogramm in *Word* zu erklären,

- Daten aus einer Tabellenkalkulation in *Word* einzufügen,

- Daten aus einer Tabellenkalkulation in *Word* einzubinden.

Neue Wörter

Am Ende dieser Lektion sollten Sie in der Lage sein, folgende Begriffe zu erklären:

- Dateiformat

Dateiformate

In Lektion 3.2 sind Sie dem Begriff Format schon einmal begegnet. Dort bezog sich der Begriff auf das Erscheinungsbild von Text in einem *Word*-Dokument – kursiv, Farbe, Aufzählungszeichen etc. Wenn der Begriff Format jedoch in Verbindung mit dem Wort Datei verwendet wird, hat er eine andere Bedeutung.

Im Modul 1 des ECDL haben Sie gelernt, dass Information, die auf Ihrem Computer gespeichert ist, einzig und allein aus zwei Zeichen besteht: 1 und 0. Das wiederum wirft zwei Fragen auf:

- Wie werden diese 1en und 0en in Text und Grafik auf Ihrem Bildschirm umgewandelt, wenn Sie eine Datei öffnen?

- Wie werden Text und Grafik auf Ihrem Bildschirm wieder in 1en und 0en zurückverwandelt, wenn Sie die Datei schließen?

Die Antwort ist recht einfach. Die Entwickler von Programmen wenden bestimmte Regeln bei der Umformung zwischen 1en und 0en und dargestelltem Text bzw. der dargestellten Grafik an. Ein solches Regelpaket wird Dateiformat genannt.

Dateiformat

Ein Regelpaket, dass 1en und 0en in Text und Grafik auf dem Bildschirm umwandelt und umgekehrt.

Bei einer *Word*-Datei spricht man vom *Word*-Format, bei einer *Excel*-Datei vom *Excel*-Format etc.

Verschiedene Anwendungen, verschiedene Dateiformate

Verschiedene Software-Hersteller verwenden auch verschiedene Regelpakete, um 1en und 0en in Text und Grafik auf dem Bildschirm umzuwandeln.

Sogar verschiedene Versionen ein und desselben Programms können unterschiedliche Dateiformate verwenden. So war z.B. das Dateiformat von *Word 97* anders, als das der zwei vorherigen *Word*-Versionen.

Wie Sie sich vorstellen können, kann es bei verschiedenen Dateiformaten zu Schwierigkeiten kommen.

- In einem Dateiformat kann 10101010 z.B. in *w*, Arial, 12 Punkt, kursiv, 5 cm vom linken Seitenrand entfernt umgewandelt werden.
- In einem anderen Dateiformat werden die gleichen Zeichen 10101010 vielleicht in eine dicke, blaue Linie am rechten Seitenrand umgewandelt.

Dateinamenerweiterung

Das Format einer Datei wird durch die Dateinamenerweiterung eines Dateinamens, das sind drei Buchstaben, angezeigt. Diese Erweiterung wird automatisch vom Programm angehängt, sobald die Datei gespeichert wird.

Die Dateinamenerweiterung .doc weist z.B. auf eine *Word*-Datei hin, die Erweiterung .xls auf eine *Excel*-Datei. Wenn Sie schon einmal mit Grafikprogrammen gearbeitet haben, werden Ihnen Erweiterungen wie .bmp, .gif und .jpg nicht unbekannt sein.

Das verwendete Format von Seiten im World Wide Web ist HTML. Diese Abkürzung steht für HyperText Markup Language. Die Erweiterung von HTML-Dateien ist üblicherweise .htm.

Mögliche Dateiformate bei Word

Unter *Word 2000* können Sie Ihre Dokumente auch unter einem anderen Dateityp außer dem *Word*-Format abspeichern. Diese Möglichkeit kann sehr hilfreich sein, wenn Sie Ihr Dokument für jemanden abspeichern möchten, der mit einem anderen Textverarbeitungsprogramm als *Word 2000* arbeitet.

Sie können sich die verschiedenen Dateiformate, die Ihnen in *Word 2000 zum* Speichern zur Verfügung stehen, anzeigen lassen.

*   Öffnen Sie ein Dokument.

*   Wählen Sie DATEI/SPEICHERN unter.

*   Klicken Sie auf den Pfeil, der sich neben dem Feld *Dateityp* befindet. Eine Dropdown-Liste wird angezeigt.

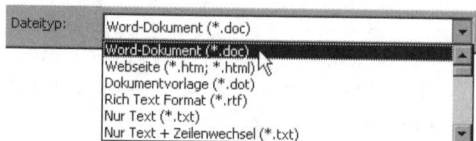

Nur einige der angezeigten Formate sind für dieses ECDL-Modul Textverarbeitung von Bedeutung.

Frühere Word-Versionen

Um Ihr *Word-2000*-Dokument in einem früheren *Word*-Format zu speichern, wählen Sie entweder *Word 97-2000&6.0/95 RTF* oder *Word 2.x für Windows*. Beide Formate haben die gleiche Dateinamenerweiterung wie *Word 2000* (.doc).

Wenn Sie Dateien unter einem früheren *Word*-Format abspeichern, können Formatierungen verloren gehen.

Rich-Text-Format

Hierbei handelt es sich um das gemeinsame Format aller *Microsoft-Office*-Anwendungen, einschließlich *Word*. Ein *Word-2000*-Dokument, das unter diesem Dateiformat abgespeichert wird, sieht genauso aus wie ein Dokument, das als *Word-2000*-Datei abgespeichert wird. Die angehängte Dateinamenerweiterung ist .rtf.

WordPerfect-Format

Wählen Sie dieses Dateiformat zur Speicherung Ihres Dokuments, damit es in *WordPerfect*, einer anderen Textverarbeitung, geöffnet und gelesen werden kann. Unter den verschiedenen Möglichkeiten für WordPerfect ist das Format *WordPerfect 5.x für Windows* das am häufigsten verwendete.

Das Umwandeln einer *Word-2000*-Datei in eine *WordPerfect*-Datei kann zu Verlusten bei der Formatierung führen. Die Dateinamenerweiterung für WordPerfect für Windows ist auch .doc.

Wie schon der Name verrät, speichert dieses Format nur den Text einer Datei. Jegliche Textformatierungen (wie fett oder kursiv) oder im *Word-2000*-Dokument enthaltene Grafik geht verloren. Die angefügte Dateinamenerweiterung ist .txt. Dieses Format wird auch als *ASCII*-Format bezeichnet.

Nur zwei der unter *Word* genannten Nur-Text-Formate sind wichtig:

- **Nur-Text:** Jeder Absatz im Original-*Word*-Dokument wird zu einer einzigen Zeile im Nur-Text-Dokument. Dabei kommt es oft zu unendlich langen Zeilen, die man nur durch horizontales Scrollen lesen kann.

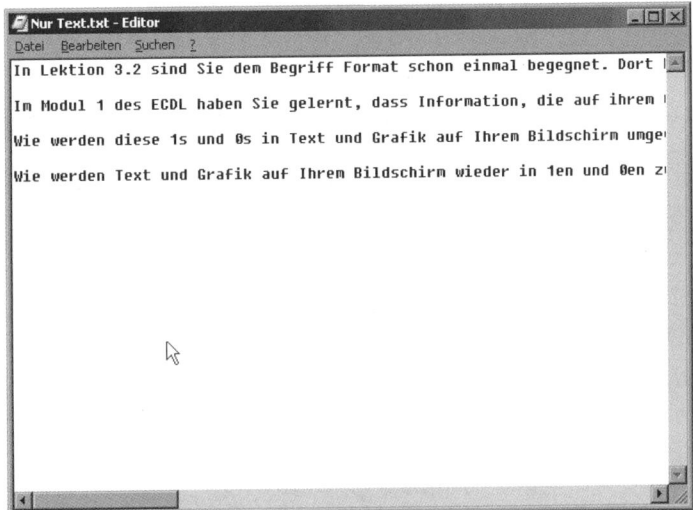

- **Nur-Text + Zeilenwechsel:** Überall da, wo im Original-*Word*-Dokument eine Zeile zu Ende ist, wird eine Absatzmarke eingefügt. Dadurch wird jede Zeile des Originaldokuments zu einem separaten Absatz in der Nur-Text-Datei.

Der Vorteil dieses Formats liegt darin, dass der Zeilenfall der Originaldatei erhalten bleibt, so dass der Text auf dem Bildschirm einfacher zu lesen ist.

Der Nachteil dieses Formats liegt darin, dass die Nur-Text-Datei viel mehr Absatzmarken als die Originaldatei enthält. Dadurch kann das Bearbeiten eines solchen Textes zur lästigen Arbeit werden.

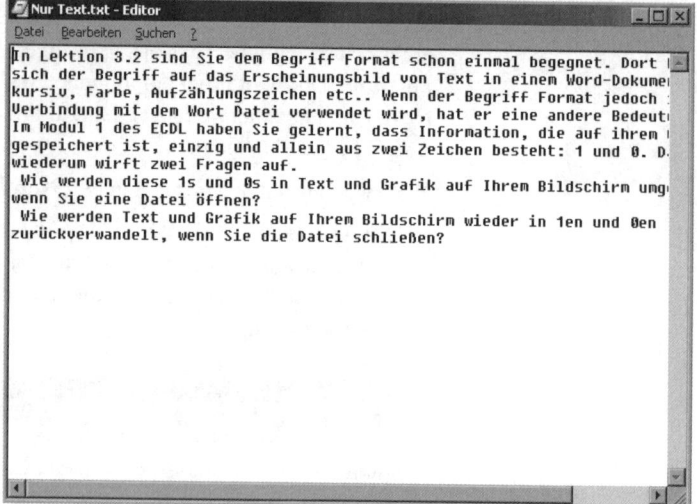

Da das Nur-Text-Format ein unkompliziertes Grundformat ist, können alle Dateien in diesem Format von fast allen Anwendungen auf praktisch jedem Computer geöffnet und korrekt gelesen werden. Nur-Text ist das am häufigsten verwendete Format für elektronische Nachrichten im Internet.

HTML (Web)-Format

Webseiten werden im HTML-Format erstellt. Die Dateinamenerweiterung dieses Formats ist *.htm* (oder manchmal *.html*).

Sie können ein *Word-2000*-Dokument auf zwei Arten als HTML-Datei speichern.

- Wählen Sie DATEI/ALS WEBSEITE SPEICHERN.

  -oder-

- Wählen Sie DATEI/SPEICHERN UNTER und dann die HTML-Option aus.

Sie können Dateien im HTML-Format mit einem Web-Browser wie *Microsoft Internet Explorer* oder *Netscape* anzeigen lassen und drucken.

Tabellendaten einfügen oder einbetten

Microsoft-Office-Anwendungen (und die meisten anderen Windows-Anwendungen) ermöglichen einen Datentransfer untereinander. Für dieses ECDL-Modul brauchen Sie nur zu wissen, wie man Daten (Text und Zahlen) aus dem Tabellenkalkulationsprogramm *Excel* in

Word einfügt. In *Excel* werden Zahlen und Text in kleinen Kästchen, so genannten Zellen, gespeichert.

Um Informationen von *Excel* in *Word* zu übermitteln, führen Sie die folgenden Schritte aus.

*   Öffnen Sie die *Excel*-Datei und markieren Sie die gewünschten Zellen.

*   Kopieren Sie die markierten *Excel*-Zellen in die Zwischenablage.

*   Öffnen Sie die *Word*-Datei und fügen Sie die Excel-Zellen in *Word* ein.

Spezielle Optionen zum Einfügen Zum Einfügen von Excel-Zellen in *Word* wird der Befehl BEARBEITEN/ INHALTE EINFÜGEN verwendet.

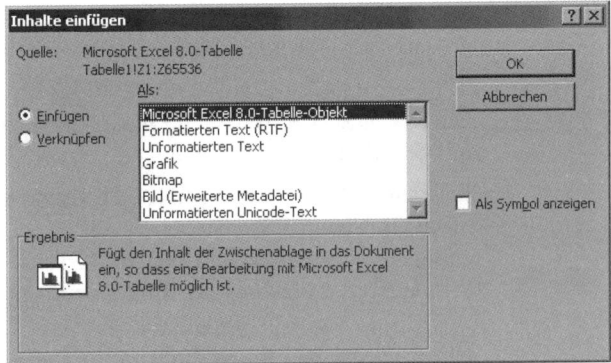

Das Dialogfeld *Inhalte einfügen* bietet folgende Möglichkeiten.

*   **Einfügen oder Verknüpfen:** Belassen Sie es hier bei der Standardeinstellung *Einfügen.*

*   **Über den Text legen / Als Symbol:** Behalten Sie hier die Standardeinstellung *Über den Text legen* bei.

*   **Als:** Hier stehen unter anderem zwei wichtige Optionen zur Wahl: *Formatierter Text (RTF)* und *Microsoft Excel Arbeitsblatt-Objekt.* Diese Begriffe werden im nächsten Abschnitt erklärt.

Daten aus Excel einfügen Wenn Sie zum Einfügen die Option *Formatierter Text (RTF)* verwenden, haben die eingefügten Tabellendaten folgende Merkmale:

*   Die Daten werden voll in *Word* integriert.

*   Die Daten werden als *Word*-Tabelle ausgegeben.

*   Die Daten können in *Word* bearbeitet werden.

Excel-Daten auf diese Art in ein *Word*-Dokument einzufügen, ähnelt dem Einfügen von Daten aus einem anderen *Word*-Dokument.

Wenn Sie zum Einfügen die Option *Microsoft Excel Arbeitsblatt-Objekt* verwenden, haben die eingefügten Tabellendaten folgende Merkmale:

- Die Datentabelle wird im *Word*-Dokument positioniert, bleibt aber ein Teil von *Excel*.

- Die Datentabelle verhält sich wie eine eingefügte Grafik. Sie kann durch Markieren und Ziehen verschoben und in ihrer Größe verändert werden.

- Die Datentabelle kann nicht in *Word* bearbeitet werden.

Wenn Sie versuchen, die Daten der Tabelle in *Word* zu verändern (eine Zahl ändern oder einen anderen Rahmen zuweisen möchten), verschwinden die *Word*-Menüs und *Word*-Symbolleisten auf Ihrem Bildschirm und werden durch *Excel*-Menüs und *Excel*-Symbolleisten ersetzt. Diese Art, Daten einzufügen, schließt die Funktionen des Programms ein, in dem die Daten erstellt wurden. Man nennt dies *Einbetten*.

Die folgenden vier Übungen zeigen Ihnen, wie man Daten aus *Excel* in *Word* einfügt bzw. einbettet.

In Übung 3.49 erstellen Sie zwei identische Kopien eines *Word*-Dokuments. In Übung 3.50 erstellen Sie die *Excel*-Daten, die Sie in *Word* einfügen möchten. In den Übungen 3.51 und 3.52 fügen bzw. betten Sie die *Excel*-Daten in zwei *Word*-Dokumente ein.

Übung 3.49: Ein Word-Dokument erstellen, in das Sie Daten einfügen bzw. einbetten können

1) Öffnen Sie *Word* und erstellen Sie ein neues Dokument.

2) Schreiben Sie *Verkaufszahlen erstes Quartal* und drücken Sie zweimal die Eingabetaste.

3) Markieren Sie den Text und weisen Sie ihm das Format *Arial, fett, 22* Punkt, *zentriert* zu.

4) Schreiben Sie *Glückwunsch an alle* und drücken Sie dreimal die Eingabetaste.

5) Markieren Sie den Text, den Sie in Schritt 4 geschrieben haben, und weisen Sie ihm das Format *Times New Roman, Standard, kursiv, 24* Punkt, *zentriert* zu. Ihr Dokument sollte nun so aussehen.

> **Verkaufszahlen·1·Quartal¶**
> Glückwunsch·an·ALLE!!!¶

6) Geben Sie dem Dokument einen Namen, z.B. *BMverkaufszahlen.doc* und speichern Sie es ab.

7) Wählen Sie DATEI/SPEICHERN UNTER, um Ihr Dokument noch einmal unter einem anderen Namen zu speichern. Nennen Sie es *BMverkaufszahlen2.doc*.

8) Wählen Sie DATEI/ÖFFNEN, um Ihr zuerst gespeichertes Dokument wieder zu öffnen.

Sie haben nun zwei verschiedene *Word*-Dokumente mit identischem Inhalt auf Ihrem Bildschirm geöffnet.

Übung 3.50: Eine Datenquelle in Excel erstellen

1) Wählen Sie START/PROGRAMME/MICROSOFT EXCEL, um eine neue *Excel*-Datei auf dem Bildschirm zu öffnen.

2) Klicken Sie in Zelle C3, schreiben Sie *Januar* und drücken Sie die Eingabetaste.

	A	B	C	D	E
1					
2					
3			Januar		
4					
5					

3) Füllen Sie die weiteren Zellen gemäß der Abbildung mit dem Text und Zahlen.

	A	B	C	D	E
1					
2					
3			Januar	Februar	März
4		Produkt 1	213	345	698
5		Produkt 2	180	245	401
6		Produkt 3	270	389	528
7		Produkt 4	134	262	390
8		Produkt 5	90	145	310

4) Wenn Sie fertig sind, speichern Sie die *Excel*-Datei. Als Namen verwenden Sie z.B. *BM Verkaufszahlen.xls*. Lassen Sie die *Excel*-Datei auf dem Bildschirm geöffnet.

5) Klicken Sie auf die Zelle B3 und halten Sie die Maustaste gedrückt. Ziehen Sie die Maus nach rechts unten bis zu Zelle E8.

	A	B	C	D	E
1					
2					
3			Januar	Februar	März
4		Produkt 1	213	345	698
5		Produkt 2	180	245	401
6		Produkt 3	270	389	528
7		Produkt 4	134	262	390
8		Produkt 5	90	145	310
9					

6) Wählen Sie BEARBEITEN/KOPIEREN, um den markierten Zellbereich in die Zwischenablage zu kopieren.

Sie können die *Excel*-Datei jetzt schließen. Zum Ausführen der Übung 3.51 muss das *Excel*-Programm jedoch geöffnet bleiben.

Übung 3.51: Das Einbetten der Excel-Daten in Word

1) Wählen Sie über FENSTER/<DOKUMENTENNAME> die erste gespeicherte *Word*-Datei aus (in diesem Fall *BMverkaufszahlen.doc*) und klicken Sie auf die letzte Absatzmarke im Dokument.

2) Wählen Sie BEARBEITEN/INHALTE EINFÜGEN, dann die Option *Microsoft Excel Arbeitsblatt-Objekt* und klicken Sie auf OK.

3) Klicken Sie auf den Anfasspunkt rechts unter den eingefügten Daten und ziehen Sie so lange, bis die Daten gleichmäßig zwischen dem rechten und linken Rand positioniert sind. Ihr *Word*-Dokument sollte nun so aussehen:

	Januar	Februar	März
Produkt 1	213	345	698
Produkt 2	180	245	401
Produkt 3	270	389	528
Produkt 4	134	262	390
Produkt 5	90	145	310

Verkaufszahlen·1·Quartal¶
Glückwunsch·an·ALLE!!!¶

Sie können einen eingebetteten Datenbereich genauso bearbeiten wie Grafik, also auswählen, verschieben und die Größe verändern. Sie können die Daten jedoch nicht bearbeiten, zumindest nicht in *Word*.

Um eingebettete Daten in irgendeiner Weise zu verändern – Zahlen bearbeiten, Zeilen löschen oder farbige Rahmen hinzufügen – müssen Sie zuerst einen Doppelklick auf die Daten ausführen. Dadurch werden die *Word*-Menüs und -Symbolleisten durch die von *Excel* ersetzt. Versuchen Sie es einmal und sehen Sie selbst. Ihr Bildschirm sollte wie in der Abbildung aussehen.

Verkaufszahlen·1·Quartal¶

	B	C	D	E
3		Januar	Februar	März
4	Produkt 1	213	345	698
5	Produkt 2	180	245	401
6	Produkt 3	270	389	528
7	Produkt 4	134	262	390
8	Produkt 5	90	145	310

Tabelle1 / Tabelle2 / Tabelle3

Um zu *Word* zurückzukehren, klicken Sie einfach irgendwo im *Word*-Dokument, außerhalb der Tabelle. Speichern Sie Ihr Dokument.

Sie können *Excel* jetzt schließen. Für Übung 3.52 muss es nicht geöffnet sein.

Übung 3.52: Excel-Daten in Word einfügen

1) Gehen Sie über FENSTER/<DOKUMENTENNAME>, um das zweite Dokument, das Sie gespeichert haben (in diesem Fall Bmverkaufszahlen2.doc) anzuzeigen. Setzen Sie den Cursor an die letzte Absatzmarke im Dokument.

2) Wählen Sie BEARBEITEN/INHALTE EINFÜGEN, dann die Option *Formatierten Text (RTF)* und klicken Sie auf OK.

   (Diese Option steht zur Verfügung, unabhängig davon, ob *Excel* geöffnet ist oder nicht.)

   Die *Excel*-Daten werden aus der Zwischenablage in das *Word*-Dokument eingefügt. Die Zellen der Tabelle haben die Form einer *Word*-Tabelle.

3) Klicken Sie irgendwo in die Tabelle, wählen Sie TABELLE/AUTOFORMAT und dann die Option *Standard 2*. Klicken Sie auf OK.

4) Ziehen Sie den rechten vertikalen Rand der letzten Spalte, bis die Tabelle gleichmäßig zwischen dem rechten und linken Seitenrand ausgerichtet ist.

5) Klicken Sie mit der rechten Maustaste in die Tabelle. Wählen Sie aus dem Kontextmenü SPALTEN GLEICHMÄSSIG VERTEILEN.

Verkaufszahlen·1·Quartal¶
Glückwunsch·an·ALLE!!!¶

	Januar¤	Februar¤	März¤	
Produkt·1¤	213	345	698	¤
Produkt·2¤	180	245	401	¤
Produkt·3¤	270	389	528	¤
Produkt·4¤	134	262	390	¤
Produkt·5¤	90	145	310	¤

6) Setzen Sie den Cursor irgendwo in die Tabelle und wählen Sie TABELLE/MARKIEREN/TABELLE. Ändern Sie dann über die Formatsymbolleiste die Schriftgröße in 14 Punkt.

   Ihre *Word*-Tabelle sollte nun so aussehen.

7) Speichern Sie Ihr *Word*-Dokument. Sie haben die Übungen zum Einbetten und Einfügen beendet und können beide *Word*-Dokumente schließen.

Sie haben die letzte Lektion des ECDL-Moduls Textverarbeitung abgeschlossen. Herzlichen Glückwunsch!

Ein Dateiformat ist eine Art Regelpaket, das die Umrechnung von 1en und 0en ermöglicht, die von einem Computer verwendet werden, um Information und die Texte und Grafiken, die auf dem Bildschirm ausgegeben werden, zu speichern. Verschiedene Anwendungen, ja sogar verschiedene Versionen einer gleichen Anwendung, können unterschiedliche, nicht kompatible Dateiformate verwenden.

Um es zu ermöglichen, dass Sie Ihre Dateien auch anderen zugänglich machen, können Sie Ihre Dateien unter *Word* auch unter einem anderen als dem eigentlichen *Word-2000*-Format abspeichern. Zu diesen zusätzlichen Formaten zählen: frühere Versionen von *Microsoft Word*, *RTF* (das gemeinsame *Office*-Dateiformat), *WordPerfect* (ein anderes Textverarbeitungsprogramm) und HTML (das Dateiformat für Webseiten).

Sie können ein *Word*-Dokument aber auch als Nur-Text-Datei speichern. Dieses Format kann von praktisch allen Anwendungen an jedem Computer geöffnet und korrekt gelesen werden. Es ist jedoch zu beachten, dass die gesamte Formatierung und auch Grafiken in einem *Word*-Dokument verloren gehen.

Tabellendaten aus *Excel* können auf zwei Arten in *Word* eingefügt werden: durch Einfügen und Einbetten.

Eingefügte Daten werden gänzlich in das *Word*-Dokument integriert. Die Daten werden als *Word*-Tabelle wiedergegeben und können daher auch in *Word* bearbeitet werden. Daten auf diese Weise in *Word* einzufügen, kommt dem Kopieren und Einfügen zwischen verschiedenen *Word*-Dokumenten gleich.

Eingebettete Tabellendaten bleiben, auch wenn sie in einem *Word*-Dokument positioniert sind, Teil von *Excel*. Die Tabelle verhält sich wie eine importierte Grafik und kann in *Word* nicht bearbeitet werden. Wenn Sie versuchen, die Tabellendaten zu ändern, werden *Word*-Menüs und *Word*-Symbolleisten durch die von *Excel* ersetzt. Eingebettete Daten werden von den Funktionen der Anwendung, in der sie erstellt wurden, begleitet.

Tabellenkalkulation

Es gibt Dinge, die sind ganz einfach zu erklären oder zu beschreiben, dafür aber schwierig in der Handhabung. Für Tabellenkalkulationen gilt jedoch genau das Gegenteil.

Am Ende dieses Moduls werden Sie in der Lage sein, Tabellen aufzubauen, um darin jede erdenkliche Art von Zahlenmaterial zu verarbeiten, zu analysieren und grafisch darzustellen.

Egal, ob es sich um vierteljährliche Verkaufsprovisionen, den jährlichen Niederschlag oder das monatliche Haushaltsbudget handelt, was Sie heute in Zahlen ausdrücken können, werden Sie am Ende dieser Lektion in Tabellen verarbeiten können.

Im Verlaufe dieses Kapitels zeigen wir Ihnen Tastenkombinationen, so genannte Shortcuts, die Ihnen dabei helfen, lange Zahlen mit geringem Schreibaufwand und in kurzer Zeit zu bearbeiten.

Es wird Ihnen aber auch nach diesem Kapitel nicht leichter fallen, in einem Satz auszudrücken, was eine Tabellenkalkulation ist.

Vielleicht ist es die Tatsache, dass es sich bei Tabellenkalkulationen um die Verarbeitung von Zahlen und nicht von Wörtern handelt, die es so schwierig macht, eine klare Definition zu finden.

Mit diesem Modul sind Sie es, der zählt – und nicht gezählt wird. Viel Glück damit!

Lektion 4.1: Erste Schritte in Excel

Zu dieser Lektion

Warum muss ich das alles wissen? Was soll das alles? Das sind die Fragen, die Sie sich beim Durchlesen dieser Lektion stellen werden.

Aber so sind erste Lektionen nun mal; egal, ob man Gitarre, Karate oder Tabellenkalkulation lernt.

In der ersten Unterrichtsstunde ist man meistens fast ausschließlich damit beschäftigt, sich neue Handlungsabläufe und Wörter zu merken. Nur selten kommt man jetzt schon in den Genuss, sein neues Wissen auch in die Praxis umzusetzen.

Nichts in dieser Lektion ist wirklich schwierig oder kompliziert. Wir haben uns bemüht, nur das für Sie absolut Notwendige zusammenzutragen, und es dann auf eine möglichst schonende Art und Weise für Sie aufbereitet.

Auf halbem Wege durch Lektion 4.2 werden Sie feststellen, wie leistungsfähig und praktisch eine Tabellenkalkulation ist, und dann werden Sie sich plötzlich eine ganz andere Frage stellen: "Wie habe ich es bis jetzt geschafft, mein Leben ohne *Microsoft Excel* zu meistern?"

Neue Fähigkeiten

Am Ende dieser Lektion sollten Sie in der Lage sein,

- *Excel* zu starten und zu beenden,
- den Unterschied zwischen Arbeitsblatt und Arbeitsmappe zu erklären,
- *Excel*-Arbeitsblätter zu erstellen und zu benennen,
- Zahlen, Text und Zellbezüge in ein Arbeitsblatt einzugeben,
- Zellinhalte zu bearbeiten und zu löschen,
- den Befehl RÜCKGÄNGIG in *Excel* zu verwenden, um Befehle und Zelleingaben rückgängig zu machen,
- *Excel*-Arbeitsmappen zu speichern, zu benennen, zu öffnen, zu erstellen und zu schließen,
- die *Excel*-Online-Hilfe zu benutzen.

Neue Wörter

Am Ende dieser Lektion sollten Sie in der Lage sein, folgende Begriffe zu erklären:

- Arbeitsblatt
- Spalte
- Arbeitsmappe
- Zelle
- Zellbezug

- Namenfeld
- aktive Zelle
- abhängige Zelle
- Zeile

Excel starten

Führen Sie einen Doppelklick auf das *Excel*-Symbol aus.

-oder-

Wählen Sie START/PROGRAMME/MICROSOFT EXCEL.

Excel wird gestartet und zeigt eine neue Arbeitsmappe mit drei Arbeitsblättern an, mit denen Sie nun arbeiten können.

Arbeitsblätter und Arbeitsmappen

Dieses ECDL-Modul beschäftigt sich mit Tabellen. In *Excel* selbst wird dieses Wort jedoch kaum verwendet. Vielmehr werden zwei andere Wörter benutzt: Arbeitsblatt und Arbeitsmappe. Was aber genau bedeuten diese Wörter?

Arbeitsblatt

Eine Seite, die aus vielen kleinen Zellen besteht, die in Zeilen und Spalten angeordnet sind. Zwischen den einzelnen Zellen können Bezüge hergestellt werden, so dass durch Änderungen des Inhalts einer Zelle auch der Inhalt einer mit ihr verbundenen Zelle geändert wird.

Ein *Excel*-Arbeitsblatt ist eine Tabelle. Ein Arbeitsblatt ist jedoch sehr viel größer als Ihr Bildschirm. Daher sehen Sie auf Ihrem Bildschirm immer nur einen kleinen Ausschnitt des Arbeitsblatts.

Arbeitsmappe

Eine Datei, die Arbeitsblätter enthält.

Wenn Sie eine neue Arbeitsmappe erstellen, erzeugt *Excel* drei leere Arbeitsblätter innerhalb dieser Arbeitsmappe. *Excel* bezeichnet die Arbeitsblätter mit *Tabelle1, Tabelle2, Tabelle3*.

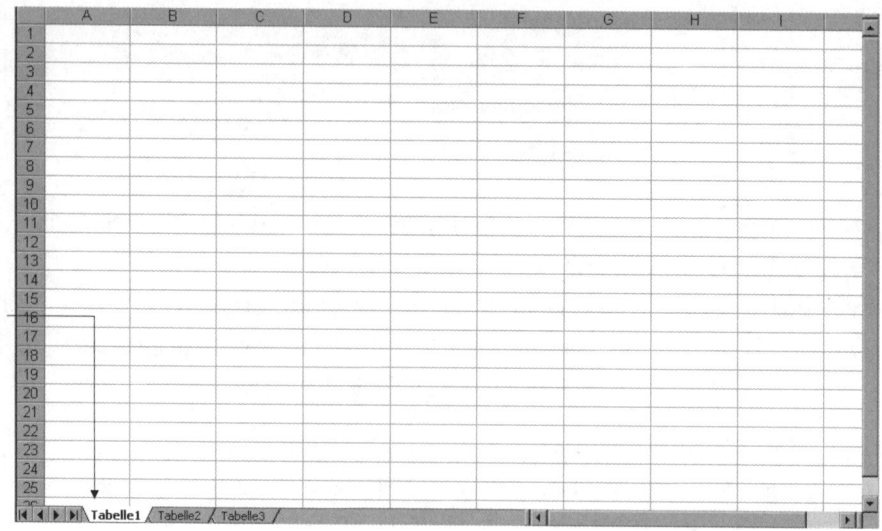

Um von einem Arbeitsblatt zu einem anderen zu wechseln, klicken Sie das Register mit dem entsprechenden Namen.

Wenn Ihnen drei Arbeitsblätter nicht ausreichen, können Sie Ihrer Arbeitsmappe noch weitere Arbeitsblätter hinzufügen, wobei das Maximum bei 256 liegt. Betrachten Sie die einzelnen Arbeitsblätter einfach als die Seiten eines Buchs und die Arbeitsmappe als das Buch selbst, in dem sich diese Seiten befinden.

Wir möchten Sie nun mit ein paar wichtigen Bestandteilen eines Arbeitsblatts vertraut machen.

Zelle

Die kleinen Kästchen, aus denen ein Arbeitsblatt besteht.

Zellen sind in Zeilen (horizontal) und Spalten (vertikal) angeordnet.

Aktive Zelle

Die Zelle, in der sich gegenwärtig der Cursor befindet.

Es kann jeweils immer nur eine Zelle im Arbeitsblatt aktiv sein. Sie können eine aktive Zelle immer daran erkennen, dass *Excel* einen dickeren Rahmen um diese Zelle legt. Sie können eine Zelle durch Klicken mit der Maus aktivieren.

Eine aktive Zelle — Eine *nicht* aktive Zelle

Wenn Sie eine neue Arbeitsmappe öffnen, aktiviert *Excel* die Zelle ganz oben links im ersten Arbeitsblatt.

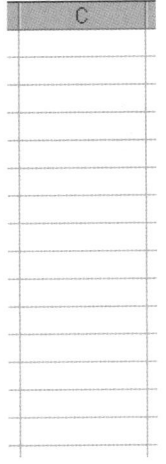

Spalte in einem
Arbeitsblatt

Spalte

Eine vom oberen bis zum unteren Rand des Arbeitsblatts vertikal verlaufende Zellreihe.

Jedes Arbeitsblatt verfügt über 256 Spalten. Jede Spalte wird mit einem Buchstaben oder einer Buchstabenreihe versehen. Die ersten Spalten sind von A bis Z benannt. Die übrigen werden mit AA bis AZ, BA bis BZ usw., bis IA bis IV benannt.

Zeile

Eine von links nach rechts verlaufende vertikale Zellreihe des Arbeitsblatts.

4					
5					
6					

Zeile in einem Arbeitsblatt

Jedes Arbeitsblatt verfügt über 65.536 Zeilen. *Excel* nummeriert die Zeilen von 1 bis 65536 durch. Folglich besteht ein Arbeitsblatt aus 16.777.216 Zellen! Das ist das Ergebnis von 256 multipliziert mit 65.536.

Jede einzelne Zelle eines Arbeitsblatts hat eine eindeutige Adresse, einen so genannten Zellbezug.

Zellbezug

Die Position bzw. Adresse einer Zelle im Arbeitsblatt.

Ein Zellbezug besteht aus zwei Teilen:

* Spaltenbuchstabe (A, B, C, ...)
* Zeilennummer (1, 2, 3, ...)

Wenn Sie eine neue Arbeitsmappe in *Excel* öffnen, so ist die aktive Zelle im Arbeitsblatt *Tabelle1* die Zelle *A1*.

Wichtig: zuerst der Buchstabe der Spalte, dann die Nummer der Zeile, z.B. B6, C8 und J12.

Spaltenbuchstaben:
Groß- oder
Kleinbuchstaben?

Die Spaltenbuchstaben von Zellbezügen werden immer in Großbuchstaben angezeigt (z.B. A1, B10 und W9). Jedenfalls trifft das für die *Excel*-Online-Hilfe und für dieses Buch zu.

Dennoch brauchen Sie bei der Eingabe von Zellbezügen in *Excel* nicht auf Groß- oder Kleinschreibung zu achten. Wie Sie in Übung 4.1 sehen werden, akzeptiert *Excel* beide Schreibweisen als Eingabe für

Spaltenbuchstaben. Die Kleinschreibung vereinfacht jedoch die Eingabe der Spaltenbuchstaben, da Sie nur die Buchstabentaste und nicht auch noch die SHIFT-Taste betätigen müssen.

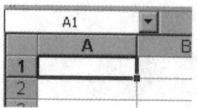

Sie können das Namenfeld dazu verwenden, den Cursor in eine beliebige Zelle auf dem Arbeitsblatt zu setzen, indem Sie die gewünschte Zelle zur aktiven Zelle machen.

Um dies zu erreichen, schreiben Sie einfach den entsprechenden Zellbezug in das Namenfeld und drücken ENTER.

Übung 4.1: Namenfeld und Zellbezüge

Führen Sie diese Übung durch, um zu lernen, wie man einen Zellbezug in das Namenfeld eingibt.

1) Klicken Sie ins Namenfeld.

2) Schreiben Sie *B2* und drücken Sie ENTER.

   Excel macht B2 zur aktiven Zelle.

Um etwas Übung zu bekommen, wiederholen Sie diese zwei Schritte noch für die Zellen D8, A3, H5 und I19.

Zahlen in Zellen eingeben

Wenn Sie etwas in eine Zelle schreiben und ENTER drücken, schaut *Excel* Ihre Eingabe an und fragt sich:

- Handelt es sich um eine Zahl?
- Handelt es sich um einen Zellbezug?
- Handelt es sich um Text?
- Handelt es sich um eine Berechnung?

Jede Art von Eingabe wird von *Excel* unterschiedlich behandelt. In dieser Lektion beschäftigen wir uns mit der Eingabe von Zahlen, Text und Zellbezügen.

Excel akzeptiert zwei Arten der Berechnung: Formeln (Sie werden sie in 4.2 kennen lernen) und Funktionen (Lektion 4.3).

Übung 4.2: Eingabe von Zahlen in eine Zelle

1) Klicken Sie in die Zelle B3, um sie zu aktivieren.

2) Schreiben Sie die Zahl *1274*.

3) Drücken Sie ENTER.

	A	B
1		
2		
3		1274
4		

	A	B
1		
2		
3		1274
4		
5		

*Warum werden Zahlen in **Excel** rechtsbündig ausgerichtet?*

In der Übung 4.1 hat *Excel* zwei Dinge getan, nachdem Sie ENTER gedrückt haben.

- Excel hat die Zahl 1274 innerhalb der Zelle B3 vom linken zum rechten Zellenrand verschoben. Bei einer Zahleneingabe geht *Excel* davon aus, dass Sie die eingegebene Zahl für eine Addition oder sonstige mathematische Operation verwenden möchten. Wenn Sie mehrere Zahlen auf ein Blatt Papier schreiben, um sie zu addieren, positionieren Sie diese auch rechtsbündig untereinander. Aus dem gleichen Grund zeigt auch *Excel* Zahlen rechtsbündig an.

- Außerdem wurde der Cursor von Zelle B3 in die darunter liegende Zelle B4 verschoben. Auch der Grund hierfür kommt aus der Zahlenlehre. *Excel* geht davon aus, dass Sie eine weitere Zahl unter der schon geschriebenen eingeben möchten.

Text in eine Zelle eingeben

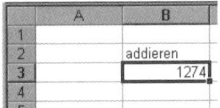

So wie Sie Zahlen in Ihr Arbeitsblatt eingeben, können Sie auch Text eingeben. Wenn Sie Text verwenden, um den Zahlen eine Zuordnung zu geben, wird Ihr Arbeitsblatt leichter lesbar und verständlicher.

Übung 4.3: Eingabe von Text in eine Zelle

1) Klicken Sie in die Zelle B2, um sie zu aktivieren.

2) Schreiben Sie *addieren*.

3) Drücken Sie ENTER.

Haben Sie bemerkt, was *Excel* gemacht hat, nachdem Sie ENTER gedrückt haben?

- Das Wort *addieren* blieb in Zelle B2 linksbündig. *Excel* richtet Schrift linksbündig und Zahlen rechtsbündig aus.

- Gleichzeitig wurde der Cursor in Zelle B3 unterhalb von B2 verschoben. *Excel* geht davon aus, dass das die nächste Zelle ist, die Sie bearbeiten möchten.

Der Text, der eine Zahl in einem Arbeitsblatt näher beschreibt, wird Beschriftung genannt.

Beschriftung

Ein Stück Text in der Zelle eines Arbeitsblatts, der Informationen über die Zahl einer benachbarten Zelle enthält, die sich in der Regel gleich darunter oder rechts davon befindet.

Eine andere Art des Zelleintrags ist der Zellbezug, also die Adresse einer anderen Zelle, mit einem vorausgehenden Gleichheitszeichen (=). Wenn Sie eine solche Eingabe machen, reproduziert *Excel* den Inhalt der anderen Zelle in der aktiven Zelle.

Übung 4.4: Einen Zellbezug in eine Zelle eingeben

Wenn Zelle B3 nicht mehr die Zahl 1274 aus Übung 4.2 beinhaltet, geben Sie die Zahl bitte wieder ein.

1) Klicken Sie in Zelle B10 und schreiben Sie =*B3* (Gleichheitszeichen gefolgt vom Zellbezug B3).

2) Drücken Sie ENTER.

Excel zeigt den gegenwärtigen Inhalt der Zelle B3 (die Zahl 1274) in B10 an.

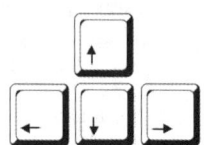

Bis jetzt haben Sie die Maus und das Namenfeld benutzt, um den Cursor auf Ihrem Arbeitsblatt zu bewegen.

Eine weitere Art, den Cursor zu bewegen, ist das Drücken der Pfeiltasten. Diese Methode ist schneller als das Bewegen mit der Maus, da Sie die Hände nicht von der Tastatur nehmen müssen.

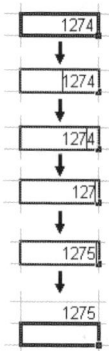

Es kann nun vorkommen, dass Sie den Inhalt einer Zelle ändern möchten. In Übung 4.5 erfahren Sie, wie das geht.

Übung 4.5: Zellinhalte bearbeiten

1) Doppelklicken Sie in Zelle B3.

Der Rahmen um die Zelle wird etwas dünner und ein blinkender Cursor wird in der Zelle angezeigt. (Die Position des blinkenden Cursors hängt von der Stelle ab, an der Sie einen Doppelklick ausgeführt haben.)

2) Verwenden Sie die Pfeiltaste, um den blinkenden Cursor links neben die *4* zu bringen.

3) Drücken Sie ENTF, um die *4* zu löschen.

4) Geben Sie *5* ein.

5) Drücken Sie ENTER.

Der Cursor wird aus der Zelle B3 in die Zelle B4 verschoben. *Excel* hat *1274* durch *1275* ersetzt. Beachten Sie, dass sich auch die Zahl in B10 geändert hat.

Abhängige Zellen

Zelle B10 ist ein Beispiel für eine abhängige Zelle. Das bedeutet, dass der Inhalt dieser Zelle vom Inhalt einer anderen abhängt. In diesem Fall ist die andere Zelle die Zelle B3.

Als der Inhalt von B3 von *1274* in *1275* geändert wurde, hat sich auch der Inhalt in B10 geändert. Das liegt daran, dass sich in B10 ein Zellbezug *=B3* befindet.

Der Inhalt in B10 ist abhängig vom Inhalt in B3

Sie werden in späteren Lektionen dieses Moduls lernen, dass die Verbindungen zwischen einzelnen Zellen die Grundlage der Tabellenkalkulation bilden.

F2: Excels Bearbeitungstaste

In Übung 4.5 haben Sie einen Doppelklick auf die Zelle B3 ausgeführt. Dadurch konnte diese Zelle bearbeitet werden. Das bedeutet, dass Sie den Cursor innerhalb der Zelle bewegen und den Inhalt ändern konnten.

Wenn eine Zelle schon aktiv ist, können Sie diese mit Hilfe der F2-Taste editierbar, d.h. bearbeitbar machen, denn F2 ist die Bearbeitungstaste von *Excel*. Das Drücken der Taste geht manchmal schneller als der Doppelklick mit der Maus.

Den Inhalt einer Zelle löschen

Möchten Sie eine Zahl, einen Text oder Zellbezug in einer Zelle löschen? In der folgenden Übung erfahren Sie, wie es geht.

Übung 4.6: Den Inhalt einer Zelle löschen

1) Setzen Sie den Cursor in Zelle B10. Diese sollte aus den Übungen 4.4 und 4.5 noch den Zellbezug *=B3* enthalten und *1275* anzeigen.

2) Drücken Sie die Rücktaste und dann die ENTER-Taste oder die ENTF-Taste.

Excel löscht den Inhalt der Zelle B10. Sie ist nun leer.

Löschen und die ENTER-Taste

Wenn Sie etwas in eine Zelle eingeben, müssen Sie ENTER drücken, um die neue Eingabe zu bestätigen. Auch wenn Sie den Inhalt einer Zelle später bearbeiten, nimmt *Excel* die Änderungen nur vor, wenn Sie mit ENTER bestätigen.

Wenn Sie den Inhalt einer Zelle löschen, müssen Sie die Löschung nicht mit ENTER bestätigen. Es genügt, wenn Sie ENTF oder die Rücktaste drücken.

Zellinhalte, aber nicht die Zelle löschen

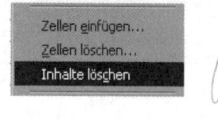

Eine andere Art, Zellinhalte zu löschen, ist mittels eines Rechtsklicks in die entsprechende Zelle. Aus dem angezeigten Kontextmenü können Sie dann INHALTE LÖSCHEN wählen.

Wählen Sie aus diesem Kontextmenü auf keinen Fall den Befehl ZELLEN LÖSCHEN. Er löscht nicht nur den Inhalt der Zelle, sondern auch die Zelle selbst aus dem Arbeitsblatt. Dadurch müssen andere Zellen ihre Position ändern, um die entstandene Lücke aufzufüllen.

Standard- und Formatsymbolleisten

Nur zwei der *Excel*-Symbolleisten sind für dieses ECDL-Modul relevant, die Standardsymbolleiste und die Formatsymbolleiste.

Die Standardsymbolleiste enthält Schaltflächen zur Steuerung von Dateien und zum Arbeiten mit Zahlen in Zellen.

Excels Standardsymbolleiste

Die Formatsymbolleiste enthält Schaltflächen, um das Erscheinungsbild von Text und Zahlen in Zellen zu verändern.

Excels Formatsymbolleiste

Statt alle diese Schaltflächen auf einmal zu erklären, werden wir sie einzeln behandeln, und zwar in der Reihenfolge, in der sie im ECDL-Modul Tabellenkalkulation vorkommen.

Das Arbeiten mit Symbolleisten

Sie können sich die verschiedenen Symbolleisten von *Excel* anzeigen oder ausblenden lassen, indem Sie ANSICHT/SYMBOLLEISTE wählen und dann die verschiedenen Symbolleisten aus dem eingeblendeten Kontextmenü durch Anklicken aktivieren bzw. deaktivieren.

Excels Funktion Rückgängig

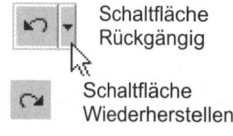

Schaltfläche Rückgängig

Schaltfläche Wiederherstellen

Haben Sie falsche Daten eingegeben oder die falsche Taste gedrückt? Kein Grund zur Panik. *Excel* ermöglicht Ihnen das Rückgängigmachen der letzten Zelleinträge und Aktionen für den Fall, dass Sie eine unerwünschte Eingabe bzw. Handlung vorgenommen haben. Um eine Zelleingabe oder Aktion rückgängig zu machen, wählen Sie BEARBEITEN/RÜCKGÄNGIG oder Sie klicken auf die Schaltfläche RÜCKGÄNGIG in der Standardsymbolleiste.

Wiederholtes Drücken der Schaltfläche RÜCKGÄNGIG macht die letzten Aktionen rückgängig. Um eine Liste der zuletzt ausgeführten Handlungen zu sehen, klicken Sie auf den Pfeil rechts neben der Schaltfläche RÜCKGÄNGIG. Wenn Sie eine Handlung rückgängig machen und dann Ihre Meinung doch wieder ändern, klicken Sie einfach auf die Schaltfläche WIEDERHERSTELLEN (rechts neben der Schaltfläche RÜCKGÄNGIG).

Übung 4.7: Gebrauch der Funktion Rückgängig

Führen Sie diese Übung durch, um sich mit der Funktion RÜCKGÄNGIG ein wenig vertraut zu machen.

1) Klicken Sie in Zelle B2 und drücken Sie ENTF.

2) Klicken Sie in Zelle B3 und drücken Sie ENTF.

Alles, was Sie in das Arbeitsblatt eingegeben hatten, ist jetzt gelöscht. Über die Funktion RÜCKGÄNGIG können Sie Ihre zwei Löschvorgänge wieder rückgängig machen.

3) Klicken Sie auf die Schaltfläche RÜCKGÄNGIG.

   Dadurch wird die letzte Aktion (Schritt 2 oben) wieder rückgängig gemacht. B3 enthält nun wieder die Zahl 1275.

4) Klicken Sie noch einmal auf die Schaltfläche RÜCKGÄNGIG.

   Dadurch wird die letzte Aktion (Schritt 1 oben) wieder rückgängig gemacht. B2 enthält nun wieder das Wort *addieren*.

Mit Excel-Arbeitsmappen arbeiten

Eine *Excel*-Arbeitsmappe ist ganz einfach eine Datei, die eine Sammlung von Arbeitsblättern enthält. Die Dateinamen von *Excel*-Arbeitsmappen haben die Erweiterung .xls. Das hilft Ihnen, *Excel*-Dateien von anderen zu unterscheiden, z.B. von *Word*-Dateien (Erweiterung .doc).

Ihre Arbeitsmappe speichern

 Schaltfläche Speichern

Speichern Sie in *Excel*, wie auch in allen anderen Programmen, Ihre Dateien während der Arbeit. Warten Sie nicht, bis Sie mit der Arbeit fertig sind. Um eine Arbeitsmappe zu speichern, wählen Sie DATEI/SPEICHERN oder Sie klicken auf die Schaltfläche SPEICHERN in der Standardsymbolleiste.

Wenn Sie eine Arbeitsmappe zum ersten Mal speichern, werden Sie von *Excel* aufgefordert, ihr einen Namen zu geben. Übung 4.8 zeigt Ihnen, wie das funktioniert.

Übung 4.8: Eine neue Arbeitsmappe speichern und benennen

1) *Tabelle1* in Ihrer Arbeitsmappe sollte in Zelle B2 immer noch das Wort *addieren* und in Zelle B3 die Zahl *1275* enthalten.

   Falls das nicht der Fall ist, geben Sie diese Daten bitte ein.

2) Wählen Sie DATEI/SPEICHERN **oder klicken Sie auf die Schaltfläche** SPEICHERN in der Standardsymbolleiste. *Excel* blendet ein Dialogfenster mit zwei Feldern ein, ähnlich der Abbildung.

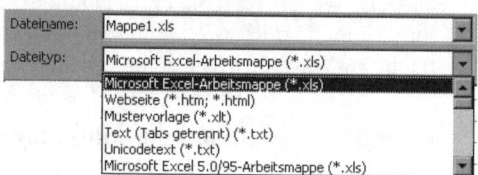

3) Standardmäßig nennt *Excel* die erste Arbeitsmappe, die Sie öffnen und speichern, *Mappe1*. Ersetzen Sie *Mappe1* durch einen Dateinamen, den Sie gut behalten können, z.B. Ihren Namen, und klicken Sie dann auf die Schaltfläche SPEICHERN.

Excel hängt dem Dateinamen automatisch die Dateinamenerweiterung .xls an, sie muss also nicht eingegeben werden.

Eine neue Arbeitsmappe erstellen

Schaltfläche Neu

Um eine neue Arbeitsmappe zu erstellen, wählen Sie DATEI/NEU oder klicken Sie auf die Schaltfläche NEU in der Standardsymbolleiste.

Eine schon vorhandene Arbeitsmappe öffnen

Schaltfläche Öffnen

Um eine schon vorhandene Arbeitsmappe zu öffnen, wählen Sie DATEI/ ÖFFNEN oder klicken Sie auf die Schaltfläche ÖFFNEN in der Standardsymbolleiste. Wählen Sie die entsprechende Datei aus dem Dialogfeld aus.

Eine Arbeitsmappe schließen

Um eine Arbeitsmappe zu schließen, wählen Sie DATEI/SCHLIESSEN oder klicken Sie auf das Schließenfeld im Arbeitsmappenfenster.

Schließfeld Arbeitsmappe

Wenn Sie seit dem letzten Speichern Änderungen in Ihrer Arbeitsmappe vorgenommen haben, werden Sie von *Excel* aufgefordert, diese zu speichern, bevor Sie die Datei schließen.

Übung 4.9: Schließen und wieder Öffnen einer gespeicherten Arbeitsmappe

In dieser Übung schließen und öffnen Sie die in Übung 4.8 gespeicherte Arbeitsmappe.

1) Wählen Sie DATEI/SCHLIESSEN oder klicken Sie auf das Schließenfeld rechts oben im Fenster der Arbeitsmappe.

2) Wählen Sie DATEI/ÖFFNEN oder klicken Sie auf die Schaltfläche ÖFFNEN in der Standardsymbolleiste. Ein Dialogfeld wird angezeigt. Wählen Sie Ihre Arbeitsmappe aus und öffnen Sie sie.

Excel beenden

Um *Excel* zu beenden, wählen Sie DATEI/BEENDEN oder klicken Sie auf das Schließenfeld im *Excel*-Fenster.

Schließfeld
Excel

Online-Hilfe

Wie *Word*, *Access*, *PowerPoint* und andere *Microsoft*-Anwendungen bietet auch *Excel* eine Online-Hilfe an, die Sie nach Themen durchsuchen können.

• Das Wort *Hilfe* in Online-Hilfe bedeutet, dass Informationen vorliegen, die Sie dabei unterstützen, *Excel* zu verstehen und zu benutzen.

• Das Wort *Online* bedeutet, dass die Information auf dem Bildschirm verfügbar ist, statt auf Papier.

Sie können die Online-Hilfe auf zwei Arten lesen. Entweder über das Menü ? oder über Dialogfelder.

Optionen im Menü Hilfe verwenden

Wählen Sie ?/MICROSOFT EXCEL-HILFE, um die drei Register des Dialogfeldes *Hilfe* angezeigt zu bekommen. Sie werden hier näher erklärt.

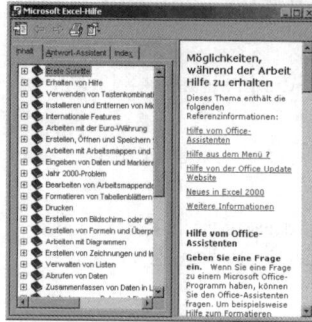 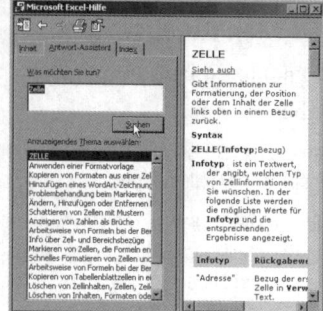 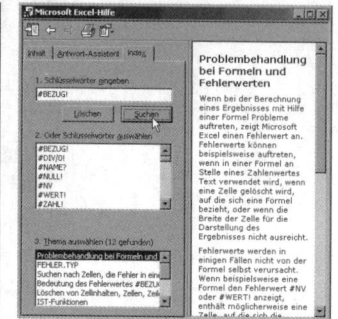

Register *Inhalt*

Dieses Register bietet Ihnen eine kurze Beschreibung der Hauptmerkmale von *Excel*.

🕮 Wo Sie ein Buchsymbol sehen, doppelklicken Sie darauf, damit Ihnen die damit verwandten Themen angezeigt werden.

[?] Doppelklicken Sie auf ein Fragezeichen, um den Hilfetext zu lesen.

🔲 Klicken Sie auf einen Pfeil, damit *Excel* Ihnen zeigt, wie Sie eine bestimmte Aktion ausführen können.

🔲 Klicken Sie auf einen Doppelpfeil, um eine *Schritt für Schritt-Anleitung* zu erhalten.

Register *Index*

Das hier angezeigte Material können Sie wie das Schlagwortregister eines gedruckten Buchs lesen bzw. verwenden.

Geben Sie die ersten Buchstaben eines Wortes (oder Satzes) ein, das für Sie interessant ist.

Excel zeigt gefundene Übereinstimmungen mit der Online-Hilfe im unteren Teil des Dialogfelds an.

Wenn Sie den gesuchten Eintrag gefunden haben, klicken Sie auf die Schaltfläche ANZEIGEN.

Register *Antwort-Assistent*

Sie können das Wort oder Thema, das Sie suchen, nicht über das Register *Inhalt oder Index* finden? Dann versuchen Sie es hier.

Wenn Sie ein Wort oder einen Satz schreiben und auf die Schaltfläche SUCHEN klicken, führt *Excel* eine Suche durch, die bis in die Tiefen der Online-Hilfe vordringt.

Excel zeigt auch einige verwandte Wörter an, um Ihnen das Eingrenzen der Suche zu erleichtern.

Wenn Sie das gesuchte Element bzw. Thema, gefunden haben, führen Sie einen einfachen Klick darauf aus. Die Information zu diesem Thema wird dann im rechten Bereich des Fensters angezeigt.

Während Sie die Online-Hilfe lesen bzw. durchsuchen, sehen Sie die folgenden Schaltflächen am oberen Rand des Online-Hilfe-Fensters.

- **Ausblenden/Einblenden:** Blendet den linken Fensterausschnitt des Dialogfelds Online-Hilfe ein oder aus.

- **Zurück/Vorwärts:** Führt Sie vorwärts und rückwärts durch vorher schon besuchte Hilfethemen.

- **Drucken:** Druckt das ausgewählte Thema.

- **Optionen:** Bietet einige Optionen zur Ansicht und ermöglicht das Drucken gerader angezeigter Online-Hilfe-Texte.

Online-Hilfe im Dialogfeld anwenden

Sie können direkt über ein Dialogfeld auf die Online-Hilfe zugreifen. In Übung 4.10 erfahren Sie, wie das funktioniert.

Übung 4.10: Die Online-Hilfe in einem Dialogfenster verwenden

1) Wählen Sie ANSICHT/ZOOM. Das Dialogfeld *Zoom* wird eingeblendet.

2) Klicken Sie auf das Fragezeichen oben rechts im Dialogfeld. *Excel* zeigt ein Fragezeichen rechts neben dem Cursor an.

3) Bewegen Sie die Maus nach links unten und klicken Sie auf die Option *Benutzerdefiniert*.

   Excel blendet einen Online-Hilfetext ein, der Ihnen Informationen über die Option *Benutzerdefiniert* gibt.

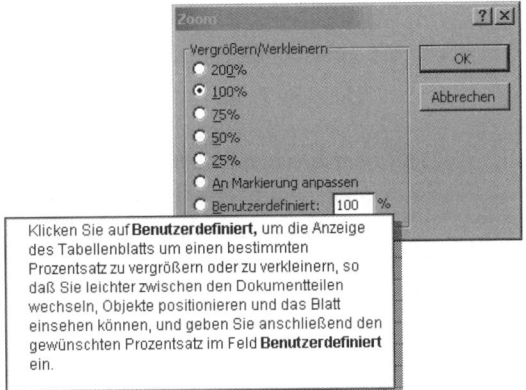

Führen Sie diese Übung auch mit anderen Dialogfeldern durch.

Wenn Sie fertig sind, können Sie Ihre Arbeitsmappe schließen und *Excel* beenden. Sie haben die Lektion 4.1 des ECDL-Moduls Tabellenkalkulation beendet.

Eine *Excel*-Arbeitsmappe ist eine Datei, die Tabellen enthält, die von *Excel* als Arbeitsblätter bezeichnet werden. Die Dateinamenerweiterung für Arbeitsmappen ist *.xls*.

Ein Arbeitsblatt besteht aus Zellen, die in Spalten und Zeilen angeordnet sind. Jede Zelle hat einen eindeutigen Zellbezug, der aus dem Spaltenbuchstaben und der Zeilennummer besteht, z.B. B3 oder G47.

Es kann immer nur eine Zelle aktiv sein. Sie aktivieren eine Zelle, indem Sie den Cursor in die entsprechende Zelle setzen. Sie können dazu die Maus, die Pfeiltasten oder das Namenfeld verwenden.

Sie können eine Zahl, Text (Beschriftung) oder einen Zellbezug in jede beliebige Zelle eingeben. Drücken Sie ENTER, um Ihre Eingabe zu bestätigen. Text wird in *Excel* linksbündig, eine Zahl hingegen rechtsbündig ausgerichtet.

Um eine Zelle zu bearbeiten, müssen Sie sie zur Bearbeitung bereit machen. Dies geschieht durch einen Doppelklick mit der Maus in die entsprechende Zelle. Wahlweise können Sie auch eine Zelle aktivieren und dann *Excel*s Bearbeitungstaste F2 drücken.

Sie können den Inhalt einer aktiven Zelle (aber nicht die Zelle selbst) löschen, indem Sie ENTF oder die Rücktaste und dann ENTER verwenden.

*Excel*s Funktion RÜCKGÄNGIG ermöglicht es Ihnen, kürzlich vorgenommene Handlungen wieder rückgängig zu machen, falls diese zu einem unerwünschten Ergebnis geführt haben. Die Schaltfläche für diese Funktion finden Sie in der Standardsymbolleiste.

Sie können die verschiedenen Symbolleisten in *Excel* anzeigen oder ausblenden lassen. Die zwei am häufigsten verwendeten Symbolleisten sind die Standardsymbolleiste und die Formatsymbolleiste.

Auf die Online-Hilfe in *Excel* kann über das Menü HILFE oder über einzelne Dialogfelder zugegriffen werden. Sie stellt Ihnen einen umfassenden Führer zu Funktionen und Abläufen des Programms zur Verfügung.

Lektion 4.2: Arithmetik mit Excel

Zu dieser Lektion

In Lektion 4.1 haben Sie die Bezeichnungen der wichtigsten Bestandteile eines *Excel*-Arbeitsblatts kennen gelernt und einfache Operationen, wie die Eingabe von Zahlen, Text und Zellbezügen, vorgenommen.

Sie verfügen also jetzt über die nötigen Grundlagen, um in dieser Lektion der wahren Leistungsstärke von *Excel* auf den Grund zu gehen.

Sie werden rasch erkennen, warum Leute wie Buchhalter, Statistiker, Ingenieure und Projektmanager, die viel mit Zahlen arbeiten, sich auf eine Tabellenkalkulation verlassen; sie führt langwierige Berechnungen schnell, einfach und präzise aus.

In den praktischen Übungen werden Sie weniger als ein Dutzend Zahlen verwenden. Aber diese einfachen Beispiele unterscheiden sich nur in ihrer Größe von mehrseitigen Finanzberichten großer Firmen. Vom Grundsatz her stellen Sie das Gleiche dar. Lernen Sie hier in Lektion 4.2 die Grundlagen und Sie werden nie wieder auf eine Datenmenge stoßen, die zu umfangreich oder kompliziert scheint, um nicht, dank Ihrer Fähigkeiten bezüglich Tabellenkalkulation, von Ihnen bewältigt werden zu können.

Neue Fähigkeiten

Am Ende dieser Lektion sollten Sie in der Lage sein,

- zu erklären, was eine *Excel*-Formel ist und ihre Komponenten zu nennen,

- *Excel*-Formeln zur Addition, Subtraktion, Multiplikation und Division zu verwenden,

- mathematische Gesetze auf Berechnungen in *Excel* anzuwenden,

- die Fehlermeldungen in *Excel* zu verstehen,

- die Zoom-Funktion in *Excel* zu benutzen, um die Anzeige eines Arbeitsblatts zu vergrößern oder zu verkleinern,

- eine Arbeitsmappe auf Diskette zu speichern.

Neue Wörter

Am Ende dieser Lektion sollten Sie in der Lage sein, die folgenden Begriffe zu erklären:

- Formel

- Operator

- Argument

- nicht-zusammenhängende Zellen

- berechnete Zelle

- Konstante

In Lektion 4.1 haben Sie gelernt, Zahlen, Text und Zellbezüge in Zellen eines Arbeitsblatts einzugeben. Nun wird es Zeit, eine vierte Art der Eingabe kennen zu lernen: eine Berechnung.

Berechnungen sind normalerweise der Grund dafür, dass Sie Zahlen in Zellen eingeben. Und mit Berechnungen sind wir auch schon beim Rechnen. Sie können Ihre eingegebenen Zahlen addieren, subtrahieren, multiplizieren und dividieren.

Excel akzeptiert zwei Arten von Berechnungen: Formeln und Funktionen. In Lektion 4.2 lernen Sie, wie man Berechnungen anhand von Formeln vornimmt. In Lektion 4.3 widmen wir uns dann den Funktionen.

Übung 4.11: Zwei Zahlen mit einer Excel-Formel addieren

1) Öffnen Sie die Arbeitsmappe, die Sie in Übung 4.8 gespeichert haben. Wenn die Zellen B2 und B3 nicht das Wort *addieren* und die Zahl *1275* enthalten, geben Sie diese Daten jetzt bitte ein.

2) Klicken Sie auf B4 und schreiben Sie die Zahl *25*.

3) Drücken Sie ENTER.

4) Klicken Sie in Zelle B5 und schreiben Sie =*B3+B4*.

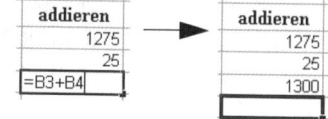

5) Drücken Sie ENTER.

In B5 zeigt *Excel* nun die Summe des Inhalts der beiden Zellen B3 und B4 an.

Glückwunsch! Sie haben gerade Ihre erste Berechnung in *Excel* durchgeführt.

Den beiden Begriffen Formel und Argument werden Sie noch häufiger begegnen, während Sie sich mit Tabellenkalkulation beschäftigen. Es ist daher sehr wichtig, dass Sie diese Wörter verstehen und auch wissen, was sie bedeuten.

Formel

Eine Gleichung, die Operationen wie Addition, Subtraktion, Multiplikation und Division an Daten vornimmt, die in einem Arbeitsblatt gespeichert sind.

In Übung 4.11 war die verwendete Formel =B3+B4. Folgendes sollten Sie sich bezüglich Formeln merken:

• Schreiben Sie immer ein Gleichheitszeichen (=) vor die Formel.

• Drücken Sie immer ENTER, um Ihre Formel zu bestätigen.

Die Komponenten, aus denen eine Formel besteht, nennt man Argumente. In der Formel =B3+B4 sind die Argumente B3 und B4. Beides sind Zellbezüge. Sie werden sehen, dass man auch Zahlen als Argumente benutzen kann.

Lassen Sie uns nun drei weitere mathematische Berechnungen mit *Excel*-Formeln durchführen: Subtraktion, Multiplikation und Division.

Übung 4.12: Subtraktion mit Excel

1) Geben Sie in Zelle D2 das Wort *Subtrahieren* ein. (Schreiben Sie das Wort und drücken Sie dann ENTER.)

2) Geben Sie in Zelle D3 die Zahl *1275* ein. (Schreiben Sie die Zahl und drücken Sie ENTER.)

3) Geben Sie in Zelle D4 die Zahl *25* ein.

4) Geben Sie in Zelle D5 folgende Formel ein:

=D3-D4 (Schreiben Sie die Formel und drücken Sie dann ENTER.)

D5 zeigt Ihnen nun das Ergebnis der Subtraktion des Inhalts der Zelle D4 von D3 an.

D
subtrahieren
1275
25
1250

Übung 4.13: Multiplizieren mit Excel

1) Geben Sie in Zelle F2 das Wort *Multiplizieren* ein.

2) Geben Sie in Zelle F3 die Zahl *1275* ein.

3) Geben Sie in Zelle F4 die Zahl *25* ein.

4) Geben Sie in Zelle F5 folgende Formel ein:

=F3*F4

Excel zeigt in F5 das Ergebnis der Multiplikation der Inhalte von F3 und F4 an.

E
multiplizieren
1275
25
31875

Übung 4.14: Dividieren mit Excel

1) Geben Sie in Zelle H2 das Wort *Dividieren* ein.

2) Geben Sie in Zelle H3 die Zahl *1275* ein.

3) Geben Sie in Zelle H4 die Zahl *25* ein.

4) Geben Sie in Zelle H5 folgende Formel ein:

=H3/H4

Excel zeigt in H5 das Ergebnis der Division der Inhalte von H3 und H4 an.

G
dividieren
1275
25
51

In den Übungen 4.11 bis 4.14 haben die Zellen B3 und B4, D3 und D4, F3 und F4 und H3 und H4 etwas gemeinsam:

- Sie enthalten Zahlen und
- sie zeigen Zahlen an.

Die Zellen B5, D5, F5 und H5 hingegen enthalten eine Sache (eine Formel), zeigen aber etwas anderes (eine Zahl) an. Sie sind Beispiele berechneter Zellen.

Berechnete Zellen

Eine Zelle, die eine Berechnung enthält, aber nur das Ergebnis dieser Berechnung anzeigt.

Betrachten Sie eine berechnete Zelle als eine Art Antwortzelle.

Neben den Argumenten stellen Operatoren eine weitere Komponente in Formeln dar.

Operatoren

Symbole bzw. Zeichen, welche die Art der Berechnung bestimmen, die auf die Argumente einer Formel angewendet werden soll. Die vier wichtigsten arithmetischen Operatoren in Excel sind +, -, * und /.

Excel bietet noch weitere kompliziertere Operatoren an, die aber über die Lernziele des ECDL weit hinausgehen.

Die Addition von Zahlen, die vertikal oder horizontal in einer Liste angeordnet sind, ist die am häufigsten verwendete mathematische Operation in einer Tabelle. In den Übungen 4.15 und 4.16 finden Sie für beides ein Beispiel.

8	1234
9	4532
10	5693
11	3512
12	239
13 Summe	15210
14	

Übung 4.15: Addieren einer vertikalen Zahlenliste

1) In die Zellen B8, B9, B10, B11 und B12 geben Sie nacheinander die Zahlen *1234, 4532, 5693, 3512* und *239* ein.

2) Geben Sie in Zelle A13 das Wort *Summe* ein.

3) Geben Sie in Zelle B13 folgende Formel ein:

=B8+B9+B10+B11+B12

In Zelle B13 zeigt *Excel* das Summenergebnis der ausgewählten Zellen an.

Übung 4.16: Addieren einer horizontalen Zahlenliste

1) Geben Sie in die Zellen B16, C16, D16, E16 und F16 die Zahlen *1234*, *4532*, *5693*, *3512* und *239* ein (die gleichen Zahlen wie in Übung 4.15).

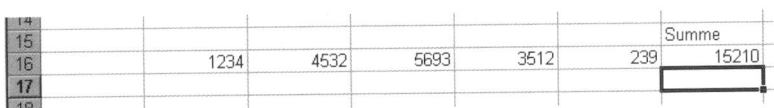

2) Geben Sie in Zelle G15 das Wort *Summe* ein.

3) Geben Sie in Zelle G16 folgende Formel ein:

=B16+C16+D16+E16+F16

In Zelle G16 zeigt *Excel* das Summenergebnis der ausgewählten Zellen an.

Addieren von nicht zusammenhängenden Zellen

Excel kann aber auch Zellen addieren, die nicht ordentlich neben- oder übereinander angeordnet sind. Wie das geht, erfahren Sie in Übung 4.17. Zellen, die nicht direkt neben- bzw. untereinander liegen, werden nicht-zusammenhängende Zellen genannt.

Übung 4.17: Addieren von nicht-zusammenhängenden Zellen

Geben Sie die folgenden Zahlen ein:

1) *1234* in B20, *4532* in C22, *5693* in D21, *3512* in E19 und *239* in F20 (die gleichen Zahlen, wie in den Übungen 4.15 und 4.16).

2) Geben Sie in Zelle G19 das Wort *Summe* ein.

3) Geben Sie in Zelle G20 folgende Formel ein:

=B20+C22+D21+E19+F20

				3512	Summe	
1234					239	15210
		5693				
	4532					

In Zelle G20 zeigt *Excel* das Summenergebnis der ausgewählten Zellen an.

Nicht zusammenhängende Zellen

Zellen, die nicht direkt neben-, über- oder untereinander liegen.

Formeln bearbeiten

In Übung 4.5 der Lektion 4.1 haben Sie gelernt, wie man Zahlen in einer Zelle bearbeitet. Sie können aber auch Formeln bearbeiten. Wie das geht, erfahren Sie in Übung 4.18.

Übung 4.18: Eine Formel bearbeiten

1) Doppelklicken Sie auf G20. (Alternativ können Sie den Cursor auch über die Pfeiltasten in die Zelle bringen und dann die F2-Taste drücken.)

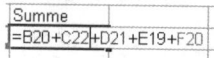

Summe
=B20+C22+D21+E19+F20

2) Löschen Sie mit der Rücktaste oder ENTF das Argument *F20* und das davor stehende Pluszeichen (+) aus der Formel.

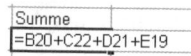

Summe
=B20+C22+D21+E19

3) Wenn Sie damit fertig sind, drücken Sie ENTER.

Excel zeigt nun in G20 nur die Summe von B20, C22, D21 und E19 an.

Mehrere Operatoren verwenden

Sie können auch mehr als nur einen Operator in eine Zelle eingeben. In Übung 4.19 geben Sie eine Formel ein, die jeweils einen Operator zur Addition und zur Subtraktion beinhaltet.

Übung 4.19: Formeln mit mehreren Operatoren

Ihre Firma stellt vier Produkte her. Diese Produkte haben fixe Kosten, variable Kosten, Preisnachlässe und Preise, wie in der Abbildung aufgeführt.

	A	B	C	D	E	F	G	H
24								
25		Name	Fest	Variabel	Summe	Nachlass	Preis	Gewinn
26		Produkt 1	12	2		2	21	
27		Produkt 2	34	6		8	56	
28		Produkt 3	56	28		12	112	
29		Produkt 4	127	92		19	290	

Ihr Aufgabe ist es nun, eine Formel einzugeben, um die Gesamtkosten für jedes einzelne Produkt und den Gewinn an jedem Produkt zu ermitteln.

1) Geben Sie die Zahlen und den Text wie oben abgebildet ein.

2) Geben Sie, wie rechts angezeigt, die Formeln in die Zellen E26, E27, E28 und E29 ein.

   Wenn Sie nun nach der Eingabe der Formel ENTER drücken, zeigt *Excel* das berechnete Ergebnis an.

E		E
Summe		Summe
=C26+D26		14
=C27+D27	→	40
=C28+D28		84
=C29+D29		219

3) Geben Sie, wie rechts angezeigt, die Formeln in die Zellen H26, H27, H28 und H29 ein.

   Wenn Sie nun nach der Eingabe der Formel ENTER drücken, zeigt *Excel* das berechnete Ergebnis an.

H		H
Gewinn		Gewinn
=G26-(E26+F26)	→	5
=G27-(E27+F27)		8
=G28-(E28+F28)		16
=G29-(E29+F29)		52

Das Ergebnis gibt den Gewinn für jedes Produkt an: den Produktpreis minus der Gesamtkosten und des Preisnachlasses.

Formeln: Konstanten verwenden

Formeln in *Excel* können Zahlen statt (oder auch) Zellbezüge beinhalten. In *Excel* heißen diese Zahlen *Konstanten*.

Konstante

Ein Argument in einer Formel, das aus einer festgelegten Zahl besteht.

Hier ein paar Beispiele für Formeln, die sowohl Zellbezüge als auch Konstanten beinhalten.

=26*109

=45*(A12+3)

=B2/100-B3/50

Sie können sogar Formeln eingeben, die nur Konstanten und keine Zellbezüge beinhalten. Wir zeigen Ihnen das in Übung 4.20.

Übung 4.20: Eingabe von Formeln, die nur Konstanten beinhalten

Geben Sie Folgendes in Zelle B32 ein:

1) *=32/4*

   Excel gibt in B32 das Ergebnis (*8*) an.

Excel ermöglicht es Ihnen, Addition, Subtraktion, Multiplikation und Division in einer einzigen Formel gemeinsam zu verwenden. Ein Beispiel:

=C5*(A4+A7)-(C4/C7)

Excel folgt dabei den mathematischen Gesetzen zur Berechnung solcher Formeln.

- Dabei werden die Operationen in einer bestimmten Reihenfolge ausgeführt: Division, Multiplikation, Addition und Subtraktion.

  Die folgende Formel erzeugt z.B. das Ergebnis 11, weil zuerst 2 mit 3 multipliziert (ergibt 6) und dann 5 addiert wird.

  =5+2*3

- Sie können aber auch Klammern ( ) verwenden, um eine bestimmte Reihenfolge der Berechnungen innerhalb einer Formel zu erzwingen.

  Die folgende Formel erzeugt z.B. das Ergebnis 21, weil *Excel* zuerst 5 und 2 addiert (weil die Zahlen in Klammern stehen) und dann das Ergebnis mit 3 multipliziert.

  =(5+2)*3

  Stellen Sie sicher, dass Sie den Gebrauch einer öffnenden Klammer immer mit einer entsprechenden schließenden Klammer abschließen.

Wenn Sie Schwierigkeiten haben, das zu behalten, hier eine Kostprobe:

= (A1+A2)*B1

hat ein anderes Ergebnis zur Folge als

= A1+(A2*B1)

In einigen Berechnungen müssen Sie die gleiche Zahl oder den gleichen Faktor mehrmals auf unterschiedliche Zahlen anwenden. Der feste Faktor kann z.B. der Wechselkurs einer Devise, ein bestimmter Steuersatz oder ein festgelegter Provisionssatz sein.

Am besten setzt man solche festen Faktoren in eine eigene Zelle und gibt bei Bedarf den Zellbezug in die Formel mit ein. Übung 4.21 enthält ein Beispiel.

Übung 4.21: Verkaufsprovisions- und Steuerberechnungen

In Ihrer Firma sind vier Vertreter beschäftigt. Bernd, Hans, Eva und Heike. Zusätzlich zum Grundgehalt erhält jeder eine Provision von 20% auf verkaufte Ware. Alle haben einen Steuersatz von 15%.

Sie können nun anhand der unten im Bild angezeigten Daten eine *Excel*-Formel benutzen, um das Nettogehalt jedes einzelnen zu errechnen.

	B	C	D	E	F	G	H
34							
35	Provision		0,2				
36	Steuersatz		0,15				
37							
38							
39	Person	Grundgehalt	Verkauf	Provision	Brutto	Steuer	Netto
40	Bernd	1200	3000				
41	Hans	1300	3100				
42	Eva	1600	3500				
43	Heike	1700	3800				

1) Geben Sie die Zahlen und den Text wie oben abgebildet ein. Geben Sie 20% als ,2 und 15% als ,15 ein. *Excel* zeigt die eingegebenen Zahlen als 0,2 und 0,15 an.

2) Um die Provision, das Bruttoeinkommen, die Steuerzahlungen und das Nettogehalt jedes einzelnen zu berechnen, geben Sie bitte die Formeln wie unten in der Abbildung ein.

E	F	G	H
Provision	Brutto	Steuer	Netto
=D40*D35	=C40+E40	=F40*D36	=F40-G40
=D41*D35	=C41+E41	=F41*D36	=F41-G41
=D42*D35	=C42+E42	=F42*D36	=F42-G42
=D43*D35	=C43+E43	=F43*D36	=F43-G43

Wenn Sie nun nach der Eingabe der Formel ENTER drücken, zeigt *Excel* das berechnete Ergebnis an.

E	F	G	H
Provision	Brutto	Steuer	Netto
600	1800	270	1530
620	1920	288	1632
700	2300	345	1955
760	2460	369	2091

Übung 4.22 liefert Ihnen ein Beispiel zur Währungsumrechnung, eine andere Art der Berechnung mit festen Faktoren.

Übung 4.22: Währungsumrechnung

Ihre Firma verkauft fünf verschiedene Produkte, mit Preisen zu je €
100, € 150, € 200, € 250 und € 300 in die USA und nach Japan. Der
Umrechnungskurs des Dollar liegt bei 0,87 und der des Yen bei 116,28.

Die Aufgabe besteht nun darin, eine Tabelle zu erstellen, in der die
Preise der unterschiedlichen Produkte in €, Dollar und Yen angegeben
sind.

1) Geben Sie nun die Beschriftung und Zahlen wie unten angegeben ein.

	B	C	D
45			
46	1 Euro	0,87	USD
47	1 Euro	116,28	JPY
48			
49	Euro	Dollar	Yen
50	100		
51	150		
52	200		
53	250		
54	300		
55			

2) In die Zellen C50 bis C54 geben Sie die Formel zur Berechnung des Dollarpreises
für jedes Produkt ein. Hierzu müssen Sie den €-Preis eines Produkts mit dem
Wechselkurs in Zelle C46 multiplizieren

In die Zellen D50 bis D54 geben Sie die Formel zur Berechnung des Preises in Yen für
jedes Produkt ein. Hierzu müssen Sie den €-Preis eines Produkts mit dem Wechselkurs
in Zelle C47 multiplizieren

Dollar	Yen
=B50*C46	=B50*C47
=B51*C46	=B51*C47
=B52*C46	=B52*C47
=B53*C46	=B53*C47
=B54*C46	=B54*C47

Die entsprechenden Formeln sehen Sie rechts
im Bild.

Wenn Sie nun nach der Eingabe der Formel ENTER drücken, zeigt *Excel* das
berechnete Ergebnis an.

	B	C	D
45			
46	1 Euro	0,87	USD
47	1 Euro	116,28	JPY
48			
49	Euro	Dollar	Yen
50	100	87	11628
51	150	131	17442
52	200	174	23256
53	250	218	29070
54	300	261	34884

In den Übungen 4.11 bis 4.22 haben Sie gelernt, wie Sie Ihren *1000 €* teuren Computer als 5-€-Taschenrechner verwenden können. Sie führten Berechnungen mit einer Handvoll Zahlen durch. Aber sicherlich können Sie sich nun auch vorstellen, wie Sie die gleichen Methoden anwenden, um Hunderte, ja sogar Tausende von Zahlen in Ihrem Arbeitsblatt aufzuzeichnen und zu berechnen.

Die Leistungsstärke und der Vorteil eines Arbeitsblatts liegen nicht so sehr in der Fähigkeit, Berechungen erstellen zu können, sondern vielmehr darin, diese Berechnungen neu berechnen zu können. *Excel* berechnet das Ergebnis einer Addition (oder jeder anderen Operation) neu, sobald Zahlen, die diese Berechnung beinhaltet, verändert werden.

Probieren wir dies einfach einmal aus.

Übung 4.23: Eine Addition neu berechnen

In Übung 4.11 haben Sie die Zahl 25 in die Zelle B4 geschrieben.

1) Klicken Sie in B4, geben Sie *52* ein und drücken Sie ENTER.

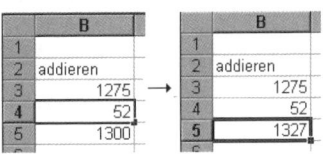

Sie werden bemerken, dass *Excel* B5 (die Antwortzelle) neu berechnet hat und ein neues Ergebnis anzeigt.

In dieser Übung waren es nur zwei Zahlen, die eingegeben wurden. Aber es könnten leicht auch hundert oder mehr sein.

Übung 4.24: Eine Multiplikation neu berechnen

In Übung 4.22 haben Sie den Umtauschkurs von 0,87 €/Dollar in Zelle C46 und eine Rate von 116,28 €/Yen in Zelle C47 eingegeben.

1) Klicken Sie in C46, geben Sie *0,85* ein und drücken Sie ENTER.

2) Klicken Sie in C47, geben Sie *115,38* ein und drücken Sie ENTER.

Sie werden sehen, dass *Excel* die Währungsbeträge für alle fünf Produkte neu berechnet (siehe unten).

	B	C	D
45			
46	1 Euro	0,85	USD
47	1 Euro	115,38	JPY
48			
49	Euro	Dollar	Yen
50	100	85	11538
51	150	128	17307
52	200	170	23076
53	250	213	28845
54	300	255	34614

Stellen Sie sich einfach einmal vor, dass *Excel* die Preise von Hunderten von Produkten neu berechnet. Dann bekommen Sie eine Vorstellung von der Leistungsfähigkeit von Tabellen bzw. Arbeitsblättern und lernen sie zu schätzen.

Um noch ein wenig zu üben, gehen Sie zurück zu Übung 4.21 und ändern Sie die Provisionsrate (D35) und den Steuersatz (D36). Schauen Sie sich dann an, welche Auswirkungen das auf die Spalten Provision, Bruttogehalt und Nettogehalt hat.

Fehlermeldungen: Wenn was nicht stimmt

Wenn eine Formel ein Ergebnis nicht korrekt berechnen kann, zeigt *Excel* eine Fehlermeldung in der zu berechnenden Zelle an. Die Fehlermeldung verrät die Art des aufgetretenen Fehlers. Im Folgenden sehen Sie die wichtigsten Fehlermeldungen, denen Sie im Rahmen des ECDL-Moduls eventuell begegnen könnten.

#####

Ihre Zelle enthält eine Zahl oder ein Berechnungsergebnis, das zu lang ist, um in der Zelle angezeigt zu werden. Das ist aber nicht wirklich ein Fehler. *Excel* hat zwar die richtige Information, kann sie aber nicht anzeigen. Mehr über das Anpassen von Spaltenbreiten erfahren Sie in Lektion 4.3.

Wert!

Ihre Formel enthält Text (oder einen Zellbezug, der auf eine Zelle verweist, die Text beinhaltet). Bearbeiten Sie die Formel, um das Problem zu beheben.

#DIV./.0!

Sie haben versucht, eine Zahl durch Null zu teilen, oder Ihr Divisor ist ein Zellbezug, der auf eine Zelle verweist, die eine Null enthält.

Die gleiche Fehlermeldung wir Ihnen angezeigt, wenn Sie versuchen, eine Zahl durch einen Zellbezug zu teilen, der auf eine leere Zelle verweist. Eine leere Zelle wird von *Excel* als Null interpretiert.

#BEZUG

Diese Fehlermeldung wird normalerweise angezeigt, wenn Ihre Zelle einen Zellbezug beinhaltet, der auf eine gelöschte Zelle verweist.

Die Zoom-Ansicht in Excel

Die Zoom-Funktion in *Excel* ermöglicht es, die Anzeige des Arbeitsblatts zu vergrößern oder zu verkleinern. Sie können Zoom auf zweierlei Arten verwenden:

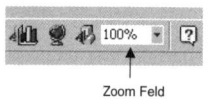

Zoom Feld

- Klicken Sie in das Zoom-Kästchen in der Standardsymbolleiste, geben Sie dann eine Zahl zwischen *10* und *400* ein und drücken Sie ENTER. (Das Prozentzeichen (%) brauchen Sie nicht zu schreiben.)

- Wählen Sie Ansicht/Zoom und entscheiden Sie sich für einen der Werte im Dialogfeld.

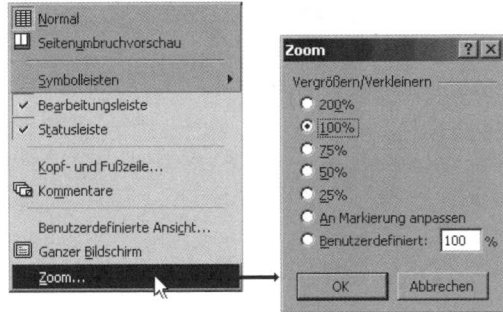

Sie können eine voreingestellte (25–200%) Option wählen oder
Benutzerdefiniert anklicken und einen Wert von 10 bis 400 eingeben.
Wahlweise können Sie auch die Option *An Markierung anpassen*
wählen. Durch diesen Befehl verkleinern bzw. vergrößern Sie die
Umgebung der aktiven Zelle oder mehrere ausgewählte Zellen, so dass
die Zelle bzw. Zellen fast den gesamten Bildschirm einnehmen. (In
Lektion 4.3 werden Sie noch mehr über den Bereich mehrerer ausge-
wählter Zellen erfahren.)

Um von einer Zoom-Ansicht wieder in eine normale Ansicht zu gelangen, wählen Sie als Zoomfaktor 100% oder klicken Sie einfach auf die
Schaltfläche RÜCKGÄNGIG.

Zoom und Drucken

Die Zoom-Funktion wirkt sich nur auf die Art der Anzeige eines
Arbeitsblatts oder einer Arbeitsmappe in *Excel* aus. Sie hat keinen Einfluss auf den Ausdruck eines Arbeitsblatts. In Lektion 4.3 erfahren Sie,
wie Sie ein Arbeitsblatt in einer anderen Größe als 100% ausdrucken.

**Auf Diskette
speichern**

Haben Sie Ihre Arbeitsmappe während Ihrer Arbeit gespeichert?
Jedenfalls sollten Sie das getan haben. Eine Kopie Ihrer Arbeitsmappe
sollten Sie aber auch auf Diskette speichern. Folgen Sie den Schritten
in Übung 4.25, um zu erfahren, wie das funktioniert.

Übung 4.25: Eine Excel-Arbeitsmappe auf Diskette speichern

1) Legen Sie eine Diskette in das Diskettenlaufwerk Ihres Computers ein.

   • Wenn die Diskette neu ist, stellen Sie sicher, dass sie auch formatiert ist.

   • Wenn die Diskette vorher schon einmal verwendet wurde, stellen Sie sicher,
   dass genügend Speicherplatz darauf vorhanden ist, um Ihre *Excel*-Arbeits-
   mappe darauf abzuspeichern. Die Größe Ihrer Arbeitsmappe sollte etwa 16
   KB betragen.

2) Wählen Sie DATEI/SPEICHERN UNTER, suchen Sie nach Laufwerk A: und klicken
   Sie auf SPEICHERN, um die Datei zu speichern.

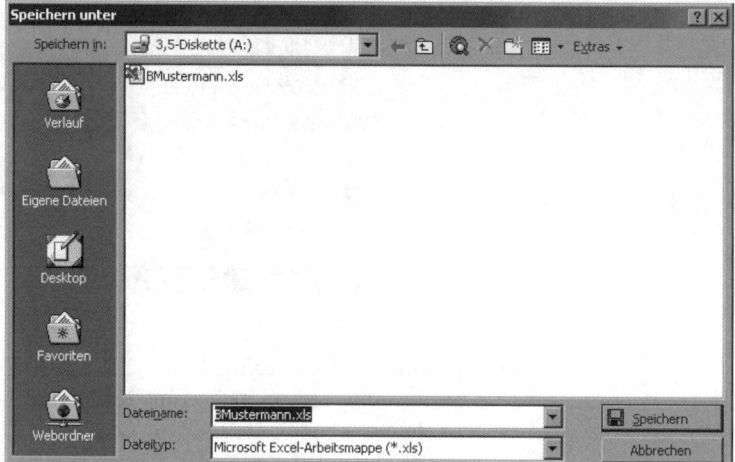

Wenn Sie fertig sind, wählen Sie noch einmal DATEI/SPEICHERN UNTER, um Ihre Arbeitsmappe auch an ihrer ursprünglichen Stelle auf Ihrem Computer zu speichern. (Sie werden gefragt, ob die bereits existierende Datei überschrieben werden soll. Klicken Sie auf OK.)

Wenn Sie Ihre Arbeitsmappe nicht wieder an Ihrer ursprünglichen Stelle speichern, so wird die Datei in Zukunft (über die Schaltfläche SPEICHERN oder den Befehl DATEI/SPEICHERN) auf Diskette abgespeichert und nicht auf der Festplatte Ihres Computers.

Sie haben nun die Lektion 4.2 des ECDL-Moduls Tabellenkalkulation abgeschlossen. Sie können Ihre Arbeitsmappe schließen und *Excel* beenden.

Sie können Berechnungen in Zellen eines Arbeitsblatts auf zwei Arten durchführen: Sie verwenden Formeln oder Funktionen. Eine Formel beginnt immer mit einem Gleichheitszeichen (=) und beinhaltet einen oder mehrere Operatoren, wie z.B. für Addition (+), Subtraktion (-), Multiplikation (*) oder Division (/).

Die Komponenten bzw. Argumente einer Formel können Zellbezüge, Zahlen oder beides sein. Ein Formelbeispiel wäre:

=A12+B12+3

Eine einzige Zelle kann verschiedene Arten von Operatoren beinhalten, z.B. Addition und Multiplikation. In Formeln folgt *Excel* den Gesetzen der Arithmetik. Division und Multiplikation werden zuerst durchgeführt, dann folgen Addition und Subtraktion. Sie können aber auch Klammern () verwenden, um *Excel* zu zwingen, Ihre Formel in einer bestimmten Reihenfolge zu berechnen. Die Berechnung der folgenden zwei Beispiele ergibt verschiedene Ergebnisse.

=(A1+A2)*B1

=A1+(A2*B1)

Excel speichert das Ergebnis seiner Berechnungen in einer berechneten Zelle, die zwar eine Formel enthält, aber ein Rechenergebnis anzeigt.

Die Zoom-Funktion in *Excel* ermöglicht es Ihnen, die Bildschirmanzeige eines Arbeitsblatts zu vergrößern oder zu verkleinern. Die Möglichkeiten reichen von 10 bis 400% der Normalgröße. Durch die Zoom-Funktion wird nur die Bildschirmanzeige beeinflusst, nicht der Ausdruck über einen Drucker.

Wenn eine Formel kein korrektes Ergebnis berechnen kann, zeigt *Excel* Ihnen eine Fehlermeldung in der berechneten Zelle an und gibt Ihnen dabei die Art des auftretenden Fehlers bekannt.

Lektion 4.3: Funktionen, Formatierung und Drucken

Zu dieser Lektion

Wie Sie in Lektion 4.2 gelernt haben, ermöglichen Formeln die Ausführung von Berechnungen an Zahlen. In dieser Lektion lernen Sie eine zweite Methode zur Berechnung kennen, die auf Funktionen beruht. Außerdem werden Sie mit der sehr nützlichen Schaltfläche AUTOSUMME Bekanntschaft machen.

Bei der Arbeit mit Zahlen ist es wichtig, dass das Ergebnis stimmt. Aber auch das Erscheinungsbild ist von Bedeutung. *Excel* bietet Ihnen eine Reihe Formatierungs-, Ausrichtungs-, Rahmen- und Farbmöglichkeiten, mit deren Hilfe Sie Ihrem Arbeitsblatt ein professionelles Aussehen verleihen können. Sie werden darüber hinaus auch lernen, wie man die Spaltenbreite und die Zeilenhöhe verändert.

Weitere Themen dieser Lektion beziehen sich auf angrenzende und nicht-angrenzende Zellen, Suchen und Ersetzen, Kopf- und Fußzeilen und das Drucken von Arbeitsblättern.

Neue Fähigkeiten

Am Ende dieser Lektion sollten Sie in der Lage sein,

- *Excels* Funktionen *Summe* und *Mittelwert* zu verwenden, um Berechnungen durchzuführen, und die Schaltfläche AUTOSUMME in der *Excel*-Standardsymbolleiste zu verwenden,

- zusammenhängende und nicht zusammenhängende Zellverbände auszuwählen,

- Spaltenbreite und Zeilenhöhe anzupassen,

- Schriftart, Schriftschnitt (fett und kursiv) und Schriftgröße zu ändern,

- Zellen horizontal und vertikal auszurichten und sie zu drehen,

- Rahmen und Füllungen (farbiger Zellhintergrund) zuzuweisen,

- innerhalb des Arbeitsblatts Elemente zu finden und zu ersetzen und die Rechtschreibprüfung anzuwenden,

- das Papierformat zu ändern und Kopf- und Fußzeilen einzufügen,

- mit *Excel* zu drucken.

Neue Wörter

Am Ende dieser Lektion sollten Sie in der Lage sein, die folgenden Begriffe zu erklären:

- Funktion

- zusammenhängende Zellen

- nicht zusammenhängende Zellen

Excel-Funktionen

Sie haben gelernt, wie *Excel* mittels Formeln Zahlen addieren, subtrahieren, multiplizieren und dividieren kann.

Excel bietet aber noch eine zweite Art von Berechnungen und zwar Funktionen.

Funktion
Eine vordefinierte, in Excel eingebaute Formel, die für bestimmte Zwecke verwendet wird.

Die meisten *Excel*-Funktionen sind nur dann interessant, wenn Sie die Tabellenkalkulation für ganz spezielle Zwecke verwenden, wie z.B. statistische Analysen. Zwei der Funktionen, nämlich *Summe* und *Mittelwert*, sind jedoch für fast jeden nützlich. Außerdem sind die Funktionen *Summe* und *Mittelwert* Bestandteil des ECDL-Lehrplans. Sie sollten also wissen, wie man sie verwendet.

Die SUMME-Funktion

In Lektion 4.2 haben Sie gelernt, wie man Zahlen unter Verwendung von Formeln addiert.

=B3+B4+B5

Man kann sich aber vorstellen, dass die Eingabe von Additionsformeln mühselig werden kann und zu Fehleingaben führt, wenn diese viele Argumente enthalten. Wenn Sie z.B. 100 Zellen statt nur 3 addieren müssen.

Die Summe *Funktion* ermöglicht es Ihnen, die Gesamtsumme einer Zahlenliste zu berechnen, indem Sie nur drei Dinge eingeben:

• Name der Funktion (in dem Fall *Summe*)

• Zellbezug der ersten Zelle

• Zellbezug der letzten Zelle

Wenn es sich um willkürliche Zahlenreihen handelt, also um Zahlen, die nicht genau in einer vertikalen oder horizontalen Linie angeordnet sind, können Sie die einzelnen Zellen für die Summenberechnung mit gedrückter STRG-Taste hintereinander auswählen.

Groß- oder Kleinbuchstaben

Wie Spaltenbuchstaben, können Sie auch Namen von Funktionen in Groß- oder Kleinbuchstaben eingeben. So wie Sie *A4* oder *a4* verwenden können, akzeptiert *Excel* auch *Summe* oder *summe* oder *Mittelwert* oder *mittelwert*.

In der *Excel*-Online-Hilfe und in diesem Buch werden Funktionsnamen jedoch groß geschrieben. Bei der Eingabe von Funktionen in ein Arbeitsblatt geht es aber meistens schneller, den Namen in Kleinbuchstaben zu schreiben, da Sie dadurch den Gebrauch der SHIFT-Taste umgehen.

Die folgende Übung zeigt Ihnen, wie die Funktion *Summe* funktioniert.

Übung 4.26: Gebrauch der SUMME-Funktion

1) Öffnen Sie das Arbeitsblatt, das Sie in Lektion 4.2 gespeichert haben.

2) Klicken Sie auf das Register *Tabelle2*, damit Ihnen das zweite Arbeitsblatt der Arbeitsmappe angezeigt wird.

3) Geben Sie in die Zellen B3, B4 und B5 die Zahlen *2356, 4921* und *2903* ein.

4) Geben Sie nun in die Zellen A3, A4 und A5 die Namen *Schmitz, Meier* und *Backes* ein, um den eingegebenen Zahlen eine Beschriftung zu geben.

5) Schreiben Sie die folgende Funktion in B6 und drücken Sie ENTER.

=SUMME(B3:B5)

	A	B			A	B
1				1		
2				2		
3	Schmitz	2356	→	3	Schmitz	2356
4	Meier	4921		4	Meier	4921
5	Backes	2903		5	Backes	2903
6		=SUMME(B3:B5)		6		10180

Gut gemacht! Sie haben gerade die SUMME-Funktion in *Excel* verwendet, um Zahlen zu addieren.

Die Schaltfläche AutoSumme

Da die Funktion *Summe* so häufig verwendet wird, gibt es dafür eine Schaltfläche in der *Excel*-Standardsymbolleiste.

Übung 4.27: Gebrauch der Schaltfläche AutoSumme

1) Löschen Sie die in Übung 4.26 in Zelle B6 eingegebene SUMME-Funktion.

2) Mit B6 als aktive Zelle klicken Sie nun auf die Schaltfläche AUTOSUMME in der Standardsymbolleiste.

Excel versucht zu erraten, welche Zellen Sie addieren möchten. In unserem Beispiel geht *Excel* davon aus (und das ist hier richtig), dass die Zellen B3 bis B5 addiert werden sollen.

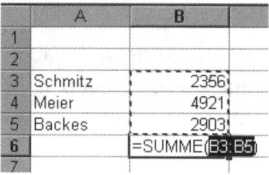

3) Drücken Sie ENTER, um zu bestätigen, dass B3, B4 und B5 die Zellen sind, die addiert werden sollen.

	A	B
1		
2		
3	Schmitz	2356
4	Meier	4921
5	Backes	2903
6		10180
7		

SUMME toleriert Text und leere Zellen

Die SUMME-Funktion von *Excel* ist eine tolerante Funktion. Sie ignoriert Zellen, die Text beinhalten, und leere Zellen. Die Funktion =SUMME(W12:W16) addiert z.B. alle Zahlen, die sie in den Zellen W12, W13, W14, W15 und W16 finden kann. Wenn irgendeine dieser Zellen Text statt einer Zahl enthält, zeigt die SUMME-Funktion keine Fehlermeldung an. Sie ignoriert einfach die nicht numerischen Zellen und addiert weiter die numerischen.

In der nächsten Übung geben Sie noch mehr Zahlen und Text in das Arbeitsblatt *Tabelle2* ein.

Übung 4.28: Noch mehr Zahlen und Text eingeben

1) Geben Sie in *Tabelle2* noch zwei weitere Spalten, und zwar C und D, mit Zahlen ein, so wie in der Abbildung. Oberhalb der Spalten B, C, D und E geben Sie die Beschriftung (Text) der einzelnen Spalten ein, wie unten dargestellt.

(Der Monat März wurde bewusst ausgespart. Sie werden in Übung 4.45 der Lektion 4.4 eine neue Spalte für März einfügen.).

	A	B	C	D	E
1					
2		Januar	Februar	April	Summe
3	Schmitz	2356	3621	4560	
4	Meier	4921	4055	3542	
5	Backes	2903	3308	3622	
6					
7					

2) Verwenden Sie die Schaltfläche AUTOSUMME, um die Gesamtsumme der Zeilen 3, 4 und 5 zu errechnen. Geben Sie in E3 =*SUMME(B3:D3)*, in E4 =*Summe(B4:D4)* und in E5 =*SUMME(B5:D5)* ein.

Wenn Sie in E5 und dann auf die Schaltfläche AUTOSUMME klicken, rät *Excel*, welche Zellen Sie addieren möchten. *Excel* geht (fälschlicherweise) davon aus, dass Sie die zwei direkt darüberliegenden Zellen E3 und E4, wie in der Abbildung) addieren möchten.

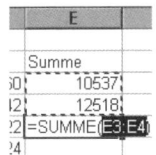

Doppelklicken Sie in die Zelle E5 (oder drücken Sie F2), um sie bearbeitbar zu machen. Ändern Sie dann die Argumente der SUMME-Funktion in =*SUMME(B5:D5)* um.

3) Verwenden Sie nun die Schaltfläche AUTOSUMME, um die Zahlen in Zeile 6 der Spalten C, D und E zusammenzuzählen. Geben Sie in C6 =*SUMME(C3:C5)*, in D6 =*SUMME(D3:D5)* und in E6 =*SUMME(E3:E5)* ein.

Ihr Arbeitsblatt sollte nun so aussehen.

	A	B	C	D	E
1					
2		Januar	Februar	April	Summe
3	Schmitz	2356	3621	4560	10537
4	Meier	4921	4055	3542	12518
5	Backes	2903	3308	3622	9833
6		10180	10984	11724	32888

Die Funktion Mittelwert

Wie Sie sich sicher schon gedacht haben, ermittelt diese Funktion den Mittelwert einer Zahlengruppe.

Wie die Funktion *Summe*, beginnt auch die Funktion Mittelwert mit einem Gleichheitszeichen (=). Es folgen der Name der Funktion und schließlich in Klammern die Argumente. Übung 4.29 zeigt ein Beispiel für die Anwendung der Funktion *Mittelwert*.

Übung 4.29: Gebrauch der Funktion Mittelwert

1) Klicken Sie auf das Register *Tabelle1*, damit Ihnen das erste Arbeitsblatt der Arbeitsmappe angezeigt wird.

\Tabelle1 / Tabelle2 / Tabelle3 /

2) Geben Sie in Zelle B44 die Beschriftung *Mittelwert* ein.

3) Geben Sie in Zelle C44 folgende Formel ein:

=*MITTELWERT(C40:C43)*

4) C44 zeigt nun den Mittelwert der Zellinhalte von C40, C41, C42 und C43 an.

5) Wiederholen Sie Schritt 3 für die Spalten D, E, F, G und H, um den Mittelwert der darüber liegenden Zellen zu ermitteln.

Zeile 44 sollte nun wie die angezeigte Zeile im Bild aussehen.

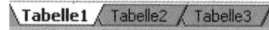

| 44 | Mittelwert | 1450 | 3350 | 670 | 2120 | 318 | 1802 |

Einzelne Zellen formatieren und ausrichten

Schaltflächen Format

Formatierung bezieht sich hier auf das Erscheinungsbild von Zahlen und Text innerhalb einer Zelle. Dabei kann der Zellinhalt z.B. fett oder kursiv formatiert werden.

Die Position von Zahlen oder Text innerhalb einer Zelle bezeichnet man als Ausrichtung. Die drei häufigsten Optionen sind linksbündig, rechtsbündig oder zentriert. Die schnellste Methode, einer Zelle eine Formatierung oder Ausrichtung zuzuweisen, ist es, die Zelle zu markieren und dann auf die entsprechende Schaltfläche in der Formatsymbolleiste zu klicken.

Sie lernen jetzt, wie Zellen in einem Arbeitsblatt formatiert und ausgerichtet werden. Verwenden Sie dafür das Arbeitsblatt *Tabelle2*.

Übung 4.30: Zellen formatieren und ausrichten

Schaltflächen Ausrichten

1) Klicken Sie in Ihrem Arbeitsblatt *Tabelle2* in die Zelle B2.

2) Klicken Sie auf die Schaltfläche FETT in der Formatsymbolleiste. *Excel* zeigt das Wort *Januar* fett an.

3) Klicken Sie auf die Schaltfläche ZENTRIERT in der Formatsymbolleiste. *Excel* richtet das Wort *Januar* zentriert aus.

4) Klicken Sie nun in Zelle A3 und dann auf die Schaltfläche KURSIV in der Formatsymbolleiste. *Excel* zeigt das Wort *Schmitz* kursiv an.

Zellverbände formatieren und ausrichten

Sie können Zeit und Mausklicks sparen, wenn Sie eine Gruppe von mehreren Zellen in einem Arbeitsschritt formatieren oder ausrichten. Bevor Sie das jedoch tun können, müssen Sie auswählen, welche der Zellen zur Gruppe gehören.

Sie können eine Gruppe auswählen, indem Sie in die obere linke Zelle der Gruppe klicken und dann die Maus mit gedrückter linker Maustaste über die anderen Zellen der Gruppe ziehen. Übung 4.31 zeigt Ihnen, wie es geht.

Übung 4.31: Mehrere Zellen auf einmal formatieren und ausrichten

1) Klicken Sie in Zelle C2.

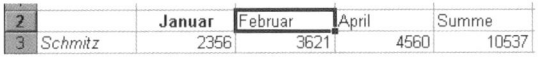

2) Ziehen Sie nun die Maus mit gedrückter Maustaste bis hinüber zu Zelle E2.

3) Klicken Sie auf die Schaltfläche FETT in der Formatsymbolleiste.

4) Klicken Sie auf die Schaltfläche ZENTRIERT in der Formatsymbolleiste.

5) Markieren Sie die Zelle A4.

6) Ziehen Sie nun die Maus, während Sie die linke Maustaste gedrückt halten, bis hinunter zu Zelle A5.

7) Klicken Sie auf die Schaltfläche KURSIV in der Formatsymbolleiste.

Ihr Arbeitsblatt *Tabelle2* sollte nun so aussehen.

	A	B	C	D	E
1					
2		Januar	Februar	April	Summe
3	*Schmitz*	2356	3621	4560	10537
4	*Meier*	4921	4055	3542	12518
5	*Backes*	2903	3308	3622	9833
6		10180	10984	11724	32888
7					

Klicken Sie irgendwo auf das Arbeitsblatt, aber außerhalb des markierten Zell-bereichs, um die Markierung der Zellen aufzuheben.

Eine Markierung aufheben

Sind Sie mit der Formatierung der ausgewählten Zellen fertig? Oder haben Sie vielleicht die falschen Zellen markiert? Um die Auswahl bzw. Markierung aufzuheben, klicken Sie einfach irgendwo außerhalb der Markierung.

Das Aufheben einer Markierung hat nicht das Löschen der Zelle oder der Gruppe von Zellen aus dem Arbeitsblatt zur Folge. Es wird lediglich die Auswahl aufgehoben.

Zellbereiche

Zellbereich

In Excel wird eine Gruppe von Zellen in einem Arbeitsblatt als Zellbereich bezeichnet.

Es gibt zwei verschiedene Arten von Zellbereichen, zusammenhän-gende und nicht zusammenhängende.

Zusammenhängender Zellbereich

Eine Gruppe von Zellen, die direkt neben-, über- oder untereinander liegen. Es wird auch manchmal von angrenzenden Zellbereichen gesprochen.

Ein zusammenhängender Zellbereich wird wie folgt definiert:

• Zellbezug der Zelle links oben

• Doppelpunkt (:)

• Zellbezug der Zelle rechts unten

Der angrenzende Zellbereich A1:B2 umfasst z.B. folgende vier Zellen: A1, A2, B1 und B2.

Angrenzende Zellbereiche können auch ohne Weiteres die Zellen aus nur einer Spalte (z.B. B2:B5) oder einer Zeile (z.B. D9:F9) beinhalten.

**Nicht zusammen-
hängende
Zellbereiche**

Können auch Zellen, die in verschiedenen Bereichen eines Arbeitsblatts liegen, als ein Zellbereich ausgewählt werden? Die Antwort ist Ja. In *Excel* wird das *nicht zusammenhängender Zellbereich* genannt.

Nicht zusammenhängender Zellbereich

Eine Gruppe von Zellen, die nicht direkt neben-, über- oder untereinander liegen. Es ist auch manchmal von nicht angrenzenden Zellen die Rede.

Ein nicht zusammenhängender Zellbereich kann aus einzelnen Zellen bestehen, die überall im Arbeitsblatt verteilt sind. Wie in Übung 4.32 der Fall, kann er aber auch aus einer Anzahl verschiedener kleiner Untergruppen zusammenhängender Zellen bestehen.

Nicht zusammenhängende Zellbereiche werden ausgewählt, indem man die erste Zelle (oder erste Untergruppe zusammenhängender Zellen) markiert, STRG drückt und gedrückt hält und dann weitere Zellen (oder zusammenhängende Zellbereiche) auswählt.

Ein nicht zusammenhängender Zellbereich wird mit Komma zwischen den einzelnen Zellen (z.B. A2,B3,C4) oder kleineren Untergruppen von zusammenhängenden Zellen (z.B. A2:A6,H4:H8) angegeben.

Übung 4.32: Nicht zusammenhängende Zellbereiche auswählen

1) Markieren Sie die erste Zelle oder Untergruppe zusammenhängender Zellen, z.B. B2:B6 (also die Zellen B2, B3, B4, B5 und B6).

	A	B	C	D	E
1					
2		Januar	Februar	April	Summe
3	Schmitz	2356	3621	4560	10537
4	Meier	4921	4055	3542	12518
5	Backes	2903	3308	3622	9833
6		10180	10984	11724	32888

2) Halten Sie die Taste STRG gedrückt.

3) Markieren Sie die nächste Zelle oder nächste Untergruppe zusammenhängender Zellen, z.B. Zellbereich E2:E6.

	A	B	C	D	E
1					
2		Januar	Februar	April	Summe
3	Schmitz	2356	3621	4560	10537
4	Meier	4921	4055	3542	12518
5	Backes	2903	3308	3622	9833
6		10180	10984	11724	32888

Sie können so fortfahren, bis Sie alle Zellen des nicht zusammenhängenden Zellbereichs, den Sie auswählen möchten, markiert haben.

Klicken Sie irgendwo außerhalb des markierten Zellbereichs, um die Auswahl aufzuheben.

Markierte Zellen und die aktive Zelle

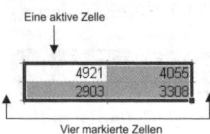

Eine aktive Zelle

Vier markierte Zellen

In Lektion 4.1 haben Sie gelernt, wie man einzelne Zellen durch Mausklick, Bewegen des Cursors über die Pfeiltasten oder durch Eingabe des Zellbezugs in das Namenfeld auswählt. Diese Zelle ist dann die aktive Zelle.

Wenn wir also von einer einzelnen Zelle sprechen, bedeuten aktive Zelle und markierte Zelle das Gleiche. Man kann also sagen, eine Zelle auswählen bzw. markieren oder eine Zelle aktivieren.

Sie können zwar mehrere Zellen gleichzeitig auswählen, es kann aber nur eine Zelle aktiv sein. *Excel* zeigt ausgewählte Zellen mit einem farbigen Hintergrund an. Die aktive Zelle wird jedoch mit schwarzer Schrift auf weißem Hintergrund dargestellt.

F8: Excels Auswahltaste

In Übung 4.31 haben Sie einen zusammenhängenden Zellbereich ausgewählt, indem Sie die erste Zelle markiert und dann die Maus über die entsprechenden Zellen gezogen haben.

Wahlweise können Sie auch die erste Zelle auswählen, F8 drücken und dann die Pfeiltasten benutzen, um den Auswahlbereich über die restlichen Zellen auszuweiten. F8 ist *Excel*s Auswahltaste. Diese Methode ist unter Umständen schneller als die mit der Maus, kann aber nur zur Auswahl zusammenhängender Zellbereiche angewendet werden.

Spalten und Zeilen auswählen

Excel bietet schnelle Wege, um eine oder mehrere Zeilen oder Spalten auszuwählen. Um eine gesamte Zeile auszuwählen, klicken Sie einfach auf den Zeilenkopf.

- Um mehrere zusammenhängende Zeilen auszuwählen, klicken Sie auf die oberste und halten Sie die Maustaste gedrückt, währen Sie die Maus nach unten ziehen.

- Um mehrere nicht zusammenhängende Zeilen zu markieren, klicken Sie auf den Zeilenkopf der ersten, halten dann STRG gedrückt und klicken die übrigen Zeilen an.

Um eine gesamte Spalte auszuwählen, klicken Sie einfach auf den Spaltenkopf.

- Um mehrere zusammenhängende Spalten auszuwählen, klicken Sie auf eine und ziehen dann die Maus nach links oder rechts.

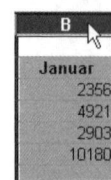

- Um mehrere nicht zusammenhängende Spalten zu markieren, klicken Sie auf den Spaltenkopf der ersten, halten dann STRG gedrückt und klicken die übrigen Spalten an.

Zeilen und Spalten löschen	Um den Inhalt einer oder mehrerer Spalten bzw. Zeilen zu löschen, markieren Sie einfach die entsprechenden Zeilen oder Spalten und drücken ENTF.

Es wird hierbei nur der Inhalt der Zeilen bzw. Spalten gelöscht. Die Spalten und Zeilen bleiben erhalten und werden leer angezeigt. Die eigentlichen Spalten und Zeilen werden nicht gelöscht. In Lektion 4.4 lernen Sie, wie man Spalten und Zeilen aus dem Arbeitsblatt löscht.

Ein komplettes Arbeitsblatt markieren

Um ein ganzes Arbeitsblatt auszuwählen, klicken Sie oben links in das Arbeitsblatt, da wo sich Zeilen und Spalten treffen.

Ein schneller Weg, den gesamten Inhalt eines Arbeitsblatts zu löschen, besteht darin, das ganze Arbeitsblatt zu markieren und dann ENTF zu drücken.

Spaltenbreite und Zeilenhöhe anpassen

Sie können das Erscheinungsbild Ihres Arbeitsblatts ändern, indem Sie die Breite einer oder mehrerer Spalten bzw. die Höhe einer oder mehrerer Zeilen anpassen.

- **Spaltenbreite:** Um die Breite einer Spalte zu verändern, setzen Sie den Cursor in den entsprechenden Spaltenkopf und ziehen dann den rechten Rand des Spaltenkopfs, bis die Spalte die gewünschte Breite hat. Sehen Sie auch Übung 4.33.

- **Zeilenhöhe:** Um die Zeilenhöhe zu verändern, setzen Sie den Cursor in den Zeilenkopf und ziehen dann den Rand des Spaltenkopfs, bis die Zeile die gewünschte Höhe hat. Sehen Sie auch Übung 4.34.

Übung 4.33: Spaltenbreite anpassen

1) Klicken Sie im Arbeitsblatt *Tabelle2* auf den Rand des Spaltenkopfs zwischen Spalte A und B.

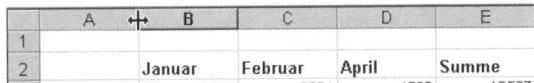

2) Ziehen Sie den Rand nach links, um die Spalte A schmaler zu machen.

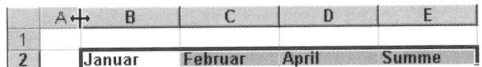

3) Kehren Sie den Effekt von Schritt 2 der Übung wieder um, indem Sie den Rand der Spalte A nach rechts ziehen und so die ursprüngliche Spaltenbreite wieder herstellen.

Übung 4.34: Zeilenhöhe anpassen

1) Klicken Sie im Zeilenkopf auf den Rand zwischen den Zeilen 2 und 3.

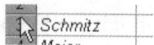

2) Ziehen Sie den Rand ca. 1 cm nach unten, bis die Zeile so aussieht, wie die in der Abbildung.

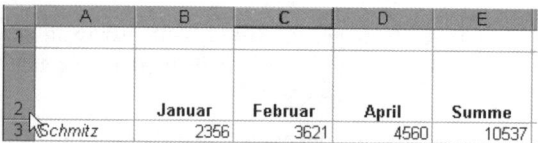

Gut gemacht! Sie haben die Höhe einer Zeile in Ihrem Arbeitsblatt geändert. Für Übung 4.35 lassen Sie die geänderte Zeilenhöhe bitte bestehen.

Vertikale Ausrichtung

Die drei Schaltflächen (links-, rechtsbündig und zentriert) auf der Format-symbolleiste ermöglichen Ihnen die horizontale Ausrichtung des Zell-inhalts. Mit *Excel* können Sie den Inhalt einer Zelle aber auch vertikal ausrichten. Übung 4.35 zeigt ein Beispiel für die vertikale Ausrichtung.

Übung 4.35: Vertikale Ausrichtung verändern

1) Markieren Sie den Zellbereich B2:E2 in Zeile 2, deren Höhe sie in Übung 4.34 vergrößert haben.

2) Klicken Sie auf FORMAT/ZELLEN und wählen Sie dann im Register *Ausrichtung* in der Liste *Vertikal zentrieren* aus. Klicken Sie auf OK.

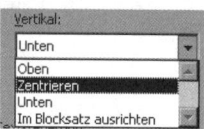

Excel richtet nun den Zellinhalt vertikal aus, so dass sich dieser nun genau zwischen dem oberen und unteren Rand der Zelle befindet.

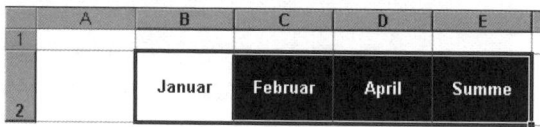

3) Klicken Sie auf die Schaltfläche RÜCKGÄNGIG in der Standardsymbolleiste, um der Zelle wieder ihre standardmäßige Ausrichtung (unten) zuzuweisen. Klicken Sie dann noch ein zweites Mal auf RÜCKGÄNGIG, um der Zeile wieder ihre ursprüng-liche Zeilenhöhe zu geben.

Textrichtung

Excel bietet aber noch ein weiteres Formatierungsmerkmal an. Text oder Zahlen lassen sich innerhalb der Zelle um einen bestimmten Grad drehen bzw. die Laufrichtung kann verändert werden. Sehen Sie auch Übung 4.36.

Übung 4.36: Zellinhalte drehen

1) Wählen Sie den Zellbereich B2:E2 und dann FORMAT/ZELLEN. Geben Sie im Feld zur Gradangabe im Register *Ausrichtung* den Wert *90* an und klicken Sie dann auf OK.

Excel dreht bzw. rotiert den Zellinhalt um 90 Grad, so dass dieser nun im 90-Grad-Winkel zur horizontalen Linie, wie unten im Bild, verläuft.

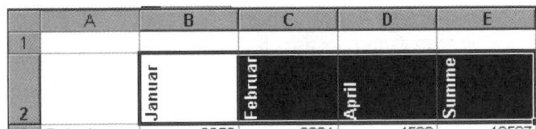

2) Klicken Sie auf die Schaltfläche RÜCKGÄNGIG in der Standardsymbolleiste, um die ursprüngliche Ausrichtung wieder herzustellen. Der Standardwert beträgt 0.

Die Eingabe eines positiven Werts in das Feld *Grad* bewirkt eine Drehung des Zellinhalts von unten links nach oben rechts. Die Eingabe eines negativen Werts bewirkt eine Drehung des Zellinhalts von oben links nach unten rechts.

Schriftarten

Liste der auf Ihrem Computer vorhandenen Schriften

Eine Schriftart ist eine bestimmte Art von Schrift. Welche Schriften sind auf Ihrem Computer installiert? Klicken Sie auf den Pfeil neben dem Dropdown-Feld mit Schriftarten in der *Excel*-Formatsymbolleiste.

Es gibt in der Tat nur zwei Arten von Schriften oder auch Schriftfamilien: Serifenschriften und serifenlose Schriften. Serifenlos bedeutet einfach nur ohne Serifen (Schwänzchen oder Schnörkel) an ihren Enden. An diesen Serifen unterscheiden Sie die beiden Schriftfamilien.

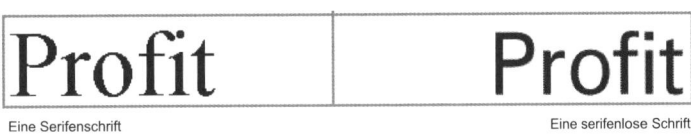

Eine Serifenschrift   Eine serifenlose Schrift

Die Standardschrift in *Excel* ist Arial, eine serifenlose Schrift. Die am häufigsten verwendete Serifenschrift ist Times New Roman. Arial und andere serifenlose Schriften sind besser zur Anzeige von Zahlen geeignet. Vielleicht möchten Sie aber auch die Beschriftung Ihres Arbeitsblatts in einer Serifenschrift vornehmen.

> ## Schriftart
>
> *Ein Schriftbild, eine bestimmte Schrift. Die zwei Hauptfamilien sind Serifenschriften und serifenlose Schriften.*

Sie können die Schriftart jeder Zelle oder jedes Zellbereichs ändern, indem Sie zuerst die entsprechenden Zellen auswählen und dann eine neue Schriftart aus der Dropdown-Liste in der Formatsymbolleiste auswählen.

Schriftgröße

Die Schriftgröße, auch Schriftgrad genannt, wird in Punkt gemessen. Dabei entsprechen 72 Punkt ungefähr zwei Zentimetern. Die Standardschriftgröße in *Excel* beträgt 10 Punkt.

Sie können die Schriftgröße jeder Zelle oder jedes Zellbereichs ändern, indem Sie zuerst die entsprechenden Zellen auswählen und dann eine neue Schriftgröße aus der Dropdown-Liste in der Formatsymbolleiste auswählen.

Schriftfarbe

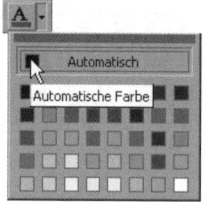

Sie können die Farbe des Zellinhalts in *Excel* von *Standard* auf *Automatisch* ändern. Welche Farbe verbirgt sich hinter *Automatisch*? Automatisch ist Schwarz, es sei denn, der Zellhintergrund ist schwarz oder dunkelgrau. Dann wählt *Automatisch* Weiß als Farbe aus.

Sie können die Anzeige der Text- oder Zahlenfarbe in jeder Zelle bzw. in jedem Zellbereich verändern. Markieren Sie zuerst die entsprechenden Zellen, klicken Sie dann auf den Pfeil rechts neben der Schaltfläche SCHRIFTFARBE in der Formatsymbolleiste und dann auf die gewünschte Farbe.

In der nächsten Übung erlernen Sie das Ändern von Schriftart, Schriftgröße und Schriftfarbe anhand der Beschriftung in *Tabelle1* Ihrer Arbeitsmappe.

Übung 4.37: Schriftart, Schriftgröße und Schriftfarbe ändern

1) Klicken Sie auf das Register *Tabelle1*, damit Ihnen das erste Arbeitsblatt der Arbeitsmappe angezeigt wird.

2) Klicken Sie in Zelle B2. Halten Sie STRG gedrückt und klicken Sie auch auf die folgenden Zellen: D2, F2 und H2.

3) Ändern Sie die Schriftart über die Formatsymbolleiste in *Times New Roman, 12* Punkt und wählen Sie *Dunkelblau* als Schriftfarbe. Als Nächstes klicken Sie auf die Schaltflächen FETT und ZENTRIERT. Falls notwendig, passen Sie die Spaltenbreite an.

Ihr Arbeitsblatt sollte nun so aussehen. (Die Überschriften sind blau.)

addieren	subtrahieren	multiplizieren	dividieren
1275	1275	1275	1275
25	25	25	25
1300	1250	31875	51

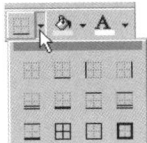

Excel bietet Ihnen eine Reihe von Rahmen, die sich dazu verwenden lassen, eine bestimmte Zelle oder bestimmte Zellbereiche hervorzuheben. Das können z.B. Zellen sein, die Zwischen- oder Gesamtergebnisse enthalten. Sie können über die Schaltfläche RAHMEN auf der Formatsymbolleiste auf diese Option zugreifen.

Die am häufigsten verwendeten Zellrahmen sind: einfache Linie unten (Standard), Doppellinie oder dickere Linie unten und Kontur. Die zuletzt genannte Option weist allen vier Seiten einer Zelle einen Rahmen zu. Übung 4.38 zeigt ein Beispiel.

Übung 4.38: Zellen eine Grundlinie (unten) zuweisen

1) Wählen Sie die nicht zusammenhängenden Zellen B4, D4, F4 und H4 aus.

2) Klicken Sie auf den Pfeil rechts neben der Schaltfläche RAHMEN in der Formatsymbolleiste. Klicken Sie in der angezeigten Auswahl auf die dicke einfache Linie für den unteren Rand.

Ihr Arbeitsblatt sollte nun so aussehen.

addieren	subtrahieren	multiplizieren	dividieren
1275	1275	1275	1275
25	25	25	25
1300	1250	31875	51

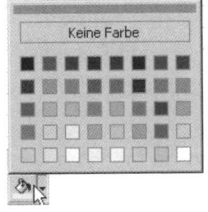

Wie Zellrahmen, können Sie in *Excel* auch die Hintergrundfarbe einer Zelle ändern. Diese Farbe wird in *Excel* Füllfarbe genannt.

Sie können über den Pfeil rechts neben der Schaltfläche FÜLLFARBE in der Formatsymbolleiste auf diese Option zugreifen.

In Übung 4.39 sehen Sie ein Beispiel.

Übung 4.39: Füllfarbe ändern

1) Markieren Sie den zusammenhängenden Zellbereich B25:H25.

2) Klicken Sie auf den Pfeil rechts neben der Schaltfläche FÜLLFARBE und wählen Sie dann Gelb aus.

Ihr Arbeitsblatt sollte nun so aussehen. (Die Überschriften haben jetzt einen gelben Hintergrund.)

Name	Fest	Variabel	Summe	Nachlass	Preis	Gewinn
Produkt 1	12	2	14	2	21	5
Produkt 2	34	6	40	8	56	8
Produkt 3	56	28	84	12	112	16
Produkt 4	127	92	219	19	290	52

In Übung 4.40 können Sie Ihre neuen Fähigkeiten bezüglich Zellrahmen und Füllfarbe noch etwas vertiefen.

Übung 4.40: Weitere Übung zu Zellrahmen und Füllfarbe

1) Markieren Sie den zusammenhängenden Zellbereich B29:H29.

2) Klicken Sie auf den Pfeil rechts neben der Schaltfläche RAHMEN und klicken Sie dann auf *alle Rahmenlinien* (alle vier Seiten der Zellen).

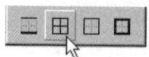

3) Markieren Sie Zellbereich B35:D36.

4) Klicken Sie auf den Pfeil rechts neben der Schaltfläche RAHMEN und klicken Sie dann auf *Rahmenlinie außen* (ein großer Rahmen um den Zellbereich).

5) Markieren Sie den Zellbereich B35:D36.

6) Klicken Sie auf den Pfeil rechts neben der Schaltfläche RAHMEN und klicken Sie dann auf den Rahmentyp *Rahmenlinie links.*

7) Markieren Sie den Zellbereich B43:D43.

8) Klicken Sie auf den Pfeil rechts neben der Schaltfläche RAHMEN und dann auf die Rahmenart *dicke Rahmenlinie unten.*

9) Markieren Sie den nicht zusammenhängenden Zellbereich B46:D47, B49:D54.Klicken Sie auf den Pfeil rechts neben der Schaltfläche RAHMEN und dann auf *Rahmenlinie außen* (alle vier Seiten des Zellenbereichs).

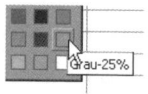

10) Während der nicht zusammenhängende Zellbereich noch ausgewählt ist, klicken Sie auf den Pfeil rechts neben der Schaltfläche FÜLLFARBE und wählen dann *Grau (25%)* aus.

Zellinhalte suchen

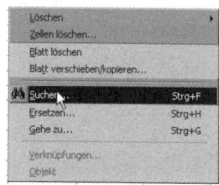

Sie können ein Arbeitsblatt nach Beschriftungstext, direkt eingegebenen Zahlen, Zahlenergebnissen aus Berechnungen und Berechnungskomponenten (Funktionsnamen, Zellbezüge, arithmetische Operatoren und Konstanten) durchsuchen.

- Markieren Sie den Zellbereich, den Sie durchsuchen möchten. (Um das gesamte Arbeitsblatt zu durchsuchen, klicken Sie in irgendeine Zelle.)

- Wählen Sie BEARBEITEN/SUCHEN.

- Geben Sie in das Suchfeld die Elemente ein, nach denen Sie suchen möchten, und wählen Sie dann WEITERSUCHEN.

Sie können einen Suchvorgang abbrechen, indem Sie ESC drücken.

Die Funktion *Suchen* bietet folgende Möglichkeiten:

- **Suchen:** Wählen Sie die Richtung aus, in der Sie suchen möchten (in Spalten oder in Zeilen).

- **Suchen in:** Die Art von Zellen, die Sie durchsuchen möchten (Formeln, Werte, Kommentare).

- **Groß-/Kleinschreibung beachten:** Sucht nur genau nach den Buchstaben, wie Sie im Feld *Suchen* stehen. Wenn Sie z.B. nach *Schmitz* suchen, wird *schmitz* nicht gefunden.

- **Nur ganze Zellen suchen:** Sucht nur nach einer exakten, vollständigen Zelle. Eine Suche nach *Sc* findet z.B. nicht *Schmitz* und *330* findet nicht *3308*.

Zellinhalte ersetzen

Alles, was man in einem Arbeitsblatt über BEARBEITEN/SUCHEN finden kann, lässt sich auch durch eine bestimmte Alternative ersetzen. Sie könnten z.B. alle Zellbezüge F34 durch F36 ersetzen. Das funktioniert folgendermaßen:

- Wählen Sie den gewünschten Zellbereich aus. Um den Vorgang *Suchen und Ersetzen* im gesamten Arbeitsblatt durchzuführen, klicken Sie in irgendeine Zelle.

- Wählen Sie BEARBEITEN/ERSETZEN.

- Geben Sie in das Suchfeld das Element ein, das Sie ersetzen möchten. Geben Sie in das Feld *Ersetzen durch* das Element ein, durch das ersetzt werden soll. Sie können aus den ausgewählten Zellen die Zeichen, die Sie in das Feld *Suchen* eingetragen haben, löschen, indem Sie das Feld *Ersetzen durch* einfach leer lassen.

- Wählen Sie WEITERSUCHEN. Um nur hervorgehobene Übereinstimmungen der ausgewählten Zeichen zu finden, wählen Sie ERSETZEN.

- Um alle Übereinstimmungen der gefundenen Zeichen in den ausgewählten Zellen zu ersetzen, klicken Sie auf ALLE ERSETZEN.

Übung 4.41 gibt Ihnen ein Beispiel für die Funktion *Suchen und Ersetzen* in *Excel*.

Übung 4.41: Text in einem Arbeitsblatt Suchen und Ersetzen

1) Klicken Sie auf das Register *Tabelle2*, damit Ihnen das zweite Arbeitsblatt der Arbeitsmappe angezeigt wird.

2) Wählen Sie den Zellbereich A2:E6 aus.

3) Wählen Sie BEARBEITEN/ERSETZEN. Geben Sie in das Suchfeld *Backes* ein. Geben Sie in das Feld *Ersetzen durch* den Namen *Konrad* ein.

4) Aktivieren Sie das Kästchen *Groß-/Kleinschreibung* und *Nur ganze Zellen*. Wählen Sie ALLE ERSETZEN.

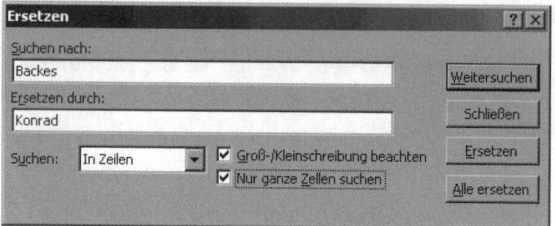

Ihr Arbeitsblatt *Tabelle2* sollte nun so aussehen.

	A	B	C	D	E
1					
2		Januar	Februar	April	Summe
3	*Schmitz*	2356	3621	4560	10537
4	*Meier*	4921	4055	3542	12518
5	*Konrad*	2903	3308	3622	9833
6		10180	10984	11724	32888

**Die Rechtschreib-
prüfung**

Schaltfläche
Rechtschreibprüfung

Excel kann die Rechtschreibung von Text im gesamten Arbeitsblatt oder nur in einem Teil davon überprüfen.

Um Ihre Rechtschreibung zu überprüfen, gehen Sie wie folgt vor:

• Markieren Sie den Zellbereich, dessen Rechtschreibung Sie prüfen möchten. (Um das gesamte Arbeitsblatt zu überprüfen, klicken Sie in irgendeine Zelle.)

• Klicken Sie auf die Schaltfläche RECHTSCHREIBUNG in der Standard-symbolleiste.

Wenn *Excel* ein Wort findet, das es aufgrund seines Wörterbuchs (dasselbe wie für *Microsoft Word)* nicht erkennt, wird das Dialogfeld *Rechtschreibung* geöffnet, wie in der Abbildung angezeigt.

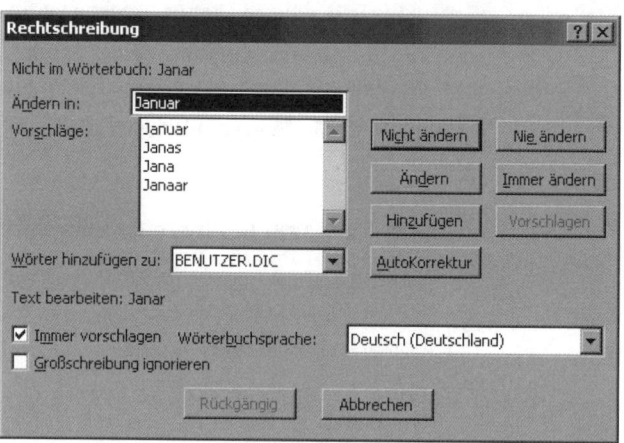

Sie haben die folgenden Möglichkeiten:

- **Ignorieren:** Das Auftreten dieses Wortes bleibt unverändert.

- **Immer Ignorieren:** Alle Vorkommen dieses Wortes in den ausgewählten Zellen bleiben unverändert.

- **Ändern:** Korrigiert dieses Vorkommen des Wortes, reagiert aber beim nächsten Auftreten des Wortes erneut.

- **Alle Ändern:** Korrigiert dieses und alle anderen Vorkommen des gleichen Wortes, ohne wiederholtes Reagieren.

- **Hinzufügen:** Fügt dieses Wort dem benutzerdefinierten Wörterbuch (Ihr eigenes) hinzu. Wählen Sie diese Möglichkeit, um Namen von Leuten oder Orte, Abkürzungen oder Akronyme aufzunehmen, die Sie regelmäßig beim Schreiben verwenden. In Zukunft wird *Excel* dann diese hinzugefügten Wörter bei der Überprüfung jedes Arbeitsblatts erkennen.

Üben Sie ein wenig, indem Sie die Rechtschreibprüfung für *Tabelle1* und *Tabelle2* Ihrer Arbeitsmappe durchführen.

Seite einrichten

Im verbleibenden Teil dieser Lektion 4.3 lernen Sie noch *Excels* verschiedene Druckoptionen kennen. Wir beginnen mit den Möglichkeiten, die Sie auf den vier Registern des Dialogfelds *Seite einrichten* finden. Das sind die Register *Papierformat, Seitenränder, Kopf- und Fußzeile* und *Tabelle.*

Papierformat

Wenn Sie über DATEI/SEITE EINRICHTEN zum Dialogfeld *Seite einrichten* gelangen, können Sie in diesem Register die Papiergröße festlegen. Die Standardeinstellung ist A4, das europäische Standardformat (21 cm breit und 29,7 cm hoch).

Ausrichtung

Diese Option befindet sich auch im Register *Papierformat.* Hier können Sie entscheiden, in welcher Richtung Ihre Datei später gedruckt werden soll. Es stehen die Möglichkeiten *Hochformat* und *Querformat* zur Verfügung.

Skalierung

Es stehen Ihnen im Register *Papierformat* zwei Skalierungsmöglichkeiten zum Vergrößern und Verkleinern Ihres Tabellenausdrucks zur Verfügung.

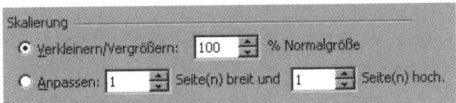

- **Verkleinern/Vergrößern:** Sie können eine Zahl zwischen 10 und 400% als Wert zur normalen Größe angeben. (Sie brauchen das Prozentzeichen nicht zu schreiben.)

- **Anpassen:** Passt das Arbeitsblatt (oder ausgewählte Zellen) in der Größe so an, dass es auf eine bestimmte Anzahl von Blättern passt. Sie können die Anzahl der Seiten vertikal, horizontal oder beides festlegen.

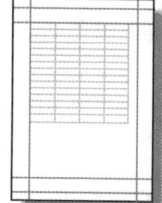

Seitenränder

Die Seitenränder bezeichnen den Abstand, den das ausgedruckte Arbeitsblatt bzw. die ausgedruckten Zellen von den vier Rändern des Blatts der ausgedruckten Seite hat/haben. Die Werte hierfür werden im Register *Seitenränder* über DATEI/SEITE EINRICHTEN eingestellt. Sie können für Kopf- und Fußzeilen noch separate Werte bzw. Abstände eingeben. Dies ist aber ein Thema im nächsten Abschnitt.

Es ist sehr unwahrscheinlich, dass Sie die Standardränder in *Excel* (2,5 cm jeweils oben und unten und 2 cm jeweils rechts und links) ändern müssen.

Im Register *Seitenränder* können Sie auch einstellen, dass Ihr Arbeitsblatt oder die ausgewählten Zellen horizontal zentriert (also genau zwischen rechtem und linkem Rand) oder vertikal zentriert (also zwischen oberem und unterem Rand) positioniert wird/werden. Sie können auch beides zusammen auswählen.

Gitternetzlinien und Überschriften

Standardmäßig beinhalten die Ausdrucke in *Excel* keine Zellrahmen (Gitternetzlinien) oder Zeilen- und Spaltenüberschriften. Sie können jede einzelne oder auch beide Möglichkeiten im Register *Tabelle* über das Dialogfeld *Seite einrichten* ändern.

Kopf- und Fußzeilen

Es handelt sich hier um Text, der oben und unten auf jedem ausgedruckten Arbeitsblatt erscheint. Normalerweise enthalten Kopf- und Fußzeilen solche Details wie Dateiname, Urheber, Datum und Seitenzahl.

In *Excel* brauchen Sie den Text für Kopf- und Fußzeile nur einmal zu schreiben. Das Programm weist ihn automatisch jeder einzelnen Seite zu. Sie können dem Text der Kopf- und Fußzeile Formatierungen wie Schriftart, fett oder kursiv etc. zuweisen.

Hier ein paar Fakten zu Kopf- und Fußzeilen in *Excel*:

- Kopf- und Fußzeilen werden über den Befehl DATEI/SEITE EINRICHTEN eingefügt.

- Das Register *Kopf- und Fußzeile* bietet eine Dropdown-Liste, in der vorgefertigter Text für die Kopf- bzw. Fußzeile zur Auswahl steht. Sie können hier eine Wahl treffen.

- Der ausgewählte Text lässt sich über die Schaltflächen BENUTZERDEFI-NIERTE KOPFZEILE bzw. BENUTZERDEFINIERTE FUSSZEILE bearbeiten und formatieren. Entscheiden Sie sich hier für die entsprechenden Möglichkeiten.

- Über die Schaltfläche BENUTZERDEFINIERT können Sie den Kopf- bzw. Fußzeilentext formatieren, aber auch eine oder alle der folgenden

Elemente einfügen: Seitenzahl, Gesamtseitenzahl, Datum, Uhrzeit, Dateiname, Name des Arbeitsblatts.

* Achten Sie beim Festlegen der Ränder für Kopf- und Fußzeile im Register *Ränder* des Dialogfelds *Seite einrichten* darauf, dass der Wert unter dem des oberen und unteren Seitenrands liegt. Anderenfalls kann es passieren, dass der Text der Kopf- und Fußzeile beim Ausdruck die Zellen überlagert.

Übung 4.42 enthält ein Beispiel für die Funktionen der *Kopf- und Fußzeile* in *Excel*.

Übung 4.42: Kopf- und Fußzeile einfügen

1) Wählen Sie *Tabelle1* Ihrer Arbeitsmappe aus und dann über DATEI/SEITE EINRICHTEN das Register *Kopf-/Fußzeile*.

2) Wählen Sie aus der Dropdown-Liste für die Kopfzeile den Namen Ihrer *Excel*-Arbeitsmappe, in diesem Fall *BMustermann.xls*.

3) Wählen Sie aus der Dropdown-Liste für die Fußzeile *Seite 1 von ?.*

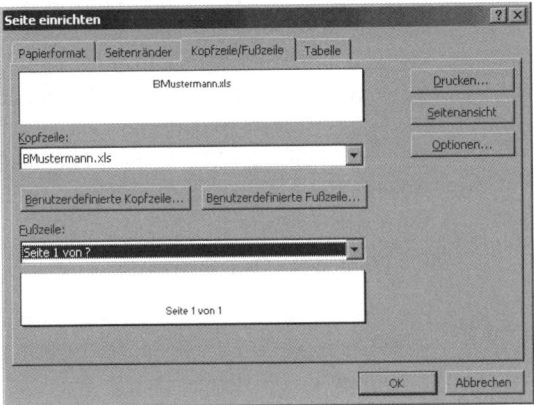

Schaltfläche
Text formatieren

4) Klicken Sie auf die Schaltfläche BENUTZERDEFINIERTE KOPFZEILE. Wählen Sie für den mittleren Abschnitt den Dateinamen, markieren Sie ihn und klicken Sie auf die Schaltfläche FORMATIEREN. Wählen Sie dort *fett* als Format aus.

5) Schreiben Sie in den linken Abschnitt *Mein erstes Arbeitsblatt* und in den rechten Abschnitt *ECDL Modul 4*.

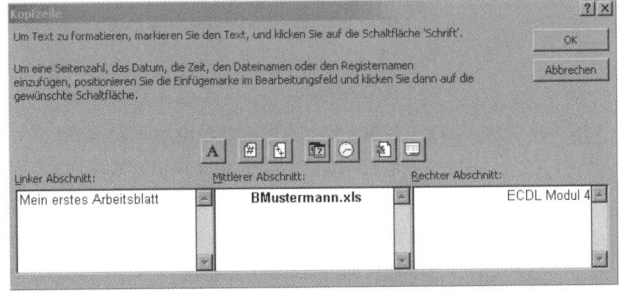

Schaltfläche
Datum

Schaltfläche
Uhrzeit

6) Klicken Sie nun auf OK, um zum Register *Kopf- und Fußzeile* im Dialogfeld *Seite einrichten* zurückzukehren.

7) Klicken Sie auf die Schaltfläche BENUTZERDEFINIERTE FUSSZEILE, dann in den linken Abschnitt und danach auf die Schaltfläche DATUM.

8) Klicken Sie in den rechten Abschnitt und dann auf die Schaltfläche UHRZEIT.

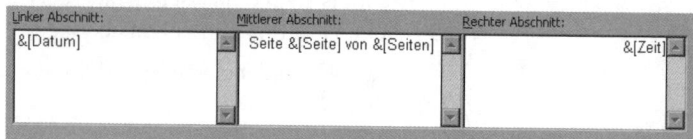

9) Ein Klick auf OK bringt Sie zurück zum Register *Kopf- und Fußzeile* im Dialogfeld *Seite einrichten*. Klicken Sie auf OK, um das Dialogfeld zu schließen.

Gut gemacht! Sie haben Ihrer Arbeitsmappe eine Kopf- und Fußzeile hinzugefügt. Die Kopf- und Fußzeile ist auf dem Bildschirm nicht zu sehen. Sie erscheint nur im Ausdruck.

Druckoptionen

Excel bietet Ihnen eine Fülle von Druckoptionen. Darunter befinden sich Möglichkeiten wie Vorschau des Arbeitsblatts auf dem Bildschirm vor dem Druck, die Möglichkeit, das gesamte Arbeitsblatt, die ausgewählten Zellen und Seiten oder die gesamte Arbeitsmappe zu drucken.

Seitenansicht

Schaltfläche
Seitenansicht

Dieser Befehl zeigt jede Seite auf dem Bildschirm so an, wie sie im Ausdruck auf Papier aussieht. Und so gelangen Sie zur Seitenansicht Ihres Arbeitsblatts.

• Wählen Sie DATEI/SEITENANSICHT.

-oder-

• Klicken Sie auf die Schaltfläche SEITENANSICHT in der Standardsymbolleiste.

Klicken Sie auf SCHLIESSEN, um zu Ihrem Arbeitsblatt zurückzukehren.

Druckbereich festlegen

Wenn Sie DATEI/DRUCKEN wählen, können Sie festlegen, welche Bereiche Ihrer Arbeitsmappe gedruckt werden sollen.

• **Alle:** Das aktuelle Arbeitsblatt.

• **Seiten:** Druckt die von Ihnen als Nummern in das Feld eingegebenen Seiten des aktuellen Arbeitsblatts.

• **Markierung:** Druckt nur die ausgewählten Zellen des aktuellen Arbeitsblatts.

• **Gesamte Arbeitsmappe:** Druckt alle Arbeitsblätter der Arbeitsmappe, die Daten enthalten.

Weitere Optionen im Dialogfeld *Drucken* ermöglichen es Ihnen, zu entscheiden, wie viele Kopien Sie drucken möchten oder ob die Seiten sortiert werden sollen.

Übung 4.43: Ein Arbeitsblatt drucken

1) Klicken Sie auf das Register *Tabelle1*, damit Ihnen das erste Arbeitsblatt der Arbeitsmappe angezeigt wird.

2) Wählen Sie DATEI/DRUCKEN, übernehmen Sie die Standardeinstellungen und klicken Sie auf OK.

Ihr Ausdruck sollte etwa so aussehen.

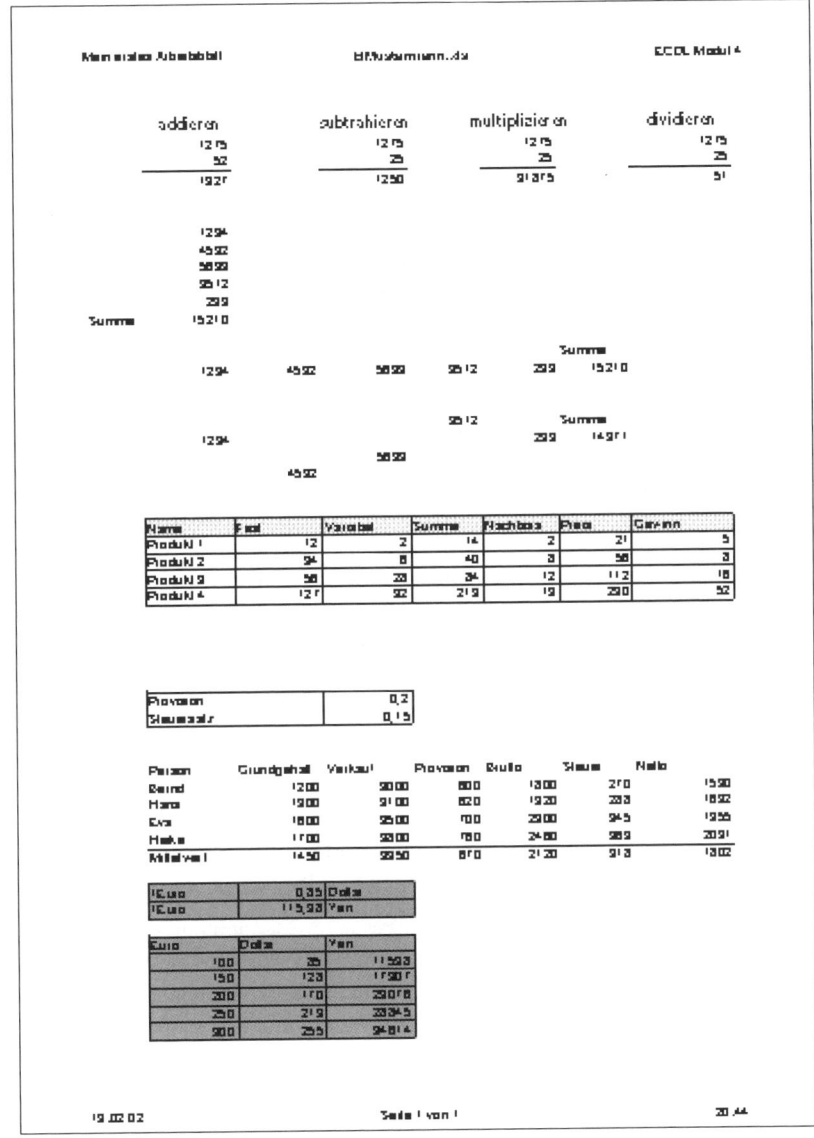

Speichern Sie Ihre Arbeitsmappe und schließen Sie *Excel*. Sie haben die Lektion 4.3 des ECDL-Moduls Tabellenkalkulation beendet.

Funktionen sind vordefinierte, in *Excel* eingebaute Formeln, die es Ihnen erlauben, bestimmte Berechnungen durchzuführen. Funktionen beginnen genauso wie Formeln immer mit einem Gleichheitszeichen (=).

Für die SUMME-Funktion brauchen Sie nur zwei Argumente einzugeben, wenn Sie eine Liste von Zellen addieren möchten: den ersten und den letzten Zellbezug. Ein Beispiel für eine SUMME-Funktion wäre:

=SUMME(A2:A6)

Um Listen von Zellen auf möglichst schnellem Wege zu addieren, markieren Sie die Zellen und klicken auf die Schaltfläche AUTOSUMME. *Excel* macht einen Vorschlag, welche Zellen Sie zusammenzählen möchten. Wenn *Excel* richtig vermutet hat, drücken Sie einfach ENTER, um die vorgeschlagenen Argumente zu bestätigen. Wenn Sie mit dem Vorschlag nicht einverstanden sind, bearbeiten Sie die Argumente der SUMME-Funktion.

Die Funktion *Mittelwert* berechnet, wie ihr Name schon vermuten lässt, den Mittelwert einer horizontalen oder vertikalen Liste von Zahlen. Ein Beispiel:

=MITTELWERT(D5:F5)

Ein Zellbereich ist eine Gruppe von Zellen in einem Arbeitsblatt. Sie können einen Bereich zusammenhängender Zellen markieren, indem Sie die Maus mit gedrückter linker Maustaste über die entsprechenden Zellen ziehen. Nicht zusammenhängende Zellbereiche werden ausgewählt, indem man die erste Zelle (oder erste Untergruppe zusammenhängender Zellen) markiert, STRG drückt und gedrückt hält und dann weitere Zellen (oder zusammenhängende Zellbereiche) auswählt.

Der Inhalt ausgewählter Zellen kann formatiert (fett oder kursiv), ausgerichtet (horizontal oder vertikal) oder gedreht werden. Außerdem können Sie den Zellen Rahmen und Füllungen (farbiger Hintergrund) zuweisen und Schriftart bzw. -größe ändern.

Sie passen die Spaltenbreite bzw. Zeilenhöhe an, indem Sie an den Begrenzungen eines Spalten- bzw. Zeilenkopfs ziehen.

Sie können den gesamten Bereich eines Arbeitsblatts nach Beschriftungstext, direkt eingegebenen Zahlen, Zahlenergebnissen aus Berechnungen und Berechnungskomponenten (Funktionsnamen, Zellbezüge, arithmetische Operatoren und Konstanten) durchsuchen. Außerdem lassen sich gesuchte bzw. gefundene Elemente durch Alternativen ersetzen. Weiterhin können Sie auf Ihr gesamtes Arbeitsblatt oder einen Teil davon die Rechtschreibprüfung anwenden.

Das Standardpapierformat ist A4, die Seiten können im Hoch- oder Querformat ausgegeben werden. Als Rand bezeichnet man den Abstand der Zelle vom jeweiligen Seitenrand.

Kopf- und Fußzeilen sind kleinere Textelemente, die auf jeder ausgedruckten Seite erscheinen. Sie enthalten normalerweise Details wie Dateiname, Name des Autors oder ein Datum. Beide können aber auch eine automatisch erstellte Seitennummerierung enthalten.

Zu den Druckoptionen in *Excel* gehören eine Funktion zur Seitenvorschau und die Möglichkeit, nur markierte Zellen zu drucken.

Lektion 4.4: Zellen einfügen, sortieren und verschieben

Die meisten *Excel*-Benutzer verbringen nur wenig Zeit damit, neue Arbeitsmappen zu erstellen und Daten in die Zellen des Arbeitsblatts einzugeben und zu formatieren. Die übrige Zeit verbringen sie damit, schon bestehende Arbeitsmappen zu öffnen und die bereits ein-gegebenen Daten zu ergänzen bzw. zu berichtigen.

In dieser Lektion lernen Sie drei weitere Möglichkeiten kennen, Ihre Tabellen zu bearbeiten.

Das Einfügen von Zeilen und Spalten erlaubt es Ihnen, einem Arbeits-blatt, das schon Zellen mit eingegebenen Daten beinhaltet, neue Zel-len hinzuzufügen. Einfügung (oder Löschung) bedeutet, dass die umliegenden Zellen ihre Position anpassen müssen, um Platz zu schaffen (oder den Platz gelöschter Zellen einnehmen müssen).

Die Funktionen *Kopieren, Ausschneiden* und *Verschieben* erlauben es Ihnen, Zellen zu reproduzieren oder zu verschieben. Das gilt innerhalb eines Arbeitsblatts, zwischen Arbeitsblättern derselben Arbeitsmappe oder sogar zwischen verschiedenen Arbeitsmappen. Das Kopieren und Ausschneiden von Berechnungen führt uns zum Begriff des relativen und absoluten Zellbezugs.

Das Sortieren schließlich ermöglicht es Ihnen noch, die in einem Arbeits-blatt eingegebenen Daten in einer anderen Reihenfolge anzuordnen.

Neue Fähigkeiten

Am Ende dieser Lektion sollten Sie in der Lage sein,

- Zeilen, Spalten und Zellen zu löschen und einzufügen,
- Zellinhalte zu kopieren, auszuschneiden und einzufügen,
- den Unterschied zwischen relativen und absoluten Zellbezügen zu erklären und zu bestimmen, bei welchen Berechnungen ein absoluter Zellbezug angebracht ist,
- Zellen nach ein oder zwei Kriterien zu sortieren,
- Symbole und Sonderzeichen von *Word* in *Excel* einzufügen.

Neue Wörter

Am Ende dieser Lektion sollten Sie in der Lage sein, die folgenden Begriffe zu erklären:

- Laufrahmen
- Sortieren
- Relativer Zellbezug
- Sortierreihenfolge
- Absoluter Zellbezug

Zeilen einfügen und löschen

Warum sollten Sie auf die Idee kommen, einem Arbeitsblatt, das ohnehin schon über mehr als 4 Mio. Zellen verfügt, noch welche hinzuzufügen? Ganz einfach. Manchmal benötigen Sie in Ihrem Arbeitsblatt eine neue Spalte oder Zeile, die neue Daten zur Ergänzung eines schon vorhandenen Zellbereichs mit Text und Zahlen enthält.

Die Übungen 4.44 und 4.45 führen Sie durch die einzelnen Schritte zum Einfügen von Zeilen und Spalten.

Übung 4.44: Eine neue Zeile einfügen

1) Öffnen Sie das zweite Arbeitsblatt, *Tabelle2*, in Ihrer Arbeitsmappe.

2) Markieren Sie den Zeilenkopf der Zeile, die unmittelbar unter der Zeile liegt, unter der Sie eine neue einfügen möchten. Wenn Sie z.B. eine neue Zeile unterhalb von Zeile 4 einfügen möchten, klicken Sie auf den Zeilenkopf von Zeile 5.

	A	B	C	D	E
1					
2		Januar	Februar	April	Summe
3	Schmitz	2356	3621	4560	10537
4	Meier	4921	4055	3542	12518
5	Konrad	2903	3308	3622	9833
6		10180	10984	11724	32888

3) Wählen Sie EINFÜGEN/ZEILEN. *Excel* fügt eine neue Zeile leerer Zellen ein.

	A	B	C	D	E
1					
2		Januar	Februar	April	Summe
3	Schmitz	2356	3621	4560	10537
4	Meier	4921	4055	3542	12518
5					
6	Konrad	2903	3308	3622	9833
7		10180	10984	11724	32888

4) Geben Sie neuen Text und Zahlen gemäß der Abbildung in die Zellen A5, B5, C5 und D5 ein. Während Sie die neuen Zahlen eingeben, berechnet *Excel* das Gesamtergebnis in Zeile 7 automatisch neu.

5) Geben Sie in Zelle E5 die folgende SUMME-Funktion ein, um die Zellen von Zeile 5 zu addieren.

=SUMME(B5:D5)

Excel berechnet E7, die Summe der Gesamtsummen, neu, um E5, die Summe der Zahlen, die Sie in Zeile 5 eingegeben haben, zu berücksichtigen. Ihr Arbeitsblatt sollte nun so aussehen.

	A	B	C	D	E
1					
2		Januar	Februar	April	Summe
3	Schmitz	2356	3621	4560	10537
4	Meier	4921	4055	3542	12518
5	Backes	3872	2441	4949	11262
6	Konrad	2903	3308	3622	9833
7		14052	13425	16673	44150

6) Damit das Arbeitsblatt leichter zu lesen ist, fügen Sie eine leere Zeile über der Zeile mit den Gesamtergebnissen der einzelnen Spalten ein.

	A	B	C	D	E
1					
2		Januar	Februar	April	Summe
3	Schmitz	2356	3621	4560	10537
4	Meier	4921	4055	3542	12518
5	Backes	3872	2441	4949	11262
6	Konrad	2903	3308	3622	9833
7					
8		14052	13425	16673	44150

Zeilen löschen

Um eine Zeile zu löschen, wählen Sie den entsprechenden Zeilenkopf aus und wählen dann BEARBEITEN/ZELLEN LÖSCHEN. Die darunter liegende Zeile rutscht nun hoch, um den nunmehr frei gewordenen Platz zu füllen.

Spalten einfügen und löschen

Das Einfügen einer neuen Spalte in ein Arbeitsblatt funktioniert ähnlich wie das Einfügen einer neuen Zeile. Übung 4.45 zeigt Ihnen, wie es geht.

Übung 4.45: Eine neue Spalte einfügen

1) Markieren Sie den Spaltenkopf der Spalte, die unmittelbar rechts neben der Spalte liegt, neben der Sie eine neue einfügen möchten.

   Wenn Sie z.B. eine neue Spalte rechts neben Spalte C einfügen möchten, klicken Sie in den Spaltenkopf von Spalte D.

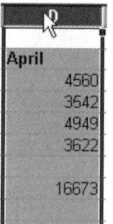

2) Wählen Sie EINFÜGEN/SPALTEN. *Excel* fügt eine neue Spalte leerer Zellen ein.

3) Geben Sie in D2:D6 Text und Zahlen, wie angezeigt, ein.

   Während Sie die neuen Zahlen in Spalte D eingeben, berechnet *Excel* die Gesamtergebnisse in Spalte F automatisch neu.

4) Um die neuen Zahlen in Spalte D zu addieren, geben Sie folgende SUMME-Funktion in Zelle D8 ein.

   =SUMME(D3:D6)

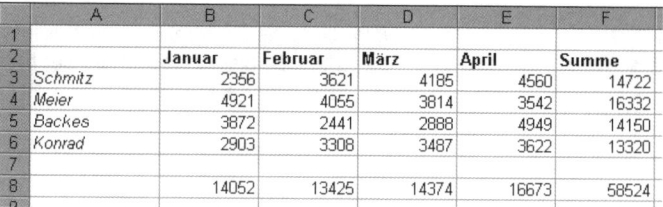

	A	B	C	D	E	F
1						
2		Januar	Februar	März	April	Summe
3	Schmitz	2356	3621	4185	4560	14722
4	Meier	4921	4055	3814	3542	16332
5	Backes	3872	2441	2888	4949	14150
6	Konrad	2903	3308	3487	3622	13320
7						
8		14052	13425	14374	16673	58524

5) Damit Ihr Arbeitsblatt leichter zu lesen ist, fügen Sie eine Spalte rechts von der Spalte *April* ein.

Tabellenkalkulation

6) Die leere Spalte ist breiter als nötig. Klicken Sie im Spaltenkopf auf die Begren-
    zungslinie der Spalten F und G und ziehen Sie die Begrenzung nach links.

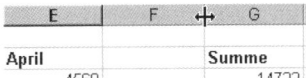 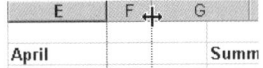

Spalten löschen

Um eine Spalte zu löschen, wählen Sie den entsprechenden Spaltenkopf aus und wählen dann BEARBEITEN/ZELLEN LÖSCHEN. Die Spalte rechts
neben der ausgewählten Spalte rutscht nach links, um den Platz der
zuvor gelöschten Spalte einzunehmen.

---

*Zellen einfügen und
löschen*

Sie können einzelne Zellen in Ihr Arbeitsblatt einfügen, indem Sie
zuerst eine Zelle auswählen, die unmittelbar unter oder rechts neben
der Stelle liegt, an der Sie eine neue Zelle einfügen möchten. Wählen
Sie dann EINFÜGEN/ZELLEN.

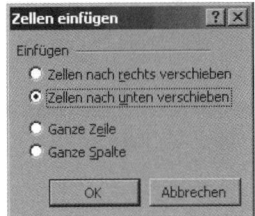

Um eine Zelle zu löschen, wählen Sie die entsprechende Zelle aus und
wählen dann BEARBEITEN/ZELLEN LÖSCHEN.

Seien Sie beim Einfügen und Löschen von neuen Zellen oder Zellbereichen vorsichtig, da *Excel* die Position der Zellen in der Umgebung
automatisch anpasst. *Excel* fordert Sie auf anzugeben, ob die benachbarten Zellen nach rechts oder nach unten verschoben werden.

---

*Zellinhalte kopieren
und einfügen*

Nehmen wir einmal an, Sie haben einen Text oder eine Zahl in einer
Zelle und Sie möchten diesen Inhalt in eine andere Zelle kopieren.
Wie funktioniert das? Es gibt viele Möglichkeiten, eine Zelle bzw.
Zellen in einem Arbeitsblatt zu kopieren. Wir möchten Ihnen die zwei
bequemsten Möglichkeiten zeigen:

• Drag & Drop

• Rechtsklick

In den Übungen 4.46 und 4.47 lernen Sie jeweils eine dieser Methoden kennen.

Übung 4.46: Mit Drag & Drop kopieren und einfügen

1) Markieren Sie die Zelle, deren Inhalt Sie kopieren möchten.

2) Klicken Sie z.B. auf das Register *Tabelle1*, um Ihr erstes Arbeitsblatt anzuzeigen. Schreiben Sie 1234 in Zelle B57 und drücken Sie ENTER. Klicken Sie als Nächstes in Zelle B57, um sie auszuwählen.

   Sie werden bemerken, dass der Cursor die Form eines Pluszeichens (+) annimmt.

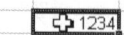

3) Bewegen Sie den Cursor an den unteren Rand der ausgewählten Zelle und halten Sie STRG gedrückt. *Excel* verwandelt den Cursor vom Pluszeichen in einen Pfeil mit einem kleinen Pluszeichen.

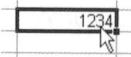

   (Sie können den Cursor an jeden Rand einer ausgewählten Zelle bewegen. Es kommt nicht darauf an, welchen Rand Sie nehmen. Der Cursor ändert in jedem Fall seine Form.)

4) Während Sie STRG gedrückt halten, ziehen Sie die Zelle an die Stelle, an der Sie den Inhalt einfügen möchten, z.B. in Zelle D57.

5) Lassen Sie zuerst die Maustaste und dann erst STRG los.

   (Wenn Sie STRG zuerst loslassen, verschiebt *Excel* den Zellinhalt, statt ihn zu kopieren.)

   Excel überschreibt eventuell bereits vorhandenen Zellinhalt der Zelle D57 mit den eingefügten Daten.

Gut gemacht! Sie haben eine Zahl aus einer Zelle des Arbeitsblatts in eine andere Zelle kopiert, ohne auf eine Schaltfläche der Symbolleiste zu klicken oder einen Menübefehl auszuwählen.

Übung 4.47: Mit einem Rechtsklick kopieren und einfügen

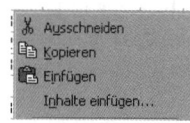

1) Markieren Sie die Zelle, deren Inhalt Sie kopieren möchten. Markieren Sie, wie schon in Übung 4.46, die Zelle B57.

2) Führen Sie einen Rechtsklick mit der Maus aus.

3) Wählen Sie KOPIEREN aus dem Kontextmenü. *Excel* deponiert den Inhalt der Zelle B57 in der Zwischenablage.

4) Klicken Sie in Zelle F57.

5) Führen Sie einen Rechtsklick mit der Maus aus.

6) Wählen Sie EINFÜGEN.

Excel überschreibt eventuell bereits vorhandenen Zellinhalt der Zelle F57 mit den eingefügten Daten.

Sie können *Drag&Drop* und auch den Rechtsklick nicht nur auf einzelne Zellen anwenden. Beide Methoden funktionieren auch mit ausgewählten Zellbereichen.

Die Zwischenablage

Wenn Sie auf eine andere Art als mit *Drag&Drop* kopieren (ausschneiden) und einfügen, so werden die kopierten (ausgeschnittenen) Zellen in einem temporären Speicher namens Zwischenablage abgelegt. Es gibt vier Dinge, die Sie sich bezüglich der Zwischenablage merken sollten.

- Die Zwischenablage ist ein temporärer Speicher. Wenn Sie Ihren Computer abschalten, wird der Inhalt der Zwischenablage gelöscht.

- Ein und dieselbe Zwischenablage steht allen *Windows*-Anwendungen zur Verfügung. Sie können z.B. etwas aus *Excel* kopieren und in *Word* einfügen.

- Die Zwischenablage kann gleichzeitig bis zu zwölf kopierte Elemente beinhalten.

- Ein Element verbleibt nach dem Einfügen weiterhin in der Zwischenablage. Sie können dasselbe Element also mehrmals und an verschiedenen Stellen einfügen.

Der blinkende Laufrahmen

Wenn Sie eine Zelle oder einen Zellbereich anders als mit *Drag&Drop* kopieren (oder ausschneiden), umgibt *Excel* die ausgewählten Zellen mit einem blinkenden Rechteck, den so genannten Laufrahmen.

Laufrahmen

Ein blinkendes Rechteck, mit dem Excel eine Zelle oder einen Zellbereich markiert, den Sie in die Zwischenablage kopiert haben.

Sie können einen Laufrahmen jederzeit durch Drücken der ESC-Taste, oben links auf der Tastatur, entfernen.

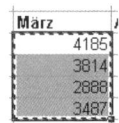

Wenn Sie den Laufrand entfernen, entfernt *Excel* den Inhalt der ausgewählten Zelle oder des Zellbereichs aus der Zwischenablage.

Übung 4.48: Einen Zellbereich kopieren und einfügen

In dieser Übung wird ein zusammenhängender Zellbereich kopiert und eingefügt. Für das Kopieren und Einfügen verwenden Sie die entsprechenden Tastenkombinationen.

1) Schreiben Sie *1234* in die Zellen C57 und E57.

2) Wählen Sie den Zellbereich B57:F57 aus.

3) Drücken Sie STRG+c, um die Zellen in die Zwischenablage zu kopieren.

4) Klicken Sie in Zelle B59 und drücken Sie STRG+v, um die Daten aus der Zwischenablage einzufügen.

Excel kopiert die Zellen in den neuen Zellbereich B59:F59, wie folgende Abbildung zeigt.

	B	C	D	E	F
56					
57		1234		1234	
58					
59		1234		1234	
60					

Sie können die Daten aus der Zwischenablage in einem Arbeitsschritt in mehrere Bereiche einfügen. Übung 4.49 zeigt Ihnen, wie es geht.

Übung 4.49: Kopieren und an unterschiedlichen Stellen einfügen

1) Während sich der Zellbereich B57:F57 aus der Übung 4.48 noch in der Zwischenablage befindet, wählen Sie den zusammenhängenden Zellbereich B61:F64 aus.

2) Drücken Sie STRG+v, um die Zellen einzufügen. Alle vier Zeilen des zusammenhängenden Zellbereichs enthalten nun die eingefügten Zellen.

3) Wählen Sie den nicht zusammenhängenden Zellbereich B66:F66, B68:F68, B70:F70.

4) Drücken Sie STRG+v, um die Zellen einzufügen. Alle drei nicht zusammenhängenden Zeilen des Zielbereichs enthalten nun die eingefügten Zellen.

Ihr Arbeitsblatt sollte so aussehen.

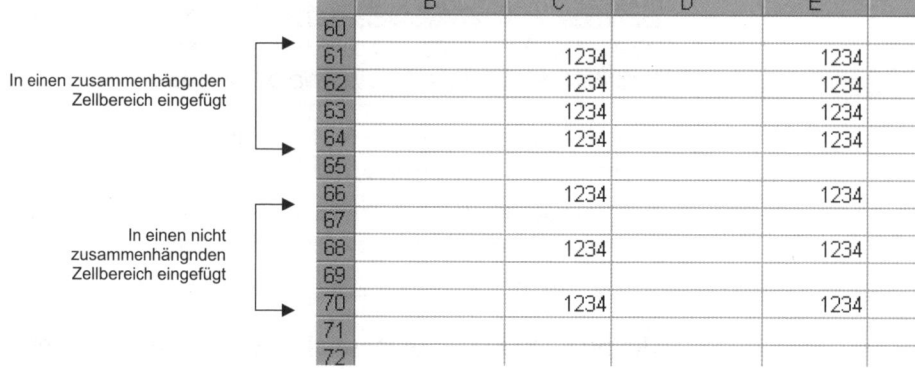

	B	C	D	E	
60					
61		1234		1234	
62		1234		1234	
63		1234		1234	
64		1234		1234	
65					
66		1234		1234	
67					
68		1234		1234	
69					
70		1234		1234	
71					
72					

In einen zusammenhängnden Zellbereich eingefügt

In einen nicht zusammenhängnden Zellbereich eingefügt

**Zellinhalte aus-
schneiden und
einfügen**

 Schaltfläche
Kopieren

 Schaltfläche
Ausschneiden

 Schaltfläche
Einfügen

Der Unterschied zwischen *Ausschneiden/Einfügen* und *Kopieren/Ein-
fügen* besteht darin, dass *Excel* beim Ausschneiden den Inhalt aus der
Ursprungszelle entfernt, während beim Kopieren der Inhalt an seiner
ursprünglichen Stelle verbleibt. Ausschneiden entfernt aber nicht die
Zelle, wie es der Befehl BEARBEITEN/LÖSCHEN tut. Nur der Inhalt wird
gelöscht, so dass eine leere Zelle zurückbleibt.

Halten Sie beim Ziehen des Zellinhalts an seinen neuen Platz nicht die
STRG-Taste gedrückt, wenn Sie mit *Drag&Drop* ausschneiden und
einfügen.

Wählen Sie AUSSCHNEIDEN und nicht KOPIEREN, wenn Sie über das Kontextmenü ausschneiden und einfügen. Die Befehle AUSSCHNEIDEN, KOPIE-
REN und EINFÜGEN können Sie auch im Menü BEARBEITEN von *Excel* finden. Die Tastenkombination zum Ausschneiden einer Zelle oder eines
Zellbereichs ist STRG+x.

Zusätzlich können Sie aber auch die Schaltflächen AUSSCHNEIDEN, KOPIE-
REN und EINFÜGEN in der Standardsymbolleiste verwenden.

**Zwischen Arbeits-
blättern und Arbeits-
mappen kopieren**

Das Kopieren, Ausschneiden und Einfügen von Zellen ist nicht auf ein
und dasselbe Arbeitsblatt (z.B. *Tabelle1*) beschränkt. Sie können auch
zwischen den einzelnen Arbeitsblättern einer Arbeitsmappe (also
Tabelle1 und *Tabelle2* Ihrer Arbeitsmappe), ja sogar zwischen verschiedenen Arbeitsmappen, kopieren, ausschneiden und einfügen.

Übung 4.50: Zwischen Arbeitsmappen kopieren und einfügen

 Schaltfläche
Neu

1) Markieren Sie im Arbeitsblatt *Tabelle2* den Zellbereich A2:G8.

2) Wählen Sie BEARBEITEN/KOPIEREN, um die Zellen in die Zwischenablage zu
kopieren.

3) Klicken Sie auf die Schaltfläche NEU IN DER STANDARDSYMBOLLEISTE, UM EINE NEUE
ARBEITSMAPPE ZU ÖFFNEN. EINE NEUE ARBEITSMAPPE MIT *Tabelle1 in der Anzeige
wird geöffnet.*

4) *GEBEN SIE IN DAS NAMENFELD* der neuen Arbeitsmappe *A100* ein und drücken Sie
dann ENTER. Der Cursor wird in Zelle A100 gesetzt, die somit zur aktiven Zelle
wird.

5) WÄHLEN SIE BEARBEITEN/EINFÜGEN, um den Zellbereich aus der Zwischenablage
einzufügen.

Die Übung ist hiermit beendet. Schließen Sie die neue Arbeitsmappe,
ohne sie zu speichern.

Zahlen und Text können in der Regel ohne Probleme kopiert, ausgeschnitten und eingefügt werden. Aber wie steht es mit Berechnungen? Können beim Verschieben von Formeln und Funktionen Fehler auftreten?

Ja, aber nur dann, wenn Berechnungen mit festgelegten Faktoren (Konstanten) betroffen sind. Wie Sie in Lektion 4.2 gelernt haben, handelt es sich dabei um Berechnungen, in denen ein gemeinsamer Zellbezug mit einem festgelegten Faktor in Formeln oder Funktionen verschiedener Spalten oder Zeilen verwendet wird. Häufige Beispiele für solche festgelegten Faktoren sind Wechselkurse, Steuersätze oder Provisionssätze.

In Übung 4.51 zeigen wir Ihnen, welches Problem beim Kopieren festgelegter Faktoren auftreten kann.

Übung 4.51: Berechnungen mit festen Faktoren kopieren

1) Wählen Sie in *Tabelle1* den Zellbereich B46:D54 aus und drücken Sie STRG+c, um in die Zwischenablage zu kopieren.

2) Klicken Sie in Zelle F46 und drücken Sie STRG+v. *Excel* kopiert die Zelle ohne Fehler an ihre neue Stelle.

   Wenn Sie auf irgendeine berechnete Zelle klicken, können Sie sehen, dass *Excel* automatisch die Argumente der Formeln an die neuen Zellbezüge angepasst hat.

   C50 enthält z.B. die Formel =B50*C46. Die entsprechende Zelle in den eingefügten Daten, G50, enthält die Formel F50*G46.

3) Wählen Sie den Zellbereich B49:D54 aus und drücken Sie STRG+c, um in die Zwischenablage zu kopieren.

4) Klicken Sie in Zelle J49 und drücken Sie STRG+v, um die Daten aus der Zwischenablage einzufügen.

   Diesmal erzeugt das Einfügen der Zellen einen Berechnungsfehler. *Excel* hat die Zellbezüge der zwei festgelegten Faktoren (die Umrechnungskurse für Dollar und Yen) geändert. Die Formeln verweisen jetzt auf den neuen Ort der Zellen K46 und K47, diese sind jedoch leer.

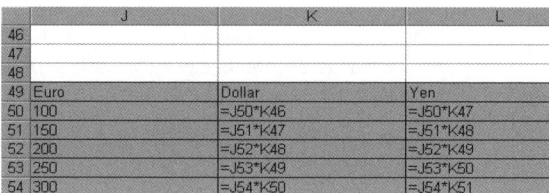

	J	K	L
46			
47			
48			
49	Euro	Dollar	Yen
50	100	=J50*K46	=J50*K47
51	150	=J51*K47	=J51*K48
52	200	=J52*K48	=J52*K49
53	250	=J53*K49	=J53*K50
54	300	=J54*K50	=J54*K51

Aber es gibt eine Lösung für dieses Problem. Wählen Sie als Erstes den Zellbereich J49:J54 aus und löschen Sie ihn dann über den Befehl BEARBEITEN/ LÖSCHEN/ALLES. Dadurch wird nicht nur der Zellinhalt, sondern auch die Formatierung gelöscht.

5) Führen Sie einen Doppelklick auf C50 aus und ändern Sie die Formel wie folgt: B50*$C$46. Gleiches gilt auch für C51:C54, ändern Sie alle Bezüge von C46 in $C$46.

Als Nächstes ändern Sie in den Zellen D50:D54 alle Zellbezüge von C47 in $C$47 um. Ihr Formeln im Arbeitsblatt sollten nun so aussehen wie in der folgenden Abbildung.

49	Euro	Dollar	Yen
50	100	=B50*$C$46	=B50*$C$47
51	150	=B51*$C$46	=B51*$C$47
52	200	=B52*$C$46	=B52*$C$47
53	250	=B53*$C$46	=B53*$C$47
54	300	=B54*$C$46	=B54*$C$47

6) Wählen Sie die Zellen B49:D54 aus und drücken Sie STRG+c, um sie zu kopieren.

7) Klicken Sie in Zelle J49 und drücken Sie STRG+v, um die Daten aus der Zwischenablage einzufügen. Keine Fehler! Wenn Sie nun auf irgendeine Zelle mit Formel klicken, stellen Sie fest, dass *Excel* die Zellbezüge, die das Symbol $ enthielten, nicht angepasst hat. Auch beim Einfügen an einer neuen Stelle verweist die Berechnung weiterhin auf die ursprünglichen Zellverweise, die zwei Wechselkurse.

Diese Übung verdeutlichte den Unterschied zwischen relativem und absolutem Zellbezug. Das nächste Thema hält noch mehr Einzelheiten hierzu bereit.

Zellbezüge: zwei Arten

Lektion 4.1 zeigte, dass jede Zelle in einem Arbeitsblatt einen eindeutigen Zellbezug hat, der in der Form A1 geschrieben wird, zuerst der Spaltenbuchstabe, dann die Zeilenzahl.

Tatsache ist aber, dass *Excel* zwei Arten von Zellbezügen unterstützt: relative (die Art A1, die Sie schon kennen) und absolute (die Art $A$1, die Sie gerade in Übung 4.51 kennen gelernt haben).

Warum reicht eine Art des Zellbezugs nicht aus? Wie Übung 4.51 gezeigt hat, ergibt sich die Antwort aus der Art und Weise, wie *Excel* Berechnungen, die Zellbezüge enthalten, kopiert und einfügt.

Einen Zellbezug, den *Excel* automatisch anpasst, wenn die Berechnungszelle, die diesen Bezug enthält, an eine neue Position verschoben wird, nennt man relativen Zellbezug.

Relativer Zellbezug

Ein Verweis auf eine Zelle oder einen Zellbereich im Format A1. Excel ändert einen relativen Zellbezug, wenn Sie eine Formel oder Funktion kopieren, die einen solchen Bezug enthält.

Ein absoluter Zellbezug hingegen ändert sich nicht, wenn die Berechnung, die diesen Bezug enthält, an eine neue Position verschoben wird. Sie sollten also mit absoluten Zellbezügen arbeiten, wenn es sich um Berechnungen mit festgelegten Faktoren handelt. Sie können einen Teil eines Zellbezugs relativ und einen anderen Teil absolut machen: z.B. G$13 oder $D17.

<table>
<tr><td>

Absoluter Zellbezug
</td></tr>
<tr><td>

Der Verweis auf eine Zelle oder einen Zellbereich im Format $A$1. Excel passt einen absoluten Zellbezug nicht an, wenn Sie eine Berechnung, die einen solchen Bezug beinhaltet, an eine neue Position verschieben.
</td></tr>
</table>

Übung 4.52: Mit absoluten Zellbezügen arbeiten

In dieser Übung verwenden Sie die Funktion *Suchen und Ersetzen*, um relative Zellbezüge in absolute umzuwandeln und dann die damit zusammenhängenden Berechnungen an eine neue Position zu kopieren.

1) Markieren Sie im Arbeitsblatt *Tabelle1* den Zellbereich E40:E43.

2) Wählen Sie BEARBEITEN/ERSETZEN. Geben Sie die Werte wie unten dargestellt ein und wählen Sie ALLE ERSETZEN.

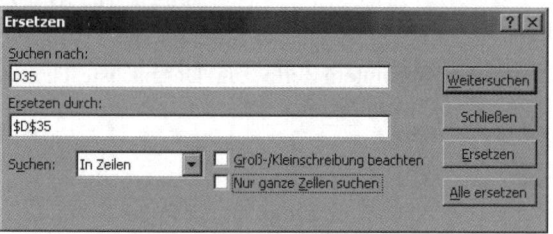

3) Wählen Sie den Zellbereich G40:G43 aus und wiederholen Sie Schritt 2. Ersetzen Sie dieses Mal jedes Auftreten von D36 durch $D$36.

   Sie können jetzt die zwei Zellen kopieren, die auf die zwei festen Faktoren Verkaufsprovision und Steuersatz verweisen.

4) Wählen Sie den Zellbereich B39:H44 aus und drücken Sie STRG+c, um ihn in die Zwischenablage zu kopieren.

5) Klicken Sie in Zelle J39 und drücken Sie STRG+v. Die Berechnungen wurden nun ohne Fehler kopiert.

Sortieren: Zellen nach Inhalt sortieren

Möglicherweise entspricht die Reihenfolge, in der Sie Daten in Ihr Arbeitsblatt eingegeben haben, nicht der Reihenfolge, die Sie sich für die Anzeige oder den Ausdruck dieser Information wünschen. Nehmen wir einmal an, Sie haben eine Liste von Zahlen in die Spalte eines Arbeitsblatts eingegeben.

Sie können Zellen so sortieren lassen, dass *Excel* sie in aufsteigender oder absteigender Reihenfolge gemäß ihres Wertes anzeigt. Wählen Sie dazu den entsprechenden Zellbereich aus und klicken Sie dann auf die Schaltfläche AUFSTEIGEND (oder ABSTEIGEND). Die neu sortierte Liste ist vielleicht einfacher zu lesen als die ursprüngliche unsortierte.

Sortieren

Das Neuanordnen von Zellen in einer Spalte nach dem Wert in den einzelnen Zellen. Das Sortieren ändert nichts am Inhalt der Zellen, sondern nur an ihrer Position.

Excel bietet mehrere Möglichkeiten der Reihenfolge, genannt Sortierreihenfolge.

Sortierreihenfolge

Eine bestimmte Weise, in der Zellen, auf ihrem Wert basierend, sortiert werden. Eine Sortierreihenfolge kann alphabetisch oder numerisch und zusätzlich aufsteigend (0–9, A–Z) oder absteigend (9–0, Z–A) sein.

Übung 4.53: Einfaches Sortieren

1) Klicken Sie in *Tabelle1* in Zelle B73 und geben Sie dann die Beschriftung *Original* ein.

2) Geben Sie in die sechs Zellen unmittelbar unter B73 die folgende Zahlenliste vertikal ein: *453, 123, 340, 683, 987* und *213*.

3) Geben Sie in die Zellen C73 und D73 die Beschriftung *Aufsteigend* bzw. *Absteigend* ein.

4) Wählen Sie den Zellbereich B74:B79 aus und drücken Sie STRG+c.

5) Wählen Sie den Zellbereich C74:D79 aus und drücken Sie STRG+v.

6) Wählen Sie nun den Zellbereich C74:C79 aus und klicken Sie auf die Schaltfläche AUFSTEIGEND in der Standardsymbolleiste.

7) Wählen Sie nun den Zellbereich D74:D79 aus und klicken Sie auf die Schaltfläche ABSTEIGEND in der Standardsymbolleiste.

Ihr Arbeitsblatt sollte nun so aussehen.

	B	C	D
71			
72	Original	Aufsteigen	Absteigend
73	453	123	987
74	123	213	683
75	340	340	453
76	683	453	340
77	987	683	213
78	213	987	123
79			

Die zwei Schaltflächen zum Sortieren bieten einen schnellen Weg, um mit einem Klick einen Zellbereich neu zu sortieren. Wie Sie in Übung 4.54 erfahren werden, bietet der *Excel*-Befehl DATEN/SORTIEREN noch eine zusätzliche Möglichkeit. Sie können einen Zellbereich nach den Werten in mehreren Spalten sortieren lassen. Das nennt sich dann *Sortieren nach mehreren Kriterien*.

Schaltfläche Aufsteigend

Schaltfläche Absteigend

Übung 4.54: Komplexes Sortieren

Wählen Sie den Zellbereich A3:A6 aus und klicken Sie auf die Schaltfläche ABSTEIGEND.

Sie werden feststellen, dass nur die Einträge im ausgewählten Bereich sortiert werden. Die Einträge der Spalten B:G bleiben unverändert.

	A	B	C	D	E	F	G
1							
2		Januar	Februar	März	April		Summe
3	Schmitz	2356	3621	4185	4560		14722
4	Meier	4921	4055	3814	3542		16332
5	Konrad	3872	2441	2888	4949		14150
6	Backes	2903	3308	3487	3622		13320
7							
8		14052	13425	3487	16673		58524
9							

1) Wählen Sie Zeile 7 aus, indem Sie auf den Zeilenkopf klicken, und wählen Sie dann EINFÜGEN/ZEILEN. Als Nächstes drücken Sie zweimal STRG+y. Das ist die Tastenkombination in *Excel* für den Befehl WIEDERHOLEN. *Excel* fügt unterhalb von Zeile 6 drei neue Zeilen ein.

	A	B	C	D	E	F	G
1							
2		Januar	Februar	März	April		Summe
3	Schmitz	2356	3621	4185	4560		14722
4	Meier	4921	4055	3814	3542		16332
5	Konrad	3872	2441	2888	4949		14150
6	Backes	2903	3308	3487	3622		13320
7							
8							
9							
10							
11		14052	13425	3487	16673		58524
12							

2) Geben Sie in die Zeilen 7, 8 und 9 den Text und die Zahlen, wie unten im Bild dargestellt, ein.

	A	B	C	D	E	F	G
1							
2		Januar	Februar	März	April		Summe
3	Schmitz	2356	3621	4185	4560		14722
4	Meier	4921	4055	3814	3542		16332
5	Konrad	3872	2441	2888	4949		14150
6	Backes	2903	3308	3487	3622		13320
7	Wilms	2512	2864	3290	3741		12407
8	Müller	3463	3981	4210	4974		16628
9	Schmitz	5951	6226	6481	6852		25510
10							
11		25978	26496	3487	32240		113069

Die Argumente der SUMME-Funktion in Zeile 11 und Spalte G werden automatisch aktualisiert.

3) Wählen Sie Spalte B aus, indem Sie auf den Spaltenkopf klicken, und wählen Sie den Befehl EINFÜGEN/SPALTEN. Geben Sie nun in der neuen Spalte die Vornamen, wie in der Abbildung gezeigt, ein.

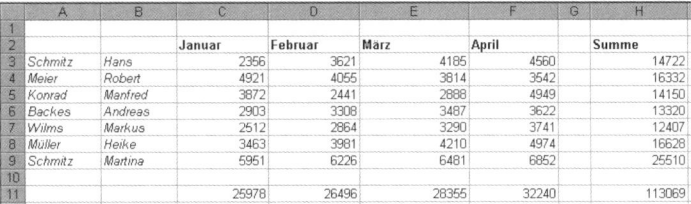

	A	B	C	D	E	F	G	H
1								
2			Januar	Februar	März	April		Summe
3	Schmitz	Hans	2356	3621	4185	4560		14722
4	Meier	Robert	4921	4055	3814	3542		16332
5	Konrad	Manfred	3872	2441	2888	4949		14150
6	Backes	Andreas	2903	3308	3487	3622		13320
7	Wilms	Markus	2512	2864	3290	3741		12407
8	Müller	Heike	3463	3981	4210	4974		16628
9	Schmitz	Martina	5951	6226	6481	6852		25510
10								
11			25978	26496	28355	32240		113069

4) Wählen Sie den Zellbereich A3:H9 aus und dann die Option DATEN/SORTIEREN.

Standardmäßig zeigt *Excel* die erste Spalte des ausgewählten Bereichs, Spalte A, im Feld *Sortieren nach* in der Dropdown-Liste an.

Im Feld *Anschließend nach* in der Dropdown-Liste wählen Sie Spalte B.

Wählen Sie dann die Sortierreihenfolge *Aufsteigend* für beide Spalten, A und B, aus und klicken Sie auf OK.

Ihr Arbeitsblatt sollte nun so aussehen.

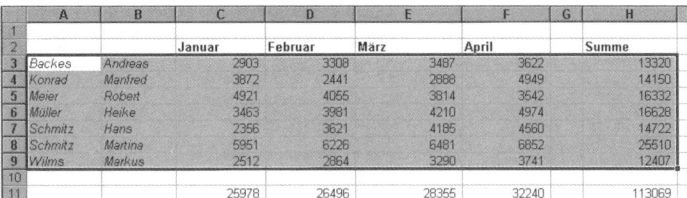

	A	B	C	D	E	F	G	H
1								
2			Januar	Februar	März	April		Summe
3	Backes	Andreas	2903	3308	3487	3622		13320
4	Konrad	Manfred	3872	2441	2888	4949		14150
5	Meier	Robert	4921	4055	3814	3542		16332
6	Müller	Heike	3463	3981	4210	4974		16628
7	Schmitz	Hans	2356	3621	4185	4560		14722
8	Schmitz	Martina	5951	6226	6481	6852		25510
9	Wilms	Markus	2512	2864	3290	3741		12407
10								
11			25978	26496	28355	32240		113069

Das Sortieren nach mehreren Kriterien ist sinnvoll, wenn sich in einer Spalte doppelte Einträge befinden. In dieser Übung enthielten die Zellen A5 und A9 jeweils den gleichen Texteintrag *Schmitz*.

Wenn Sie das ECDL-Modul Textverarbeitung abgeschlossen haben, wissen Sie, dass Microsoft *Word* es Ihnen erlaubt, Symbole und Sonderzeichen in Ihr Dokument einzufügen.

- **Symbole:** Dazu zählen Buchstaben mit Akzenten aus anderen Sprachen (wie á, é und ñ), Brüche und Buchstaben, wie sie in der Wissenschaft und Mathematik verwendet werden.

- **Sonderzeichen:** Dazu gehören Zeichen wie Copyright (©), Registriert (®) und Trademark (^{TM}) sowie typographische Zeichen wie Bindestrich oder Gedankenstrich und verschiedene Arten von Anführungszeichen.

Excel bietet jedoch nicht wie *Word* einen Befehl zum Einfügen von Symbolen oder Sonderzeichen. Wie wir Ihnen in Übung 4.55 zeigen, können Sie aber Symbole und Zeichen von *Word* in *Excel* einfügen.

Übung 4.55: Ein Sonderzeichen und ein Symbol in ein Arbeitsblatt einfügen

1) Schreiben Sie in Zelle B82 der *Tabelle1* Ihrer Arbeitsmappe *100C*.

2) Starten Sie *Microsoft Word*. *Word* sollte nun mit einem neuen leeren Dokument geöffnet werden.

3) Wählen Sie EINFÜGEN/SYMBOLE, gehen Sie dann ins Register *Symbole* und doppelklicken Sie auf das Zeichen für Grad (°). Klicken Sie auf SCHLIESSEN, um das Dialogfeld zu schließen.

4) Markieren Sie das Zeichen für Grad (°) im *Word*-Dokument und drücken Sie STRG+c. Sie können das Dokument jetzt schließen und *Word* beenden. (Sie brauchen das Dokument nicht zu speichern.)

5) Wechseln Sie wieder zu *Excel*, doppelklicken Sie auf Zelle B82, damit Sie sie bearbeiten können und positionieren Sie den Cursor zwischen 100 und C. Drücken Sie STRG+v und dann ENTER. Zelle B82 sollte nun wie die abgebildete Zelle aussehen.

Die geläufigste Möglichkeit zum weiteren Bearbeiten in *Excel* ist das Einfügen von Zeilen und Spalten. Durch das Einfügen passen sich die Zellen der Umgebung ihrer Position an, um Platz für die neuen Daten zu schaffen.

Umgekehrt verhält es sich, wenn Zeilen oder Spalten gelöscht werden. Die Zellen in der Umgebung rutschen nach oben oder rechts, um den Platz, den die nun gelöschten Zellen einnahmen, zu füllen. Auch einzelne Zellen bzw. Zellbereiche lassen sich einfügen oder löschen.

Sie können ausgewählte Zellen oder einen ausgewählten Zellbereich innerhalb desselben Arbeitsblatts, zwischen Arbeitsblättern der gleichen Arbeitsmappe und zwischen verschiedenen Arbeitsmappen kopieren oder verschieben (ausschneiden). *Excel* stellt mehrere Möglichkeiten zum Kopieren, Ausschneiden und Einfügen zur Verfügung. Dazu gehören Methoden wie *Drag&Drop*, das Kontextmenü über den Rechtsklick, Befehle der Menüleiste, Tastenkombinationen und Schaltflächen in der Standardsymbolleiste.

Excel passt Zellbezüge in Berechnungen automatisch an, wenn die Berechnungen an einer neuen Position eingefügt werden. Um zu verhindern, dass *Excel* einen Zellbezug in dieser Weise anpasst, bestimmen Sie die Zelladresse als einen absoluten Zellbezug im Format $A$1. Absolute Zellbezüge werden für gewöhnlich in Berechnungen mit festgelegten Faktoren angewendet.

Sortieren erlaubt Ihnen eine Neuordnung ausgewählter Zellen auf der Basis des Zellinhalts. Das Sortieren ändert nichts am Inhalt der Zellen, sondern nur an ihrer Position. Die Sortierreihenfolge kann alphabetischer und numerischer Natur sein. Außerdem kann die Sequenz aufsteigend (0–9, A–Z) oder absteigend (9–0, Z–A) sein.

Symbole und Sonderzeichen können nicht direkt in *Excel* eingefügt werden. Sie können sie jedoch in ein *Word*-Dokument einfügen, kopieren oder ausschneiden und dann aus *Word* in *Excel* einfügen.

Lektion 4.5: Mehr über Zahlen, Texte und Berechnungen

Die Lektionen 4.1 und 4.2 vermittelten die Grundlagen des Umgangs mit Zahlen, Zellbezügen und Texten. Nun ist es an der Zeit, auf das Gelernte aufzubauen.

Sie werden erfahren, dass es in Wirklichkeit mehrere Arten von Zahlen und Zellbezügen gibt und *Excel* diese verschiedenen Arten auch unterschiedlich behandelt.

Sie werden auch noch etwas mehr über die Eingabe von Text lernen und mit der Funktion *AutoAusfüllen*, einer sehr bequemen und zeitsparenden Funktion zur Dateneingabe in Zellen, Bekanntschaft machen.

Neue Fähigkeiten
Am Ende dieser Lektion sollten Sie in der Lage sein,

- ein geeignetes Zahlenformat für die Zahlen, die Sie in Ihr Arbeitsblatt eingeben und speichern, auszuwählen,
- Text über mehrere Spalten einzugeben,
- Zahlen als Text einzugeben,
- Zahlen zu erkennen, die in einer Berechnung als absoluter und nicht als relativer Zellbezug eingegeben werden sollten,
- die *AutoAusfüllen*-Funktion zu verwenden, um Zahlen und Text zu übertragen und Zahlenreihen und besondere Eingaben (Datumsreihen, Wochentage, Monate und Jahre) zu erstellen,
- die *AutoAusfüllen*-Funktion zu verwenden, um Berechnungen, die auf mehrere Spalten oder Zeilen Anwendung finden, zu kopieren.

Neue Wörter
Am Ende dieser Lektion sollten Sie in der Lage sein, die folgenden Begriffe zu erklären:

- Zahlenformat
- Relativer Zellbezug
- Standardzahlenformat
- Absoluter Zellbezug
- Tausender-Trennzeichen
- Erweiterung
- Währungsformat
- AutoAusfüllen
- Prozentzeichen

| **Zahlen: die unter-** | In Lektion 4.1 haben Sie gelernt, dass eine Zahl eine Möglichkeit ist, |
| **schiedlichen Formate** | eine Eingabe in die Zelle Ihres Arbeitsblatts vorzunehmen. Die ande-|

Zahlen: die unter-schiedlichen Formate

In Lektion 4.1 haben Sie gelernt, dass eine Zahl eine Möglichkeit ist, eine Eingabe in die Zelle Ihres Arbeitsblatts vorzunehmen. Die anderen Varianten waren Text, Zellbezüge und Berechnungen (Formeln und Funktionen).

Tatsache ist, dass *Excel* viele verschiedene Zahlentypen erkennt. Diese werden als Zahlenformat bezeichnet. Verwechseln Sie diesen Begriff bitte nicht mit dem Format für stilistische Elemente wie fett und kursiv.

Ein Zahlenformat bezieht sich nur auf die Art und Weise, wie eine Zahl auf dem Bildschirm bzw. in einem Ausdruck angezeigt wird. Es hat nichts mit dem eigentlichen Wert zu tun. Schauen Sie sich das folgende Beispiel einmal an:

- Eine Zelle enthält die Zahl 1,2345.
- Dieselbe Zelle enthält ein Zahlenformat mit einer Dezimalstelle.

Die Zahl wird also als 1,2 dargestellt. Wenn die Zelle jedoch in einer Berechnung verwendet wird, so wird mit dem Wert 1,2345 gerechnet. Das kann gelegentlich zu überraschenden Ergebnissen führen.

Im Beispiel rechts wird die Zelle A1 mit B1 und A2 mit B2 multipliziert. Die Ergebnisse erscheinen in C1 und C2. A1 enthält den gleichen

	A	B	C
1	1,2345	2	2,469
2	1,2	2	2,469
3			

Wert wie A2, nur dass A2 als Zahl mit einer Dezimalstelle formatiert ist.

Zahlenformat

Die Art und Weise wie Excel eine Zahl auf dem Bildschirm bzw. in einem Ausdruck darstellt. Das Zahlenformat betrifft nur das Erscheinungsbild, nicht den Wert einer Zahl.

Das Format Standard

Excel verfügt über ein Format *Standard*. Wenn keine Änderungen in ein anderes Zahlenformat vorgenommen werden, wendet *Excel* dieses Standardformat auf jede eingegebene Zahl an.

123,4
345,75
9383,5
45

Im Folgenden lesen Sie ein paar Dinge, die Sie über das Standardzahlenformat wissen sollten.

Nullen nach dem Dezimalkomma

Das Standardformat zeigt keine Nullen hinter dem Dezimalkomma an. Geben Sie z.B. *123,00* ein. Mit dem Standardzahlenformat zeigt *Excel* *123* an.

Nullstellen

Eine Null, die hinter der letzten Dezimalstelle eingegeben wird, bezeichnet man als Nullstelle.

123,0
456,70
45,450

Das Standardzahlenformat zeigt diese Nullen nicht an.

Geben Sie z.B. *123,40* ein. Mit dem Standardformat zeigt *Excel 123,4* an.

Tausender-Trennzeichen

Das Standardformat fügt nicht automatisch einen Punkt (.) ein, um Tausender zu trennen.

Geben Sie z.B. 2500 ein. *Excel* zeigt die Zahl als 2500 und nicht als 2.500 an.

Währungssymbole

Wenn Sie in *Excel* ein Währungssymbol (z.B. €) vor einer Zahl eingeben, könnte es sein, dass *Excel* Ihre Eingabe als Text und nicht als Zahl behandelt. Es kann also sein, dass *Excel* bei der Eingabe *€123* in einer Berechnung die Fehlermeldung #Wert erzeugt.

Für Geldbeträge ungeeignet

Die oben aufgeführten Punkte lassen klar erkennen, dass das Standardzahlenformat nicht geeignet ist, Geldbeträge in einem Arbeitsblatt darzustellen.

Tausender-Trennzeichen

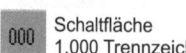 Schaltfläche 1.000 Trennzeichen

Ändern Sie das Tausender-Format, damit *Excel* Tausenderstellen durch einen Punkt trennt. *Excel* zeigt auch alle Zahlen mit zwei Dezimalstellen an. Übung 4.56 zeigt Ihnen das Tausender-Format.

Übung 4.56: Das Zahlenformat in Tausender ändern

1) Öffnen Sie *Tabelle2* Ihrer Arbeitsmappe und wählen Sie den Zellbereich C3:C9 aus.

2) Klicken Sie auf die Schaltfläche 1.000ER-TRENNZEICHEN in der Standardsymbolleiste.

   Excel fügt den Zahlen im ausgewählten Zellbereich einen Punkt und zwei Dezimalstellen hinter dem Komma hinzu. Rechts sehen Sie den Unterschied.

C		C
Januar		Januar
2903		2.903,00
3872		3.872,00
4921	→	4.921,00
3463		3.463,00
2356		2.356,00
5951		5.951,00
2512		2.512,00

3) Wählen Sie BEARBEITEN/RÜCKGÄNGIG FORMAT (oder drücken Sie STRG+z), um wieder zum Standardzahlenformat zurückzukehren.

Das Format Währung

 Schaltfläche Währung

Wechseln Sie zum Format *Währung*, wenn Sie Zahlen eingeben, die Geldbeträge angeben. Übung 4.57 demonstriert Ihnen das Format *Währung*.

Übung 4.57: Das Zahlenformat in Währung ändern

1) Wählen Sie in Ihrem Arbeitsblatt den Zellbereich C3:H11 aus.

2) Klicken Sie auf die Schaltfläche WÄHRUNG in der Formatsymbolleiste.

   Excel fügt das Währungssymbol (DM), den 1.000er-Trennpunkt und zwei Nullen hinter dem Dezimalkomma ein.

Schaltfläche Euro

3) Wenn Sie die Angaben in Euro haben möchten, so klicken Sie bitte auf die Schaltfläche EURO auf der Formatsymbolleiste.

	A	B	C	D	E	F	G	H
1								
2			Januar	Februar	März	April		Summe
3	Backes	Andreas	2.903,00 €	3.308,00 €	3.487,00 €	3.622,00 €		13.320,00 €
4	Konrad	Manfred	3.872,00 €	2.441,00 €	2.888,00 €	4.949,00 €		14.150,00 €
5	Meier	Robert	4.921,00 €	4.055,00 €	3.814,00 €	3.542,00 €		16.332,00 €
6	Müller	Heike	3.463,00 €	3.981,00 €	4.210,00 €	4.974,00 €		16.628,00 €
7	Schmitz	Hans	2.356,00 €	3.621,00 €	4.185,00 €	4.560,00 €		14.722,00 €
8	Schmitz	Martina	5.951,00 €	6.226,00 €	6.481,00 €	6.852,00 €		25.510,00 €
9	Wilms	Markus	2.512,00 €	2.864,00 €	3.290,00 €	3.741,00 €		12.407,00 €
10								
11			25.978,00 €	26.496,00 €	28.355,00 €	32.240,00 €		113.069,00 €

Das Format Prozent

 Schaltfläche Prozent

Dieses Format führt zwei Aktionen durch:

- Es multipliziert die ausgewählte Zelle oder den ausgewählten Zellbereich mit 100.

- Es fügt hinter jeder ausgewählten Zahl ein Prozentzeichen ein.

Verwenden Sie dieses Format, um Dezimalbruchteile (0,0525) als besser lesbare Prozentzahlen (5,25%) darzustellen.

In Übung 4.58 werden Sie einige solcher Dezimalbruchteile erzeugen, die sich zur Darstellung in Prozent eignen. In Übung 4.59 werden Sie diese Zahlen dann in das Prozentformat umwandeln.

Übung 4.58: Dezimalbruchteile erzeugen

In dieser Übung fügen Sie *Tabelle2* zwei neue Elemente hinzu.

- Eine neue Spalte, um das Ergebnis jeder einzelnen Person im Verhältnis zum Gesamtergebnis darzustellen.

- Eine neue Zeile, um das Ergebnis jedes Monats im Verhältnis zum Gesamtergebnis darzustellen.

1) Fügen Sie in Zelle I2 und B13 ein Prozentzeichen (%) ein. Weisen Sie dem Symbol das Format *fett* und *zentriert* zu.

I
%
0,117804
0,125145
0,144443
0,147061
0,130204
0,225614
0,109729

2) Geben Sie in I3 die Formel =H3/H11 ein, um zu berechnen, welchen Anteil *Hans Schmitz* am Gesamtergebnis hat.

Geben Sie nun die entsprechenden Formeln in die Zellen I4:I9 ein.

Geben Sie z.B. in Zelle I5 =H5/H11 und in Zelle I6 =H6/H11 ein.

Spalte I sollte nun wie rechts in der Abbildung aussehen.

3) Geben Sie in C13 die Formel =C11/H11 ein, um zu berechnen, welchen Anteil der *Januar* am Gesamtergebnis hat.

Geben Sie nun die entsprechenden Formeln in die Zellen D13:F13 ein, beispielsweise = D11/H11 in Zelle D13. Zeile 13 sollte nun so aussehen.

	B	C	D	E	F
12					
13	%	0,229753513	0,234334787	0,250776075	0,285135625
14					

Übung 4.59: Das Format Prozent anwenden

Sie werden nun die Ergebnisse der Berechnungen aus Übung 4.58 als Prozentzahlen anzeigen, indem Sie das Prozentformat verwenden. Außerdem werden Sie den Zellen mit Prozentzahlen eine Füllung (Hintergrundfarbe) zuweisen.

1) Wählen Sie den Zellbereich I3:I9 und klicken Sie auf die Schaltfläche PROZENT. Weisen Sie den Zellen außerdem das Format *zentriert* zu.

2) Während der Zellbereich I3:I9 noch ausgewählt ist, klicken Sie auf den Pfeil zum Öffnen der Dropdown-Liste neben der Schaltfläche FÜLLFARBE in der Format-symbolleiste.

3) Wählen Sie aus der Farbpalette *Grau 25%* aus. Klicken Sie auf OK.

4) Wählen Sie den Zellbereich C13:F13 aus und klicken Sie auf die Schaltfläche PROZENT.

5) Wiederholen Sie die Schritte 2 und 3 für die Zellen C13:F13, um ihnen die Hinter-grundfarbe *Grau 25%* zuzuweisen.

6) Während C13:F13 noch ausgewählt ist, weisen Sie den Zellen das Format *zentriert* zu.

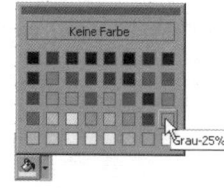

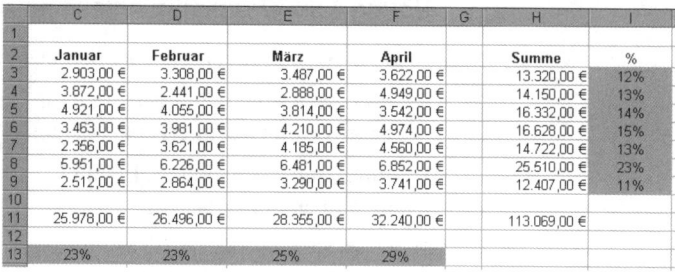

	C	D	E	F	G	H	I
1							
2	Januar	Februar	März	April		Summe	%
3	2.903,00 €	3.308,00 €	3.487,00 €	3.622,00 €		13.320,00 €	12%
4	3.872,00 €	2.441,00 €	2.888,00 €	4.949,00 €		14.150,00 €	13%
5	4.921,00 €	4.055,00 €	3.814,00 €	3.542,00 €		16.332,00 €	14%
6	3.463,00 €	3.981,00 €	4.210,00 €	4.974,00 €		16.628,00 €	15%
7	2.356,00 €	3.621,00 €	4.185,00 €	4.560,00 €		14.722,00 €	13%
8	5.951,00 €	6.226,00 €	6.481,00 €	6.852,00 €		25.510,00 €	23%
9	2.512,00 €	2.864,00 €	3.290,00 €	3.741,00 €		12.407,00 €	11%
10							
11	25.978,00 €	26.496,00 €	28.355,00 €	32.240,00 €		113.069,00 €	
12							
13	23%	23%	25%	29%			

Gut gemacht! Sie haben diese Übung jetzt beendet. Ihr Arbeitsblatt sollte nun so aussehen.

Vom Format Standard wechseln

Es gibt zwei Möglichkeiten, vom *Excel*-Format *Standard* zu wechseln.

• Geben Sie zuerst die Zahlen ein und ändern Sie dann das Zahlen-format.

• Ändern Sie zuerst das Zahlenformat der leeren Zellen und geben Sie dann Ihre Zahlen ein.

Die zweite Möglichkeit ist die bessere. Wenn Sie ein neues Arbeits-blatt erstellen, um Geldbeträge einzugeben, wählen Sie das gesamte Arbeitsblatt aus und weisen Sie ihm das Format *Währung* zu, bevor Sie irgendwelche Zahlen eingeben. Das Format *Währung* wirkt sich nur auf eingegebene Zahlen, nicht aber auf Text aus.

Tabellen werden oft dazu verwendet, physikalische Messungen und Ergebnisse bei Laborexperimenten aufzuzeichnen. Diese Zahlen arbeiten nicht mit Finanzzahlen, so dass das Format *Währung* hierfür ungeeignet ist. Vielmehr verlangt diese Art von Zahlen die Anzeige von mehr als zwei oder drei Dezimalstellen hinter dem Komma. Das geeignete Zahlenformat für diesen Zweck heißt *Zahlen*. Übung 4.60 zeigt ein Beispiel.

Übung 4.60: Anzahl der Dezimalstellen angeben

Ihre Aufgabe ist es, die folgenden Zahlen mit vier Stellen hinter dem Komma aufzuzeichnen: *3,4512, 5,13, 9,59383* und *4,531*.

1) Klicken Sie auf das Register *Tabelle1*, damit Ihnen das erste Arbeitsblatt der Arbeitsmappe angezeigt wird.

2) Markieren Sie den Zellbereich B84:B88 und wählen Sie FORMAT/ZELLEN.

3) Wählen Sie im Register *Zahlen* die Kategorie *Zahl* und im Feld *Dezimalstellen* den Wert *4*.

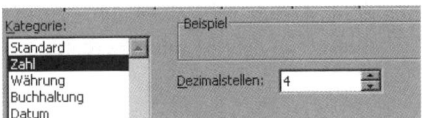

4) Klicken Sie auf B84 und schreiben Sie die erste Zahl. Geben Sie als Nächstes die übrigen drei Zahlen in die drei Zellen des Zellbereichs ein.

Wie Sie links sehen können, zeigt *Excel* die Eingaben im eingestellten Format bis auf die vierte Dezimalstelle an.

* Die Zahl mit mehr als vier Dezimalstellen wird jetzt nur noch mit den ersten vier Dezimalstellen angezeigt.

* Bei der Zahl, die weniger als vier Dezimalstellen hatte, fügt *Excel* Nullen als fehlende Dezimalstellen ein.

```
3,4512
5,1300
9,5938
4,5310
```

Im Register *Zahlen* des Dialogfelds *Zellen* befindet sich auch die Option zum Einfügen des 1.000-Trennpunkts.

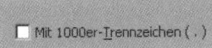

Sie können diese Option unabhängig davon wählen, ob Sie Dezimalstellen angeben oder nicht.

Zwei Schaltflächen in der *Excel*-Formatsymbolleiste bieten eine schnelle Möglichkeit, die Anzahl der angezeigten Dezimalstellen eines Zellbereichs zu erhöhen oder zu reduzieren. Bei jedem Klick auf eine der Schaltflächen wird die Anzahl der Dezimalstellen in den markierten Zellen um eine erhöht oder reduziert.

Schaltfläche
Dezimalstelle hinzufügen

Schaltfläche
Dezimalstelle löschen

Die Schaltflächen funktionieren in Verbindung mit Zahlen im Standard-, Währungs- und Zahlenformat.

Excel und Datums-angaben

Ob nun mit finanziellen Transaktionen oder mit Ergebnissen von Experimenten eingetragen, Datumsangaben können einen wichtigen Faktor in einem Arbeitsblatt darstellen. *Excel* behandelt Datumsangaben wie Zahlen, wobei die Serienzahl 1 dem Datum 1. Januar 1900 entspricht. Auf diese Weise kann *Excel* Datumsangaben addieren und subtrahieren und sie in seine Berechnungen einbeziehen.

*Datumsangaben
eingeben*

Verwenden Sie einen Bindestrich oder Schrägstrich, um die einzelnen Teile der Datumseingabe zu trennen. Ein Beispiel:

17/10/00
26-Nov-01
9. Februar 1969

Wenn Sie nur einfach *TT/MM* eingeben, geht *Excel* beim Datum vom laufenden Jahr aus.

Wenn Sie ein Datum eingeben, das *Excel* erkennt, wird der Zelle automatisch eines der voreingestellten Datumsformate zugewiesen. Außerdem wird das Datum rechtsbündig ausgerichtet.

Wenn *Excel* das Datum nicht erkennt, wird das Datum als Text aufgezeichnet und linksbündig ausgerichtet.

*Datumsangaben
formatieren*

Die Art und Weise, in der *Excel* ein eingegebenes Datum anzeigt, hängt vom zugewiesenen Zahlenformat der Zelle ab.

Zur Anzeige einer Liste mit den möglichen Ausgabeformaten, wählen Sie FORMAT/ZELLE, dann das Register *Zahlen* und die Kategorie *Datum*. Im Feld *Formate* können Sie die verschiedenen Formatoptionen betrachten.

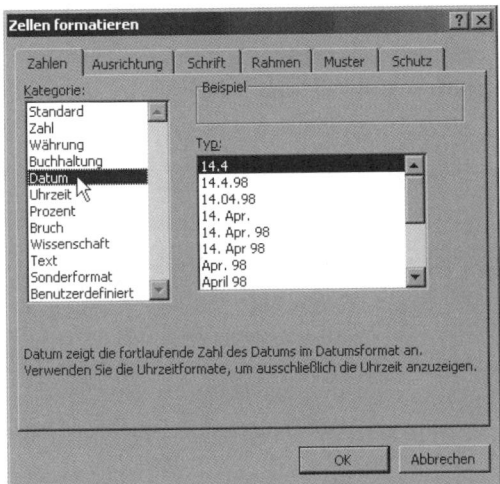

Machen Sie sich mit der Art und Weise, wie *Excel* Datumseingaben behandelt, vertraut, indem Sie einige Datumsangaben in verschiedenen Formaten in Ihr Arbeitsblatt eingeben. Wählen Sie danach die Zellen aus und weisen Sie den Eingaben über FORMAT/ZELLE einige der Formate aus der Formatliste zu.

Ländereinstellungen

Ländereinstellun...

Optionen, die über die Funktion *Ländereinstellungen* der *Windows*-Systemsteuerung ausgewählt werden, wirken sich auf die Währungs- und Datumsanzeige der Zelleinträge in *Excel* aus.

- **Änderung der Währung:** Um eine andere Währung in Ihren Arbeitsblättern als Standard zu verwenden, wählen Sie START/EIN-STELLUNGEN/SYSTEMSTEUERUNG und klicken auf das Symbol *Länderein-stellungen*. Wählen Sie im Register *Ländereinstellungen* das entsprechende Land aus. Im Register *Währung* wählen Sie die Währungsangaben wie Währungssymbol, Anzahl der Dezimalstellen und Dezimalzeichen aus oder passen Sie diese an. Wenn Sie in Ihrem Arbeitsblatt nur gelegentlich ein anderes Währungssymbol oder unterschiedliche Währungssymbole verwenden möchten, wählen Sie einfach FORMAT/ZELLEN und dann in der Kategorie *Währung* das entsprechende Symbol.

- **Änderung der Datumsangabe:** Um die Datumsanzeige eines anderen Landes als Standard in Ihren Arbeitsmappen zu verwenden, wählen Sie das entsprechende Land im Register *Ländereinstellungen* aus. Im Register *Datum* bestimmen Sie dann die entsprechende Datumsanzeige oder passen Sie sie an.

Excel und Text

Es gibt noch zwei weitere Dinge, die Sie in Bezug auf Text wissen sollten. Sie können Text eingeben, der sich über mehrere Spalten Ihres Arbeitsblatts erstreckt und Sie können Zahlen als Text eingeben.

Es kann vorkommen, dass Sie eine Textzeile eingeben möchten, die länger ist als die Breite einer einzelnen Spalte. *Excel* erlaubt Ihnen eine solche Eingabe; vorausgesetzt, der Text läuft nicht in eine Zelle, die Daten enthält.

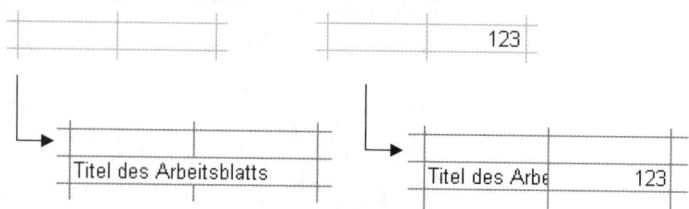

Übung 4.61 gibt Ihnen ein Beispiel zur Eingabe von Text, der sich über mehrere Spalten erstreckt.

Übung 4.61: Text über mehrere Spalten eingeben

1) Markieren Sie Zeile 1 in *Tabelle2*, indem Sie auf den entsprechenden Zeilenkopf klicken.

2) Wählen Sie EINFÜGEN/ZEILEN.

3) Drücken Sie STRG+y, um das Einfügen einer Zeile zu wiederholen. Sie haben nun zwei neue leere Zeilen am oberen Rand Ihres Arbeitsblatts.

4) Geben Sie in Zelle C2 folgenden Text ein*:*

   Verkaufszahlen 1. Quartal für 2001

5) Markieren Sie C2, klicken Sie auf die Dropdown-Liste *Schriftgröße* und wählen Sie dann 14 Punkt.

   Während C2 noch markiert ist, klicken Sie auf die Schaltflächen FETT und KURSIV in der Formatsymbolleiste.

   Die obersten Zeilen von *Tabelle2* sollten nun so aussehen.

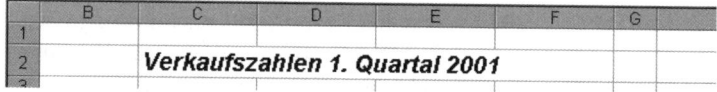

Warum in aller Welt sollten Sie sich wünschen, dass *Excel* eine Zahl als etwas anderes als eine Zahl behandelt? Die Antwort ist ganz einfach: wenn die Zahl nicht für eine Menge oder einen Betrag steht, sondern eine Kennzahl für irgendetwas darstellt. Als Beispiele könnte man Modellreihenbezeichnungen (wie 010-34 oder M5339), Postleitzahlen und Telefonnummern nennen.

Um nun eine Zahl als Text einzugeben, müssen Sie der leeren Zelle zuerst das Format *Text* zuweisen und dann, wie in Übung 4.62, die Zahlen eingeben. Wenn Sie zuerst die Zahlen eingeben, weist *Excel* ihnen kein Textformat zu. Sie müssten dann alle Zahlen neu eingeben.

Übung 4.62: Zahlen als Text formatieren

1) Wählen Sie in *Tabelle2* die Zellen B20:B23 aus.

2) Wählen Sie FORMAT/ZELLEN.

3) Wählen Sie im Register *Zahlen* die Kategorie *Text* aus und klicken Sie dann auf OK.

4) Geben Sie in die Zellen B20:B23 die Zahlen wie unten angezeigt ein.

010-53
M56-47N
091-10000
W1-S9

Excel behandelt die Zahlen als Text. Sie können diese vier Eingaben jetzt wieder aus Ihrem Arbeitsblatt löschen.

AutoAusfüllen-Funktion in Excel

Excel bietet eine wirklich brauchbare Funktion namens *AutoAusfüllen* an, um die Eingabe in eine Zelle oder einen Zellbereich zu übertragen oder weiterzuführen (in einer definierten Sequenz).

Übung 4.63: AutoAusfüllen zum Kopieren und Erweitern von Zahlen und Texten verwenden

1) Geben Sie in *Tabelle3* Folgendes in den Zellbereich B19:F19,C20 ein.

18					
19		12	12	Hello	Jan	Mo
20			13			
21						

2) Klicken Sie in Zelle B19 und positionieren Sie den Cursor auf den Anfasser, das kleine schwarze Viereck rechts unten an der markierten Zelle.

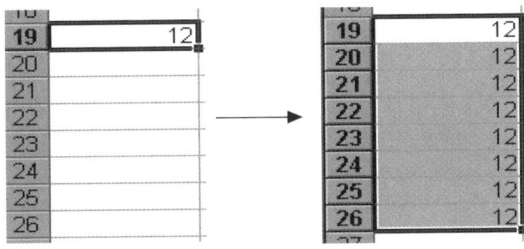

3) Ziehen Sie den Anfasser bis Zelle B26 hinunter. *Excel* kopiert den Inhalt der Zelle B19 in alle anderen ausgewählten Zellen.

4) Wählen Sie den Zellbereich C19:C20 aus und ziehen Sie den Anfasser bis C26 hinunter.

5) Markieren Sie D19 und ziehen Sie den Anfasser bis D26 hinunter.

6) Markieren Sie E19 und ziehen Sie den Anfasser bis E26 hinunter.

7) Markieren Sie F19 und ziehen Sie den Anfasser bis F26 hinunter.

Ihr Arbeitsblatt sollte nun so aussehen.

19	12	12	Hello	Jan	Mo
20	12	13	Hello	Feb	Di
21	12	14	Hello	Mrz	Mi
22	12	15	Hello	Apr	Do
23	12	16	Hello	Mai	Fr
24	12	17	Hello	Jun	Sa
25	12	18	Hello	Jul	So

Sie können die Übung nun wieder löschen, da wir sie nicht mehr benötigen.

AutoAusfüllen und einzelne Zahlen und Text

Für die Zellbereiche B19:B24 und D19:D24 haben Sie ursprünglich eine einzelne Zelle ausgewählt, die eine Zahl (12) oder Text (Hallo) beinhaltet. Als Sie nun den Anfasser nach unten gezogen haben, hat *Excel* die Zahl bzw. den Text in die Zellen kopiert, über die Sie den Anfasser gezogen haben.

AutoAusfüllen und Zahlenreihen

Für den Zellbereich C19:C24 haben Sie ursprünglich zwei Zellen markiert. *Excel* hat erkannt, dass diese Zellen zwei Zahlen in aufsteigender Reihenfolge (12 und 13) zum Inhalt hatten. Als Sie nun den Anfasser nach unten gezogen haben, hat *Excel* den Zuwachs der Zahlenreihe (14, 15 usw.) in die Zellen eingetragen, über die Sie den Anfasser gezogen haben.

AutoAusfüllen bei Monaten, Tagen, Uhrzeiten und Jahren

Beim Zellbereich E19:E24 und F19:F24 hat *Excel* erkannt, dass die einzelne Zelle, die Sie ausgewählt hatten, einen Monatsnamen bzw. einen Wochentag enthielt. Als Sie den Anfasser nun nach unten zogen, fügte *Excel* Erweiterungen dieser Serien (Feb, Mrz ... Di, Mi) ein.

Excel erkennt auch Zeitangaben (wie 9:00 oder 12:30), Datumsangaben (wie 1-Mai oder 10-April) und Jahresangaben (wie 1996 oder 2002).

AutoAusfüllen und Berechnungen

Oftmals müssen Sie an Spalten oder Zeilen eines Arbeitsblatts die gleiche Aktion ausführen, z.B. Addieren oder den Mittelwert errechnen. Verwenden Sie *AutoAusfüllen* in zwei Schritten, um Berechnungen (Formeln und Funktionen) für Summen und Mittelwert nicht für jede Spalte und Zeile einzeln eingeben zu müssen.

- Geben Sie die Berechnung für eine Zeile oder Spalte ein.
- Verwenden Sie die Funktion *AutoAusfüllen*, um die Formel oder Funktion in die zusammenhängenden Zellen zu kopieren.

AutoAusfüllen und Zellbezüge

AutoAusfüllen passt die Zellbezüge beim Kopieren der Berechnung in die ausgewählten Zellen automatisch an.

Wenn eine Berechnung einen festgelegten Faktor enthält, wie z.B. Steuersatz, Umrechnungskurs oder Verkaufsprovision, möchten Sie natürlich vermeiden, dass *Excel* die Zellbezüge mit festgelegtem Faktor beim *AutoAusfüllen* anpasst. Ändern Sie in diesem Fall die Zellbezüge mit festgelegtem Faktor in einen absoluten Zellbezug. Übung 4.64 zeigt Ihnen den Gebrauch von *AutoAusfüllen* mit relativen und absoluten Zellbezügen.

Übung 4.64: AutoAusfüllen zum Kopieren von Berechnungen verwenden

1) Wählen Sie in *Tabelle2* den Zellbereich H6:I11 aus und drücken Sie ENTF, um den Inhalt der Zellen zu löschen.

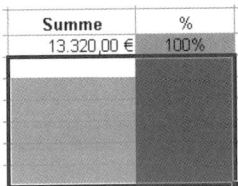

In Zelle I5 sehen Sie nun den Eintrag 100% und die Zelle Gesamtergebnis H13 zeigt 13.320,00 € an.

2) Markieren Sie H5 und ziehen Sie den Anfasser bis H11 hinunter.

AutoAusfüllen weitet die Berechnung in H5 auf den Zellbereich H6:H11 aus.

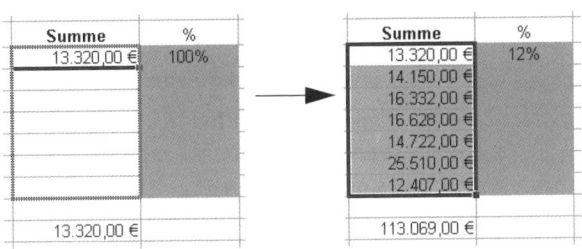

In jedem einzelnen Fall passt *AutoAusfüllen* den Zellbezug an. Zelle H5 z.B. beinhaltet die Funktion =SUMME(C5:F5), während Zelle H9 dagegen die Funktion =SUMME(C9:F9) enthält.

3) Wählen Sie Zelle I5 aus, um die Funktion zu bearbeiten und den relativen Zellbezug in einen absoluten Zellbezug umzuwandeln.

4) Während I5 noch ausgewählt ist, ziehen Sie den Anfasser bis zu Zelle I11 hinunter.

AutoAusfüllen weitet die Berechnung in I5 auf den Zellbereich I6:I11 aus. Dabei passt *AutoAusfüllen* den relativen Zellbezug H5 an, den absoluten Zellbezug $H$13 jedoch nicht.

Summe	%
13.320,00 €	12%
14.150,00 €	13%
16.332,00 €	14%
16.628,00 €	15%
14.722,00 €	13%
25.510,00 €	23%
12.407,00 €	11%
113.069,00 €	

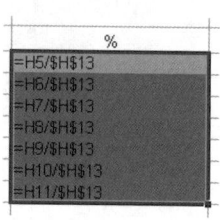

%
=H5/$H$13
=H6/$H$13
=H7/$H$13
=H8/$H$13
=H9/$H$13
=H10/$H$13
=H11/$H$13

Wie Sie in den Schritten 5 und 6 dieser Übung lernen werden, funktioniert *Auto-Ausfüllen* sowohl bei Spalten als auch bei Zeilen.

5) Wählen Sie den Zellbereich D13:F13 und drücken Sie ENTF, um den Inhalt der Zellen zu löschen.

| 25.978,00 € | | | | 113.069,00 |

6) Wählen Sie C13 aus und ziehen Sie den Anfasser nach rechts bis zur Zelle F13.

| 25.978,00 € | 26.496,00 € | 28.355,00 € | 32.240,00 € |

Die Tastenkombination für AutoAusfüllen

Vielleicht geht *AutoAusfüllen* für Sie mit der Tastenkombination schneller als das Ziehen des Anfassers mit der Maus. Führen Sie die folgenden Schritte aus:

- Markieren Sie die Zellen, deren Inhalt Sie kopieren möchten.

- Ziehen Sie die Maus nach unten (oder nach rechts), um die Zellen zu markieren, die Sie mit Inhalt füllen möchten.

- Drücken Sie STRG+u, um nach unten auszufüllen, und STRG+r, um nach rechts auszufüllen.

AutoAusfüllen

Ein Werkzeug in Excel zum schnellen Kopieren oder Erweitern (in einer bestimmten Reihenfolge) von Eingaben in eine Zelle oder einen Zellbereich.

Sie haben die Lektion 4.5 des ECDL-Moduls Tabellenkalkulation beendet. Speichern Sie Ihre Arbeitsmappe und schließen Sie *Excel*.

*Excel*s Standardzahlenformat zeigt keine Nullstellen an, fügt nicht automatisch ein 1.000er Trennzeichen ein und eignet sich nicht zur Eingabe von Finanz- bzw. Geldbeträgen. Das Format *1.000er Trennzeichen* fügt einen Punkt zur Trennung der Tausender ein und zeigt alle Zahlen mit zwei Dezimalstellen hinter dem Komma an.

Das Format *Währung* fügt automatisch das entsprechende nationale Währungssymbol ein und verwendet die entsprechenden Einstellungen zur Anzahl der Dezimalstellen.

Das Format *Prozent* multipliziert Zahlen mit 100 und fügt das Prozentzeichen (%) hinter jeder Zahl ein.

Wenn Sie auf ein anderes als das Standardzahlenformat zurückgreifen möchten, ist es besser, dies auszuwählen, bevor Sie die Zahlen eingeben. Vom Zahlenformat sind nur Zahlen, nicht aber Texteinträge betroffen.

Sie können Text über mehrere Spalten eingeben (vorausgesetzt, die anderen überschriebenen Zellen sind leer) und Zahlen auch als Text formatieren. Das kann nützlich sein, wenn Ihre eingegebenen Zahlen Kennzahlen (Teilenummern, Telefonnummern etc.) und keine Beträge sind.

In Berechnungen können Zellen einen relativen oder einen absoluten Zellbezug haben. Wenn Sie Berechnungen in andere Zellen kopieren, ändert *Excel* die relativen Zellbezüge. Absolute Zellbezüge bleiben beim Kopieren unverändert. Verwenden Sie absolute Zellbezüge für Zellen, die festgelegte Faktoren, wie z.B. Steuersatz etc., beinhalten.

AutoAusfüllen kopiert den Inhalt einer Zelle in andere ausgewählte Zellen der gleichen Spalte oder Zeile. Darüber hinaus kann *AutoAusfüllen* Zahlenreihen von Zeit-, Datums-, Monats- und Jahresangaben fortführen.

Lektion 4.6: Diagramme in Excel erzeugen

Zu dieser Lektion

Bis jetzt haben Sie *Excel* dazu verwendet, die Zellen in Ihrem Arbeitsblatt mit Inhalt zu füllen, neu zu bearbeiten, zu berechnen, zu formatieren und an andere Stellen zu verschieben.

In dieser Lektion lernen Sie, wie Sie den Inhalt der Zellen Ihrer Arbeitsblätter mit *Excel* in so genannten Charts – es handelt sich um ein amerikanisches Produkt – darstellen können. In unseren Breitengraden werden statt Chart jedoch eher die Begriffe Diagramm oder Grafik verwendet.

Neue Fähigkeiten

Am Ende dieser Lektion sollten Sie in der Lage sein,

- den Diagramm-Assistenten in *Excel* zu verwenden, um Diagramme zu erzeugen, die auf Zahlen, Texten und Berechnungen Ihres Arbeitsblatts basieren,

- geeignete Optionen in den Dialogfeldern des *Excel*-Diagramm-Assistenten auszuwählen,

- Säulen-, Balken- und Kreisdiagramme zu erzeugen,

- Diagrammtext zu formatieren und Diagrammfarben zu ändern,

- Datenbeschriftung hinzuzufügen und zu bearbeiten,

- Diagramme zu verschieben und in ihrer Größe zu verändern,

- die Skalierung der Achsen zu ändern.

Neue Wörter

Am Ende dieser Lektion sollten Sie in der Lage sein, die folgenden Begriffe zu erklären:

- Diagramm

- Diagrammfläche

- Zeichnungsfläche

- Datenpunkt

- Datenreihe

- Datenbeschriftung

Um in *Excel* ein Diagramm zu erzeugen, gehen Sie in zwei Schritten vor:

- Markieren Sie die Zellen, deren Inhalt Sie zur Darstellung im Diagramm verwenden möchten.
- Starten Sie den Diagramm-Assistenten von *Excel*.

Excel-Diagramm

Eine Grafik oder ein Diagramm, das auf Zahlen, Text und Berechnungen basiert, die in Spalten und Zeilen eines Excel-Arbeitsblatts angeordnet sind.

Wenn Sie den Diagramm-Assistenten starten, zeigt *Excel* Ihnen eine Folge von vier Dialogfeldern an. Die vier Dialogfelder tragen folgende Namen:

- **Diagrammtyp:** *Excel* bietet viele verschiedene Diagrammtypen an. Sie entscheiden, welcher Diagrammtyp sich am besten für Ihre Daten eignet.

- **Diagrammquelldaten:** Welche Daten möchten Sie in einem Diagramm darstellen? Möchten Sie alle Zellen Ihres Arbeitsblatts verwenden oder nur einen bestimmten Zellbereich?

- **Diagrammoptionen:** Wie soll Ihr Diagramm aussehen? *Excel* bietet eine Vielzahl von Möglichkeiten.

- **Diagrammplatzierung:** Wo soll Ihr Diagramm gespeichert sein? Im aktuellen Arbeitsblatt, in einem anderen Arbeitsblatt oder in einem neuen Arbeitsblatt? Es ist allein Ihre Entscheidung.

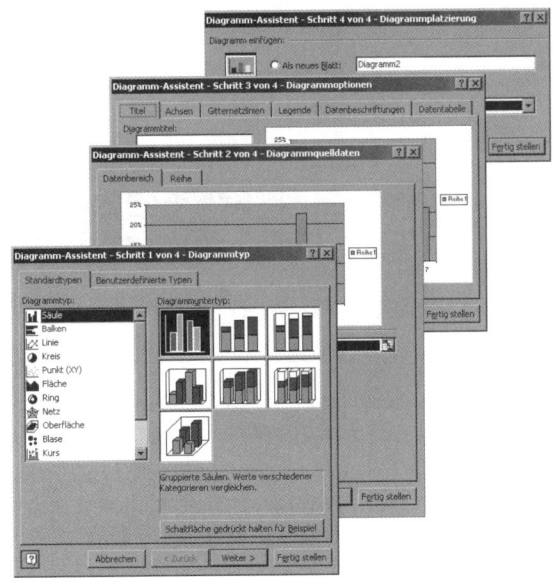

Kommt Ihnen das jetzt etwas viel vor, all die Dialogfelder, die man kennen muss? Keine Angst – alle vier Dialogfelder bieten Standardeinstellungen an, mit denen sich schon ein sehr eindrucksvolles Diagramm erstellen lässt. Im Zweifelsfall klicken Sie also in den drei ersten Dialogfeldern einfach auf die jeweilige Schaltfläche WEITER und im vierten auf FERTIGSTELLEN.

Führen Sie die Übung 4.65 durch, um sich mit Diagrammen in *Excel* vertraut zu machen.

Übung 4.65: Ein einfaches Excel-Diagramm erzeugen

1) Öffnen Sie die Arbeitsmappe, die Sie in Übung 4.5 gespeichert haben, und klicken Sie auf *Tabelle2*, um das zweite Arbeitsblatt anzuzeigen.

2) Wählen Sie den nicht zusammenhängenden Zellbereich A4:A11, C4:C11 aus.

Ein ausgewählter nicht zusammenhängender Zellbereich zum Erzeugen eines Diagramms

	A	B	C
4			Januar
5	Backes	Andreas	2.903,00 €
6	Konrad	Manfred	3.872,00 €
7	Meier	Robert	4.921,00 €
8	Müller	Heike	3.463,00 €
9	Schmitz	Hans	2.356,00 €
10	Schmitz	Martina	5.951,00 €
11	Wilms	Markus	2.512,00 €

3) Sehen Sie die Schaltfläche rechts oben auf der Standardsymbolleiste? Damit rufen Sie den DIAGRAMM-ASSISTENT auf. Klicken Sie darauf.

Schaltfläche
Excel Diagramm-Assistent

4) *Excel* blendet eine Reihe von vier Dialogfeldern ein. Klicken Sie in den ersten drei aufeinander folgenden Dialogfeldern jeweils auf die Schaltfläche WEITER und im vierten Dialogfeld auf die Schaltfläche FERTIGSTELLEN.

Glückwunsch! Sie haben gerade Ihr erstes Diagramm in *Excel* erstellt.

Diagrammfläche:
Um Ihr Diagramm an eine andere Position zu verschieben, klicken Sie hier und ziehen die Maus in die gewünschte Richtung

Zeichnungsfläche:
Der Bereich des gezeichneten Diagramms

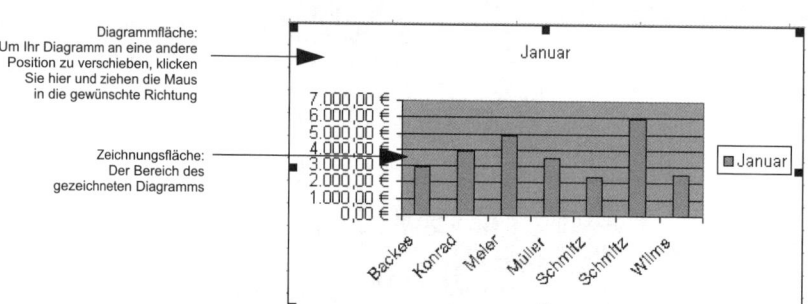

5) Leider legt *Excel* Ihr Diagramm über die Daten, so dass Sie nicht beides gleichzeitig betrachten können.

Klicken Sie in einen leeren Bereich innerhalb des Diagrammrahmens, um das Diagramm zu verschieben. *Excel* bezeichnet diesen Bereich als Diagrammfläche. Halten Sie die Maustaste gedrückt und ziehen Sie das Diagramm nach unten, bis die obere linke Ecke über der Zelle B19 liegt.

Diagrammfläche

Die Fläche innerhalb des Diagrammrahmens, aber außerhalb der Zeichnungsfläche. Normalerweise befindet sich hier die Beschriftung der Diagrammachsen.

Zeichnungsfläche

Der Bereich, der die eigentliche Darstellung enthält. Die Zeichnungsfläche wird von den Diagrammachsen begrenzt und von der Diagrammfläche umschlossen.

Diagramme: zwei Dinge, die Sie wissen sollten

Alle Diagramme, ob nun mit *Excel* oder mit Papier und Bleistift erstellt, basieren auf zwei grundlegenden Dingen, dem Datenpunkt und der Datenreihe. Sie werden diesen zwei Begriffen häufig in den Diagramm-Dialogfeldern und der Online-Hilfe von *Excel* begegnen. Wenn Sie diese zwei Begriffe kennen und verstehen, versetzt Sie das in die Lage, die Möglichkeiten zum Erzeugen von Diagrammen in *Excel* gänzlich auszuschöpfen.

Etwas über Datenpunkte

Datenpunkt – die Idee, die dahinter steht, ist so einfach, dass Sie sich fragen werden, warum man dafür überhaupt einen Namen benötigt. Schauen Sie sich die vier Beispiele unten an.

Artikel	Wert		Artikel	Wert
Äpfel	4		Januar	1.965,34 €
Birnen	3		Februar	2.451,50 €
Bananen	6		März	8.301,49 €

Artikel	Wert		Artikel	Wert
Maria	15,00%		Verkauf	4.954.032,00 €
Katharina	50,00%		Kosten	394.823,00 €
Margret	35,00%		Betriebskosten	25.068,00 €

Jedes Beispiel besteht aus einzelnen Elementen (oder Menschen), für die Messungen vorgenommen werden. Es handelt sich um Obstsorten, Monate eines Jahres, Menschen und Geldbeträge.

Jedem dieser Elemente ist eine Zahl zugeordnet, die seinen gemessenen Wert angibt. Ein Datenpunkt umfasst ein einzelnes Element und seinen numerischen Wert.

Im ersten Beispiel sind die drei Datenpunkte: Äpfel und 4, Birnen und 3 und Bananen und 6. Weitere Datenpunkte der Beispiele oben sind Februar und € 2.451,50, Katharina und 50%, Betriebskosten und € 25.068,00.

Ein Datenpunkt besteht also immer aus zwei Teilen: einem Element und einem Wert. Für sich allein genommen ist weder eine Zahl noch ein Element ein Datenpunkt. Ein Datenpunkt besteht zwangsläufig aus zwei Teilen.

*Etwas über
Datenreihen*

Ein einzelner Datenpunkt sagt nicht viel aus. Ein Diagramm macht nur dann Sinn, wenn es sich um mehr als einen Datenpunkt handelt. Mehrere Datenpunkte werden als Datenreihe bezeichnet.

Sie könnten z.B. ein Diagramm erzeugen, das die Verkaufszahlen der Firma für die verschiedenen Monate darstellt. Oder ein Diagramm, das die Verkaufszahlen der einzelnen Abteilungen in einem bestimmten Monat miteinander vergleicht.

Datenreihen

Eine Gruppe in Beziehung stehender Datenpunkte. Eine Datenreihe kann z.B. verschiedene Elemente miteinander vergleichen, die zur gleichen Zeit gemessen wurden, oder einzelne Elemente, die zu unterschiedlichen Zeiten erfasst wurden.

**Diagramme mit nur
einer Datenreihe**

Wir haben den Begriff „einfach" verwendet, um damit das Diagramm zu bezeichnen, das Sie in Übung 4.65 erzeugt haben. Genauer gesagt handelt es sich um ein Beispiel für ein Diagramm mit einer Einzeldatenreihe.

Übung 4.66: Weitere Diagramme mit einzelnen Datenreihen erzeugen

1) Üben Sie Ihre Fähigkeiten im Erstellen von Diagrammen, indem Sie die nicht zusammenhängenden Zellbereiche unten auswählen und jeweils ein Diagramm damit erzeugen.

Ziehen Sie das erste Diagramm unter das Diagramm aus Übung 4.65. Ziehen Sie die restlichen drei Diagramme in der *Tabelle2* nach unten, so dass eins unter dem anderen positioniert ist.

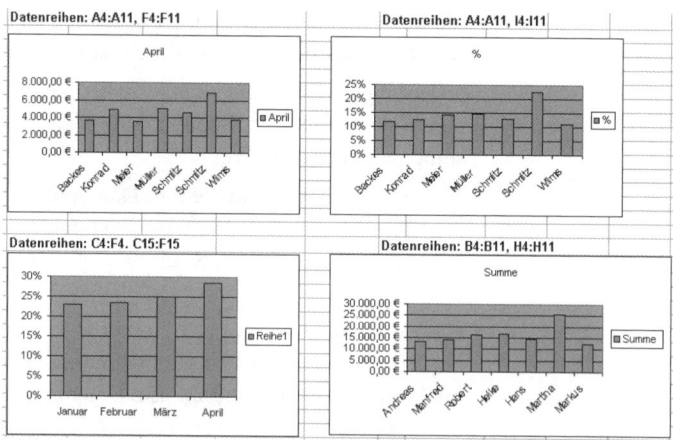

Sie können natürlich auch mehr als eine Datenreihe in einer Sammlung von in Beziehung stehenden Informationen haben.

Schauen Sie sich dazu den Teil des neben stehenden Arbeitsblatts an.

	Januar	Februar
Backes	2.903,00 €	3.308,00 €
Konrad	3.872,00 €	2.441,00 €
Meier	4.921,00 €	4.055,00 €
Müller	3.463,00 €	3.981,00 €
Schmitz	2.356,00 €	3.621,00 €
Schmitz	5.951,00 €	6.226,00 €
Wilms	2.512,00 €	2.864,00 €

Wie viele Datenreihen können Sie erkennen? Die Antwort lautet zwei.

Es gibt eine Datenreihe für Januar und eine Datenreihe für Februar.

	Januar
Backes	2.903,00 €
Konrad	3.872,00 €
Meier	4.921,00 €
Müller	3.463,00 €
Schmitz	2.356,00 €
Schmitz	5.951,00 €
Wilms	2.512,00 €

	Februar
Backes	3.308,00 €
Konrad	2.441,00 €
Meier	4.055,00 €
Müller	3.981,00 €
Schmitz	3.621,00 €
Schmitz	6.226,00 €
Wilms	2.864,00 €

In den Übungen 4.67 und 4.68 erzeugen Sie ein Diagramm aus zwei Datenreihen und eines aus drei Datenreihen.

Übung 4.67: Ein Diagramm aus zwei Datenreihen erzeugen

1) Wählen Sie den Zellbereich A4:A8,C4:D8 aus.

2) Klicken Sie auf die Schaltfläche DIAGRAMM-ASSISTENT und akzeptieren Sie die Standardeinstellungen in den drei hintereinander folgenden Dialogfeldern. Ihr Diagramm sollte nun so aussehen.

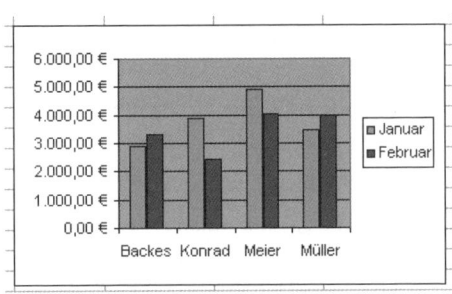

3) Ziehen Sie Ihr Diagramm nach unten, so dass Sie es unterhalb der vier in Übung 4.66 erstellten Diagramme positionieren können.

Wenn *Excel* ein Diagramm mit mehr als einer Datenreihe erstellt, verwendet es unterschiedliche Farben zur Darstellung der verschiedenen Elemente.

Übung 4.68: Ein Diagramm aus drei Datenreihen erzeugen

1) Wählen Sie den Zellbereich A4:A8,C4:E8 aus.

2) Klicken Sie auf die Schaltfläche DIAGRAMM-ASSISTENT und akzeptieren Sie die Standardeinstellungen in den drei hintereinander folgenden Dialogfeldern. Ihr Diagramm sollte nun so aussehen.

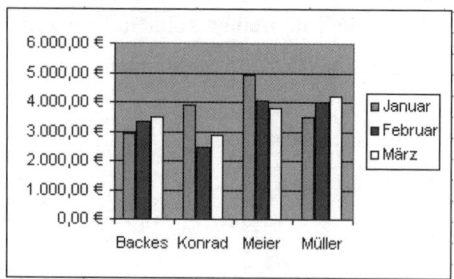

Ziehen Sie das Diagramm im Arbeitsblatt nach unten, so dass Sie es unterhalb des Diagramms, das Sie in Übung 4.67 erzeugt haben, positionieren können.

Ein Diagramm bearbeiten

Wenn Sie ein Diagramm erzeugen, sollten Sie sich vor Augen halten, dass man es später noch verändern kann. Sie können jeden einzelnen Punkt Ihres Diagramms verändern.

Ändern von Diagrammdaten

Sie können den Inhalt der Zellen im Arbeitsblatt, auf dem Ihr Diagramm basiert, berichtigen bzw. ergänzen. Sobald Sie die Zellen in Ihrem Arbeitsblatt verändern, aktualisiert *Excel* das Diagramm anhand der neuen Daten.

Größe eines Diagramms verändern

So verändern Sie die Größe eines Diagramms:

- Klicken Sie einmal auf die Diagrammfläche. Es erscheinen Anfasspunkte (kleine, schwarze Quadrate) entlang des Diagrammrahmens.

- Klicken Sie auf einen dieser Anfasspunkte und halten Sie die Maustaste gedrückt, während Sie an dem Punkt ziehen, um die Form des Diagramms zu verändern.

Wenn Sie an einem der Eckpunkte ziehen, vergrößert bzw. verkleinert sich das Diagramm proportional zu seiner aktuellen Größe. Wenn Sie an einem anderen als den Eckpunkten ziehen, vergrößert bzw. verkleinert sich das Diagramm nur in die entsprechende Richtung. Während Sie die Größe eines Diagramms verändern, passt *Excel* automatisch die Schriftgröße des Diagrammtextes an.

Diagrammtitel ändern	Um den Titel eines Diagramms zu bearbeiten, klicken Sie einmal darauf. Danach klicken Sie irgendwo innerhalb des Titeltextes. Sie können den Text jetzt bearbeiten. Zum Löschen des Diagrammtitels klicken Sie darauf und drücken dann ENTF. Um den Diagrammtitel neu zu formatieren, führen Sie einen Doppelklick darauf aus, um in das Dialogfeld *Diagrammtitel formatieren* zu gelangen. Wählen Sie die nötigen Optionen aus den drei Registern des Dialogfelds aus: *Muster, Schrift* und *Ausrichtung*.

Diagrammtitel hinzufügen

Wenn Ihr Diagramm noch keinen Titel enthält, können Sie ihm einen hinzufügen.

- Führen Sie einen Doppelklick auf die Diagrammfläche aus.

- Wählen Sie aus dem angezeigten Kontextmenü DIAGRAMM-OPTIONEN und dann das Register *Titel*. Schreiben Sie den Diagrammtitel in das entsprechende Feld. Klicken Sie auf OK.

Diagrammtitel

Ein Text zur Beschreibung des Diagramms. Standardmäßig platziert Excel den Diagrammtitel oberhalb der Zeichnungsfläche, zentriert in der Diagrammfläche.

Datenbeschriftung hinzufügen

In einem *Excel*-Diagramm ist die Datenbeschriftung ein Element, das den Namen (wie Schmitz) oder Wert (€ 2.356,00) eines Datenpunkts einer in das Diagramm eingebundenen Datenreihe angibt. Standardmäßig zeigt *Excel* keine Datenbeschriftung an.

Sie können einem Diagramm zwei Arten von Datenbeschriftung hinzufügen.

- **Wert-Beschriftung:** Sie gibt den numerischen Wert der einzelnen Datenpunkte an. Sehen Sie auch Übung 4.69.

- **Text-Beschriftung:** Sie zeigt den Namen der Datenpunkte an. Standardmäßig zeigt *Excel* diese Namen auf den Achsen an. Sehen Sie auch Übung 4.70.

Übung 4.69: Datenbeschriftung hinzufügen

1) Klicken Sie in *Tabelle2* in die Diagrammfläche des ersten Diagramms, das Sie in Übung 4.65 erzeugt haben. Drücken Sie STRG+c, um es in die Zwischenablage zu kopieren.

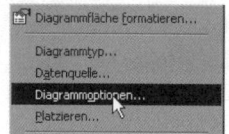

2) Klicken Sie in *Tabelle3*, damit Ihnen das dritte Arbeitsblatt der Arbeitsmappe angezeigt wird. Klicken Sie in Zelle B3 und drücken Sie STRG+v, um das Diagramm aus der Zwischenablage einzufügen.

3) Führen Sie nun einen Rechtsklick auf die Diagrammfläche aus, wählen Sie aus dem Kontextmenü DIAGRAMM-OPTIONEN und gehen Sie im angezeigten Dialogfeld ins Register *Datenbeschriftung*.

4) Aktivieren Sie dort die Option *Wert anzeigen*.

Indem Sie Ihrem Diagramm eine Datenbeschriftung hinzufügen, geben Sie dem Leser zwar mehr Information, das Diagramm jedoch wird unübersichtlich. Sie können das Problem lösen, indem Sie das Diagramm horizontal strecken.

5) Klicken Sie in das Diagramm und ziehen Sie dann am mittleren Anfasspunkt der rechten Rahmenseite.

6) Ziehen Sie die Maus, bis sich der rechte Rand des Diagramms in Spalte K befindet. Die Achsen und die Zeichnungsfläche Ihres Diagramms sollten nun so aussehen.

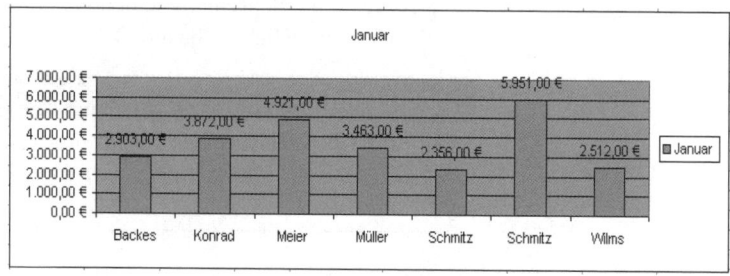

Übung 4.70: Datenbeschriftung für Text hinzufügen

1) Klicken Sie auf eine Zelle unterhalb des Diagramms, das Sie in Übung 4.69 eingefügt haben. Drücken Sie STRG+v, um das noch aus Übung 4.65 in der Zwischenablage liegende Diagramm einzufügen. Wählen Sie aus dem Kontextmenü DIAGRAMM-OPTIONEN und gehen Sie im Dialogfeld ins Register *Datenbeschriftung*.

2) Aktivieren Sie dort die Option *Beschriftung anzeigen*.

3) Ziehen Sie, wie in Übung 4.69, die Maus, bis sich der rechte Rand des Diagramms in Spalte *K* befindet. Die Achsen und die Zeichnungsfläche Ihres Diagramms sollten nun so aussehen.

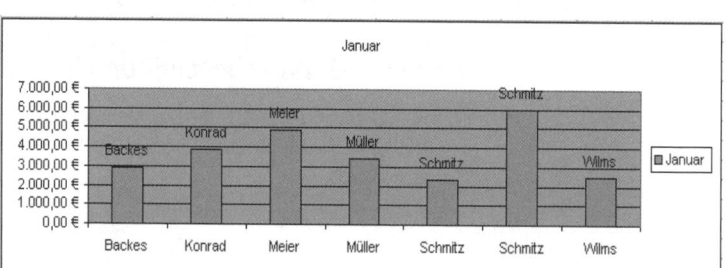

Datenbeschriftung formatieren	Um die Datenbeschriftung zu formatieren, führen Sie einen Rechtsklick auf eine Beschriftung aus und wählen FORMAT/DATENBE-SCHRIFTUNG aus dem Kontextmenü. Wählen Sie dann die gewünschten Optionen aus den vier Registern des Dialogfelds: *Muster, Schrift, Zahlen* und *Ausrichtung*.

Datenbeschriftung

Der Name oder numerische Wert eines Datenpunkts in einer im Diagramm verwendeten Datenreihe.

Maßstab ändern	Um den Maßstab einer Achse zu verändern, klicken Sie irgendwo entlang der Achse und wählen dann ACHSE FORMATIEREN aus dem Kontextmenü.

Excel erlaubt es Ihnen, das Minimum, Maximum oder die Schritte, in denen die Werte auf der Achse angeben werden, zu verändern. In Übung 4.71 verändern Sie den Maßstab der vertikalen Achse (Y-Achse) des Diagramms.

Übung 4.71: Maßstab der vertikalen Achse ändern

1) Befindet sich das erste Diagramm, das Sie in Übung 4.65 erzeugt haben, noch in der Zwischenablage? Wenn das nicht der Fall ist, kopieren Sie es bitte jetzt hinein.

2) Klicken Sie auf *Tabelle3*, damit Ihnen das dritte Arbeitsblatt der Arbeitsmappe angezeigt wird. Klicken Sie auf eine Zelle unterhalb des Diagramms, das Sie in Übung 4.70 eingefügt haben, und drücken Sie STRG+v.

3) Klicken Sie das Diagramm an und dann auf den mittleren Anfasspunkt am unteren Rand. Ziehen Sie die Maus nach unten, bis das Diagramm ungefähr doppelt so hoch ist wie vorher.

4) Führen Sie irgendwo auf der vertikalen Achse einen Doppelklick aus. Gehen Sie im Dialogfeld *Achse formatieren* ins Register *Skalierung*.

5) Ändern Sie den Wert im Feld *Minimum* auf *2000* und den Wert im Feld *Hauptintervall* auf *500*. Klicken Sie auf OK und schließen Sie das Dialogfeld.

6) Führen Sie irgendwo auf der vertikalen Achse erneut einen Doppelklick aus. Gehen Sie im Dialogfeld *Achse formatieren* nochmals ins Register *Skalierung*.

Sie werden bemerken, dass *Excel* den Wert für *Rubrikachse (X) schneidet bei:* von 0 in *2000* geändert hat. Das wurde durch die Änderung des Minimums von 0 auf *2000* hervorgerufen.

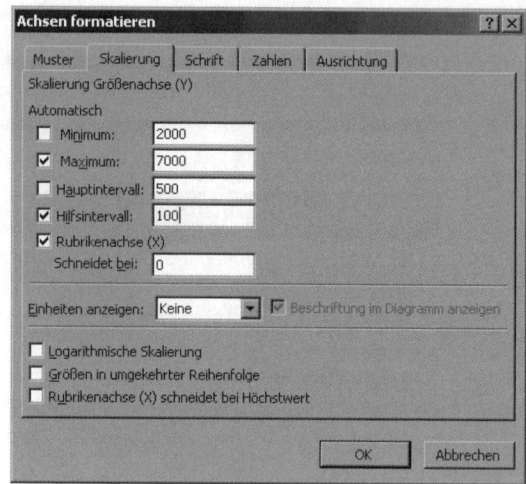

Das neu skalierte und vertikal gestreckte Diagramm sollte nun so aussehen.

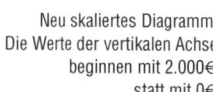

Neu skaliertes Diagramm:
Die Werte der vertikalen Achse
beginnen mit 2.000€
statt mit 0€

Außerdem werden die Werte
der vertikalen Achse in 500€
Schritten statt in 2.000€
Schritten angezeigt

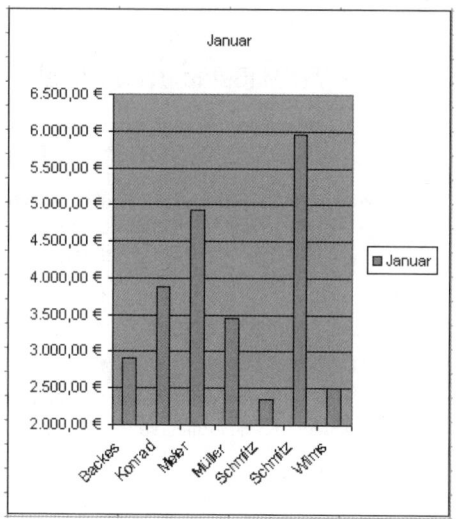

*Diagrammfarben
ändern*

Sie können in *Excel* für drei Bestandteile des Diagramms die Farbe
ändern: die Diagrammfläche, die Zeichnungsfläche und die Datenreihen. Führen Sie auf das jeweilige Element einen Rechtsklick aus,
wählen Sie FORMAT aus dem Kontextmenü und dann die gewünschte
Farbe. Sehen Sie auch Übung 4.72.

Übung 4.72: Eine Diagrammfarbe ändern

1) Führen Sie einen Rechtsklick auf der Diagrammfläche des Diagramms aus Übung 4.71 aus. (Die Diagrammfläche ist der weiße Bereich, der das eigentliche Zeichnungsfeld umgibt.)

2) Wählen Sie den Befehl DIAGRAMMFLÄCHE FORMATIEREN aus dem Kontextmenü. Gehen Sie ins Register *Muster*, klicken Sie dann die Farbe Gelb im Bereich *Fläche* des Dialogfelds, und klicken auf OK.

3) Führen Sie einen Doppelklick auf die Zeichnungsfläche aus.

   (Das ist die eigentliche Diagrammfläche, die von den zwei Achsen eingegrenzt wird.)

4) Wählen Sie den Befehl ZEICHNUNGSFLÄCHE FORMATIEREN aus dem Kontextmenü. Gehen Sie ins Register *Muster* und klicken Sie die Farbe Gelb im Bereich *Fläche* des Dialogfelds an, bevor Sie mit OK bestätigen.

5) Führen Sie einen Rechtsklick auf eine der Diagrammsäulen aus. (Die Säulen repräsentieren die Datenreihen eines Diagramms.)

6) Wählen Sie den Befehl DATENREIHEN FORMATIEREN aus dem Kontextmenü. Gehen Sie ins Register *Muster*, wählen Sie die Farbe *Rot* im Bereich *Fläche* des Dialogfelds aus und klicken Sie auf OK.

Im zweiten Teil dieser Übung 4.72 werden Sie die Textelemente des Diagramms neu formatieren.

7) Doppelklicken Sie auf die X-Achse, wählen Sie das Register *Schrift* und ändern Sie die Schrift in *fett* und *dunkelblau*. Wenn Sie fertig sind, klicken Sie auf OK.

8) Wiederholen Sie Schritt 7 für die Y-Achse und schließen Sie das Dialogfeld.

9) Während die Y-Achse noch ausgewählt ist, gehen Sie im Dialogfeld *Achse formatieren* ins Register *Zahlen*. Setzen Sie die Anzahl der Dezimalstellen auf 0. Klicken Sie auf OK.

10) Führen Sie einen Rechtsklick auf den Diagrammtitel aus. Wählen Sie aus dem Kontextmenü den Befehl DIAGRAMMTITEL FORMATIEREN und gehen Sie dann ins Register *Schrift*. Ändern Sie die Schrift in *Times New Roman, kursiv* und *14 Punkt*.

11) Während der Diagrammtitel noch ausgewählt ist, gehen Sie ins Register *Muster* des Dialogfelds. Wählen Sie die Option *Rahmen automatisch* und klicken Sie auf OK.

Gut gemacht! Die Übung ist hiermit beendet. Ihr Diagramm sollte nun so aussehen.

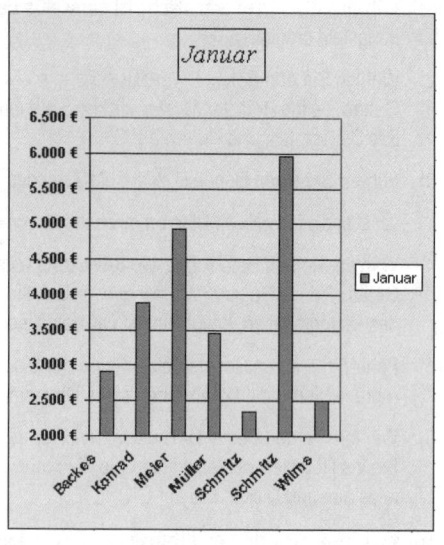

Excel bietet Ihnen mehr als ein Dutzend Diagrammtypen. Es reicht aber aus, wenn Sie die drei Folgenden kennen:

- **Säulendiagramm**: Elemente werden horizontal und Werte vertikal angezeigt. Es handelt sich um *Excels* Standarddiagrammtyp, gleichzeitig der einzige, den Sie bis jetzt in Ihren Übungen verwendet haben.

- **Balkendiagramm:** Ein Diagramm mit seitwärts angelegten Balken. Elemente werden horizontal, Werte vertikal angezeigt.

- **Kreisdiagramm:** Zeigt den proportionalen Anteil jedes einzelnen Elements am Ganzen an. Im Gegensatz zu Säulen-, Balken- und anderen Diagrammen, kann man ein Kreisdiagramm nur für eine einzelne Datenreihe verwenden.

Diagrammtyp festlegen

Wenn Sie einen Zellbereich auswählen und dann den Diagramm-Assistenten auswählen, können Sie im ersten von vier angezeigten Dialogfeldern aussuchen, welchen Diagrammtyp Sie verwenden möchten. Die meisten Diagrammtypen bieten noch Untertypen oder Varianten an.

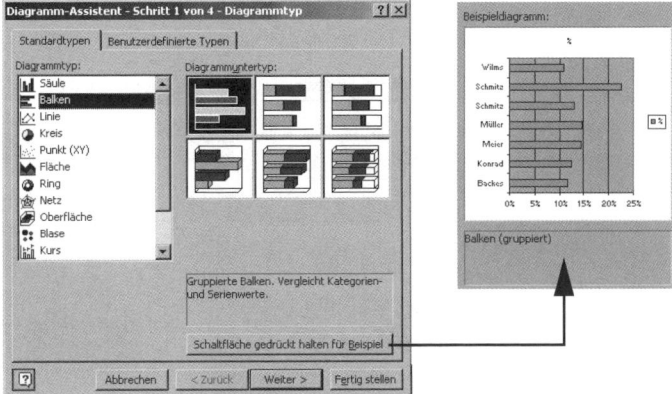

Sie können sich in der Vorschau ansehen, wie Ihre Daten in ein bestimmtes Diagramm eingebunden aussehen. Klicken Sie auf den gewünschten Diagrammtyp und halten Sie die entsprechende Schaltfläche gedrückt.

Diagrammtyp ändern

Um den aktuellen Diagrammtyp zu ändern, führen Sie irgendwo innerhalb des Diagramms (Diagrammfläche, Zeichnungsfläche oder Datenreihe, es ist völlig egal) einen Rechtsklick aus. Wählen Sie aus dem Kontextmenü den Befehl DIAGRAMMTYP und dann einen anderen Diagrammtyp (oder Untertyp) aus dem Dialogfeld DIAGRAMMTYP aus.

In Übung 4.73 erstellen Sie ein neues Diagramm mit dem Diagrammtyp *Balkendiagramm*. In Übung 4.74 ändern Sie dann ein Säulendiagramm in ein Balkendiagramm.

Übung 4.73: Ein Balkendiagramm erstellen

1) Klicken Sie auf das Register *Tabelle1*, damit Ihnen das erste Arbeitsblatt der Arbeitsmappe angezeigt wird.

2) Markieren Sie den nicht zusammenhängenden Zellbereich C25:D26, F25:G26 und klicken Sie auf die Schaltfläche DIAGRAMM-ASSISTENT.

3) *Excel* zeigt Ihnen das Register *Standardtypen* im ersten Dialogfeld *Diagramm-Assistent Schritt 1 von 4* an. Wählen Sie als Typ *Balkendiagramm* und klicken Sie auf WEITER.

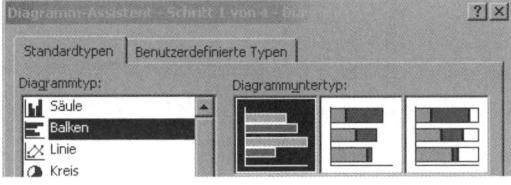

4) *Excel* zeigt Ihnen das Register *Datenbereich* im ersten Dialogfeld *Diagramm-Assistent Schritt 2 von 4* an. Klicken Sie auf WEITER.

5) *Excel* zeigt Ihnen das Register *Datenbeschriftung* im dritten Dialogfeld *Diagramm-Assistent Schritt 3 von 4* an.

Klicken Sie auf das Register *Titel*, geben Sie den Titel *Produkt 1* ein und klicken Sie auf WEITER.

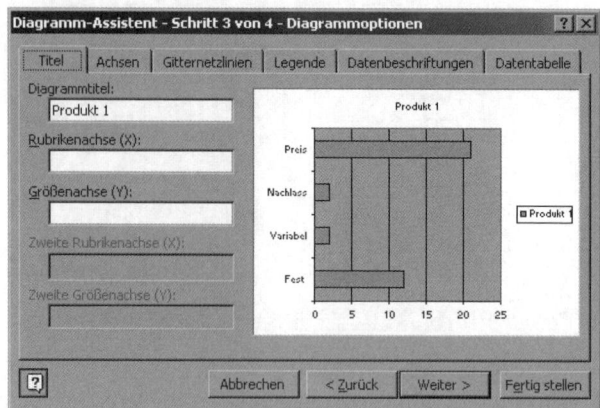

6) *Excel* zeigt Schritt 4 von 4 des Diagramm-Assistenten, das Dialogfeld *Diagrammplatzierung* an.

Ändern Sie das Feld *Als Objekt in Tabelle3* und klicken Sie auf FERTIG-STELLEN.

Excel positioniert Ihr Diagramm in das dritte Arbeitsblatt *Tabelle3*. Ihr Balkendiagramm sollte nun so aussehen.

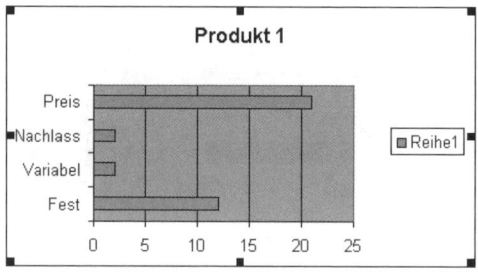

Übung 4.74: Ein Säulendiagramm in ein Balkendiagramm umwandeln

1) Klicken Sie in *Tabelle2* auf das dritte Diagramm, das Sie in Übung 4.66 erzeugt haben. Es basiert auf dem Zellbereich C4:F4, C15:F15. Kopieren Sie es in die Zwischenablage.

2) Klicken Sie auf das Register *Tabelle3*, um Ihr drittes Arbeitsblatt einzublenden. Fügen Sie das Diagramm aus der Zwischenablage in eine Zelle unterhalb des Diagramms aus Übung 4.73 ein.

3) Rechtsklicken Sie in die Diagrammfläche und wählen Sie aus dem Kontextmenü DIAGRAMMTYP. Wählen Sie aus dem Dialogfeld den Typ *Balkendiagramm* aus und klicken Sie auf OK.

Ihr Balkendiagramm sollte nun so aussehen.

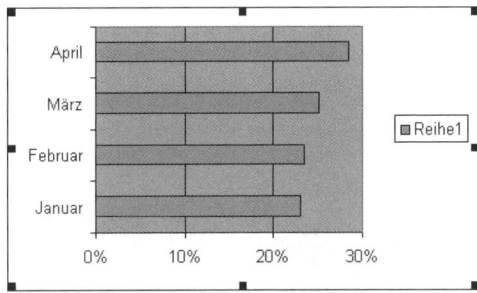

Mit Kreisdiagrammen arbeiten

In Übung 4.75 erzeugen Sie ein Kreisdiagramm, das auf einer einzelnen Datenreihe basiert. Sie werden das Kreisdiagramm formatieren und ein Stück des Kreises herausrücken, um so dem Anteil, den dieses Stück am Ganzen hat, besondere Aufmerksamkeit zukommen zu lassen.

Übung 4.75: Ein Kreisdiagramm erzeugen und formatieren

1) Wählen Sie aus *Tabelle 2* den Zellbereich A4:A11, C4:C11 aus.

2) Klicken Sie auf die Schaltfläche DIAGRAMM-ASSISTENT.

3) Wählen Sie im Dialogfeld *Diagrammtyp* das *Kreisdiagramm* als Standardtyp und den *Kreis mit 3D Effekt* als Untertyp aus. Klicken Sie auf WEITER.

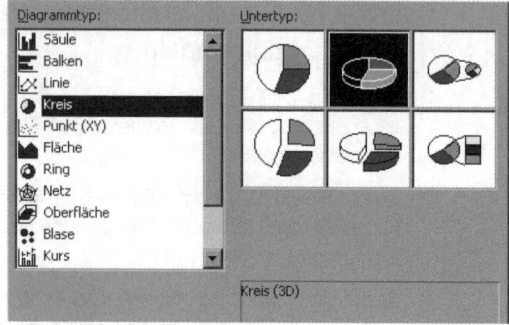

4) Klicken Sie in den weiteren Dialogfeldern des *Diagramm-Assistenten* auf WEITER und schließlich auf FERTIGSTELLEN.

Ziehen Sie das Kreisdiagramm in *Tabelle2* nach unten, so dass Sie es unterhalb des Diagramms, das Sie in Übung 4.68 erzeugt haben, positionieren können. Ihr Diagramm sollte nun so aussehen.

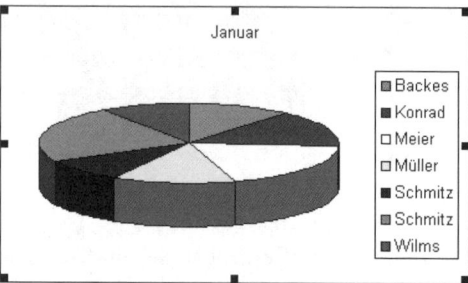

Da Kreisdiagramme nicht über Achsen verfügen, um Namen und Werte für Datenpunkte anzugeben, werden die einzelnen Stücke normalerweise mit einer Datenbeschriftung versehen. Sie fügen diese im nächsten Schritt der Übung hinzu.

5) Doppelklicken Sie auf die Zeichnungsfläche (nicht auf die Diagrammfläche) des Diagramms, um das Dialogfeld *Datenreihen formatieren* einzublenden.

6) Gehen Sie ins Register *Datenbeschriftung* und wählen Sie dann die Option *Prozent anzeigen*. Klicken Sie auf OK. Ihr Kreisdiagramm sollte nun so aussehen.

Sie werden bemerken, dass der Zeichnungsbereich *geschrumpft* ist, um Platz für die Prozentbeschriftung zu machen.

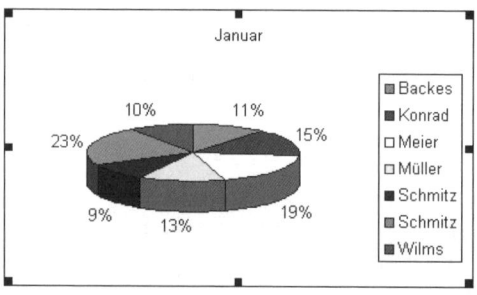

Im letzten Schritt dieser Übung werden Sie ein Stück des Kreises *herausziehen*.

7) Klicken Sie auf die Zeichnungsfläche des Kreisdiagramms. Als Nächstes klicken Sie auf das Stück, das Sie aus dem Kreis herausziehen möchten. Ziehen Sie es nun heraus.

Klicken Sie zum Beispiel auf das größte Stück, das mit der Datenbeschriftung 23%, und ziehen Sie es nach links.

Ihr Diagramm sollte nun so aussehen.

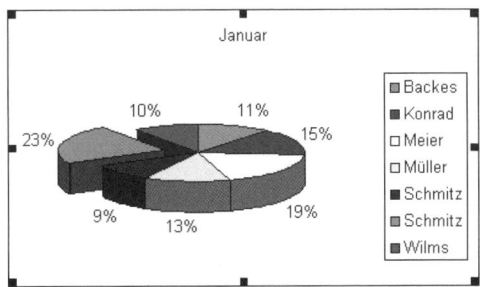

Glückwunsch! Sie haben die Lektion 4.6, Diagramme mit *Excel* erzeugen, abgeschlossen. Speichern Sie Ihre Arbeitsmappe und schließen Sie *Excel*.

Zusammenfassung der Lektion: Das haben Sie gelernt

Um in *Excel* ein Diagramm zu erstellen, wählen Sie zuerst die Zellen mit Zahlen und Text aus, die Sie als Diagramm darstellen möchten. Aktivieren Sie dann den Diagramm-Assistenten. Die Standardeinstellungen der vier Dialogfelder des Diagramm-Assistenten sind für die meisten Fälle geeignet und akzeptabel. Wenn Sie Daten, auf denen ein Diagramm beruht, ändern, so aktualisiert *Excel* die Diagrammdarstellung automatisch.

Standardmäßig platziert *Excel* Ihr Diagramm auf Ihre Arbeitsblattdaten. Sie können das Diagramm verschieben, indem Sie irgendwo in die leere Fläche des Diagrammrahmens klicken und das Diagramm an seine neue Position ziehen.

Das Erzeugen von Diagrammen basiert auf Datenpunkten und Datenreihen. Ein Datenpunkt ist ein einzelnes Element und sein dazugehöriger Wert (z.B. Verkaufszahlen von Januar). Eine Datenreihe hingegen besteht aus einer Gruppe von Datenpunkten (z.B. die Monatsverkaufszahlen eines ganzen Jahres). Sie können gleichzeitig mehr als eine einzelne Datenreihe in einem Diagramm darstellen.

Excel bietet eine Vielzahl von Diagrammtypen. Säulen-, Balken- und Kreisdiagramme sind die gebräuchlichsten. Sie können Ihr Diagramm auf vielerlei Arten durch Hinzufügen einer Datenbeschriftung und von Farben sowie Rahmen formatieren.

Lektion 4.7: Dateiformate und Datenimport

Zu dieser Lektion

In dieser Lektion lernen Sie, dass *Excel* – wie jede andere Anwendung auch – ein bestimmtes Dateiformat verwendet. Außerdem erfahren Sie, wie Sie Ihre Dokumente in andere, nicht *Excel*-Formate umwandeln, so dass Leute nicht mit *Excel* arbeiten, die Dateien auch öffnen und lesen können.

Darüber hinaus lesen Sie, wie Dateien, die Bilder, Grafiken oder Text enthalten, in Ihr *Excel*-Arbeitsblatt eingebunden werden können.

Neue Fähigkeiten

Am Ende dieser Lektion sollten Sie in der Lage sein,

- *Excel 2000*-Dateien unter folgenden Dateiformaten abzuspeichern: als *Excel 2000*-Mustervorlage, vorherige Versionen von *Excel*, andere Tabellenkalkulationsanwendungen, Datenbanken, Nur-Text und HTML, das Format für das World Wide Web,

- den Unterschied zwischen zwei Arten von Zeichen-getrennten Textdateien zu erklären: Tab-getrennte und Komma-getrennte,

- den Unterschied zwischen Zeichen-getrennten und Spalten-getrennten Textdateien zu erklären,

- Bilddateien und andere, nicht in *Excel* erstellte Grafikdateien, in ein *Excel*-Arbeitsblatt einzufügen,

- Textdateien mit dem *Excel*-Textkonvertierungs-Assistent zu importieren.

Neue Wörter

Am Ende dieser Lektion sollten Sie in der Lage sein, die folgenden Begriffe zu erklären:

- Dateiformat

- Tab-getrennte Textdatei

- Komma-getrennte (CSV) Textdateien

- Spalten-getrennte Textdatei

In Modul 1 des ECDL haben Sie erfahren, dass die gesamte auf einem Computer gespeicherte Information letztendlich nur aus zwei Zeichen besteht: 1 und 0. Und dies wirft zwei Fragen auf.

- Wie werden diese 1en und 0en auf Ihrem Computerbildschirm in Text, Zahlen und Diagramme umgewandelt, wenn Sie eine *Excel*-Arbeitsmappe öffnen.

- Und wie werden der Text, die Zahlen und die Diagramme wieder in 1en und 0en zurückverwandelt, wenn Sie Ihre Datei speichern?

Software-Entwickler wenden einen Satz von Regeln an, der zwischen den 1en und 0en und dem angezeigten Text, den Zahlen und den Diagrammen umrechnet. Ein solcher Regelsatz wird als Dateiformat bezeichnet.

Dateiformat

Ein Regelpaket, dass 1en und 0en in Text und Grafik auf dem Bildschirm umwandelt und umgekehrt.

So liegt z.B. eine *Excel*-Datei im *Excel*-Format vor, eine *Access*-Datei im *Access*-Format usw.

Verschiedene Software-Hersteller verwenden auch verschiedene Regelpakete, um 1en und 0en in Text und Grafik auf dem Bildschirm umzuwandeln.

Und sogar verschiedene Versionen ein und desselben Programms können unterschiedliche Dateiformate verwenden. Das Dateiformat von *Excel 97* unterscheidet sich z.B. von dem der zwei vorherigen *Excel*-Versionen.

Wie Sie sich vorstellen können, kann es bei verschiedenen Dateiformaten zu Schwierigkeiten kommen.

- In einem Dateiformat kann 10101010 z.B. in die Zahl *12* in Zelle A4 umgewandelt werden.

- In einem anderen Dateiformat werden die gleichen Zeichen 10101010 vielleicht in die Beschriftung *Jahresgewinn* in Zelle Z54 umgewandelt.

Das Format einer Datei wird durch die Dateinamenerweiterung (drei Buchstaben) eines Dateinamens angezeigt. Diese Erweiterung wird automatisch vom Programm angehängt, sobald die Datei gespeichert wird.

Die Dateinamenerweiterung .xls weist z.B. auf eine *Excel*-Datei hin, die Erweiterung .mdb auf eine *Access*-Datei.

Das verwendete Format von Seiten im World Wide Web ist HTML.
Diese Abkürzung steht für *HyperText Markup Language*. Die Erweiterung von HTML-Dateien ist üblicherweise .htm.

Unter *Excel 2000* können Sie Ihre Dokumente auch unter einem anderen Dateityp außer dem *Excel*-Format abspeichern. Diese Möglichkeit
kann sehr hilfreich sein, wenn Sie Ihr Dokument für jemanden abspeichern möchten, der mit einem anderen Tabellenkalkulationsprogramm
als *Excel 2000* arbeitet.

Sie können sich die verschiedenen Dateiformate, die Ihnen in *Excel
2000 zum* Speichern zur Verfügung stehen, anzeigen lassen.

- Öffnen Sie ein Dokument.

- Wählen Sie DATEI/SPEICHERN UNTER.

- Klicken Sie auf den Pfeil, der sich neben dem Feld *Dateityp* befindet. Eine Dropdown-Liste wird angezeigt.

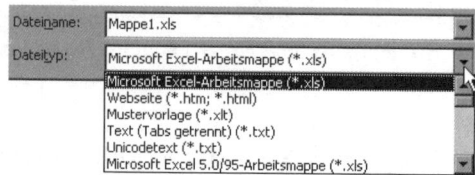

Nur einige der angezeigten Formate sind für dieses ECDL-Modul
Tabellenkalkulation von Bedeutung. Beachten Sie bitte, dass Funktionen und Formatierungen einer *Excel 2000*-Arbeitsmappe möglicherweise nicht mehr zur Verfügung stehen, wenn Sie die Datei unter einem
früheren *Excel*-Format oder einer anderen Anwendung abspeichern.

Excel 2000 bietet Ihnen die Möglichkeit, eine Arbeitsmappe als Mustervorlage zu speichern. Sie können diese Vorlage dann später als Grundlage zur schnellen Erstellung einer ähnlichen Arbeitsmappe verwenden.

Beispielsweise könnten Sie eine Arbeitsmappe als Formular für
Ausgaben erstellen. Sie könnten wichtige Beschriftungen eingeben
und formatieren, Rahmen um bestimmte Zellen ziehen und
=SUMME(C2:C22) in Zelle C23 eingeben, so dass, unabhängig von
den in den Zellbereich C2:C22 eingegebenen Zahlen, die Summe
immer in C23 angezeigt wird.

Durch das Erstellen einer solchen Mustervorlage beschleunigen Sie
den Prozess des Erstellens weiterer Formulare für Ausgaben. Denn
Text, Formatierung und Berechnungsformeln müssen nicht erst wieder
neu eingegeben werden.

Um eine Arbeitsmappe als Mustervorlage abzuspeichern, wählen Sie
DATEI/SPEICHERN UNTER und dann die Option Mustervorlage (*.xlt).

| | Frühere Excel-Versionen | Sie können Ihre *Excel 2000*-Arbeitsmappe im Dateiformat einer früheren *Microsoft Excel*-Version abspeichern. Es gibt dabei zwei generelle Möglichkeiten: |

Frühere Excel-Versionen

Sie können Ihre *Excel 2000*-Arbeitsmappe im Dateiformat einer früheren *Microsoft Excel*-Version abspeichern. Es gibt dabei zwei generelle Möglichkeiten:

- **Microsoft Excel 97 & 5.0/95 Arbeitsmappe:** Hierbei wird die Arbeitsmappe in beiden Formaten, *Excel 97* und *Excel 95*, in derselben Datei gespeichert.

- **Ein früheres Format:** Wenn Sie eine Arbeitsmappe unter einer so niedrigen Version wie *Excel 4.0* oder *Excel 3.0* abspeichern, gehen die typischen Funktionen und Formatierungen von *Microsoft Excel 2000* verloren.

dBASE und Quattro Pro

Wählen Sie diese Möglichkeit aus den Optionen, um Ihre Datei so abzuspeichern, dass sie von Benutzern von dBASE, ein Datenbankprogramm, und Lotus 1-2-3 und Quattro Pro, zwei andere Tabellenkalkulationsprogramme, geöffnet und gelesen werden kann.

Nur das aktuell angezeigte Arbeitsblatt wird konvertiert. Um noch andere Arbeitsblätter Ihrer Arbeitsmappe umzuwandeln, lassen Sie jedes einzeln anzeigen und speichern es dann ab.

Nur-Text-Format

Wie schon der Name verrät, speichert dieses Format nur den Text einer Datei. Der Begriff Text beinhaltet in diesem Kontext auch Zahlen und alphabetische Zeichen. Jegliche Formatierung geht verloren. Dieses Format wird auch als ASCII-Format bezeichnet.

Zwei der etwas gebräuchlicheren Nur-Text-Optionen sind:

- Text (Tab-getrennt): Nur das aktuell angezeigte Arbeitsblatt wird gespeichert. Um auch andere Arbeitsblätter umzuwandeln, wechseln Sie zu jedem einzelnen Blatt und speichern es separat. Die angehängte Dateinamenerweiterung ist .txt. In diesem Format werden Zelleinträge einer Zeile, aber in verschiedenen Spalten durch einen Tabulator voneinander getrennt. Verschiedene Zeilen werden durch Absätze getrennt. Wie Sie im Beispiel unten sehen können, ist Text im Format *Tab-getrennt Format* nicht immer in ordentlichen Spalten untereinander angeordnet.

	A	B	C	D	E	F
1						
2		Januar	Februar	März	April	Mai
3		12	45	35	41	56
4		11	42	34	39	47
5						

Originaldaten in einer Excel Datei

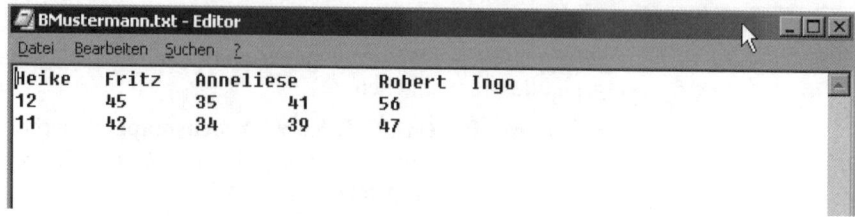

Excel Datei im Format Tab-getrennt gespeichert und im Editor geöffnet

- CSV (Komma-getrennt): Wie Tab-getrennt, aber Zellen in der gleichen Zeile werden durch Semikolon getrennt. Die angehängte Dateinamenerweiterung ist .csv und bedeutet *Comma Separated Value* (Komma-begrenzte Werte). Wie Sie im Beispiel unten sehen können, ist Text im Format *Semikolon-getrennt* nicht immer in ordentlichen Spalten untereinander angeordnet.

Excel Datei im Format CVS gespeichert und im Editor geöffnet

Tab-getrennte Textdatei

Eine Textformatdatei, in der Datenelemente horizontal durch Tabulatoren und vertikal durch Absätze getrennt sind.

Komma-getrennte (CSV)Textdatei

Eine Textformatdatei, in der Datenelemente horizontal durch Kommas und vertikal durch Absätze getrennt sind.

HTML (Web)-Format

Webseiten werden unter Verwendung des HTML-Formats erstellt. Die Dateinamenerweiterung für dieses Format ist .htm (manchmal auch .html).

Sie können ein *Excel 2000*-Dokument auf zwei Arten als HTML-Datei speichern.

- Wählen Sie DATEI/ALS HTML SPEICHERN UNTER.

-oder-

- Wählen Sie DATEI/SPEICHERN UNTER und dann die Option *HTML Dokument*.

In der HTML-Datei werden die Zellen des Arbeitsblatts in Tabellen-zellen umgewandelt. Sie können Dateien im HTML-Format mit einem Web-Browser wie *Microsoft Internet Explorer* oder *Netscape* anzeigen und drucken lassen.

Einfügen aus anderen Anwendungen

Microsoft Office-Anwendungen (und die meisten Windows-Anwendungen) erlauben es Ihnen, Informationen zwischen den einzelnen Anwendungen auszutauschen. Für dieses ECDL-Modul Tabellenkalkulation müssen Sie nur wissen, wie Sie folgende Elemente in Excel einfügen:

- Bilder
- Grafiken
- Text

Bilder einfügen

Um ein Bild einzufügen, wählen Sie EINFÜGEN/GRAFIK und dann die entsprechende Option. Das Angebot der verfügbaren Möglichkeiten hängt davon ab, ob Sie die Microsoft Office Clip Art Gallerie installiert haben oder nicht und ob ein Scanner an Ihren Computer angeschlossen ist.

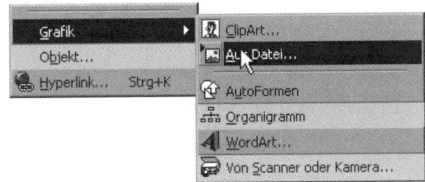

- Um ein eingefügtes Bild neu zu positionieren, klicken Sie darauf, um es auszuwählen, und ziehen es dann an die gewünschte Position in Ihrem Arbeitsblatt.
- Um die Größe eines eingefügten Bildes zu verändern, klicken Sie darauf, um es auszuwählen. Klicken Sie dann auf einen der Anfasspunkte und ziehen Sie das Bild in eine andere Form.

  Wenn Sie an einem der Eckpunkte ziehen, vergrößert bzw. verkleinert sich das Bild proportional zu seiner aktuellen Größe. Wenn Sie woanders ziehen, vergrößert bzw. verkleinert sich das Bild nur in die entsprechende Richtung.

Übung 4.76: Eine Bilddatei in Excel einfügen

Um ein Bild in ein Arbeitsblatt einzufügen, benötigen Sie ein Bild, um damit zu arbeiten. Wenn Sie kein Bild zur Hand haben, folgen Sie den Schritten 1 und 2 dieser Übung, um ein Bild von der Homepage des Autors herunterzuladen.

1) Stellen Sie eine Verbindung mit dem Internet her. Starten Sie den Microsoft Internet Explorer (oder Netscape) und gehen Sie auf die Webseite des Autors: www.munnelly.com.

2) Führen Sie einen Rechtsklick auf das Bild links oben auf der ersten Seite aus, um ein Kontextmenü anzuzeigen. Wählen Sie BILD SPEICHERN UNTER (oder in Netscape GRAFIK SPEICHERN UNTER) und speichern Sie das Bild auf Ihrem Computer als *munnelly_com.jpg*.

3) Lassen Sie ein *Excel*-Arbeitsblatt anzeigen, klicken Sie in eine Zelle und wählen Sie EINFÜGEN/GRAFIK/AUS DATEI. Suchen Sie nach *munnelly_com.jgp* (oder einer anderen Bilddatei) und klicken Sie auf EINFÜGEN.

Excel fügt das Bild, wie unten zu sehen, ein.

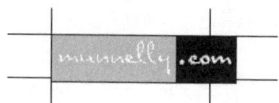

Grafiken einfügen

Grafiken können in anderen Programmen als *Excel* erstellt werden, z.B. in PowerPoint oder einer nicht *Microsoft-Anwendung*.

Um eine solche Grafik einzufügen, markieren Sie diese in der Anwendung, in der sie erstellt wurde, und kopieren Sie sie in die Zwischenablage. Öffnen Sie nun das *Excel*-Arbeitsblatt und wählen Sie den Befehl BEARBEITEN/EINFÜGEN.

Text einfügen

Es kommen zwei Arten von Text in Frage, die Sie in *Excel* einfügen könnten.

- Kleine Textausschnitte, die Sie aus einer Textdatei ausgewählt haben, um sie in *Excel* als Überschrift des Arbeitsblatts oder zur Beschriftung einzelner Zellen zu verwenden. Um Text in eine einzelne Zelle eines Arbeitsblatts einzufügen, öffnen Sie die Anwendung, in welcher der Text erstellt wurde. Kopieren Sie den Text in die Zwischenablage und verwenden Sie dann den *Excel*-Befehl BEARBEITEN/EINFÜGEN, um ihn in eine ausgewählte *Excel*-Zelle einzufügen.

- Eine ganze Textdatei mit Zahlen und Text, die *Excel* korrekt als Zeilen und Spalten lesen und anordnen soll. Um Ihnen bei dieser Art des Einfügens von Text in *Excel* behilflich zu sein, stellt Ihnen *Excel* einen Textkonvertierungs-Assistenten zur Verfügung.

Textkonvertierungs-Assistent

Am Anfang dieser Lektion haben Sie Tab-getrennte und Komma-getrennte Textdateien kennen gelernt, in denen ein Tab- oder Kommazeichen anzeigt, wo eine Textspalte aufhört und die nächste anfängt. Das bezeichnet man als Zeichen-getrennte Datei, weil ein ganz bestimmtes Zeichen durchgängig Spaltenenden anzeigt.

In anderen Textdateien kann ein Spaltenende nicht durch das einzelne Auftreten eines bestimmten Zeichens angezeigt werden, sondern durch eine Reihe von Leerstellen. Diese werden dann Spalten-getrennte Dateien genannt, weil Leerstellen die Daten dazu veranlassen, sich vertikal anzuordnen.

In jedem Fall werden Zeilenenden durch Absätze angezeigt. In Übung 4.77 erstellen Sie eine Tab-getrennte Datei, in Übung 4.78 importieren Sie diese Datei mit dem Textkonvertierungs-Assistenten in *Excel*.

Spalten-getrennte Textdatei

Eine Textformatdatei, in der Datenelemente horizontal durch Leerstellen und vertikal durch Absätze getrennt sind. Die Leerstellen veranlassen die Daten, sich vertikal anzuordnen.

Übung 4.77: Eine Tab-getrennte Textdatei erstellen

1) Erstellen Sie eine neue Datei, indem Sie den Editor oder einen anderen Texteditor verwenden.

2) Schreiben Sie die folgenden fünf Wörter und drücken Sie nach jedem, außer dem letzten Wort, die Tab-Taste (fügen Sie keine Leerschritte zwischen den Wörtern ein):

   Heike Anneliese Fritz Robert Ingo

3) Drücken Sie ENTER, um den Cursor in eine Zeile zu setzen.

4) Schreiben Sie die folgenden fünf Zahlen und drücken Sie nach jeder, außer nach der letzten Zahl, die Tab-Taste (fügen Sie keine Leerschritte zwischen den Zahlen ein).

   12 45 35 41 56

5) Drücken Sie ENTER, um den Cursor in eine Zeile zu setzen.

6) Schreiben Sie die folgenden fünf Zahlen und drücken Sie nach jeder, außer nach der letzten Zahl, die Tab-Taste (fügen Sie keine Leerschritte zwischen den Zahlen ein).

   11 42 34 39 47

   Ihr Entwurf sollte nun so aussehen. Wie Sie sehen, sind die Spalten nicht, wie in Tab-getrennten Dateien üblich, vertikal untereinander angeordnet.

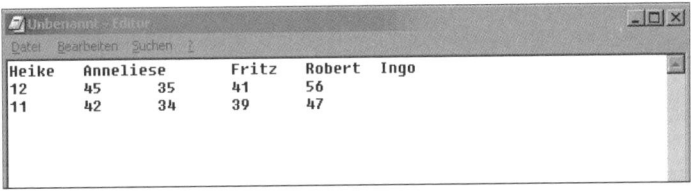

7) Speichern Sie die Datei ab und schließen Sie sie.

Übung 4.78: Eine Tab-getrennte Textdatei importieren

1) Wählen Sie DATEI/ÖFFNEN und dann die Textdatei, die Sie in Übung 4.77 erstellt haben.

2) *Excel* zeigt das Dialogfeld *Textkonvertierungs-Assistent* an. Wie Sie sehen, hat *Excel* die Datei korrekt als Tab-getrennte Datei erkannt.

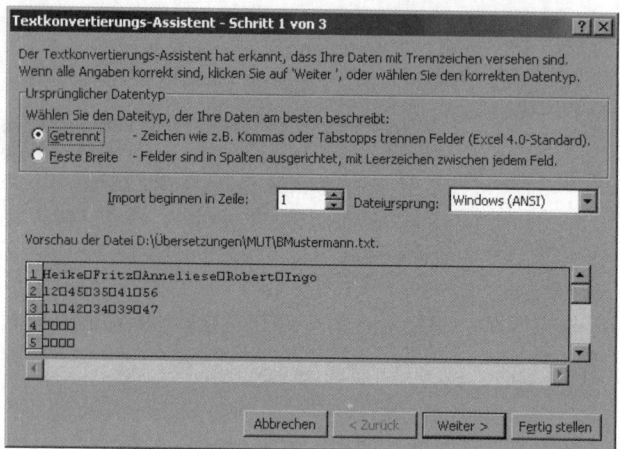

3) Klicken Sie nun auf die erscheinenden Schaltflächen WEITER und schließlich auf FERTIGSTELLEN.

Ihr Arbeitsblatt sollte nun so aussehen.

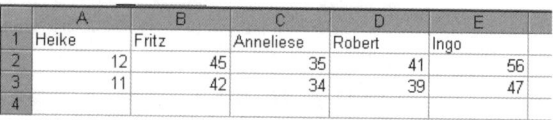

	A	B	C	D	E	
1	Heike	Fritz	Anneliese	Robert	Ingo	
2	12	45	35	41	56	
3	11	42	34	39	47	
4						

Speichern Sie Ihre Arbeitsmappe und schließen Sie *Excel*.

Sie haben die letzte Lektion des ECDL-Moduls Tabellenkalkulation beendet. Glückwunsch!

Ein Dateiformat ist ein Satz mehrerer Regeln, nach welchen die 1en und 0en, die von einem Computer verwendet werden, um Informationen, Text und Grafik auf dem Bildschirm anzuzeigen, konvertiert werden. Verschiedene Anwendungen, sogar verschiedene Versionen ein und desselben Programms, können unterschiedliche und nicht kompatible Dateiformate verwenden. Damit Sie Ihre Dateien mit anderen Leuten austauschen können, können Sie in *Excel 2000* Ihre Arbeitsmappen auch unter einem anderen Format als dem *Excel*-Format speichern. Als Möglichkeiten sind geboten: frühere Microsoft *Excel*-Versionen, Lotus 1-2-3 und Quattro Pro (andere Tabellenkalkulationsprogramme), dBASE (ein Datenbankprogramm) und HTML (das Webseitenformat).

Eine andere Möglichkeit besteht darin, eine *Excel*-Arbeitsmappe als Mustervorlage zu speichern. Sie können dann den Text, die Zahlen, Formatierungen und Berechnungen in dieser Vorlage als Grundlage zum Erstellen einer neuen Arbeitsmappe verwenden.

Excel-Arbeitsmappen können aber auch als Nur-Text-Dateien gespeichert werden. Eingefügte Tab- oder Kommazeichen trennen die verschiedenen Spalten und Absätze trennen die einzelnen Zeilen voneinander.

Sie können auch Bilddateien und in anderen Programmen erstellte Grafiken in ein *Excel*-Arbeitsblatt einfügen. Der *Excel*-Textkonvertierungs-Assistent ist Ihnen beim Öffnen von Textdateien behilflich. Der Assistent erkennt Zeichen, die in eine Textdatei eingefügt wurden, um Spalten und Zeilen zu trennen.

5

Datenbanken

Man kann nie zu reich, zu gesund oder zu informiert sein. Und die beste Information ist diejenige, die so organisiert ist, dass man sie schnell und einfach abrufen kann. Außerdem ist es wichtig, dass man neue Informationen ohne Probleme ergänzend hinzufügen kann.

Es gab Datenbanken, also strukturierte Informationssammlungen zu einem bestimmten Thema, lange bevor es den Computer gab. Adressbücher, Kartenverzeichnisse und Telefonbücher, sie alle sind Beispiele für Datenbanken. Wenn Sie Ihre Fakten jedoch in einer Datenbank auf einem Computer speichern, haben Sie so die Möglichkeit, diese Information auf verschiedene Weise zu verwalten und zu verändern. Und das trifft auch für sehr umfangreiche Datenmengen zu.

Sie erfahren, wie Sie die Informationen Ihrer Datenbank aus verschiedenen Blickwinkeln heraus betrachten, sortieren und bestimmte Teile der Information, die für Sie von Interesse sind, herausfiltern können und wie Sie einen Ausdruck von Berichten erzeugen.

Mit diesem Modul sind Sie es, der katalogisiert – und nicht katalogisiert wird. Viel Glück damit!

Lektion 5.1: Was ist eine Datenbank?

Zu dieser Lektion

In dieser Lektion lernen Sie, dass eine Datenbank eine organisierte Sammlung von Information ist, bei der es um ein bestimmtes Thema oder Fachgebiet geht. Mit dem Wort *organisiert* meinen wir, dass es einfach sein sollte, eine bestimmte Information zu finden und neue Elemente hinzuzufügen.

Microsoft Access ist ein Programm, mit dem Sie Datenbanken erstellen und damit arbeiten können. Um Ihnen eine Vorstellung davon zu vermitteln, wie eine Computerdatenbank aussieht, begleiten wir Sie auf eine kleine Tour durch eine der in *Access* vorliegenden Beispiel-Datenbanken.

Weiterhin werden wir gemeinsam ein paar Überlegungen zu praktischen Datenbankbeispielen des täglichen Lebens anstellen. Sie gewinnen einen Einblick in die Überlegungen und Entscheidungen, die Datenbankentwickler anstellen müssen, bevor sie sich an den Aufbau einer Datenbank machen.

Neue Fähigkeiten

Am Ende dieser Lektion sollten Sie in der Lage sein,

- zu erklären, was eine Datenbank ist,
- einige allgemeine Beispiele für Datenbanken zu nennen,
- die Vorteile von Computerdatenbanken gegenüber Datenbanken auf Papier zu nennen,
- *Access* zu starten und zu beenden,
- die in *Access* vorhandene Beispiel-Datenbank zu erkunden,
- zwei Möglichkeiten zu erklären, wie man Informationen in einer Computerdatenbank sichten kann,
- die Struktur für eine einfache Datenbank zu erstellen.

Neue Wörter

Am Ende dieser Lektion sollten Sie in der Lage sein, die folgenden Begriffe zu erklären:

- Datenbank
- Datenbankverwaltungssystem
- Tabelle
- Feld
- Datensatz
- Datenblattansicht
- Formularansicht

Eine Datenbank ist eine Informationssammlung zu einem bestimmten Thema oder Sachgebiet. Sie ist für gewöhnlich so angelegt, dass man darin einfach die Information findet, die für den Bearbeiter von Interesse sind, und neue Information ergänzend hinzufügen kann.

Datenbank

Eine Datenbank ist eine organisierte Sammlung von zusammenhängenden Informationen.

Eine Datenbank muss nicht zwangsläufig auf einem Computer angelegt sein. Adressbücher, Kartenverzeichnisse und Telefonbücher sind alles Datenbanken (auch wenn kaum jemand auf den Gedanken käme, sie als solche zu bezeichnen).

Wenn Sie eine Datenbank jedoch auf einem Computer speichern, haben Sie die Möglichkeit, die Informationen schnell und einfach zu verändern. Wenn Sie z.B. ein Telefonbuch (aus Papier) verwenden, ist es relativ einfach, die Telefonnummer einer bestimmten Person herauszufinden. Es ist jedoch sehr schwierig (wenn auch nicht unmöglich), den Namen einer Person herauszufinden, wenn Ihnen nur die Telefonnummer dieser Person bekannt ist.

Eine computergestützte Datenbank hingegen ermöglicht Ihnen auch in einem solchen Fall ein schnelles und einfaches Auffinden der Information. Sie könnten auch alle Personen herausfinden, die in einer bestimmten Straße wohnen oder deren Vorname Paul ist. Sie könnten auch einen Bericht drucken, der Ihnen eine Übersicht über die fünf häufigsten Nachnamen gibt.

Computerorientierte Datenbanken sind flexibel: Sie ermöglichen das Arbeiten mit Informationen auf verschiedene Arten. Das gilt auch für sehr große Datenmengen. *Microsoft* ist ein Beispiel für ein Datenbankverwaltungssystem, also ein Programm, das es Ihnen ermöglicht, eine Datenbank auf Ihrem Computer anzulegen und zu verwalten.

Datenbankverwaltungssystem

Ein Programm wie Microsoft Access, das es ermöglicht, Informationen auf einem Computer zu sammeln, auf verschiedene Weise zu organisieren, zu sortieren und bestimmte Informationsteile herauszufiltern, die von Interesse sind. Schließlich lassen sich damit noch Berichte erzeugen.

Datenbanken verwenden Informationen, die in ihre kleinsten teilbaren Bestandteile zerlegt sind. Jedes Teil kommt dabei in ein eigenes mit Namen versehenes Feld. Bei der Eingaben von Namen und zugehörigen Adressen in eine Datenbank beispielsweise schreiben Sie also nicht die gesamte Information in ein einziges Feld.

```
Karl·Schmidt¶
Bachstr.·234¶
89657·München¶
¶
Deutschland¶
```

Vielmehr geben Sie die einzelnen Teile der Information in separate Felder ein.

Vorname	Karl
Nachname	Schmitz
Adresse1	Bachstr. 234
Adresse2	
Postleitzahl	89524
Stadt	München
Bundesland	Bayern
Land	Deutschland

Feld

Ein Feld nimmt einen einzelnen Teil der Information zu einem Thema auf. Oder genauer gesagt: Es ist der Platz, an dem bzw. in dem die Information enthalten ist.

Die Felder einer Datenbank nehmen die einzelnen Teile der Information (wie z.B. eine Telefonnummer) auf. Eine zusammengehörige Reihe von Daten zu einem Element bezeichnet man als Datensatz.

Datensatz

Ein Datensatz besteht aus einer kompletten Reihe von Feldern zu ein und demselben Element.

Tabellen und Datenbanken

Eine Sammlung von Datensätzen wird Datenbank genannt. In diesem ECDL-Modul geht es nur um Datenbanken mit einer Tabelle. Über Datenbanken mit mehreren Tabellen müssen Sie nur wissen, dass man sie mit *Access* erstellen kann.

Bei Tausenden oder gar Hunderttausenden von Datensätzen zeigt ein Datenbankverwaltungssystem dann, was wirklich in ihm steckt. Wenn Sie über einen Computer eine Abfrage starten, bei der nur Datensätze herausgefiltert und angezeigt werden sollen, bei denen z.B. der Nachname mit S und die Postleitzahl mit 60 beginnt, dann gibt der Computer das Ergebnis in atemberaubender Schnelligkeit aus, die über die Kapazitäten des Menschenmöglichen weit hinausgeht.

Einem Datenbankverwaltungssystem fehlt jedoch der normale Menschenverstand. Es kann keine Beurteilungen abgeben. Information kann also nicht korrekt wiedergefunden werden, wenn Sie zuvor von Ihnen nicht ins richtige Feld eingetragen wurde.

Tabelle

Eine Tabelle ist eine Sammlung von Datensätzen, welche die gleichen Felder beinhaltet.

Zwei Ansichten: Datenblatt und Formulare

Mit *Access*, wie auch mit den meisten anderen Datenbankprogrammen, können Sie Informationen auf zwei Arten betrachten und verändern: in einem Datenblatt und in einem Formular. In der *Datenblattansicht* können Sie die Information in Spalten (eine für jedes Feld) und Zeilen (eine für jeden Datensatz) angeordnet betrachten. In seinem Erscheinungsbild ähnelt ein Datenblatt einer Tabelle.

Ein Beispiel für die Datenblattansicht, in der Sie mehrere Datensätze gleichzeitig angezeigt werden

Nummer	Vogelname	Farbe	Anzahl gesehen	Zugvogel?	Größe	gesichtet am	gesehen wo
1	Rotmilan	rostrot	1	☑	55	03.06.98	Waldwinkel
2	Habicht	schiefergrau	3	☐	50	09.09.99	Feldberg
3	Turmfalke	rot-braun	2	☐	42	06.11.99	Waldwinkel
4	Wachtel	erdbraun	1	☑	25		
5	Flußregenpfeifer	erdbraun	4	☑	23	25.07.99	Isarauen
6	Flußuferläufer	braungrau	3	☑	25	26.07.99	Denkalm
8	Kuckuck	graublau	2	☑	35		
9	Mauersegler	rauchschwarz	15	☑	22	23.08.00	Ramersbach
10	Grünspecht	olivgrün	2	☐	28	24.08.00	Waldwinkel
11	Buntspecht	schwarz-weiß	1	☐	30	24.08.00	Ramersbach
12	Haubenlerche	sandbraun	2	☐	22		
13	Baumpieper	braun	5	☑	22	02.09.00	Königsfeld
14	Bachstelze	schwarz-grau	6	☑	23	15.07.99	Ramersbach
15	Amsel	schwarz	17	☐	28	23.11.00	Waldwinkel
16	Blaumeise	gelblich/hellblau	23	☐	21	23.11.00	Waldwinkel
17	Saatkrähe	schwarz	11	☐	46	28.08.99	Landgraben
(AutoWert)			0	☐	0		

Datenblattansicht

Die Ansicht einer Datenbanktabelle, in der Sie Informationen in Spalten und Zeilen angeordnet sehen. Dabei können Sie gleichzeitig mehrere Datensätze betrachten.

Die *Formularansicht* in einem einspaltigen Formular zeigt die gesamte oder ausgewählte Information zu einem einzigen Datensatz an. Ein Formular kann in einer Art und Weise ausgelegt sein, die eventuell leichter zu lesen ist; unter Umständen auch mit erklärendem Text. Sie können das Formular derart strukturieren, dass es wie ein Blattformular aussieht. Dabei befinden sich die Felder an den entsprechenden Stellen auf dem Bildschirm.

Formularansicht eines einspaltigen Formulars

Die Ansicht einer Datenbanktabelle, bei der alle oder ausgewählte Informationen zu einem einzigen Datensatz angezeigt werden.

Ein Beispiel für die Formularansicht, in der Sie die Einzelheiten eines einzelnen Datensatzes sehen können

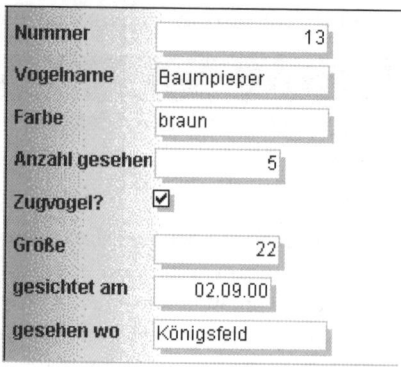

Nummer	13
Vogelname	Baumpieper
Farbe	braun
Anzahl gesehen	5
Zugvogel?	☑
Größe	22
gesichtet am	02.09.00
gesehen wo	Königsfeld

Ein guter Weg, etwas über Computerdatenbanken zu lernen, ist der, sich Beispiel-Datenbanken anzuschauen und zu ergründen. *Access* stellt Ihnen drei Beispiel-Datenbanken zur Verfügung: *Nordwind*, *Bestellungen* und *Lösungen*. Übung 5.1 begleitet Sie auf eine Tour durch die *Nordwind*-Datenbank. Dazu müssen Sie zunächst einmal *Access* starten.

Access starten

Um *Access* zu starten, führen Sie einen Doppelklick auf das *Microsoft Access* Symbol aus oder Sie wählen START/PROGRAMME/MICROSOFT ACCESS.

Access wird gestartet und über ein Dialogfeld haben Sie die Wahl zwischen dem Öffnen einer bereits existierenden Datenbank oder dem Erstellen einer neuen Datenbank.

Wir starten nun zu einer Tour durch die Beispiel-Datenbank *Nordwind*, die schon vorher in *Access* erstellt wurde.

Übung 5.1: Datenbank Nordwind öffnen

1) Wählen Sie im Dialogfeld die Option *Öffnet eine bestehende Datenbank*.

2) Die verschiedenen Beispiel-Datenbanken sollten im Dialogfeld aufgelistet sein. Wählen Sie dann *Nordwind* aus.

Wenn die Beispiel-Datenbanken nicht aufgelistet sind, wählen Sie das Element *Weitere Dateien* aus der Liste aus. Sie können dann durch die einzelnen Ordner auf Ihrem Computer navigieren, um sie zu finden. Sehr wahrscheinlich befinden sie sich im Unterordner des Ordners *Samples* des *Access*-Ordners (C:\Program Files\MicrosoftOffice\Office\Samples). Verwenden Sie, falls nötig, den *Windows Explorer* oder *Arbeitsplatz*, um die Beispiel-Datenbank zu finden. Wenn Sie *Nordwind.mdb* gefunden haben, wählen Sie die Datei aus.

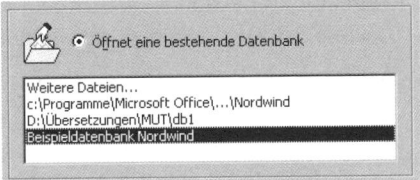

3) Klicken Sie auf OK.

4) Wenn eine Begrüßung auf dem Bildschirm eingeblendet wird, klicken Sie auf OK.

Access zeigt nun das Dialogfeld *Datenbank* an.

Das Dialogfeld Datenbank, das "Kontrollzentrum" von Access.

Von hieraus können Sie mit den verschiedenen Datenbankobjekten arbeiten.

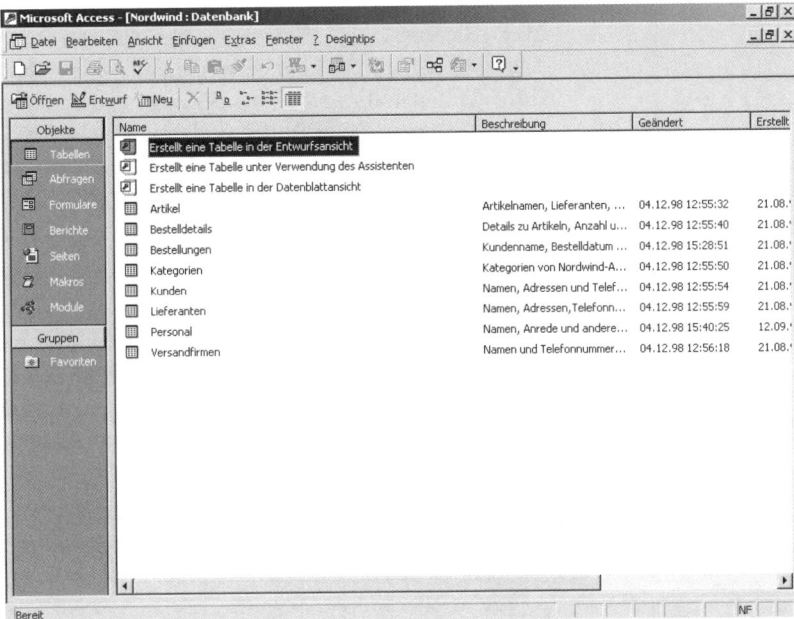

Access-Dateinamen-erweiterung

Die Dateierweiterung für *Access*-Datenbanken ist .mdb (**M**icrosoft **D**atenbank). Das hilft Ihnen bei der Unterscheidung der *Access*-Datenbanken von anderen Dateiarten wie *Excel*-Tabellen (.xls) oder Word-Dokumenten (.doc).

Das Dialogfeld Datenbank

Im Dialogfeld *Datenbank* befinden sich sieben Register: *Tabellen, Abfragen, Formulare, Berichte, Seiten, Makros* und *Module*. Bei allen handelt es sich um einen Satz von Elementen. In *Access* werden sie Objekte genannt, die in irgendeiner Weise der Datenbank zugeordnet sind. Für den ECDL müssen Sie nur etwas über die ersten vier lernen. Über *Seiten, Makros* und *Modulen* brauchen Sie sich keine Gedanken zu machen.

- **Tabellen**: In Lektion 5.2 lernen Sie, wie man eine Tabelle erstellt, Lektion 5.3 zeigt, wie man sie verändert.

- **Abfragen:** In Lektion 5.4 lernen Sie, wie man Abfragen erstellt. Das sind vordefinierte Arten, sich die Informationen Ihrer Tabellen auf dem Bildschirm zu betrachten.

- **Formulare:** In Lektion 5.5 lernen Sie, wie man das Erscheinungs-bild eines Formular erstellt und formatiert und es dann verwendet, um Datensätze einzugeben und zu ändern.

- **Berichte:** Mit Berichten können Sie Informationen aus Ihrer Datenbank herausfiltern und ausdrucken. In Lektion 5.6 befasst sich mit Berichten.

Wenn Sie mit *Access* arbeiten, werden Sie dem Dialogfeld *Datenbank* häufig begegnen. Sie können von hieraus jedes Objekt der Datenbank öffnen, um damit zu arbeiten oder es zu ändern. Wenn Sie mit der Arbeit an einem Objekt fertig sind, bringt *Access* Sie immer wieder zu diesem Dialogfeld zurück, von wo aus Sie dann einfach mit einem anderen Objekt weiterarbeiten können.

Wenn Sie eine Datenbank öffnen, ist das Register *Tabellen* normaler-weise aktiv. Wenn nicht, klicken Sie einfach darauf, um es zu aktivieren.

Sie werden bemerken, dass die *Nordwind*-Datenbank mehrere Tabel-len beinhaltet. Öffnen Sie *Personal*, indem Sie es markieren und dann auf ÖFFNEN klicken, oder durch einen Doppelklick auf den Namen bzw. das Symbol. Schauen Sie sich die darin enthaltene Information einmal an. Sie verschaffen sich so einen guten Einblick über die Verwendung von Datenbanken.

- Wenn eine Tabelle wie *Personal* aus mehr Feldern besteht, als gleichzeitig auf dem Bildschirm angezeigt werden können, neh-men Sie den horizontalen Rollbalken zu Hilfe, um im Fenster nach rechts oder links zu scrollen.

  Wenn Sie weit genug nach rechts scrollen, sehen Sie eine Spalte *Foto*. Um ein Foto des jeweiligen Angestellten angezeigt zu bekommen, doppelklicken Sie auf eines der Felder. Schließen Sie dann das Fenster mit dem Foto wieder.

  Wenn Sie Ihre Bildlaufleiste nicht sehen können, klicken Sie auf das Maximierenfeld. Daraufhin wird die Bildlaufleiste sichtbar.

- Wenn eine Tabelle mehr Datensätze enthält, als im Fenster ange-zeigt werden können, nehmen Sie die vertikale Bildlaufleiste zu Hilfe, um durch die Datensätze nach oben und unten zu scrollen.

Maximierfeld

Überlegungen zur Gestaltung einer Datenbank

In Lektion 5.2 legen Sie eine eigene Datenbank an. Bevor Sie jedoch eine Datenbank mit *Access* aufbauen, sollten Sie sich die Zeit nehmen und darüber nachdenken, welche Art von Information Sie in die Datenbank eingeben und wie Sie diese verwenden möchten.

Die vier folgenden Beispiele sollen veranschaulichen, welche Art von Entscheidung diejenigen treffen müssen, die Datenbanken erstellen, bevor Sie mit dem Aufbau Ihrer Datenbank beginnen können.

Beispiel 1: Die Wein-Datenbank

Hans interessiert sich für Wein. Er liest die Weinkolumne in der Tageszeitung und notiert sich Empfehlungen. Wenn er dann zum Einkaufen in den Supermarkt geht, nimmt er eine Liste mit, um den Wein entsprechend der Empfehlungen auszuwählen. Wenn er dann Wein kauft, kann es sein, dass er den Wein für einige Zeit im Haus hat, bevor er ihn öffnet. Er möchte dann seine Eindrücke festhalten und seine Notizen mit der Originalbesprechung aus der Zeitung vergleichen.

Hans könnte also die folgenden Felder in seine Datenbank einbauen:

- Weinart (Rot, Weiß, Rosé, Sekt, Süß)
- Name
- Land/Region
- Winzer
- Traubensorte
- Weinlese
- Preis
- Empfohlen von
- Besprechungskommentare
- Zu kaufen bei (Geschäft)
- Anzahl gekaufter Flaschen
- Kaufdatum
- Probierdatum
- Geschmacksnotizen
- Wieder kaufen?

Mit einer solchen Datenbank ließe sich eine separate Liste für jedes einzelne Geschäft ausdrucken. Hans könnte alle Rotweine zusammenfassen, alle Weißweine auflisten, die weniger als 25,– € kosten. Er könnte herausfinden, wo er die Weine eines bestimmten Winzers erwerben kann, und sich die Kommentare zu verschiedenen Weinlesen des gleichen Weins anschauen usw.

Beispiel 2: Die Datenbank eines CD-Sammlers

Michaela spielt Klavier und verfügt über eine umfangreiche CD-Sammlung. Wenn sie ein neues Stück einübt, hört sie sich gern an, wie andere Leute es spielen. Sie hat eine Datenbank mit den folgenden Feldern erstellt.

- CD-Titel
- Titel der Melodie
- Name des Künstlers
- Komponist
- Verzeichnisnummer
- Aufnahmedatum

Durch das Sortieren der Datenbank nach dem Melodietitel ist sie in der Lage, schnell eine bestimmte CD mit der Melodie, die sie gerade einstudiert, zu finden.

Oskar hat mit dem Aufbau einer Datenbank für Versicherungszwecke begonnen. Das ermöglicht es ihm, einen detaillierten Bericht über seinen Hausrat anzufertigen. Die Datenbank enthält die folgenden Felder:

- Zimmer
- Kaufdatum
- Objekt
- Anschaffungspreis
- Kategorie

Mit Hilfe dieser Datenbank konnte er eine genaue Inventarliste liefern, um bei der Versicherung einen Anspruch geltend zu machen. Er war in der Lage, die Anschaffungskosten, zusammen mit dem Wertverlust und dem Wiederbeschaffungswert, anzugeben – dies alles auf der Basis des Anschaffungspreises gemessen an der Zeit, die seit dem Kauf vergangen war. Gleichfalls konnte er ohne Probleme den Wert aller im Haus befindlichen Gemälde, der gesamten Kleidung im Zimmer des Obergeschosses oder das gesamte Inventar eines bestimmten Zimmers angeben.

Jedes Wochenende verlässt Klara mit Fernglas und Notizbuch das Haus, um einige Zeit mit dem Beobachten von Vögeln zu verbringen. Wenn Sie dann nach Hause kommt, gibt sie ihre Aufzeichnungen in eine Datenbank ein. Die Datenbank enthält die folgenden Felder:

- Name des Vogels
- Zugvogel?
- Farbe
- Wo gesehen
- Größe
- Datum, wann gesehen
- Anzahl

Klara hat die grundlegende Information für die ersten fünf Felder, basierend auf ihrem Vogelbuch, in ihre Datenbank eingegeben. Darüber hinaus trägt sie ihre Beobachtungen jede Woche ein. Wenn sie nun einen Vogel sichtet, den sie nicht identifizieren kann, so kann sie in einer Liste aller Vögel mit einer bestimmten Farbe und Größe nachschauen. (Sicherlich reicht diese Information nicht aus, um eine genaue Identifizierung vorzunehmen. Aber es hilft ihr dabei, den Vogel in ihrem Vogelbuch zu finden.) Sie kann dann auch das Datum und den Ort, wo sie den Vogel gesichtet hat, eintragen. Nach einer gewissen Zeit kann sie dann die besten Plätze und die beste Jahreszeit bestimmen, um die verschiedenen Vogelarten zu sichten.

Genaue Überlegungen zu Feldern	Überlegen Sie genau, wie und wofür die Felder verwendet werden sollen, die Sie in Ihre Datenbank integrieren. Wenn Sie z.B. Wein nach seinem Herkunftsland sortieren bzw. auswählen möchten, sollten Sie eine Spalte *Land* einbauen: Sie wissen wahrscheinlich, dass Bordeaux in Frankreich liegt, aber *Access* weiß es nicht. Wenn Sie alle Alben finden wollen, die Nick Lowe produziert hat, müssen Sie diese Information aufzeichnen und zwar vorzugsweise in einer einheitlichen Form (z.B. Nachname gefolgt von Vorname).

Gehen Sie zurück und schauen Sie sich Klaras Vogelschau-Datenbank noch einmal an. Es ist die Datenbank, die Sie in Lektion 5.2 erstellen werden.

Eine Datenbank schließen	Um eine *Access*-Datenbank zu schließen, wählen Sie DATEI/SCHLIESSEN oder klicken Sie auf die Schaltfläche SCHLIESSEN im Dialogfeld *Datenbank*.

Schließfeld Access

Schließfeld Datenbank

Access beenden	Um *Access* zu schließen, wählen Sie DATEI/BEENDEN oder klicken Sie auf das Schließen-Feld im *Access*-Fenster. Sie haben Lektion 5.1 des ECDL-Moduls Datenbanken jetzt beendet.

Sie wissen nun, dass eine Datenbank eine Sammlung von Informationen ist, die für gewöhnlich auf einem Computer gespeichert ist. Sie ist in der Regel so organisiert, dass man das, was man sucht, schnell und einfach findet und bei Bedarf neue Daten hinzufügen kann. Computerorientierte Datenbanken ermöglichen es ihren Benutzern, große Datenmengen effizienter zu ändern, als das bei Datenbanken auf Papier möglich wäre.

Microsoft Access ist ein Beispiel für ein Datenbankverwaltungssystem, also ein Programm, das Informationen auf einem Computer speichert, sie auf verschiedene Weise organisiert, sortiert und einzelne Teile dieser Information, die von Interesse sind, herausfiltert und Berichte erstellt.

Eine Datenbank besteht aus mindestens einer Tabelle mit Informationen. Jede Tabelle enthält eine bestimmte Anzahl von Datensätzen und jeder Datensatz umfasst eine bestimmte Anzahl von Feldern. Ein Feld ist eine einzelne Teilinformation zu einem Thema. Ein Datensatz besteht aus einer kompletten Reihe von Feldern zu ein und demselben Element. Eine Tabelle ist eine Sammlung von Datensätzen.

Das Dialogfeld *Datenbank* ist die Steuerzentrale von *Access*. Durch Verwendung der einzelnen Register können Sie die einzelnen Objekte der Anwendung öffnen und damit arbeiten. Objekte sind z.B. Tabellen, Abfragen, Formulare und Berichte.

Bevor Sie irgendeine Datenbank in *Access* aufbauen, sollten Sie darüber nachdenken, welche Informationen Sie in der Datenbank speichern und wie Sie diese nutzen möchten. Zerlegen Sie die Information in ihre kleinsten teilbaren (und nutzbaren) Teile. Jeder einzelne Teil sollte dann ein Feld in der Datenbank darstellen.

Lektion 5.2: Erstellen Sie Ihre Access-Datenbank

Zu dieser Lektion

Bereiten Sie sich darauf vor, Ihre erste *Access*-Datenbank zu erstellen. Das klingt schlimmer, als es in Wirklichkeit ist. *Access* liefert Ihnen eine Reihe von Musterdatenbanken, die sich für alle erdenklichen Datenbanken, die Sie vielleicht erstellen möchten, verwenden lassen. Ein großer Teil der Arbeit ist also schon erledigt.

Bleibt Ihnen nur noch, ein paar grundlegende Entscheidungen zu treffen: Welche Musterdatenbank kommt meinen Vorstellungen am nächsten? Welche ihrer Felder werde ich verwenden? Welche neuen Namen werde ich den ausgewählten Feldern geben?

Zwei neue Begriffe, denen Sie in dieser Lektion begegnen werden, sind *Schlüssel* und *Index*. Der Schlüssel ist die eindeutige Identifizierung eines Datensatzes, der ihn von allen anderen Datensätzen unterscheidet. Der Index hilft Ihnen bei der schnellen Sortierung bzw. beim schnellen Auffinden von Datensätzen. Außerdem machen Sie noch mit einer weiteren Art der Betrachtung Ihrer Datenbank Bekanntschaft: der *Entwurfsansicht*.

Ein Aspekt beim Erstellen einer Datenbank bleibt, bei dem *Access* Ihnen nicht behilflich sein kann: die Dateneingabe. Nur Sie allein können das übernehmen.

Neue Fähigkeiten

Am Ende dieser Lektion sollten Sie in der Lage sein,

- den *Access Datenbank-Assistenten* zu starten,
- eine geeignete Mustertabelle aus der verfügbaren Liste zu wählen,
- die Felder, die Sie in Ihrer Tabelle verwenden möchten, aus der Mustertabelle auszuwählen,
- den ausgewählten Feldern der Mustertabelle einen neuen Namen zu geben, so dass Sie Ihren Bedürfnissen entsprechen,
- einen Primärschlüssel auszuwählen, um jeden Datensatz eindeutig zu identifizieren,
- in der *Datenblattansicht* Daten in eine Tabelle einzugeben,
- in der *Datenblattansicht* die Spaltenbreite anzupassen,
- in die *Entwurfsansicht* zu wechseln,
- einen Index zu erstellen.

Am Ende dieser Lektion sollten Sie in der Lage sein, die folgenden Begriffe zu erklären:

- Datenbankschlüssel
- Entwurfsansicht
- Datenbankindex

Ein Überblick zum Erstellen einer Datenbank

In dieser Lektion werden Sie Ihre erste Datenbank erstellen. Ihre Datenbank wird der Datenbank ähneln, die Klara für ihre Vogelbetrachtungen verwendet und die wir in Lektion 5.1 beschrieben haben.

Access stellt Ihnen einen *Datenbank-Assistenten* zur Verfügung, der Ihnen das Erstellen einer Datenbank erleichtert. Sie verwenden diese automatisierte Funktion, damit sie einige Arbeit für Sie erledigt. Aber Sie werden auch einiges selbst erledigen, um mehr über den Umgang und die Arbeit mit diesem Programm zu erfahren.

Das Erstellen einer Datenbank geht in neun Schritten vor sich:

1: Datenbank-Assistenten starten: Zunächst starten Sie den *Datenbank-Assistenten* und speichern Ihre neue Datenbank unter einem Namen ab. Siehe auch Übung 5.2.

2: Mustertabelle auswählen: Statt eine von Grund auf neue Tabelle zu erzeugen, ist es einfacher und schneller, eine in *Access* angebotene Tabelle als Grundlage zu verwenden. Siehe auch Übung 5.3.

3: Felder auswählen: Es ist nicht sehr wahrscheinlich, dass Sie alle Felder der Mustertabelle in Ihre Tabelle übernehmen möchten. Sie müssen also festlegen, welche Sie benötigen. Siehe auch Übung 5.4.

4: Felder umbenennen: In der Regel werden Sie einige der aus der Mustertabelle übernommenen Felder umbenennen müssen. Das ist der Punkt, an dem Sie auch Ihrer Tabelle einen Namen geben. Siehe auch Übung 5.5.

5: Primärschlüssel festlegen: Sie müssen *Access* mitteilen, welche Ihrer Felder als Schlüsselfelder fungieren. Das ist ein Feld, das eine eindeutige Unterscheidung der einzelnen Datensätze zulässt. Siehe auch Übung 5.6.

6: Daten eingeben: Sie geben die Daten in der *Datenblattansicht* in Ihre Tabelle ein. Siehe auch Übung 5.7.

7: Spaltenbreite anpassen: In der *Datenblattansicht* werden einige Spalten zu schmal, andere zu breit sein. Sie sollten also wissen, wie man die Spaltenbreite anpasst. Siehe auch Übung 5.8.

8: Wechsel in die Entwurfsansicht: Ein Schritt liegt noch vor Ihnen und dazu müssen Sie von der *Datenblattansicht* in die *Entwurfsansicht* wechseln.

9: Ihren Index erstellen: Ein Index sorgt für einen schnellen Sortier-oder Suchlauf in den Daten. In Übung 5.9 erstellen Sie einen solchen.

Starten Sie nun den *Datenbank-Assistenten*.

Schritt 1: Datenbank-Assistenten starten

Übung 5.2: Den Access Datenbank-Assistenten starten

1) Starten Sie *Access*, wählen Sie *Datenbank-Assistenten* und klicken Sie dann auf OK.

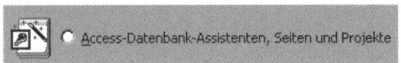

2) Im Dialogfeld *Neu* wählen Sie das Register *Allgemein*. Klicken Sie auf das Symbol für *Datenbank* und anschließend auf OK.

3) Geben Sie im Dialogfeld *Neue Datenbankdatei* den Namen *Vögel* ein und wählen Sie einen Ordner aus, in dem die Datei gespeichert werden soll.

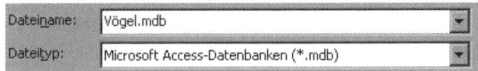

4) Klicken Sie auf die Schaltfläche ERSTELLEN.

   Access zeigt nun das Dialogfeld *Datenbank* an.

5) Wenn Sie eine Datenbank erstellen, ist das Register *Tabelle* in der Regel aktiviert. Wenn nicht, klicken Sie einfach darauf, um es zu aktivieren.

Sie werden bemerken, dass im Gegensatz zur *Nordwind*-Datenbank alle Register der gerade erstellten Datenbank leer sind. In Lektion 5.2 erstellen Sie ein Tabellen-Objekt. In Lektion 5.4 folgen eine Abfrage und ein Formular. Lektion 5.6 befasst sich dann schließlich mit der Erstellung eines Berichts.

Schritt 2: Muster-tabelle auswählen

Für jedermann, auch für Microsoft, ist es absolut unmöglich, genau vorherzusehen, was Sie mit Ihrer Datenbank machen möchten. Daher bietet Ihnen der *Access Tabellen-Assistent* eine Vielzahl von Möglich-keiten. In den nächsten Übungen suchen Sie sich die Optionen heraus, die Ihren Bedürfnissen am nächsten kommen. Verändern Sie sie so weit, dass Sie am Ende genau das haben, was Sie wollen.

Übung 5.3: Eine Mustertabelle auswählen

1) Klicken Sie im Dialogfeld *Datenbank* im Register *Tabelle* auf die Schaltfläche NEU. *Access* zeigt das Dialogfeld *Neue Tabelle* an.

2) Das Dialogfeld *Neue Tabelle* bietet fünf Möglichkeiten, eine neue Tabelle zu erstellen.

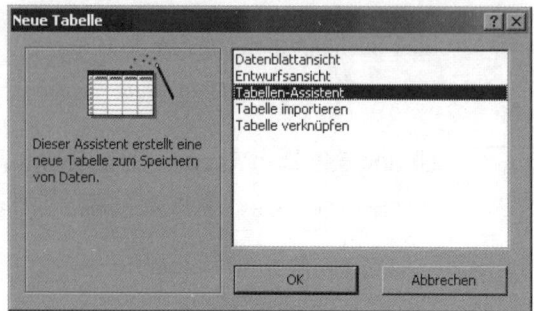

3) Wählen Sie die Option *Tabellen-Assistent* und klicken Sie auf OK.

4) Schauen Sie sich die Liste mit den Mustertabellen an. Sie finden dort zwei Möglichkeiten: *Geschäftlich* und *Privat*. Abhängig davon, welche der beiden Möglichkeiten Sie wählen, zeigt Ihnen *Access* unterschiedliche Mustertabellen in der Liste an.

5) Wählen Sie *Geschäftlich* und schauen Sie sich die Liste an. Beachten Sie auch die Felder im zweiten Listenfeld rechts. Keine der aufgeführten Tabellen scheint für Ihr Vorhaben sonderlich geeignet.

6) Wählen Sie nun die Option *Privat*. Durchstöbern Sie die Liste der Mustertabellen. Auch hier finden Sie nichts, was genau für den Zweck Vogelbetrachtung passt. Aber es gibt eine Tabelle namens *Pflanzen*, die sich den Bedürfnissen Ihrer Vogelschau-Tabelle anpassen ließe.

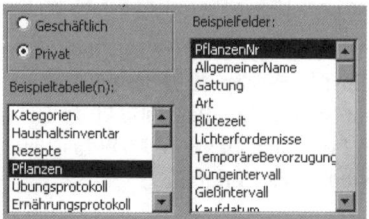

7) Wählen Sie die Tabelle *Pflanzen*. Sie werden in Übung 5.4 mit dieser Tabelle arbeiten.

Schritt 3: Felder auswählen

Die erste Anzeige des Tabellenassistenten zeigt drei Listenfelder. In der ersten Liste werden die in *Access* vorhandenen Mustertabellen aufgeführt. (Sie haben daraus in Übung 5.3 die Tabelle *Pflanzen* ausgewählt.) In der zweiten Liste sind die Felder aufgeführt, die zu der ausgewählten Musterliste gehören. In der dritten Liste werden die Felder aufgeführt, die Sie in Ihre neue Tabelle übernehmen möchten. Diese Liste ist zunächst leer.

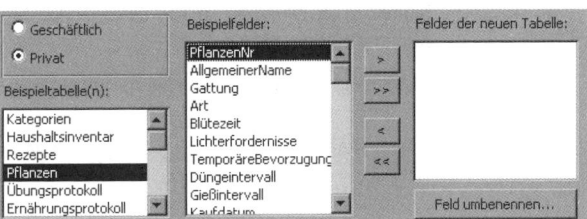

>	Ausgewähltes Feld einbeziehen
>>	Alle Felder einbeziehen
<	Ausgewähltes Feld entfernen
<<	Alle Felder entfernen

Um ein Feld aus der Liste *Beispielfelder* in die Liste *Felder der neuen Tabelle* zu verschieben, klicken Sie auf das entsprechende Feld, um es zu markieren. Klicken Sie auf die Schaltfläche >. Sollten Sie Ihre Meinung bezüglich eines bestimmten Felds ändern, wählen Sie es einfach in der rechten Liste aus, bevor Sie auf die Schaltfläche < klicken. Sie können alle Felder in Ihre Tabelle übernehmen, indem Sie auf die Schaltfläche >> klicken. Mit der Schaltfläche << entfernen Sie alle Felder aus der rechten Liste.

Übung 5.4: Die benötigten Felder auswählen

1) Übernehmen Sie folgende Felder der Liste *Beispielfelder* in die Liste *Felder der neuen Tabelle*.

- Pflanzen Nr.

- AllgemeinerName

- Gattung

- Gießintervall

- Blütezeit

- Kaufdatum

- Einkaufsort

Felder der neuen Tabelle:

PflanzenNr
AllgemeinerName
Gattung
Gießintervall
Blütezeit
Kaufdatum
Einkaufsort

2) Wenn Sie fertig sind, sollte das dritte Listenfeld mit den von Ihnen für Ihre Liste ausgewählten Feldern wie in der Abbildung aussehen.

Schritt 4: Felder umbenennen

Sie haben die Felder, die Sie in Ihrer Tabelle verwenden möchten, aus der Musterliste des *Assistenten* ausgewählt. Ihre nächste Aufgabe besteht nun darin, den Feldern einen Namen zu geben, der sich für Ihre neue Tabelle eignet. Um ein Feld umzubenennen, klicken Sie auf den entsprechenden Namen in der Liste *Felder der neuen Tabelle* und anschließend auf die Schaltfläche FELD UMBENENNEN. Schreiben Sie den neuen Namen für das entsprechende Feld in das Dialogfeld *Feld umbenennen*. In Übung 5.5 geben Sie Ihren Feldern neue Namen.

Übung 5.5: Felder umbenennen

1) Wählen Sie aus dem Feld *Felder der neuen Tabelle* den Namen *PflanzenNr*. Klicken Sie dann auf die Schaltfläche FELD UMBENENNEN.

2) Schreiben Sie im Dialogfeld *Feld umbenennen* den neuen Namen für das Feld: Nummer. Klicken Sie auf OK.

3) Wiederholen Sie den Vorgang für die übrigen Felder gemäß der Liste.

Alter Name	Neuer Name
AllgemeinerName	Vogelname
Gattung	Farbe
Gießintervall	Zugvogel?
Blütezeit	Größe
Kaufdatum	gesichtet am
Einkaufsort	gesehen wo

4) Klicken Sie auf die Schaltfläche WEITER.

Glückwunsch! Sie haben soeben Ihre erste *Access*-Tabelle erstellt.

5) Nun müssen Sie die Tabelle noch benennen.

Geben Sie Ihrer Tabelle den Namen *Vögel*, also den gleichen Namen wie der Datenbank, in der sie enthalten ist.

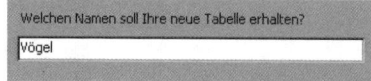

Im gleichen Dialogfeld werden Sie von *Access* gefragt, ob der *Assistent* den Primärschlüssel festlegen soll oder ob Sie das selbst tun. Lassen Sie uns also über Schlüssel reden.

Schritt 5: Primär-schlüssel festlegen

In einem Telefonbuch stehen viele Menschen mit dem Nachnamen *Schmitz*. Davon wiederum haben einige den Vornamen *Heinz*. Um genau die gesuchte Person zu finden, benötigen Sie also noch etwas mehr Information. Wo wohnt diese Person? Und selbst das könnte noch nicht genügen. Vater und Sohn könnten z.B. den gleichen Namen haben. Sie müssten also wahrscheinlich noch einige Fragen stellen, um sicher zu sein, dass Sie mit der richtigen Person sprechen.

In einem Computersystem ist das natürlich keine befriedigende Lösung. *Access* will schon genau wissen, welchen *Heinz Schmitz* Sie meinen. Und Sie möchten wohl auch kaum eine Rechnung oder gar einen Scheck an den falschen *Heinz Schmitz* schicken. Also geben Sie jedem Datensatz eine Identifizierung, einen so genannten Schlüssel. Dieser Schlüssel ist für den jeweiligen Datensatz einmalig und eindeutig, er kommt für keinen anderen Datensatz in Frage. Übung 5.6 führt Sie durch die einzelnen Schritte.

Übung 5.6: Primärschlüssel festlegen

1) In der zweiten Anzeige des Tabellen-Assistenten wählen Sie die Option *Primärschlüssel selbst festlegen* und klicken dann auf die Schaltfläche WEITER.

2) Die Frage *Welches Feld wird für jeden Datensatz eindeutige Daten enthalten*? beantworten Sie mit *Nummer*.

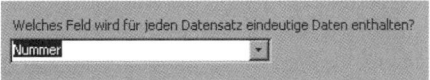

Für die Frage *Welchen Datentyp soll Ihr Primärschlüsselfeld haben?* wählen Sie die Option *Fortlaufende Zahlen, die von Microsoft Access automatisch neuen Datensätzen zugewiesen werden.*

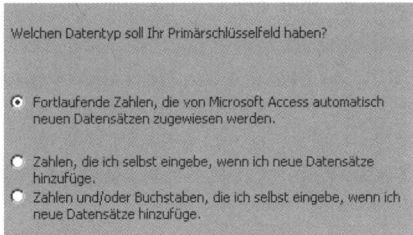

3) Klicken Sie auf die Schaltfläche WEITER.

Damit ist der Primärschlüssel für Ihre Tabelle festgelegt.

4) *Access* fragt Sie nun, was Sie als Nächstes tun möchten: *Den Tabellenentwurf ändern, Direkt Daten in die Tabelle eingeben, Daten in der Tabelle über ein vom Assistenten erstelltes Formular eingeben.*

Eine Tabelle ohne Daten ist eine recht langweilige Angelegenheit. Also möchten Sie sehr wahrscheinlich direkt ohne weitere Verzögerung Daten in Ihre Tabelle eingeben. Wählen Sie daher die entsprechende Option.

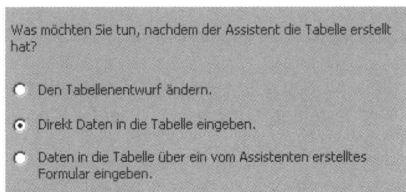

5) Klicken Sie auf die Schaltfläche FERTIG STELLEN.

Nach dem Erstellen der neuen Tabelle wird diese von *Access* erst einmal in der *Datenblattansicht* angezeigt.

* Oben befinden sich die Spaltenköpfe mit ihren Feldnamen.

* Unterhalb der Zeile mit den Spaltenköpfen befindet sich eine einzelne leere Zeile.

Nummer	Vogelname	Farbe	Zugvogel?	Größe	gesichtet am	gesehen wo
(AutoWert)			Nein			

Klicken Sie in irgendein Feld: Sie können nun Daten in dieses Feld eingeben. Unter Verwendung der Tab-Taste oder der Pfeiltasten bewege Sie sich von einem Feld ins nächste. Es gibt jedoch eine Ausnahme: das Feld *Nummer* (Ihr Primärschlüssel). Der Primärschlüssel wird von *Access* automatisch zugewiesen. Sie können also im Feld *Nummer* keine neue Zahl eingeben oder die vorhandene ändern. In Lektion 5.3 lernen Sie mehr über diese Funktion.

Sobald Sie Daten in einen Datensatz eingeben, wird darunter eine neue Zeile eingefügt. Es ist also völlig egal, wie viele Datensätze Sie eingeben, es befindet sich immer eine leere Zeile am Ende der Tabelle, in der Sie einen neuen Datensatz eingeben können.

Übung 5.7: Daten in Ihre Tabelle eingeben

1) Geben Sie ein paar Details in die Tabelle *Vögel* entsprechend der Abbildung ein.

Nummer	Vogelname	Farbe	Zugvogel?	Größe	gesichtet am	gesehen wo
1	Rotmilan	rostrot	Ja	55		
2	Habicht	schiefergrau	Nein	50		
3	Turmfalke	rot-braun	Nein	42		
4	Wachtel	erdbraun	Ja	25		
5	Flußregenpfeife	erdbraun	Ja	23		
6	Flußuferläufer	braungrau	Ja	25		
7	Sturmwöwe	bläulich-grau	Nein	32		
8	Kuckuck	graublau	Ja	35		
9	Mauersegler	rauchschwarz	Ja	22		
10	Grünspecht	olivgrün	Nein	28		
11	Buntspecht	schwarz-weiß	Nein	30		
12	Haubenlerche	sandbraun	Nein	22		
13	Baumpieper	braun	Ja	22		
14	Bachstelze	schwarz-grau	Ja	23		
15	Amsel	schwarz	Nein	28		
16	Blaumeise	gelblich	Nein	21		
17	Saatkrähe	schwarz	Nein	46		
(AutoWert)			Nein			

Nun sind möglicherweise einige Felder zu schmal, um die Information zu fassen. Aber keine Sorge, in Lektion 5.8 lernen Sie, wie man die Spaltenbreite anpasst.

Wenn das Feld *Zugvogel?* eine Checkbox enthält, klicken Sie in dieses Kästchen, um auszudrücken, dass der Vogel ein Zugvogel ist. Wenn dieses Feld ein *Nein* enthält, ersetzen Sie es durch *Ja*, wenn der Vogel ein Zugvogel ist.

Die Felder *gesichtet am* und *gesehen wo* bleiben im Moment noch leer.

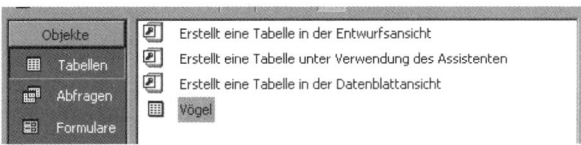

2) Nach der Eingabe aller Merkmale der *Vögel* schließen Sie das Datenblatt, indem Sie auf das Schließenfeld oben rechts im Fenster klicken. Sie kommen dann zum Dialogfeld *Datenbank* zurück. Diesmal aber mit einem entscheidenden Unterschied: Ihre neu angelegte Tabelle *Vögel* erscheint nun im Register *Tabelle*.

Das war's auch schon. Sie wissen nun, wie man eine Tabelle in *Access* erstellt und Daten in der *Datenblattansicht* eingibt. (Lektion 5.5 zeigt, wie man Daten in der *Formularansicht* eingibt.)

Schritt 7: Spaltenbreite verändern

Sie werden bemerkt haben, dass *Access* alle Spalten gleich breit anlegt. Einige sind zu schmal, um den Inhalt vollständig anzuzeigen. Andere Spalten wiederum fallen zu breit aus. Die Datenbank nimmt daher mehr Platz als nötig in Anspruch. Das kann dazu führen, dass Teile Ihrer Daten bzw. der Tabelle rechts außerhalb der Bildschirmanzeige liegen. Sie müssten dann die horizontale Bildlaufleiste verwenden, um die Information zu sehen.

Um nun die Spaltenbreite zu ändern, klicken Sie auf die Trennlinie (Feldbegrenzung) zwischen dem Titel und der Spalte rechts davon.

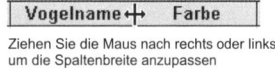

Ziehen Sie die Maus nach rechts oder links, um die Spaltenbreite anzupassen

Die Form des Cursors verändert sich. Ziehen Sie den Cursor nach rechts oder links, bis die Spalte die richtige Breite hat.

Sie können die Spaltenbreite auch automatisch anpassen, so dass sie sich dem längsten Eintrag in der entsprechenden Spalte anpasst. Doppelklicken Sie dazu einfach auf die Feldbegrenzungslinie.

Übung 5.8: Spaltenbreite anpassen

1) Ändern Sie die Spaltenbreite der Spalten Ihrer Tabelle *Vögel*, um das gesamte Erscheinungsbild der Tabelle zu verbessern.

Vorher

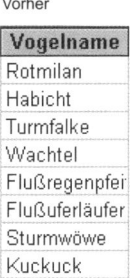

Nachher

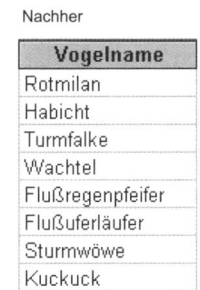

Schritt 8: In die Ent-
wurfsansicht wechseln

Schaltfläche Entwurfsansicht
in der Datenblattansicht

Schaltfläche Datenblattansicht
in der Entwurfsansicht

In Lektion 5.1 haben Sie zwei verschiedene Ansichten einer Daten-bank kennen gelernt: die *Datenblattansicht*, in der Sie mehrere Daten-sätze in Zeilen und Spalten angeordnet sehen, und die *Formularan-sicht*, in der Sie nur jeweils einen Datensatz betrachten können. In Übung 5.7 haben Sie Daten in der *Datenblattansicht* in Ihre Tabelle eingegeben.

Jetzt lernen Sie die dritte Ansicht kennen: die *Entwurfsansicht*. Das ist die Ansicht, in der Sie die Struktur Ihre Tabelle verändern können.

- Wenn Ihre Tabelle in der *Datenblattansicht* angezeigt wird, wech-seln Sie in die *Entwurfsansicht*, indem Sie Ansicht/Entwurfsansicht wählen oder auf die Schaltfläche Entwurfsansicht in der Symbol-leiste klicken.

- Wenn Ihre Tabelle in der *Entwurfsansicht* angezeigt wird, können Sie zur *Datenblattansicht* zurückkehren, indem Sie Ansicht/Daten-blattansicht wählen oder auf die Schaltfläche Datenblattansicht in der Symbolleiste klicken.

Die Schaltflächen auf der Symbolleiste erlauben einen schnellen Wechsel zwischen den zwei Ansichten. Wenn Sie also Änderungen im Design vornehmen, können Sie sich diese unverzüglich anschauen.

Wenn Ihre Tabelle nicht geöffnet ist, öffnen Sie sie in der *Entwurfsan-sicht*, indem Sie dies im Dialogfeld *Datenbank* auswählen und dann auf die Schaltfläche Entwurf klicken.

Entwurfsansicht

Die Ansicht, in der Sie die Struktur Ihre Tabelle verändern können. In der Entwurfsansicht erstellen Sie einen Index.

Das Erstellen eines Index für ein oder mehrere Felder kann das Sortie-ren oder Suchen von Datensätzen beschleunigen, vor allem bei sehr umfangreichen Datenbanken. Das Nachschlagen eines bestimmten Begriffs im Index eines Buchs ist einfacher, als das gesamte Buch nach ihm abzusuchen. Ein guter Index kann also helfen, zwischen den 57 verschiedenen *Schmitz* zu unterscheiden, indem beispielsweise der Vorname oder die Adresse hinzugefügt wird.

Access verwendet Tabellenverzeichnisse, um die Zeit raubende Suche durch Tausende von Datensätzen zu vermeiden. Ein Index aus mehre-ren Feldern könnte z.B. auf dem Nachnamen, Vornamen und der Stadt basieren. Oftmals beruht eine Suche auf genau diesen Kriterien.

Übung 5.9 zeigt, wie Sie einen Index für Ihre Tabelle aufbauen.

Übung 5.9: Einen Index erstellen

Schaltfläche Indizes

1) Öffnen Sie die Tabelle *Vögel* in der *Entwurfsansicht*.

2) Wählen Sie ANSICHT/INDIZES oder klicken Sie auf die Schaltfläche INDIZES in der Symbolleiste. Sie sehen die bereits festgelegten Indizes, wobei jeder aus nur einem Feld besteht.

3) Geben Sie einen eindeutigen Namen in das Indexfeld einer leeren Zeile ein. Schreiben Sie z.B. *Wo & Wann*.

4) In der Spalte *Feldname* wählen Sie aus der Dropdown-Liste *gesehen wo* und in der Zeile darunter *gesichtet am*. Sie können auch noch einen dritten Wert, z.B. *Vogelname*, in der Zeile darunter auswählen.

Sie haben soeben einen Index aus mehreren Feldern erstellt. Das war der letzte Schritt der Checkliste auf dem Weg zur Datenbank. Sie können Ihre Tabelle jetzt speichern und schließen und *Access* beenden. Die Lektion 5.2 des ECDL-Moduls Datenbanken ist beendet.

Access bietet Ihnen einen *Datenbank-Assistenten,* der das Erstellen
einer neuen Datenbank erheblich vereinfacht, indem er eine Anzahl
Mustertabellen anbietet. Wählen Sie eine aus, die der zu erstellenden
Tabelle möglichst nahe kommt. Sie können eine ausgewählte Mustertabelle benutzerdefiniert anpassen, indem Sie die Felder, die Sie verwenden möchten, auswählen und dann umbenennen.

Wenn Sie eine neue Tabelle erstellen, zeigt *Access* diese erst einmal in
der *Datenblattansicht* an. Dabei erscheinen oberhalb einer leeren
Zeile die Spaltenköpfe, in denen die Namen der ausgewählten Felder
stehen. Sie können Daten zu einem Datensatz in die leere Zeile schreiben. Sobald Sie einen neuen Datensatz eingeben, öffnet *Access*
darunter eine neue leere Zeile. Auf diese Weise steht immer ein leerer
Datensatz am Ende der Tabelle, in den Sie den nächsten Datensatz
eingeben können.

Sie können zu jeder Zeit die Breite der einzelnen Spalten verändern,
aber auch automatisch an die längste Eingabe anpassen.

Ein Schlüssel ist ein Feld (oder eine Kombination aus Feldern) in
einem Datensatz innerhalb einer Datenbank, der dazu dient, den Datensatz einwandfrei und zweifellos zu identifizieren. Ein Index, den Sie in
der *Entwurfsansicht* erstellen, beschleunigt das Sortieren und Suchen
von Datensätzen. Sie müssen sowohl die Datenbank als auch die darin
enthaltene Tabelle speichern und mit einem Namen versehen.

Lektion 5.3: Änderungen an einer Access-Datenbank vornehmen

Zu dieser Lektion

Nachdem Sie nun Ihre erste Datenbank erstellt haben, erfahren Sie als Nächstes, wie man Veränderungen daran vornimmt. Diese Lektion beschreibt, wie Sie nicht mehr benötigte Datensätze aus Ihrer Datenbank entfernen und vorhandene Datensätze neu ordnen.

Access erlaubt es, zu jeder Zeit bereits vorhandenen Datensätzen neue Felder hinzuzufügen. Entweder am Ende eines Datensatzes oder einfach mittendrin. Es kann allerdings sein, dass Sie alle schon eingegebenen Datensätze bearbeiten müssen, wenn Sie neue Felder einfügen. Es macht daher Sinn, Ihre Felder schon möglichst am Anfang des Datenbankentwurfs richtig auszuwählen.

Sie erfahren in dieser Lektion auch, dass jedem Feld einer Tabelle ein bestimmter Datentyp zugeordnet ist, der besagt, wie *Access* dieses Feld behandeln soll, wie die Daten gespeichert werden sollen und welche Art der Dateneingabe in dem entsprechenden Feld erlaubt ist. Es ist daher am besten, wenn Sie schon vor der Dateneingabe für jedes Feld den richtigen Feldtyp wählen. Die Änderung des Datentyps in einem Feld zu einem späteren Zeitpunkt kann zu einem Datenverlust führen.

Access bietet auch eine Online-Hilfe, die Sie nach Themen durchsuchen und auf zwei Arten lesen können: über das Menü *Hilfe* und über die Schaltfläche *Fragezeichen*, rechts oben in einem Dialogfeld.

Neue Fähigkeiten

Am Ende dieser Lektion sollten Sie in der Lage sein,

- den Inhalt eines Feldes zu bearbeiten,

- Datensätze zu löschen,

 • zu wissen, wann Sie die folgenden Datentypen verwenden sollten: Text, Memo, Zahl, Datum/Zeit, Währung, AutoWert und Ja/Nein,

- den Datentyp eines Feldes zu ändern,

- ein neues Feld hinzuzufügen,

- Felder neu zu ordnen,

- die *Access*-Online-Hilfe zu verwenden.

Neue Wörter

Am Ende dieser Lektion sollten Sie in der Lage sein, den folgenden Begriff zu erklären:

- Datentyp

Lektion 5.2 hat gezeigt, wie man in *Access* eine Datenbank, bestehend aus einer Tabelle, erstellt. Jetzt wird Ihnen gezeigt, wie Sie Ihre Tabelle auf verschiedene Weisen verändern können. Um einen Datensatz in Ihrer Datenbank *Vögel* zu ändern oder zu löschen, starten Sie *Access*. Öffnen Sie die Datenbank *Vögel* und die Tabelle *Vögel*. Standardmäßig wird Ihre Tabelle in der *Datenblattansicht* geöffnet.

Ein Feld ändern

Um ein Feld zu ändern, klicken Sie zuerst auf das entsprechende Feld.

- Wenn Sie ganz links in ein Feld klicken, wird das ganze Feld ausgewählt. Der gesamte Inhalt wird durch Ihre Eingabe sofort überschrieben.

- Wenn Sie an irgendeine andere Stelle im Feld klicken, können Sie die Rücktaste oder Löschtaste verwenden, um einzelne Zeichen zu löschen oder neue einzugeben.

Denken Sie daran, dass Sie das Feld *Nummer* nicht verändern können, da die Zuteilung von *Access* selbst vorgenommen wird. Ändern Sie das Feld *Zugvogel?*, indem Sie darauf klicken. Wenn das Feld schon aktiviert ist, wird es durch das Klicken deaktiviert und umgekehrt. (Wenn im Feld *Zugvogel?* ein *Nein* steht, können Sie es dabei belassen oder es in *Ja* umändern. Es wird keine andere Art der Eingabe akzeptiert.)

*Einen Datensatz
löschen*

Schaltfläche
Datensatz löschen

Um einen Datensatz zu löschen, klicken Sie irgendwo in den entsprechenden Datensatz. Ganz links sehen Sie einen Pfeil. Wählen Sie BEARBEITEN/DATENSATZ LÖSCHEN oder klicken Sie auf die Schaltfläche DATENSATZ LÖSCHEN in der Symbolleiste. Sie können dann noch einmal bestätigen, dass Sie den Datensatz auch wirklich löschen wollen, oder Ihre Meinung ändern und ihn nicht löschen.

Steht vor einem
ausgewählten Datensatz

Übung 5.10: Daten ändern und löschen

1) Öffnen Sie die Tabelle *Vögel* in der Datenbankansicht. Ändern Sie zwei Felder im Datensatz 16, die falsche Informationen zur *Blaumeise* enthalten.

   Die Farbe soll *gelblich/hellblau*, die Größe *18* sein.

2) Löschen Sie Datensatz 7 über die *Sturmmöwe*.

3) Geben Sie Details in die Felder *gesehen wann* und *gesehen wo* ein.

   Sie werden bemerken, dass das Feld *gesichtet am* nur gültige Datumsangaben akzeptiert. Sie werden also gezwungen, die Angaben in einem Standardformat einzugeben.

gesichtet am	gesehen wo
1	03.06.98	Waldwinkel
2	09.09.99	Feldberg
3	06.11.99	Waldwinkel
4		
5	25.07.99	Isarauen
6	26.07.99	Denkalm
8		
9	23.08.00	Ramersbach
10	24.08.00	Waldwinkel
11	24.08.00	Ramersbach
12		
13	02.09.00	Königsfeld
14	15.07.99	Ramersbach
15	23.11.00	Waldwinkel
16	23.11.00	Waldwinkel
17	28.08.99	Landgraben

4) Wenn Sie fertig sind, schließen Sie die Tabelle. Sie gelangen automatisch zum Dialogfeld *Datenbank*.

Wenn die Datensätze Ihrer Datenbank ein Feld *AutoWert* enthalten und Sie einen Datensatz löschen, wird die Nummer des gelöschten Datensatzes von *Access* nicht neu an einen anderen Datensatz vergeben. *Access* stellt sicher, dass die Datensätze ihre ursprünglich zugewiesene Nummer behalten und dass neuen Datensätzen immer eine höhere Nummer zugewiesen wird als vorherigen.

Die unterschiedlichen Datentypen

Wahrscheinlich gehen Sie nach der letzten Übung davon aus, dass *Access* Ihre Gedanken lesen kann. Wie kann *Access* wissen, dass die Spalte *gesichtet am* nur Datumsangaben beinhalten soll? Und wie kann *Access* wissen, dass die Spalte *Zugvogel?* entweder nur mit *Ja* belegt ist oder leer bleibt (für *Nein*)? (Oder eben, dass die Eingabe in dieses Feld nur *Ja* oder *Nein* sein kann.) Die Antwort liegt im Tabellenentwurf und um ehrlich zu sein, haben wir ein wenig gemogelt.

Wenn Sie eine Tabelle in *Access* aufbauen, müssen Sie für jedes Feld zwei Dinge tun:

- Sie müssen dem Feld einen Namen geben.
- Sie müssen dem Feld einen Datentyp zuweisen.

Als Sie den *Assistenten* verwendet haben, um die Tabelle *Vögel* zu erstellen, hatten die aus der Mustertabelle *Pflanzen* ausgewählten Felder die gleichen Charakteristika wie die entsprechenden Felder in der Tabelle *Vögel*. Sie änderten die Namen der Felder, um sie der Vogelsichtung anzupassen. Da Sie die einzelnen Felder jedoch sorgfältig ausgewählt hatten, brauchten Sie den Datentyp nicht mehr zu verändern.

Der Datentyp teilt *Access* mit, wie es ein Feld zu behandeln hat, wie die Daten gespeichert werden und welche Art von Dateneingabe erlaubt ist.

Datentyp

Der Datentyp ist entscheidend dafür, welche Art von Daten in einem Feld gespeichert werden können. Außerdem teilt er Access mit, wie es diese Daten behandeln soll.

Access erkennt eine Vielzahl verschiedener Datentypen. In der folgenden Tabelle sind die wichtigsten Datentypen für unsere Zwecke aufgeführt.

Datentyp	Findet Verwendung bei	Beispiele
Text	Jegliche Art alphabetischer und numerischer Daten. Wird in der Regel verwendet, wenn die Datenmenge begrenzt ist. Es können nicht mehr als 255 Zeichen eingegeben werden. (Wenn es sich um numerische Daten handelt, sollten Sie nicht beabsichtigen, diese später in Berechnungen zu verwenden.)	Nachname, Farbe, Postleitzahl, Telefonnummer
Memo	Jegliche Art alphabetischer und numerischer Daten. Wird in der Regel für formlose Einträge verwendet. Es können bis zu 64.000 Zeichen eingegeben werden. (Auch hier gilt: Wenn es sich um numerische Daten handelt, sollten Sie nicht beabsichtigen, diese später in Berechnungen zu verwenden.)	Beschreibungen, gesehen wo, Notizen
Zahl	Numerische Daten, die in Berechnungen verwendet werden sollen.	Warenbestand, Größe einer Herde, verkaufte Stückzahl
Datum/Uhrzeit	Datums- oder Zeitangaben.	Kaufdatum, Ankunftszeit, Pflanzdatum
Währung	Geldbeträge oder andere numerische Daten, die in Berechnungen verwendet werden und nicht mehr als vier Dezimalstellen aufweisen.	Preise, aktuelle Wertangaben

Datentyp	Findet Verwendung bei	Beispiele
AutoWert	Eine Zahl, die jedem neuen Datensatz automatisch zugewiesen wird. *Access* weist die Zahlen in einer Reihenfolge zu und beginnt dabei mit 1.	Fortlaufende Zahlen-reihe
Ja/Nein	Felder, die einfach nur Werte wie Ja/Nein, Richtig/Falsch oder An/Aus beinhalten können.	*Zugvogel?*, Noch einmal kaufen?

Den Datentyp ändern

Es ist einfach, den Datentyp in einem Feld zu ändern. Dennoch sollten Sie am besten schon beim Entwurf die richtige Entscheidung bezüglich des Datentyps treffen. Eine Änderung des Datentyps, nachdem Sie schon eine größere Datenmenge eingegeben haben, könnte bei *Access* zu Verwirrung und somit zu Datenverlust führen.

In Übung 5.11 werden Sie einige Datentypen in der Tabelle *Vögel* ändern.

Übung 5.11: Datentypen ändern

1) Öffnen Sie die Datenbank *Vögel*.

2) Markieren Sie im Dialogfeld *Datenbank* die Tabelle *Vögel* und klicken Sie auf die Schaltfläche ENTWURF.

3) Die *Entwurfsansicht* Ihrer Tabelle wird angezeigt. Die *Entwurfsansicht* ist in zwei Hauptbereiche unterteilt. Oben sehen Sie die Liste der Feldnamen und den dazugehörigen Datentyp.

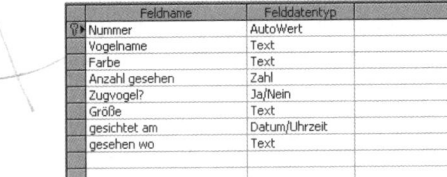

Klicken Sie auf irgendein Datentypfeld. Neben dem Datentyp wird ein Dropdown-Pfeil sichtbar. Klicken Sie auf den Pfeil. Eine Liste der weiter oben im Text beschriebenen Datentypen (und noch einige andere, die wir nicht genannt haben) wird angezeigt. Um einen Datentyp zu ändern, wählen Sie einfach einen neuen aus der Liste aus.

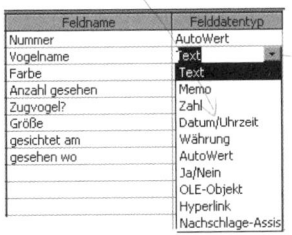

4) Experimentieren Sie einfach mal ein wenig.

- Ändern Sie den Datentyp von *Zugvogel?* von *Ja/Nein* in *Zahl*. Schließen Sie das Dialogfeld und bestätigen Sie, dass Sie die Änderungen speichern möchten. Öffnen Sie die Tabelle. Sie sehen jetzt, wie sich die Daten im Feld *Zugvogel?* verändert haben.

- Gehen Sie zurück in die *Entwurfsansicht*. (Klicken Sie dazu auf die Schaltfläche ENTWURFSANSICHT in der Symbolleiste oder schließen Sie die Tabelle und klicken Sie auf die Schaltfläche ENTWURFSANSICHT.) Ändern Sie den Datentyp des Felds *Zugvogel?* in *Datum/Uhrzeit*.

Speichern Sie die Änderung und schauen Sie sich das Ergebnis in der *Datenblattansicht* an. Sie sehen jetzt, welch verwunderliches Ergebnis das Ändern des Datentyps bei schon eingegebenen Daten hervorbringen kann.

Zugvogel?

☑

Ein Kontrollkästchen

Wenn Sie mit dem Experimentieren fertig sind, ändern Sie den Datentyp des Felds *Zugvogel?* wieder in *Ja/Nein*.

5) Wenn das Feld *Zugvogel?* als Werte *Ja* und *Nein* enthält, ändern Sie es wie folgt in *Kontrollkästchen* um.

- Klicken Sie in das Feld *Zugvogel?*.

- Immer noch in der *Entwurfsansicht* gehen Sie in den unteren Fensterbereich *Feldeigenschaften*. Wählen Sie das Register *Nachschlagen* und klicken Sie auf *Steuerelement anzeigen*. Wählen Sie aus der Dropdown-Liste die gewünschte Option: *Kontrollkästchen*.

6) In späteren Übungen möchten Sie vielleicht die Größe der einzelnen *Vögel* miteinander vergleichen. Dafür muss das Feld *Größe* numerisch sein. Ändern Sie also den Datentyp von *Text* in *Zahl*.

7) Speichern Sie Ihre Arbeit ab.

Ihrer Tabelle neue Felder hinzufügen

Können Sie jederzeit neue Felder in die Datensätze Ihrer Datenbank einfügen? Die Antwort lautet Ja. Wenn Sie dies tun, müssen Sie aber unter Umständen alle schon eingegebenen Datensätze bearbeiten. Das trifft ganz besonders auf numerische Felder (wo ein leeres Feld als 0 interpretiert werden könnte) und *Ja/Nein*-Felder (wo ein leeres Feld als Nein interpretiert werden könnte) zu. Es ist aber auch für jedes andere Feld, das Sie zum Sortieren und Filtern von Daten verwenden, von Bedeutung.

Es ist also in jedem Fall besser, wenn Sie sich schon beim Aufbau der Datenbank Gedanken über die gewünschten Felder machen, um dann später so wenig Änderungen wie möglich vorzunehmen.

Übung 5.12: Neue Felder hinzufügen

1) Öffnen Sie die Tabelle *Vögel* in der *Entwurfsansicht*.

2) Wo möchten Sie ein neues Feld hinzufügen? Am Ende des Datensatzes oder irgendwo mittendrin?

- Um am Ende des Datensatzes ein neues Feld einzufügen, klicken Sie auf das nächste unbenutzte Feld für Feldname. Für diese Übung wählen Sie bitte diese Option.

- Um ein neues Feld zwischen zwei schon existierende Felder einzufügen, klicken Sie auf den Titel des Feldes, das sich später rechts neben dem neuen Feld befinden soll, und wählen Sie EINFÜGEN/FELD.

3) Geben Sie den Titel bzw. Namen für das neue Feld ein: *Kommentare*.

4) Geben Sie den Datentyp für das neue Feld an: *Memo*.

Feldname	Felddatentyp
Nummer	AutoWert
Vogelname	Text
Farbe	Text
Anzahl gesehen	Zahl
Zugvogel?	Ja/Nein
Größe	Text
gesichtet am	Datum/Uhrzeit
gesehen wo	Text
Kommentar	Memo
	Text
	Memo
	Zahl
	Datum/Uhrzeit

(Ein Feld mit dem Datentyp *Text* fasst maximal 255 Zeichen. Ein Feld mit dem Datentyp *Memo* hingegen kann bis zu 64.000 Zeichen fassen.)

5) Klicken Sie auf die Schaltfläche SCHLIESSEN.

-oder-

Wählen Sie DATEI/SCHLIESSEN.

-oder-

Halten Sie Strg gedrückt und drücken Sie auf w.

-oder-

Klicken Sie auf die Schaltfläche DATENBLATTANSICHT.

Access fordert Sie auf, die Änderungen zu bestätigen.

Sie können auch ein neues Feld direkt in eine Tabelle einfügen. Während Sie sich in der *Datenblattansicht* befinden, klicken Sie einfach auf den Titel des Feldes, das nach dem Einfügen rechts neben dem neuen Feld stehen soll, und wählen Sie EINFÜGEN/SPALTE. *Access* weist diesem Feld den Datentyp *Text* zu. Wenn das der Datentyp ist, den Sie für dieses Feld möchten, OK. Falls aber nicht, so müssen Sie in die *Entwurfsansicht* gehen, um den Datentyp festzulegen.

	Anzahl gesehen
1	1
2	3
3	2
4	1
5	4
6	3
8	2
9	15
10	2
11	1
12	2
13	5
14	6
15	17
16	23
17	11
(AutoWert)	0

Versuchen Sie es einmal: Fügen Sie ein neues Feld rechts neben dem Feld *Farbe* ein. Access nennt diese neue Spalte *Feld1*. Gehen Sie in die Entwurfsansicht, ändern Sie den Feldnamen in *Anzahl gesehen* und weisen Sie den Datentyp *Zahl* zu. Geben Sie die Zahlen wie angegeben ein.

Die Felder einer Tabelle neu ordnen

Cursor:
Felder neu anordnen

Um die Reihenfolge der Felder in einer Tabelle zu verändern, klicken Sie in den Titel des Feldes, das Sie verschieben möchten. Klicken Sie noch einmal, halten Sie aber dabei die linke Maustaste gedrückt. Am Ende des Cursors wird ein kleines Kästchen angezeigt.

Ziehen Sie nun das Feld an seine neue Position nach rechts oder links. Wenn Sie dort angekommen sind, wo Sie das Feld einfügen möchten, erscheint eine dicke, schwarze Linie. *Access* teilt Ihnen dadurch mit, dass es verstanden hat, an welche Stelle es die verschobene Spalte positionieren soll. Wenn die Stelle korrekt ist, lassen Sie die Maustaste los und die Spalte wird an der entsprechenden Stelle eingefügt.

Farbe	Anzahl gesehen	Zugvogel?	
rostrot	1	☑	55
schiefergrau	3	☐	50
rot-braun	2	☐	42
erdbraun	1	☑	25
erdbraun	4	☑	23

Üben Sie das einige Male, bis Sie mit dem Vorgang vertraut sind.

Auf eine Diskette speichern

Haben Sie Ihre Tabelle zwischendurch mal gespeichert? Sie sollten dies unbedingt tun. Außerdem ist es hilfreich, Ihre Tabelle auf Diskette zu speichern bzw. eine Sicherungskopie zu erstellen. Wie Sie vielleicht schon beim Erstellen der Datenbank bemerkt haben, fordert *Access* Sie sofort zum Speichern auf. Die Möglichkeit, Ihre Arbeit anschließend (wie z.B. bei *Word* oder *Excel*) auf Diskette zu speichern, ist so in *Access* nicht gegeben. Sie können jedoch eine Sicherungskopie Ihrer Datenbank erstellen. Folgen Sie den Schritten in Übung 5.13, um zu erfahren, wie Sie vorgehen müssen.

Übung 5.13: Ihre Access-Datenbank auf Diskette speichern

Sie können eine Sicherungskopie Ihrer Datenbank mit folgenden Schritten erstellen:

1) Schließen Sie die eventuell geöffnete Datenbank.

2) Kopieren Sie Ihre Datenbank mit Hilfe des *Windows Explorers* auf Diskette.

Sie haben auch andere Möglichkeiten.

1) Erstellen Sie auf Ihrer Diskette eine leere Datenbank.

2) Wählen Sie DATEI/EXTERNE DATEN/IMPORTIEREN.

3) Wählen Sie die Datenbank *Vögel.mdb* aus und klicken Sie auf IMPORTIEREN.

oder:

1) Öffnen Sie die Datenbank *Vögel.mdb*.

2) Wählen Sie die Tabelle *Vögel* und klicken Sie auf DATEI/EXPORTIEREN.

3) Wählen Sie die leere Datenbank, die Sie zuvor auf einer Diskette erstellt haben, und klicken Sie auf SPEICHERN.

4) Bestätigen Sie das Dialogfeld *Exportieren* mit OK.

Wenn Sie eine Datenbank geändert haben, fragt *Access* normalerweise nicht nach, ob Sie die Änderungen speichern möchten, wenn Sie die Datei schließen. Im Gegensatz zu den meisten anderen Microsoft-Anwendungen geht *Access* davon aus, dass die vorgenommenen Änderungen auch beibehalten werden sollen.

Online-Hilfe

Wie *Excel*, *PowerPoint* und andere *Microsoft*-Anwendungen bietet auch *Access* eine Online-Hilfe an, die Sie nach Themen durchsuchen können. Das Wort *Hilfe* in Online-Hilfe bedeutet, dass Informationen vorliegen, die Sie dabei unterstützen, Word zu verstehen und zu benutzen. Das Wort *Online* beschreibt, dass die Information auf dem Bildschirm verfügbar ist, statt auf Papier.

Sie können die Online-Hilfe auf zwei Arten lesen: entweder über das Menü ? oder über Dialogfelder.

Die Optionen im Menü Hilfe verwenden

Wählen Sie ?/MICROSOFT ACCESS-HILFE, um die drei Register des Dialogfelds *Hilfe* angezeigt zu bekommen. Sie werden im Folgenden näher beschrieben.

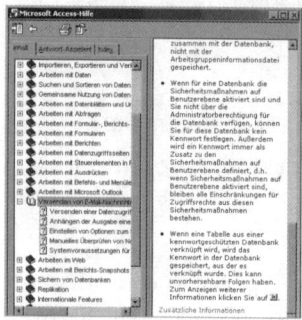
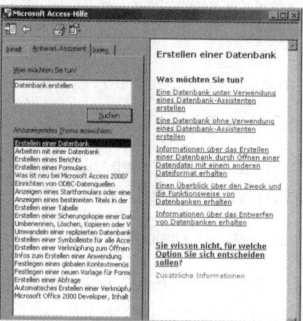
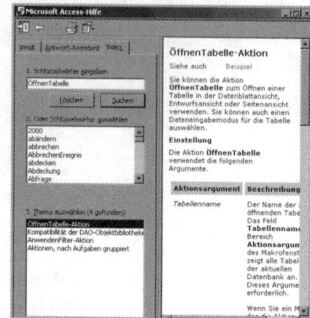

Register *Inhalt*

Dieses Register bietet Ihnen eine kurze Beschreibung der Hauptmerkmale von *Access*.

◆ Wo Sie ein Buchsymbol sehen, doppelklicken Sie darauf, damit Ihnen die damit verwandten Themen angezeigt werden.

🔲 Doppelklicken Sie auf ein Fragezeichen, um den Hilfetext zu lesen.

◪ Klicken Sie auf einen Pfeil, damit *Access* Ihnen zeigt, wie Sie eine bestimmte Aktion ausführen können.

◪ Klicken Sie auf einen Doppelpfeil, um eine *Schritt für Schritt-Anleitung* zu erhalten.

Register *Index*

Das hier angezeigte Material können Sie wie das Schlagwortregister eines gedruckten Buchs lesen bzw. verwenden.

Geben Sie die ersten Buchstaben eines Wortes (oder Satzes) ein, das für Sie interessant ist.

Access zeigt gefundene Übereinstimmungen mit der Online-Hilfe im unteren Teil des Dialogfelds an.

Wenn Sie den gesuchten Eintrag gefunden haben, klicken Sie auf die Schaltfläche Anzeigen.

Register *Antwort-Assistent*

Sie können das Wort oder Thema, das Sie suchen, nicht über das Register *Inhalt oder Index* finden? Dann versuchen Sie es hier.

Wenn Sie ein Wort oder einen Satz schreiben, führt *Access* eine Suche durch, die bis in die Tiefen der Online-Hilfe vordringt.

Access zeigt auch einige verwandte Wörter an, um Ihnen das Eingrenzen der Suche zu erleichtern.

Wenn Sie das gesuchte Element bzw. Thema, gefunden haben, führen Sie einen Doppelklick aus, um es anzuzeigen.

Der *Fragen-Assistent* nimmt Fragen in einfachem Deutsch an.

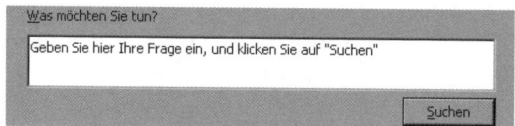

Während Sie die Online-Hilfe lesen bzw. durchsuchen, sehen Sie die folgenden Schaltflächen am oberen Rand des Online-Hilfe-Fensters.

- **Ausblenden/Einblenden:** Blendet den linken Fensterausschnitt des Dialogfelds Online-Hilfe ein oder aus.
- **Zurück/Vorwärts:** Führt Sie vorwärts und rückwärt durch vorher besuchte Hilfethemen.
- **Drucken:** Druckt das ausgewählte Thema.
- **Optionen:** Bietet einige Optionen zur Ansicht und ermöglicht das Drucken gerader angezeigter Online-Hilfe-Texte.

Schaltfläche
Onlinehilfe

Sie können auch direkt vom Dialogfeld aus auf die Online-Hilfe zugreifen. Dies wird Ihnen in Übung 5.14 demonstriert.

Übung 5.14: Gebrauch der Online-Hilfe in einem Access-Fenster

1) Vom Dialogfenster *Datenbank* aus wählen Sie HILFE/DIREKTHILFE in der Symbolleiste. Neben dem Cursor wird ein Fragezeichen angezeigt.

2) Klicken Sie auf das Register *Abfragen.*

3) *Access* blendet einen Online-Hilfetext ein, der Ihnen Auskunft über die Funktion des ausgewählten Bildschirmelements gibt.

> **Symbol "Abfragen"**
>
> Zeigt eine Liste aller Abfragen in der aktuellen Microsoft Access-Datenbank an. Verwenden Sie die Schaltflächen auf der Symbolleiste des Datenbankfensters zum Öffnen der gerade ausgewählten Abfrage, zum Ändern des Entwurfs der gerade ausgewählten Abfrage oder zum Erstellen einer neuen Abfrage.

4) Klicken Sie irgendwo im *Access*-Fenster, um den Hilfetext auszublenden.

Führen Sie diese Übung auch mit anderen Bildschirmelementen in *Access* durch.

Wenn Sie fertig sind, können Sie Ihre Datenbank schließen und *Access* beenden.

Die am häufigsten verwendeten Funktionen in *Access* sind durch Klicken auf die entsprechende Schaltfläche in der Symbolleiste verfügbar.

In der Regel zeigt *Access* die gebräuchlichsten Symbolleisten an, und zwar die, welche die Schaltflächen der Funktionen enthält, die Sie wahrscheinlich verwenden werden.

Wenn Sie die Symbolleiste ausblenden (und alle Optionen über die Menüleiste abrufen möchten) oder andere Symbolleisten einblenden wollen, wählen Sie ANSICHT/SYMBOLLEISTE und dann die Symbolleisten, die angezeigt werden sollen.

Der Datentyp eines Feldes teilt *Access* mit, wie es ein Feld zu behandeln hat, wie die Daten gespeichert werden und welche Art von Dateneingabe erlaubt ist. Die am häufigsten verwendeten Datentypen sind: Text, Memo, Zahl, Datum/Zeit, Währung, AutoWert und Ja/Nein.

Versuchen Sie daher am besten, vor der Dateneingabe für jedes Feld den richtigen Feldtyp auszuwählen. Die Änderung des Datentyps eines Felds zu einem späteren Zeitpunkt kann zu Datenverlust führen.

Sie können der Datenbank jederzeit neue Felder hinzufügen, müssen aber möglicherweise alle schon eingegebenen Datensätze danach bearbeiten. Das trifft in besonderem Maße für numerische Felder (wo ein leeres Feld als 0 interpretiert werden könnte) und Ja/Nein-Felder (wo ein leeres Feld als Nein interpretiert werden könnte) zu.

Access bietet auch eine Online-Hilfe, die Sie nach Themen durchsuchen können. Die Online-Hilfe kann auf zwei Arten gelesen werden: über das Menü HILFE und über die Schaltfläche FRAGEZEICHEN, rechts oben in einem Dialogfeld.

Lektion 5.4: Die Datenbank Ihren Bedürfnissen anpassen

Zu dieser Lektion

Nach Lektion 5.2 und 5.3 werden Sie sich vielleicht immer noch fragen: Und was soll das Ganze?

Man kann ein Textverarbeitungsprogramm verwenden, um Listen zu erstellen, und wenn man die Listen dann noch in Spalten geordnet wünscht, verwendet man ein Tabellenkalkulationsprogramm. Lektion 5.4 soll Sie überzeugen, dass eine Datenbank ein sehr nützliches Instrument ist, um Ihre Informationen zu verwalten und schnell eine bestimmte, für Sie wichtige Information, zu finden.

Sie könnten beispielsweise auf die Idee kommen, dass die ursprüngliche Reihenfolge, in der Sie die Datensätze eingegeben haben, nicht die ist, in der Sie die Datensätze später angezeigt haben möchten. Sie könnten eine Kundentabelle z.B. neu sortieren, so dass die potentiell größten Kunden ganz oben auf der Liste erscheinen. Zusätzlich können Sie bestimmte Sortierungen, die Sie in regelmäßigen Abständen benötigen, als Abfragen speichern, so dass sie dann mit einem Klick auf die entsprechende Schaltfläche verfügbar sind.

Auch das Filtern ist eine sehr nützliche Funktion. Sie erlaubt es, die Menge der angezeigten Information zu reduzieren, indem man entweder weniger Felder in einem Datensatz oder nur die Datensätze anzeigen lässt, die bestimmte Kriterien erfüllen.

Und natürlich verfügt *Access*, genau wie andere *Microsoft Office*-Anwendungen, über eine *Suchen*-Funktion, die es erlaubt, bestimmte Elemente schnell zu finden.

Neue Fähigkeiten

Am Ende dieser Lektion sollten Sie in der Lage sein,

*   die Datensätze einer Datenbank neu zu ordnen,
*   eine neue Sortierung als Abfrage abzuspeichern und auf eine Datenbank anzuwenden,
*   einen bestimmten Datensatz oder eine Gruppe ausgewählter Datensätze zu finden,
*   die Funktion *Suchen* in *Access* zu verwenden.

Neue Wörter

Am Ende dieser Lektion sollten Sie in der Lage sein, die folgenden Begriffe zu erklären:

*   Sortieren
*   Sortierreihenfolge
*   Suchen
*   Filter
*   Abfrage

Starten Sie *Access* und öffnen Sie die Tabelle *Vögel*. Sie werden bemerken, dass die Datensätze im Datenblatt in der Reihenfolge angezeigt werden, wie Sie sie eingegeben haben. Das lässt sich am Feld *Nummer* ablesen, denn später eingegebene Datensätze haben höhere Zahlen.

Sie können Ihre Datensätze aber auch in einer anderen Reihenfolge anzeigen lassen, indem Sie sie sortieren.

Sortieren

Eine Operation, die man mit einer Tabelle ausführt, um die Reihenfolge zu ändern, in der die Datensätze angezeigt werden. Das Sortieren ändert nichts am Inhalt der Datensätze, sondern nur an ihrer Position.

Access bietet zwei Optionen zum Sortieren.

Sortierreihenfolge

Eine bestimmte Weise, in der Datensätze, basierend auf ihrem Feldwert, sortiert werden. Die Sortierung erfolgt nach einer aufsteigenden (A–Z) oder einer absteigenden (Z–A) alphabetischen Reihenfolge.

A↓Z Schaltfläche Aufsteigend

Z↓A Schaltfläche Absteigend

Einmal angenommen, Sie möchten die Datensätze nach Vogelnamen sortiert in alphabetischer Reihenfolge oder nach Größe (der Größte zuerst, der Kleinste zuletzt) angezeigt bekommen. Kein Problem! Klicken Sie einfach auf irgendeinen Vogelnamen und dann auf die Schaltfläche für *Aufsteigend* sortieren in der Symbolleiste.

Klicken Sie auf irgendein Feld mit *Größe* und dann auf die Schaltfläche für *Absteigend* sortieren. Das war's auch schon. Mal ehrlich, einfacher geht es doch wirklich nicht, oder?

Vogelname
Amsel
Bachstelze
Baumpieper
Blaumeise
Buntspecht
Flußregenpfeifer
Flußuferläufer
Grünspecht
Habicht
Haubenlerche
Kuckuck
Mauersegler
Rotmilan
Saatkrähe
Turmfalke
Wachtel

Aufsteigend nach Vogelname sortiert

Nummer	Vogelname	Farbe	Anzahl gesehen	Größe
1	Rotmilan	rostrot	1	55
2	Habicht	schiefergrau	3	50
17	Saatkrähe	schwarz	11	46
3	Turmfalke	rot-braun	2	42
8	Kuckuck	graublau	2	35
11	Buntspecht	schwarz-weiß	1	30
10	Grünspecht	olivgrün	2	28
15	Amsel	schwarz	17	28
6	Flußuferläufer	braungrau	3	25
4	Wachtel	erdbraun	1	25
14	Bachstelze	schwarz-grau	6	23
5	Flußregenpfeifer	erdbraun	4	23
12	Haubenlerche	sandbraun	2	22
13	Baumpieper	braun	5	22
9	Mauersegler	rauchschwarz	15	22
16	Blaumeise	gelblich/hellblau	23	21

Absteigend nach Größe sortiert

Diese Arten der Sortierung werden als *einfaches Sortieren* oder als *Sortieren nach einem Kriterium* bezeichnet. Aber es könnte ja auch sein, dass Sie eine komplexere Sortierung benötigen, wenn Sie z.B. alle Vögel nach Farbe sortieren möchten und innerhalb der Farbsortierung der größte Vogel noch vor den kleineren stehen soll. Das nennt man dann *Sortieren nach mehreren Kriterien*. In Übung 5.15 erfahren Sie, wie das funktioniert.

Übung 5.15: Sortieren von Datensätzen nach mehreren Kriterien

1) Öffnen Sie die Tabelle *Vögel* in der Datenbankansicht. Wählen Sie DATENSÄTZE/ FILTER/SPEZIALFILTER/-SORTIERUNG.

2) Klicken Sie im unteren Fensterausschnitt auf den Listenknopf in der ersten Zeile der ersten Spalte. Eine Liste aller Felder in Ihrer Tabelle wird angezeigt. Wählen Sie *Farbe*.

3) Klicken Sie in das zweite Feld der ersten Spalte. Auch hier wird ein Listenknopf eingeblendet. Klicken Sie auf den Listenknopf, um eine Sortierreihenfolge auszuwählen. Wählen Sie *Aufsteigend*.

4) Klicken Sie in das erste Feld der zweiten Spalte. Ein Listenknopf wird angezeigt. Klicken Sie darauf und wählen Sie *Größe* aus der angezeigten Liste aus.

5) Klicken Sie in das Feld unterhalb von *Größe*. Ein Listenknopf wird angezeigt. Klicken Sie darauf und wählen Sie *Absteigend*.

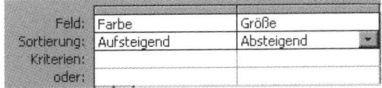

Schaltfläche
Filter anwenden

6) Klicken Sie jetzt auf die Schaltfläche *Filter anwenden* in der Symbolleiste. Das Datenblatt wird angezeigt, dieses Mal jedoch sind die Vögel nach Farbe sortiert und der größte Vogel jeder Farbrichtung steht vor den kleineren.

Vogelname	Farbe	Anzahl gesehen	Größe
Baumpieper	braun	5	22
Flußuferläufer	braungrau	3	25
Wachtel	erdbraun	1	25
Flußregenpfeifer	erdbraun	4	23
Blaumeise	gelblich/hellblau	23	21
Kuckuck	graublau	2	35
Grünspecht	olivgrün	2	28
Mauersegler	rauchschwarz	15	22
Rotmilan	rostrot	1	55
Turmfalke	rot-braun	2	42
Haubenlerche	sandbraun	2	22
Habicht	schiefergrau	3	50
Saatkrähe	schwarz	11	46
Amsel	schwarz	17	28
Bachstelze	schwarz-grau	6	23
Buntspecht	schwarz-weiß	1	30
		0	

7) Schließen Sie die Tabelle.

Warum heißt die Schaltfläche *Filter anwenden*? Ganz einfach: *Access* sieht diese Art der Sortierung als ein Beispiel für einen Filter an. Was ist also ein Filter? Zerbrechen Sie sich darüber im Moment nicht den Kopf. Wir werden uns zu einem späteren Zeitpunkt diesem Thema widmen.

Eine Abfrage speichern

Wenn Sie mit dem Sortieren ein wenig experimentieren, werden Sie sehen, dass Sie Informationen in Ihrer Tabelle auf viele unterschiedliche Arten betrachten können. Sie können Ihre Datensätze beispielsweise in *Zugvögel* und *nicht Zugvögel* unterteilen, den kleinsten Vogel, den Sie an einem bestimmten Tag gesehen haben, ausfindig machen oder die Vögel auflisten, die Sie in Ramersbach gesehen haben.

Wahrscheinlich werden Sie einige dieser Sortierungen regelmäßig wiederholen wollen. Wenn Sie erst mehrere hundert Vögel in Ihrer Datenbank haben, könnte ein Sortieren nach Farbe und Größe Ihnen dabei helfen, seltene Vögel ausfindig zu machen. Sie können natürlich jedes Mal von Neuem die Kriterien zu einer bestimmten Sortierung eingeben. Sie können sich das Leben aber auch vereinfachen und eine bestimmte Art der Sortierung als Abfrage speichern.

Abfrage

Abfragen werden verwendet, um Datensätze einer Datenbank wiederholt in einer bestimmten, definierten Weise zu betrachten.

In Übung 5.16 erfahren Sie, wie man die Kriterien einer Sortierung als Abfrage speichert.

Übung 5.16: Sortierkriterien als Abfrage speichern

Schaltfläche
Als Abfrage speichern

1) Wählen Sie die Sortierkriterien wie in Übung 5.15, Schritt 1 bis 5, aus.

2) Wählen Sie DATEI/ALS ABFRAGE SPEICHERN oder klicken Sie auf die Schaltfläche ALS ABFRAGE SPEICHERN in der Symbolleiste.

3) Geben Sie der Abfrage einen Namen: *Farbe/Größe*.

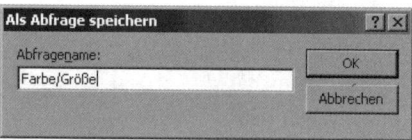

4) Klicken Sie auf OK und schließen Sie das Dialogfeld *Filter*.

Und das war's auch schon. Die Abfrage erscheint nun unter dem Register *Abfrage* im Dialogfeld *Datenbank*. Von jetzt an können Sie sich die Datensätze Ihrer Tabelle in einer in dieser Abfrage definierten Abfolge anzeigen lassen, indem Sie einfach die entsprechende

Abfrage öffnen. Das gilt auch, nachdem Sie Ihrer Datenbank weitere Datensätze hinzugefügt oder schon vorhandene Datensätze geändert haben.

Auswahlabfragen nehmen keine permanenten Änderungen in einer Datenbank vor. Sie extrahieren lediglich Informationen und präsentieren sie in einer bestimmten Art und Weise.

Wenn Sie eine Abfrage zur Betrachtung Ihrer Tabelle in einer bestimmten Reihenfolge verwendet haben, können Sie zu der unsortierten Ansicht zurückkehren, indem Sie DATENSÄTZE/FILTER/SORTIERUNG ENTFERNEN wählen.

Beachten Sie, dass in dieser Abfrage alle Felder angezeigt wurden. Was aber, wenn man nur bestimmte Spalten betrachten möchte?

Übung 5.17: Eine Abfrage für ausgewählte Spalten erstellen

1) Klicken Sie vom Dialogfeld *Datenbank* aus auf das Register *Abfragen* und dann auf die Schaltfläche NEU in diesem Register.

2) Wählen Sie *Entwurfsansicht* und bestätigen Sie mit OK.

3) Wählen Sie im Register *Tabellen* die Tabelle *Vögel*. Klicken Sie zuerst auf die Schaltfläche HINZUFÜGEN und dann auf SCHLIESSEN.

4) Wählen Sie wie in Übung 5.15 *Farbe* in der ersten Spalte *Feld* und *Aufsteigend*. In der zweiten Spalte *Feld* wählen Sie *Größe* und *Absteigend* als Sortierung.

5) Klicken Sie in der dritten Spalte auf *Vogelname*, bestimmen Sie aber hier keine Sortierreihenfolge.

Farbe	Größe	Vogelname	▾
Vögel	Vögel	Vögel	
Aufsteigend	Absteigend		
☑	☑	☑	

Schaltfläche
Ausführen

6) Klicken Sie nun auf die Schaltfläche AUSFÜHREN.

Dieses Mal zeigt die Abfrage nur die entsprechenden Spalten und schließt unnötige oder ungewollte Informationen in angrenzenden Spalten aus.

Farbe	Größe	Vogelname
braun	22	Baumpieper
braungrau	25	Flußuferläufer
erdbraun	25	Wachtel
erdbraun	23	Flußregenpfeifer
gelblich/hellblau	21	Blaumeise
graublau	35	Kuckuck
olivgrün	28	Grünspecht
rauchschwarz	22	Mauersegler
rostrot	55	Rotmilan
rot-braun	42	Turmfalke
sandbraun	22	Haubenlerche
schiefergrau	50	Habicht
schwarz	46	Saatkrähe
schwarz	28	Amsel
schwarz-grau	23	Bachstelze
schwarz-weiß	30	Buntspecht

7) Schließen Sie das Dialogfeld. Sie werden aufgefordert, die Abfrage zu speichern. Klicken Sie auf JA. Geben Sie der Abfrage einen Namen, z.B. *3-Spalten Farbe/Größe/Vogelname*. Klicken Sie auf OK. Die Abfrage ist gespeichert. Sie können später die ausgewählten Felder der Tabelle in der von Ihnen angegebenen Reihenfolge betrachten, indem Sie einfach die entsprechende Abfrage über das Register *Abfrage* öffnen.

Abfragen mit Kriterien

Die im Abfrageergebnis aufgenommenen Datensätze können durch verschiedene Kriterien in der Abfrage beschränkt werden. Es ist ja möglich, dass Sie z.B. nur die Vögel berücksichtigen möchten, die Sie an einem bestimmten Tag gesichtet haben oder die an einem bestimmten Ort gesichtet wurden usw. Sie können dies über Kriterien in einer Abfrage steuern.

In Übung 5.18 erfahren Sie, wie Sie das Ergebnis einer Abfrage durch ein Kriterium beschränken können.

Übung 5.18: Eine Abfrage durch ein Kriterium beschränken

1) Öffnen Sie das Dialogfenster *Datenbank* und wählen Sie das Register *Abfragen.*

2) Klicken Sie auf die Schaltfläche NEU, um ins Dialogfeld *Neue Abfrage* zu gelangen. Wählen Sie dort *Entwurfsansicht* und bestätigen Sie mit OK.

3) Im Dialogfeld *Tabelle anzeigen* wählen Sie *Vögel* aus, klicken auf HINZUFÜGEN und dann auf SCHLIESSEN.

4) Um alle Felder für Ihre Abfrage auszuwählen, führen Sie einen Doppelklick auf den Tabellennamen *Vögel* des Fensters aus, das die einzelnen Feldnamen enthält. Dadurch werden alle Feldnamen ausgewählt. Klicken Sie nun auf den Bereich der ausgewählten Namen und ziehen Sie die Maus bei gedrückter Maustaste hinunter in die erste Spalte im Abfragebereich.

Wahlweise können Sie auch jedes Feld einzeln auswählen, indem Sie einen Doppelklick darauf ausführen. Die Felder werden dann automatisch in der angeklickten Reihenfolge unten eingefügt.

5) Klicken Sie in der Zeile *Kriterien* in die Zelle des Feldes *gesichtet am*.

6) Geben Sie in die Zelle das Kriterium *24.08.2000 ein*.

Feld:	Anzahl gesehen	Zugvogel?	Größe	gesichtet am	gesehen wo	Komme...
Tabelle:	Vögel	Vögel	Vögel	Vögel	Vögel	Vögel
Sortierung:						
Anzeigen:	☑	☑	☑	☑	☑	
Kriterien:				24.08.2000		
oder:						

7) Klicken Sie auf die Schaltfläche AUSFÜHREN in der Symbolleiste oder wählen Sie ABFRAGE/AUSFÜHREN. DAS ERGEBNIS DER ABFRAGE WIRD ALS TABELLE ANGEZEIGT.

Nummer	Vogelname	Farbe	Anzahl gesehen	Zugvogel?	Größe	gesichtet am	gesehen v
10	Grünspecht	olivgrün	2	☐	28	24.08.00	Waldwinkel
11	Buntspecht	schwarz-weiß	1	☐	30	24.08.00	Ramersbach
(AutoWert)			0	☐	0		

Sie können die Abfrage entweder speichern oder verwerfen.

Bei Angabe von zwei oder mehr Kriterien in einer Abfrage muss entschieden werden, ob die Auswahl alle Kriterien (UND-Verknüpfung) oder nur eines davon (ODER-Verknüpfung) erfüllen soll.

Um Bedingungen durch ein logisches UND zu verknüpfen, müssen die Bedingungen in der gleichen Zeile eingegeben werden.

In Übung 5.19 zeigen wir Ihnen, wie Sie die Kriterien für alle Vögel, die im Waldwinkel gesehen wurden und größer als 30 cm sind, festlegen.

Übung 5.19: Eine Abfrage mit einer UND-Verknüpfung

1) Führen Sie die Schritte 1 bis 4 wie in Übung 5.18 aus.

2) Klicken Sie in der Zeile *Kriterien* in die Zelle des Feldes *Größe und geben Sie dort das Kriterium >30 ein*.

3) Klicken Sie in der Zeile *Kriterien* in die Zelle des Feldes *Gesehen wo* und geben Sie das Kriterium *Waldwinkel* ein.

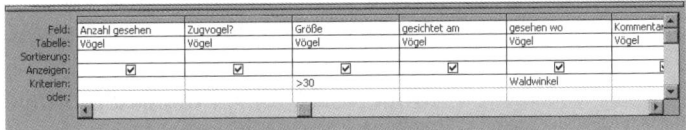

Feld:	Anzahl gesehen	Zugvogel?	Größe	gesichtet am	gesehen wo	Kommentar
Tabelle:	Vögel	Vögel	Vögel	Vögel	Vögel	Vögel
Sortierung:						
Anzeigen:	☑	☑	☑	☑	☑	
Kriterien:			>30		Waldwinkel	
oder:						

4) Klicken Sie auf die Schaltfläche AUSFÜHREN in der Symbolleiste oder wählen Sie ABFRAGE/AUSFÜHREN. Das Ergebnis der Abfrage wird als Tabelle angezeigt.

Als Ergebnis erhalten Sie alle Vögel, auf die beide Kriterien zutreffen.

Sie können die Abfrage entweder speichern oder verwerfen.

Um Bedingungen durch ein logisches ODER zu verknüpfen, müssen die Bedingungen in verschiedenen Zeilen eingegeben werden. Sie können so alle Vögel ermitteln, die entweder das eine oder andere Kriterium erfüllen.

In Übung 5.20 zeigen wir Ihnen an einem Beispiel, wie Sie mit einem logischen ODER alle Vögel ermitteln, die Zugvögel sind oder in Ramersbach gesehen wurden.

Übung 5.20: Abfrage mit logischem ODER

1) Führen Sie die Schritte 1 bis 4 wie in Übung 5.18 aus.

2) Klicken Sie in der Zeile *Kriterien* in die Zelle des Feldes *Zugvogel?* und geben Sie in die Zelle das Kriterium *Ja* ein.

3) Klicken Sie in der zweiten Kriterienzeile (*oder:*) in die Zelle des Feldes *Gesehen wo* und geben Sie in die Zelle das Kriterium *Ramersbach* ein.

Feld:	Anzahl gesehen	Zugvogel?	Größe	gesichtet am	gesehen
Tabelle:	Vögel	Vögel	Vögel	Vögel	Vögel
Sortierung:					
Anzeigen:	☑	☑	☑	☑	
Kriterien:		Ja			
oder:					Ramersba

4) Klicken Sie auf die Schaltfläche AUSFÜHREN in der Symbolleiste oder wählen Sie ABFRAGE/AUSFÜHREN. Das Ergebnis der Abfrage wird als Tabelle angezeigt.

Als Ergebnis erhalten Sie alle Vögel, bei denen es sich um Zugvögel handelt oder die in Ramersbach gesichtet wurden.

Sie können die Abfrage entweder speichern oder verwerfen.

Parameterabfragen

Parameterabfragen bieten eine noch höhere Flexibilität, da die Kriterien beim Öffnen der Abfrage eingegeben werden.

In Übung 5.21 zeigen wir Ihnen, wie Sie eine Parameterabfrage erstellen, die es Ihnen ermöglicht, z.B. den Ort, an dem die Vögel gesehen wurden, flexibel einzutragen.

Übung 5.21: Eine Parameterabfrage erstellen

1) Erstellen Sie eine neue Abfrage aus der Tabelle *Vögel* und übernehmen Sie alle Felder aus der Feldliste.

2) Klicken Sie in der Zeile *Kriterien* in die Zelle des Feldes *gesehen wo.*

3) Tragen Sie jetzt in eckigen Klammern den Aufforderungstext *[Bitte Ort eingeben]* ein.

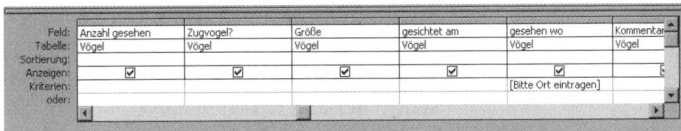

Feld:	Anzahl gesehen	Zugvogel?	Größe	gesichtet am	gesehen wo	Kommentar
Tabelle:	Vögel	Vögel	Vögel	Vögel	Vögel	Vögel
Sortierung:						
Anzeigen:	☑	☑	☑	☑	☑	
Kriterien:					[Bitte Ort eintragen]	
oder:						

4) Speichern Sie die Abfrage unter dem Namen *Vögel nach Ort* ab und schließen Sie die Abfrage.

5) Öffnen Sie aus dem Datenbankfenster heraus die Abfrage *Vögel nach Ort*. Das Dialogfeld *Parameterwerte eingeben* wird geöffnet. Geben Sie hier einen Ort Ihrer Wahl (z.B. Waldwinkel) ein und bestätigen Sie mit OK.

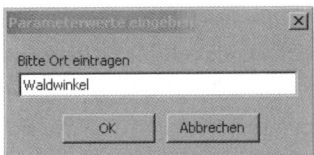

Das Ergebnis der Abfrage wird als Tabelle angezeigt. Experimentieren Sie auch mit anderen Orten.

Informationsanzeige einschränken

Schaltfläche
Auswahlbasiert filtern

Sie können die Menge der angezeigten Informationen eingrenzen, indem Sie entweder weniger Felder jedes Datensatzes oder nur die Datensätze, die mit den Kriterien übereinstimmen, anzeigen lassen. Das nennt man dann Filtern.

Filter

Ein Filter beschränkt die Anzeige der Informationen in Ihrer Datenbank auf Datensätze und Felder, die mit den von Ihnen festgelegten Kriterien übereinstimmen.

Um beispielsweise nur die Datensätze der Vögel anzuschauen, die Sie in Ramersbach gesehen haben, suchen Sie einfach die Datensätze raus, die mit dem entsprechenden Kriterium, in diesem Fall *Ramersbach*, in der Spalte *gesehen wo* übereinstimmen.

Klicken Sie auf das entsprechende Feld *Ramersbach* und auf die Schaltfläche AUSWAHLBASIERTER FILTER in der Symbolleiste.

Die Bildschirmanzeige beschränkt sich augenblicklich auf Datensätze, die der Auswahl entsprechen, also auf Datensätze mit dem Eintrag *Ramersbach* in der Spalte *gesehen wo*.

Nummer	Vogelname	Farbe	Anzahl gesehen	Größe	Zugvogel?	gesichtet am	gesehen wo
9	Mauersegler	rauchschwarz	15	22	☑	23.08.00	Ramersbach
14	Bachstelze	schwarz-grau	6	23	☑	15.07.99	Ramersbach
11	Buntspecht	schwarz-weiß	1	30	☐	24.08.00	Ramersbach
(AutoWert)			0		☐		

Schaltfläche Filter entfernen

Keine Angst, die restlichen Datensätze sind auch noch in der Datenbank. Der Filter beschränkt nur die Menge der Informationen, die angezeigt wird. Um wieder alle Datensätze zu sehen, entfernen Sie den Filter einfach wieder. Klicken Sie dazu auf die Schaltfläche FILTER ENTFERNEN in der Symbolleiste.

Ein Wort zur Vorsicht: Sie erinnern sich, dass Sie zu jeder Zeit Informationen in Ihrer Datenbank ändern können. Und Sie erinnern sich auch, dass Sie ein Feld *Ja/Nein* bzw. mit Kontrollkästchen ändern können, indem Sie darauf klicken. Mit einem Klick schalten Sie das Kästchen an, wenn es aus war, und umgekehrt. Wenn Sie nun Daten auf der Basis eines Felds *Ja/Nein* bzw. mit Kontrollkästchen filtern, verändern Sie also die Information, wenn Sie sie auswählen. Daher müssen Sie bei einem Feld *Ja/Nein* bzw. mit Kästchen zweimal klicken, bevor Sie auf die Schaltfläche AUSWAHLFILTER ANWENDEN klicken.

Gehen wir einmal davon aus, dass Sie sich nur mit Zugvögeln beschäftigen möchten. Suchen Sie einen Datensatz eines Zugvogels. Klicken Sie auf das Kontrollkästchen *Zugvogel?*. Haben Sie bemerkt, was passiert? Das Kontrollkästchen ändert sich von *mit Häkchen* (Ja, Zugvogel) in Kontrollkästchen *ohne Häkchen* (Nein, kein Zugvogel). Klicken Sie noch einmal auf die gleiche Stelle, so dass der richtige Status angezeigt wird. Klicken Sie jetzt auf die Schaltfläche FILTER ANWENDEN. Es erscheinen nur Zugvögel in der Anzeige.

Nummer	Vogelname	Farbe	Anzahl gesehen	Größe	Zugvogel?	gesichtet am	gesehen wo
14	Bachstelze	schwarz-grau	6	23	☑	15.07.99	Ramersbach
13	Baumpieper	braun	5	22	☑	02.09.00	Königsfeld
5	Flußregenpfeifer	erdbraun	4	23	☑	25.07.99	Isarauen
6	Flußuferläufer	braungrau	3	25	☑	26.07.99	Denkalm
8	Kuckuck	graublau	2	35	☑		
9	Mauersegler	rauchschwarz	15	22	☑	23.08.00	Ramersbach
1	Rotmilan	rostrot	1	55	☑	03.06.98	Waldwinkel
4	Wachtel	erdbraun	1	25	☑		

Nach Auswahl filtern

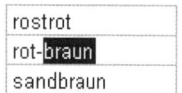

Teile eines Feldes für auswahlbasiertes Filtern auswählen

Wenn Sie ein bestimmtes Feld auswählen und dann auf dem Inhalt dieses Feldes basierend filtern, so nennt man diesen Vorgang *Auswahlbasiertes Filtern*. Sie müssen dabei nicht das gesamte Feld auswählen. Sie interessieren sich vielleicht für Spechte oder alle Vögel, die Grau als Farbe im Gefieder haben. Kein Problem!

Wie schon zuvor suchen Sie einen Datensatz, der die gewünschten Kriterien aufweist, z.B. *Grau* in der Farbe. Klicken Sie und ziehen Sie dann die Maus über den Teil des Feldes, der das Wort beinhaltet (oder den Teil des Wortes), das als Übereinstimmung dienen soll – in unserem Fall *grau*.

Danach klicken Sie auf die Schaltfläche AUSWAHLBASIERTER FILTER. In der Anzeige sehen Sie nur noch Vögel, die irgendwo im Feld *Farbe* den Eintrag *grau* aufweisen.

Nummer	Vogelname	Farbe
14	Bachstelze	schwarz-grau
6	Flußuferläufer	braungrau
2	Habicht	schiefergrau

Auswahlbasiertes Filtern beinhaltet auch: *Fängt mit...an* und *Hört mit...auf*. Wenn Sie den ersten Buchstaben in einem Feld und die Option *Auswahlbasierter Filter* auswählen, zeigt *Access* alle Datensätze an, deren Eingabe mit genau diesem Buchstaben beginnt. Ähnlich verhält es sich, wenn Sie den letzten Buchstaben eines Felds auswählen. *Access* zeigt alle Datensätze an, deren Eintrag in diesem Feld mit dem ausgewählten Buchstaben endet.

Wenn Sie also basierend auf dem ersten oder letzten Wort in einem Feld filtern möchten, schließen Sie den ersten oder letzten Buchstaben nur dann in die Auswahl mit ein, wenn Sie die Auswahl auf Datensätze, die mit der Auswahl beginnen oder enden, beschränken möchten.

Wenn Sie alle Datensätze angezeigt bekommen möchten, die das Wort irgendwo im Feld stehen haben, wählen Sie einfach nur einen Teil des Worts. Das kann mitten in einem Wort sein, z.B. *eis* für *weiss* oder *war* für *schwarz*.

Probieren Sie das auswahlbasierte Filtern einfach einmal selbst aus. Entfernen Sie den Filter nach *Farbe* und schränken Sie die Anzeige diesmal auf *Spechte* ein.

Gefilterte Datensätze filtern

Wenn Sie die Auswahl der angezeigten Datensätze noch weiter einschränken möchten, z.B. auf alle roten Vögel, die Sie im Waldwinkel gesehen haben, wiederholen Sie einfach die oben aufgeführten Schritte. Suchen Sie zuerst alle Vögel, die Sie im Waldwinkel gesehen haben, und dann in der Liste alle Vögel, die irgendwie Rot als Farbe haben. Wahlweise können Sie auch zuerst alle *rot*en Vögel suchen und die Liste dann noch weiter auf *Waldwinkel* einschränken.

Vogelname	Farbe	Anzahl gesehen	Größe	Zugvogel?	gesichtet am	gesehen wo
Rotmilan	rostrot	1	55	☑	03.06.98	Waldwinkel
Turmfalke	rot-braun	2	42	☐	06.11.99	Waldwinkel

Suchen

Schaltfläche Suchen

Gibt es einen schnellen Weg, um einen bestimmten Datensatz unter Hunderten herauszusuchen? Die Antwort ist Ja. Verwenden Sie die Funktion *Suchen* in *Access*. Sie können diese Funktion auf verschiedene Weise aufrufen: Wählen Sie BEARBEITEN/SUCHEN, klicken Sie auf die Schaltfläche SUCHEN in der Symbolleiste oder verwenden Sie die Tastenkombination Strg+f.

Folgende Übung zeigt das Vorgehen bei der Suche nach einem bestimmten Datensatz.

Übung 5.22: Einen bestimmten Datensatz finden

1) Öffnen Sie die Datenbank *Vögel*. Klicken Sie auf die Schaltfläche SUCHEN in der Symbolleiste.

2) Im Feld *Suchen nach* geben Sie *Baumpieper* ein.

   Das Feld *Suchen in* sollte *Alle* (Tabelle Vögel) enthalten, während das Feld *Vergleichen* den Eintrag *Ganzes Feld* aufweist.

3) Klicken Sie auf die Schaltfläche WEITERSUCHEN, der Datensatz *Baumpieper* wird von *Access* hervorgehoben.

4) Klicken Sie auf die Schaltfläche WEITERSUCHEN. *Access* teilt Ihnen mit, dass es keine weiteren Datensätze gibt, die mit dem Auswahlkriterium übereinstimmen. Klicken Sie auf OK.

5) Klicken Sie im Dialogfeld *Suchen* auf das Schließenfeld.

6) Nun versuchen Sie es einmal selbst. Suchen Sie nach den folgenden Daten:

   - **Isarauen** – der Datensatz *Flußregenpfeifer* wird hervorgehoben.

   - **55** – der Datensatz *Rotmilan* wird hervorgehoben.

   - **Braun** – der Datensatz *Baumpieper* wird hervorgehoben. Es ist der einzige Datensatz, bei dem Braun das gesamte Feld ist.

Ändern Sie nun das Feld *Vergleichen* in *Teil des Feldinhalts* und suchen Sie noch einmal nach *braun*. Wenn Sie jetzt mehrmals auf die Schaltfläche WEITERSUCHEN klicken, werden nacheinander verschiedene Datensätze hervorgehoben. Es handelt sich um Datensätze, die *braun* irgendwo als Teil eines Feldes haben.

Das Sortieren einer Tabelle ändert die Reihenfolge, in der die Datensätze angezeigt werden. *Access* erlaubt es Ihnen, eine Sortierung nach einem oder mehreren Kriterien vorzunehmen.

Wenn Sie regelmäßig ein und dieselbe Sortierung durchführen, können Sie die Einzelheiten für diese Sortierreihenfolge auch als Abfrage speichern. Abfragen lassen sich verwenden, um Datensätze einer Datenbank wiederholt in einer bestimmten, definierten Weise zu betrachten.

Beim Filtern reduziert man die Menge der angezeigten Information, indem man entweder weniger Felder in einem Datensatz oder nur die Datensätze anzeigen lässt, die bestimmte Kriterien erfüllen. Um wieder alle Datensätze zu sehen, entfernen Sie den Filter einfach wieder.

Sie können eine Tabelle filtern, indem Sie auf ein bestimmtes Feld klicken oder indem Sie die Maus über ein Wort (oder Teile eines Wortes) ziehen, mit dem der Filter übereinstimmen soll, und dann auf die Schaltfläche AUSWAHLBASIERTER FILTER in der Symbolleiste klicken.

Beachten Sie, dass Sie beim Filtern auf Basis eines *Ja/Nein*-Feldes, zweimal in das Feld klicken müssen, bevor Sie auf die Schaltfläche AUSWAHLBASIERTER FILTER klicken. Ein einfacher Klick auf ein *Ja/Nein*-Feld verändert die Information in einem solchen Feld.

Sie können das Ergebnis eines Filters weiter filtern, um die angezeigte Information weiter einzugrenzen.

Die Funktion *Suchen* in *Access* bietet eine schnelle Methode zum Aufsuchen bestimmter Datensätze auf der Basis eines Feldwerts.

Lektion 5.5: Mit Formularen arbeiten

Bis jetzt haben Sie sich Ihre Datensätze immer nur in der *Datenblatt-ansicht* angeschaut, d.h. in Zeilen und je einer Spalte für jedes Feld. In der Datenbankansicht kann das Lesen von Datensätzen jedoch schwierig werden und es ist lästig, wenn sich die Felder und Datensätze außerhalb des aktuellen Bildschirmbereichs befinden, so dass Sie nach rechts/links und oben/unten scrollen müssen, um die Sie interessierenden Felder zu sehen.

Wenn Sie auf einen Blick alle Informationen bezüglich eines Datensatzes, und dazu noch auf eine für das Auge angenehme Weise, sehen möchten, dann eignet sich ein Formular dafür besser. Formulare haben zusätzlich noch den Vorteil, dass sie leichter zu lesen sind, und Sie können verschiedene Formulare für unterschiedliche Zwecke erstellen.

Diese Lektion wird zeigen, dass alles, was Sie in einem Datenblatt tun können, auch in einem Formular möglich ist. Sie können neue Datensätze eingeben und bereits vorhandene ändern, Sie können die Datensätze neu sortieren und filtern, so dass nur diejenigen angezeigt werden, welche Ihren Kriterien entsprechen.

Neue Fähigkeiten

Am Ende dieser Lektion sollten Sie in der Lage sein,

- ein Formular zu erstellen, um Datensätze ganz oder teilweise einzeln anzuzeigen,

- ein Formular zu verwenden, um neue Datensätze anzulegen,

- ein Formular zu verwenden, um einen Datensatz zu suchen und ihn zu ändern,

- ein zuvor von Ihnen erstelltes Formular zu verändern,

- ein Bild oder eine Grafikdatei in ein Formular zu importieren.

Formulare: Wozu Formulare?

Lektion 5.1 hat bereits gezeigt, dass *Access* es ermöglicht, Informationen auf zwei Arten zu betrachten.

- **Datenblattansicht:** Die Anzeige mehrerer in Spalten und Zeilen angelegten Datensätze.

- **Formularansicht:** Diese Ansicht kann die Information jeweils eines Datensatzes darstellen.

Ihr Formular mit dem Formular-Assistenten erstellen

Formulare basieren auf Tabellen. Sie können ein Formular erst dann erstellen, wenn Sie zuvor eine Tabelle, wie z.B. *Vögel* aus Lektion 5.2, erstellt haben. In Übung 5.23 verwenden Sie den *Formular-Assistenten*, um ein neues Formular zu erstellen.

Übung 5.23: Ein Formular erstellen

1) Starten Sie *Access* und klicken Sie dann auf das Register *Formulare*.

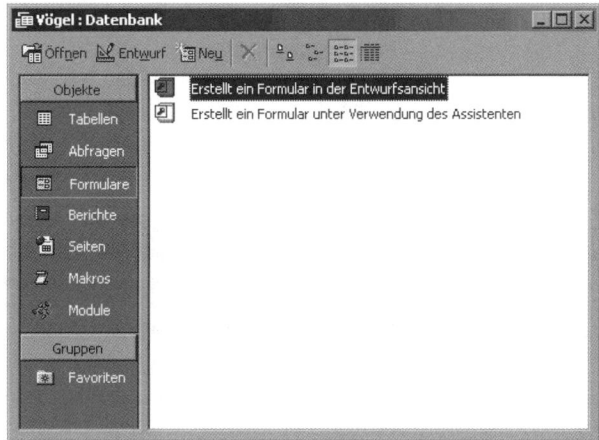

Klicken Sie auf die Schaltfläche NEU. Wie der *Tabellen-Assistent*, bietet auch der *Formular-Assistent* eine Reihe von halbautomatisierten Optionen.

2) Wählen Sie z.B. *AutoFormular, Einspaltig*, geben Sie dafür die Tabelle *Vögel* an und klicken Sie auf *OK*. Schauen Sie sich das Ergebnis einmal in Ruhe an.

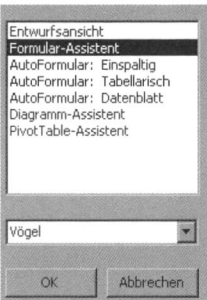

3) Schließen Sie das Formular (ohne es jedoch zu speichern). Klicken Sie im Dialogfeld *Datenbank* auf die Schaltfläche NEU. Wählen Sie aber dieses Mal den *Formular-Assistenten*.

4) Wählen Sie die Tabelle aus, auf der das Formular basieren soll, also *Vögel*.

Klicken Sie auf OK. Der *Formular-Assistent* wird gestartet.

5) Sie haben so etwas Ähnliches schon einmal gesehen, als Sie den *Tabellen-Assistenten* verwendet haben, um die Tabelle *Vögel* in Lektion 5.2 zu erstellen. In der Anzeige sehen Sie zwei Listenfelder. Das linke Feld zeigt alle Felder der Tabelle, im rechten finden Sie die ausgewählten Felder, die das Formular aufnehmen soll. Anfänglich ist dieses rechte Feld leer.

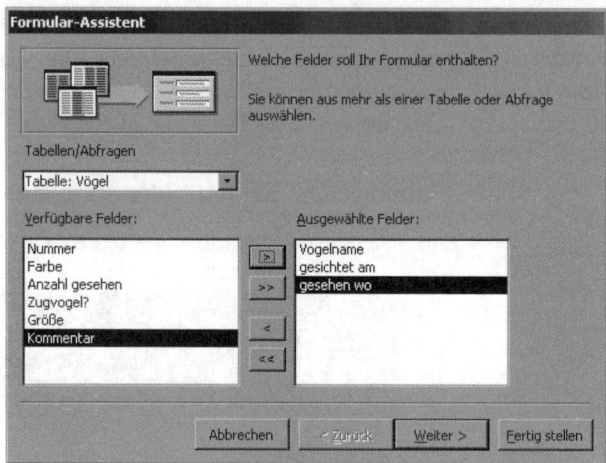

Holen Sie also die Felder, die Sie im Formular verwenden möchten, mit Hilfe der Pfeile aus der Liste *Verfügbare Felder* in die Liste *Ausgewählte Felder*. Wählen Sie für diese Übung die unten angegebenen Felder aus.

6) Klicken Sie auf die Schaltfläche WEITER.

7) Der *Formular-Assistent* bietet Ihnen nun drei verschiedene Layout-Möglichkeiten für das Formular an. Sie können die verschiedenen Möglichkeiten ausprobieren, um sich ein Bild davon zu machen, welche Auswirkungen die einzelnen Optionen haben. Für Ihre Zwecke ist *Einspaltig* die beste Option. Entscheiden Sie sich also für diese Möglichkeit und klicken Sie auf WEITER.

8) Der *Assistent* bietet Ihnen verschiedene Formate für das Formular an.

Durch das Auswählen der einzelnen Formate bekommen Sie eine Vorschau.

Für unsere Tabelle *Vögel* wählen wir *Übergang*. Klicken Sie auf WEITER.

9) *Access* schlägt Ihnen einen Namen für das Formular vor: Ändern Sie den Namen in *Gesichtete Vögel*, damit er später einfacher zu identifizieren ist.

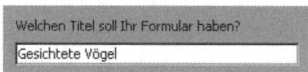

Sie können das Formular nun sofort verwenden oder zurückgehen, um weitere Änderungen vorzunehmen. Wählen Sie die Option *Das Formular öffnen*.

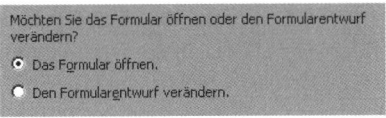

Möchten Sie das Formular öffnen oder den Formularentwurf
verändern?

● Das Formular öffnen.

○ Den Formularentwurf verändern.

Klicken Sie auf die Schaltfläche FERTIG STELLEN.

Sie können das Formular dazu verwenden, ausgewählte Informationen aus den
Datensätzen in Ihrer Tabelle zu betrachten.

**Das Formular zum
Betrachten von
Datensätzen ver-
wenden**

Bei Beenden von Übung 5.23 wird Ihnen sofort eine *Formularansicht*
der Tabelle *Vögel* angezeigt. Wenn Sie zu einem späteren Zeitpunkt
noch einmal in diese *Formularansicht* gelangen möchten, wählen Sie
im Dialogfeld *Datenbank* das Register *Formulare* und dann *Gesichtete
Vögel*. Abschließend klicken Sie auf die Schaltfläche OK.

Das Formular zeigt die ausgewählten Felder des ersten Datensatzes in
der Tabelle an.

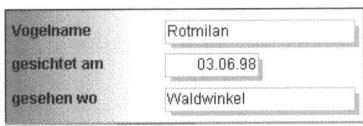

Sie können durch die einzelnen Datensätze blättern, indem Sie die
Schaltflächen zur Navigation am unteren Rand verwenden.

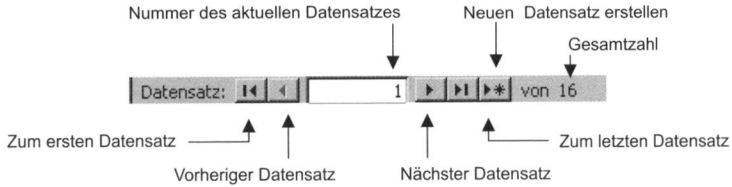

**Sortieren in der
Formularansicht**

Genau wie in der *Datenblattansicht* können Sie die Datensätze aus-
wahlbasiert sortieren. Klicken Sie einfach auf das Feld, auf dem die
Sortierung basieren soll, und klicken Sie auf die Schaltfläche AUFSTEI-
GEND oder ABSTEIGEND in der Symbolleiste.

Sie können natürlich auch eine Sortierung nach mehreren Kriterien
vornehmen, und zwar auf genau die gleiche Art und Weise wie in der
Datenblattansicht. Wählen Sie DATENSÄTZE/FILTER/SPEZIALFILTER/-SORTIE-
RUNG.

In der *Formularansicht* können Sie Datensätze genauso auswahlbasiert filtern, wie Sie es in der *Datenblattansicht* getan haben. Suchen
Sie einen Datensatz, der Ihrem Kriterium entspricht, wählen Sie das
entsprechende Feld aus (oder den Teil des Feldes) und klicken Sie
dann auf die Schaltfläche AUSWAHLBASIERTER FILTER in der Symbolleiste.
Sie werden feststellen, dass die Anzahl der Datensätze, die neben den
Navigationsknöpfen angegeben wird, niedriger ausfällt: die Anzahl
der Datensätze, die dem ausgewählten Kriterium entsprechen.

Wie schon in der *Datenblattansicht*, können Sie die Datensätze weiter
filtern, um die Suche nach für Sie relevanten Datensätzen zusätzlich
einzuschränken.

Eine weitere Möglichkeit des Filterns ermöglicht der formularbasierte
Filter. In Übung 5.24 erfahren Sie, wie Sie die Anzahl der angezeigten
Datensätze auf diejenigen reduzieren, bei denen Sie tatsächlich einen
Vogel gesehen haben.

Übung 5.24: Die Verwendung eines Formulars, um Daten-sätze zu filtern

1) Öffnen Sie das Formular *Gesichtete Vögel*. Klicken Sie auf die Schaltfläche FOR-MULARBASIERTER FILTER in der Symbolleiste oder wählen Sie DATENSÄTZE/FILTER/FORMULARBASIERTER FILTER.

2) *Access* blendet ein leeres Formular ein, in das Sie Ihre Filterkriterien eintragen können. Für die Übung ist das Datum das Kriterium.

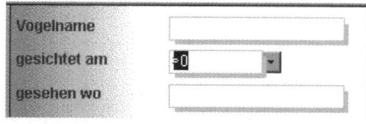

3) Klicken Sie auf das Feld *gesichtet am*. In der Dropdown-Liste werden alle Tage mit Datum angegeben, an denen Sie einen Vogel gesichtet haben. Wenn Sie z.B. alle Vögel finden wollten, die Sie an einem bestimmten Tag gesehen haben, würden Sie jetzt an dieser Stelle einfach das entsprechende Datum aus der Liste eingeben.

4) Sie möchten aber alle Vögel angezeigt bekommen, die Sie überhaupt jemals gesichtet haben. Also alle Datensätze, bei denen das Datumsfeld nicht leer (demnach größer als 0) ist.

Geben Sie bitte >0 in das Feld *gesichtet am* ein.

5) Klicken Sie dazu auf die Schaltfläche FILTER ANWENDEN in der Symbolleiste. Der erste Datensatz, der eine Datumsangabe im entsprechenden Feld enthält, wird angezeigt. Im Zählerfeld wird die Anzahl der Datensätze in der Tabelle angegeben, die dem Kriterium entsprechen.

6) Klicken Sie auf die Schaltfläche FILTER ENTFERNEN in der Symbolleiste (so wie sie jetzt erscheint), so dass nun wieder alle Datensätze angezeigt werden können.

Platzhalter in Filtern und Abfragen

Die Angaben für die Filterkriterien müssen nicht ganz präzise sein. Sie können so genannte Platzhalter verwenden, um *Access* mitzuteilen: Ich möchte jeden angezeigt bekommen, dessen Name Bach beinhaltet. Sie bekommen dann Offenbach, Kaltenbacher, Lüdenbach usw. angezeigt.

Die wichtigsten Platzhalter sind Sternchen (*) und Fragezeichen (?). Wenn Sie Kriterien für eine Abfrage oder einen Filter angeben, bedeutet ein Sternchen (*) beliebig viele Zeichen, ein Fragezeichen (?) hingegen steht für ein einzelnes Zeichen.

Nehmen wir einmal an, Sie möchten alle Vögel finden, die *Fluss* in ihrem Namen tragen. Geben Sie dazu Folgendes in das Feld *Vogelname* ein: *Fluss**

Wenn Sie nun den Filter anwenden, werden nur die zwei Datensätze angezeigt, die *Fluss* beinhalten.

Wenn Sie mit dem *Fragezeichen* (?) alle Vögel finden möchten, die braun am Ende ihres Namens haben, aber nicht blau, geben Sie ins Feld *Farbe* *b???? ein. Wenn Sie diesen Filter anwenden, werden nur die Datensätze angezeigt, die am Anfang beliebige Buchstaben als Farbe haben, gefolgt von einem *b* und vier weiteren Buchstaben. Wenn Sie die gleiche Eingabe machen, jedoch mit nur drei Fragezeichen (?) hinter dem *b*, so bekommen Sie alle Vögel mit blau (*b* plus drei Buchstaben am Ende) angezeigt.

Ein Formular mit allen Feldern erstellen

Die einfachste Art und Weise, Informationen in Ihre Tabelle einzugeben, bietet ein Formular. Das zuvor von Ihnen erstellte Formular ist jedoch nicht ausreichend detailliert, um neue Datensätze einzugeben. Sie benötigen ein neues Formular, das es Ihnen ermöglicht, alle Einzelheiten zu jedem Vogel einzugeben (ein Formular mit allen Feldern). Das geht ganz schnell.

Übung 5.25: Ein Formular mit allen Feldern erstellen

1) Wählen Sie im Dialogfeld *Datenbank* das Register *Formulare*. Klicken Sie auf die Schaltfläche NEU.

2) Wählen Sie *AutoFormular*, dann *Einspaltig* und zum Schluss die Tabelle *Vögel* als Basis aus.

3) Klicken Sie auf OK.

Und das war's auch schon. *Access* blendet ein neues Formular ein, das sofort zur Dateneingabe bereitsteht.

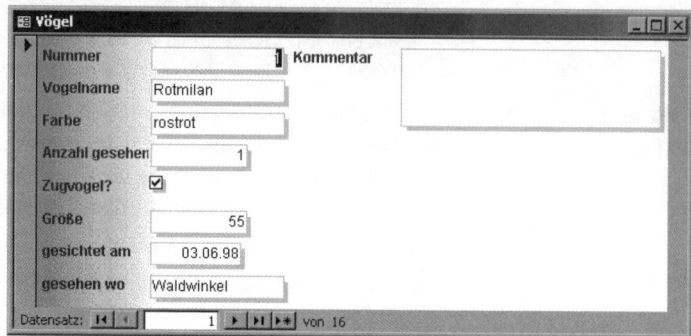

Schließen Sie Ihr Formular, speichern Sie es jedoch unter dem Namen *AlleFelder*.

Sie können jederzeit über das Register *Formulare* im Dialogfeld *Datenbank* auf dieses Formular zugreifen und darüber die Datensätze in Ihrer Tabelle anzeigen lassen, sie ändern oder neue eingeben.

Verwendung eines Formulars zur Eingabe neuer Datensätze

Schaltfläche neuen Datensatz erzeugen

Um einen neuen Datensatz einzugeben, klicken Sie auf die Schaltfläche *Neuer Datensatz* in der Navigationsleiste am unteren Rand des Formulars. *Access* blendet ein neues leeres Formular ein, das Sie nun ausfüllen.

Sie können die Felder in beliebiger Reihenfolge ausfüllen, indem Sie in das entsprechende Feld klicken und die Information eingeben. Die einfachste Methode, ein Formular komplett auszufüllen, ist jedoch mit dem ersten Feld (*Access* positioniert den Cursor automatisch im ersten Feld, wenn Sie das Formular öffnen) zu beginnen und dann mit der Tab-Taste oder der Enter-Taste ins jeweils nächste Feld zu gehen. Wenn Sie das letzte Feld im Formular ausgefüllt haben, drücken Sie die Tab- oder Enter-Taste, um ein neues leeres Formular einzublenden.

Übung 5.26: Verwendung eines Formulars zur Eingabe eines neuen Datensatzes

1) Öffnen Sie über das Dialogfeld *Datenbank* das Formular *AlleFelder*. Klicken Sie auf die Schaltfläche NEUER DATENSATZ und tragen Sie die Daten für den *Graureiher* ein.

Name des Vogels	Graureiher
Farbe	grau-weiß
Größe	120
Datum, wann gesehen	6. September 2000
Wo gesehen	Ahrufer

Verwendung eines Formulars zum Ändern von Datensätzen

Alle Änderungen, die Sie an Informationen in einem Formular vornehmen, werden automatisch sofort auf die jeweilige Tabelle übertragen. Rufen Sie sich ins Gedächtnis, dass die *Datenblattansicht* und die *Formularansicht* einfach nur zwei unterschiedliche Arten der Anzeige für dieselbe Information sind. Um über das Formular Informationen in Ihrer Tabelle zu ändern, suchen Sie den Datensatz (entweder blättern Sie die einzelnen Datensätze durch oder Sie sortieren bzw. filtern), bei dem Sie die Änderungen vornehmen möchten. Klicken Sie in das entsprechende Feld und löschen oder überschreiben Sie die Information bzw. fügen Sie noch etwas hinzu.

Übung 5.27: Die Verwendung eines Formulars, um Datensätze zu ändern

1) Benutzen Sie das Formular *AlleFelder*, um alle noch leeren Felder in den Datensätzen Ihrer Tabelle auszufüllen. Überlegen Sie sich einfach etwas für diese Übung. Die Informationen müssen nicht genau sein, sie müssen nicht einmal der Wahrheit entsprechen.

Das Layout und den Inhalt eines Formulars verändern

Für den Moment, und auch für die meisten Zwecke, erfüllt der *Assistent* seine Aufgabe gut. *Access* ermöglicht es Ihnen aber zusätzlich, ein Formular von Anfang an selbst zu erstellen und Änderungen an schon bestehenden Formularen vorzunehmen. Um einige Möglichkeiten kennen zu lernen (es ist jedoch nicht notwendig, zu tief in die Materie einzutauchen), versuchen Sie es einmal mit Übung 5.28.

Übung 5.28: Das Layout und den Inhalt eines Formulars ändern

1) Öffnen Sie das Formular *Gesichtete Vögel* in der *Entwurfsansicht*. (Dazu klicken Sie im Dialogfeld *Datenbank* auf das Register *Formulare*, wählen dann das Formular *Gesichtete Vögel* und klicken auf die Schaltfläche ENTWURF.)

2) In der *Entwurfsansicht* sehen Sie die einzelnen Elemente Ihres Formulars auf einem Gitternetzhintergrund. Jedes Feld hat einen Titel und ein Textfeld.

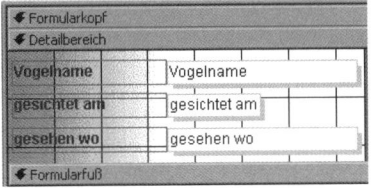

Sie können das Format des Titels wie auch des Textfeldes verändern. Wählen Sie den Titel *Vogelname* aus und klicken Sie auf die Schaltfläche FETT in der Symbolleiste. Wählen Sie das Textfeld *Vogelname* aus und klicken Sie auf die Schaltfläche KURSIV in der Symbolleiste.

Die Symbolleiste bietet eine Vielzahl von Möglichkeiten zur Formatierung an.

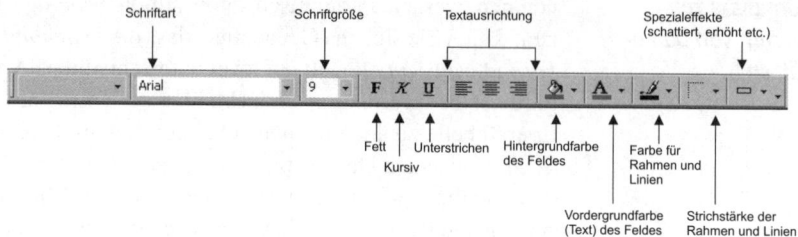

Experimentieren Sie ein wenig herum, um sich mit den Möglichkeiten vertraut zu machen. Bedenken Sie aber immer, dass die besten Formulare einfach, klar und deutlich angelegt sind und daher Farbe und Grafik nur sparsam verwendet werden sollte.

3) Sie können auch die Form bzw. Größe eines Formularfeldes ändern.

- Wenn Sie ein Feld auswählen, werden um das Feld herum mehrere Anfass-punkte angezeigt. Klicken Sie auf einen dieser Anfasspunkte und ziehen Sie die Maus in eine Richtung, um den Rahmen in eine neue Position zu ziehen.

- Sie können auch die Position eines Feldes ändern. Klicken Sie irgendwo auf den Rand, außer auf einen Anfasspunkt. Der Cursor verwandelt sich in eine *offene Hand*. Sie können das Feld nun an seine neue Position ziehen.

- Standardmäßig werden Titel und Textfeld gemeinsam verschoben, sie behal-ten daher ihre relative Position zueinander. Um nun den Titel oder das Text-feld einzeln zu verschieben, klicken Sie auf den größeren Bewegungs-Anfasspunkt, links oben am Feld. Der Cursor verwandelt sich in eine *zeigende Hand*. Sie können das Feld nun an seine neue Position ziehen. Das mag anfänglich etwas knifflig erscheinen, wird aber mit ein wenig Übung einfacher.

Ändern Sie die Größe und Position der Felder und Titel gemäß der Abbildung auf der nächsten Seite.

4) Um ein weiteres Feld in ein Formular einzufügen, wählen Sie ANSICHT/FELDLISTE.

Aus der eingeblendeten Liste wählen Sie das Feld aus, das Sie hinzufügen möch-ten. Ziehen Sie es mit Hilfe der Maus auf die Position, an der es im Formular erscheinen soll. Eventuell müssen Sie die Leiste des Formular-Fußes verschie-ben. Dazu setzen Sie den Cursor einfach auf die obere Linie des Balken, so dass er seine Form ändert. Sie können den Balken dann nach unten an die gewünschte Position ziehen.

Die folgenden Abbildungen zeigen noch einmal die vorher beschriebenen Abläufe.

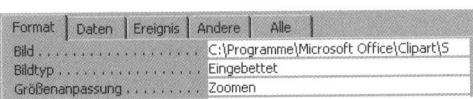

5) Um ein Bild oder eine Grafikdatei in Ihr Formular zu importieren, wählen Sie EIN-FÜGEN/GRAFIK.

Access blendet ein Dialogfeld ein, in dem Sie eingeben können, welche Grafik Sie gern in Ihr Formular einfügen möchten. Sie können Ihre Festplatte oder eine CD-ROM durchsuchen, um ein geeignetes Bild zu finden. Wenn Sie kein eigenes Bild zur Verfügung haben, können Sie auf eine Grafik der ClipArt-Galerie zugreifen. In den meisten Fällen wird der Pfad dorthin so aussehen: C:\Programme\Microsoft Office\ClipArt\. Wählen Sie aus einem der Unterordner eine Grafik, die Ihnen zusagt, und klicken Sie auf OK. In unserem Beispiel wurde die Datei *Sperling* *ausgewählt.*

6) Die Grafik wurde in Ihr Formular eingefügt.

Um die Größe des Bildes zu ändern, üben Sie einen Rechtsklick darauf aus. Wäh-len Sie die Option EIGENSCHAFTEN. Ändern Sie die *Größenanpassung* in *Zoom*.

Format	Daten	Ereignis	Andere	Alle
Bild			C:\Programme\Microsoft Office\Clipart\S	
Bildtyp			Eingebettet	
Größenanpassung			Zoomen	

Schließen Sie das Dialogfeld, klicken Sie auf einen der Anfasspunkte an den Ecken des Bildes und bringen Sie es auf die gewünschte Größe.

Um das Bild an eine andere Stelle zu verschieben, klicken Sie irgendwo auf das Bild, außer auf die Eck-Anfasspunkte. Wenn Sie die Maustaste gedrückt halten, verwandelt sich der Cursor in eine Hand. Ziehen Sie das Bild an die richtige Stelle und lassen Sie die Maustaste los.

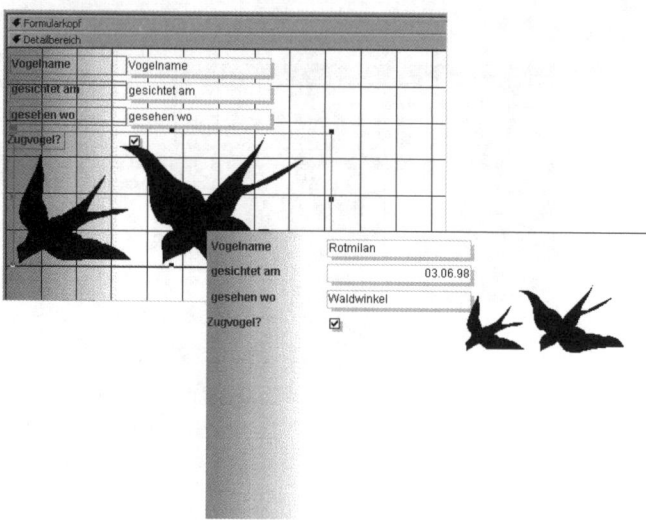

Schaltfläche
Formularansicht

Klicken Sie anschließend auf die Schaltfläche FORMULARANSICHT, um Ihre Arbeit zu bewundern. Wechseln Sie durch Klicken auf dieselbe Schaltfläche wieder in die *Entwurfsansicht*.

7) Klicken Sie auf das Schließenfeld oder wählen Sie DATEI/SCHLIESSEN.

Access fordert Sie auf, Ihre Arbeit zu speichern.

Formulare ermöglichen Ihnen die Anzeige einzelner Datensätze aus Ihrer Datenbank. Da Formulare auf Tabellen basieren, müssen Sie immer zuerst eine Tabelle erstellen, bevor Sie ein Formular erstellen können. Formulare enthalten die gleiche Information wie Tabellen. Alle Änderungen der Informationen, die Sie in einem Formular vornehmen, werden unverzüglich auch im Datenblatt übernommen. Genauso, wie alle Änderungen in einem Datenblatt auch im Formular übernommen werden.

Mit dem *Access Formular-Assistenten* können Sie schnell und einfach Formulare erstellen. Sie wählen ganz einfach die Felder aus Ihrer Tabelle aus, die das Formular beinhalten soll, entscheiden sich dann für ein Layout und Dekor und geben dem Ganzen einen Namen.

Sie können ein Formular verwenden, um bestehende Datensätze Ihrer Datenbank zu betrachten. Eine Navigationsleiste mit mehreren Knöpfen am unteren Rand des Formulars ermöglicht es Ihnen, Schritt für Schritt durch die einzelnen Datensätze zu blättern. In der *Formularansicht* können Sie Datensätze sortieren und filtern und Platzhalter für Buchstaben (* und ?) verwenden.

Ein AlleFelder-Formular ist ein Formular, das alle Felder der Tabelle beinhaltet, es wird normalerweise zur Eingabe von Daten verwendet. Der schnellste Weg der Dateneingabe in ein Formular ist der, im ersten Feld anzufangen und dann mit der Tab- oder Enter-Taste ins jeweils nächste Feld zu springen. Wenn Sie das letzte Feld im Formular ausgefüllt haben, drücken Sie die Tab- oder Enter-Taste, um ein neues leeres Formular einzublenden.

Um über ein Formular Informationen in Ihrer Tabelle zu ändern, suchen Sie den Datensatz (entweder blättern Sie die einzelnen Datensätze durch oder Sie sortieren bzw. filtern), an dem Sie die Änderungen vornehmen möchten. Klicken Sie in das entsprechende Feld und löschen oder überschreiben Sie die Information bzw. fügen Sie noch etwas hinzu. Sie können auch Grafiken bzw. Bilder in Ihre Formulare einfügen.

In der *Entwurfsansicht* können Sie die Formatierung sowohl von Feldtiteln als auch von Textfeldern ändern sowie Größe und Form jedes Feldes anpassen, neue Felder hinzufügen, Grafiken importieren und in ihrer Größe ändern und verschieben.

Lektion 5.6: Mit Berichten arbeiten

Zu dieser Lektion

In den vorherigen Lektionen dieses Moduls haben Sie gelernt, wie man Informationen in eine Datenbank eingibt, sie verändert und auf dem Bildschirm anzeigen lassen kann. In dieser Lektion werden Sie nun erfahren, wie man Informationen ausgibt und sie in einer nützlichen und zugänglichen Art präsentiert.

Neue Fähigkeiten

Am Ende dieser Lektion sollten Sie in der Lage sein,

• Information, die Sie aus der Datenbank extrahiert haben, auf dem Bildschirm anzuzeigen,

• einen Bericht über Daten aus Ihrer Datenbank auszudrucken,

• Seitenköpfe und Seitenfüße zu erstellen und anzupassen.

Neue Wörter

Am Ende dieser Lektion sollten Sie in der Lage sein, die folgenden Begriffe zu erklären:

• Bericht

• Kopf

• Fuß

Allgemein gesprochen ist ein Bericht eine Möglichkeit, Informationen in einer gedruckten Form zu präsentieren. Dennoch wird dieser Begriff immer häufiger dazu verwendet, um Information zu beschreiben, die in einer für einen Ausdruck passenden Form auf dem Bildschirm angezeigt ist.

> ## Bericht
> *Ein Dokument (gedruckt oder auf dem Bildschirm), das Informationen in einer strukturierten Weise anzeigt.*

Schaltfläche
Drucken

Sie haben ja schon gesehen, auf welche Art Sie in *Access* Ihre Daten strukturieren und organisieren können: durch Filtern und Sortieren von Datensätzen, durch die Verwendung von Formularen, um nur ausgesuchte Felder anzuzeigen usw. Natürlich können Sie jede dieser Bildschirmanzeigen auch ausdrucken und das könnte auch für Ihre Zwecke genau das Richtige sein. Klicken Sie einfach auf die Schaltfläche DRUCKEN in der Symbolleiste oder wählen Sie DATEI/DRUCKEN.

Access gibt Ihnen jedoch eine Vielzahl von Möglichkeiten an die Hand, um die Art und Weise, in der Ihre Daten dargestellt werden, zu steuern. Sie können Ihre Daten so anlegen, dass wichtige Informationen hervorgehoben werden. Daten können in Kategorien zusammengefasst werden, Sie können Summen angeben und Informationen für jede Kategorie, Unterkategorie und für den gesamten Bericht zählen. Vieles davon würde den Rahmen dieses Buchs sprengen, aber Sie werden feststellen, dass *Access* automatisierte Lösungen anbietet, die wohl in den meisten Fällen Ihren Bedürfnissen genügen. Der einfachste Weg zu einem Bericht führt über die Verwendung der Funktion *AutoBericht* in *Access*.

Übung 5.29: Verwendung von AutoBericht zum Erstellen eines Berichts

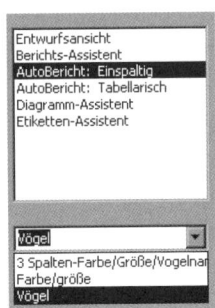

1) Wählen Sie im Dialogfeld *Datenbank* das Register *Berichte*.

2) Klicken Sie auf die Schaltfläche NEU.

3) Wählen Sie *AutoBericht Einspaltig*

4) In der Dropdown-Liste der vorhandenen Tabellen und Abfragen wählen Sie *Vögel*.

5) Klicken Sie auf OK und bewundern Sie Ihren Bericht auf dem Bildschirm. Um die nächsten Seiten des Berichts anzuzeigen, klicken Sie auf die Schaltfläche NÄCHSTE SEITE unten links am Bildschirm.

6) Wenn Sie einen Drucker besitzen, klicken Sie auf die Schaltfläche DRUCKEN in der Symbolleiste oder Sie wählen DATEI/DRUCKEN. Sie können Ihren fertigen Bericht nun an die Wand hängen.

7) Schließen Sie das Fenster mit Ihrem Bericht und (falls es angezeigt wird) das Entwurfsfenster. Sie werden aufgefordert, Ihre Arbeit zu speichern. Speichern Sie den Bericht unter dem Namen *Mein erster Bericht*.

Klicken Sie nun auf die Schaltfläche VORSCHAU, um den Bericht noch einmal anzusehen, danach schließen Sie ihn wieder. Sie können viele verschiedene Berichte
für eine spätere Verwendung speichern.

Formatansicht
Einspaltig

Vögel

Nummer	1
Vogelname	Rotmilan
Farbe	rostrot
Anzahl gesehen	1
Zugvogel?	☑
Größe	55
gesichtet am	03.06.98
gesehen wo	Waldwinkel
Kommentar	
Nummer	2
Vogelname	Habicht
Farbe	schiefergrau
Anzahl gesehen	3
Zugvogel?	☐

Formatansicht
Tabellarisch

Vögel

Nummer	Vogelname	Farbe	Anzahl gesehen	Zugvog	Größe	gesichtet am	gesehen wo
1	Rotmilan	rostrot	1	☑	55	03.06.98	Waldwinkel
2	Habicht	schiefergrau	3	☐	50	09.09.99	Feldberg
3	Turmfalke	rot-braun	2	☐	42	06.11.99	Waldwinkel
4	Wachtel	erdbraun	1	☑	25		
5	Flußregenpfeifer	erdbraun	4	☑	20	25.07.99	Issauen
6	Flußuferläufer	braungrau	3	☑	25	26.07.99	Dentalm
8	Kuckuck	graublau	2	☑	35		
9	Mauersegler	rauchschwarz	15	☑	22	23.08.00	Ramersbach
10	Grünspecht	olivgrün	2	☐	28	24.08.00	Waldwinkel

Berichte mit AutoBericht

AutoBericht erstellt auf einfache Weise Berichte mit ansprechendem
Erscheinungsbild. Sie können jedoch auch die volle Kontrolle über
das Layout und den Inhalt Ihres Berichts übernehmen. Auch hier steht
Ihnen *Access* zur Seite, um die Sache zu vereinfachen. Sie können den
Assistenten verwenden.

Übung 5.30: Bericht-Assistent verwenden

Entwurfsansicht
Berichts-Assistent
AutoBericht: Einspaltig
AutoBericht: Tabellarisch
Diagramm-Assistent
Etiketten-Assistent

1) Wählen Sie im Dialogfeld *Datenbank* das Register *Berichte*. Klicken Sie auf die
   Schaltfläche NEU. Wählen Sie den *Bericht-Assistenten*.

   Geben Sie an, dass Sie einen Bericht, basierend auf der Tabelle *Vögel*, erstellen
   möchten. Klicken Sie auf OK.

2) Ein Ihnen vertrautes Bild wird angezeigt, ähnlich der Bildschirmanzeige für das
   Erstellen von Tabellen und Formularen.

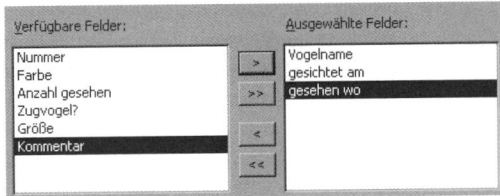

Wählen Sie die Felder, die der Bericht enthalten soll, aus der linken Liste aus und ziehen Sie sie in die rechte Liste. Wählen Sie für diese Übung die angegebenen Felder aus.

Klicken Sie auf die Schaltfläche WEITER.

3) Geben Sie an, wie die Datensätze im Bericht gruppiert sein sollen. Sie könnten z.B. einen Bericht für jeden Vogel erstellen, mit Angaben, wann Sie ihn wo gesehen haben. Das würde alle Sichtungen eines bestimmten Vogels gruppieren. Für unser Beispiel erstellen wir einen Bericht nach Datum. Damit werden alle Sichtungen eines Tages zusammengefasst. Wählen Sie *gesichtet am* und klicken Sie auf den >-Knopf.

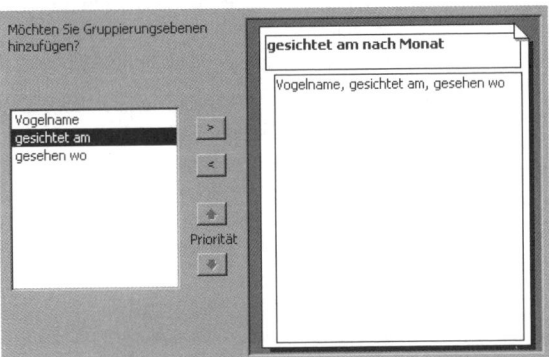

Klicken Sie auf die Schaltfläche GRUPPIERUNGSOPTIONEN.

Sie können die Sichtungen nach Jahr, Vierteljahr, Monat, Woche, Tag etc. gruppieren.

Wählen Sie *Monat* und klicken Sie auf OK.

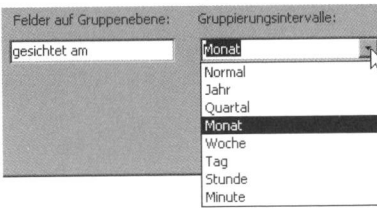

Klicken Sie auf die Schaltfläche WEITER.

4) Als Nächstes geben Sie an, in welcher Reihenfolge die Datensätze im Bericht angezeigt werden sollen. Wählen Sie *gesichtet am* als erstes Kriterium aus. Die Schaltfläche SORTIEREN ist ursprünglich so eingestellt, dass in aufsteigender Reihenfolge sortiert wird. Um die Reihenfolge umzudrehen, klicken Sie einfach noch einmal auf die Schaltfläche. Bei jedem Klick wird zwischen *Aufsteigend* und *Absteigend* gewechselt. Schalten Sie auf *Absteigend*. Das bedeutet, dass Ihr Bericht die zuletzt gemachten Sichtungen zuerst anzeigt.

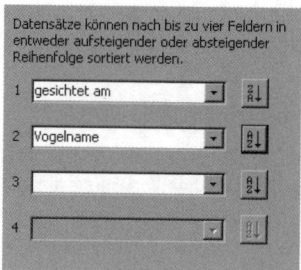

Wählen Sie *Vogelname* als zweites Kriterium aus und schalten Sie auf AUFSTEIGEND. Das hat zur Folge, dass der Bericht die zuletzt gemachte Sichtung zuerst anzeigt und für jeden Tag die gesichteten Vögel in alphabetischer Reihenfolge aufführt. Klicken Sie auf die Schaltfläche WEITER.

5) Bestimmen Sie das Layout für Ihren Bericht. Wie schon in anderen Übungen mit *Assistenten*, können Sie sich auch hier einen guten Eindruck davon verschaffen, wie das Ergebnis aussehen wird, indem Sie nacheinander die einzelnen Optionen auswählen. Das beste Layout für unsere Zwecke ist *Gliederung 2* und da wir nicht sehr viele Felder im Bericht haben: das Hochformat. Wählen Sie also diese Möglichkeiten aus und klicken Sie auf WEITER.

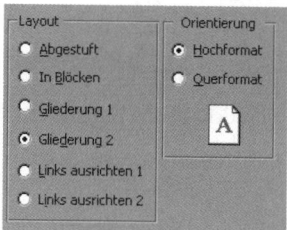

6) Geben Sie das typographische Format für Ihren Bericht an. Auch hier bietet sich Ihnen durch Auswählen die Möglichkeit einer Vorschau.

Wählen Sie für diese Übung bitte *Fett* und klicken Sie auf die Schaltfläche WEITER.

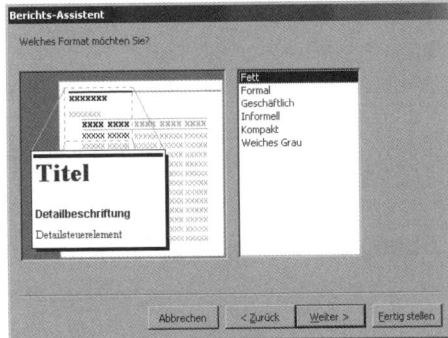

7) Zum Schluss geben Sie dem Bericht noch einen Titel: *Vogelschau Bericht*.

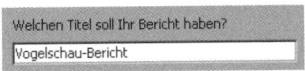

8) Wählen Sie die Option *Berichtsvorschau anzeigen*.

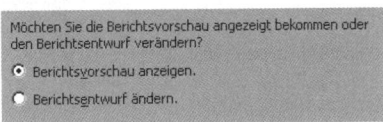

Klicken Sie auf die Schaltfläche FERTIG STELLEN.

Sie sehen den Bericht nun auf dem Bildschirm.

Wenn der Bericht Ihren Vorstellungen entspricht, klicken Sie auf die Schaltfläche DRUCKEN in der Symbolleiste oder wählen Sie DATEI/DRUCKEN.

Ein mit dem
Bericht-Assistenten
erstellter Bericht

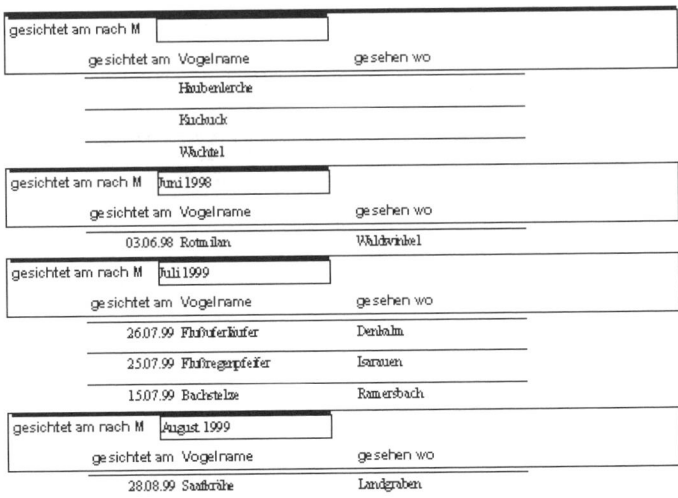

Wenn der mit dem *Bericht-Assistenten* erstellte Bericht nicht genau Ihren Bedürfnissen entspricht, möchten Sie vielleicht ein paar kleine Änderungen vornehmen. Der Bericht, den Sie in Übung 5.30 erstellt haben, müsste ein wenig aufgeräumt werden. Die Möglichkeiten dazu sind in *Access* sehr vielfältig. Wir werden uns auf einige wenige beschränken.

Übung 5.31: Feineinstellungen an Ihrem Bericht vornehmen

1) Öffnen Sie den Bericht, den Sie in Übung 5.30 erstellt haben, in der *Entwurfsansicht.*

   (Dazu klicken Sie im Dialogfeld *Datenbank* auf das Register *Berichte*, wählen dann den Bericht *Vogelschau* und klicken auf die Schaltfläche ENTWURF.)

2) Die verschiedenen Elemente Ihres Berichts werden auf einem Gitternetz angezeigt. Jedes Feld hat einen Titel und ein Textfeld. Sie können den Inhalt oder die Formatierung genauso ändern, wie Sie es beim Aufbau eines Formulars getan haben (Übung 5.28). Doppelklicken Sie in die unten aufgeführten Titelfelder und ändern Sie diese wie folgt.

Vorher	Nachher
gesichtet am nach Monaten	Monat
Datum, wann gesehen	Datum

   Passen Sie danach die Größe der einzelnen Titelfelder an. Klicken Sie auf das entsprechende Feld. Die Anfasspunkte zur Änderung der Größe und zum Verschieben werden angezeigt. (Wenn Sie das Feld schon zum Bearbeiten ausgewählt haben, werden die Anfasspunkte nicht angezeigt. Klicken Sie also zuerst außerhalb des Feldes und dann in das Feld.) Benutzen Sie die Anfasspunkte, um Größe und Form des Feldes zu ändern, oder die *zeigende Hand*, um das Feld zu verschieben. Das funktioniert genauso wie beim Aufbau eines Formulars.

3) Der Berichtskopf eines Berichts ist Text, der am Anfang Ihres Berichts steht. Wählen Sie das Textfeld aus und klicken Sie in den Text (Bericht Vogelschau). Sie können den Text des Kopfs verändern oder löschen. Ändern Sie den Text des Kopfs in *Datenbank Vogelsichtung.* Vergrößern Sie das Textfeld, um es dem Text anzupassen.

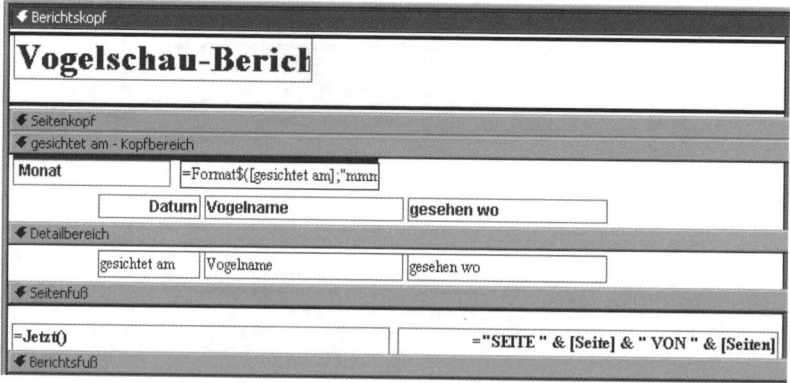

4) Der Seitenkopf ist Text, der unter der normalen Kopfzeile auf Seite 1 und ganz oben auf jeder Seite Ihres Berichts erscheint. Führen Sie den Mauszeiger langsam über die Trennlinie von *Seitenkopf* und *gesichtet am Kopfbereich*. Der Cursor wird zu einer Art Kreuz.

Klicken Sie und ziehen Sie die Leiste gesichtet am Kopfbereich nach unten, so dass Platz zwischen den beiden Leisten entsteht.

Schaltfläche
Beschriftung

5) Klicken Sie auf die Schaltfläche BEZEICHNUNG in der Toolbox (wenn die Toolbox nicht angezeigt wird, wählen Sie ANSICHT/TOOLBOX) und ziehen Sie die Maus über das Feld *Seitenkopf*. Der Cursor verwandelt sich in ein Werkzeug, mit dem Sie Textfelder zeichnen können. Klicken Sie im Feld *Seitenkopf* mit der Maus an die Stelle, an der die linke, obere Ecke des Feldes beginnen soll. Halten Sie die Maustaste gedrückt und ziehen Sie den Zeiger an die Stelle, an der sich die rechte, untere Ecke des Textfeldes befinden soll. Lassen Sie die Maus los. Schreiben Sie den folgenden Text in das neu erstellte Textfeld. *Copyright: Beate Mustermann.*

Sie haben soeben einen Seitenkopf erstellt.

6) Der Seitenfuß ist Text, der am Ende jeder Seite Ihres Berichts erscheint, während der Berichtsfuß Text ist, der am Ende eines Berichts erscheint. *Füße* werden genauso wie *Köpfe* erstellt. Wenn Sie keinen bestimmten Kopf- oder Fußtext in Ihrem Bericht haben möchten, reduzieren Sie den Platz für eventuellen Text einfach auf Null (also das Gegenteil von dem, was Sie in Schritt 4 dieser Übung gemacht haben).

7) Schließen Sie den Bericht.

Access fordert Sie auf, Ihre Arbeit zu speichern.

8) Klicken Sie vom Dialogfeld *Datenbank* aus noch einmal auf die Schaltfläche VORSCHAU. Werten Sie die Auswirkungen Ihrer Änderungen aus.

Ein Bericht ist ein Dokument (gedruckt oder auf dem Bildschirm), das Information in einer strukturierten Weise anzeigt. *Access* bietet zwei automatisierte Lösungen an: *AutoBericht* und *Bericht-Assistent*. Für die meisten Fälle wird das Ihren Bedürfnissen genügen.

Um den *Bericht-Assistent*en zu verwenden, wählen Sie die entsprechende Tabelle und dann die Felder, die der Bericht beinhalten soll. Geben Sie die Gruppierung, die Sortierreihenfolge, das Layout und das typographische Format an.

Sie können einen Bericht verändern, indem Sie den Inhalt der Titelfelder und der Textfelder verändern und die Größe der jeweiligen Beschriftung der Felder anpassen.

Sie können Seitenköpfe und -füße in Ihren Bericht einfügen – entweder für den gesamten Bericht oder für jede einzelne Seite.

Dieses Modul sollte Ihnen einen kleinen Einblick in die Leistungsfähigkeit von *Access* und genug Selbstvertrauen gegeben haben, um selbst weitere Möglichkeiten zu erkunden. Wenn Sie weitere Funktionen für Fortgeschrittene verwenden möchten, kann Ihnen die Hilfefunktion in *Access* gute Dienste leisten und Sie weiter anleiten.

6

Präsentationen

Morgen haben Sie zwei Termine: Sie müssen zum Zahnarzt und Sie haben eine Präsentation vor einem Publikum, das teils aus Freunden, teils aus Fremden besteht.

Welcher der beiden Termine versetzt Sie mehr in Angst und Schrecken?

Ob nun vor einer Gruppe potentieller Kunden, vor Kollegen bei einer nationalen Tagung oder vor einem ortsansässigen Verband – die Aussicht darauf, eine Rede halten zu müssen, kann manchmal schon etwas Unbehagen hervorrufen.

Angesichts einer solchen Situation möchte man jede Art von Hilfsmittel kennen lernen, das einem helfen kann, entspannter und besser organisiert zu sein. Also ein Werkzeug, das dazu beiträgt, sich selbstsicherer geben und seine Standpunkte klar und effektiv präsentieren zu können. Und genau das ist der Punkt, an dem eine Präsentations-Software ins Spiel kommt.

Im vorliegenden Modul werden Sie lernen, wie Sie Materialien erstellen, die Ihre Botschaft sowohl in Text als auch in Bild unterstützen. Darüber hinaus erfahren Sie, wie Sie Ihr Material gestalten, sowohl als Bildschirmfolie als auch in Form eines Handzettels auf Papier. Beides dient dazu, den Eindruck auf die Zuhörer zu verstärken.

Software macht natürlich aus einer schlechten Präsentation keine gute, aber sie kann dazu beitragen, dass eine gute Präsentation ihre Ziele erfolgreich vermittelt. Sie sorgt also für eine bessere Vermittlung und Kommunikation Ihrer grandiosen Ideen.

Mit diesem Modul sind Sie es, der spricht – und nicht der, zu dem gesprochen wird. Viel Glück!

Lektion 6.1: Grundlagen der Präsentation

Zu dieser Lektion

Diese Lektion beschäftigt sich mit den Grundlagen der Präsentations-Software, führt Sie in die nötige Terminologie ein und lässt Sie die angebotenen Möglichkeiten erproben.

Neue Fähigkeiten

Am Ende dieser Lektion sollten Sie in der Lage sein,

- zu erklären, wozu eine Präsentations-Software verwendet wird,
- *PowerPoint* zu starten und zu beenden,
- eine Präsentation zu öffnen und zu schließen,
- eine *PowerPoint*-Präsentation auf Ihrem Computer laufen zu lassen,
- eine Präsentation auf verschiedene Arten zu betrachten,
- eine *PowerPoint*-Präsentation als Overhead-Folie, Handzettel oder 35mm Diapositiv auszudrucken,
- die Online-Hilfe in *PowerPoint* zu verwenden,
- die Anzeige der *PowerPoint*-Symbolleiste zu verändern.

Neue Wörter

Am Ende dieser Lektion sollten Sie in der Lage sein, die folgenden Begriffe zu erklären:

- Präsentation
- Folie
- Folienansicht
- Gliederungsansicht
- Foliensortierungsansicht
- Notizseite
- Bildschirmpräsentation
- Folie für Overhead-Projektor

Präsentationen und Präsentations-Software

Ob man ein neues Produkt vorführt, Forschungsergebnisse vorstellt oder eine neue Struktur in der Organisation bekannt gibt – man muss zu diesen Anlässen immer eine Rede halten. Um nun die Aufmerksamkeit des Publikums auf das Thema zu lenken und seiner Botschaft Nachdruck zu verleihen, greift man während der Rede zu visuellen Hilfsmitteln. Um sicherzustellen, dass die Zuhörer Schlüsselinformationen auch wirklich verinnerlichen, verteilt man Handzettel, die mitgenommen und später noch einmal in Ruhe gelesen werden können. Genau das versteht man unter einer Präsentation.

Präsentations-Software unterstützt Sie bei der Erstellung von visuellen Hilfsmitteln und Handzetteln. Leider hilft sie nicht bei der Rede an sich, aber sie unterstützt Sie dabei, Ihre Gedanken zu ordnen, und trägt darüber hinaus dazu bei, dass Fragen und Kommentare aus dem Publikum Sie nicht aus dem Konzept bringen. Für das ECDL-Modul reicht es aus, wenn Sie wissen, wie man visuelle Hilfsmittel und Handzettel erstellt. Sie können ganz beruhigt sein, eine Rede brauchen Sie nicht zu halten!

Die visuellen Hilfen verleihen dem Gesagten noch einmal Nachdruck und stellen eine Ergänzung dar. Sie dürfen auf keinen Fall eine reine Wiederholung des Gesagten sein. Wenn immer möglich, sollten Präsentationen Bildmaterial (Bilder, Grafiken, Diagramme, Karten, Cartoons) enthalten. Text sollte auf ein Minimum reduziert sein und als Überschrift oder Aufzählung verwendet werden.

Die visuellen Hilfen können auf Papier oder auch auf Overhead-Folien ausgedruckt, als 35mm-Dias ausgegeben, als Bildschirmpräsentation auf einem Computer angezeigt oder direkt vom Computer über einen angeschlossenen Projektor (Beamer) an die Wand projiziert werden. Die Wahl der Ausgabe hängt von der Zahl der Zuhörer, der Größe des Raums, in dem die Präsentation gehalten wird und von der verfügbaren Technik ab.

Folie

Eine Folie ist ein Grundbaustein einer visuellen Präsentation. Sie ist gleichzusetzen mit der Seite eines gedruckten Dokuments und kann sowohl Text als auch Grafik enthalten.

PowerPoint starten

- Doppelklicken Sie auf das Symbol *PowerPoint*.

-oder-

- Wählen Sie Start/Programme/PowerPoint.

Microsoft
PowerPoint

Eine vorhandene Präsentation öffnen

Die Dateinamenerweiterungen von *PowerPoint* sind: .ppt, .pps oder .pot. (Wie Sie später erfahren werden, wird jede dieser Endungen für einen bestimmten Zweck verwendet.) Die Endung hilft Ihnen, *Power-Point*-Dateien von *Word*-Dokumenten (.doc), *Excel*-Arbeitsmappen (.xls) und anderen Datentypen zu unterscheiden.

Um eine bestehende Präsentation zu öffnen, gehen Sie wie folgt vor:

- Wählen Sie im Dialogfeld, das beim Start von *PowerPoint* geöffnet wird, ÖFFNEN EINER VORHANDENEN PRÄSENTATION

  -oder-

Schaltfläche Öffnen

- Wählen Sie (wenn Sie schon mit *PowerPoint* gearbeitet haben) DATEI/ÖFFNEN (oder klicken Sie auf die Schaltfläche ÖFFNEN in der Standardsymbolleiste).

Wählen Sie anschließend aus dem Dialogfeld die gewünschte Datei aus.

Übung 6.1: Eine Präsentation öffnen

Um in dieser Lektion ein wenig zu experimentieren, öffnen Sie die Präsentation zum *Verkauf von Ideen.*

1) Wählen Sie DATEI/ÖFFNEN.

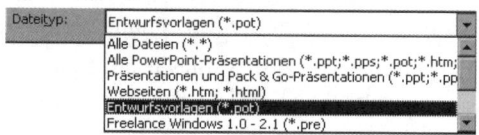

2) Wählen Sie aus der Dropdown-Liste *Entwurfsvorlagen.* (Das hier verwendete Beispiel entspricht dieser Art von Datei. Die meisten *PowerPoint*-Dateien, mit denen Sie arbeiten werden, sind Standardpräsentationen.)

3) Navigieren Sie zum Ordner *Microsoft Office* (normalerweise ein Unterordner in Programme) und von dort weiter zum Ordner *Vorlagen/Präsentationen.* Mehrere Dateien werden angezeigt. Scrollen Sie zur Datei *Verkauf von Ideen.pot,* wählen Sie diese aus und klicken Sie auf ÖFFNEN.

Mit einer PowerPoint-Präsentation arbeiten

PowerPoint ermöglicht Ihnen die Ansicht Ihres Materials in verschiedenen Formaten, um einzelne Folien zu betrachten und die Präsentation auszudrucken.

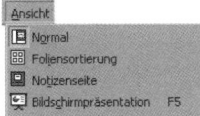

Die verschiedenen Möglichkeiten zur Ansicht finden Sie im Menü *Ansicht*.

- In der **Folienansicht** können Sie jede Folie einzeln betrachten. Es ist normalerweise der Modus, in dem Sie Ihre Präsentation erstellen. Sie sehen in dieser Ansicht genau, wie das fertige Produkt aussehen wird, und können Text bearbeiten, Grafiken einfügen usw.

- Die **Gliederungsansicht** zeigt den Text aller Folien an, jedoch keine Formatierung und keine Grafiken. Sie eignet sich besonders, wenn Sie Ihre Gedanken ordnen oder die Gesamtstruktur Ihrer Präsentation kontrollieren bzw. ändern möchten.

- Die **Foliensortierungsansicht** zeigt eine in der Anzeige verkleinerte Version der gesamten Präsentation an. Sie können diese Ansicht verwenden, wenn Sie die Einheitlichkeit des Layouts und der Farbgestaltung kontrollieren möchten, und auch, um eventuelle Änderungen in der Reihenfolge der Folien vorzunehmen.

- In der Ansicht **Notizenseite** werden die Folien einzeln in halber Größe angezeigt, mit einem Feld für die Notizen des Redners.

- Die Ansicht **Bildschirmpräsentation** zeigt die Folien in voller Bildschirmgröße (ohne jede Menüleiste), genauso, wie sie erscheint, wenn sie projiziert wird. Um die Ansicht *Bildschirmpräsentation* zu beenden, drücken Sie die ESC-Taste.

Links unten auf dem Bildschirm (außer in der Ansicht *Bildschirmpräsentation*) sehen Sie fünf Symbole, die für die verschiedenen Ansichtenmodi stehen. Über diese Symbole können Sie schnell von einer Ansicht in eine andere wechseln.

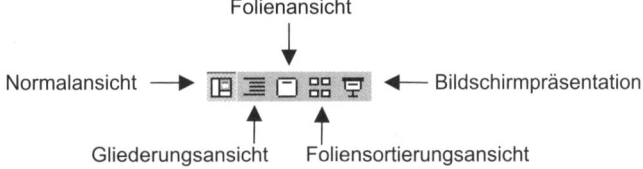

Im Menü *Ansicht* finden Sie auch die Option ZOOM. Verwenden Sie diese Funktion, um die Bildschirmanzeige Ihrer Folie zu vergrößern oder zu verkleinern.

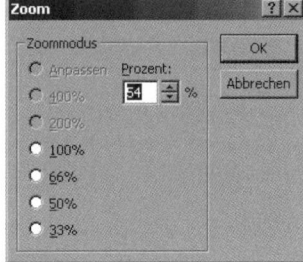

Bestimmte Tasten zum Navigieren können in jedem Ansichtenmodus in *PowerPoint* verwendet werden:

Um zur nächsten Folie zu gelangen	Drücken Sie die Taste Bild ↓
Um zur vorherigen Folie zurückzukehren	Drücken Sie die Taste Bild↑
Um zur ersten Folie einer Präsentation zu gelangen	Drücken Sie die Taste Pos 1
Um zur letzten Folie zu gelangen	Drücken Sie die Taste Ende

In allen Ansichten, außer in der *Bildschirmpräsentation*, können Sie auch die Bildlaufleiste verwenden, um vorwärts und rückwärts zu blättern.

In der Ansicht *Bildschirmpräsentation* bieten sich Ihnen noch mehr Möglichkeiten.

Um zur nächsten Folie zu gelangen	Linker Mausklick
	Leertaste
	N
	Pfeil nach rechts
	Pfeil nach unten
	ENTER
	Bild ↓
Um zur vorherigen Folie zurückzukehren	Rücktaste
	P
	Pfeil nach links
	Pfeil nach oben
	Bild ↑
Um zu einer bestimmten Folie zu gelangen	Geben Sie die Nummer der Folie ein und drücken Sie ENTER
Um zur ersten Folie einer Präsentation zu gelangen	Halten Sie beide Maustasten für zwei Sekunden gedrückt
Um den Bildschirm leer erscheinen zu lassen	B (für schwarz)
	W (für weiß)
Um zur Präsentation zurückzukehren	B oder
	wieder W

Wenn Sie einige dieser Steuerelemente vergessen sollten, kein Grund zur Sorge. Drücken Sie während einer Bildschirmpräsentation einfach auf F1 und eine Liste zur Steuerung wird angezeigt.

Übung 6.2: Übungen zur Navigation

1) In der *Folienansicht* bewegen Sie sich innerhalb der Präsentation mit der Tastatur vor und zurück, wobei immer eine Folie angezeigt wird.

2) In der Ansicht *Bildschirmpräsentation* bewegen Sie sich innerhalb der Präsentation mit der Maus vor und zurück, wobei immer eine Folie angezeigt wird.

3) Gehen Sie zu *Folie 4*. Was steht auf der Folie?

Eine Präsentation drucken

Schaltfläche Drucken

Abhängig von Ihren Bedürfnissen und der Ihnen zur Verfügung stehenden Hardware, können Sie eine *PowerPoint*-Präsentation auf verschiedene Arten ausdrucken. Das Ausdrucken über *PowerPoint* funktioniert ähnlich wie bei anderen Anwendungen.

Wählen Sie zuerst DATEI/DRUCKEN oder klicken Sie auf die Schaltfläche DRUCKEN in der Symbolleiste. Im Feld *Drucken* wählen Sie aus der Dropdown-Liste entweder *Folien, Gliederungsansicht, Notizenseiten* oder *Handzettel*. Wenn Sie *Handzettel* auswählen, können Sie die Zahl der Folien pro Handzettel angeben.

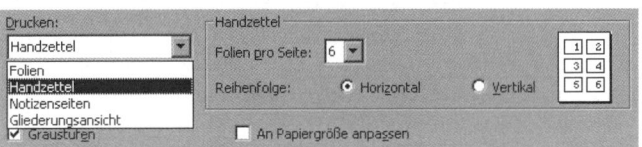

Sie können dann den Druckbereich festlegen: alle Folien, nur die aktuelle Folie oder bestimmte Folien. Um eine hintereinander liegende Reihe von Folien zu drucken, geben Sie die Nummer der ersten Folie und der letzten Folie, getrennt durch einen Bindestrich, ein. Zum Ausdrucken von nicht hintereinander liegenden Folien geben Sie die einzelnen Nummern der entsprechenden Folien durch ein Semikolon getrennt ein.

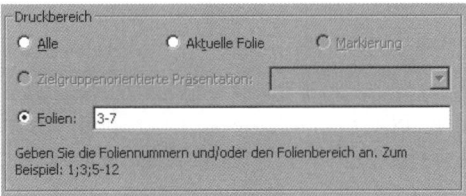

Wenn Sie Folien für eine Overhead-Präsentation erstellen möchten, müssen Sie spezielle Folien in Ihren Drucker einlegen, bevor Sie auf OK im Dialogfeld *Drucken* klicken.

Wollen Sie 35mm-Diapositive erstellen, benötigen Sie einen speziellen Desktop-Filmrecorder, der mit Ihrem Computer verbunden sein muss.

Übung 6.3: Übungen zum Drucken

1) Drucken Sie Handzettel für die gesamte Präsentation, mit zwei Folien auf jeder Seite.

2) Drucken Sie die ersten drei Seiten der Präsentation.

3) Drucken Sie die erste und vierte Seite der Präsentation.

Verwendung der
Online-Hilfe

Die in *PowerPoint* integrierte Online-Hilfe stellt zusätzliche Informationen zur Verfügung, um Ihnen bei der Verwendung der verschiedenen Funktionen behilflich zu sein und so den größten Nutzen aus der Software zu ziehen. Um die Online-Hilfe zu verwenden, klicken Sie zunächst auf ?/MICROSOFT POWERPOINT-HILFE. Schreiben Sie dann im Register *Index* das Wort, nach dem Sie suchen. Es wird eine Themenliste eingeblendet. Führen Sie einen Doppelklick auf das Thema aus, das Ihrem Interesse am nächsten kommt. Der Text zum Thema wird im rechten Fensterausschnitt angezeigt.

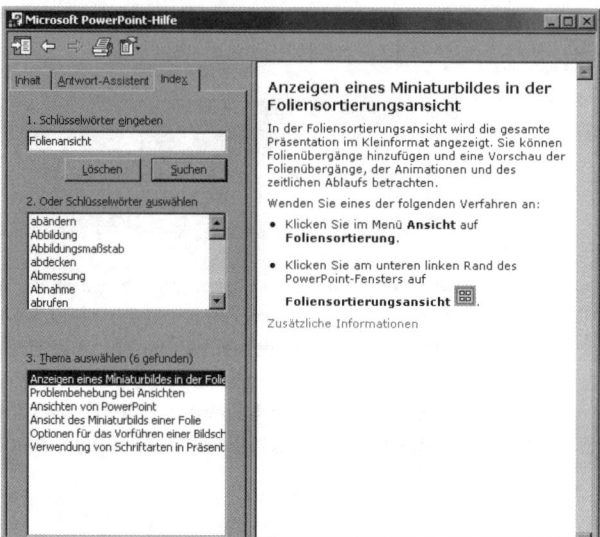

Schaltfläche
Office-Assistent

Sie können auch über die Schaltfläche *Office-Assistent* Hilfe bekommen, oder (wenn *PowerPoint* so konfiguriert ist) durch Drücken der F1-Taste.

Sie sollten sich auf jeden Fall mit den Möglichkeiten der Online-Hilfe vertraut machen.

<table>
<tr><td>

Die Anzeige der Symbolleiste verändern

</td><td>

Über die Optionen in der Menüleiste haben Sie Zugriff auf alle Funktionen, die *PowerPoint* Ihnen bietet. Es ist jedoch einfacher und auch schneller, Funktionen direkt durch den Klick auf eine der Schaltflächen auszuwählen, wobei die Schaltflächen in einer Symbolleiste angezeigt werden.

</td><td>

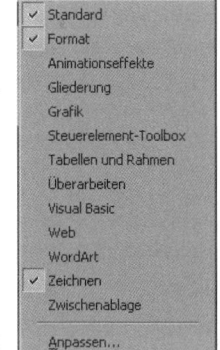

</td></tr>
</table>

In *PowerPoint* können Sie sich eine Vielzahl von unterschiedlichen Symbolleisten anzeigen lassen, wobei jede einzelne von ihnen verschiedene Funktionen abdeckt. Klicken Sie auf ANSICHT/SYMBOLLEISTEN. Wenn sie nicht schon angezeigt werden, aktivieren Sie die Symbolleisten *Standard*, *Format* und *Zeichnen*. Dies ist die beste Auswahl für das Arbeiten in diesem Modul.

Eine Präsentation schließen

Um die Präsentation zu schließen, wählen Sie DATEI/SCHLIESSEN oder klicken Sie auf das Schließenfeld im Präsentationsfenster.

Schaltfläche PowerPoint schließen
Schaltfläche Präsentation schließen

Wenn Sie seit dem letzten Speichern Änderungen an der Präsentation vorgenommen haben, werden Sie von *PowerPoint* aufgefordert, diese Änderungen vor dem Schließen zu speichern.

PowerPoint beenden

Um *PowerPoint* zu beenden, wählen Sie DATEI/BEENDEN oder klicken Sie auf das Schließenfeld im *PowerPoint*-Fenster.

Wenn Sie noch irgendwelche Dateien mit nicht gespeicherten Änderungen geöffnet haben, werden Sie von *PowerPoint* aufgefordert, diese zu speichern. Sie gelangen automatisch wieder zum *Windows-Desktop*.

Eine Präsentation ist ein Vortrag vor Publikum, der durch visuelle Hilfsmittel unterstützt wird. Die Hilfen können in Form von Bildschirmfolien oder Overhead-Folien und möglichen Handzetteln für das Publikum vorliegen.

Präsentations-Software wie *PowerPoint* hilft Ihnen bei der Erstellung von unterstützendem Material für Ihre Präsentationen.

Die Grundbausteine für eine Präsentation bezeichnet man als Folien.

Während der Arbeit mit *PowerPoint* können Sie Ihre Folien auf fünf verschiedene Arten anzeigen lassen: in der *Folienansicht*, der *Gliederungsansicht*, der *Foliensortierungsansicht*, der Ansicht *Notizenseite* und als *Bildschirmpräsentation*. Die Bildschirmpräsentation ist die Ansicht, die das Publikum bei Ihrem Vortrag zu sehen bekommt.

Sie können sich mit den Tasten Bild ↓ und Bild ↑ durch die Präsentation bewegen. Weitere Optionen stehen in der Folienansicht zur Verfügung.

Sie können Ihre Präsentation auch auf verschiedene Arten ausdrucken.

PowerPoint verfügt über eine Hilfefunktion mit Hinweisen und Informationen zu allen Programmfunktionen und vielen hilfreichen Tipps zum Erstellen von überzeugenden Präsentationen.

Sie können die Anzeige der Symbolleisten verändern, so dass die Funktionen, die Sie am häufigsten benötigen, auf direktem Wege verfügbar sind.

Lektion 6.2: Ihre ersten Folien erstellen

Zu dieser Lektion

In dieser Lektion lernen Sie, wie man mit Hilfe von *PowerPoint* einfache Folien mit Text erstellt.

Neue Fähigkeiten

Am Ende dieser Lektion sollten Sie in der Lage sein,

- eine neue Folie mit Text zu erstellen,
- Text in eine Folie einzugeben, zu bearbeiten und zu löschen,
- Text und andere Objekte in eine *PowerPoint*-Folie zu importieren,
- Objekte aus einer Folie zu löschen,
- eine Folie zu löschen,
- eine Präsentation auf Festplatte oder Diskette zu speichern.

Neue Wörter

Am Ende dieser Lektion sollten Sie in der Lage sein, die folgenden Begriffe zu erklären:

- Platzhalter
- AutoLayout
- Hochformat
- Querformat

So erstellen Sie eine neue Präsentation:

Wenn Sie *PowerPoint* schon verwendet haben und das Programm noch geöffnet ist, gehen Sie wie folgt vor:

* Wählen Sie DATEI/NEU, klicken Sie auf das Symbol für *Leere Präsentation* und auf OK. Wahlweise können Sie auch auf die Schaltfläche NEU in der Standardsymbolleiste klicken.

Wenn das Programm nicht geöffnet ist, gehen Sie wie folgt vor:

Schaltfläche Neu

* Starten Sie *PowerPoint*, indem Sie auf das *PowerPoint*-Symbol klicken oder START/PROGRAMME/POWERPOINT wählen. Klicken Sie auf *Leere Präsentation* und auf OK.

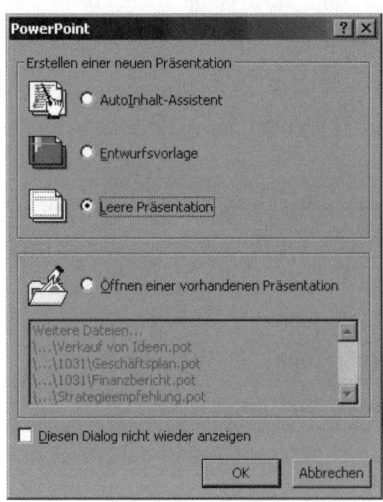

Alle Übungen dieser Lektion tragen zum Erstellen der neuen Präsentation bei.

Übung 6.4: Einen Platzhalter zur Eingabe von Text verwenden

1) Wenn Sie eine neue Präsentation erstellen, zeigt *PowerPoint* ein Dialogfeld an, das Ihnen eine Reihe von vorgefertigten Layouts (so genannte AutoLayouts) für Ihre Folien anbietet. Wenn Sie auf ein Layout klicken, wird der Name des Layouts rechts im Dialogfeld angezeigt.

Wählen Sie das erste Layout aus, das *PowerPoint* mit dem Namen *Titelfolie* angibt, und klicken Sie auf OK.

2) Auf dem Bildschirm erscheint ein Bereich, in dem sich zwei Felder befinden, die durch gestrichelte Außenlinien gekennzeichnet sind. Diese Felder werden in *PowerPoint* als Platzhalter bezeichnet.

Klicken Sie in den oberen Platzhalter.

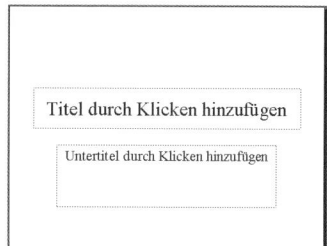

3) Die Begrenzungslinie des Platzhalters verändert sich und im Feld erscheint ein blinkender Textcursor. Sie können jetzt Text in den Platzhalter eingeben.

Geben Sie den folgenden Text in den oberen Platzhalter ein:

Vermarktung eines neuen Produkts

4) Klicken Sie in den zweiten Platzhalter und geben Sie folgenden Text ein:

Runde Räder

Ihr Bildschirm sollte nun wie die nebenstehende Abbildung aussehen.

Glückwunsch! Sie haben die erste Folie Ihrer ersten Präsentation in *PowerPoint* erstellt.

Außer in der Bildschirmpräsentation können Sie in jeder Ansicht in *PowerPoint* Text eingeben, bearbeiten oder löschen. Setzen Sie zum Bearbeiten den Cursor an die Stelle, an der Sie die Änderungen vornehmen möchten.

AutoLayout

Eines von 24 vorgefertigten Folien-Layouts. In der Regel enthalten Auto-Layouts Platzhalter für Text und andere Objekte, wie Grafiken und Diagramme.

Platzhalter

Ein Rahmen bzw. Feld innerhalb der Folie, in den man Text oder Grafik einfügen kann.

Denken Sie daran:

• Klicken Sie in einen Platzhalter, um ihn auszuwählen und Text eingeben oder bearbeiten zu können.

• Klicken Sie außerhalb des Platzhalters, um die Auswahl aufzuheben.

Die meisten Kinoleinwände, Fernsehbildschirme und Computerbild-
schirme sind breiter als hoch. Dieses Format wird als *Querformat*
bezeichnet, die Alternative dazu (höher) ist *Hochformat*. Die meisten
Ihrer Präsentationen werden wohl im Querformat erstellt werden.
Sollten Sie aber einmal eine Präsentation im Hochformat benötigen,
wählen Sie DATEI/SEITE EINRICHTEN und klicken Sie dann unter ORIENTIE-
RUNG, FOLIE, *Hochformat* an.

Folien zu Ihrer
Präsentation
hinzufügen

Nach der Titelfolie möchten Sie sicherlich noch weitere Folien erstellen, die den Hauptteil Ihrer Präsentation beinhalten. Gehen Sie dabei
wie folgt vor:

Übung 6.5: Folien zu einer Präsentation hinzufügen

Schaltfläche
Neue Folie

1) Wählen Sie EINFÜGEN/NEUE FOLIE oder klicken Sie auf die Schaltfläche NEUE
FOLIE in der Standardsymbolleiste.

2) Wählen Sie das Folien-Layout, das Sie verwenden möchten.

   Für unsere Übung wählen Sie bitte *Aufzählung*.

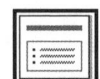

3) Klicken Sie in den ersten Platzhalter und schreiben Sie:
Hervorragende Merkmale.

4) Klicken Sie in den zweiten Platzhalter und schreiben Sie: *Ruhiges Reisen*
sorgt für Wohlbefinden beim Fahrgast.

5) Drücken Sie ENTER. *PowerPoint* erzeugt ein zweites Aufzählungszeichen in einer
neuen Zeile. Schreiben Sie: *Verringerter Benzinverbrauch.*

Tiefer stufen

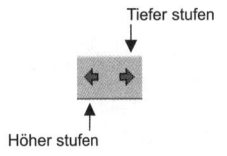

Höher stufen

6) Drücken Sie ENTER. Geben Sie weiter die unten aufgeführten Daten ein. Verwenden Sie die Schaltfläche TIEFER STUFEN, um eine zweite Auflistungsebene für die
verschiedenen Transportmittel zu erzeugen. (Verwenden Sie die Schaltfläche
HÖHER STUFEN, um sie auf die erste Stufe zu heben.)

Hervorragende Merkmale

• Ruhiges Reisen sorgt für Wohlbehagen
beim Fahrgast
• Geringerer Benzinverbrauch
• Längeres Leben für den Motor
• Vielfältige Verwendung im Transportsektor
  – Autos
  – Fahrräder
  – LKW

Gut gemacht! Sie haben schon zwei Folien erstellt.

Verwenden der Gliederungsansicht

Die wahrscheinlich beste Art, Ihre Gedanken und Ideen zu ordnen, ist die Gliederungsansicht. Diese Ansicht ermöglicht es, den Text aller Folien wie in einem Inhaltsverzeichnis zu betrachten. In der Gliederungsansicht können Sie Text eingeben, bearbeiten und löschen. Sie können über diese Ansicht auch die Reihenfolge der Folien verändern und den Text so anordnen, dass wichtige Textteile auffälliger hervortreten.

> ## Gliederungsansicht
>
> *Zeigt den Text aller Folien Ihrer Präsentation an, so dass Sie beurteilen können, wie Ihre Ideen und der dazugehörige Text einen fließenden Übergang von einer Folie zur nächsten bilden.*

Schaltfläche Gliederungsansicht

Um Ihre Präsentation in der Gliederungsansicht zu betrachten, wählen Sie ANSICHT/NORMAL oder klicken Sie auf die Schaltfläche GLIEDERUNGSANSICHT.

Sie können die Schaltflächen der Gliederungssymbolleiste verwenden, um Folien oder Text zu verschieben, nur Folientitel anzuzeigen und den Einzug von Titel und Text zu ändern. Versuchen Sie es mal!

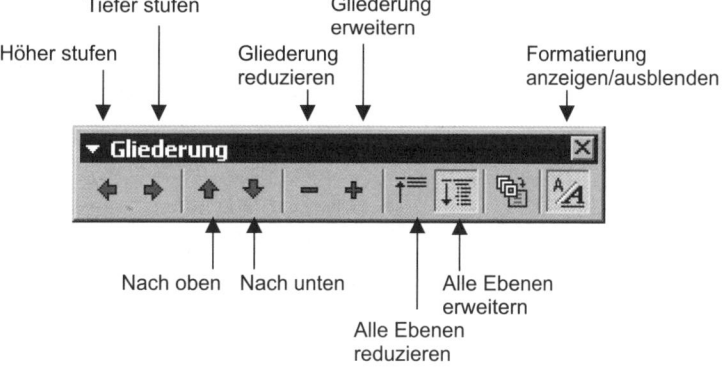

Übung 6.6: In der Gliederungsansicht Folien hinzufügen

1) Wenn Sie in die Gliederungsansicht gehen, sehen Sie den Text der Folien, die Sie schon erstellt haben. Klicken Sie ans Ende des Textes und drücken Sie ENTER.

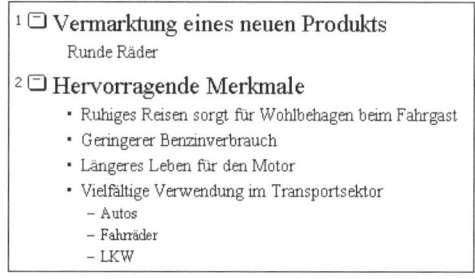

2) Geben Sie die Überschrift für die nächste Folie ein: *Vorteile und Nachteile*. Sie werden bemerken, dass der Text die Eigenschaften der vorherigen Textzeile übernimmt. Der Text erscheint als Strichaufzählung auf Folie Nummer 2.

3) Korrigieren Sie den Status der Überschrift unter Verwendung der Schaltfläche HÖHER STUFEN in der Symbolleiste. Wenn die oberste Stufe der Hierarchie erreicht ist (der Text also die höchste Stufe eingenommen hat), wird dem Text automatisch eine Folie Nummer 3 zugeordnet.

4) Geben Sie den Text des ersten Vorteils ein: *Schneller*. Drücken Sie ENTER. Sie werden wieder feststellen, dass der Text die Eigenschaften der vorherigen Text-zeile annimmt. Der Text erscheint wiederum auf einer separaten Folie. Verwenden Sie die Schaltfläche TIEFER STUFEN, um den Text als Unterpunkt aufzuführen. Geben Sie die noch verbleibenden Vor- und Nachteile, wie abgebildet, ein.

---

3 ▭ **Vorteile und Nachteile**
- Schneller
- Ruhiger
- Leichter zu starten
- Schwieriger zu kontrollieren
- Bestehende Ausrüstung muss ersetzt werden
- Sehr langweilig

---

5) Fügen Sie vier weitere Folien mit dem unten angegebenen Text hinzu. Die letzten drei Folien bestehen nur aus einer Überschrift.

---

4 ▭ **Ein erster Blick auf das neue Produkt**
- Fantastischer Durchbruch in der Rad-Technology
- Beantragung weltweiter Patente
- Produktionsbeginn 2. Halbjahr 2000

5 ▭ **Verkauf & Marketing**

6 ▭ **Verkaufsvorführung**

7 ▭ **Plan zur Produktidentität**

Schaltfläche
Folienansicht

Schaltfläche
Bildschirmpräsentation

6) Klicken Sie auf die Schaltfläche FOLIENANSICHT oder wählen Sie ANSICHT/NORMAL. Bewegen Sie sich vorwärts und rückwärts durch Ihre Präsentation (mit den ver-schiedenen, in der vorherigen Lektion beschriebenen Methoden), um sich das Ergebnis Ihrer Arbeit anzuschauen.

7) Klicken Sie auf die Schaltfläche BILDSCHIRMPRÄSENTATION oder wählen Sie ANSICHT/BILDSCHIRMPRÄSENTATION. Bewegen Sie sich auch in diesem Modus vorwärts und rückwärts durch Ihre Präsentation, um zu sehen, welche Wirkung sie auf ein Publikum haben könnte.

Sie werden mittlerweile erkannt haben, dass Sie mit *PowerPoint* sehr schnell eine akzeptable Präsentation erstellen können.

PowerPoint geht, wie Sie sicherlich bemerkt haben, davon aus, dass einige der Folien noch zusätzlichen Text erhalten sollen, und hat daher Platzhalter eingefügt. (Der Platzhaltertext *Text durch klicken hinzufü-gen* wird in der Bildschirmpräsentation nicht angezeigt.)

Text innerhalb von PowerPoint kopieren	Um Text von einer Folie in eine andere oder von einer Position der Folie an eine andere zu kopieren, markieren Sie den Text durch Klicken und Ziehen und wählen dann BEARBEITEN/KOPIEREN (oder verwenden Sie einfach die Tastenkombination STRG+c). Setzen Sie den Cursor an die Position, an welcher der Text erscheinen soll, und wählen Sie BEARBEITEN/EINFÜGEN (oder drücken Sie STRG+v).

Übung 6.7: Text innerhalb von PowerPoint verschieben

1) Öffnen Sie Folie Nummer 3 (*Vorteile und Nachteile*) in der Folienansicht.

2) Wählen Sie FORMAT/FOLIENLAYOUT und als Layout *Zweispaltiger Text.*

   Klicken Sie auf ÜBERNEHMEN.

3) Markieren Sie die letzten drei Punkte in der Aufzählung.

4) Wählen Sie BEARBEITEN/AUSSCHNEIDEN.

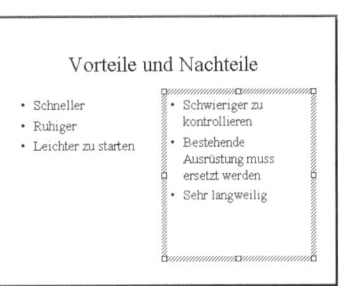

5) Klicken Sie in den rechten Platzhalter.

6) Wählen Sie BEARBEITEN/EINFÜGEN.

7) Die drei *Nachteile* werden an diese Position verschoben.

Text aus einer anderen Anwendung importieren	Sie können auch Text aus einer anderen Anwendung, z.B. *Microsoft Word*, in *PowerPoint* verwenden, ohne dass Sie ihn noch einmal schreiben müssen. Der einfachste Weg ist der, den Text in der anderen Anwendung zu markieren und BEARBEITEN/KOPIEREN zu wählen (oder STRG+c zu drücken). Anschließend setzten Sie in *PowerPoint* den Cursor an die Position, an welcher der Text erscheinen soll, und wählen BEARBEITEN/EINFÜGEN (oder STRG+v). Sie können den Text in jeder beliebigen Ansicht in *PowerPoint* einfügen, außer in der Bildschirmpräsentation.

Sie können auch eine *Word*-Datei in *PowerPoint* öffnen. Wählen Sie DATEI/ÖFFNEN, dann die gewünschte Datei und klicken Sie auf ÖFFNEN. *PowerPoint* stellt Vermutungen darüber an, wie es den Text behandeln soll. Wenn Sie in *Word* keine Formatierung vorgenommen haben, wird jeder Absatz als eigene Folie behandelt. Wenn Sie *Word*-Absatzformate oder Tabs verwendet haben, versucht *PowerPoint* dies so gut wie möglich zu berücksichtigen. In jedem Fall können Sie den Text, wie weiter unten angezeigt, neu anordnen und neu formatieren.

Die nächste Übung zeigt Ihnen die *Kopieren/Einfügen*-Technik.

Übung 6.8: Text aus einer anderen Anwendung kopieren

1) Wählen Sie ?/MICROSOFT POWERPOINT HILFE oder drücken Sie F1, gehen Sie in das Register *Index* und geben Sie das Wort *importieren* ein. Es wird eine Themenliste eingeblendet. Klicken Sie auf *Wissenswertes über das Importieren von Text aus anderen Programmen.*

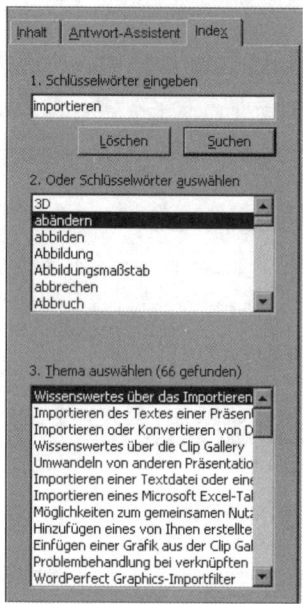

2) Wählen Sie den ersten Absatz des Textes in der Hilfeseite aus.

   Führen Sie einen Rechtsklick auf den ausgewählten Text aus und wählen Sie aus dem Kontextmenü KOPIEREN. Schließen Sie das Dialogfeld *Hilfe.*

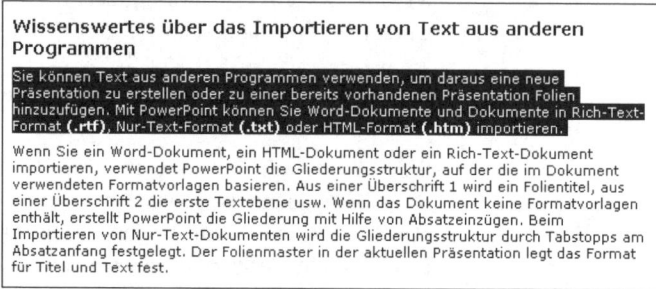

3) Wählen Sie in *PowerPoint* die Gliederungsansicht. Setzen Sie den Cursor ans Ende von Folie Nummer 6 (Verkauf &Marketing).

   Drücken Sie ENTER (um eine neue, leere Folie einzufügen).

4) Wählen Sie BEARBEITEN/EINFÜGEN.

   Der Absatz des Hilfetextes wird als Folie Nummer 7 angezeigt.

```
6 ▭ Verkaufsvorführung
7 ▭ Sie können Text aus anderen Programmen verwenden, um daraus
    eine neue Präsentation zu erstellen oder zu einer bereits
    vorhandenen Präsentation Folien hinzuzufügen. Mit PowerPoint
    können Sie Word-Dokumente und Dokumente in Rich-Text-Format
    (.rtf), Nur-Text-Format (.txt) oder HTML-Format (.htm)
    importieren.

8 ▭ Plan zur Produktidentität
```

5) Verwenden Sie die Schaltfläche TIEFER STUFEN, um den Text zu einem Teil von Folie Nummer 6 zu machen.

```
6 ▭ Verkaufsvorführung
    • Sie können Text aus anderen Programmen verwenden, um daraus eine neue Präsentation
      zu erstellen oder zu einer bereits vorhandenen Präsentation Folien hinzuzufügen. Mit
      PowerPoint können Sie Word-Dokumente und Dokumente in Rich-Text-Format (.rtf),
      Nur-Text-Format (.txt) oder HTML-Format (.htm) importieren.

7 ▭ Plan zur Produktidentität
```

Die letzte Folie wird wieder neu nummeriert, um sich den Veränderungen anzupassen.

Sie können die gleiche Technik anwenden, um Objekte aus anderen Anwendungen zu kopieren. So können Sie z.B. einen Zellbereich aus einem *Excel*-Arbeitsblatt auswählen, ihn kopieren (wie oben) und in die *PowerPoint*-Folie einfügen. Sie können auch ein in *Excel* erstelltes Diagramm, eine in *Word* erstellte Tabelle oder eine Grafikdatei (z.B. ein eingescanntes Bild) aus einem Grafikprogramm kopieren.

Eine Folie löschen

Um eine Folie zu löschen, setzen Sie den Cursor irgendwo in die Folie und wählen Sie BEARBEITEN/FOLIE LÖSCHEN. Dies ist in jeder Ansicht, außer der Bildschirmpräsentation, möglich.

Übung 6.9: Eine Folie löschen

1) Löschen Sie Folie Nummer 5 (*Verkauf und Marketing*) aus Ihrer Präsentation.

Eine Folie ausblenden

Wenn Sie eine bestimmte Folie in der *Bildschirmpräsentation* nicht anzeigen möchten, wählen Sie BILDSCHIRMPRÄSENTATION/FOLIE AUSBLENDEN.

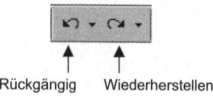

Rückgängig   Wiederherstellen

Haben Sie falschen Text eingegeben oder die falsche Taste gedrückt? Haben Sie etwas gelöscht, das Sie nicht löschen wollten? *PowerPoint* erlaubt das Rückgängig machen der letzten ausgeführten Aktionen, wenn diese ungewollte Ergebnisse hervorgerufen haben. Wählen Sie BEARBEITEN/RÜCKGÄNGIG oder klicken Sie auf die Schaltfläche RÜCKGÄNGIG in der Standardsymbolleiste. Sie können Vorgänge, die Sie *rückgängig* gemacht haben, auch *wiederherstellen*. Wählen Sie BEARBEITEN/WIEDER-HERSTELLEN oder klicken Sie auf die Schaltfläche WIEDERHERSTELLEN in der Standardsymbolleiste.

Übung 6.10: Gebrauch von Rückgängig

1) Wählen Sie BEARBEITEN/WIEDERHERSTELLEN. Die Präsentation wird in den Zustand versetzt, in dem sie war, bevor Sie die letzte Handlung vorgenommen haben.

2) Wiederholen Sie RÜCKGÄNGIG so lange, bis die Präsentation wieder in dem Zustand ist, in dem sie vor Übung 6.8 war.

Ihre Präsentation speichern

Schaltfläche Speichern

Um Ihre Präsentation zu speichern, wählen Sie DATEI/SPEICHERN oder klicken Sie auf die Schaltfläche SPEICHERN in der Standardsymbolleiste. Wie auch in anderen Programmen, müssen Sie Ihrer Präsentation einen Namen geben und auswählen, wo Sie die Datei speichern möchten.

Wählen Sie DATEI/SPEICHERN UNTER, um die Präsentation unter einem anderen als dem ursprünglichen Namen oder an einer anderen als der ursprünglichen Stelle abzuspeichern.

Übung 6.11: Ihre Präsentation auf Festplatte oder Diskette speichern

1) Speichern Sie die Präsentation, die Sie in dieser Lektion erstellt haben. Geben Sie ihr einen Namen, den Sie leicht behalten können und wiedererkennen, beispielsweise *Bmpräsentation* (wenn Ihre Initialen BM sind).

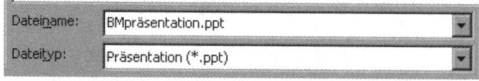

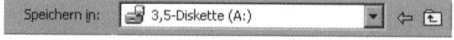

Schaltfläche
Übergeordneter Ordner

2) Speichern Sie die Präsentation noch einmal, diesmal aber auf Diskette. Dazu müssen Sie so oft auf die Schaltfläche AUFWÄRTS klicken, bis Sie bei *Arbeitsplatz* angelangt sind. Schieben Sie eine Diskette ins Diskettenlaufwerk und klicken Sie auf das Symbol für Laufwerk A. Klicken Sie auf SPEICHERN.

Um eine neue Folie zu erstellen, wählen Sie ein *AutoLayout*, das Ihren Vorstellungen und Bedürfnissen am nächsten kommt.

AutoLayouts verfügen über Platzhalter, in die Sie Ihren Text eingeben.

Wahlweise können Sie auch Daten aus einer anderen Anwendung, beispielsweise einer Textverarbeitung, importieren.

Sie können die Gliederungsansicht dazu verwenden, Ihre Gedanken zu sammeln und zu organisieren. Dabei müssen Sie sich nicht übermäßige Gedanken um die Formatierung oder den Stil machen.

Wenn Sie Änderungen vornehmen, die Ihnen dann doch nicht zusagen, können Sie diese rückgängig machen. Weiterhin können Sie Ihre Präsentation auf Festplatte oder Diskette speichern.

PowerPoint-Präsentationen haben die Dateierweiterung .ppt, .pps oder pot.

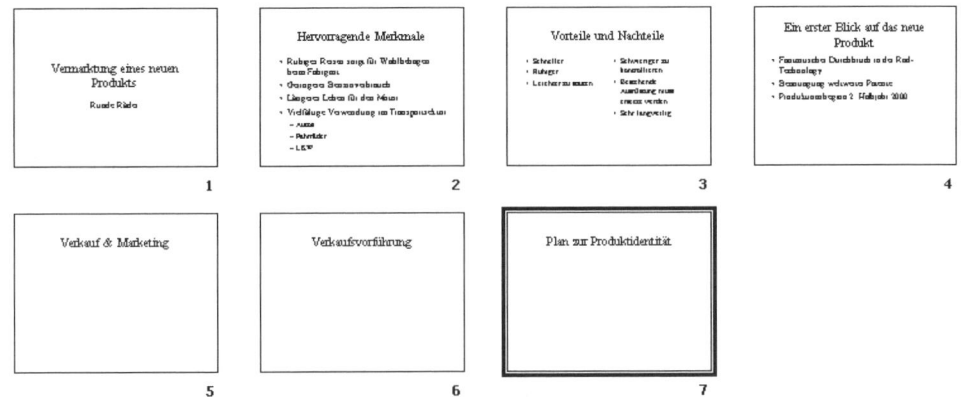

Lektion 6.3: Grafiken und Bilder hinzufügen

Zu dieser Lektion

In dieser Lektion lernen Sie, wie Sie Bilder und andere Grafiken in Ihre Folien einfügen.

Neue Fähigkeiten

Am Ende dieser Lektion sollten Sie in der Lage sein,

- einfache Grafikelemente (Linien, Kästchen etc.) in Folien einzufügen,

- Grafikmuster zu bearbeiten und zu löschen,

- Organisationsdiagramme, Balkendiagramme und Kreisdiagramme zu erstellen und zu verändern und sie in eine Präsentation einzufügen,

- eine Fotografie oder ein ClipArt in eine Folie einzufügen,

- Bilder zu kopieren und einzufügen (innerhalb einer Präsentation, zwischen verschiedenen Präsentationen und zwischen *PowerPoint* und anderen Programmen),

- Objekte in einer Folie zu verschieben, in ihrer Größe und Form zu ändern, zu drehen und zu kippen.

Neue Wörter

Am Ende dieser Lektion sollten Sie in der Lage sein, die folgenden Begriffe zu erklären:

- AutoFormen

- Organisationsdiagramm

- ClipArt

In dieser Lektion werden wir die in Lektion 6.2 erstellte Präsentation weiterentwickeln. Öffnen Sie die Präsentation, bevor wir mit den Übungen dieser Lektion beginnen.

**Die Zeichenwerk-
zeuge in PowerPoint
verwenden**

Die Symbolleiste *Zeichnen* enthält einige Werkzeuge zum Zeichnen einfacher Objekte. Dazu gehören Linien, Pfeile, Rechtecke und Ellipsen.

**Werkzeug Linie und
Pfeil**

Um eine Linie zu zeichnen, klicken Sie auf die Schaltfläche LINIE und setzen den Cursor dann an die Stelle, an der die Linie beginnen soll. Klicken Sie und ziehen Sie die Maus an die Stelle, an der die Linie enden soll. Lassen Sie die Maustaste wieder los.

Um einen Pfeil zu zeichnen, klicken Sie auf die Schaltfläche PFEIL und verfahren dann auf die gleiche Weise.

Sie können die Pfeilspitze oder die Richtung des Pfeils ändern, wenn Sie auf die Schaltfläche PFEILART klicken.

Werkzeug Rechteck

Um ein Rechteck zu zeichnen, klicken Sie auf die Schaltfläche RECHTECK und setzen den Cursor dann an die Stelle, an der sich eine Ecke des Rechtecks befinden soll. Klicken und ziehen Sie diagonal mit der Maus an die Stelle, an der die gegenüberliegende Ecke enden soll. Lassen Sie die Maustaste wieder los.

Um ein Quadrat zu zeichnen, halten Sie SHIFT gedrückt, während Sie mit der Maus ziehen.

Werkzeug Ellipse

Um eine Ellipse zu zeichnen, klicken Sie auf die Schaltfläche ELLIPSE und setzen den Cursor dann an die Stelle, an der die Form beginnen soll. Klicken und ziehen Sie die Maus, bis die Form die gewünschte Größe hat. Lassen Sie die Maustaste wieder los.

Um einen Kreis zu zeichnen, halten Sie SHIFT gedrückt, während Sie mit der Maus ziehen.

**Linienfarbe und
Linienart**

Wenn Sie eine gerade Linie, einen Pfeil, ein Rechteck und eine Ellipse zeichnen, können Sie die Farbe und die Dicke der Linie angeben. Klicken Sie auf die Schaltfläche LINIENFARBE und wählen Sie eine Farbe aus. Tun Sie dies entweder, bevor Sie die Linie ziehen, oder wenn die Linie noch ausgewählt ist, nachdem Sie sie gezeichnet haben.

Ändern Sie die Stärke der Linie, indem Sie auf die Schaltfläche LINIENART klicken.

Eine gestrichelte Linie (suchen Sie sich eine aus) erhalten Sie, indem Sie auf die Schaltfläche STRICHART klicken.

<table>
<tr><td>

Füllfarbe

</td><td>

Verwenden Sie diese Schaltfläche, um eine Farbe auszuwählen, mit der ein Rechteck oder eine Ellipse gefüllt sein soll. Die verschiedenen Farbmöglichkeiten werden eingeblendet, wenn Sie auf den Pfeil klicken. Auch hier können Sie die Füllfarbe festlegen, bevor Sie die Form zeichnen, oder Sie wählen eine schon bestehende Form aus und weisen ihr eine Füllfarbe zu.

</td><td>

</td></tr>
</table>

Textfeld

Mit einem Textfeld kann man einer Folie Text hinzufügen. Ein Textfeld fügen Sie auf die gleiche Art in eine Folie ein wie ein Rechteck. Danach können Sie dann Text hineinschreiben. Sie ändern das Textformat, indem Sie das Textfeld auswählen und über das Menü FORMAT die gewünschten Optionen (Schrift, Aufzählung, Ausrichtung) festlegen. Wenn Sie jedoch Text über ein Textfeld in eine Folie einfügen, wird dieser nicht in der Gliederungsansicht angezeigt.

Zeichenobjekte bearbeiten

Um die Form oder Größe eines Objekts zu verändern, das mit einem Zeichenwerkzeug erstellt wurde, klicken Sie auf das entsprechende Objekt, um es auszuwählen. Um das Objekt herum werden verschiedene Anfasser angezeigt. Klicken Sie auf einen dieser Anfasser und ziehen Sie so lange, bis das Objekt die gewünschte Form und Größe hat.

Cursorform zum Verschieben von Objekten

Die Position eines Objekts, das mit einem Zeichenwerkzeug erstellt wurde, verändern Sie, indem Sie zunächst auf das entsprechende Objekt klicken, um es auszuwählen. Klicken Sie irgendwo auf das Objekt, außer auf die Anfasser. Der Cursor verwandelt sich in eine Art Kreuz. Ziehen Sie nun das Objekt an die gewünschte Position.

Um ein Objekt zwischen einzelnen Folien zu verschieben, verwenden Sie die Befehle AUSSCHNEIDEN und EINFÜGEN im Menü BEARBEITEN.

Ein Objekt, das mit einem Zeichenwerkzeug erstellt wurde, drehen Sie in die eine oder andere Richtung um 90°, indem Sie zunächst durch Anklicken das entsprechende Objekt auswählen. Klicken Sie dann auf ZEICHNEN und wählen Sie aus dem Kontextmenü DREHEN ODER KIPPEN. Wählen Sie als Nächstes RECHTSDREHUNG oder LINKSDREHUNG. Das Objekt ändert unverzüglich seine Orientierung.

Ähnlich funktioniert das *Kippen* eines Objekts, das mit einem Zeichenwerkzeug erstellt wurde. Klicken Sie auf ein Objekt, um es auszuwählen, dann auf das Menü ZEICHNEN und im Kontextmenü auf DREHEN ODER KIPPEN. Wählen Sie HORIZONTAL KIPPEN oder VERTIKAL KIPPEN. Das Objekt ändert unverzüglich seine Orientierung.

Cursorform zum freien Drehen von Objekten

Um ein Objekt frei zu drehen, klicken Sie darauf, um es auszuwählen. Anschließend klicken Sie auf die Schaltfläche FREIES DREHEN. Die Anfasser werden durch Drehanfasser ersetzt. Klicken Sie auf einen dieser Drehanfasser (der Cursor ändert seine Form) und ziehen Sie das Objekt in seine neue Orientierung. Sie können die Drehung auf 15°-Schritte beschränken, indem Sie SHIFT gedrückt halten, währen Sie mit der Maus ziehen.

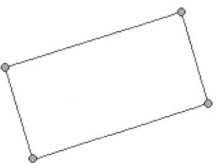

Ein Objekt, das mit einem Zeichenwerkzeug erstellt wurde, löschen Sie, indem Sie es durch Anklicken auswählen und ENTF drücken.

Übung 6.12: Formen zeichnen

1) Öffnen Sie Folie Nummer 7 (Plan zur Produktidentität) in der Folienansicht.

2) Den Platzhalter brauchen wir nicht. Wählen Sie FORMAT/ FOLIENLAYOUT und das Layout *Nur Titel*. Klicken Sie auf ÜBERNEHMEN.

3) Zeichnen Sie drei Kreise, wie in der nächsten Abbildung gezeigt. Die zwei großen Kreise haben eine Linienstärke von 6 Punkt, der kleinste von 3 Punkt. Alle Kreise sind *rot* mit *blauer* Füllung.

4) Fügen Sie neben den Kreisen ein Textfeld ein. Geben Sie den Text wie angegeben ein. Weisen Sie dem Text das Format *Arial, fett, 24* Punkt zu. Wählen Sie *Aufzählung*.

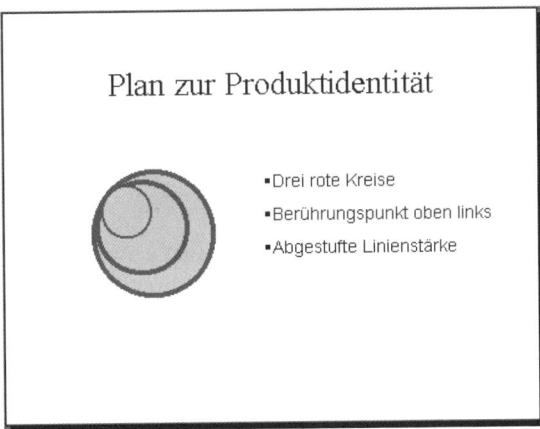

5) Speichern Sie die Präsentation.

Objekte gruppieren und Gruppierung wieder aufheben

Sie können Objekte gruppieren, um mit ihnen wie mit einem einzelnen Objekt zu arbeiten. Sie können gruppierte Objekte in einem Arbeitsschritt formatieren, verschieben, drehen, kippen und ihre Größe ändern.

Um Objekte zu gruppieren, halten Sie SHIFT gedrückt und klicken dann nacheinander jedes Objekt an. Klicken Sie auf die Schaltfläche ZEICHNEN in der Symbolleiste *Zeichnen* und wählen Sie den Befehl GRUPPIEREN.

Um die Gruppierung ausgewählter Objekte wieder aufzuheben, klicken Sie auf die Schaltfläche ZEICHEN in der Symbolleiste *Zeichnen*. Wählen Sie den Befehl GRUPPIERUNG AUFHEBEN.

AutoFormen einfügen

AutoFormen sind häufig verwendete fertige Formen, die Sie in Ihre Präsentation einfügen können. Dazu gehören *Linien*, *Standardformen*, *Elemente für Flussdiagramme*, *Sterne und Banner* und *Legenden*.

Wenn Sie eine AutoForm in eine Folie einfügen, können Sie ihre Größe und Farbe verändern und sie nach Belieben drehen.

Um eine AutoForm auszuwählen, klicken Sie auf die Schaltfläche AUTOFORMEN in der Symbolleiste *Zeichnen*. Wählen Sie eine Option aus dem eingeblendeten Kontextmenü.

AutoFormen

Fertige Formen, beispielsweise Linien, geometrische Formen und Elemente für Flussdiagramme, die Sie für Ihre Präsentation verwenden können.

Organisations-diagramme einfügen

Organisationsdiagramme werden verwendet, um eine hierarchische Struktur bzw. Organisation zu veranschaulichen. Menschen oder Einheiten und ihre gegenseitigen Beziehungen sind durch Kästchen/Felder bzw. Linien symbolisiert. Natürlich könnten Sie ein *Organisationsdiagramm* mit einem Zeichenwerkzeug zeichnen, aber sie werden so häufig verwendet, dass *PowerPoint* ein eigenes Werkzeug dafür bereitstellt.

Organisationsdiagramm

Ein Diagramm, das dazu verwendet wird, die Menschen oder Einheiten in einer Organisation (durch Kästchen dargestellt) und ihre Beziehungen zueinander (durch Linien dargestellt) zu veranschaulichen.

So fügen Sie einer Folie ein *Organisationsdiagramm* hinzu.

- Beginnen Sie mit einer leeren Folie oder einer, die nur einen Titel hat, und wählen Sie EINFÜGEN/GRAFIK/ORGANISATIONSDIAGRAMM.

  -oder-

- Wählen Sie FORMAT/FOLIENLAYOUT und das *Organisationsdiagramm* als Layout aus. Klicken Sie auf ÜBERNEHMEN und führen Sie einen Doppelklick auf das Symbol *Organisationsdiagramm* aus.

  -oder-

- Wählen Sie EINFÜGEN/NEUE FOLIE und *Organisationsdiagramm* als Layout aus. Klicken Sie auf OK und führen Sie einen Doppelklick auf das Symbol *Organisationsdiagramm* aus.

PowerPoint öffnet ein neues Fenster, das eine Organisationsdiagrammvorlage anzeigt und neue Menüs und Befehle anbietet. Das Menü FORMAT z.B. erlaubt Ihnen die Wahl aus verschiedenen Diagrammtypen, während die Menüs für TEXT, FELD und LINIE der Formatierung des jeweiligen Elements im Diagramm dienen.

Sie können die Vorlage nach Belieben verändern. Auch wenn die einzelnen Felder Beschriftungen wie *Hier Namen eingeben* oder ähnliches haben, können Sie jede beliebige Art von Information eingeben. Die Beschriftung ist lediglich zur Anleitung gedacht.

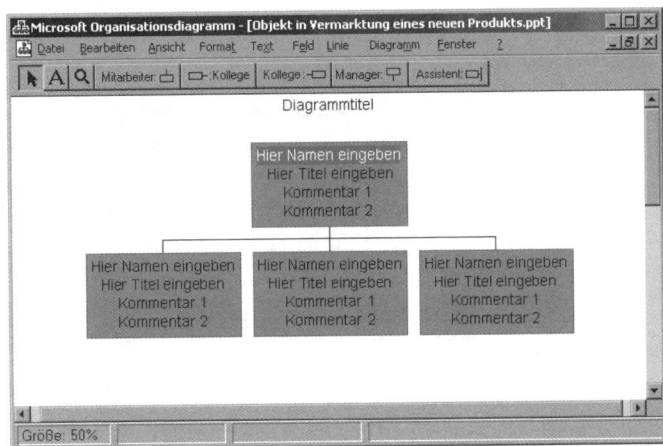

Übung 6.13: Ein Organisationsdiagramm einfügen

1) Öffnen Sie Folie Nummer 5 (Verkauf & Marketing) in der Folienansicht.

2) Wählen Sie FORMAT/FOLIENLAYOUT und das *Organisationsdiagramm* als Layout. Klicken Sie auf ÜBERNEHMEN.

3) Führen Sie einen Doppelklick auf das Symbol *Organisationsdiagramm* aus, um das Fenster *Organisationsdiagramm* zu öffnen.

4) Geben Sie wie unten angegeben den Text in die Vorlage ein.

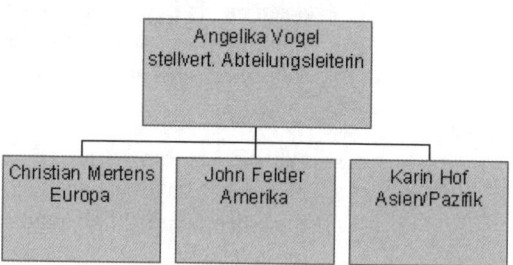

5) Wenn Sie mit den Arbeiten im Fenster *Organisationsdiagramm* fertig sind, kehren Sie zu Ihrer Folie zurück, indem Sie DATEI/SCHLIESSEN UND ZURÜCKKEHREN ZU: wählen. Im eingeblendeten Dialogfeld klicken Sie auf JA.

Innerhalb von *PowerPoint* können Sie ein Diagramm verschieben, seine Größe ändern oder es auch löschen. Für alle anderen Änderungen müssen Sie allerdings einen Doppelklick auf das Diagramm ausführen und die Änderungen über das Fenster *Organisationsdiagramm* vornehmen.

Übung 6.14: Die Struktur eines Organigramms ändern

1) Öffnen Sie Folie Nummer 5 (Verkauf & Marketing) in der Folienansicht. Doppelklicken Sie auf das Organisationsdiagramm.

2) Das Diagramm wird im Fenster *Organisationsdiagramm* geöffnet. Die Symbolleiste verfügt über Schaltflächen zum Hinzufügen von Feldern (*Mitarbeiter, Kollege, Manager, Assistent*) und Linien.

Klicken Sie auf die zweite Schaltfläche KOLLEGE.

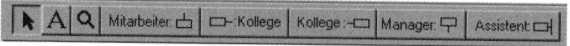

Klicken Sie auf das Feld *Karin Hof*. Ein neues Feld auf der gleichen Hierarchieebene wird erstellt und die übrigen Diagrammelemente werden neu angeordnet.

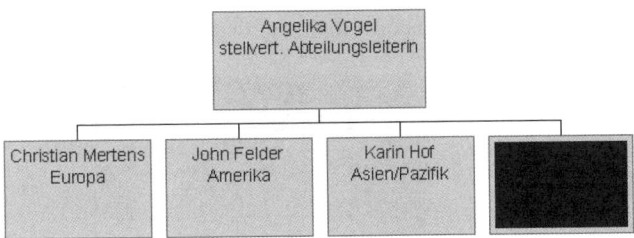

Verkaufsabteilung Rad

Klicken Sie in das neue Feld und geben Sie den unten angezeigten Text ein.

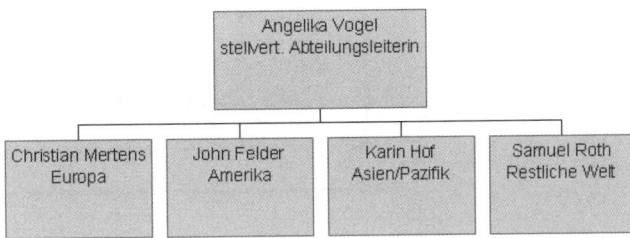

Verkaufsabteilung Rad

3) Schließen Sie das Fenster *Organisationsdiagramm* und bestätigen Sie, dass Sie das Diagramm der Präsentation aktualisieren möchten.

Zahlenmaterial präsentieren

Bei vielen Gelegenheiten werden Sie nicht darum herum kommen, auch Zahlenmaterial zu präsentieren. Diese Art der Information wird in den meisten Fällen am besten in Form von Grafiken oder Diagrammen dargestellt. Sie haben Glück, *PowerPoint* verfügt über eine Funktion, um verschiedene Diagrammtypen in Ihre Folien einzufügen.

So fügen Sie eine Grafik oder ein Diagramm in eine Folie ein:

- Beginnen Sie mit einer leeren Folie oder einer, die nur einen Titel hat, und wählen Sie EINFÜGEN/DIAGRAMM.

  -oder-

- Wählen Sie FORMAT/FOLIENLAYOUT und dann das entsprechende Diagramm-Layout (oder Text und Diagramm oder Diagramm und Text). Klicken Sie auf ÜBERNEHMEN. Führen Sie einen Doppelklick auf das Symbol *Diagramm* aus.

  -oder-

- Wählen Sie EINFÜGEN/NEUE FOLIE und dann *ein* Diagramm-Layout aus. Klicken Sie auf OK. Führen Sie einen Doppelklick auf die Schaltfläche DIAGRAMM aus.

PowerPoint fügt ein Musterdiagramm in die Folie ein und zeigt in einem separaten Fenster eine Minidatenbank an, die die Zahlen und Titel enthält, auf denen das Diagramm basiert.

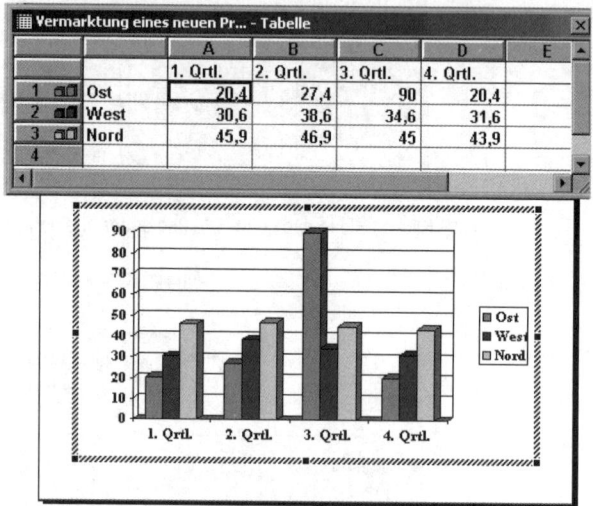

Indem Sie die Zahlen und Titel ändern, verändern Sie das darunter liegende Diagramm. Indem Sie Daten in das Datenblatt eingeben, können Sie neue Spalten und Zeilen hinzufügen. Sie können Spalten und Zeilen löschen, indem Sie auf den Buchstaben oben in der Spalte oder die Zahl ganz links in der Zeile klicken (die Spalte/Zeile ändert die Farbe) und ENTF drücken. Wenn Sie fertig sind, schließen Sie das Fenster *Tabelle*.

Um die Farbe oder das Format irgendwelcher Elemente des Diagramms zu ändern, führen Sie einen Doppelklick darauf aus. Eine Reihe von Optionen, die sich auf das ausgesuchte Element beziehen, werden eingeblendet.

So ändern Sie Daten:

- Wählen Sie ANSICHT/DATENBLATT.

  -oder-

- Führen Sie einen Rechtsklick auf den Zeichnungsbereich (also in den Platzhalter des Diagramms, aber nicht auf ein Element) aus und wählen Sie DATENBLATT aus dem angezeigten Kontextmenü.

Das Datenblatt, auf dem das Diagramm basiert, wird angezeigt und Sie können darin Änderungen vornehmen.

So ändern Sie den Diagrammtyp:

- Wählen Sie DIAGRAMM/DIAGRAMMTYP.

-oder-

- Führen Sie einen Rechtsklick auf die Zeichnungsfläche aus, wie oben, und wählen Sie DIAGRAMMTYP.

- Wählen Sie aus dem Menü den *Diagrammtyp* und den *Diagrammuntertyp* aus. Die gebräuchlichsten Diagrammtypen sind *Säulen-*, *Linien-* und *Kreisdiagramme*.

  - **Säulendiagramme** werden in der Regel verwendet, um Daten darzustellen, die zu einem bestimmten Zeitpunkt gemessen werden.

  - **Liniendiagramme** werden in der Regel verwendet, um Tendenzen über einen Zeitraum hinweg darzustellen.

  - **Kreisdiagramme** werden in der Regel verwendet, um den Anteil einzelner Daten an einem Ganzen zu analysieren und aufzuschlüsseln. Dabei ist zu beachten, dass ein Kreisdiagramm immer auf einer einzigen Zahlenspalte basiert.

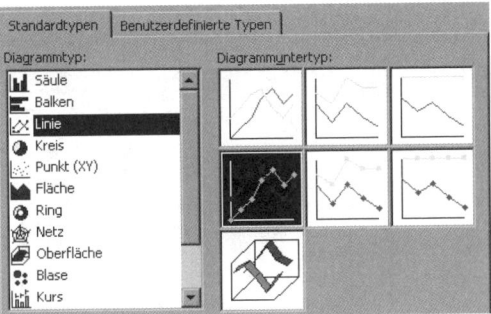

- Klicken Sie auf OK.

PowerPoint bietet Ihnen eine große Auswahl an Präsentationsmöglichkeiten für Diagramme. Einige davon haben jedoch eher dekorativen als informativen Charakter. Achten Sie also darauf, dass das, was Sie mitteilen möchten, nicht untergeht.

Übung 6.15: Ein Diagramm einfügen

1) Öffnen Sie Folie Nummer 6 (Verkaufsvorführung) in der Folienansicht.

2) Wählen Sie FORMAT/FOLIENLAYOUT und als Layout *Diagramm*.

   Klicken Sie auf ÜBERNEHMEN.

3) Führen Sie einen Doppelklick auf das Symbol *Diagramm* aus, um das Fenster *Datenblatt* zu öffnen.

4) Geben Sie, wie unten angegeben, den Text in die Vorlage ein.

		A	B	C	D	E
		1. Qrtl.	2. Qrtl.	3. Qrtl.	4. Qrtl.	
1	Europa	1000	1200	1300	1400	
2	Amerika	1200	1500	1400	1300	
3	Asien/Pazifik	750	500	250	250	
4	Restliche Welt	750	750	750	750	
5						

5) Wenn Sie die Arbeit im Fenster *Datenblatt* beendet haben, schließen Sie das Fenster und kehren zur Folie zurück.

Innerhalb von *PowerPoint* können Sie ein Diagramm verschieben, seine Größe ändern oder es auch löschen. Um Änderungen an den Daten des Diagramms vorzunehmen, müssen Sie allerdings einen Doppelklick auf das Diagramm ausführen und die Änderungen über das Fenster *Datenblatt* vornehmen.

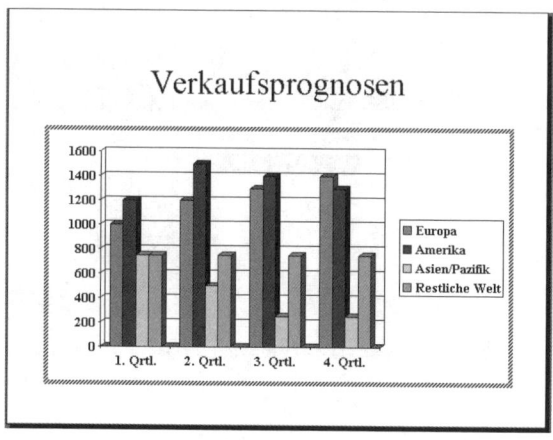

Bilder importieren

Sie können Ihre Folien auch mit eingefügten Grafiken und Zeichnungen aus anderen Anwendungen, eingescannten Fotos oder ClipArts illustrieren.

PowerPoint verfügt über eine ClipArt-Galerie, die Sie in verschiedenen Präsentationen verwenden können. Die Bilder sind in Kategorien zusammengefasst. Die Palette reicht von *Besondere Anlässe*, über *Tiere* bis hin zu *Zeichen*.

ClipArt

Eine Sammlung von Standardbildern, die immer wieder verwendet bzw. in Präsentationen und andere Dokumente eingebunden werden können.

So fügen Sie ein Bild in Ihre Folie ein:

- Beginnen Sie mit einer leeren Folie oder einer, die nur einen Titel hat, und wählen Sie EINFÜGEN/GRAFIK/CLIPART.

-oder-

- Wählen Sie FORMAT/FOLIENLAYOUT und das entsprechende Layout *ClipArt und Text* (oder *Text und ClipArt*). Klicken Sie auf ÜBERNEHMEN. Doppelklicken Sie auf das Symbol *ClipArt*.

  -oder-

- Wählen Sie EINFÜGEN/NEUE FOLIE und *ClipArt und Text* als Layout aus. Klicken Sie auf OK. Doppelklicken Sie auf das Symbol *ClipArt*.

Eine ganze Galerie von Bildern wird eingeblendet. Wählen Sie das gewünschte Bild aus und klicken Sie auf das Symbol für CLIP EINFÜGEN.

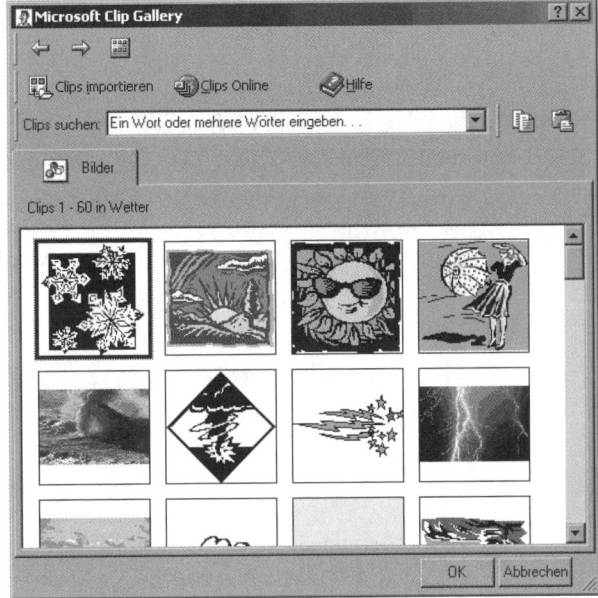

Übung 6.16: Ein Bild aus der ClipArt-Galerie einfügen

1) Öffnen Sie Folie Nummer 4 (Ein erster Blick auf das neue Produkt) in der Folienansicht.

2) Wählen Sie FORMAT/FOLIENLAYOUT und als Layout *ClipArt und Text*. Klicken Sie auf ÜBERNEHMEN.

3) Führen Sie einen Doppelklick auf das Symbol *ClipArt* aus, um die *ClipArt-Galerie* zu öffnen.

4) Durchsuchen Sie die Galerie nach einem passenden Bild. (Kleiner Tipp: Versuchen Sie es mal mit der Kategorie *Transport* oder *Formen*. Das Bild im Beispiel ist aus Sport und Freizeit.) Klicken Sie auf das Bild und dann auf das Symbol für Clip einfügen.

Das Bild wird in die Folie eingefügt.

5) Klicken Sie auf die Schaltfläche BILDSCHIRMPRÄSENTATION oder wählen Sie ANSICHT/BILDSCHIRMPRÄSENTATION. Bewegen Sie sich vorwärts und rückwärts durch Ihre Präsentation, um zu sehen, welche Wirkung sie auf ein Publikum haben könnte.

6) Speichern Sie die Präsentation.

Sie können das Bild verschieben, seine Größe ändern oder es auch löschen. Genau wie Sie es auch mit jedem anderen Objekt tun können.

Um die Farbe, die Helligkeit oder den Kontrast des Bilds zu verändern, benötigen Sie die Symbolleiste *Grafik*. Wählen Sie entweder ANSICHT/ SYMBOLLEISTEN/GRAFIK oder führen Sie einen Rechtsklick auf das Bild aus und wählen Sie dann GRAFIKSYMBOLLEISTE ANZEIGEN.

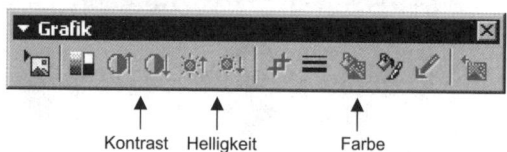

Alle Änderungen, die Sie vornehmen, werden auf dem Bildschirm angezeigt. Klicken Sie, wenn Sie fertig sind, auf das Schließenfeld rechts oben in der Grafiksymbolleiste.

Sie können in jede Folie ein Bild einfügen, auch wenn auf der Folie kein Symbol für Grafik vorhanden ist. Sie können jeder Folie ein Bild aus der ClipArt-Galerie hinzufügen, indem Sie EINFÜGEN/GRAFIK/CLIPART wählen.

Um ein eigenes Bild einzufügen, z.B. ein Firmenlogo, wählen Sie EIN-FÜGEN/GRAFIK/AUS DATEI und suchen dann die gewünschte Bilddatei aus. *PowerPoint* akzeptiert die meisten gängigen Formate für Bilddateien.

Sie können auch Bilder aus anderen Grafikprogrammen kopieren und wie in der vorherigen Lektion beschrieben in eine *PowerPoint*-Folie einfügen.

Durch das Hinzufügen von Schatten lassen sich Objekte in Ihren Folien hervorheben, so dass sie sich vom Hintergrund abheben. Wählen Sie das entsprechende Objekt aus und klicken Sie auf die Schaltfläche SCHATTEN in der Symbolleiste *Zeichnen*. Sie können aus einer Vielzahl von Schattenarten auswählen. Seien Sie bei der Wahl der Schattenfarbe vorsichtig, um nicht die Lesbarkeit Ihres Textes zu beeinträchtigen.

Übung 6.17: Einem Objekt einen Schatten hinzufügen

1) Öffnen Sie Folie Nummer 5 (Verkauf & Marketing) in der Folienansicht.

2) Wählen Sie das Diagramm aus, indem Sie irgendwo darauf klicken.

3) Klicken Sie auf die Schaltfläche SCHATTEN in der Symbolleiste *Zeichnen*. Wählen Sie *Schattenart 5*.

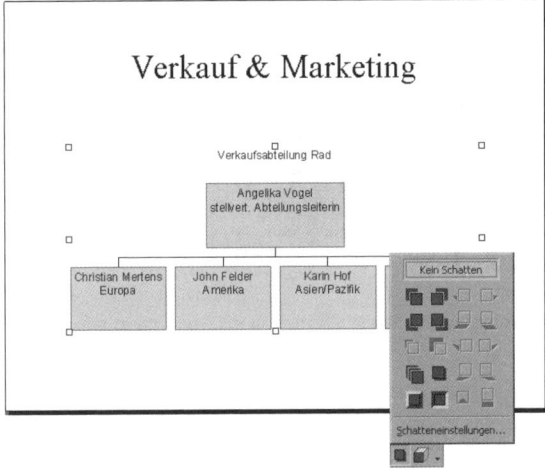

Klicken Sie noch einmal auf die Schaltfläche SCHATTEN.

4) Klicken Sie auf Schatteneinstellungen und in der Symbolleiste *Schatteneinstellungen* auf *Schattenfarbe*. Wählen Sie ein mittleres Blau als Schattenfarbe.

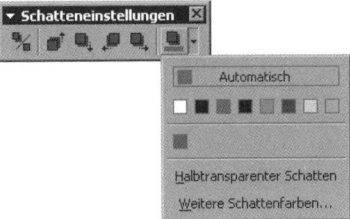

Schließen Sie die Symbolleiste *Schatteneinstellungen*.

5) Speichern Sie die Präsentation.

Sie können in *PowerPoint* einfache Formen (Linien, Pfeile, Rechtecke, Ellipsen) zeichnen, aber auch komplexere Formen (AutoFormen) hinzufügen.

Sie können die Form, Größe, Position und Farbe solcher Formen verändern, sie drehen, kippen und ihnen einen Schatten hinzufügen.

Organisationsdiagramme und andere Grafiken und Diagramme erstellen Sie, um Zahlenmaterial zu veranschaulichen.

Sie können auch Grafiken, Diagramme, Arbeitsblätter, Tabellen, Bilder, Fotografien, Karten usw., die in anderen Anwendungen erstellt wurden, importieren.

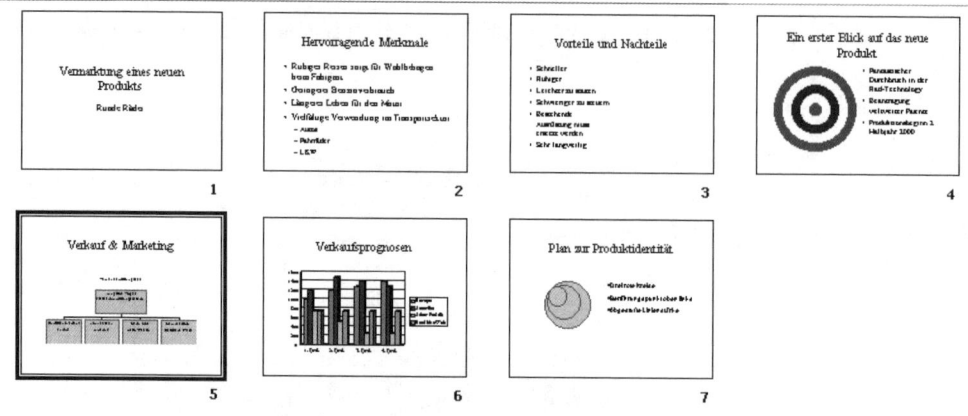

PowerPoint-Präsentationen: Die Präsentation füllt sich mit Inhalt.

Lektion 6.4: Ein einheitliches Image entwerfen

Zu dieser Lektion

Diese Lektion beschreibt, wie Sie einen einheitlichen Stil und eine Farbskala für Ihre Präsentation auswählen. Darüber hinaus zeigen wir Ihnen, wie Sie eine in sich stimmige typographische Form festlegen. Das alles sind wichtige Dinge, wenn Ihre Präsentation ein starkes, überzeugendes Image vermitteln soll. Wenn jede Ihrer Folien unterschiedlich aussieht, wirkt Ihre Information unaufgeräumt und unzusammenhängend.

Neue Fähigkeiten

Am Ende dieser Lektion sollten Sie in der Lage sein,

- ein einheitliches Design für Ihre Präsentation zu wählen,
- eine Farbskala auszuwählen und zu verändern,
- einen Hintergrund für Ihre Folien auszuwählen und zu verändern,
- Folienmaster zu verwenden, um die Einheitlichkeit Ihrer Folien zu gewährleisten,
- die Texteigenschaften einzelner Folien zu ändern,
- eine Präsentation als Vorlage für spätere Verwendungen zu speichern.

Neue Wörter

Am Ende dieser Lektion sollten Sie in der Lage sein, die folgenden Begriffe zu erklären:

- Entwurfsvorlage
- Farbskala
- Masterfolie
- Präsentationsvorlage

In dieser Lektion werden wir die in Lektion 6.2 und 6.3 erstellte Präsentation weiterentwickeln. Öffnen Sie die Präsentation, bevor wir mit den Übungen dieser Lektion beginnen.

PowerPoint bietet eine Vielzahl von Designvorschlägen, die Sie für Ihre Präsentation verwenden können. Sie können sie sofort und ohne Änderungen verwenden oder sie an Ihren persönlichen Geschmack oder an die Corporate Identity Ihres Unternehmens anpassen.

Sie können eine neue Präsentation auf Basis eines solchen Designs erstellen oder einer schon erzeugten Präsentation ein bestimmtes Design zuweisen.

Um eine neue Präsentation unter Verwendung einer *PowerPoint*-Entwurfsvorlage zu erstellen, wählen Sie DATEI/NEU. Klicken Sie auf das Register *Entwurfsvorlage* und wählen Sie ein Design aus der angebotenen Liste. Im rechten Fensterausschnitt sehen Sie eine Vorschau des jeweiligen Entwurfs. Wenn Sie das passende gefunden haben, klicken Sie auf OK.

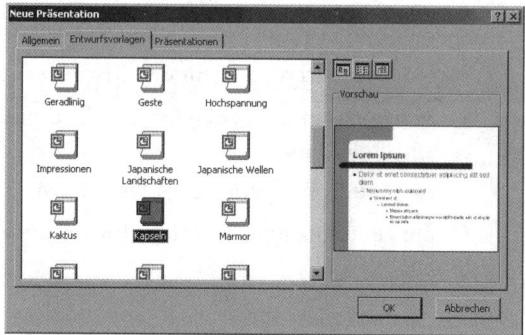

Um einer bestehenden Präsentation ein Design zuzuweisen, wählen Sie FORMAT/ENTWURFSVORLAGE ÜBERNEHMEN. Suchen Sie nach dem Ordner *Vorlagen* (normalerweise unter C:\Programm\ProgramFiles\Microsoft Office\Vorlagen\Präsentationen; die Dateinamen enden mit .pot). Wählen Sie eine beliebige Vorlage. (Zur Anzeige einer Vorschau klicken Sie auf die Schaltfläche VORSCHAU.) Klicken Sie auf ÜBERNEHMEN.

Übung 6.18: Einen Entwurf auswählen

1) Weisen Sie Ihrer vorher erstellten Präsentation eine neue Entwurfsvorlage zu. Verwenden Sie die Entwurfsvorlage *Kapseln*.

2) Speichern Sie die Präsentation.

3) Klicken Sie auf die Schaltfläche BILDSCHIRMPRÄSENTATION oder wählen Sie ANSICHT/BILDSCHIRMPRÄSENTATION. Bewegen Sie sich vorwärts und rückwärts durch Ihre Präsentation, um zu sehen, wie sie auf ein Publikum wirken würde.

Die Vorlage legt einen typographischen Rahmen für die Präsentation fest und verwendet grafische Elemente (Linien, Farben, Hintergrundbilder), um ein einheitliches Ganzes zu schaffen. Sie können diese

Vorgaben ändern, um die Vorlage zu Ihrem eigenen Design zu machen. Statt jede Folie einzeln zu ändern, können Sie globale Änderungen vornehmen. Das erspart Ihnen viel Arbeit und Mühe und hilft dabei, Ihren Folien ein einheitliches Aussehen zu geben.

Die Farbskala verändern

PowerPoint verfügt über eine Reihe von eingebauten Farbschemata. Jedes Schema besteht aus acht aufeinander abgestimmten Farben.

Wenn Sie eine Farbskala auswählen, weist *PowerPoint* bestimmten Folienelementen die verschiedenen Farben des Schemas zu. Die verschiedenen Elemente sind z.B. Titeltext (der Text im Platzhalter *Titel*), nicht-Titel-Text, Hintergrund, Füllung von Grafiken usw.

Übung 6.19: Eine Farbskala zuweisen

1) Wählen Sie FORMAT/FOLIENFARBSKALA. Suchen Sie sich im Register *Standard* eine Farbskala aus. Nehmen Sie für die Übung die erste Farbskala in der ersten Reihe, das Schema mit dem dunklen Hintergrund.

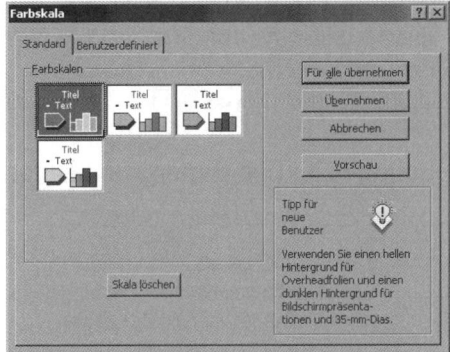

2) Im Register *Benutzerdefiniert* wählen Sie *Text und Zeilen* aus und klicken auf FARBE ÄNDERN. Gehen Sie auf Hellgelb. Wählen Sie *Akzent und Hyperlink* und ändern Sie die Farbe in ein mittleres Blau. Klicken Sie auf OK.

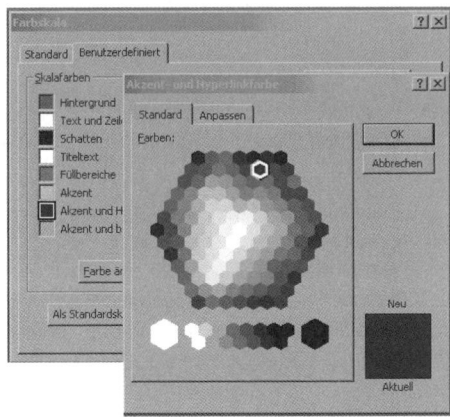

3) Klicken Sie auf FÜR ALLE ÜBERNEHMEN. Die neue Farbskala wird nun auf alle Folien der Präsentation angewendet.

4) Speichern Sie die Präsentation.

5) Klicken Sie auf die Schaltfläche BILDSCHIRMPRÄSENTATION und bewegen Sie sich vorwärts und rückwärts durch Ihre Präsentation, um zu sehen, wie sie auf ein Publikum wirken würde.

Farbskala

Eine Serie von acht aufeinander abgestimmten Farben, die Sie verwenden können, um Ihrer Präsentation ein attraktives, einheitliches Erscheinungsbild zu geben.

Den Hintergrund ändern

Über die Farbskala können Sie nur eine Hintergrundfarbe bestimmen. Wenn Sie nun aber statt einer einzigen Farbe gern einen Verlauf, eine Textur, ein Muster oder Bilder als Hintergrund festlegen möchten, so können Sie dies wie unten beschrieben tun. Wie so oft, auch hier ein mahnendes Wort: All diese Optionen sollen dazu dienen, Ihre Folien spannend und dynamisch zu machen. Wenn sie jedoch nicht mit Bedacht verwendet werden, kann das dazu führen, dass Ihre Folien unübersichtlich werden und an Lesbarkeit verlieren.

Übung 6.20: Den Hintergrund ändern

1) Wählen Sie FORMAT/HINTERGRUND.

Wie auch in der Farbskala, können Sie eine einzelne Farbe auswählen. Das geschieht entweder über die Dropdown-Farbpalette oder über die Option WEITERE FARBEN.

Die interessanteren Optionen finden sich allerdings in FÜLLEFFEKTE.

Klicken Sie auf diese Option.

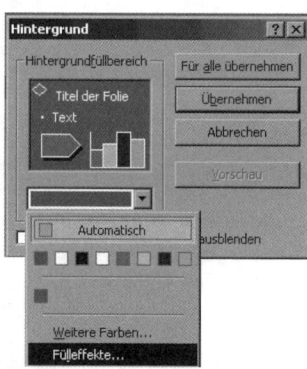

2) Es werden vier Register angezeigt: *Graduell, Struktur, Muster, Grafik.*

In jedem Register wird, wenn Sie eine Option auswählen, rechts unten ein Beispiel angezeigt. Erkunden Sie die angebotenen Optionen ein wenig. Wählen Sie dann das Register *Graduell.*

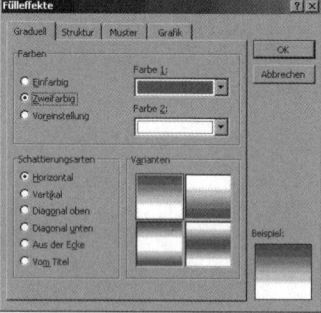

3) Klicken Sie die Option *zweifarbig* an. Wählen Sie für Farbe 1 *Dunkelblau* und für Farbe 2 *Hellblau*. Bestimmen Sie als Schattierungsart *Horizontal* und die erste Variante. Klicken Sie auf OK.

4) Klicken Sie auf FÜR ALLE ÜBERNEHMEN. Der neue Hintergrund wird nun auf alle Folien der Präsentation angewendet.

5) Speichern Sie die Präsentation. Sehen Sie sich die gesamte Präsentation noch einmal an, um zu sehen, wie sie auf Ihr Publikum wirken würde.

Der Folienmaster

Jede Folie, die in *PowerPoint* eingefügt wird, basiert auf der Formatvorlage eines Folienmasters.

Vom Folienmaster erhalten alle Folien ihr Standardtextformat und ihre Ausrichtung. Darüber hinaus erscheint alles, was Sie in die Masterfolie einfügen, automatisch auch in allen anderen Folien Ihrer Präsentation. Das ist eine nützliche Einrichtung für Firmenlogos oder grafische Elemente, wie Linien und Rahmen.

Um den Folienmaster anzuzeigen, wählen Sie ANSICHT/MASTER/FOLIEN-MASTER. Er besteht aus zwei Platzhaltern.

- **Platzhalter Titel:**
  Bestimmt das Format und die Position von Text in jedem Platzhalter Titel in Ihrer Präsentation.

- **Platzhalter Objekt:**
  Bestimmt das Format und die Position von Text in jedem Platzhalter, der nicht Titel ist.

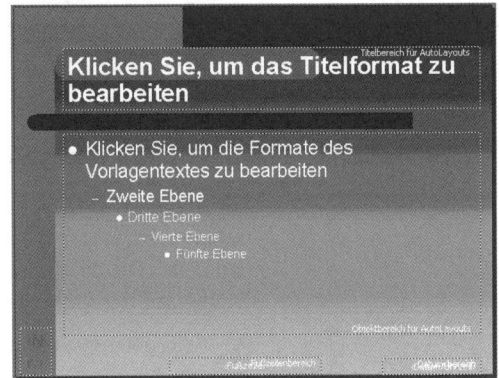

Das Publikum bekommt den Folienmaster nie zu sehen. Es sieht nur die Auswirkungen auf den Folien Ihrer Präsentation.

Sie können die Standardeinstellungen des Folienmasters auf jeder einzelnen Folie überschreiben.

Übung 6.21: Text in einem Folienmaster neu formatieren

In dieser Übung ändern Sie das Textformat Ihrer Präsentation, indem Sie die Vorgaben im Folienmaster ändern.

1) Wählen Sie ANSICHT/MASTER/FOLIENMASTER und markieren Sie den gesamten nicht-Titel-Text im unteren Platzhalter.

2) Wählen Sie FORMAT/ZEICHEN und ändern Sie die Schrift des ausgewählten Textes in *Arial, 28 Punkt, fett.* Bestätigen Sie mit OK.

3) Wählen Sie ANSICHT/FOLIE. In den nicht-Titel-Platzhaltern aller Folien Ihrer Präsentation wurde die Schriftart des enthaltenen Textes geändert.

Sie können den Folienmaster auch dazu verwenden, andere Texteigenschaften in Ihrer Präsentation auf die gleiche Art und Weise zu ändern. Erkunden Sie die verschiedenen Optionen des Menüs FORMAT ein wenig. Im Besonderen sollten Sie folgende Möglichkeiten ausprobieren:

• **Aufzählungszeichen:** Sie können hier die Form der Aufzählungszeichen für die einzelnen Textebenen festlegen.

• **Ausrichtung:** Sie bestimmen hier, ob der Text rechts- oder linksbündig, zentriert oder als Blocksatz ausgerichtet werden soll.

• **Zeilenabstand:** Sie legen hier den Zeilenabstand innerhalb eines Absatzes oder den Abstand zwischen einzelnen Absätzen fest.

Text in einer einzelnen Folie formatieren

Die Entwurfsvorlage, die Farbskala und der Folienmaster helfen Ihnen dabei, bestimmte Regeln festzulegen und auf alle Folien Ihrer Präsentation anzuwenden. Wenn Sie möchten, können Sie diese Regeln aber auch für einzelne Folien brechen. Sie können den Text vergrößern oder verkleinern, die Schriftart oder den Schriftschnitt, die Textausrichtung oder den Abstand zwischen Zeilen und Absätzen ändern.

Um eine der oben beschriebenen Handlungen auszuführen, wählen Sie zunächst den entsprechenden Text aus. Gehen Sie dann wie folgt vor:

- Um die Schriftgröße oder den Schriftschnitt (kursiv, fett, unterstrichen, hochgestellt, tiefergestellt usw.), die Farbe oder den Effekt zu verändern, wählen Sie FORMAT/ZEICHEN oder klicken Sie auf die entsprechende Schaltfläche in der Formatsymbolleiste.

- Um die Textausrichtung zu verändern, wählen Sie FORMAT/AUSRICHTUNG oder klicken Sie auf die entsprechende Schaltfläche in der Formatsymbolleiste.

- Um den Abstand zwischen einzelnen Zeilen oder Absätzen zu ändern, wählen Sie FORMAT/ZEILENABSTAND oder klicken Sie, falls vorhanden, auf die Schaltfläche ABSATZABSTAND VERGRÖSSERN oder ABSATZABSTAND VERKLEINERN in der Formatsymbolleiste.

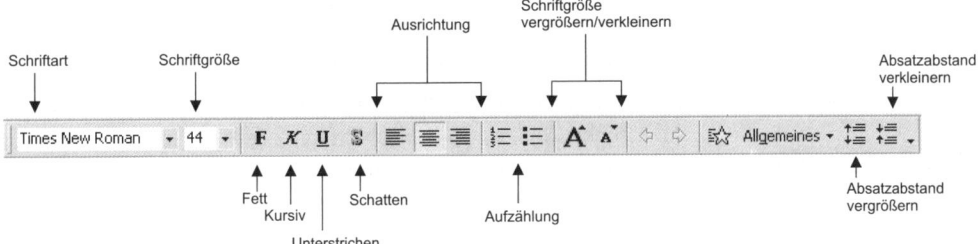

- Um die Groß-/Kleinschreibung eines Textes (ersten Buchstaben im Satz groß schreiben, Kleinbuchstaben, Großbuchstaben, ersten Buchstaben im Wort groß schreiben oder Groß-/Kleinschreibung umkehren) zu ändern, wählen Sie FORMAT/GROSS-/KLEINSCHREIBUNG und dann die gewünschte Möglichkeit.

Übung 6.22: Den Text in einer Folie formatieren

1) Öffnen Sie Folie Nummer 1 (Vermarktung eines neuen Produkts) in der Folienansicht.

2) Klicken Sie irgendwo in den zweiten Platzhalter, um ihn auszuwählen. Ziehen Sie die Maus über den Text, um ihn zu markieren.

3) Wählen Sie FORMAT/ZEICHEN und ändern Sie die Schrift in *Arial, 72* Punkt, *fett*.

4) Vergrößern Sie den Platzhalter, so dass er groß genug ist, den Text in einer einzigen Zeile anzuzeigen.

5) Markieren Sie den Text noch einmal und klicken Sie auf die Schaltfläche ZENTRIERT in der Formatsymbolleiste. Klicken Sie auf die Schaltfläche SCHATTEN in der Symbolleiste *Zeichnen* und wählen Sie *Schattenart 5*.

6) Speichern Sie die Präsentation und blättern Sie einfach einmal durch, um das Ergebnis der Änderungen zu betrachten.

Objekten einen Rand hinzufügen

Jedes Objekt, das Sie zeichnen oder in eine Folie einfügen, verfügt über einen Rand, der es umgibt. Meistens ist dieser Rand unsichtbar (die Linienstärke steht auf Null), aber vielleicht möchten Sie ja die Linienstärke, -farbe oder -form ändern.

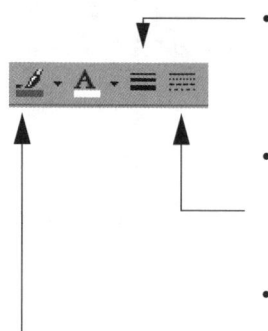

- Um die Linien, die ein Objekt umgeben, zu ändern, markieren Sie das Objekt, klicken auf die Schaltfläche LINIENART in der Symbolleiste *Zeichnen* und wählen dann die gewünschte Art aus dem angezeigten Menü.

- Um die Linien, die ein Objekt umgeben, in gestrichelte Linien zu ändern, markieren Sie das Objekt, klicken auf die Schaltfläche STRICHART in der Symbolleiste *Zeichnen* und wählen dann die gewünschte Art aus dem angezeigten Menü.

- Um die Farbe der Linie, die ein Objekt umgibt, zu ändern, markieren Sie das Objekt, klicken auf die Schaltfläche LINIENFARBE in der Symbolleiste *Zeichnen* und wählen dann die gewünschte Art aus dem angezeigten Menü.

- Um eine Linie, die ein Objekt umgibt, zu entfernen, wählen Sie einfach KEINE LINIE aus dem angezeigten Menü.

Tipps für eine gelungene Präsentation

Wenn Sie die in *PowerPoint* vorhandenen Entwurfsvorlagen und Farbskalen verwenden, dürften Ihnen Ihre Präsentationen in den meisten Fällen gelingen. Dennoch werden Sie hin und wieder eine Präsentation mit den weiter oben beschriebenen Funktionen an Ihre persönlichen Bedürfnisse anpassen wollen. Die zur Verfügung stehenden Möglichkeiten sind so weitreichend, dass das Ganze auch in einer Katastrophe enden kann. Wir möchten Ihnen daher ein paar Richtlinien für ein gutes Gelingen mit auf den Weg geben.

Wie viel sollte auf einer Folie stehen?	So wenig wie möglich. Gehen Sie mit Text möglichst sparsam um und verwenden Sie Überschriften und Aufzählungslisten. Geben Sie dem Publikum nicht die Möglichkeit, schon *vorzulesen*. Wenn das passiert, wird Ihnen niemand mehr zuhören und Ihre Botschaft wird nicht mehr wahrgenommen. Wenn Sie Informationen in einer Liste präsentieren, sorgen Sie dafür, dass diese nicht mehr als acht oder neun einzelne Punkte enthält. Wenn Sie unbedingt mehr Listenpunkte benötigen, unterteilen Sie die Liste in logische Gruppen und verteilen Sie sie auf mehrere Folien.
Welche Schriftgröße?	Das hängt von zwei Dingen ab: zum einen von der Größe des Bildschirms, auf dem die Präsentation vorgeführt wird, und zum anderen davon, wie weit das Publikum vom Bildschirm entfernt ist. Nehmen wir einmal an, Ihre Folien würden auf einem 10 cm hohen Bildschirm aus einer maximalen Distanz von 80 cm (das entspricht achtmal der Höhe des Bildschirms) betrachtet. Messen Sie nun die Höhe der Folie, wie sie auf Ihrem Bildschirm erscheint. Wenn die Höhe 22,5 cm beträgt, so können Sie so tun, als befänden Sie sich in der letzten Zuhörerreihe, indem Sie aus einer Entfernung von 180 cm (22,5 multipliziert mit 8) auf Ihren Bildschirm gucken. Wählen Sie die minimale Punktgröße, die Sie aus dieser Entfernung auf Ihrem Bildschirm lesen können.
	Die *8x-Regel* ist eine gute Richtlinie für die meisten Situationen. Wenn der Raum größer ist, wird im Normalfall auch eine größere Leinwand zur Verfügung stehen. In Zweifelsfällen nehmen Sie lieber einen höheren Schriftgrad. Es hat sich noch nie jemand beklagt, dass eine Folie zu gut lesbar war. Aber viele Leute haben sich schon beschwert, wenn eine Folie unlesbar war.
Welche Schriftart?	Für projizierte Bilder sollte man in der Regel eine serifenlose Schrift wie Swiss, Helvetica, Arial, Gil usw. wählen. (Für größere Textkörper wird jedoch in der Regel eine Serifenschrift empfohlen.) Schriftarten unterscheiden sich in ihrer Lesbarkeit. Das kann dazu führen, dass Sie bei einigen Schriftarten den Schriftgrad erhöhen müssen.
Welche Farben?	Sorgen Sie dafür, dass die Farben, die Sie für Schrift auswählen, ausreichend Kontrast zum Hintergrund haben. Sie werden selbst sehen, dass eine Negativdarstellung (heller Text auf dunklem Hintergrund) besser lesbar ist. (Das Gegenteil gilt für gedruckte Dokumente.) Denken Sie daran, dass die Sichtverhältnisse oftmals alles andere als ideal sind und z.B. Licht auf den Bildschirm oder die Leinwand fällt. Eine einfache, gut lesbare Folie ist mehr wert (für Sie und Ihr Publikum) als eine kunstvoll gestaltete, die leider niemand lesen kann.

Das gleiche Format noch einmal verwenden

Wenn Sie eine Folie bzw. ein Format entwickelt haben, das die Farben der Firma widerspiegelt, so können Sie diese als Dokumentvorlage abspeichern. Wenn Sie dann beim nächsten Mal eine Präsentation erstellen möchten, können Sie auf diese Vorlage aufbauen und alle anderen Folien werden die gleichen Eigenschaften besitzen. Dazu wählen Sie DATEI/SPEICHERN UNTER und in der Dropdown-Liste unter *Dateityp* die Option *Entwurfsvorlage*. Wenn Sie möchten, können Sie einen anderen als den vorgeschlagenen Namen eingeben. Entwurfsvorlagen in *PowerPoint* haben die Erweiterung *.pot*.

Zusammenfassung der Lektion: Das haben Sie gelernt

PowerPoint verfügt über eine Vielzahl an Präsentationsentwürfen. Sie entscheiden über das gesamte Erscheinungsbild einer Präsentation. Sie können diese Entwurfsvorlagen ohne Änderungen übernehmen oder sie Ihren Bedürfnissen anpassen.

Sie können die Farbskala, den Hintergrund und die verwendete Typographie ändern.

Die Eigenschaften der Vorlage sind im Folienmaster hinterlegt. Jede Änderung, die Sie im Folienmaster vornehmen, wird standardmäßig allen bestehenden und noch zu erstellenden Folien einer Präsentation zugewiesen. Dennoch können Sie Texteigenschaften auf einzelnen Folien individuell verändern.

In einen Folienmaster können Sie auch grafische Elemente einfügen. Diese Grafiken erscheinen dann auf jeder Folie der Präsentation.

Wenn Sie eine Vorlage Ihren Bedürfnissen entsprechend angepasst bzw. erstellt haben, können Sie diese als Entwurfsvorlage speichern. Dadurch können Sie den gleichen Entwurf auch für zukünftige Präsentationen verwenden.

1

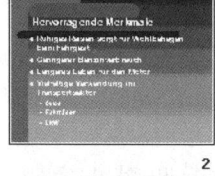
2

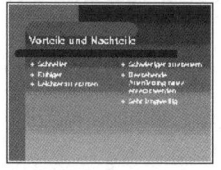
3

4

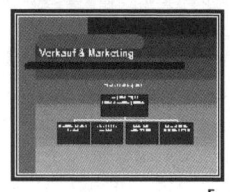
5

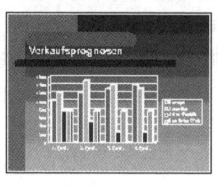
6

7

PowerPoint-Präsentationen: Gut genug

Lektion 6.5: Der Aufbau einer Präsentation

Zu dieser Lektion

In der vorigen Lektion haben Sie gelernt, wie man Folien erstellt, die Eindruck auf den Betrachter machen. In dieser Lektion lernen Sie, wie man diese Folien zu einer überzeugenden Präsentation zusammenstellt, die Folien sortiert bzw. neu ordnet, wie man Folien einfügt und löscht, wie man Folien für andere Anwendungen nutzbar macht und wie man Folien aus anderen Quellen importiert.

Neue Fähigkeiten

Am Ende dieser Lektion sollten Sie in der Lage sein,

- die Folien in einer Präsentation neu zu ordnen,

- Folien zwischen Präsentationen zu kopieren,

- Folien zu löschen

- *PowerPoint*-Folien in andere Anwendungen zu exportieren,

- Präsentationen zur Verwendung in anderen *PowerPoint*-Versionen zu speichern.

Übungen dieser Lektion basieren wieder auf der Präsentation, die Sie in Übung 6.2, 6.3 und 6.4 erstellt haben. Öffnen Sie die Präsentation, bevor wir mit den Übungen dieser Lektion beginnen.

Gebrauch der Folien-sortierungsansicht zur Sortierung Ihrer Folien

Verwenden Sie die *Foliensortierungsansicht*, um zu kontrollieren, ob die Formatierung Ihrer Folien einheitlich ist und ob alle Text-Platzhalter ausgerichtet sind. Das ist dann besonders wichtig, wenn Sie Änderungen im Design oder in der Formatierung bei einzelnen Folien vorgenommen haben.

Wählen Sie ANSICHT/FOLIENSORTIERUNG. Alle Folien Ihrer Präsentation werden gemeinsam auf dem Bildschirm angezeigt. (Wenn nicht alle Folien auf den Bildschirm passen, verwenden Sie die Bildlaufleiste an der rechten Seite.)

Um eine bestimmte Folie in der Foliensortierungsansicht zu bearbeiten und angezeigt zu bekommen (volle Größe), führen Sie einen Doppelklick auf die entsprechende Folie aus.

Die Folienreihen-folge ändern

Wenn Sie alle Folien Ihrer Präsentation erstellt haben, möchten Sie vielleicht die Reihenfolge, in der die Folien angezeigt werden, verändern, um einen besseren Gedankenfluss zu gewährleisten. Der einfachste Weg dahin führt über die *Foliensortierungsansicht*.

Ihre Folien lassen sich auf zwei Arten neu ordnen. Sie können sie mit der Maus ziehen (besser geeignet für kleine Präsentationen) oder die Befehle AUSSCHNEIDEN und EINFÜGEN im Menü BEARBEITEN verwenden.

Neu ordnen durch Ziehen

Wählen Sie in der *Foliensortierungsansicht* die Folie aus, die Sie verschieben möchten. Ziehen Sie die Folie mit der Maus, bis rechts neben der Position, an der Sie die Folie einfügen möchten, eine schwarze vertikale Linie erscheint.

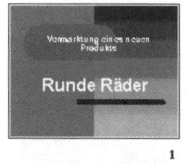 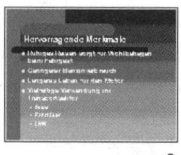 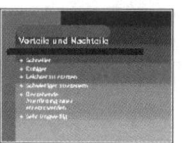 

1   2   3   4

 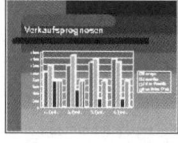 

5   6   7

Neu ordnen mit Ausschneiden und Einfügen

Sie können Folien in *PowerPoint* genau wie Text in einem Textverarbeitungsprogramm ausschneiden, kopieren und einfügen.

Wählen Sie dazu in der *Foliensortierungsansicht* die Folie aus und klicken Sie auf BEARBEITEN/AUSSCHNEIDEN (oder verwenden Sie die Tastenkombination STRG+x). Klicken Sie auf die Folie, die vor der Folie, die Sie gerade verschieben möchten, erscheinen soll, und wählen Sie BEARBEITEN/EINFÜGEN (oder STRG+v).

Übung 6.23: Folien neu sortieren

1) Verwenden Sie in der Foliensortierungsansicht die Ziehtechnik, um die Position der Folien 5 (Verkauf und Marketing) und 6 (Verkaufsvorführung) zu tauschen.

2) Verwenden Sie die *Ausschneiden/Einfügen*-Technik, damit Folie 7 (Plan zur Produktidentität) hinter Folie 2 (Hervorragende Merkmale) erscheint.

1

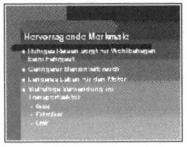
2

3

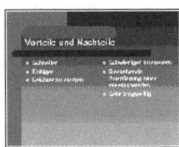
4

5

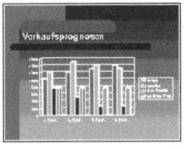
6

7

Die Folien werden der neuen Reihenfolge nach nummeriert. Von nun an werden wir uns mit der jeweiligen Nummer auf die einzelnen Folien beziehen.

Folien zwischen Präsentationen kopieren

So, wie Sie eine Folie ausschneiden und an einer anderen Stelle der Präsentation wieder einfügen, können Sie eine Folie auch aus einer Präsentation ausschneiden (oder kopieren) und in einer anderen Präsentation wieder einfügen. Versuchen Sie es einmal!

Übung 6.24: Eine Folie zwischen Präsentationen kopieren

1) Öffnen Sie die Präsentation *Schulung* aus den Vorlagen.

2) Wählen Sie in der *Foliensortierungsansicht Folie 6* aus.

3) Kopieren Sie die Folie, indem Sie BEARBEITEN/KOPIEREN wählen (oder STRG+c drücken).

4) Schließen Sie die Präsentation *Schulung*.

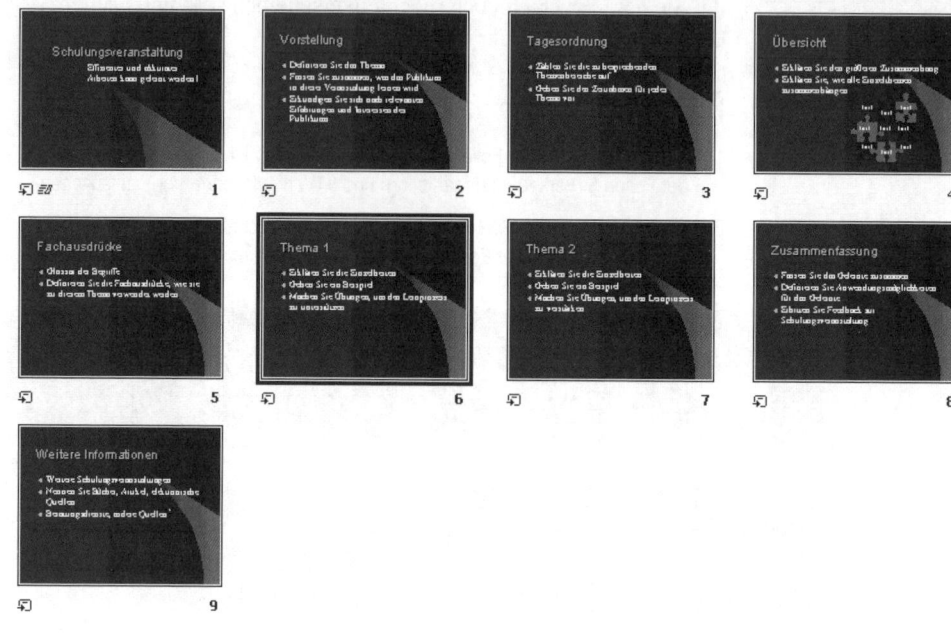

5) Öffnen Sie nun Ihre eigene Präsentation in der Foliensortierungsansicht. Wählen Sie Folie Nummer 1 (*Vermarktung eines neuen Produkts*) und dann BEAR-BEITEN/EINFÜGEN (oder halten Sie STRG und v gedrückt).

Die kopierte Folie erscheint als Folie Nummer 2 in Ihrer Präsentation. Beachten Sie, dass der Inhalt der Folie genau der gleiche ist, das Format sich aber an das Layout und Design bzw. die Vorlage Ihrer Präsentation angepasst hat.

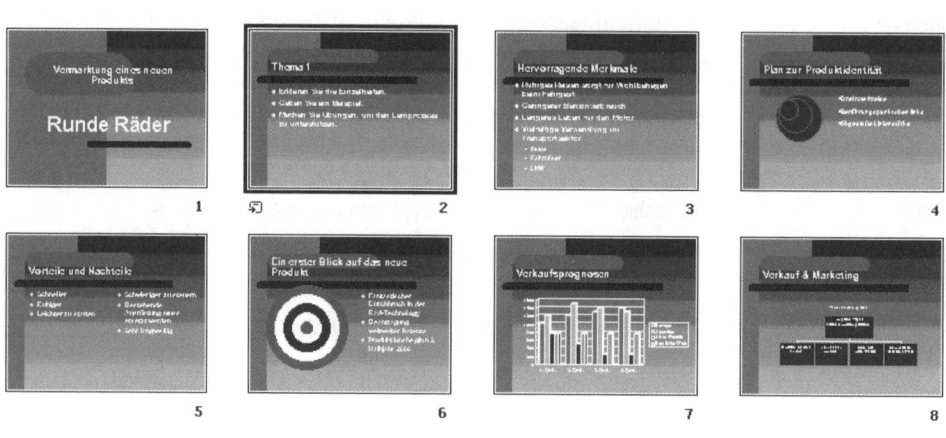

Eine Folie löschen	Um eine Folie aus Ihrer Präsentation zu löschen, schneiden Sie diese einfach aus, wie weiter oben beschrieben, ohne sie jedoch wieder einzufügen.

Sie können eine Folie auch in jeder Ansicht, außer der Bildschirmpräsentation, löschen, indem Sie BEARBEITEN/FOLIE LÖSCHEN wählen.

Übung 6.25: Eine Folie aus der Präsentation löschen

1) Löschen Sie die Folie, die Sie in Übung 6.24 in Ihre Präsentation kopiert haben.

2) Speichern Sie die Präsentation.

PowerPoint-Folien in anderen Anwendungen verwenden	Generell sollte es nicht notwendig sein, dass Sie Informationen, die Sie in ein Programm eingegeben haben, jedes Mal neu eingeben müssen, wenn Sie diese in einer anderen Anwendung verwenden möchten. Wenn Sie z.B. eine Folie in *PowerPoint* erstellen und den gleichen Text für einen Bericht in *Word* verwenden möchten, so müssen Sie den Text nicht noch einmal schreiben.

- Um Text einer einzelnen Folie zu verwenden, kopieren Sie den Text in *PowerPoint* (markieren und BEARBEITEN/KOPIEREN wählen). Fügen Sie ihn in *Word* wieder ein (setzen Sie den Cursor an die vorgesehene Position und wählen Sie BEARBEITEN/EINFÜGEN).

- Um den gesamten Text einer Präsentation zu verwenden, wählen Sie DATEI/SPEICHERN UNTER. In der Dropdown-Liste unter *Dateityp* wählen Sie *Gliederung/RTF.*

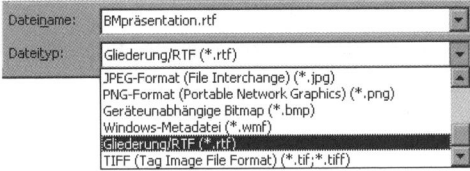

Wenn Sie möchten, können Sie einen anderen als den vorgeschlagenen Namen (gleicher Name wie die Präsentation, nur mit der Endung .rtf) angeben.

- Klicken Sie auf SPEICHERN.

Wenn Sie die Folien in anderen Grafikprogrammen oder als Webseiten verwenden möchten, sollten Sie sie in einem der Grafikformate abspeichern, entweder JPEG (File Interchange), TIFF oder GIF. Versuchen Sie es einmal!

Übung 6.26: Folien in einem Webbrowser sichtbar machen

1) Wählen Sie DATEI/SPEICHERN UNTER. Wählen Sie TIFF aus der Dropdown-Liste *Datentyp*. Klicken Sie auf SPEICHERN. Sie können eine einzelne Folie oder die gesamte Präsentation speichern. Für die Übung wählen Sie eine einzelne Folie aus.

2) Minimieren Sie *PowerPoint* und öffnen Sie den Webbrowser auf Ihrem Computer (normalerweise entweder *Microsoft Internet Explorer* oder *Netscape Navigator*). Sie müssen hierfür keine Verbindung zum Internet herstellen. Öffnen Sie das Programm *offline*.

3) Wählen Sie DATEI/ÖFFNEN (*Microsoft Internet Explorer*) oder DATEI/SEITE ÖFFNEN (*Netscape Navigator*). Suchen Sie nach der Datei, die Sie in Schritt 1 erstellt haben und klicken Sie auf ÖFFNEN.

4) Kontrollieren Sie, ob die Folie korrekt im Browser angezeigt wird, und schließen Sie den Browser wieder.

Mit früheren Versionen von Power-Point arbeiten

Jede Version von *PowerPoint* enthält Funktionen, die in früheren Versionen nicht verfügbar waren. Das bedeutet, dass Sie immer eine höhere Version verwenden können, um eine Präsentation zu öffnen, anzusehen, zu bearbeiten und zu speichern, die in einer älteren Version erstellt wurde. Umgekehrt gilt dies aber nicht.

Wenn Sie in *PowerPoint 2000* eine Präsentation speichern, die ursprünglich in *PowerPoint 97*, *PowerPoint 95*, *PowerPoint 4.0* oder *PowerPoint 3.0* erstellt wurde, so geschieht dies immer im Ursprungsformat. Sie können das ändern, indem Sie DATEI/SPEICHERN UNTER wählen und einen neuen Namen, einen anderen Ordner oder eine andere Softwareversion angeben.

Wenn Sie möchten, dass eine Präsentation auch in einer älteren Version von *PowerPoint* angezeigt werden kann, müssen Sie DATEI/SPEICHERN UNTER wählen und die entsprechende Version im Feld *Dateityp* angeben. Beachten Sie dabei aber, dass einige Effekte, die Sie in *PowerPoint 2000* festlegen, in niedrigeren Versionen des Programms nicht korrekt angezeigt werden können.

Sie können die Folienreihenfolge in einer Präsentation jederzeit ändern. Am besten geht das in der *Foliensortierungsansicht*, in der Sie die Folie entweder mit der Maus an ihre neue Position ziehen oder mit *Ausschneiden/Einfügen* arbeiten.

Sie können Folien aus anderen *PowerPoint*-Präsentationen kopieren und in Ihre einfügen. Dabei nehmen die kopierten Folien das Format Ihrer Präsentation an.

Sie können den Text Ihrer *PowerPoint*-Präsentation auch in anderen Anwendungen wie z.B. einer Textverarbeitung verwenden. Dies geschieht entweder durch Ausschneiden und Einfügen oder indem man die Datei im .rtf-Format abspeichert.

Sie können einzelne Folien oder die gesamte Präsentation im Format *.jpg* oder *.gif* speichern. Diese Formate können in anderen Grafikprogrammen und in Webseiten verwendet werden.

Wenn Sie möchten, dass Ihre Präsentation auch mit älteren Versionen des Programms angezeigt werden kann, müssen Sie dies beim Speichern berücksichtigen und festlegen.

1

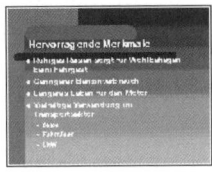
2

3

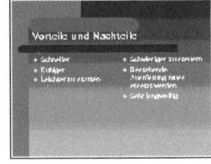
4

5

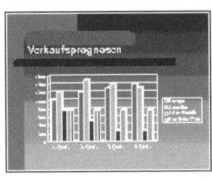
6

7

PowerPoint-Präsentationen: Haben Sie es verstanden?

Lektion 6.6: Das Publikum begeistern

In dieser Lektion lernen Sie, wie Sie eine Präsentation durch Hinzufügen von Animationen und Folienübergängen noch dynamischer machen. Sie erfahren, wie man Handzettel für die Zuhörer und Notizen für den Vortragenden erstellt. Und wir geben Ihnen ein paar Tipps für die Vorführung Ihrer Präsentation.

Neue Fähigkeiten

Am Ende dieser Lektion sollten Sie in der Lage sein,

- Effekte zum Folienübergang festzulegen,
- animierte Folien zu erstellen,
- Folien Toneffekte hinzuzufügen,
- Handzettel für Ihr Publikum zu erstellen,
- Folien zu nummerieren,
- Notizen für den Sprecher vorzubereiten,
- die Rechtschreibung in Ihrer Präsentation zu überprüfen.

Neue Wörter

Am Ende dieser Lektion sollten Sie in der Lage sein, die folgenden Begriffe zu erklären:

- Folienübergang
- animierte Folien

Die Übungen dieser Lektion geben der Präsentation, die Sie in den vorherigen Übungen erstellt haben, noch den letzten professionellen Schliff. Öffnen Sie die Präsentation, bevor wir mit den Übungen dieser Lektion beginnen.

Folienübergang

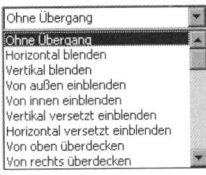

Ein Übergang ist ein grafischer Effekt, der bestimmt, wie der Wechsel von einer Folie zur anderen vor sich geht. So kann eine neue Folie beispielsweise vom oberen Rand des Bildschirms *herunterfallen* oder die Folie könnte sich *auflösen* und dabei die neue Folie zum Vorschein bringen.

PowerPoint erlaubt es Ihnen, zwei Aspekte des Übergangs zu steuern.

- **Art des Effekts:** Die Eigenschaften des Effekts, mit dem *Power-Point* zur nächsten Folie wechselt.

- **Zeitlicher Ablauf:** Die Geschwindigkeit, mit der *PowerPoint* die visuellen Effekte ablaufen lässt, wenn zu einer neuen Folie gewechselt wird.

Außerdem können Sie festlegen, ob Sie den Übergängen auch noch einen Ton hinzufügen möchten.

Folienübergang

Ein visueller Effekt, wie Einblenden, Auflösen oder Überdecken, der festlegt, wie ein Übergang von einer Folie zur nächsten in einer Präsentation erfolgt.

Übung 6.27: Ihrer Präsentationen einen Folienübergang hinzufügen

1) Wählen Sie mit irgendeiner Folie in der Folienansicht BILDSCHIRMPRÄSENTATION/ FOLIENÜBERGANG.

2) Schauen Sie sich die angebotenen Möglichkeiten erst einmal in Ruhe an.

- **Effekt:** Jedes Mal, wenn Sie einen der Übergangseffekte aus der Dropdown-Liste anklicken, zeigt *PowerPoint* Ihnen diesen Effekt im Beispielfenster. Sie können eine Vorschau starten, indem Sie auf das Bild klicken.

- **Zeitlicher Ablauf:** Die Optionen *Langsam, Mittel, Schnell* legen die Geschwindigkeit fest, mit der ein Übergang ausgeführt wird. Wenn Sie eine Option anklicken, führt *PowerPoint* den Übergangseffekt mit der ausgewählten Geschwindigkeit im Beispielfenster vor.

Wählen Sie für die Übung den Effekt *Auflösen* und *Schnell*.

3) Klicken Sie auf FÜR ALLE ÜBERNEHMEN. Beachten Sie, dass Sie die Möglichkeit haben, jeder Folie einen eigenen Übergang zuzuweisen (indem Sie jeweils auf ÜBERNEHMEN klicken). Seien Sie aber vorsichtig dabei: Es kann dazu beitragen, dass das Publikum abgelenkt oder unruhig wird.

4) Beobachten Sie, wie sich die Folienübergänge auf die Präsentation auswirken. Wählen Sie dazu ANSICHT/BILDSCHIRMPRÄSENTATION und blättern Sie durch Ihre Präsentation.

Sie haben verschiedene Einstellungsmöglichkeiten, wie Ihre Präsentation voranschreiten soll:

• Bei Mausklick (wie in Lektion 6.1 beschrieben)

• Automatisch, basierend auf einem eingestellten Zeitrhythmus

• Beides, je nachdem, was zuerst eintritt

Auch das wird im Dialogfeld *Folienübergang* festgelegt. Dennoch sind die beiden Effekte voneinander unabhängig. Sie können den Durchlauf Ihrer Präsentation automatisch ablaufen lassen, ohne Folienübergänge zuzuweisen, und Sie können Folienübergänge zuweisen, ohne eine Automatisierung des Durchlaufs Ihrer Präsentation einzustellen. Beachten Sie auch, dass die Zeitangaben des einen Effektes nichts mit der des anderen Effekts zu tun haben. Die Zeiteinstellung *Langsam, Mittel, Schnell* bezieht sich auf die Geschwindigkeit, mit der ein Übergang von einer zur anderen Folie ausgeführt wird.

Die Einstellung *Automatisch wechseln* wird häufig für Präsentationen verwendet, die eigenständig in der Öffentlichkeit ablaufen. Das ist z.B. bei einer Verkaufsshow der Fall, wo die Präsentation nicht unbedingt durch einen Sprecher begleitet wird.

Animierte Folien

Animierte Folien erlauben es Ihnen, die Information einer Folie nach und nach in die Folie einfließen zu lassen. Animation wird beispielsweise häufig bei Aufzählungslisten verwendet. Zu Anfang ist nur der erste Punkt der Aufzählung für das Publikum sichtbar. Nach und nach werden dann Ihrem Vortrag entsprechend die übrigen Punkte der Liste eingeblendet. Das hat den Vorteil, dass das Publikum sich darauf konzentriert, was Sie sagen, und nicht schon die übrigen Punkte liest, während Sie noch über den ersten Punkt sprechen.

Animierte Folie

Eine Folie, in der verschiedene Elemente zu verschiedenen Zeiten eingeblendet werden.

Mit einer animierten Folie können Sie jeden Punkt einzeln hervorheben, um die Aufmerksamkeit des Publikums auf diesen Punkt zu lenken. Wenn Sie über Ihren zweiten Punkt reden, können Sie den ersten Listenpunkt ruhig auf der Folie belassen. Schwächen Sie ihn aber ab, so dass er noch als Kontext und Merkpunkt gegenwärtig ist, aber nicht ablenkt.

Sie können außerdem festlegen, wie jedes einzelne Element auf dem Bildschirm eingeblendet wird. Die verschiedenen Punkte einer Auflistung können z.B. von rechts, links, oben oder unten in die Folie *fliegen*. Probieren Sie es einfach einmal aus!

Übung 6.28: Einer Folie eine Animation hinzufügen

1) Öffnen Sie Folie Nummer 2 (*Hervorragende Merkmale*) in der Folienansicht.

2) Klicken Sie irgendwo in den unteren Platzhalter, in dem sich die Auflistung befindet.

3) Wählen Sie BILDSCHIRMPRÄSENTATION/VOREINGESTELLTE ANIMATION und die Option *Flugeffekt*.

4) Wählen Sie ANSICHT/BILDSCHIRMPRÄSENTATION, um sich das Ergebnis anzuschauen.

5) Klicken Sie auf BILDSCHIRMPRÄSENTATION/BENUTZERDEFINIERTE ANIMATION.

   Wählen Sie hieraus die folgenden Einstellungen:

   - **Im Register** *Reihenfolge &zeitlicher Ablauf:* Animation *Bei Mausklick starten*

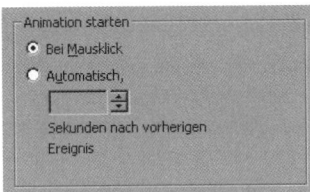

   - Im Register *Effekte:* Auflösen, Ohne Sound, hellblau, Alle gleichzeitig, Gruppiert nach Absatz der 1. Ebene

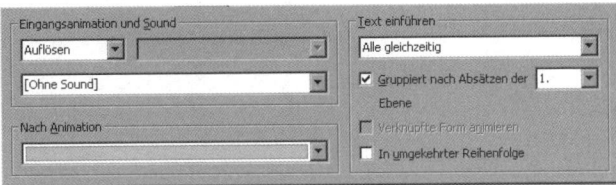

   - Ignorieren Sie Diagrammeffekte und Multimediaeinstellungen.

6) Wählen Sie ANSICHT/BILDSCHIRMPRÄSENTATION, um sich das Ergebnis anzuschauen.

Übung 6.29: Komplexere Animationen

1) Öffnen Sie Folie Nummer 3 (Plan zur Produktidentität) in der Folienansicht.

2) Wählen Sie BILDSCHIRMPRÄSENTATION/BENUTZERDEFINIERTE ANIMATION, um das Dialogfeld *benutzerdefinierte Animation* anzuzeigen.

   Wählen Sie im Register *Reihenfolge &zeitlicher Ablauf* nach und nach jeden einzelnen der drei Kreise (Ovale genannt) und den Listentext aus. Wenn Sie ein Objekt auswählen, wird dieses in der Vorschau hervorgehoben. Klicken Sie für jedes dieser Elemente auf die Option *Automatisch – 1 Sekunde nach vorherigem Ereignis*.

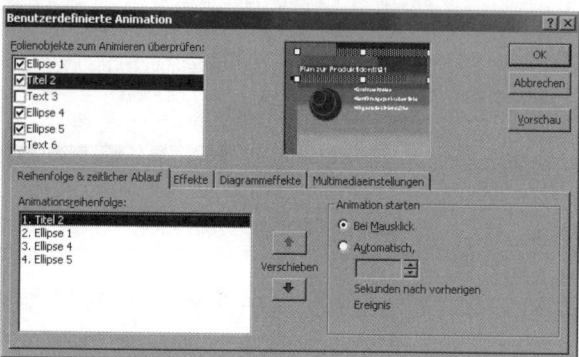

Die Namen der einzelnen Elemente werden im Feld *Animationsreihenfolge* angezeigt.

3) Klicken Sie auf VORSCHAU, um zu sehen, wie die Folie angezeigt wird.

4) Die Elemente sollten im Feld *Animationsreihenfolge* in der folgenden Reihenfolge erscheinen: zuerst die drei Ovale, das größte zuerst, das kleinste zuletzt, und dann der Text. Sie können die Reihenfolge ändern, indem Sie den jeweiligen Namen des zu verschiebenden Elements auswählen und die Pfeiltasten zum Herauf- und Herunterschieben verwenden.

5) Wählen Sie nacheinander alle drei Ovale aus und legen Sie im Register Effekte Folgendes fest: *Diagonal, nach oben rechts, Ohne Sound, nicht abblenden*.

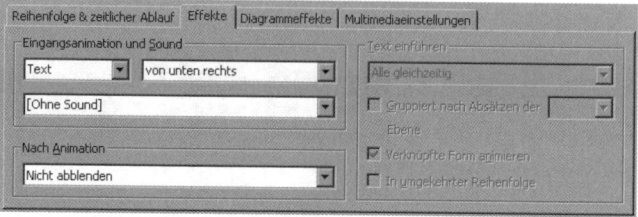

6) Wählen Sie den Text und dann im Register *Effekte*: *Erscheinen, Ohne Sound, nicht abblenden, Alle gleichzeitig*.

Klicken Sie auf VORSCHAU, um den Effekt zu sehen.

7) Klicken Sie auf OK, um das Dialogfeld *Benutzerdefinierte Animation* zu schließen.

Übung 6.30: Die Aufmerksamkeit des Publikums fesseln

1) Lassen Sie Folie Nummer 1 (*Vermarktung eines neuen Produkts*) in der Folienansicht anzeigen und wählen Sie BILDSCHIRMPRÄSENTATION/BENUTZERDEFI-NIERTE ANIMATION.

2) Wählen Sie den Text im unteren Bereich des Bildschirms aus (Runde Räder) und legen Sie dafür Animationseffekte wie in der vorherigen Übung fest.

3) Wählen Sie im Register *Effekte*: *Spirale, Ohne Sound, nicht abblenden, Alle gleichzeitig.*

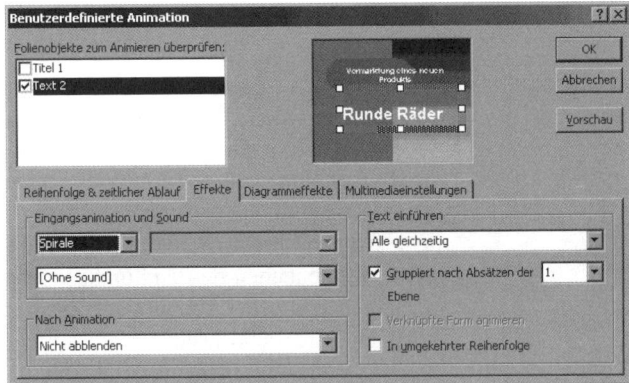

Klicken Sie auf VORSCHAU, um den Effekt zu sehen.

Experimentieren Sie ein wenig mit den Alternativen zu *Alle gleichzeitig.* Es stehen Ihnen die Optionen *Wortweise* und *Zeichenweise* zur Auswahl. Klicken Sie jedes Mal auf VORSCHAU, um den Effekt zu begutachten.

4) Klicken Sie auf OK, um das Dialogfeld *Benutzerdefinierte Animation* zu schließen.

Übung 6.31: Ein Diagramm animieren

1) Lassen Sie Folie Nummer 6 (Verkaufsvorführung) in der Folienansicht anzeigen und wählen Sie BILDSCHIRMPRÄSENTATION/BENUTZERDEFINIERTE ANIMATION.

2) Im Register *Reihenfolge &zeitlicher Ablauf* legen Sie fest, dass das Diagramm animiert werden soll.

3) Im Register *Diagrammeffekte* legen Sie Folgendes fest: *nach Serien, Raster und Legende animieren, Erscheinen, Ohne Sound, nicht abblenden.*

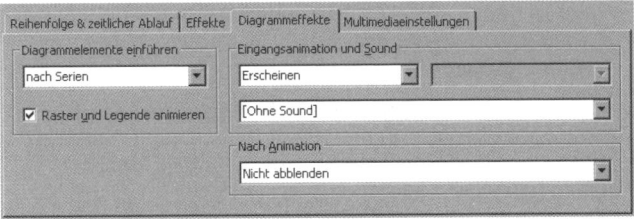

Es ist etwas schwierig, diesen Effekt in der Vorschau zu betrachten. Klicken Sie daher auf OK und wählen Sie ANSICHT/BILDSCHIRMPRÄSENTATION. Schauen Sie sich die Präsentation von Anfang bis zum Ende an.

Übung 6.32: Versuchen Sie es nun selbst einmal

1) Animieren Sie die Folie Nummer 4 (Vorteile und Nachteile), so dass die Vorteile einzeln nach und nach von links und die Nachteile nacheinander von rechts eingeblendet werden.

2) Animieren Sie Folie Nummer 5 (Ein erster Blick), so dass die Merkmale nacheinander von rechts eingeblendet werden.

Musik und andere Geräusche

Wenn Sie sich an die weiter oben durchgeführten Übungen gehalten haben, haben Sie immer *Ohne Sound* eingestellt. Wenn Sie ein abenteuerlustiger Typ sind, haben Sie wahrscheinlich schon einige der anderen Optionen ausprobiert. Wenn nicht, testen Sie diese Möglichkeiten jetzt einmal aus. Sie können einen begleitenden Sound für jeden Übergang und jeden Animiereffekt festlegen. Es werden viele verschiedene Möglichkeiten für den Sound angeboten: Die am häufigsten verwendeten sind in der Dropdown-Liste aufgeführt. Sie können noch nach anderen Sound-Dateien suchen, indem Sie die Option *Andere Sound...* und dann irgendeine Datei mit der Erweiterung *.wav* wählen.

Handzettel erstellen

Sie können Ihre Folien ganz einfach ausdrucken, um sie dann ans Publikum zu verteilen, was jedoch meist etwas plump wirkt. Die Folie ist im Grunde viel zu groß, um einfach normal gelesen zu werden. Daher bietet *PowerPoint* Ihnen eine Möglichkeit, so genannte Handzettel zu erstellen. Dabei werden mehrere Folien auf einer Seite abgebildet.

Klicken Sie also auf DATEI/DRUCKEN und unter *Drucken* wählen Sie aus der Dropdown-Liste *Handzettel* und das gewünschte Format.

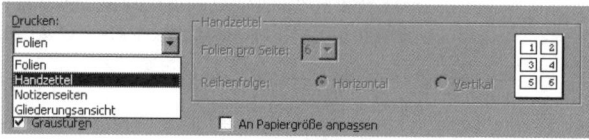

Ihre Folien nummerieren

Wenn Personen aus dem Publikum Fragen haben, beziehen sie sich meistens auf eine bestimmte Folie. Daher ist es nützlich, Folien zu nummerieren.

Übung 6.33: Foliennummern hinzufügen

1) Wählen Sie ANSICHT/KOPF-/FUSSZEILE.

2) Im Register *Folie* klicken Sie die Option *Foliennummer* an. Lassen Sie die weiteren Optionen außer Acht.

3) Klicken Sie auf FÜR ALLE ÜBERNEHMEN.

Beachten Sie, dass Sie über dieses Register jeder Folie auch Datum und Zeit zuweisen können.

Wenn Sie statt im Register *Folie*, im Register *Notizblätter* und *Hand-zettel* entsprechende Optionen auswählen, so wird z.B. die Seitenzahl (oder Datum und Zeit) nur auf den Handzetteln und Notizblättern des Sprechers angezeigt, nicht aber auf den Folien.

Denken Sie daran, dass Sie, um eine bestimmte Folie in der Folienan-sicht anzeigen zu lassen, nur die Nummer der entsprechenden Folie eingeben und ENTER drücken müssen.

Notizblätter

Wenn Sie ein Manuskript für Ihren Vortrag schreiben möchten – ein-fach nur Stichpunkte, die Sie an Ihre Schlüsselbegriffe erinnern, oder zusätzliche Hintergrundinformationen –, verwenden Sie die Funktion *Notizblätter*. Damit können Sie ein Dokument erstellen, das für jede Folie eine Seite vorsieht. Die Folie wird in der oberen Hälfte angezeigt und Sie können Ihren Text im unteren Bereich hinzufügen. (*Power-Point* zeigt diese Notizblätter nicht als Teil Ihrer Präsentation an.)

Sie können zu jeder Zeit während der Erstellung Ihrer Präsentation Text zu den Notizblättern hinzufügen.

Notizblätter

Ein Dokument, das aus einer Seite für jede Folie besteht. Jede Seite ist in zwei Bereiche unterteilt. Die Folie wird im oberen Bereich angezeigt, die Notizen finden im unteren Bereich Platz.

Ansicht Notizenseite

Um Notizblätter zu bearbeiten oder anzuzeigen, wählen Sie ANSICHT/NOTIZSEITE.

Um Text einzugeben oder ihn zu bearbeiten, klicken Sie in den entsprechenden Platzhalter.

Standardmäßig zeigt *PowerPoint* Notizseiten in 40% ihrer vollen Größe an. Wenn Sie Text einge-ben oder bearbeiten, ist es rat-sam, die Anzeige auf fast 100% zu vergrößern. Wählen Sie dazu ANSICHT/ZOOM.

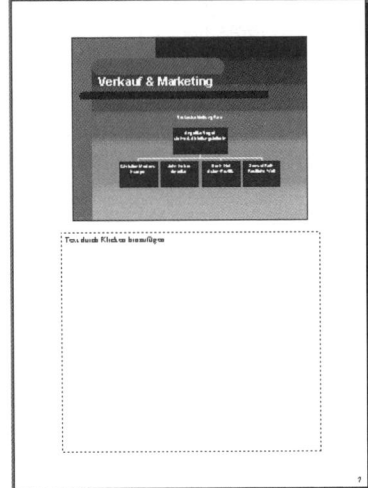

Um Notizblätter auszudrucken, wählen Sie DATEI/DRUCKEN und die Option *Notizseiten* aus der Dropdown-Liste des Felds *Drucken*.

Überprüfen Sie Ihre Rechtschreibung

Rechtschreibfehler können eine Präsentation sehr schaden. Sie lassen Sie entweder sorglos oder dumm erscheinen und machen all Ihre Anstrengungen, das Publikum zu beeindrucken, zunichte. Es ist zwar gefährlich, sich ganz und gar auf die Rechtschreibprüfung zu verlassen, aber es wäre auch nachlässig, sie gar nicht zu verwenden.

Für eine Überprüfung der Rechtschreibung wählen Sie EXTRAS/RECHTSCHREIBUNG oder drücken Sie F7. Alle Wörter, die durch die Rechtschreibprüfung fallen, werden zusammen mit vorgeschlagenen Alternativen angezeigt. Sie können entweder eine der vorgeschlagenen Alternativen akzeptieren, das Wort eigenhändig bearbeiten oder das ursprüngliche Wort unverändert lassen.

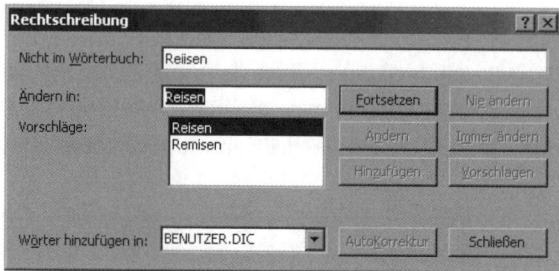

Beachten Sie, dass die Rechtschreibprüfung keine falschen Wörter findet, die in sich selbst richtig sind (z.B. *formen* statt *Formen*).

Ihre Präsentation als Bildschirmpräsentation speichern

Sie wissen bereits, wie Sie die Ansicht *Bildschirmpräsentation* verwenden, um Ihre Präsentation zu starten. Es gibt aber noch die Möglichkeit, die Präsentation direkt in der Ansicht *Bildschirmpräsentation* zu speichern, so dass beim Öffnen der Datei sofort eine Bildschirmpräsentation abgespielt wird. Dazu wählen Sie DATEI/SPEICHERN UNTER und dann *PowerPoint-Pack&Go-Präsentation*. Die Datei wird mit der Dateierweiterung .pps gespeichert.

Sie können die Art und Weise, wie eine Folie durch eine andere ersetzt wird, mit Folienübergängen steuern. Diese Übergänge dürfen Sie so zaghaft oder dramatisch gestalten, wie Sie gern möchten. Zusätzlich können Sie den Übergängen auch noch Sound hinzufügen, so dass eine neue Folie z.B. mit einem *Explosionsgeräusch* oder *Glockenklang* eingeblendet wird.

Um die Aufmerksamkeit Ihres Publikums aufrechtzuerhalten, können Sie die einzelnen Elemente Ihrer Folie mit Hilfe einer animierten Folie nacheinander einblenden lassen. Folien können auf vielerlei Arten animiert werden.

Für Ihr Publikum können Sie Handzettel mit mehreren Folien auf einer Seite anfertigen. Zusätzlich können Sie auch noch Notizblätter für den Sprecher mit dem zugrunde liegenden Manuskript oder zusätzlichen Details Ihrer Präsentation erstellen.

Folien lassen sich nummerieren, um leichter Bezug darauf zu nehmen, und Sie können Ihre Präsentation einer Rechtschreibprüfung unterziehen.

Schließlich können Sie Ihre Präsentation noch derart abspeichern, dass sie als Bildschirmpräsentation geöffnet und abgespielt wird. Beim Speichern als reine Bildschirmpräsentation erhält die Datei die Erweiterung .pps.

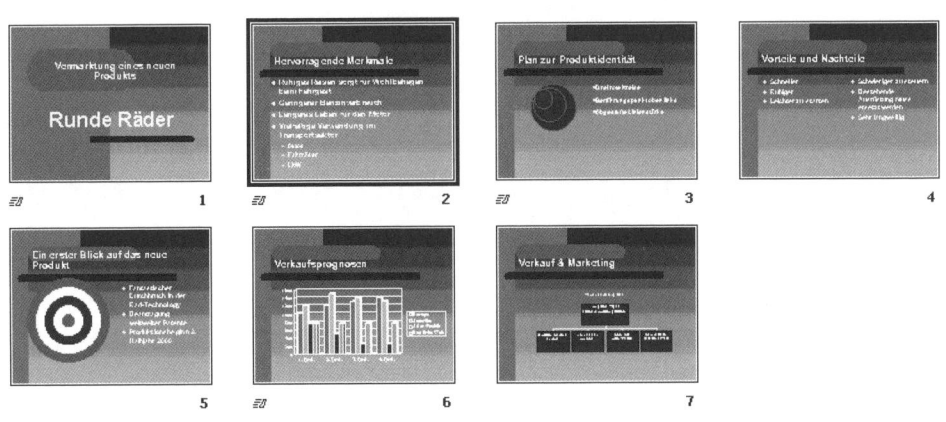

PowerPoint-Präsentationen: Hier eine, die ich erstellt habe.

7

Information und Kommunikation

Das Internet gleicht einer riesigen Bibliothek. Diese und ähnliche Aussagen werden Sie öfter von Leuten zu hören bekommen, die wahrscheinlich von beidem nicht sehr viel Ahnung haben.

Wenn das Internet eine Bibliothek ist, dann in der Tat eine sehr merkwürdige. Für Neulinge gibt es kein Verzeichnissystem und die Bücher sind auch nicht in nummerierten Regalen angeordnet, sondern liegen wahllos auf dem Boden verstreut. Vieles, was in den Büchern steht, entspricht schlichtweg nicht der Wahrheit, auch wenn es sich um den Inhalt von Sachbüchern handelt. Es gibt keinen Bibliothekar und keinen Informationsschalter. Bleibt noch zu erwähnen, dass auch das Licht abgeschaltet ist.

Außerdem können Sie so viel Krach machen, wie Sie wollen, während Sie das Internet benutzen, und gleichzeitig Fakten und Zahlen (und Romane, Musik, Videos, Sportergebnisse, Aktienpreise, Wetterberichte und Rezepte) aus aller Welt sammeln.

Tatsächlich ist das Internet hervorragend für den Gebrauch von E-Mail gedacht. Das bedeutet, dass man Nachrichten von seinem Computer auf die Computer anderer Leute schickt, unabhängig davon, ob sich die Computer im nächsten Zimmer oder am anderen Ende der Welt befinden.

Sehen Sie in diesem Modul einfach die Chance, sich Wissen und Fähigkeiten anzueignen, die Sie nie wieder zurückgeben müssen, und Teil der elektronischen Online-Gesellschaft zu werden. Willkommen im Internet-Zeitalter!

Lektion 7.1: Das Web erkunden

Zu dieser Lektion

Bereiten Sie sich darauf vor, erste Schritte zu unternehmen, um das *World Wide Web*, allgemein auch als Web bekannt, zu erkunden. In dieser Lektion besuchen und erkunden Sie Webseiten nationaler Zeitungen in Deutschland, Spanien und Italien und sie besuchen die Website von Markt+Technik.

Weiterhin erlernen Sie in dieser Lektion die Grundlagen für die Arbeit mit dem *Internet Explorer*, einem *Microsoft*-Programm, mit dem Sie das Web erkunden bzw. durchs Web *surfen* können.

Neue Fähigkeiten

Am Ende dieser Lektion sollten Sie in der Lage sein,

- den *Internet Explorer* zu starten und eine Website zu besuchen,
- eine Website durch Scrollen und über Hyperlinks zu erkunden,
- durch vorher besuchte Webseiten vorwärts und rückwärts zu blättern,
- gleichzeitig mehrere Fenster im *Internet Explorer* zu öffnen,
- Webseiten auszudrucken und die verschiedenen Optionen zum Seite einrichten und Drucken zu verwenden,
- Text, Bilder und komplette Seiten aus dem Web zu speichern,
- die Online-Hilfe des *Internet Explorers* zu verwenden.

Neue Wörter

Am Ende dieser Lektion sollten Sie in der Lage sein, die folgenden Begriffe zu erklären:

- Homepage
- Adressleiste
- Website
- Webserver
- Webbrowser

- Doppelklicken Sie auf das Symbol *Internet Explorer.*

-oder-

- Wählen Sie START/PROGRAMME/INTERNET EXPLORER.

Falls Ihr Computer über eine permanente Verbindung zum Internet verfügt, ist jetzt alles startklar, um mit dem *Internet Explorer* durchs Web zu surfen.

Wenn Sie eine Einwahl benötigen, müssen Sie zuerst die Nummer Ihres Internet-Dienstanbieters anwählen. Es kann sein, dass der *Internet Explorer* so eingestellt ist, dass die Einwahl automatisch erfolgt. Wenn nicht, müssen Sie Ihren Internet-Dienstanbieter (ISP/Internet Service Provider) gesondert anwählen.

Geben Sie Ihren Benutzernamen und Ihr Passwort ein (falls der *Internet Explorer* diese Daten nicht bei der letzten Anwahl gespeichert hat) und klicken Sie auf VERBINDEN.

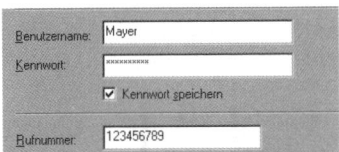

Die Startseite Ihres Browsers

In der Regel ist der *Internet Explorer* so eingestellt, dass er beim Start der Anwendung eine ganz bestimmte Seite öffnet.

Die Homepages zweier
Internetdienstanbieter (ISP)

Wenn Sie den *Internet Explorer* über Ihren Internet-Dienstanbieter erhalten haben, wird beim Start wahrscheinlich seine Seite geöffnet. Eine solche Eingangsseite wird *Homepage* genannt. Oben sehen Sie zwei Beispiele für Internet-Dienstanbieter: T-Online und AOL. Es gibt natürlich noch viele andere.

Homepage

Die erste Seite einer Website. In der Regel finden sich hier Links, denen Sie folgen können, um auf die anderen Seiten der Website zu gelangen.

In Lektion 7.4 erfahren Sie, wie Sie die Startseite *des Internet Explorers* ändern können.

Eine Website besuchen und erkunden

In Übung 7.1 besuchen und erkunden Sie die Website von *Markt+Technik*.

Übung 7.1: Eine Website besuchen und erkunden

1) Wählen Sie DATEI/ÖFFNEN oder drücken Sie STRG+o.

2) Geben Sie im Dialogfeld *Öffnen www.mut.* ein.

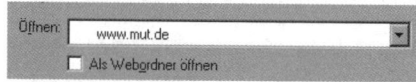

Der *Internet Explorer* zeigt Ihnen die Homepage von *Markt+Technik* an.

3) Am linken Rand der Homepage sehen Sie eine Liste der einzelnen Rubriken – *Autoren, X Games, Handelspartner, Presse* usw.

Wenn Sie mit der Maus über die einzelnen Namen fahren, wird der Cursor zur Hand. Das bedeutet, dass der Begriff mit einem Hyperlink hinterlegt ist.

Ein Hyperlink ist ein Textelement (oder eine Grafik) auf einer Webseite, das zu einer anderen Webseite führt, wenn man darauf klickt.

Klicken Sie auf die Rubrik *Autoren*.

4) Der *Internet Explorer* zeigt Ihnen eine neue Webseite an, auf der Sie unten eine Liste der verschiedenen Autoren finden.

Hinter jedem der unten aufgelisteten Namen finden Sie noch mehr persönliche Informationen zum jeweiligen Autor sowie eine Liste seiner lieferbaren M&T-Titel.

Said Baloui	Malte Borges
Günter Born	Dr. Giesbert Damaschke
Ingo Dellwig	Klaus Dembowski
Mark Eberl	Thomas Feibel
Karen Heidl	Bernd Held
Dirk Jasper	Olaf G. Koch
Klemens Konopasek	Ingo Lackerbauer
Frank Langenau	Laura Lemay
Sven Letzel	Dirk Louis
Rene Meyer	Peter Monadjemi
Heico Neumeyer	Oliver Pott
Ignatz Schels	Walter Schwabe
Werner Sommer	Josef Steiner
Ralph Steyer	Harald Taglinger
Stefanie Teufel	Ernst Tiemeyer
Eric Tierling	Lynda Weinman
Peter Winkler	Hubert Zitt

Wenn Sie mit der Maus über die einzelnen Namen gehen, sehen Sie, dass auch jeder Name wiederum mit einem Hyperlink hinterlegt ist.

5) Klicken Sie auf einen der Namen, um detailliertere Informationen zu einem bestimmten Autor angezeigt zu bekommen.

Lassen Sie die aktuelle Seite für die Übung 7.2 geöffnet.

Sie sind nun über drei Ebenen ins Innere der *Markt+Technik*-Homepage eingedrungen.

- Zuerst gelangten Sie auf die Homepage, die erste Seite.

- Dann kamen Sie auf die Seite, auf der die einzelnen Autoren aufgelistet sind.

- Als drittes sahen Sie eine Seite mit näheren Informationen zum angeklickten Autor.

Symbolleiste Internet Explorer

Wie *Microsoft Word* und *Excel*, verfügt auch der *Internet Explorer* über eine Standardsymbolleiste, die den schnellen Zugriff auf die am häufigsten verwendeten Funktionen bzw. Befehle bietet. Ein Klick und schon ist es passiert. Statt alle Schaltflächen der Symbolleiste auf einmal vorzustellen, werden wir jede einzelne von ihnen erklären, wenn sie in diesem Modul verwendet wird.

Die Internet Explorer
Symbolleiste

In Übung 7.2 verwenden Sie die Schaltflächen VORWÄRTS und ZURÜCK auf der Symbolleiste des *Internet Explorers*.

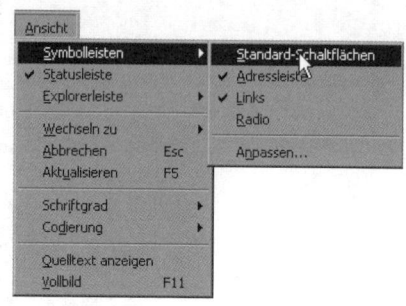

Wenn die Standardsymbolleiste auf Ihrem Bildschirm nicht angezeigt wird, wählen Sie ANSICHT/SYMBOLLEISTE/STANDARD-SCHALTFLÄCHEN, um sie anzuzeigen.

Sich durch mehrere Webseiten bewegen

In Übung 7.2 lernen Sie, wie Sie zu einer vorher besuchten Webseite zurückkehren und dann wieder vorwärts gehen, um zu der zuletzt besuchten Seite zu gelangen.

Übung 7.2: Vorwärts und rückwärts durch Webseiten bewegen

Schaltfläche Zurück:
Bringt Sie zur vorherigen
Webseite zurück

1) Sie haben die Informationen zu einem bestimmten Autor auf dem Bildschirm. Klicken Sie auf die Schaltfläche ZURÜCK ganz links auf der *Internet Explorer*-Standardsymbolleiste.

   Dieser Vorgang bringt Sie zu der zuletzt besuchten Seite zurück – die Seite der Autoren.

2) Klicken Sie nun ein zweites Mal auf die Schaltfläche ZURÜCK.

   Dieser Vorgang bringt Sie zur vorletzten Seite, die Sie besucht haben, die Homepage der Website von *Markt+Technik*.

Schaltfläche Vorwärts:
Macht den Befehl der
Schaltfläche Zurück
wieder rückgängig

3) Mit der Homepage von *Markt+Technik* auf dem Bildschirm, klicken Sie auf die Schaltfläche VORWÄRTS. Sie befindet sich direkt rechts neben der Schaltfläche ZURÜCK auf der Standardsymbolleiste.

   Diese Schaltfläche führt in die andere Richtung, also nach vorne, und zwar immer um eine Seite. Dabei wird die Reihenfolge der von Ihnen zuvor angesteuerten Websites beibehalten.

4) Klicken Sie ein zweites Mal auf die Schaltfläche VORWÄRTS.

   Sie sind nun auf der Seite angelangt, auf der Sie angefangen haben, sich rückwärts zu bewegen, die Informationsseite zu einem bestimmten Autoren.

Das Browsen mit der Adressleiste

Wenn Sie eine Webseite besuchen, wird die Webadresse dieser Seite in einem Bereich direkt über dem eigentlichen Hauptfenster des *Internet Explorers* angezeigt. Diesen Bereich bezeichnet man als Adressleiste.

Sie können auch eine Internet-Adresse in die Adressleiste eingeben. Obwohl in der Adressleiste immer http:// vor einer Webadresse angezeigt wird, müssen Sie http:// nicht eingeben, wenn Sie eine Adresse in die Leiste schreiben.

Wenn die Adressleiste auf Ihrem Bildschirm nicht angezeigt wird, wählen Sie ANSICHT/SYMBOLLEISTE/ADRESSLEISTE, um sie anzuzeigen.

Übung 7.3: Eine Adresse in die Adressleiste eingeben

1) Klicken Sie irgendwo in die Adressleiste. Die zur Zeit angezeigte Webadresse wird ausgewählt, sie wird negativ (also hell auf dunkel) dargestellt.

2) Löschen Sie die angezeigte Webadresse, indem Sie ENTF oder die Rücktaste drücken. Die Adressleiste ist nun leer.

3) Schreiben Sie die folgende Webadresse in die Leiste und klicken Sie auf WECHSELN ZU oder einfach ENTER: *www.ecdl.d*e

Der *Internet Explorer* zeigt Ihnen die erste Seite des ECDL in Deutschland an.

Üben Sie das Browsen durchs Web noch ein wenig, indem Sie auf die angezeigten Hyperlinks klicken, um auf andere Seiten der ECDL-Website zu gelangen. Scrollen Sie dabei auf jeder angesteuerten Webseite auch zum unteren Teil der jeweiligen Seite.

Adressleiste

Ein Bereich über dem eigentlichen Hauptfenster, in dem die Adresse (http:// vorangestellt) der zur Zeit eingeblendeten Webseite angezeigt wird. Sie können auch eine Webadresse in die Adressleiste eingeben. (Sie brauchen dabei nicht http://zu schreiben.)

Eine Webseite drucken

Sie können die aktuell angezeigte Webseite ausdrucken, indem Sie DATEI/DRUCKEN wählen und dann auf OK im Dialogfeld DRUCKEN klicken.

Schaltfläche Drucken

Wahlweise können Sie auch auf die Schaltfläche DRUCKEN in der *Internet Explorer*-Standardsymbolleiste klicken. Wenn Sie auf die Schaltfläche DRUCKEN in der Symbolleiste klicken, wird das Dialogfeld *Drucken* nicht angezeigt.

Optionen zum Seite einrichten

Die Befehle DATEI/SEITE EINRICHTEN und DATEI/DRUCKEN im *Internet Explorer* ermöglichen es Ihnen folgende Anpassungen:

- **Papierformat:** A4 ist das europäische Standardformat.

- **Ausrichtung:** Hochformat und Querformat.

- **Druckbereich:** Ihre Möglichkeiten hier sind: alle Seiten, ausgewählte Seiten oder ein Teil einer von Ihnen ausgewählten Seite.

- **Anzahl der Kopien:** Wenn Sie hier eine Zahl größer als eins wählen, können Sie noch festlegen, ob die ausgegebenen Seiten sortiert werden sollen oder nicht.

- **Seitenränder:** Der Abstand des zu druckenden Seiteninhalts (Text oder Grafik) zum Papierrand. Sie können die vier Seitenränder (oben, unten, rechts und links) unabhängig voneinander festlegen.

- **Kopfzeile und Fußzeile:** Sie können die folgenden Dinge im Kopf- bzw. Fußbereich einer gedruckten Webseite ein- bzw. ausschließen:

  - Seitentitel

  - Webseitenadresse

  - Seitennummer im Ausdruck

  - Gesamtanzahl der ausgedruckten Seiten

  - Druckdatum

Der *Internet Explorer* zeigt diese Optionen durch Symbole wie *&P* und *&d* an. Müssen Sie sich diese Symbole jetzt alle merken? Nein, natürlich nicht. Sie können sich der Online-Hilfe im *Internet Explorer* bedienen. Sie werden am Ende der Lektion 7.1 noch Näheres über die Online-Hilfe erfahren.

Etwas aus dem Web speichern

Wenn Sie im Web etwas sehen, was Ihnen gefällt – ein Bild, einen Text oder sogar die gesamte Website –, können Sie es dann aus dem Web auf Ihren Computer speichern? Die Antwort ist Ja. Wir zeigen Ihnen jetzt, wie es geht.

Ein Bild speichern

Um ein Bild von einer aktuell angezeigten Webseite zu speichern, führen Sie einen Rechtsklick auf das Bild aus. Es öffnet sich ein Kontextmenü. Wählen Sie daraus BILD SPEICHERN UNTER, dann den Ort auf Ihrem Computer, an dem Sie die Datei speichern möchten, akzeptieren oder ändern Sie den angegebenen Namen des Bilds und klicken Sie dann auf SPEICHERN.

In Übung 7.4 geben wir Ihnen ein Beispiel, wie man ein Bild von einer Webseite speichert.

Übung 7.4: Ein Bild von einer Webseite speichern

1) Wählen Sie DATEI/ÖFFNEN (oder drücken Sie STRG+o) und geben Sie noch einmal die Webadresse von *Markt+Technik*, *www.mut.de*, ein.

   Der *Internet Explorer* öffnet wieder die erste Seite der Website.

2) Rechts oben im Fenster sehen Sie ein Bild *Online Lexikon*.

3) Führen Sie nun einen Rechtsklick auf dieses Bild aus und wählen Sie BILD SPEICHERN UNTER aus dem Kontextmenü.

4) Im Dialogfeld *Speichern unter*, das angezeigt wird, akzeptieren oder ändern Sie den Dateinamen. Wählen Sie dann Laufwerk und Ordner, wo Sie das Bild ablegen möchten, und klicken Sie auf OK.

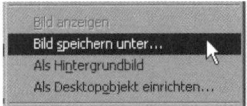

Dateiformate für Bilder

Die meisten Bilder im Web sind entweder im Format *gif* oder *jpg*.

Text auswählen und speichern

Sie können auch Text aus einer aktuell angezeigten Webseite speichern und wieder verwenden. Das ist ein Vorgang, der in zwei Schritten abläuft.

- **Kopieren:** Sie wählen den Text zuerst aus und kopieren ihn dann in die Zwischenablage, einem temporären Speicher.

- **Einfügen:** Sie fügen den Text aus der Zwischenablage in eine andere Datei, z.B. eine *Word*- oder *Excel*-Datei, ein.

Es gibt vier Dinge, die Sie sich bezüglich der Zwischenablage merken sollten:

- Die Zwischenablage ist ein temporärer Speicher. Wenn Sie Ihren Computer abschalten, wird der Inhalt der Zwischenablage gelöscht.

- Text verbleibt auch nach dem Einfügen weiterhin in der Zwischenablage. Sie können denselben Text also in so viele Dateien einfügen, wie Sie möchten.

- Die Zwischenablage kann gleichzeitig bis zu zwölf kopierte Elemente beinhalten.

- Bei Text, der von einer Webseite kopiert und in ein anderes Dokument eingefügt wird, kann die Formatierung verlorengehen.

Übung 7.5 führt Sie durch die einzelnen Schritte des *Kopierens* und *Einfügens* eines ausgewählten Textes von einer Webseite.

Übung 7.5: Text von einer Webseite speichern

1) Wählen Sie DATEI/ÖFFNEN (oder drücken Sie STRG+o) und geben Sie die folgende Webadresse ein: *www.bmbf.de.*

   Sie befinden sich nun auf der Website des *Bundesministeriums für Bildung und Forschung.*

2) Wenn die Webseite komplett geladen ist, scrollen Sie auf der Seite nach unten, um zu sehen, was sie alles enthält. (Wenn Sie STRG+ENDE drücken, gelangen Sie sofort ans Ende der Seite.)

   Drücken Sie mehrmals auf Bild↑, um wieder an den Anfang der Seite zu gelangen.

3) Klicken Sie links im Fenster an den Anfang der Adresse des Ministeriums und ziehen Sie den Cursor mit gedrückter Maustaste über den gesamten Bereich der Adresse.

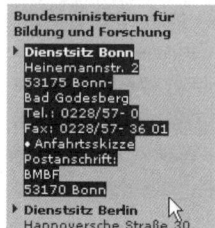

   Wenn Sie Text auswählen, stellt der *Internet Explorer* diesen Text negativ dar (weißer Text auf dunklem Hintergrund), ähnlich wie das Negativ eines Fotos.

4) Wählen Sie BEARBEITEN/KOPIEREN oder drücken Sie STRG+c, um den Text in die Zwischenablage zu kopieren.

5) Öffnen Sie *Microsoft Word* und dann ein neues Dokument. Wählen Sie BEARBEITEN/EINFÜGEN (oder drücken Sie STRG+v), um den Text in *Word* einzufügen.

Wenn Sie fertig sind, können Sie das *Word*-Dokument ohne Speichern schließen und *Word* beenden.

Gesamten Text speichern

Wenn Sie den gesamten Text einer Webseite speichern möchten, bietet der *Internet Explorer* Ihnen zwei Möglichkeiten:

- BEARBEITEN/ALLES AUSWÄHLEN und den Text in die Zwischenablage kopieren.

-oder-

- DATEI/SPEICHERN UNTER und dort die Option TEXTDATEI (.txt) wählen. Suchen Sie sich den Ort aus, an dem die Datei gespeichert werden soll. Akzeptieren oder ändern Sie den Dateinamen und klicken Sie dann auf SPEICHERN.

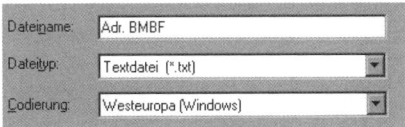

Sie können eine komplette Webseite mit Text, Grafik und anderen Komponenten speichern. Übung 7.6 zeigt Ihnen, wie es geht.

Übung 7.6: Eine Webseite speichern

1) Besuchen Sie einmal die Musikseite von MP3 unter *www.mp3.com.*

2) Wählen Sie DATEI/SPEICHERN UNTER und dort die Option *Webseite, komplett (*.htm, *.html)*. Suchen Sie sich den Ort aus, an dem die Datei gespeichert werden soll, akzeptieren oder ändern Sie den Dateinamen und klicken Sie auf SPEICHERN.

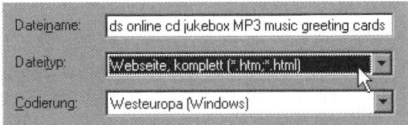

Die Webseite befindet sich natürlich noch auf der Website. Sie haben lediglich eine Kopie der Seite auf Ihrem Computer gespeichert.

Wie Sie bereits gelernt haben, ist es nicht sehr schwierig, Text und auch Bilder aus dem Web auf Ihrem Computer zu speichern. Aber es könnte sein, dass das nicht immer ganz legal ist. Wenn Sie also beabsichtigen, durch Copyright geschütztes Material aus dem Internet zu vervielfältigen, holen Sie sich vorher eine Genehmigung ein.

Mit dem *Internet Explorer* können Sie auch mehrere Webseiten gleichzeitig öffnen. Führen Sie Übung 7.7 aus, um zu erfahren, wie es geht.

Übung 7.7: Mehrere Webseiten öffnen

1) Besuchen Sie die folgende Website: *www.elpais.es.*

Der *Internet Explorer* zeigt die Homepage der spanischen Tageszeitung *El Pais.*

2) Wählen Sie DATEI/NEU/FENSTER oder drücken Sie STRG+n.

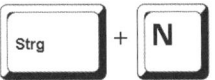

Der *Internet Explorer* öffnet ein neues, zweites Fenster. Standardmäßig wird im neuen Fenster die gleiche Webseite angezigt wie im vorherigen, in unserem Fall also die Homepage von *El Pais.*

3) Drücken Sie STRG+o und schreiben Sie *www.welt.de*, die Webadresse der deutschen Tageszeitung *Die Welt.*

4) Öffnen Sie ein drittes Fenster und geben Sie die folgende Adresse ein: *www.lastampa.it*. Das ist die Homepage der italienischen *Tageszeitung La Stampa.*

LA STAMPA *web*

Sie können so weitermachen und beliebig viele Fenster im *Internet Explorer* öffnen. Der einzige Faktor, der die Anzahl der gleichzeitig geöffneten Fenster begrenzt, ist die Speicherkapazität Ihres Computers.

5) Schließen Sie alle Fenster bis auf eines. Sie schließen ein Fenster, indem Sie auf das Schließenfeld rechts oben im Fenster des *Internet Explorer*s klicken oder indem Sie DATEI/SCHLIESSEN wählen.

Webwörter

In Lektion 7.1 haben wir das Wort *Website* verwendet. Schauen wir uns einmal an, was dieser und mit ihm verwandte Begriffe eigentlich bedeuten.

Das Internet oder Netz ist ein Inter-Netzwerk – ein Netzwerk aus Netzwerken. Wie Sie vielleicht noch aus Modul 1 wissen, ist ein Netzwerk eine Gruppe von Computern (und vielleicht noch anderen Geräten wie Drucker und Scanner), die untereinander verbunden sind.

Im Netz oder auch Web wird das Wort *Site* dazu verwendet, ein einzelnes Netzwerk zu beschreiben. Eine Netz-Site wird zur Website, wenn dahinter ein Computer steht, der als Webserver fungiert. Es gab allerdings das Netz, lange bevor es Webserver gab. Und heute steht nicht hinter jeder Website auch ein Webserver.

Website

Ein mit dem Internet verbundenes Netzwerk, das sich im Besitz und unter der Verwaltung einer Person oder einer Firma bzw. Organisation befindet und einen Webserver einbezieht.

Webserver und Webbrowser

Was ist ein Webserver? Ein Webserver ist ein Computer, der Dateien in einem bestimmten Format speichert und diese Dateien über das Internet für Computerbenutzer zugänglich macht, die über eine Software verfügen, den so genannten Webbrowser.

Webserver

Ein Computer eines mit dem Internet verbundenen Netzwerks, der Dateien speichert und sie auf Anfrage eines Webbrowsers über das Internet liefert.

Was ist ein Webbrowser? Ein Webbrowser ist eine Software-Anwendung, die eine Anfrage nach Dateien an einen Webserver schickt und diese Dateien dann auf dem Bildschirm des Benutzers anzeigt. *Microsoft Internet Explorer* und *Netscape Navigator* sind zwei der bekanntesten Webbrowser.

Webbrowser

Ein Programm wie beispielsweise der Microsoft Internet Explorer, das es einem Benutzer ermöglicht, Dateien über das Internet von einem Webserver abzufragen und diese Dateien dann auf dem Bildschirm anzuzeigen.

Man spricht vom Web oder *dem Netz.* Begriffe wie Webserver, Webbrowser, Website usw. werden für gewöhnlich zusammengeschrieben.

Online-Hilfe

Wie *Excel, Access, PowerPoint* und andere *Microsoft*-Anwendungen bietet auch der *Internet Explorer* eine Online-Hilfe an, die Sie nach Themen durchsuchen können.

Das Wort *Hilfe* in Online-Hilfe bedeutet, dass Informationen vorliegen, die Sie dabei unterstützen, *Internet Explorer* zu verstehen und zu benutzen.

Das Wort *Online* bedeutet, dass die Information auf dem Bildschirm verfügbar ist, statt auf Papier.

Sie können die Online-Hilfe auf zwei Arten durchsuchen bzw. sie lesen: über die Dialogfelder oder über das Menü HILFE.

Gebrauch der Online-Hilfe in Dialogfeldern

Sie können direkt über ein Dialogfeld auf die Online-Hilfe zugreifen. In Übung 7.8 erfahren Sie, wie es funktioniert.

Übung 7.8: Die Online-Hilfe in einem Dialogfenster verwenden

1) Wählen Sie DATEI/SEITE EINRICHTEN, um das Dialogfeld *Seite einrichten* anzuzeigen.

2) Klicken Sie auf das Fragezeichen oben rechts im Dialogfeld. Der *Internet Explorer* zeigt ein Fragezeichen rechts neben dem Cursor an.

3) Ziehen Sie die Maus nach rechts unten und klicken Sie irgendwo in das Feld *Kopfzeile.*

```
Kopf- und Fußzeilen
Kopfzeile
&w&bSeite &p von &P
Fußzeile
&u&b&d
```

4) Der *Internet Explorer* zeigt einen Hilfetext an, der ihnen Informationen über verschiedene Zeichen zur Eingabe der Kopfzeile anbietet. Führen Sie Übung 7.8
auch mit anderen Dialogfeldern des *Internet Explorers* aus.

Optionen im Menü Hilfe
verwenden

Sie können auch über das Menü ? auf die Online-Hilfe zugreifen.
Wählen Sie ?/INHALT UND INDEX, um die drei Register des Dialogfelds
Hilfe angezeigt zu bekommen.

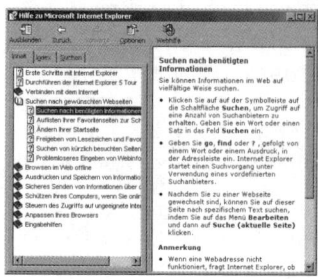 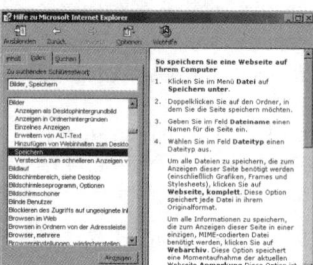 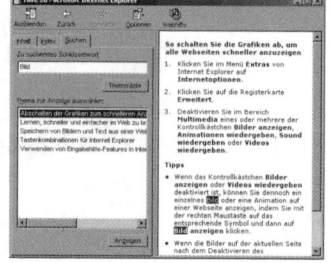

Register *Inhalt*

Dieses Register bietet Ihnen eine
kurze Beschreibung der Hauptmerkmale von *Explorers*.

◆ Wo Sie ein Buchsymbol sehen,
doppelklicken Sie darauf, damit Ihnen
die damit verwandten Themen angezeigt werden.

? Doppelklicken Sie auf ein Fragezeichen, um den Hilfetext zu lesen.

Register *Index*

Das hier angezeigte Material können
Sie wie das Schlagwortregister eines
gedruckten Buchs lesen bzw. verwenden.

Geben Sie die ersten Buchstaben
eines Wortes (oder Satzes) ein, das
für Sie interessant ist.

Internet Explorer zeigt gefundene
Übereinstimmungen mit der Online-
Hilfe im unteren Teil des Dialogfelds
an.

Wenn Sie den gesuchten Eintrag im
untern Bereich als Thema gefunden
haben, klicken Sie ganz einfach auf
ANZEIGEN oder führen Sie einen Doppelklick auf das entsprechende
Thema aus. Die Information zu diesem Thema wird dann im rechten
Bereich des Fensters angezeigt.

Register *Suchen*

Sie können das gesucht Wort oder
Thema nicht über das Register *Inhalt*
oder Index finden? Dann versuchen
Sie es hier.

Wenn Sie ein Wort oder einen Satz
schreiben und auf die Schaltfläche
THEMENLISTE klicken, führt *der Explo-*
rer eine Suche durch, die bis in die
Tiefen der Online-Hilfe vordringt.

Wenn Sie das gesuchte Element bzw.
Thema gefunden haben, führen Sie
einen Doppelklick darauf aus oder
klicken Sie auf die ANZEIGEN. Die
Information zu diesem Thema wird
dann im rechten Bereich des Fensters
angezeigt.

Während Sie die Online-Hilfe lesen bzw. durchsuchen, sehen Sie die folgenden Schaltflächen am oberen Rand des Online-Hilfe-Fensters.

- **Ausblenden/Einblenden:** Blendet den linken Fensterausschnitt des Dialogfelds Online-Hilfe ein oder aus.

- **Zurück/Vorwärts:** Führt Sie vorwärts und rückwärts durch vorher schon besuchte Hilfethemen.

- **Optionen:** Bietet einige Optionen zur Ansicht und ermöglicht das Drucken gerader angezeigter Online-Hilfe-Texte.

- **Webhilfe:** Bringt Sie auf die *Microsoft*-Seiten des Supports zum *Internet Explorer*.

Nehmen Sie sich einige Minuten Zeit, um durch die Online-Hilfe zum *Internet Explorer* zu stöbern.

Wenn Sie fertig sind, können Sie den *Internet Explorer* beenden, indem Sie auf das Schließenfeld klicken und DATEI/BEENDEN wählen. Sie haben die Lektion 7.1 des ECDL-Moduls Information und Kommunikation beendet.

Zusammenfassung der Lektion: Das haben Sie gelernt

Der *Internet Explorer* ist ein Webbrowser, der es Ihnen ermöglicht, Informationen über das Internet bei einem Webserver abzufragen.

Der *Internet Explorer* öffnet bei jedem Programmstart eine bestimmte Seite, die so genannte Startseite. Wenn Sie den *Internet Explorer* über Ihren Internet-Dienstanbieter erhalten haben, so ist der Internet Explorer wahrscheinlich so eingestellt, dass als Startseite die Website des ISP geöffnet wird.

Eine Homepage ist die erste Seite einer Website. In der Regel finden sich hier Hyperlinks, denen Sie folgen können, um auf die anderen Seiten der Website zu gelangen.

Sie können eine Webadresse in den *Internet Explorer* eingeben, indem Sie den Befehl DATEI/ÖFFNEN verwenden, STRG+o drücken oder die Adresse einfach in die Adressleiste schreiben. Die Adressleiste oberhalb des Hauptfensters zeigt immer die Adresse der gerade angezeigten Webseite an.

Die am oberen Rande des *Internet Explorers* verlaufende Standardsymbolleiste ermöglicht Ihnen den Zugriff auf häufig gebrauchte Befehle, wie z.B. *Vorwärts* und *Zurück*, um zur letzten bzw. vorherigen Webseite zu blättern.

Sie können im *Internet Explorer* mehrere Fenster gleichzeitig öffnen und so verschiedene Webseiten zur gleichen Zeit anzeigen. Das Programm erlaubt auch das Speichern von Webseiten oder ausgewählten Bildern bzw. Text einer Webseite auf Ihrem Computer.

Lektion 7.2: Informationen innerhalb von Websites suchen

Zu dieser Lektion

Viele Websites beinhalten Hunderte, ja sogar Tausende von Seiten. Die Online-Ausgabe einer Tageszeitung z.B. besteht normalerweise aus mehr als hundert Seiten. Wenn eine Zeitung ein Online-Archiv ihrer Ausgaben der letzten drei Jahre anbietet, so kann die Zahl der Seiten dieser Website leicht die Zahl 10.000 überschreiten.

Andere Beispiele für sehr umfangreiche Websites sind die von Online-Warenanbietern, da ihr Warensortiment möglicherweise Zehntausende von Musik-CDs oder Millionen von Büchern umfasst. Auch Websites zum Thema Reise und Urlaub können große Mengen an Seiten beinhalten, die unter anderem Fahrpläne und Informationen über Reiseziele zur Verfügung stellen.

Wie also finden Sie ganz bestimmte Informationen auf solchen Seiten? Wir zeigen Ihnen, wie es geht.

Darüber hinaus lernen Sie in dieser Lektion etwas über Standards von Webadressen und wie verschiedene Länder geringfügig unterschiedliche Abmachungen zur Webadressierung haben.

Neue Fähigkeiten

Am Ende dieser Lektion sollten Sie in der Lage sein,

- ein Wort oder eine Phrase auf einer Webseite zu finden,
- einen Site-Index zu verwenden, um Informationen innerhalb einer Website zu finden,
- eine Suchmaschine zu verwenden, um Informationen innerhalb einer Website zu finden,
- ein interaktives Formular zu verwenden, um Informationen innerhalb einer Website zu finden,
- die Standards von Webadressen zu beschreiben, die in Deutschland, Frankreich, USA, England, Australien und Südafrika verwendet werden,
- zu erklären, wie Namen von Ordnern und Dateien in eine Webadresse mit eingebunden sind.

Neue Wörter

Am Ende dieser Lektion sollten Sie in der Lage sein, die folgenden Begriffe zu erklären:

- Navigationsleiste
- Interaktives Formular
- Schlüsselwort
- Webadresse (URL)
- Suchmaschine für Websites

Text innerhalb einer Webseite suchen

Um Ihnen bei der Suche nach einem bestimmten Wort oder einem Satz behilflich zu sein, stellt der *Internet Explorer* Ihnen den Befehl BEARBEITEN/SUCHEN (AKTUELLE SEITE) zur Verfügung. Dieser Befehl durchsucht nur:

* die *gerade angezeigte Webseite*, nicht aber die gesamte Website und auch nicht das gesamte World Wide Web.

* den *gerade geladenen Teil* einer Webseite. Warten Sie also, bis die komplette Seite geladen ist (von der Website in den Speicher Ihres Computers kopiert ist), bevor Sie diesen Befehl verwenden.

Die Statusleiste zeigt an, wenn die Webseite vollständig geladen ist

* den *Text der Seite*. Wörter, die als Teil einer Grafik angezeigt werden, werden ignoriert.

In Übung 7.9 führen wir Ihnen vor, wie Sie diesen Befehl auf eine sehr lange und textintensive Webseite anwenden können.

Übung 7.9: Information innerhalb einer Webseite suchen

1) Öffnen Sie den *Internet Explorer* und besuchen Sie die Webseite *www.ecdl.de*. Klicken Sie auf den Link *Die 7 Module*.

   Eine Seite mit der Beschreibung der sieben Module des ECDL wird angezeigt.

2) Wählen Sie BEARBEITEN/SUCHEN (AKTUELLE SEITE) oder drücken Sie STRG+f. Geben Sie dann *World Wide Web* im Dialogfeld *Suchen* ein und klicken Sie auf WEITERSUCHEN.

3) Der *Internet Explorer* geht an die Stelle im Text, an der eine Übereinstimmung mit dem gesuchten Wort gefunden wird. Das Dialogfeld bleibt geöffnet.

Information innerhalb einer Website suchen

Umfangreiche Websites können aus mehreren hundert oder tausend einzelnen Webseiten bestehen. Um Ihnen bei der Suche nach einer bestimmten Information behilflich zu sein, bieten solch große Websites in der Regel eines oder mehrere der drei folgenden Merkmale:

* **Site-Index:** Wird oft auch als Sitemap bezeichnet. Es ist eine Webseite, auf der die Hauptbestandteile einer Website aufgelistet sind.

- **Suchmaschine:** Ein Programm, das nach dem Vorkommen von bestimmtem Text (Wörter, Zahlen oder Tastaturzeichen), den Sie eingeben, sucht und dann eine Liste aller Webseiten anzeigt, in denen der gesuchte Text vorkommt. Die Liste umfasst eine kurze Beschreibung der entsprechenden Seiten.

- **Interaktive Formulare:** Sie erlauben die Abfrage ganz bestimmter Informationen. In der Regel finden Sie solche Formulare auf Websites zum Thema Reise und Urlaub und auf Sites von Herstellern bzw. Verkäufern höchst unterschiedlich konfigurierbarer Produkte (wie z.B. Computer).

Website-Indexseiten

Die Übungen 7.10, 7.11 und 7.12 liefern Ihnen Beispiele für die Anzeige von Indexseiten von drei verschiedenen Websites.

Klicken Sie in jeder Übung auf einige der angegebenen Links auf der Indexseite, um die jeweilige Website ein wenig kennen zu lernen. Klicken Sie jedes Mal wieder auf die Schaltfläche Zurück, um Ihre Schritte zurückverfolgen zu können.

Übung 7.10: Die Indexseite einer Website eines Software-Herstellers anzeigen

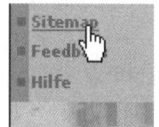

1) Besuchen Sie die Seite von *Microsoft*, indem Sie die folgende Adresse angeben: *www.Microsoft.com/germany*

2) Auf der linken Seite der angezeigten Homepage sehen Sie mehrere Hyperlinks. Klicken Sie auf den Link *Sitemap*.

3) Sie gelangen so auf die Indexseite von *Microsoft* Deutschland, wo Sie eine Liste des Inhalts der Website finden.

Übung 7.11: Die Indexseite einer Fluggesellschaft anzeigen

1) Besuchen Sie die folgende Website: *www.lufthansa.com*

2) Suchen Sie im Länderfeld nach *Deutschland* und klicken Sie dann auf *Take off*. Am oberen Rand der nächsten Seite finden Sie den Link zur *Sitemap*.

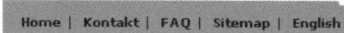

3) Klicken Sie darauf, um einen Überblick über den Inhalt der Lufthansa-Website zu bekommen.

Übung 7.12: Die Indexseite der Stadt Wiesbaden anzeigen

1) Besuchen Sie die Website der Stadt Wiesbaden unter *www.wiesbaden.de*.

   Am linken Rand der Seite finden Sie den Link zum Index.

2) Klicken Sie darauf, um einen Überblick über den Inhalt der Website von Wiesbaden zu bekommen.

Einige Websites listen ihre wichtigsten Links am oberen Rand der Homepage, andere am linken Seitenrand auf. Die Liste der Hauptlinks einer Website wird Navigationsleiste genannt. Eine Navigationsleiste kann aus Text, aber auch aus Grafik bestehen.

Navigationsleiste

Eine horizontale oder vertikale Liste mit Hyperlinks, die zu den Hauptkomponenten der jeweiligen Site führen. Meistens gibt es Links zur Anfangsseite (Home), zum Index, zum Firmenprofil, zu Produkten, zu Dienstleistungen und zur Kontaktaufnahme.

Site-Index

Site-Index wird oft auch als Sitemap bezeichnet. Es ist eine Webseite, auf der die Hauptbestandteile einer Website aufgelistet sind.

Suchmaschinen für Websites

Ein Index kann Ihnen dabei helfen, das Informationsspektrum, das auf einer Website angeboten wird, zu erkunden. Um jedoch ein bestimmtes Element oder mehrere zu suchen, sind Suchmaschinen besser geeignet. Die Übungen 7.13, 7.14 und 7.15 geben Ihnen Beispiele für Suchmaschinen auf drei Websites: in einer Filmdatenbank, auf einer Seite für aktuelle Informationen zu wissenschaftlichen Themen und für ein Online-Wörterbuch.

Übung 7.13: Eine Filmdatenbank durchsuchen

1) Besuchen Sie eine Internet-Filmdatenbank, indem Sie die folgende Adresse eingeben: *www.filmsurf.de*

2) Klicken Sie links im Bild auf den Hyperlink *Suchen*. Sie gelangen auf eine weitere Seite.

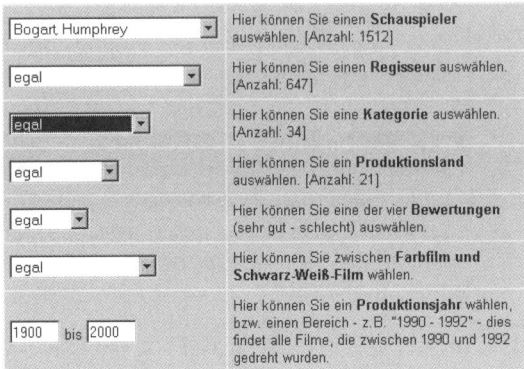

3) Hier können Sie Ihre Suchkriterien zu Filmen, Schauspielern usw. eingeben und dann unten auf *Suchen* klicken. Probieren Sie es einfach einmal aus.

Übung 7.14: Eine Site zu wissenschaftlichen Themen durchsuchen

1) Besuchen Sie die Website von *g-o.de Wissen Online*. Auf dieser Website finden Sie aktuelle Berichte zu Themen der Geo- und Naturwissenschaft und ein wertvolles Archiv für beispielsweise Lehrer und sonstige Wissenshungrigen. Geben Sie folgende Adresse ein: *www.g-o.de*

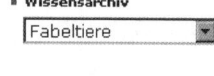

■ **Wissensarchiv**

2) Rechts im Bild sehen Sie ein Suchfeld mit dem Titel *Wissensarchiv*. Wählen Sie aus der Dropdown-Liste ein Thema und klicken Sie auf ENTER.

Die verfügbaren Informationen zum jeweiligen Thema werden aufgelistet.

Übung 7.15: Ein Online-Wörterbuch durchsuchen

Suchbegriff (Englisch oder Deutsch):

1) Besuchen Sie die Website des Online-Wörterbuchs LEO unter *http:// dict.leo.org/.*

2) Im Bild sehen Sie ein Feld für *Suchbegriff*. Geben Sie ein englisches oder deutsches Wort ein und klicken Sie dann auf *Suchen*.

LEO zeigt Ihnen eine Liste der gefundenen Übersetzungsmöglichkeiten an.

In Lektion 7.3 machen wir Sie mit Suchmaschinen bekannt, die das gesamte Web durchsuchen und nicht nur eine einzelne Website. Darüber hinaus erfahren Sie, wie Sie eine Suche mit mehreren Schlüsselwörtern durchführen.

Zunächst möchten wir aber ein paar wichtige Wörter definieren, die zu einer Suche innerhalb einer Website und dem gesamten Web gehören.

Schlüsselwort

Text oder andere Tastaturzeichen, die in eine Suchmaschine eingegeben werden. Die Suchmaschine zeigt dann eine Liste von Dokumenten an, die den eingegebenen Text beinhalten. In der Regel enthält eine solche Liste Links zu einzelnen Seiten und zeigt gleichzeitig eine Kurzbeschreibung dieser Seiten an.

Suchmaschinen für Websites

Ein Programm, das Websites nach Schlüsselwörtern durchsucht, die vorher vom Benutzer eingegeben wurden. Das Programm zeigt eine Liste von Webseiten an, auf denen es die eingegebenen Wörter gefunden hat.

Interaktive Formulare

Im Web ist ein interaktives Formular eine Seite, die leere Felder enthält, in die Sie als Benutzer Information eingeben können. In der Regel werden solche Formulare verwendet, um ein bestimmtes

Produkt (z.B. eine Musik-CD) oder Information (z.B. Fahrzeiten von Zügen), die Sie benötigen, näher zu bestimmen.

Sie können Formulare auch verwenden, um Informationen an eine Website zu übermitteln. Wenn Sie beispielsweise bei einem Online-Buchladen ein Buch kaufen möchten, werden Sie aufgefordert, Ihren Namen und Angaben zu Ihrer Kreditkarte in ein Formular einzutragen.

Interaktives Formular

Mehrere Felder auf einer Webseite, die Sie dazu verwenden, bestimmte Informationen, ein Produkt oder eine Dienstleistung abzufragen. Sie können ein Formular aber auch dazu verwenden, Informationen wie Ihren Namen und Ihre Kreditkartennummer zu übermitteln.

Die Übungen 7.16 und 7.17 geben Ihnen zwei Beispiele für interaktive Formulare auf Websites. Mit dem ersten Formular können Sie die Abfahrtszeiten von Zügen, mit dem zweiten den Preis eines Computers mit einer bestimmten Konfiguration abfragen.

Übung 7.16: Verwendung eines Formulars zur Abfrage von Zugabfahrtszeiten

1) Besuchen Sie die Deutsche Bundesbahn unter *www.db.de*

2) Füllen Sie auf der Startseite die angezeigten Suchfelder *Von* und *Nach* aus.

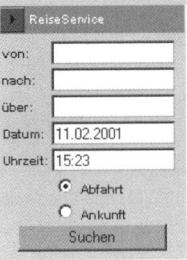

3) Geben Sie als Beispiel die Verbindung *Köln - München* ein und drücken Sie auf *Suchen.*

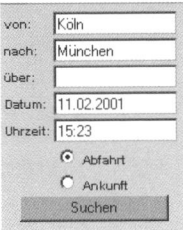

4) Als nächste Seite wird Ihnen eine Liste der gefundenen Verbindungen angezeigt.

Verbindungen - Übersicht							Hilfe & Hinweise	Homepage
							<<< frühere Verbindungen
Halt	Datum		Zeit	Umst.	Dauer	Produkte	Preis*
Köln Hbf München Hbf	11.02.01	ab an	15:00 20:58	1	5:58	ICE	199,00 DM Standardtarif
Köln Hbf München Hbf	11.02.01	ab an	15:28 21:12	0	5:44	IC	180,00 DM Standardtarif
Köln Hbf München Hbf	11.02.01	ab an	15:54 21:24	1	5:30	IC, ICE	199,00 DM Standardtarif

Autos und Computer sind Beispiele für Produkte, die auf verschiedene Weise individuell zusammengestellt werden können. Der Preis des Produkts ändert sich dabei, je nachdem, welche Komponenten Sie auswählen. In Übung 7.17 verwenden Sie ein Formular, um die Konfiguration eines Computers zu bestimmen und als Ergebnis den entsprechenden Preis angezeigt zu bekommen.

Heutzutage verkaufen die meisten Computerhersteller ihre Produkte auch online. Beachten Sie bitte, dass sich die angegebenen Websiteadressen, beispielsweise die der Firma *Dell*, mit der Zeit ändern können.

Übung 7.17: Verwendung eines Formulars zur Preisausgabe eines benutzerdefinierten Computers

1) Besuchen Sie die deutsche Website des Computerherstellers *Dell*, unter *www.dell.com*, und gehen Sie von dort auf die deutschen Seiten.

● Privatanwender und Home Office

2) Klicken Sie hier auf den Link *Privatanwender und Home Office*.

3) Klicken Sie nun auf den Link *Notebooks*. Eine Liste mit mehreren Modellen wird angezeigt. Wählen Sie durch Klicken eines der Modelle aus und klicken Sie dann auf der nächsten Seite auf den Link *Konfigurieren und kaufen*.

● Konfigurieren und Bestellen

4) Sie sehen nun ein Formular (eventuell müssen Sie etwas nach unten scrollen), in dem sämtliche Komponenten für das ausgewählte Notebook, wie Prozessor, Hauptspeicher, Festplatte usw., aufgeführt sind.

5) Ändern Sie einige der angegebenen Optionen über die jeweilige Dropdown-Liste.

Beachten Sie, dass sich der ganz unten auf der Seite angegebene Preis entsprechend der Konfiguration verändert.

Prozessor	❷ Weitere Informationen
Intel Celeron Prozessor 600 MHz	▼

Hauptspeicher	❷ Weitere Informationen
128 MB RAM (2x 64 MB) (+280,00 DM)	▼

Festplatte	❷ Weitere Informationen
5 GB Festplatte	▼

Disketten Laufwerke	❷ Weitere Informationen
modulares 3,5" Diskettenlaufwerk	

CD-ROM / DVD-ROM	❷ Weitere Informationen
modulares 24-fach CD-ROM Laufwerk	▼

Tragetaschen	❷ Weitere Informationen
Nylon-Tragetasche (+69,00 DM)	▼

Preis 3.451,58 DM (zzgl. MwSt.)   ▶ In den Warenkorb legen

4.003,84 DM (inkl. MwSt.)

6) Wenn Sie ausreichend mit dem Formular experimentiert haben, klicken Sie mehrmals auf die Schaltfläche ZURÜCK, um zur Startseite bzw. Homepage von *Dell* zurückzukehren.

Etwas über Webadressen

In dieser und der vorherigen Lektion haben Sie Webadressen eingegeben und die damit verbundenen Webseiten besucht. Eine Webseite ist eigentlich nur eine andere Art von Computerdatei. *Word*-Dateien haben die Endung .doc und *Excel*-Dateien die Endung .xls. Webseiten hingegen haben die Erweiterung .htm (manchmal auch .html oder .shtml). Wir wollen uns Webadressen nun einmal etwas genauer ansehen.

Um mit dem *Internet Explorer* eine Webseite aufzurufen, müssen Sie zwei Dinge wissen:

• Den Namen des Webservers – also den Namen des Computers, der mit dem Internet verbunden ist und auf dem sich die jeweilige Webseite befindet.

• Den Namen der Webseite (also der Datei) auf dem entsprechenden Webserver.

Wenn Sie diese zwei Dinge zusammennehmen, haben Sie das, was man eine Webadresse nennt. Ein anderer, aber sehr viel technischer Ausdruck für eine Webadresse ist URL (Uniform Resource Locator).

Webadresse (URL)

Die eindeutige Adresse einer Webseite. Sie enthält den Namen des Webservers und den Namen der jeweiligen Webseite.

Der beste Weg, etwas über Webadressen zu lernen, besteht darin, sich einige Beispiele anzuschauen und zu erfahren, warum Sie gerade so zusammengestellt sind. Hier die Adressen von drei amerikanischen Webseiten.

www.latimes.com

www.princeton.edu

www.cia.gov

In einer amerikanischen Webadresse zeigt der letzte Teil einer Adresse, das so genannte Suffix, die Art der Organisation an.

Kommerzielle, also geschäftliche Seiten (wie beispielsweise die Tageszeitung *Los Angeles Times*), haben die Endung *.com,* pädagogische Einrichtungen (beispielsweise die *Princeton University*) haben die Endung *.edu* und Regierung bzw. Verwaltung (beispielsweise CIA) erhalten die Endung *.gov.*

Hier ein paar Beispiele für italienische (.it), französische (.fr) und deutsche (.de) URLs.

www.yahoo.it	www.smartweb.fr	www.infoseek.de
www.juventus.it	www.renault.fr	www.bmw.de
www.ferrari.it	www.louvre.fr	www.berlinonline.de

In jedem der oben aufgeführten Fälle zeigt das Suffix lediglich das jeweilige Land an. Die Adressen sind also nicht weiter kategorisiert.

Britische Webadressen enden in *.uk*, beinhalten jedoch auch eine Komponente zur Identifizierung des Organisationstyps: *.co* steht für kommerzielle Einrichtungen, *.ac* für den Ausbildungs- und Erziehungssektor und *.gov* für Regierung. Hier einige Beispiele:

www.cttraining.co.uk	www.mcc.ac.uk
www.landrover.co.uk	www.cam.ac.uk
www.thisislondon.co.uk	www.ox.ac.uk
www.itn.co.uk	www.bcs.org.uk
www.chelseafc.co.uk	www.amnesty.org.uk

Das Suffix für Grund- und weiterführende Schulen, *.sch.uk*, ist auch auf dem besten Wege, eine schnelle Verbreitung zu finden.

Weitere Länder, die zwei Suffixe verwenden (eines für den Organisationstyp und eines für das Land selbst), sind Australien und Südafrika. Hier einige Beispiele:

www.smh.com.au

www.Microsoft.com.au

www.ntu.edu.au

www.uwa.edu.au

www.ics.org.au

www.foe.org.au

www.deet.gov.au

www.thesource.gov.au

www.southafrica.co.za

www.icdl.co.za

www.unisa.ac.za

www.up.ac.za

www.cssa.org.za

www.sarl.org.za

www.finance.gov.za

www.durban.gov.za

Üben Sie Ihre Fähigkeiten im Surfen durchs Web, indem Sie einige der aufgelisteten URLs besuchen.

URLs und Dateien

Eine URL legt zwei Dinge fest: den Namen des Webservers und den Namen einer bestimmten Webseite auf diesem Server. Wo also ist der Name der Webseite in dieser URL?

www.munnelly.com

Die Antwort: Wenn Sie nur den Namen des Webservers eingeben, zeigt der Server die Standardwebseite an. Und das ist die erste bzw. Hauptseite einer Website, die normalerweise auch mit index.htm (oder index.html) bezeichnet wird.

Die Webadresse von www.munnelly.com ist daher eigentlich:

www.munnelly.com/index.htm

Hier ein paar URLs, bei denen der Name der Standardseite als Teil der Adresse enthalten ist:

www.bianca-meidt.de/index.html

www.fliegen-sparen.de/index.html

www.holz-regional.de/index.html

Sie können erkennen, dass ein Schrägstrich (/) den Namen der Webseite vom Namen des Webservers trennt.

Wenn Sie also eine Seite sehen möchten, die nicht die Hauptseite ist, geben Sie die URL einschließlich des Namens einer Seite ein. Zum Beispiel:

www.welt.de/politik/

www.toshiba.de/computer/

www.t-online.de/reisen/

www.3sat.de/nano/

Wie auf anderen Computern, so sind auch auf einem Webserver Dateien in Ordnern organisiert. In den vier Beispielen, die wir oben angegeben haben, befinden sich die Webseiten im Hauptordner des Webservers. Webserver können aber auch Seiten in Unterordnern oder Unter-Unterordnern speichern. Hier ein paar Beispiele für URLs, die den Namen von Unterordnern beinhalten.

http://www.toshiba.de/computer/haendler/liste.htm

http://www.euro.dell.com/countries/de/deu/gen/default.htm

http://www.geocities.com/SoHo/9009/NEUEZitateSTART.htm

http://www.de.bluemountain.com/indexpages/congrat/

Ein Schrägstrich (/) trennt Ordnernamen von Seitennamen.

Manchmal enthält eine URL nur den Namen des Webservers und des Ordners, aber nicht den Namen der Seite im Ordner. In solchen Fällen zeigt Ihr Webbrowser die Standardwebseite des jeweiligen Ordners an. Auch diese Seiten werden normalerweise index.html (oder index.htm) genannt. Zum Beispiel:

www.tcd.ie/drama/

ist in Wirklichkeit

www.tcd.ie/drama/index.html

Trainieren Sie das Surfen im Web noch ein wenig, indem Sie einige der oben aufgeführten URLs besuchen, die Ordner- und Dateinamen enthalten.

Wenn Sie fertig sind, können Sie den *Internet Explorer* beenden. Sie haben die Lektion 7.2 des ECDL-Moduls Information und Kommunikation beendet.

In der Regel wird auf Websites eine Navigationsleiste angezeigt, eine horizontale oder vertikale Liste mit Hyperlinks zu den wichtigsten Seiten einer Website. Diese Navigationsleiste befindet sich entweder am oberen oder am linken Rand einer Seite.

Umfangreichere Websites helfen Benutzern, indem Sie eine, zwei oder drei der folgenden Funktionen zur Navigation anbieten:

- Einen *Site-Index,* der häufig auch als *Sitemap* bezeichnet wird. Es ist eine Webseite, auf der die Hauptinhaltspunkte einer Website aufgelistet sind. Der Sinn und Zweck einer solchen Seite entspricht ungefähr dem eines Inhaltsverzeichnisses in einem Buch.

- Eine *Suchmaschine für Websites* ist ein Programm, das Websites nach Schlüsselwörtern durchsucht, die vorher vom Benutzer eingegeben wurden. Das Programm zeigt eine Liste von Webseiten an, auf der es die eingegebenen Wörter gefunden hat.

- Ein *interaktives Formular* besteht aus mehreren Feldern auf einer Webseite, die Sie dazu verwenden, bestimmte Informationen, ein Produkt oder eine Dienstleistung abzufragen. Sie können ein Formular aber auch dazu benutzen, Informationen, wie Ihren Namen und Ihre Kreditkartennummer, zu übermitteln.

Eine URL ist die eindeutige Webadresse, die den Namen des Webservers und den Namen der jeweiligen Webseite enthält. Wenn in einer URL keine bestimmte Seite mit angegeben ist, zeigt der Webbrowser die Standardseite an, welche im Normalfall die Seite *index.htm* oder *index.html* ist.

URLs bestehen mindestens aus zwei Teilen, die durch einen Punkt voneinander getrennt sind. In den USA bezeichnet der erste Teil den Namen der Organisation, der zweite den Typ. Kommerzielle Seiten haben die Endung *.com*, Seiten des Erziehungswesens *.edu*, und Regierungsseiten *.gov*.

Italienische, deutsche und französische Seiten sind nicht nach Typen kategorisiert. Ihr Domänenname besteht lediglich aus dem Namen der Organisation und einem Suffix, aus dem das Land ersichtlich wird *(.it, .fr, .de)*.

In England enden kommerzielle Seiten mit *.co.uk*, akademische Seiten mit *.ak.uk* oder *.sch.uk* und Regierungsseiten mit *.gov.uk*. Auch Australien und Südafrika kategorisieren ihre Webadressen nach Organisationen.

Lektion 7.3: Informationen im Web suchen

Zu dieser Lektion

In einem Bericht, der Anfang 2000 veröffentlicht wurde, steht, dass im Web über 1 Billion Seiten auf fast 5 Millionen Webservern gespeichert sind. Etwa 85% der Seiten waren in englischer Sprache und etwas über die Hälfte (55%) der Seiten hatten die Endung *.com*. Wie können Websurfer nun, angesichts einer solch enormen Datenmenge, die Hoffnung haben, eine Seite zu finden, auf der sie ganz bestimmte Informationen zu ihren Interessen erwarten?

Das ist nicht ganz so schwierig, wie es sich anhört, wenn Sie erst einmal wissen, wie es funktioniert. In dieser Lektion lernen Sie die Techniken kennen, um Informationen im Web zu suchen und auch zu finden.

Neue Fähigkeiten

Am Ende dieser Lektion sollten Sie in der Lage sein,

- Informationen im Web zu finden, indem Sie durch die Kategorien einer Verzeichnissite navigieren.

- Informationen im Web zu finden, indem Sie ein Schlüsselwort in eine Such- bzw. Metasuchmaschine eingeben,

- eine Suche aus Phrasen vorzunehmen, indem Sie Anführungszeichen verwenden,

- eine Suche mit mehreren Schlüsselwörtern durchzuführen, indem Sie Plus (+) und Minus (-) als logische Operatoren verwenden.

Neue Wörter

Am Ende dieser Lektion sollten Sie in der Lage sein, die folgenden Begriffe zu erklären:

- Webverzeichnis
- Websuchmaschine
- Webmetasuchmaschine
- logische Suche

Wenn Sie das Web nach Informationen zu einem bestimmten Thema absuchen, können Ihnen vier Arten von Websites dabei behilflich sein.

- **Verzeichnissites:** Das sind Websites, die Informationen im Web nach bestimmten Themen katalogisieren.

- **Suchmaschinen:** Das sind Websites, die das Web nach Schlüssel-wörtern, also dem Vorkommen bestimmter Wörter oder Sätze, absuchen.

- **Metasuchmaschinen:** Das sind Websites, die Schlüsselwörter an verschiedene Suchmaschinen übermitteln. Sie erlauben die gleich-zeitige Verwendung mehrerer Suchmaschinen.

- **Natural Language Suchmaschinen** (auch Antwortsucher genannt). Das sind Websites, die Fragen in einfacher Sprache annehmen. Zum Beispiel: Wer ist der Premierminister von Neuseeland?

In dieser Lektion lernen Sie die verschiedenen Arten von Websites kennen und wie Sie diese dann am besten für die Suche nach Informationen, die Sie benötigen, verwenden können.

Verzeichnis-Websites organisieren bzw. strukturieren Informationen in einfacher Weise, *von oben nach unten*. Sie neigen dazu, nur die besseren Informationsquellen auszusuchen. Leider ändert sich das Web so schnell, dass Verzeichnisseiten nicht immer ganz *up-to-date* sind.

Die erste und auch größte Verzeichnissite ist Yahoo!, auf der Sie Informationen nach Kategorien und Unterkategorien und häufig auch noch nach Unter-Unter-Unterkategorien abrufen bzw. suchen können.
In Übung 7.18 geben wir Ihnen ein Beispiel.

Übung 7.18: Informationen in Yahoo! finden

1) Öffnen Sie den *Internet Explorer* und besuchen Sie die Website von Yahoo! unter Yahoo.de.

2) Klicken Sie auf den Link *Naturwiss. & Technik.*

3) Sie bekommen eine neue Webseite angezeigt. Klicken Sie auf den Link: *Astronomie.* Sie gelangen nun wieder zu einer neuen Seite. Klicken Sie auf den Link *Planetarien.*

4) Eine Liste mit Planetarien wird angezeigt. Klicken Sie auf einen der Links, um ein Planetarium Ihrer Wahl anzusteuern.

Die Übung ist hiermit beendet.

Übung 7.18 beweist Ihnen nicht nur die Fülle und Tiefe an vorhandener Information im Web, sondern auch die Nützlichkeit einer Verzeichnissite wie beispielsweise Yahoo!

Es gibt länderspezifische Versionen von Yahoo! für eine Vielzahl von Ländern. Unter anderem für UK, Irland, Frankreich, Italien, Australien, Neuseeland, Mexiko usw. Von der Hauptseite aus unter www.yahoo.com gelangen Sie über einen Link zu den einzelnen länderspezifischen Seiten. Eine weitere bekannte Verzeichnissite ist Web.de.

Web Verzeichnissites
www.yahoo.de
www.web.de
www.lycos.de

Die meisten Verzeichnissites bieten auch eine Funktion zum Suchen an.

Web-Verzeichnissite

Eine Website, die andere Seiten im Web nach Themen geordnet auflistet und kategorisiert. In der Regel bietet eine solche Site verschiedene hierarchische Ebenen, wobei die unterste Ebene eine Liste von Websiteadressen aufweist.

Suchmaschinen für Websites

Eine Suchmaschine erlaubt es Ihnen, ein Wort oder eine Phrase einzugeben, sucht dann nach Beispielen bzw. Übereinstimmungen und zeigt eine Liste von Webadressen an, die mit den eingegebenen Suchkriterien übereinstimmen. Hinzu kommt eine Zusammenfassung der jeweiligen Site. Sie können auf das Suchergebnis klicken, das Ihren Vorstellungen am nächsten kommt.

Suchmaschinen durchsuchen nicht das gesamte Web, sondern nur ihre eigenen kleinen, aber regelmäßig aktualisierten Listen mit Websites. Das entspricht ungefähr 10 bis 15% des Gesamtvolumens der im Web vorhandenen Sites.

alta^{vista}: SEARCH
DEUTSCHLAND

Suche **Email** **Shopping** **Free In**

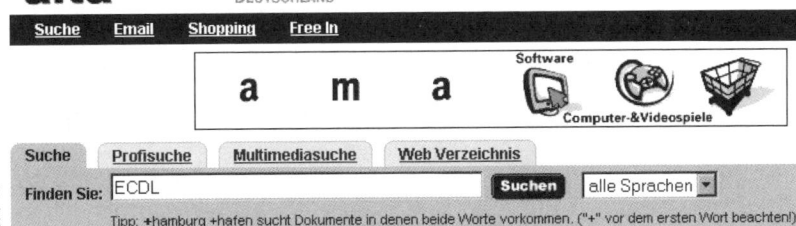

| **Suche** | **Profisuche** | **Multimediasuche** | **Web Verzeichnis** |

Eine Suche nach dem Wort EDCL bei Altavista bringt über 2000 Ergebnisse

Finden Sie: ECDL   **Suchen**   alle Sprachen ▼

Tipp: +hamburg +hafen sucht Dokumente in denen beide Worte vorkommen. ("+" vor dem ersten Wort beachten!)

Webseiten ▸ 2006 Webseiten wurden gefunden.

1. ECDL-Modul 1
   Vorbereitung auf die Prüfung zum ECDL-Modul 1. Schulungsstätte: Berlin Wedding, Drontheimer Straße 32a. Abschlußtitel: ECDL Modul 1 - Grundlagen der........
   URL: http://www.quadriga-gmbh.de/ECDL1.htm
   zuletzt geändert: 20-Jun-2000 - Größe: 7.3 K - Deutsch

2. Was ist der Europäische Computer Führerschein (ECDL)
   Fakten zum Europäischen Computer Führerschein? Der Europäische Computer Führerschein ist ein Nachweis für umfassende Kenntnisse im IT-Bereich. Das........
   URL: http://www.ecdl.de/ecdl.html
   zuletzt geändert: 19-Nov-2000 - Größe: 5.1 K - Deutsch

3. ECDL
   ECDL - europaweit und international anerkannt. Der europäische Computer Führerschein ist ein europaweit anerkanntes Zertifikat. Der ECDL bestätigt........
   URL: http://www.q-online.de/was3_c.htm
   zuletzt geändert: 21-Aug-2000 - Größe: 2.0 K - Deutsch

Web-Suchmaschinen funktionieren ähnlich wie Website-Suchmaschinen, denen Sie in Lektion 7.2 begegnet sind. Der Hauptunterschied liegt darin, dass sie das Web durchsuchen und nicht nur eine bestimmte Website.

Suchmaschinen finden gelegentlich einzelne Seiten einer Website, die nichts mit dem, was Sie wirklich suchen, zu tun haben. Sie können dabei aber des Öfteren schon mal auf sehr gute Informationen stoßen. Seien Sie aber auch darauf vorbereitet, sich durch eine Menge unnützer Information kämpfen zu müssen.

Die Übungen 7.19 und 7.20 geben Ihnen ein Beispiel für eine Suche mit Hilfe einer Suchmaschine, mit einem einzelnen Schlüsselwort. In Übung 7.19 verwenden Sie dazu die Standardsuchmaschine des *Internet Explorer*s.

Übung 7.19: Suche mit der Standardsuchmaschine des Internet Explorers

Schaltfläche Suchen

1) Klicken Sie auf die Schaltfläche Suchen in der Standardsymbolleiste des *Internet Explorer*s.

   Links neben dem Hauptfenster wird die Suchleiste eingeblendet.

   (Ihre Suchleiste kann etwas anders aussehen, abhängig davon, wie der *Internet Explorer* eingestellt ist.)

2) Mit den Standardeinstellungen geben Sie als Schlüsselwort bzw. Suchbegriff *ECDL* ein.

3) Klicken Sie auf die Schaltfläche Suchen.

   Sie bekommen nun eine Liste von Seiten angezeigt, die das Wort ECDL enthalten.

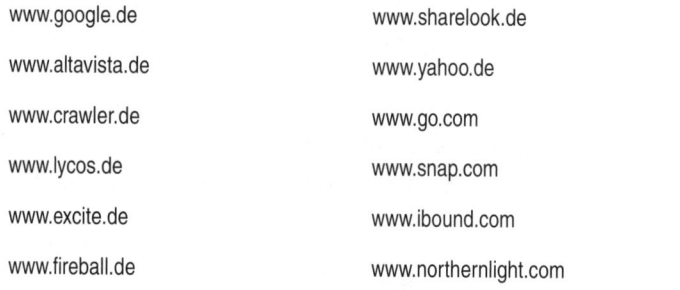

Sie können die Standardsuchmaschine im *Internet Explorer* wechseln, indem Sie auf Anpassen oben rechts in der Leiste *Suchen* klicken und eine andere Suchmaschine auswählen.

Das Web bietet Dutzende von Suchmaschinen. Sie sollten die angebotenen Möglichkeiten ausprobieren und dann die für Sie beste auswählen.

Hier die Websites einiger Suchmaschinen:

www.google.de	www.sharelook.de
www.altavista.de	www.yahoo.de
www.crawler.de	www.go.com
www.lycos.de	www.snap.com
www.excite.de	www.ibound.com
www.fireball.de	www.northernlight.com

In Übung 7.20 besuchen Sie die Suchmaschine Google, um mit ihrer Hilfe Informationen zum ECDL zu finden.

Übung 7.20: Das Web mit Google durchsuchen

1) Besuchen Sie die Suchmaschine Google unter *www.google.de*.

2) Geben Sie als Schlüsselwort ECDL ein und klicken Sie auf *Google-Suche*.

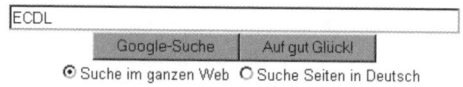

Google zeigt Ihnen eine Liste von Webseiten an, die das eingegebene Suchwort enthalten.

Wenn zu Ihrer Anfrage mehr als eine Seite mit Suchergebnissen gefunden wird, bietet Ihnen die Suchmaschine am Ende der Seite Schaltflächen wie *Nächste* und *Vorherige*, damit Sie in den Suchergebnissen vorwärts und rückwärts blättern können.

Um das Ergebnis einer Websuche auf Papier zu erhalten, drucken Sie diese Seite einfach aus – genauso, wie Sie auch jede andere Webseite ausdrucken würden.

Web-Suchmaschine

Eine Website, die es ermöglicht, durch Eingabe von Wörtern oder Sätzen nach bestimmten Informationen zu suchen. Die Suchmaschine gibt als Ergebnis eine Liste mit Sites aus, in denen das gesuchte Wort enthalten ist.

Suche mit Phrasen

Wenn Sie nach einer ganzen Phrase oder einer bestimmten Reihenfolge von Wörtern suchen, geben Sie den Satz einfach in Anführungsstrichen ein. Eine Phrasensuche wird in der Regel dazu verwendet, um Informationen zu Personen oder Organisationen oder sogar Liedertexten zu finden. Hier einige Beispiele:

"Bayern München"

"Edgar Allen Poe"

"Verteidigungsministerium"

"Candle in the Wind"

Warum muss man Sätze in Anführungszeichen setzen? Die Antwort ist einfach. Wenn Sie beispielsweise nach Bayern München statt nach „Bayern München" suchen, haben Sie in Ihrem Suchergebnis auch Seiten, die einfach nur Bayern oder München beinhalten.

Indem Sie den Ausdruck allerdings in Anführungszeichen setzen, stellen Sie sicher, dass Sie nur Seiten suchen, die

• alle Wörter der Anfrage enthalten

• die Wörter in der Reihenfolge enthalten, in der Sie sie eingegeben haben.

Suche mit Phrasen

Eine Anfrage an eine Suchmaschine, die in Anführungszeichen gesetzt ist. Nur Webseiten, die alle Wörter in genau der eingegebenen Reihenfolge enthalten, werden gesucht bzw. gefunden.

Trainieren Sie Ihre Fähigkeiten zur Phrasensuche, indem Sie Ihren Namen (Vor- und Zunamen) in Anführungsstrichen in Google eingeben.

Der Plus-Operator

Oftmals sucht man nach mehreren Wörtern, die aber nicht unbedingt hintereinander stehen müssen. In solchen Fällen ist eine Suche nach Phrasen ungeeignet. Stattdessen können Sie das Pluszeichen (+) verwenden.

Nehmen wir einmal an, Sie suchen Informationen zu den Spielregeln des Kartenspiels Solitaire. Dann könnten Sie

Solitaire +Spielregeln

eingeben.

Nur Webseiten, die auch beide Wörter beinhalten, werden als Ergebnis angezeigt. Beachten Sie drei Dinge zum Plus-Operator:

*   Sie müssen das Pluszeichen nicht vor das erste Wort in Ihrer Abfrage schreiben.

*   Geben Sie keinen Leerschritt zwischen Pluszeichen und dem nachfolgenden Wort ein.

*   Geben Sie einen Leerschritt nach jedem Wort ein.

Hier einige Beispiele:

Word +97 +Vorlagen
Excel +97 +AutoSumme
ECDL +Zypern
Rezept +Thai
Shakespeare +Hamlet

Sie können den Plus-Operator auch mit einer Phrase in Anführungszeichen kombinieren. Hier ein paar Beispiele:

Algebra +"Gleichung mit zwei Unbekannten"
"*Excel* 2000" +"Mustervorlagen ändern"
Volkswagen +Golf +"blau metallic"
"Bayern München" +"Oliver Kahn"
Rilke +"Seltsam im Nebel"
Bogart +Hepburn +"African Queen"

Die Übungen 7.21, 7.22 und 7.23 geben Ihnen Beispiele für Anfragen, also Suchen, die den Plus-Operator beinhalten.

Übung 7.21: Den Plus-Operator bei Nordlicht verwenden

1) Besuchen Sie die Suchmaschine *Fireball* unter *www.fireball.de*.

2) Schreiben Sie die folgenden Begriffe und klicken Sie dann auf *Suchen*.
    Bizet +Carmen +Domingo

Im Suchergebnis sollten Seiten enthalten sein, die sich auf Aufführungen von *Bizets Oper Carmen* beziehen, bei denen *Placido Domingo* als Sänger auftritt.

Übung 7.22: Den Plus-Operator bei Altavista verwenden

1) Besuchen Sie die Suchmaschine *www.altavista.de*.

2) Schreiben Sie die folgenden Begriffe und klicken Sie dann auf *Suchen*. *"James Bond" +"Sean Connery"*

In der Ergebnisliste sollten Webseiten über *James-Bond*-Filme enthalten sein, in denen *Sean Connery* mitspielt.

Übung 7.23: Den Plus-Operator bei Excite verwenden

1) Besuchen Sie die Suchmaschine *www.excite.de*.

2) Schreiben Sie die folgenden Begriffe und klicken Sie dann auf SUCHEN. *München +Restaurants +vegetarisch*

Die Ergebnisliste sollte Seiten mit Angaben zu vegetarischen Restaurants in München enthalten.

Der Plus-Operator ist dann sehr nützlich, wenn Sie sich bei einer Websuche mit einer wahren Flut von Ergebnisseiten konfrontiert sehen. Wenn Sie einen oder mehrere Begriffe hinzufügen, wobei jedem ein Pluszeichen vorangeht, können Sie so Ihre Suche immer weiter einschränken, so dass Sie schließlich nur die gewünschte Information angezeigt bekommen.

Der Minus-Operator

Manchmal möchte man, dass eine Suchmaschine nach Seiten sucht, die ein bestimmtes Wort enthalten sollen, ein anderes dafür aber nicht. Das können Sie erreichen, indem Sie den Minus-Operator verwenden.

Nehmen wir einmal an, Sie möchten Informationen zur Solokarriere von *Geri Haliwell* finden, jedoch nicht mit Webseiten überhäuft werden, die sich auf ihre Karriere mit ihrer früheren Gruppe, den *Spice Girls*, beziehen. Dann könnten Sie

"Geri Haliwell" -"Spice Girls"

eingeben.

Ähnlich könnten Sie für Informationen zur Karriere von *John Lennon* nach den *Beatles*

"John Lennon" -Beatles

eingeben.

Wenn Sie ein wahrer *Star-Trek*-Fan sind, aber nicht all die Seiten der Nachfolgeserien angezeigt bekommen möchten, könnten Sie z.B.

"Star Trek" -Voyager -"Die nächste Generation" eingeben.

In Übung 7.24 suchen Sie im Web Informationen zu Windows 98 und schließen dabei Seiten zu anderen Versionen des *Microsoft*-Betriebssystems wie Windows 3.1, Windows 95, Windows NT, Windows 2000, Windows CE oder Windows ME aus.

Übung 7.24: Verwendung des Minus-Operators bei Crawler.de

1) Besuchen Sie Suchmaschine *www.crawler.de*.

2) Schreiben Sie die folgenden Begriffe und klicken Sie auf *Suchen*.

   Kinder -Bücher -Theater

Als Ergebnis sollten Sie Informationen rund ums Kind erhalten, jedoch ohne Infos zu Kinderbüchern oder Kindertheater.

In Übung 7.25 durchsuchen Sie das Web nach Hinweisen auf Dublin, aber nicht das Dublin in Irland.

Übung 7.25: Verwendung des Minus-Operators bei Lycos.de

1) Besuchen Sie die Suchmaschine *www.Lycos.de*.

2) Schreiben Sie die folgenden Begriffe und klicken Sie auf *Suchen*.

   Dublin -Irland

Das Suchergebnis sollte Seiten enthalten, die sich auf einen Ort beziehen, der Dublin heißt, aber in den USA liegt. Da jedoch nicht jede Seite, die sich auf Dublin in Irland bezieht, auch tatsächlich das Wort Irland beinhaltet, werden viele Seiten der Ergebnisliste auch Seiten über Irlands Hauptstadt sein.

Im Allgemeinen hilft Ihnen der Minus-Operator dabei, zu einem besseren Ergebnis zu gelangen, indem er Begriffe, die nicht von Interesse sind, ausschließt. Sie können den Plus- und den Minus-Operator auch gemeinsam in einer Suchanfrage verwenden.

Logische Suchen

Eine Suche im Web oder auch innerhalb einer einzelnen Website, die Plus- und/oder Minus-Operatoren beinhaltet, wird logische Suche genannt.

Wahlweise kann eine logische Suche auch unter Verwendung der so genannten *Boolean*-Operatoren anstelle der Plus- und Minus-Operatoren erstellt werden. Benannt nach ihrem Erfinder, dem Mathematiker des 19. Jahrhunderts, *George Boole*, beinhalten diese Operatoren die Wörter UND, ODER und NICHT. Sie werden in der Regel in Großbuchstaben geschrieben.

Die zwei folgenden logischen Suchen ergeben z.B. das gleiche Ergebnis.

"James Bond" UND"Sean Connery"

"James Bond" +"Sean Connery"

Boolean Suchen wurden bei der Datenbanksuche verwendet. Im Web wird die Verwendung von Plus- und Minus-Operatoren jedoch von mehr Suchmaschinen unterstützt und sie sind dazu einfacher zu behalten und zu verwenden.

Logische Suche

Eine Websuche, die logische Operatoren wie Plus- und/oder Minuszeichen verwendet, um bestimmte Wörter oder Phrasen bei der Suche ein- und/oder auszuschließen.

Metasuchmaschinen

Eine Metasuchmaschine ist eine Suchmaschine, die Suchmaschinen durchsucht. Geben Sie einfach ein Wort oder eine Phrase ein und die Metasuchmaschine übermittelt den Text an verschiedene, einzelne Suchmaschinen und gibt dann das Ergebnis aus.

Drei bekannte Metasuchmaschinen sind:

www.metager.de
www.metaspinner.de
www.metacrawler.de

Übung 7.26: Verwenden der Metasuchmaschine Meta-spinner

1) Besuchen Sie die Metasuchmaschine unter *www.Metaspinner.de*.

2) Schreiben Sie die folgenden Begriffe und klicken Sie dann auf *Suchen*.
   "access 97" +sort

Als Ergebnis bekommen Sie Seiten, die von mehreren Suchmaschinen gefunden wurden und Sortiervorgänge in *Microsoft* Access 97 beschreiben.

Natural Language Suchmaschinen

Die *Ask Jeeves Website* unter www.askjeeves.com/ ist ein Beispiel für eine Suchmaschine, die Fragen in einfachem Englisch (leider nicht in Deutsch) akzeptiert. Hier ein paar Fragen, die Sie eingeben könnten.

Who is the president of the USA?
Who invented plastic?
What is the capital of France?
What is the currency in Portugal?
What is the temperature in Florence?

Eine andere Version der Suchmaschine, die für jüngere Benutzer gedacht ist und mehr kindgerechte Seiten als Ergebnis liefert, wird Ask Jeeves for Kids genannt und ist unter *www.ajkids.com* zu finden.

Übung 7.27: Die Verwendung der Suchmaschine Ask Jeeves Natural Language

1) Gehen Sie auf die Website *www.aj.com*.

2) Schreiben Sie den folgenden Satz und klicken Sie auf Ask.
   Who is the president of the USA?

Das Ergebnis auf Ihrem Bildschirm sollte ungefähr so aussehen.

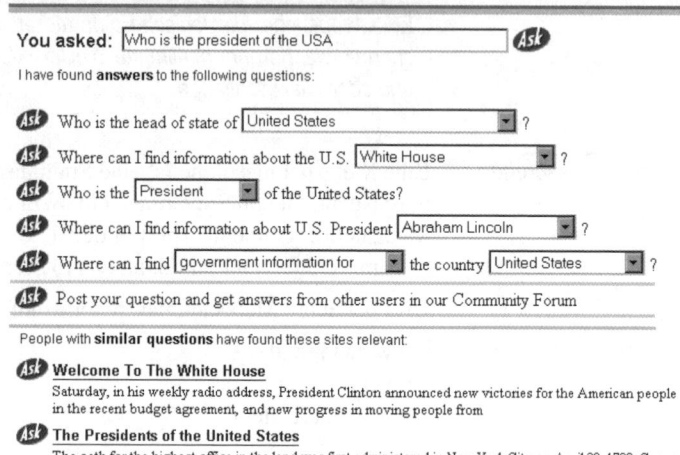

You asked: Who is the president of the USA

I have found **answers** to the following questions:

Who is the head of state of United States ?

Where can I find information about the U.S. White House ?

Who is the President of the United States?

Where can I find information about U.S. President Abraham Lincoln ?

Where can I find government information for the country United States ?

Post your question and get answers from other users in our Community Forum

People with **similar questions** have found these sites relevant:

Welcome To The White House
Saturday, in his weekly radio address, President Clinton announced new victories for the American people in the recent budget agreement, and new progress in moving people from

The Presidents of the United States
The oath for the highest office in the land was first administered in New York City on April 30, 1789. George Washington arrived at that Inaugural shadowed by doubts. "My movements

Im oberen Teil des Fensters sehen Sie, wie die von Ihnen eingegebene Frage interpretiert wurde. Im unteren Teil des Fensters werden mögliche Seiten mit Antworten angegeben.

Sie können den *Internet Explorer* nun schließen bzw. beenden. Sie haben die Lektion 7.3 des ECDL-Moduls Information und Kommunikation beendet.

Verzeichnis-Websites wie Yahoo! sind Websites, die Informationen im Web nach bestimmten Themen katalogisieren. Sie können Informationen im Web finden, indem Sie durch die verschiedenen Kategorieebenen navigieren.

Websuchmaschinen durchsuchen das Web nach Schlüsselwörtern, also Übereinstimmung mit bestimmten Wörtern und Phrasen, und geben eine Ergebnisliste mit Websites aus, in denen die gesuchten Wörter gefunden wurden.

Eine Phrasensuche mit einer Suchmaschine ist eine Anfrage, die in Anführungszeichen gesetzt ist. Nur Webseiten, die alle Wörter in genau der eingegebenen Reihenfolge enthalten, werden gesucht bzw. gefunden. Eine Phrasensuche verwendet man in der Regel, um Informationen zu Personen oder Organisationen zu finden.

Eine logische Suche ist eine Websuche, die logische Operatoren wie Plus- und/oder Minuszeichen verwendet, um bestimmte Wörter oder Phrasen bei der Suche ein- und/oder auszuschließen. Wenn Sie bei der Websuche mit unwichtigen Ergebnissen überflutet werden, fügen Sie einen oder mehrere Begriffe mit vorangestelltem Pluszeichen ein, um Ihre Suche so einzugrenzen, dass Sie nur die wirklich brauchbaren Informationen bekommen.

Durch den Minus-Operator erhalten Sie ein besseres Suchergebnis, das es Ihnen erlaubt, für Sie uninteressante Begriffe von der Suche auszuschließen. Sie können den Plus- und Minus-Operator auch gemeinsam in einer Suchanfrage verwenden.

Eine Metasuchmaschine ist eine Suchmaschine, die Schlüsselwörter an andere Suchmaschinen übermittelt. Auf diese Weise können Sie mehrere Suchmaschinen gleichzeitig verwenden.

Eine Natural Language-Suchmaschine (auch Antwortgeber genannt) wie *Ask Jeeves* akzeptiert Fragen in einfacher Sprache.

Lektion 7.4: Internet Explorer beherrschen

In dieser Lektion erfahren Sie, wie Sie das Erscheinungsbild und die Operationen des *Internet Explorer*s an Ihre Arbeitsweise und Ihren persönlichen Geschmack anpassen können.

Zu Beginn lernen Sie, wie man die Anzeige von Grafiken auf Webseiten ausschaltet, um so schneller durchs Web surfen zu können. Falls es eine Webseite gibt, die Sie besonders oft besuchen, erfahren Sie, wie Sie den *Internet Explorer* so einstellen, dass diese Seite bei jedem Programmstart angezeigt wird.

Sehr nützlich ist auch die Fähigkeit des *Internet Explorer*s, Webadressen zu speichern und sie in Ordnern zusammenzufassen, um so einen einfachen Zugriff zu ermöglichen.

Schließlich und endlich lernen Sie noch, wie Sie die Anzeige der Symbolleisten des *Internet Explorer*s sowie einige weitere Bildschirmelemente steuern können und wie Sie die Anzeige von Text auf einer Webseite im Programm festlegen.

Neue Fähigkeiten

Am Ende dieser Lektion sollten Sie in der Lage sein,

- die Anzeige von Grafik in Webseiten ein- und auszuschalten,
- Webadressen als Favoriten zu speichern,
- gespeicherte Adressen in Ordnern zu verwalten,
- gespeicherte Webadressen aufzurufen und zu besuchen,
- die Startseite im *Internet Explorer* zu ändern,
- die Standardsymbolleiste und die Adressleiste des *Internet Explorer*s ein- und auszublenden,
- die drei Explorerleisten (Suchen, Favoriten, Verlauf) des *Internet Explorer*s ein- und auszublenden,
- die Schriftgröße des angezeigten Textes einer Webseite anzupassen.

Neue Wörter

Am Ende dieser Lektion sollten Sie in der Lage sein, den folgenden Begriff zu erklären:

- Favoriten

Das Symbol im Internet Explorer für ein nicht angezeigtes Bild

Webseiten mit vielen Bildern oder auch wenigen großen können zu unendlich langen Ladezeiten führen. Sehr oft sind diese Bilder aber nur Werbung, Firmenlogos und dekorative Elemente, die als neben-sächlich betrachtet werden können, vor allem wenn Sie an Ihre monat-liche Telefonrechnung denken.

Internet Explorer erlaubt es Ihnen aber, die Anzeige von Bildern aus-zuschalten, um Webseiten schneller anzeigen zu können. In diesem Fall zeigt Ihnen der *Internet Explorer* nur den Text der besuchten Webseiten an. Zusätzlich finden sich kleine Symbole für die nicht angezeigten Bilder.

Wenn Sie eine Webseite mit Bildern besuchen, die Sie gerne angezeigt haben möchten, können Sie die Anzeige wieder einschalten. Scheuen Sie sich nicht davor, diese Funktion einmal auszuprobieren. Sie spart viel Zeit und wie Sie in Übung 7.28 sehen werden, ist sie auch ganz einfach zu handhaben.

Übung 7.28: Anzeige von Bildern ausschalten

1) Öffnen Sie den *Internet Explorer* und wählen Sie EXTRAS/INTERNETOPTIONEN.

2) Klicken Sie auf das Register *Erweitert* und scrollen Sie nach unten bis zur Katego-rie *Multimedia*. Heben Sie hier die Auswahl *Bilder anzeigen* durch Klicken auf.

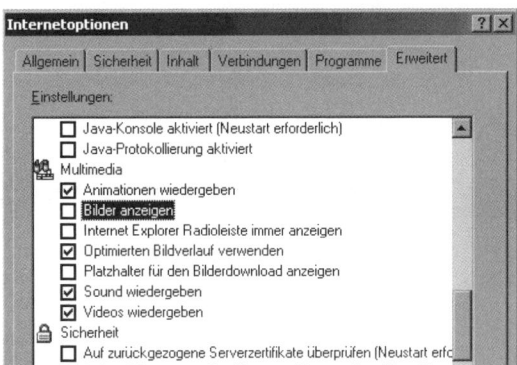

3) Klicken Sie auf OK.

Um Bilder auf allen Webseiten anzuzeigen, machen Sie die Auswahl aus Schritt 2 einfach wieder rückgängig.

Wenn die Bildanzeige ausgeschaltet ist, können Sie ein einzelnes Bild anzeigen lassen, indem Sie einen Rechtsklick auf das entsprechende Symbol ausführen und BILD ANZEIGEN wählen.

Wenn Sie durch das Web *browsen*, werden Sie auf Seiten stoßen, die Sie zu einem späteren Zeitpunkt wieder besuchen möchten. Sie können den *Internet Explorer* dazu auffordern, eine Webadresse zu speichern. Verwenden Sie dazu die Funktion *Favoriten*.

Eine Webseite als Favoriten zu speichern, erspart Ihnen die Mühe, diese Adresse im Kopf zu behalten oder sie aufschreiben zu müssen. Um eine solche Seite erneut zu besuchen, klicken Sie ganz einfach auf den entsprechenden Namen in der gespeicherten Favoritenliste. Das ist wesentlich einfacher, als die Adresse jedes Mal neu einzugeben.

Unter den Favoriten wird nur die Webadresse auf Ihrem Computer gespeichert, nicht aber die Webseite selbst.

Die Übungen 7.29 bis 7.31 führen Sie durch die einzelnen Schritte: Webadressen speichern, in Ordnern verwalten und erneut besuchen.

Übung 7.29: Eine Webadresse speichern

Schaltfläche Favoriten

1) Besuchen Sie die Webseite, deren Adresse Sie gern speichern möchten, z.B. *www.yahoo.de.*

2) Werden die Favoriten links neben dem Hauptfenster des Explorers angezeigt? Wenn nicht, klicken Sie auf die Schaltfläche FAVORITEN in der Standardsymbolleiste.

3) Am oberen Rand des Bereichs FAVORITEN klicken Sie auf den Befehl HINZUFÜGEN.

4) Das Dialogfeld *Favoriten hinzufügen* wird eingeblendet. Akzeptieren oder ändern Sie den Namen der Webseite, deren Adresse Sie speichern möchten (in diesem Fall Yahoo!).

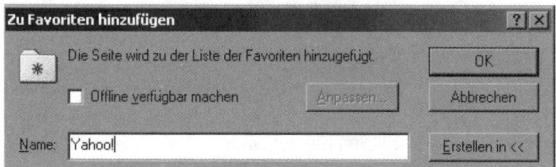

5) Klicken Sie auf OK.

Internet Explorer fügt den Namen der aktuell angezeigten Webseite als letztes Element in die Favoritenliste ein.

Ihre Favoriten verwalten

Sie können Favoriten in Ordnern zusammenfassen, um sie dann einfacher zu finden. In Übung 7.30 erstellen Sie einen Ordner, um Adressen von Suchmaschinen zu speichern. Sie werden dann einige Adressen in diesem Ordner abspeichern.

Übung 7.30: Favoriten in Ordnern verwalten

1) Werden die Favoriten links neben dem Hauptfenster des Explorers angezeigt? Wenn nicht, klicken Sie auf die Schaltfläche FAVORITEN auf der Standardsymbolleiste.

2) Klicken Sie im oberen Bereich der Favoriten auf den Befehl VERWALTEN, um das entsprechende Dialogfeld einzublenden.

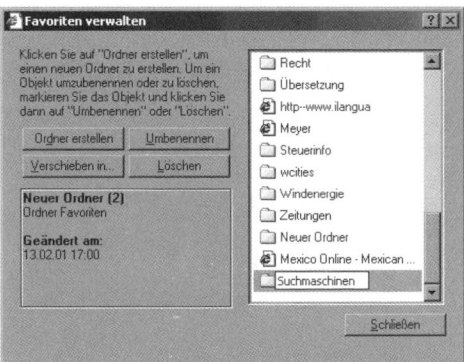

3) Wählen Sie ORDNER ERSTELLEN, nennen Sie den neuen Ordner *Suchmaschinen* und klicken Sie auf SCHLIESSEN.

4) Besuchen Sie die folgende Website: *www.altavista.de*

5) Am oberen Rand des Bereichs FAVORITEN klicken Sie auf den Befehl HINZUFÜGEN.

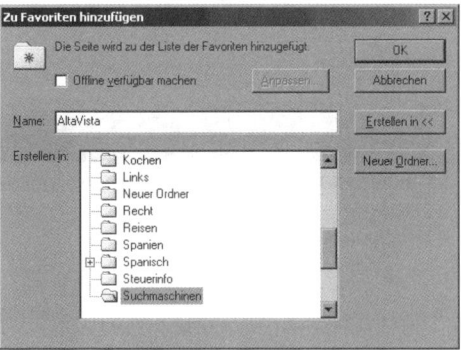

6) Klicken Sie im eingeblendeten Dialogfeld auf ERSTELLEN IN<<, wählen Sie dann den Ordner *Suchmaschinen* aus und klicken Sie auf OK.

7) Wiederholen Sie die Schritte 4, 5 und 6 für die folgenden Suchmaschinen:

www.aladin.de
www.fireball.de
www.crawler.de
www.google.de
www.excite.de

Gut gemacht! Sie haben nun einen Ordner, in dem Webadressen gespeichert sind.

Eine gespeicherte Webadresse erneut zu besuchen, ist einfach. In Übung 7.31 besuchen Sie erneut eine Webadresse, die Sie in Übung 7.30 unter *Favoriten* abgespeichert haben.

Übung 7.31: Eine gespeicherte Webadresse erneut besuchen

1) Werden die Favoriten links neben dem Hauptfenster des Explorers angezeigt? Wenn nicht, klicken Sie auf die Schaltfläche FAVORITEN in der Standardsymbolleiste.

2) Scrollen Sie in der Liste der Favoriten nach unten, bis Sie zum Ordner *Suchmaschinen* gelangen, den Sie in Übung 7.30 erstellt haben. Klicken Sie darauf.

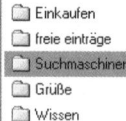

3) Klicken Sie nun auf eine der gespeicherten Adressen im Ordner *Suchmaschinen*, z.B. *www.fireball.de*. Der *Internet Explorer* zeigt die entsprechende Webseite an.

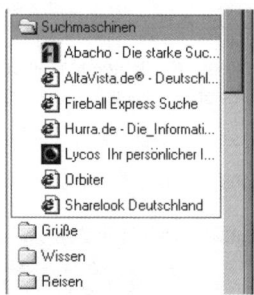

Favoriten

Eine Liste mit Website-Adressen, die im Internet Explorer gespeichert ist. Favoriten ersparen die Notwendigkeit, URLs von oft besuchten Websites zu behalten oder neu einzugeben.

Ihre Startseite (die der *Internet Explorer* Homepage nennt) ist die Seite, die das Programm anzeigt, wenn Sie den *Internet Explorer* öffnen.

In Übung 7.32 erfahren Sie, wie Sie die Startseite ändern können.

Übung 7.32: Ihre Startseite ändern

1) Gehen Sie zu der Seite, die Sie immer angezeigt haben möchten, wenn Sie den *Internet Explorer* starten, beispielsweise: *www.mut.de*.

2) Wählen Sie EXTRAS/INTERNETOPTIONEN und dann das Register *Allgemein*. Wählen Sie im Bereich *Startseite* AKTUELLE SEITE und klicken Sie auf OK.

Um Ihre bevorzugte Seite zu jeder Zeit anzeigen zu lassen, klicken Sie einfach auf die Schaltfläche STARTSEITE in der Standardsymbolleiste des *Internet Explorer*s.

Schaltfläche Startseite

Sie können die ursprüngliche Startseite, welche bei der Installation des *Internet Explorer*s angegeben war, wieder herstellen, indem Sie die Option STANDARD auswählen.

Um eine leere Seite anzugeben – also keine Startseite –, wählen Sie LEERE SEITE.

Bildschirmelemente

Das Hauptfenster des *Internet Explorers* ist der Bereich, in dem das Programm Webseiten anzeigt. Um das Hauptfenster herum sind verschiedene Bildschirmelemente angeordnet, die Ihnen dabei helfen sollen, das Web zu erkunden und Informationen zu finden.

* Oben am Hauptfenster entlang verläuft die Standardsymbolleiste und die Adressleiste.

* Links vom Hauptfenster befinden sich die drei Explorerleisten: Favoriten, Verlauf und Suchen.

In diesem Abschnitt werden Sie noch etwas mehr über diese Bildschirmelemente erfahren.

Standardsymbolleiste

Sie haben bereits den Sinn und Zweck der folgenden Schaltflächen in der Standardsymbolleiste des *Internet Explorer*s kennen gelernt: *Zurück, Vorwärts, Startseite, Favoriten, Drucken.*

Die Internet Explorer Symbolleiste

Zwei weitere und auch wichtige Schaltflächen sind ABBRECHEN und AKTUALISIEREN. Klicken Sie auf die Schaltfläche ABBRECHEN, wenn das Laden der Seite, die Sie angezeigt haben möchten, zu lange dauert. Die Schaltfläche *Aktualisieren* ruft die aktuelle Webseite noch einmal von der Website ab. Klicken Sie auf diese Schaltfläche, wenn eine Webseite nicht korrekt oder nur unvollständig angezeigt wird.

Um die Standardsymbolleiste auszublenden, wählen Sie ANSICHT/SYMBOLLEISTEN und heben die Auswahl für die Standardsymbolleiste auf. Um die Symbolleiste wieder einzublenden, wählen Sie ANSICHT/SYMBOLLEISTE und die Symbolleiste *Standard* wieder aus.

Adressleiste	Unterhalb der Standardsymbolleiste befindet sich die Adressleiste. Wie Sie in Übung 7.1 gelernt haben, wird in diesem Bereich die Adresse der zurzeit angezeigten Webseite eingeblendet. Sie können auch eine Webadresse in die Adressleiste eingeben. Sie geben die gewünschte Webadresse ein und klicken dann auf WECHSELN ZU oder drücken einfach ENTER.

Um die Adressleiste auszublenden, wählen Sie ANSICHT/SYMBOLLEISTEN und heben die Auswahl für die Adressleiste auf. Um die Adressleiste wieder einzublenden, wählen Sie ANSICHT/SYMBOLLEISTEN und aktivieren die Adressleiste.

Explorerleisten	Das ist im *Internet Explorer* der Name für die drei Bildschirmelemente, die Sie links neben dem Hauptfenster anzeigen können. Sie können jedoch immer nur jeweils ein Element anzeigen lassen.

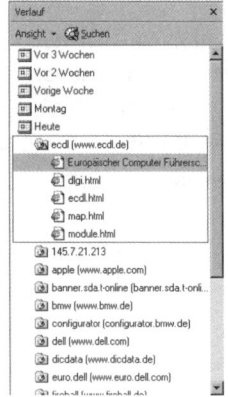

Um die Favoritenleiste anzuzeigen, klicken Sie auf die Schaltfläche FAVORITEN in der Standardsymbolleiste oder wählen Sie ANSICHT/EXPLORER-LEISTE und dann die Option FAVORITEN. Die Liste Ihrer gespeicherten Webadressen wird angezeigt.

Um die Leiste *Suche* anzuzeigen, klicken Sie auf die Schaltfläche SUCHEN in der Standardsymbolleiste oder wählen Sie ANSICHT/EXPLORER-LEISTE und dann die Option SUCHEN.

Um die Verlaufsleiste anzuzeigen, klicken Sie auf die Schaltfläche VERLAUF in der Standardsymbolleiste oder wählen Sie ANSICHT/EXPLORER-LEISTE und dann die Option VERLAUF.

Explorerleiste Verlauf	Die Verlaufsleiste zeigt Ihnen die Webadressen an, die Sie in den letzten Tagen und Wochen besucht haben. Um eine Webadresse, die in der Leiste *Verlauf* angezeigt wird, erneut zu besuchen, klicken Sie einen Tag oder eine Woche an, dann auf einen Websiteordner, um einzelne Webseiten angezeigt zu bekommen. Schließlich klicken Sie noch auf das Seitensymbol, damit Ihnen die entsprechende Webseite angezeigt wird.

Sie können die Leiste *Verlauf* sortieren oder auch durchsuchen, indem Sie auf den Pfeil neben der Schaltfläche *Ansicht* oben in der Leiste *Verlauf* klicken.

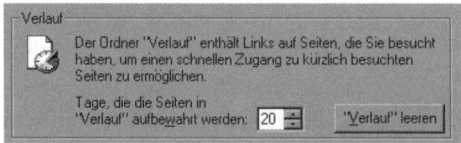

Um die Anzahl der Tage zu ändern, an denen der *Internet Explorer* die besuchten Webseiten aufzeichnet, oder um die Liste vollständig zu löschen, wählen Sie EXTRAS/INTERNETOPTIONEN. Im Register *Allgemein* nehmen Sie die entsprechenden Änderungen vor und klicken auf OK.

Anzeige der Textgröße

Die Standardschriftgröße, in der der *Internet Explorer* Text anzeigt, lässt sich auch ändern. Eine nützliche Funktion, wenn Ihre Sehkraft beeinträchtigt ist.

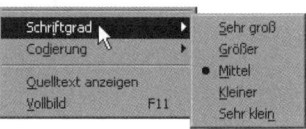

Wählen Sie ANSICHT/SCHRIFTGRAD und die gewünschte Textgröße.

Sie können jederzeit zur Standardgröße *Mittel* zurückkehren.

Die Größe des *Internet Explorer*-Hauptfensters maximieren Sie, indem Sie ANSICHT/VOLLBILD wählen.

Um zur normalen Anzeige zurückzukehren, klicken Sie auf das Wiederherstellenfeld rechts oben im Bild.

Einige Webseiten, wie beispielsweise www.adobe.com und www.zdnet.com, sind mit einer fest eingestellten Schriftgröße erstellt. Hier hat die Option ANSICHT/SCHRIFTGRÖSSE keinerlei Auswirkung auf die Anzeige.

Glückwunsch! Sie haben die erste Hälfte der Lektion 7 des ECDL-Moduls Information und Kommunikation beendet.

Zusammenfassung der Lektion: Das haben Sie gelernt

Sie können das Erscheinungsbild und die Operationen des *Internet Explorer*s an Ihre Arbeitsbedingungen und an Ihren persönlichen Stil anpassen.

Um Webseiten schneller anzuzeigen, schalten Sie die Anzeige von Bildern aus. Der *Internet Explorer* zeigt Ihnen dann nur den Text der besuchten Webseiten an. Zusätzlich finden sich kleine Symbole als Platzhalter für nicht angezeigte Bilder.

Sie können Webadressen für einen einfacheren Zugriff speichern und in Ordnern verwalten, indem Sie die *Internet Explorer*-Favoriten verwenden. Eine Webseite, die Sie sehr häufig besuchen, können Sie zu Ihrer Standardstartseite machen.

Die Standardsymbolleiste des *Internet Explorer*s bietet einen schnellen Zugriff auf die am häufigsten verwendeten Aktionen im Web. Am linken Rand des Hauptfensters können Sie jeweils eine der drei folgenden Leisten einblenden: *Verlauf, Suchen* oder *Favoriten*.

Der *Internet Explorer* erlaubt es Ihnen, die Größe des Textes auf dem Bildschirm anzupassen.

Lektion 7.5: E-Mail mit Outlook Express

Zu dieser Lektion

Frage: Wozu verwenden die meisten Leute das Internet? Die Antwort: E-Mail. E-Mail befindet sich auf dem rasanten Vormarsch, die bevorzugte Kommunikationsart der Geschäftswelt zu werden. Und weil E-Mail darüber hinaus eine kostengünstige Art der Kommunikation darstellt, wird sie auch von Freunden und Familien verwendet, um in Kontakt zu bleiben.

Diese Lektion ist eine Einführung in *Outlook Express*, das E-Mail-Programm von *Microsoft*. Sie lernen die wichtigsten Bildschirmelemente dieser Anwendung kennen und erfahren, wie man sie anordnet, um sie seinen persönlichen Bedürfnissen anzupassen.

Sie erfahren, wie man E-Mails adressiert, erstellt und über das Internet versendet. Außerdem lernen Sie, wie Sie an eingehende, an Sie adressierte E-Mails gelangen und diese dann lesen.

Neue Fähigkeiten

Am Ende dieser Lektion sollten Sie in der Lage sein,

- *Microsoft Outlook Express* zu starten und zu beenden,
- die folgenden vier Bildschirmelemente anzuzeigen: Ordnerliste, Nachrichtenliste, Vorschaufenster und Symbolleiste,
- eine E-Mail aus der Nachrichtenliste auszuwählen und im Vorschaufenster anzuzeigen,
- eine E-Mail aus der Nachrichtenliste auszuwählen und in einem separaten Fenster anzuzeigen,
- E-Mails zu erstellen und zu versenden,
- eingehende E-Mails abzuholen und zu lesen,
- eine E-Mail zu drucken und zu löschen.

Neue Wörter

Am Ende dieser Lektion sollten Sie in der Lage sein, die folgenden Begriffe zu erklären:

- Ordnerliste
- Nachrichtenliste
- Vorschaufenster
- E-Mail-Abruf

Outlook
Express

Führen Sie einen Doppelklick auf das Symbol *Outlook Express* aus oder wählen Sie START/PROGRAMMe/OUTLOOK EXPRESS.

Falls Ihr Computer über eine permanente Internet-Verbindung verfügt, ist nun alles startklar, um mit *Outlook Express* E-Mails zu senden und zu empfangen.

Wenn Sie eine separate Einwahl benötigen, müssen Sie zuerst die Nummer Ihres Internet-Dienstanbieters anwählen. Möglicherweise ist *Outlook Express* so eingestellt, dass die Einwahl automatisch erfolgt.

Wenn nicht, müssen Sie Ihren Internet-Dienstanbieter gesondert anwählen.

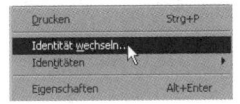

Geben Sie Ihren Benutzernamen und Ihr Passwort ein (falls *Outlook Express* diese Daten nicht bei der letzten Anwahl aufgezeichnet hat) und klicken Sie auf VERBINDEN.

Wenn Ihr Computer von mehreren Personen genutzt wird, müssen Sie sich möglicherweise identifizieren, um Zugang zu Ihrer persönlichen E-Mail-Liste zu erhalten.

**Das Layout von
Outlook ändern**

Sie können die Bildschirmanzeige von *Outlook Express* so verändern, dass die Funktionen, die Sie am häufigsten verwenden, angezeigt und die seltener benötigten ausgeblendet werden. Das kann bedeuten, dass zwei Leute, die *Outlook Express* verwenden, zwei völlig unterschiedliche Bildschirmanzeigen haben. Für die Übungen in diesem Modul ändern Sie das Layout von *Outlook Express* bitte, wie in Übung 7.33 beschrieben.

Übung 7.33: Die angezeigten Elemente auswählen

1) Wählen Sie ANSICHT/LAYOUT. Eine Liste mit Layout-Optionen wird angezeigt, die durch Klicken in ein Kontrollkästchen ausgewählt werden können.

2) Wählen Sie im oberen Bereich des Dialogfelds *Ordnerliste, Statusleiste* und *Symbolleiste* durch Anklicken aus und heben Sie bei den übrigen Optionen die Auswahl auf.

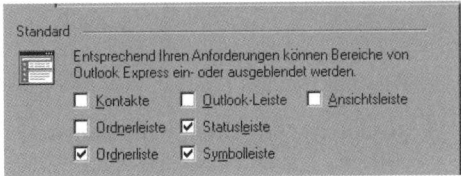

3) Im unteren Bereich des Dialogfelds wählen Sie *Vorschau anzeigen, Unter den Nachrichten* und *Kopfdaten in der Vorschau anzeigen*. Heben Sie bei den übrigen Optionen die Auswahl auf.

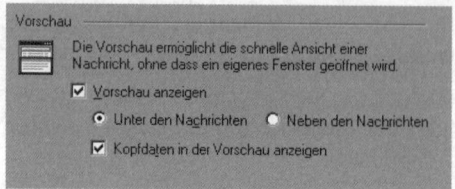

4) Klicken Sie auf OK.

Ihr *Outlook Express*-Bildschirm sollte nun wie unten angezeigt aussehen.

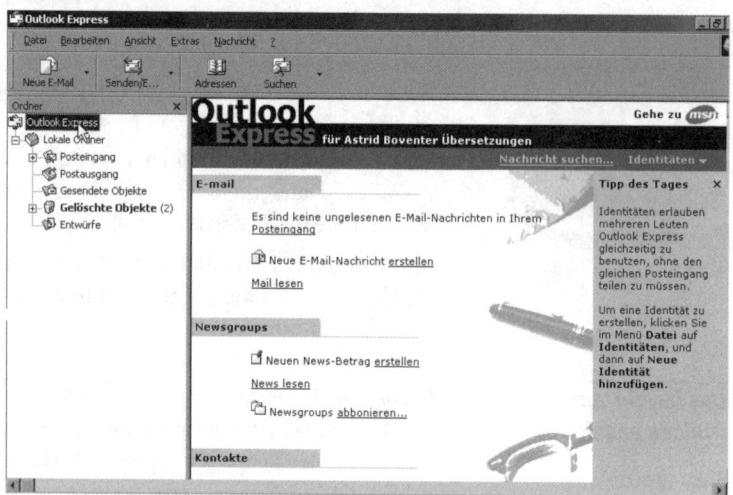

Die vier Layout-Elemente

Schauen wir uns einmal die vier Hauptbildschirmelemente in *Outlook Express* an: *Ordnerliste, Nachrichtenliste, Vorschaufenster* und *Symbolleiste.*

Ordnerliste

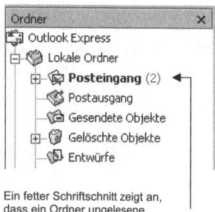

Ein fetter Schriftschnitt zeigt an, dass ein Ordner ungelesene E-Mails enthält

Die Ordnerliste auf der linken Seite enthält fünf Ordner:

* **Posteingang:** Der *Posteingang* enthält alle eingehenden E-Mails, also die, die jemand an Sie gesendet hat.

* **Postausgang:** Der *Postausgang* speichert Ihre selbst erstellten, ausgehenden E-Mails so lange, bis sie verschickt sind.

* **Gesendete Objekte:** Dieser Ordner enthält Kopien aller E-Mails, die Sie anderen Leuten geschickt haben.

* **Gelöschte Objekte**: In diesem Ordner legen Sie alle E-Mails ab, eingehende und ausgehende, die Sie nicht mehr benötigen.

* **Entwürfe:** Hier speichern Sie die E-Mails, die Sie noch nicht fertig gestellt haben.

Wenn in einem Ordner eine noch nicht gelesene E-Mail vorhanden ist, zeigt *Outlook Express* den Namen dieses Ordners fett an und schreibt die Zahl der ungelesenen E-Mails in Klammern dahinter.

Zusätzlich zu diesen fünf Ordnern, die *Outlook Express* bereitstellt, können Sie auch eigene Ordner und Unterordner erstellen und E-Mails zwischen diesen Ordnern verschieben. In Lektion 7.7 erfahren Sie, wie das funktioniert.

Ordnerliste

Der Teil in Outlook Express, in dem E-Mails entsprechend ihrem Typ zusammengefasst werden: erhaltene (Posteingang), zum Versenden fertige (Postausgang), schon gesendete (Gesendete Objekte), gelöschte (Gelöschte Objekte) und E-Mails zur weiteren Bearbeitung (Entwürfe). Benutzer können zusätzliche Ordner und Unterordner erstellen, um ihre E-Mails noch detaillierter zu organisieren.

Nachrichtenliste

Wenn Sie auf irgendeinen Ordner in der Ordnerliste klicken, zeigt *Outlook Express* Ihnen den Inhalt dieses Ordners im rechten Feld des Bildschirms, in der so genannten *Nachrichtenliste* an. Dieser Vorgang wird als *Öffnen eines Ordners bezeichnet*.

Klicken Sie auf einen Ordner, um seinen Inhalt in der Nachrichtenliste anzuzeigen

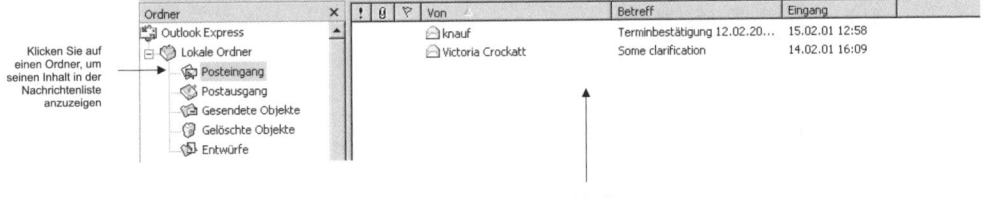

Nachrichtenliste

Outlook Express zeigt ein paar grundlegende Details zur jeweiligen E-Mail an – Verfasser oder Adressat, Betreff, Versanddatum oder Empfangsdatum – und verwendet dazu die folgenden Symbole, um Sie mit zusätzlicher Information zu versorgen.

 Eine gelesene E-Mail wird hell dargestellt.

 Eine ungelesene E-Mail wird fett dargestellt.

  Ɵ   Eine E-Mail, gelesen oder ungelesen, mit einer oder mehreren angehängten Dateien. (In Lektion 7.6 und 7.7 werden Sie mehr über Dateianhänge bei E-Mails erfahren.)

  Eine E-Mail mit dem Symbol für hohe Dringlichkeit. (Sie werden in Lektion 7.6 mehr über E-Mail-Dringlichkeit erfahren.)

Nachrichtenliste

Die Liste der E-Mails, die sich in einem gerade geöffneten Ordner in Out-look Express befinden. Outlook Express zeigt eine Zusammenfassung der Information zu jeder E-Mail an.

Vorschaufenster

Wenn Sie auf eine E-Mail in Ihrer Nachrichtenliste klicken, zeigt *Outlook Express* den Inhalt dieser E-Mail in einem Bereich unterhalb der Nachrichtenliste an. Dieser Bereich wird Vorschaufenster genannt.

Klicken Sie auf eine E-Mail in der Nachrichtenliste, um deren Inhalt im Vorschaufenster anzuzeigen

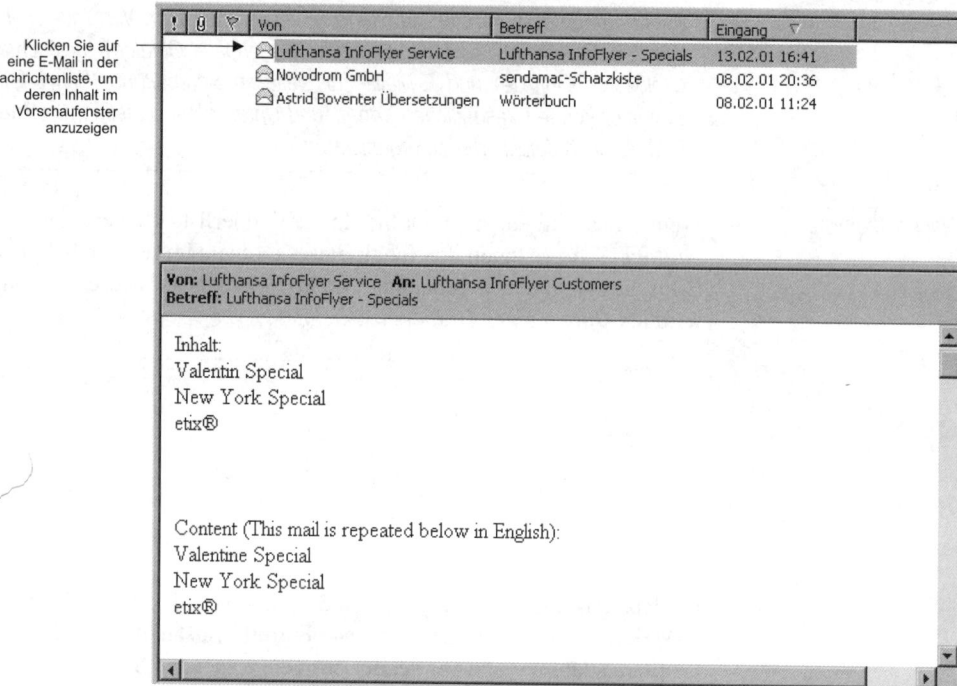

Um eine andere E-Mail im Vorschaufenster anzuzeigen, klicken Sie einfach auf die entsprechende E-Mail in der Nachrichtenliste.

Sie können die Größe der Fensterausschnitte für Nachrichtenliste und Vorschau durch Ziehen mit der Maus verändern

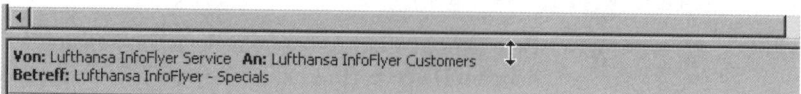

Sie können die Größe der Fensterausschnitte für Vorschau und Nachrichtenliste verändern, indem Sie auf die Trennlinie zwischen den beiden Fensterausschnitten klicken, die Maustaste gedrückt halten und die Trennlinie nach oben oder unten verschieben.

Wenn Sie eine umfangreiche E-Mail empfangen, möchten Sie diese vielleicht lieber in einem separaten Fenster lesen. Dazu führen Sie einfach einen Doppelklick auf die entsprechende E-Mail in der Nachrichtenliste aus.

E-Mail in einem separaten Fenster lesen

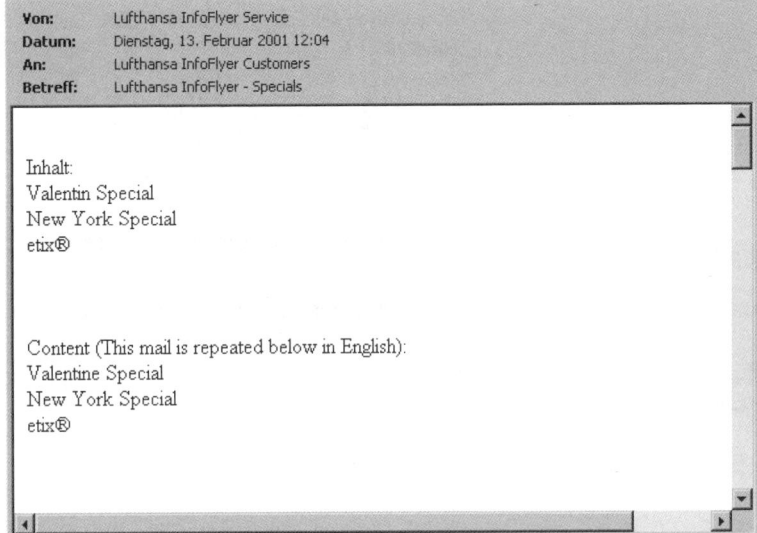

Sie können das separate Fenster für die E-Mail minimieren (so dass Sie jederzeit darauf zugreifen können) oder maximieren (so dass es den gesamten Bildschirm einnimmt). Wenn Sie mit dem Lesen fertig sind, klicken Sie auf das Schließenfeld rechts oben im Fenster. Dadurch wird nur das separate E-Mail-Fenster geschlossen, nicht aber *Outlook Express*.

Outlook-Express-Symbolleiste

Die *Outlook-Express*-Symbolleiste enthält Schaltflächen für die von Ihnen am häufigsten verwendeten Funktionen. Je nachdem, in welchem Teil von *Outlook Express* Sie gerade arbeiten, werden Ihnen unterschiedliche Schaltflächen angezeigt.

Symbolleiste von Outlook Express

Statt alle Schaltflächen auf einmal vorzustellen, werden wir jede einzeln beschreiben, sobald sie in diesem Modul verwendet wird.

Schaltfläche
Neue E-Mail erstellen

Übung 7.34 führt Sie durch die einzelnen Schritte, die nötig sind, um eine E-Mail in *Outlook Express* zu erstellen und zu versenden.

Übung 7.34: Eine E-Mail erstellen und versenden

1) Wählen Sie DATEI/NEU/E-MAIL NACHRICHT oder klicken Sie auf die Schaltfläche NEU in der Symbolleiste.

2) Klicken Sie in das Feld *An:* und geben Sie die Adresse der Person ein, der Sie eine E-Mail schicken möchten.

3) Klicken Sie in das Feld *Betreff:* und geben Sie eine Kurzbeschreibung Ihrer E-Mail an.

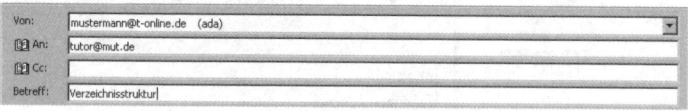

4) Klicken Sie in das große Haupttextfeld und geben Sie dort den Text Ihrer E-Mail ein.

Schaltfläche Senden

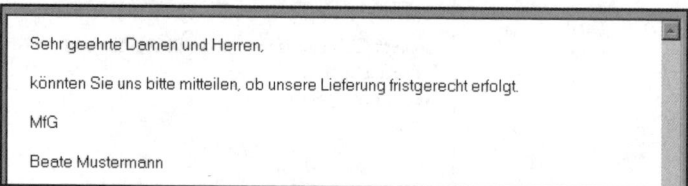

5) Wenn Sie mit dem Schreiben der E-Mail fertig sind, wählen Sie EXTRAS/NACHRICHT SENDEN oder klicken Sie auf die Schaltfläche SENDEN in der Symbolleiste.

Glückwunsch! Sie haben soeben Ihre erste E-Mail verfasst und versendet.

Was geschieht mit Ihrer ausgehenden E-Mail? Das hängt von einigen Dingen ab:

• Ist Ihre Internet-Verbindung permanenter Natur oder müssen Sie sich extra einwählen?

• Welche Sendeoption haben Sie gewählt, sofort oder in einer Gruppe mit anderen ausgehenden E-Mails?

Schaltfläche
Senden und Empfangen

Wenn Sie eine E-Mail versenden, kann *Outlook Express* sie sofort ans Internet übermitteln. Um diese Option festzulegen, wählen Sie EXTRAS/OPTIONEN und dann im Register *Senden* die Option *Nachricht sofort versenden* durch Anklicken des Kontrollkästchens.

Wenn Sie diese Option nicht auswählen, gelangt Ihre E-Mail nur bis in den Ordner *Postausgang*. Die E-Mail verbleibt dort mit allen anderen ausgehenden E-Mails so lange, bis Sie EXTRAS/SENDEN UND EMPFANGEN/ALLE

SENDEN wählen oder auf die Schaltfläche SENDEN UND EMPFANGEN in der *Outlook-Express*-Symbolleiste klicken.

Verwechseln Sie die Schaltfläche SENDEN in der Symbolleiste *Neue Nachricht* nicht mit der Schaltfläche SENDEN/EMPFANGEN in der *Outlook-Express*-Symbolleiste.

- **Schaltfläche Senden:** Über diese Schaltfläche wird die aktuelle E-Mail ans Internet oder in Ihren Ordner *Postausgang* geschickt, je nachdem, wie *Outlook Express* eingestellt ist.

- **Schaltfläche Senden/Empfangen:** Über diese Schaltfläche werden alle E-Mails im *Postausgang* ans Internet übermittelt.

Ausgehende E-Mail: Einwahlverbindung

Wie bei einer permanenten Internet-Verbindung können Sie auch hier auswählen, ob Sie jede E-Mail sofort versenden oder E-Mails im *Postausgang* speichern und später alle gemeinsam versenden.

Normalerweise behält man ausgehende E-Mails im *Postausgang*, bis man mit der Arbeit fertig ist. Auf diese Weise können Sie E-Mails schreiben und anschauen, ohne mit dem Internet verbunden sein zu müssen. Sie müssen Ihren Internet-Dienstanbieter nur dann anwählen, wenn Sie auch tatsächlich E-Mails senden oder empfangen möchten. So können Sie alle Nachrichten (auch Hunderte davon in alle Gegenden der Welt) in einem einzigen Telefongespräch übermitteln.

Ausgehende E-Mails und der Ordner Gesendete Objekte

Outlook Express kann eine Kopie aller gesendeten E-Mails im Ordner *Gesendete Objekte* ablegen, so dass Sie eine Kopie aller E-Mails haben, um sich später einmal darauf beziehen zu können. Um diese Option festzulegen, wählen Sie EXTRAS/OPTIONEN und dann im Register *Senden* die Option *Kopie im Ordner Gesendete Objekte speichern*. Klicken Sie auf OK.

Ihre E-Mails abrufen und lesen

Ebenso wie Sie Ihre ausgehenden E-Mails einzeln oder alle zusammen versenden können, können Sie auch Ihre eingehenden E-Mails beliebig oft abrufen, und zwar entweder automatisch oder manuell.

Sie können auf zwei Arten E-Mails aus dem Internet abrufen:

- Automatisch in festgelegten Intervallen. Wählen Sie EXTRAS/OPTIONEN und dann im Register *Allgemein* die Option *Nachrichteneingang alle 30 Minuten prüfen*. Klicken Sie auf OK. Sie können die Zeiteinstellung Ihren Bedürfnissen anpassen.

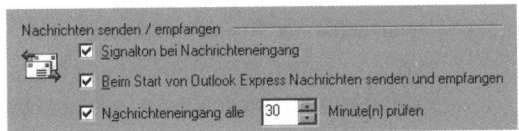

- Manuell, indem Sie EXTRAS/SENDEN UND EMPFANGEN/ALLE EMPFANGEN wählen oder auf die Schaltfläche SENDEN UND EMPFANGEN in der *Outlook-Express*-Symbolleiste drücken.

Auch wenn Sie einen automatischen E-Mail-Abruf nach bestimmten Zeitintervallen eingestellt haben, können Sie jederzeit durch Klicken auf SENDEN UND EMPFANGEN überprüfen, ob neue E-Mails für Sie vorliegen.

E-Mail-Abruf: Einwahlverbindung

Wenn Sie eine Einwahlverbindung verwenden, benutzen Sie normalerweise ein und denselben Telefonanruf, um ausgehende Nachrichten zu versenden und eingehende abzurufen. Und genau das passiert, wenn Sie EXTRAS/SENDEN UND EMPFANGEN/ALLE SENDEN UND EMPFANGEN wählen oder auf die Schaltfläche SENDEN UND EMPFANGEN klicken.

Verwechseln Sie die Aktion »E-Mails abrufen« nicht mit der des Lesens. Wenn Sie eine Einwahlverbindung benötigen, können Sie Ihre E-Mails lesen, egal ob Sie online oder offline sind. Sie müssen nur online gehen, um Ihre E-Mails aus dem Internet abzurufen.

E-Mail-Abruf

Der Vorgang, E-Mails aus dem Internet auf Ihren Computer zu übermitteln. Sie müssen mit dem Internet verbunden sein, um E-Mails abzurufen, aber Sie können Ihre E-Mails lesen, egal ob Sie online sind oder nicht.

E-Mail-Abfrage bei Programmstart

Sie können *Outlook Express* so einstellen, dass E-Mails automatisch beim Starten des Programms aus dem Internet abgeholt werden. Um dies zu tun, wählen Sie EXTRAS/OPTIONEN, dann das Register *Allgemein* und die Option *Beim Start von Outlook Express Nachrichten Senden und Empfangen*. Klicken Sie auf OK.

Wenn Sie über eine separate Einwahlverbindung ins Internet gelangen, brauchen Sie diese Option nicht auszuwählen. Andernfalls werden Sie von *Outlook Express* bei jedem Programmstart aufgefordert, Ihren Internet-Dienstanbieter anzuwählen.

Eine E-Mail lesen

Outlook Express legt Ihre eingehenden E-Mails im Ordner *Posteingang* ab. Wenn Sie auf den Ordner *Posteingang* klicken, werden alle eingegangenen E-Mails in einer Nachrichtenliste angezeigt, wobei eine hervorgehoben wird. Der Text dieser E-Mail erscheint im Vorschaufenster.

Klicken Sie auf eine beliebige andere E-Mail in der Nachrichtenliste, um deren Text in der Vorschau anzuzeigen. Doppelklicken Sie auf eine beliebige andere E-Mail in der Nachrichtenliste, damit ihr Text in einem separaten Fenster angezeigt wird.

Das gleiche Vorgehen kann auf alle Ordner, egal in welchem sich eine E-Mail befindet, angewendet werden. Ordner öffnen, Nachricht auswählen, lesen.

Um eine E-Mail zu drucken, wählen Sie DATEI/DRUCKEN oder klicken Sie auf die Schaltfläche DRUCKEN in der Symbolleiste.

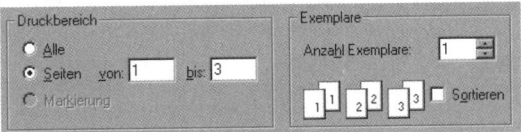

Im Dialogfeld *Drucken* (das nur angezeigt wird, wenn Sie DATEI/DRUCKEN wählen, und nicht, wenn Sie über die Schaltfläche in der Symbolleiste gehen) werden Ihnen verschiedene Optionen angeboten.

- **Alle:** Jede Seite der E-Mail wird gedruckt.
- **Markierung:** Druckt nur den aktuell ausgewählten Text der E-Mail.
- **Seiten:** Um eine Reihe hintereinander liegender Seiten zu drucken, geben Sie die Seitenzahl der ersten und letzten Seite ein.

Weitere Optionen im Dialogfeld *Drucken* ermöglichen es Ihnen zu entscheiden, wie viele Kopien Ihrer ausgewählten Seiten Sie drucken möchten und ob die Seiten sortiert werden sollen.

Wenn Sie eine E-Mail löschen möchten, egal in welchem Ordner – *Posteingang*, *Postausgang*, *Gesendete Objekte* oder *Entwürfe* – sie sich befindet, klicken Sie einfach auf die entsprechende E-Mail in der Nachrichtenliste und wählen Sie BEARBEITEN/LÖSCHEN oder klicken Sie auf die Schaltfläche LÖSCHEN in der Symbolleiste.

Ist die E-Mail nun wirklich gelöscht? Nein, *Outlook Express* legt die E-Mail im Ordner *Gelöschte Objekte* ab. Um eine gelöschte E-Mail wiederzufinden:

- Klicken Sie auf den Ordner *Gelöschte Objekte* in der Ordnerliste. Die Nachrichtenliste zeigt alle gelöschten E-Mails an.
- Klicken Sie auf die E-Mail in der Nachrichtenliste und halten Sie die Maustaste gedrückt.
- Ziehen Sie die E-Mail von der Nachrichtenliste in den *Posteingang* oder einen anderen Ordner in der Ordnerliste.

E-Mails manuell löschen

Sie können alle gelöschten E-Mails permanent aus *Outlook Express* löschen bzw. entfernen, indem Sie den Ordner *Gelöschte Objekte* leeren. Dazu wählen Sie den Ordner *Gelöschte Objekte* in der Ordnerliste aus, wählen BEARBEITEN/ORDNER GELÖSCHTE OBJEKTE LEEREN und klicken dann auf OK.

E-Mails automatisch löschen	Wenn Sie nicht möchten, dass E-Mails in Ihrem Ordner *Gelöschte Objekte* gespeichert werden, sobald Sie *Outlook Express* beenden, wählen Sie EXTRAS/OPTIONEN und im Register *Wartung* die Option *Ordner Gelöschte Objekte beim Beenden leeren*. Klicken Sie dann auf OK.
Outlook Express beenden	So verlassen Sie *Outlook Express*:  • Wählen Sie DATEI/BEENDEN oder klicken Sie auf das Schließenfeld rechts oben im *Outlook-Express*-Fenster.
Verwendung der Online-Hilfe	Wie *Internet Explorer* und andere *Microsoft*-Anwendungen, bietet auch *Outlook Express* eine Hilfe an, die durchsucht werden kann. Sie können die Online-Hilfe auf zwei Arten durchsuchen bzw. lesen: über die Dialogfelder oder über das Menü HILFE.
Gebrauch der Online-Hilfe in Dialogfeldern	Übung 7.35 zeigt ein Beispiel, wie Sie über ein Dialogfeld auf die Online-Hilfe zugreifen können.

Übung 7.35: In einem Dialogfenster auf die Online-Hilfe zugreifen

1) Wählen Sie EXTRAS/OPTIONEN und dann das Register *Allgemein*.

2) Klicken Sie auf das Fragezeichen oben rechts im Dialogfeld. *Outlook Express* zeigt ein Fragezeichen rechts neben dem Cursor an.

3) Ziehen Sie die Maus zur Option *Signalton bei Nachrichteneingang*.

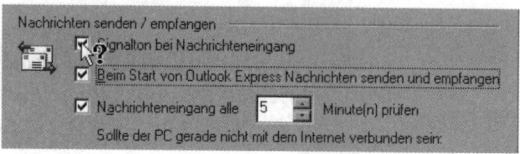

4) Klicken Sie irgendwo auf das Kontrollkästchen oder den Namen der Option.

> Legt fest, ob der Computer bei Eintreffen neuer Nachrichten ein Audiosignal ausgibt. Wenn Sie dieses Kontrollkästchen deaktivieren, hören Sie zwar kein Audiosignal, aber in der Statusleiste und Nachrichtenliste von Outlook Express wird angezeigt, dass ungelesene Nachrichten vorliegen.

Outlook Express zeigt einen Hilfetext an, der Auskunft über diese Option gibt. Führen Sie die Übung 7.35 auch mit anderen Dialogfeldern in *Outlook Express* durch.

Optionen im Menü Hilfe verwenden

Sie können auch über das Menü ? auf die Online-Hilfe zugreifen. Wählen Sie ?/INHALT UND INDEX, um die drei Register des Dialogfelds HILFE angezeigt zu bekommen.

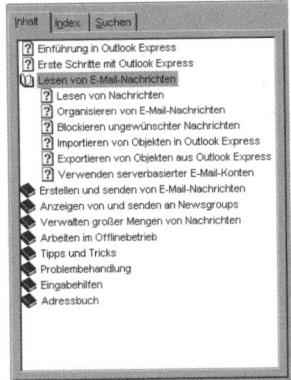 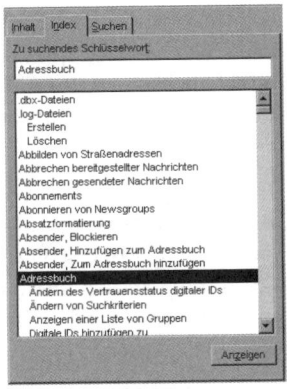 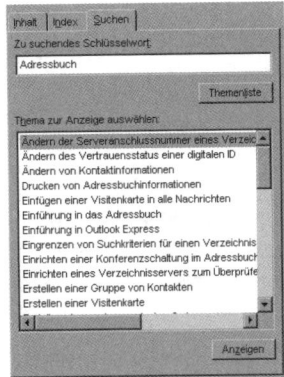

Register *Inhalt*

Dieses Register bietet Ihnen eine kurze Beschreibung der Hauptmerkmale von *Outlook Express*.

❧ Wo Sie ein Buchsymbol sehen, doppelklicken Sie darauf, damit Ihnen die damit verwandten Themen angezeigt werden.

❓ Doppelklicken Sie auf ein Fragezeichen, um den Hilfetext zu lesen.

Register *Index*

Das hier angezeigte Information können Sie wie das Schlagwortregister eines gedruckten Buchs lesen bzw. verwenden.

Geben Sie die ersten Buchstaben eines Wortes (oder Satzes) ein, das für Sie interessant ist.

Outlook Express zeigt gefundene Übereinstimmungen mit der Online-Hilfe im unteren Teil des Dialogfelds an.

Wenn Sie den gesuchten Eintrag im untern Bereich als Thema gefunden haben, klicken Sie ganz einfach auf ANZEIGEN oder führen Sie einen Doppelklick auf das entsprechende Thema aus. Die Information zum gewünschten Thema wird dann im rechten Bereich des Fensters angezeigt.

Register *Suchen*

Sie können das gesucht Wort oder Thema nicht über das Register *Inhalt oder Index* finden? Dann versuchen Sie es hier.

Wenn Sie ein Wort oder einen Satz schreiben und auf die Schaltfläche THEMENLISTE klicken, führt *der Outlook Express* eine Suche durch, die bis in die Tiefen der Online-Hilfe vordringt.

Wenn Sie das gesuchte Element bzw. Thema gefunden haben, führen Sie einen Doppelklick darauf aus oder klicken Sie auf die ANZEIGEN. Die Information zu diesem Thema wird dann im rechten Bereich des Fensters angezeigt.

Während Sie die Online-Hilfe lesen bzw. durchsuchen, sehen Sie die folgenden Schaltflächen am oberen Rand des Online-Hilfe-Fensters.

- **Ausblenden/Einblenden**: Blendet den linken Fensterausschnitt des Dialogfelds ONLINE-HILFE ein oder aus.

- **Zurück/Vorwärts**: Führt Sie vorwärts und rückwärts durch vorher schon besuchte Hilfethemen.

- **Optionen:** Bietet einige Optionen zur Ansicht und ermöglicht das Drucken gerade angezeigter Online-Hilfe-Texte.

- **Webhilfe**: Bringt Sie auf die *Microsoft*-Seiten zum Support von *Outlook Express*. Nehmen Sie sich einige Minuten Zeit, um durch die Online-Hilfe von *Outlook Express* zu schauen. Wenn Sie fertig sind, können Sie *Outlook Express* beenden, indem Sie auf das Schließenfeld klicken und DATEI/BEENDEN wählen. Sie haben die Lektion 7.5 des ECDL-Moduls Information und Kommunikation beendet.

Zusammenfassung der Lektion: Das haben Sie gelernt

Microsoft Outlook Express ist ein E-Mail-Programm, das es Ihnen ermöglicht, neue E-Mails zu erstellen (adressieren, schreiben und bearbeiten), zu versenden (von Ihrem Computer ins Internet), eingehende E-Mails abzurufen (aus dem Internet auf Ihren Computer) und abgerufene E-Mails zu lesen.

Um Ihnen bei der Organisation Ihrer E-Mails behilflich zu sein, bietet *Outlook Express* eine Ordnerliste, in der Nachrichten gespeichert und nach Typ zusammengefasst werden: erhaltene E-Mails (*Posteingang*), zum Versenden fertige E-Mails (*Postausgang*), bereits gesendete E-Mails (*Gesendete Objekte*), gelöschte E-Mails (*Gelöschte Objekte*) und die E-Mails zur weiteren Bearbeitung (*Entwürfe*). Benutzer können zusätzliche Ordner erstellen, um ihre E-Mails noch detaillierter zu organisieren.

Sie können Ihre eingehenden E-Mails manuell vom Internet abrufen oder *Outlook Express* so einstellen, dass E-Mails automatisch jedes Mal bei Programmstart oder nach festgelegten Zeitintervallen abgerufen werden.

Darüber hinaus können Sie dem Programm mitteilen, ob Sie ausgehende E-Mails sofort nach Fertigstellung versenden oder im Ordner *Postausgang* speichern möchten, um sie später alle zusammen zu versenden.

Wenn Sie über eine Einwahlverbindung verfügen, können Sie Ihre E-Mails lesen und verfassen, egal ob Sie online oder offline sind. Nur zum Versenden und Abrufen Ihrer E-Mails müssen Sie online gehen. Sie können Kopien aller versendeten E-Mails im Ordner *Gesendete Objekte* aufbewahren.

Wenn Sie einen Ordner in *Outlook Express* öffnen, wird die E-Mail dieses Ordners in einer Nachrichtenliste gemeinsam mit einer Übersicht von Informationen zu jeder einzelnen E-Mail angezeigt.

Ein einfaches Klicken auf die E-Mail in einer Nachrichtenliste führt dazu, dass der Inhalt der E-Mail in einem Vorschaufenster unterhalb der Nachrichtenliste angezeigt wird. Ein Doppelklick bewirkt, dass die E-Mail in einem separaten Fenster angezeigt wird.

Wenn Sie eine E-Mail löschen, legt *Outlook Express* diese E-Mail im Ordner *Gelöschte Objekte* ab. Sie können den Ordner *Gelöschte Objekte* manuell leeren oder *Outlook Express* so einstellen, dass der Ordner jedes Mal bei Verlassen des Programms geleert wird.

Lektion 7.6: Weitere Informationen zu ausgehenden E-Mails

Zu dieser Lektion

In dieser Lektion werden Sie einige Optionen zum Erstellen und Versenden von E-Mails kennen lernen.

Sie werden lernen, wie man Text aus einer anderen Anwendung in eine E-Mail kopiert, wie Sie die Rechtschreibung in Ihren E-Mails überprüfen, wie Sie eine E-Mail mit dem Merkmal *Hohe Dringlichkeit* versehen und wie Sie die gleiche E-Mail an mehrere Leute versenden.

Darüber hinaus werden Sie erfahren, wie Sie eine Signatur erstellen und diese Ihren ausgehenden Nachrichten hinzufügen und wie man Dateien – Textdokumente, Tabellen oder Fotografien Ihres Hundes – an ausgehende E-Mails anhängt.

Neue Fähigkeiten

Am Ende dieser Lektion sollten Sie in der Lage sein,

- Text in eine E-Mail zu kopieren,
- die Rechtschreibung Ihrer E-Mail zu überprüfen,
- die gleiche E-Mail an mehrere Leute zu verschicken,
- eine *Blind carbon copy* einer E-Mail zu versenden,
- die Dringlichkeit einer ausgehenden E-Mail festzulegen,
- ausgehenden E-Mails eine Signatur hinzuzufügen,
- einer ausgehenden E-Mail eine Datei anzuhängen,
- zu erklären, warum eine E-Mail zurückkommt – bounced – und was man in einem solchen Fall unternehmen kann,
- die E-Mail-Warteschlange Ihrer ausgehenden E-Mails zu steuern.

Neue Wörter

Am Ende dieser Lektion sollten Sie in der Lage sein, die folgenden Begriffe zu erklären:

- Carbon copy (Cc)
- Blind carbon copy (Bcc)
- E-Mail-Dateianhang
- Signatur
- Dringlichkeit einer Nachricht
- zurückkommende – bounced – E-Mail
- Ordner *Entwürfe*

Einen Text direkt in *Outlook Express* einzugeben, ist nur eine Art, eine E-Mail zu erstellen. Eine andere Methode ist es, vorher erstellten Text wieder zu verwenden, indem man ihn aus einer anderen E-Mail (egal ob empfangen oder gesendet) kopiert und in eine neue einfügt.

Wie Übung 7.36 zeigt, können Sie auch Text in eine ausgehende E-Mail kopieren, und zwar auch aus einer anderen Anwendung wie z.B. *Microsoft Word*. (Sie sollten sich im Umgang mit *Microsoft Word* auskennen und ein *Word*-Dokument, das Sie für Übung 7.36 verwenden können, zur Hand haben. Falls nicht, müssen Sie uns einfach glauben.)

Übung 7.36: Text von Word in Outlook Express kopieren

1) Öffnen Sie *Microsoft Word* und das Dokument mit dem Text, den Sie in Ihre E-Mail kopieren möchten.

2) Markieren Sie den zu kopierenden Text, indem Sie an den Anfang klicken und dann den Cursor an das Ende des Textes ziehen.

   (Um den gesamten Text eines *Word*-Dokuments zu markieren, halten Sie STRG gedrückt und klicken dann irgendwo in den linken Marginalbereich.)

Ein aus Word ausgewählter Text

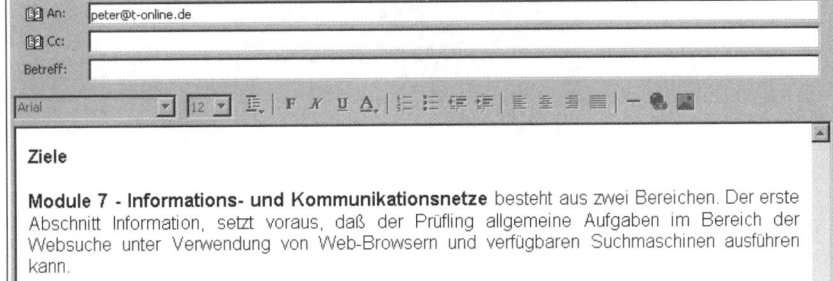

3) Wählen Sie BEARBEITEN/KOPIEREN oder drücken Sie STRG+c, um den Text in die Zwischenablage zu kopieren.

4) Öffnen Sie *Outlook Express* und eine E-Mail, der Sie den Text hinzufügen möchten, oder erstellen Sie eine neue E-Mail.

5) Positionieren Sie den Cursor an der Stelle, an der Ihr Text in der E-Mail erscheinen soll, und wählen Sie dann BEARBEITEN/EINFÜGEN oder drücken Sie STRG+v.

Ausgehende E-Mail mit eingefügtem Text aus Word

An:	peter@t-online.de
Cc:	
Betreff:	

Arial   12   ...

Ziele

Module 7 - Informations- und Kommunikationsnetze besteht aus zwei Bereichen. Der erste Abschnitt Information, setzt voraus, daß der Prüfling allgemeine Aufgaben im Bereich der Websuche unter Verwendung von Web-Browsern und verfügbaren Suchmaschinen ausführen kann.

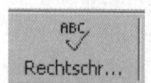

Schaltfläche
Rechtschreibprüfung

Wie sieht es mit Ihrer Rechtschreibung aus? *Outlook Express* bietet zwei Möglichkeiten, Ihre Rechtschreibung zu überprüfen und Korrekturvorschläge zu machen.

- Beim Versenden der E-Mail (die automatische Option)

- Wenn Sie EXTRAS/RECHTSCHREIBUNG wählen oder auf die Schaltfläche RECHTSCHREIBUNG in der Symbolleiste *Neue Nachricht* klicken.

Falls die automatische Rechtschreibprüfung aktiviert ist, überprüft *Outlook Express* Ihre E-Mail, nachdem Sie DATEI/NACHRICHT SENDEN gewählt oder auf die Schaltfläche SENDEN in der Symbolleiste *Neue Nachricht* geklickt haben.

Outlook Express verwendet das gleiche Wörterbuch wie *Word* und andere *Microsoft*-Anwendungen. Wenn Sie diese Funktion nicht auf Ihrem Computer installiert haben, ist eine Rechtschreibprüfung in *Outlook Express* nicht möglich.

Übung 7.37: Rechtschreibprüfung einschalten

1) Wählen Sie EXTRAS/OPTIONEN und das Register *Rechtschreibung*.

2) Wählen Sie die zwei folgenden Option aus und klicken Sie auf OK: *Rechtschreibung immer vor dem Senden prüfen* und *Korrektur vorschlagen*.

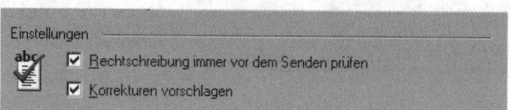

Diese Einstellung führt dazu, dass *Outlook Express* Sie beim Versenden einer E-Mail warnt, falls ein unbekanntes Wort gefunden wird. Es werden Alternativen für dieses Wort angeboten. (Nicht jede ungewöhnliche Rechtschreibung ist falsch und nicht jede gewöhnliche ist richtig.)

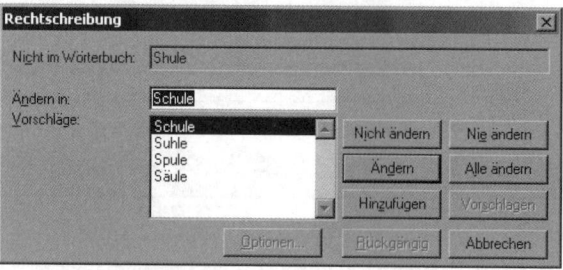

Sie können die Warnung IGNORIEREN, das Problemwort durch eine hervorgehobene Alternative ERSETZEN oder das Wort, welches die Warnung auslöste, zum Wörterbuch HINZUFÜGEN, so dass es in Zukunft keine Warnung bei diesem Wort gibt.

- Sie haben gesehen, dass das Versenden einer E-Mail recht einfach ist, vorausgesetzt, Sie kennen die E-Mail-Adresse der Person, der Sie schreiben. Wo finden Sie diese Adressen? Es gibt hierfür fünf Hauptquellen: Visitenkarten, eingehende E-Mails, Websites, die Option *Personen suchen* und das Adressbuch des *Internet Explorers*.

- **Visitenkarten:** In der heutigen Geschäftswelt schreiben die meisten Leute ihre E-Mail-Adresse auf ihre Visitenkarte. (Es gibt Leute, die nur ihre E-Mail-Adresse angeben, weil sie nur auf diesem Wege kontaktiert werden möchten.)

- **Eingehende E-Mails**: Viele Leute, denen Sie eine E-Mail schicken möchten, haben wahrscheinlich schon auf diesem Wege Kontakt mit Ihnen gehabt. Gehen Sie einfach in den Ordner *Posteingang*, suchen Sie dort nach der E-Mail der gewünschten Person, kopieren Sie die Adresse in die Zwischenablage und fügen Sie die Adresse in Ihre E-Mail ein.

- **Websites:** Wenn Sie wissen, zu welcher Organisation die betreffende Person gehört, suchen Sie die entsprechende Website. Viele dieser Websites (vor allem Bildungsinstitute und Behörden) verfügen über ein E-Mail-Verzeichnis.

- **Personen suchen**: *Outlook Express* bietet eine Option an, die Ihnen dabei hilft, E-Mail-Adressen schnell in webbasierten Verzeichnissen zu finden.

  - Wählen Sie EXTRAS/ADRESSBUCH und dann die Schaltfläche BEARBEITEN/PERSONEN SUCHEN.

  - Aus der Dropdown-Liste *Suchen in* können Sie einen Verzeichnis-Service auswählen.

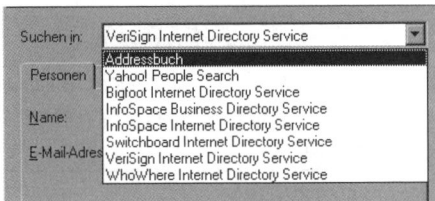

  - Schreiben Sie den Namen der gesuchten Person und klicken Sie auf SUCHEN.

  Dieses Merkmal funktioniert nur, wenn Sie mit dem Internet verbunden sind. (Es gibt jedoch keine Garantie dafür, dass Sie die gesuchte Person auch finden.)

- **Adressbuch:** Im Adressbuch von *Outlook Express* erfassen Sie E-Mail-Adressen, um einen einfachen Zugriff darauf zu haben. (Sie werden in Lektion 7.8 mehr über das Adressbuch erfahren.)

Eine E-Mail an mehrere Empfänger versenden

Sie können eine E-Mail an mehr als eine Person schicken. Dazu gibt es drei Möglichkeiten: mehrere gleichberechtigte Empfänger, ein Hauptempfänger und Kopien an andere Empfänger und *Blind carbon copy*. Jede dieser Möglichkeiten wird für verschiedene Zwecke genutzt.

Mehrere gleichberechtigte Empfänger

Wenn Sie eine E-Mail an mehrere Personen schicken möchten, geben Sie von jedem einzelnen die jeweilige Adresse im Feld *An:* ein. Trennen Sie die einzelnen Adressen durch Komma oder Semikolon. Um eine Liste mehrerer Adressen hintereinander leichter lesbar zu gestalten, fügen Sie nach jedem Komma oder Semikolon einen Leerschritt ein.

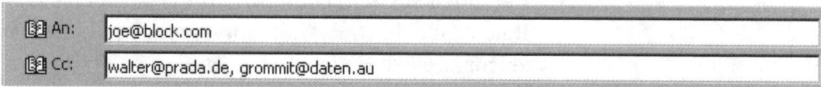

Mehrere Empfänger im Feld An:

Ein Hauptempfänger und eine Kopie an eine andere Person

Um eine Kopie der E-Mail an eine andere Person zu schicken, geben Sie die entsprechende Adresse im Feld *Cc:* (Carbon copy) ein. In der Regel wird das *Cc:*-Feld dazu verwendet, um hier die Adresse anderer Empfänger einzutragen, denen man aus Höflichkeit oder organisatorischen Gründen eine Kopie der E-Mail zukommen lassen möchte.

| 📇 An: | joe@block.com |
| 📇 Cc: | walter@prada.de, grommit@daten.au |

Mehrere Empfänger im Feld Cc:

Cc: vermittelt diese Art von hintergründigen, aber einflussreichen Nachrichten, die das Büroleben so aufregend machen. Sie können in die Felder *An:* und *Cc:* beliebig viele Adressen eingeben.

> ## Cc: (Carbon copy)
> *Ein Feld im Kopfbereich einer E-Mail, in das Sie Adressen derjenigen Personen eintragen können, denen Sie eine Kopie der E-Mail zukommen lassen möchten.*

Blind carbon copy

Mit der Funktion *Blind carbon copy* können Sie eine Kopie der E-Mail an eine zweite Person versenden, ohne dass der Hauptempfänger davon Kenntnis bekommt. Dazu müssen Sie das Feld *Bcc:* einblenden. Wählen Sie ANSICHT/ALLE KOPFDATEN. Das *Bcc:*-Feld wird nun zukünftig in allen E-Mails, die Sie erstellen, angezeigt, bis Sie es wieder ausblenden (indem Sie wieder ANSICHT/ALLE KOPFDATEN wählen).

Geben Sie in das Feld *Bcc:* einfach die E-Mail-Adresse derjenigen Person ein, der Sie eine Blindkopie der E-Mail zukommen lassen möchten.

- *Bcc:* Empfänger sehen den Namen der Empfänger im *An:*- und im *Cc:*-Feld.

- Empfänger im *An:*- und *Cc:*-Feld sehen den Namen der Empfänger im *Bcc:*-Feld nicht.

- Die einzelnen Empfänger im *Bcc:*-Feld sehen nicht den Namen des anderen.

📧 An:	joe@bloggs.com
📧 Cc:	
📧 Bcc:	peter@redac.de

Empfänger im Feld An: und Bcc:

Mit *Bcc:* werden noch *hintergründigere* E-Mails versendet als mit *Cc:*. Nehmen wir einmal an, Sie schicken eine E-Mail an Anna mit *Bcc:* an Peter. Das hat folgende Auswirkungen:

- Anna (Hauptempfänger) bekommt die E-Mail.

- Peter (*Bcc:*-Empfänger) erfährt, dass Anna die E-Mail bekommen hat (und sieht auch, was darin stand).

- Anna weiß nicht, dass Peter weiß, dass sie eine E-Mail bekommen hat, und auch noch weiß, was drin steht.

- Peter weiß, dass Anna nicht weiß, dass er es weiß.

- Peter weiß auch, dass Sie nicht wollen, dass Anna weiß, dass er es weiß. Macht Spaß, oder? Sie können auch in das Feld *An:* und *Bcc:* so viele Adressen eingeben, wie Sie möchten. Und Sie können für ein und dieselbe E-Mail beide Felder, also *Cc:* und *Bcc:*, verwenden.

Bcc: (Blind carbon copy)

Ein Feld im Kopfbereich einer E-Mail, das es Ihnen ermöglicht, anderen Personen eine Kopie der E-Mail zukommen zu lassen. Bcc:-Empfänger können Empfänger im Feld An: und im Feld Cc: sehen. Sie sehen aber nicht die Adressen im Bcc:-Feld. An:- und Cc:-Empfänger können nicht die Empfänger im Feld Bcc: sehen.

Massen-E-Mail und Blind carbon copy

Ein beliebter Gebrauch (Missbrauch?) des *Bcc:*-Feldes bezieht sich auf das Versenden von Massenmails, die für Produkte und Dienstleistungen werben.

Der Absender gibt alle Empfängeradressen in das *Bcc:*-Feld ein. So erfährt kein Empfänger dieser Massen-E-Mail, wer außer ihm noch diese E-Mail empfängt. Sollte diese E-Mail versehentlich in die Hände der Konkurrenz gelangen, so ist es wenigstens unmöglich, die

Liste aller Empfänger zu sehen. Im Feld *An:* schreibt der Absender seine eigene E-Mail-Adresse.

Jede E-Mail, die Sie versenden, muss wenigstens einen Empfänger im Feld *An:* enthalten. Andernfalls kann sie nicht versendet werden.

Dateien an eine E-Mail anhängen

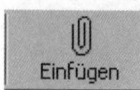

Schaltfläche
Datei anfügen

E-Mails sind in der Regel kurze Textmitteilungen. Aber nehmen wir einmal an, Sie möchten Ihrem Onkel ein Familienfoto zusenden, Ihrem Buchhalter eine Tabelle, eine PowerPoint-Präsentation an das Hauptbüro oder ein schön formatiertes Textverarbeitungsdokument an Ihren Tutor schicken. Kein Problem. Sie senden es ganz einfach als Anhang mit Ihrer E-Mail.

Um zu erfahren, wie man einer E-Mail einen Anhang hinzufügt, folgen Sie bitte den einzelnen Schritten in Übung 7.38.

Übung 7.38: Einen Anhang versenden

1) Erstellen Sie Ihre E-Mail ganz normal wie immer.

2) Wählen Sie EINFÜGEN/ANLAGE oder klicken Sie auf die Schaltfläche DATEI EINFÜGEN in der Symbolleiste *Neue Nachricht.*

3) Suchen Sie über das Dialogfeld *Anlage einfügen* die Datei, die Sie an Ihre E-Mail anhängen möchten, und klicken Sie auf EINFÜGEN.

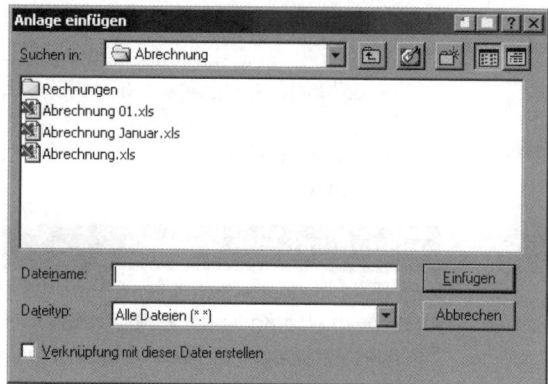

Outlook Express fügt eine Zeile in den Kopfbereich der E-Mail ein, um den Namen und die Größe der angehängten Datei anzuzeigen. Um mehrere Dateien anzuhängen, wiederholen Sie einfach Schritt 2 und 3 dieser Übung.

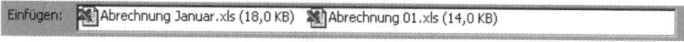

4) Klicken Sie auf SENDEN, um die E-Mail samt Anhang zu verschicken.

Beachten Sie dabei, dass der Empfänger Ihrer E-Mail nur mit dem Anhang arbeiten kann, wenn er über das entsprechende Software-Programm verfügt.

E-Mail-Dateianhang

Eine Datei, in der Regel eine formatierte wie z.B. ein Word-Dokument, die der E-Mail angehängt und mit ihr versendet wird.

E-Mail-Dringlichkeit

Jede E-Mail, die Sie versenden, ist wichtig, oder? Aber einige E-Mails sind eben wichtiger als andere und Sie möchten sichergehen, dass der Empfänger darüber auch in Kenntnis gesetzt wird. In Übung 7.39 erfahren Sie, wie man eine ausgehende E-Mail als dringlich kennzeichnet.

Übung 7.39: Versenden einer E-Mail mit hoher Dringlichkeit

1) Erstellen Sie eine E-Mail.

2) Wählen Sie NACHRICHT/DRINGLICHKEIT FESTLEGEN/HOCH.

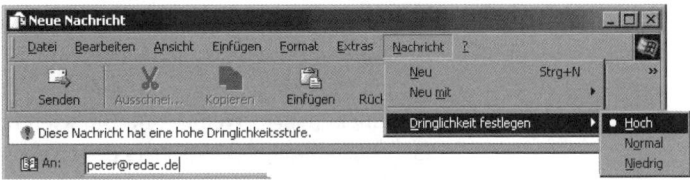

3) Wählen Sie DATEI/NACHRICHT SENDEN oder klicken Sie auf die Schaltfläche SENDEN.

E-Mails mit hoher Dringlichkeit (eingehende wie ausgehende) werden durch ein rotes Ausrufezeichen gekennzeichnet. Verwenden Sie das Merkmal *Hohe Dringlichkeit* nur sparsam. Wenn jede von Ihnen geschickte E-Mail mit *Hohe Dringlichkeit* gekennzeichnet ist, werden alle gleich behandelt.

Sie können auf die gleiche Weise auch E-Mails mit der Kennzeichnung *Niedrige Dringlichkeit* versenden. Aber wer möchte das schon? (E-Mails mit niedriger Dringlichkeit werden durch einen blauen Pfeil nach unten gekennzeichnet.)

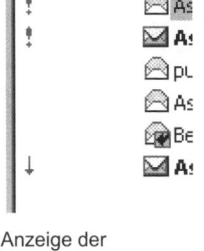

Anzeige der
Dringlichkeit

Die Dringlichkeit einer E-Mail hat keinen Einfluss darauf, mit welcher Geschwindigkeit sie im Internet oder einem internen Netzwerk übermittelt wird.

Sie können auch die Dringlichkeit eingegangener E-Mails verändern. Das ist eine praktische Methode, um E-Mails zu markieren, mit denen Sie sich noch näher beschäftigen möchten.

Dringlichkeit einer E-Mail

Ein Hinweis für den E-Mail Empfänger, dass die Nachricht dringend ist, in der Regel durch ein rotes Ausrufezeichen gekennzeichnet. Die Dringlichkeit einer E-Mail hat keinen Einfluss darauf, wie schnell sie im Internet oder einem privaten Netzwerk verschickt wird.

Wenn Sie eine E-Mail an jemanden versenden und diese Mail aus irgendeinem Grund nicht zugestellt werden kann, werden Sie normalerweise davon benachrichtigt. Für solche Mails wird auch das Wort *bounced* verwendet. Ein Ausdruck, der aus dem Englischen übernommen wurde und so viel wie abprallen, zurückprallen bedeutet.

Der häufigste Grund für einen solchen Vorgang ist, dass eine falsche Adresse eingetragen wurde. Ist die Adresse richtig geschrieben? Sind die Interpunktionszeichen richtig gesetzt? Haben Sie einen Gedankenstrich statt eines Unterstrichs verwendet?

Bounced E-Mail

Eine E-Mail, die aus irgendeinem Grund den Empfänger nicht erreicht und daher an den Absender zurückgeschickt wird.

Es kann vorkommen, dass Ihre E-Mail den Empfänger nicht erreicht und Sie davon nicht unterrichtet werden. Es ist zwar selten, aber es kommt vor. Gehen Sie also nicht einfach davon aus, dass der Empfänger die Mail auch definitiv bekommen hat, nur weil Sie eine E-Mail verschickt haben. Wenn es für Sie wichtig ist, bitten Sie um eine Empfangsbestätigung, entweder in der E-Mail selbst oder automatisch. Übung 7.40 zeigt Ihnen, wie es geht.

Übung 7.40: Eine Lesebestätigung erbitten

1) Erstellen Sie ganz normal eine neue E-Mail.

2) Wählen Sie EXTRAS/LESEBESTÄTIGUNG. (ab OE 5.1)

3) Versenden Sie die E-Mail nun ganz normal.

Wenn die E-Mail vom Empfänger empfangen und geöffnet wird, wird dieser darüber informiert, dass Sie eine Lesebestätigung möchten. Der Empfänger kann entscheiden, ob er die Bestätigung sendet oder nicht, aber er braucht nicht viel zu tun, er muss nur auf JA klicken.

Sie erhalten dann eine Bestätigung, dass die E-Mail vom Empfänger geöffnet wurde.

Wenn Sie eine E-Mail verfassen, möchten Sie vielleicht am Ende einen kleinen Textblock einfügen, Ihre Signatur. Der einfachste und gleichzeitig effizienteste Weg dies zu tun, ist, ganz einfach eine Signatur (manchmal als Signaturdatei oder .sig-Datei bekannt) zu erstellen. *Outlook Express* hängt diese Signatur dann entweder automatisch an alle oder nur an ausgewählte E-Mails an.

Die meisten Leute geben in der Signatur ihren Namen und Einzelheiten zur Kontaktaufnahme an. Manche fügen auch einen Werbeslogan, eine kurze Nachricht oder den Link zu ihrer Website hinzu. Sie können auch verschiedene Signaturen für unterschiedliche Zwecke erstellen.

Eine Signatur erstellen

Folgen Sie den Schritten in Übung 7.41, um zu erfahren, wie man eine Signatur für E-Mails erstellt.

Übung 7.41: Ihre Signatur erstellen

1) Wählen Sie EXTRAS/OPTIONEN, dann das Register *Signatur* und klicken Sie auf NEU.

2) Klicken Sie die Option *Text* an und geben Sie Ihren Namen, Adresse, Telefonnummer und andere Kontaktdaten in das Textfeld ein.

3) Klicken Sie die Option *Allen ausgehenden Nachrichten Signatur hinzufügen* an, aber nicht die Option *Keine Signatur bei Antworten und weitergeleiteten Nachrichten.*

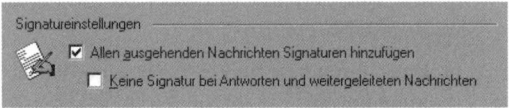

4) Klicken Sie auf OK.

Outlook Express fügt zukünftig allen E-Mails, die Sie erstellen bzw. versenden, Ihre Signatur hinzu.

Wenn Sie etwas wählerischer sein möchten, wählen Sie die Option *Allen ausgehenden Nachrichten Signatur hinzufügen* wie in Schritt 2 der Übung 7.41 nicht aus. Sie können dann auch, wenn Sie eine Nachricht erstellt haben, über EINFÜGEN/SIGNATUR Ihre Signatur einfügen. Setzen Sie vorher den Cursor an die Stelle in Ihrer E-Mail, an der die Signatur erscheinen soll.

Signaturen zur Auswahl

Um eine zweite (oder dritte...) Signatur zu erstellen, wählen Sie EXTRAS/OPTIONEN und das Register *Signatur*. Klicken Sie auf die Schaltfläche NEU und verfahren Sie genauso wie beim Erstellen der ersten Signatur.

Wählen Sie aus, welche Ihrer Signaturen die Standardsignatur sein soll, indem Sie die entsprechende Signatur auswählen und auf STANDARD klikken. Wenn Sie fertig sind, klicken Sie auf OK.

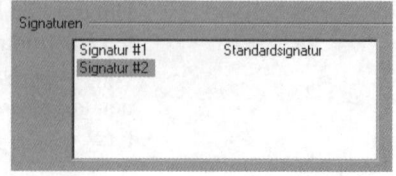

Wenn Sie mehr als eine Signatur erstellt haben, wird Ihnen in Zukunft, wenn Sie EINFÜGEN/SIGNATUR wählen, eine Auswahl Ihrer verfügbaren Signaturen angeboten.

Ihre Signatur umbenennen

Sie können Ihre Signatur umbenennen, so dass es später einfacher ist, die einzelnen Namen für bestimmte Zwecke auseinander zu halten. So könnten Sie beispielsweise eine Signatur mit Namen Geschäftlich, eine mit Persönlich und eine mit Familie haben. Oder eine für die Kollegen und eine andere für die Hauptgeschäftsstelle.

Dazu wählen Sie EXTRAS/OPTIONEN und das Register *Signatur*. Klicken Sie als Nächstes auf die Signatur, der Sie einen neuen Namen geben möchten, und wählen Sie UMBENENNEN. Geben Sie nun den neuen Namen für die Signatur ein. Machen Sie es mit den übrigen Signaturen, die Sie umbenennen möchten, genauso. Wenn Sie fertig sind, klicken Sie auf OK.

Eine Signatur bearbeiten

Um eine Signatur zu bearbeiten, wählen Sie EXTRAS/OPTIONEN und das Register *Signatur*.

Ihre Signaturen finden Sie in einer Liste. Wählen Sie die gewünschte Signatur aus, indem Sie darauf klicken. Nehmen Sie die Änderungen vor, indem Sie etwas hinzufügen, löschen oder überschreiben. Wenn Sie fertig sind, klicken Sie auf OK.

Signatur

Ein Zusatz am Ende einer E-Mail. In der Regel enthält eine Signatur Vor- und Zunamen, Beruf und Stellung, Telefon- und Faxnummer, E-Mail-Adresse und Website-Adresse. Manche Leute fügen auch einen Spruch, den Firmenslogan oder ein kurzes persönliches Statement hinzu.

Der Ordner Entwürfe

Wenn Ihre E-Mails im Ordner *Postausgang* abgelegt sind, sind Sie bis zu dem Zeitpunkt, an dem Sie auf SENDEN UND EMPFANGEN klicken, in der glücklichen Lage, Ihre Meinung noch ändern zu können.

Sie können eine E-Mail im *Postausgang* genau wie eine andere E-Mail löschen. Sie markieren sie in der Nachrichtenliste und führen dann eine der folgenden Handlungen durch: Klicken Sie auf die

Schaltfläche LÖSCHEN auf der Symbolleiste, wählen Sie BEARBEITEN/ LÖSCHEN oder drücken Sie die Taste ENTF.

Wahlweise können Sie die E-Mail auch in den Ordner *Entwürfe* verschieben und noch einmal darüber nachdenken.

E-Mail im Ordner Entwürfe *speichern*

Der Ordner *Entwürfe* ist der Ort, an dem Sie halbfertige Nachrichten aufbewahren – Ihre Kündigung, Ihre Bewerbung – bis Sie ganz sicher sind, dass sie korrekt sind und Sie sie auch wirklich versenden möchten.

Um eine neue E-Mail im Ordner *Entwürfe* abzulegen, erstellen Sie wie gewohnt Ihre E-Mail und wählen dann DATEI /SPEICHERN. Um sich eine E-Mail aus dem Ordner *Entwürfe* noch einmal anzuschauen, öffnen Sie den Ordner, wählen die entsprechende E-Mail in der Nachrichtenliste aus und öffnen sie durch einen Doppelklick. Sie können nun alle Änderungen oder Ergänzungen vornehmen und die E-Mail entweder im Ordner *Entwürfe* speichern oder versenden.

Sie können eine E-Mail auch direkt vom Ordner *Entwürfe* in den *Postausgang* verschieben, indem Sie die E-Mail einfach aus der Nachrichtenliste in den *Postausgang* in der Ordnerliste ziehen.

Ordner Entwürfe

Ein Bereich innerhalb von Outlook Express, in dem Sie E-Mails speichern können, die Sie noch nicht sofort versenden möchten. Sie können E-Mails im Ordner Entwürfe *beliebig öffnen und bearbeiten.*

Anzeige der Textgröße

Die Standardschriftgröße, in der *Outlook Express* Text anzeigt, lässt sich auch ändern. Eine nützliche Funktion, wenn Ihre Sehkraft in irgendeiner Weise beeinträchtigt ist.

Wählen Sie ANSICHT/SCHRIFTGRAD und die gewünschte Schriftgröße. Sie können jederzeit zur Standardgröße *Mittel* zurückkehren.

Wenn Sie fertig sind, können Sie *Outlook Express* beenden. Sie haben die Lektion 7.6 des ECDL-Moduls Information und Kommunikation beendet.

Sie können Text aus einer Textverarbeitungsanwendung oder einem anderen Programm in eine E-Mail in *Outlook Express* kopieren und die Rechtschreibung Ihrer E-Mails überprüfen lassen, wie Sie es auch mit einem *Word*-Dokument tun können.

Sie können eine ausgehende Nachricht an mehrere Empfänger adressieren. Entweder als gleichberechtigte Empfänger (*An:*), als Carbon-copy-Adressen (*Cc:*) oder als Blind-Carbon-copy-Adressen (*Bcc:*). *Bcc:*-Empfänger können Empfänger im Feld *An:* und *Cc:* sehen. Sie sehen aber nicht die Adressen im *Bcc:*-Feld. *An:* und *Cc:*-Empfänger sehen nicht die Empfänger im Feld *Bcc:*.

Wenn Sie eine E-Mail an mehrere Personen versenden, trennen Sie die einzelnen Adressen durch Komma oder Semikolon. Wahlweise können Sie auch einen Leerschritt nach jedem Komma oder Semikolon einfügen, um das Lesen der einzelnen Adressen zu vereinfachen.

Nachrichten lassen sich mit *Hoher* oder *Niedriger Dringlichkeit* kennzeichnen. um dem Empfänger die Dringlichkeit der Nachricht mitzuteilen. Das hat jedoch keinen Einfluss darauf, wie schnell die Nachricht über das Internet oder ein privates Netzwerk übermittelt wird.

Sie können Ihren ausgehenden Nachrichten eine Signatur anhängen und dabei verschiedene Signaturen für unterschiedliche Zwecke auswählen. In der Regel enthält eine Signatur Vor- und Zunamen, Beruf und Stellung, Telefon- und Faxnummer, E-Mail-Adresse und Website-Adresse. Manche Leute fügen auch einen Spruch, den Firmenslogan oder ein kurzes persönliches Statement hinzu.

Sie können Ihrer E-Mail formatierte Dateien wie Bilder, Tabellen und Textdokumente aus einer Textverarbeitung anhängen.

Eine *bounced* E-Mail hat aus irgendeinem Grund den Empfänger nicht erreicht und wurde daher an den Absender zurückgeschickt.

Im Ordner *Entwürfe* in *Outlook Express* speichern Sie Nachrichten, die Sie noch nicht gleich verschicken möchten.

Lektion 7.7: Weitere Informationen zu eingehenden E-Mails

Zu dieser Lektion

In dieser Lektion werden Sie einige der Optionen für eingehende E-Mails kennen lernen.

Sie erfahren, wie man erhaltene E-Mails an andere Personen weiterleitet, wie man dem Verfasser einer E-Mail oder jedem, der diese E-Mail erhalten hat, antwortet und wie man Text zwischen einzelnen E-Mails oder von einer E-Mail in ein Textverarbeitungsprogramm oder eine andere Anwendung kopiert.

Es wird außerdem beschrieben, wie Sie angehängte Dateien, die Sie erhalten, öffnen und wie Sie diese dann speichern oder löschen.

Ein weiteres Thema sind die Mailordner. Hier erfahren Sie, wie Sie selbst neue Ordner erstellen, Ihre E-Mails darin auf verschiedene Weise sortieren und wie Sie Ihre Ordner nach bestimmten Mails durchsuchen können.

Neue Fähigkeiten

Am Ende dieser Lektion sollten Sie in der Lage sein,

* eine erhaltene E-Mail an eine andere Person weiterzuleiten,

* nur dem Verfasser einer E-Mail zu antworten,

* allen Empfängern einer E-Mail zu antworten,

* Text zwischen einzelnen E-Mails und von E-Mails in ein anderes Programm zu kopieren,

* Dateianhänge zu speichern und zu löschen,

* Ordner zu erstellen und zu löschen,

* E-Mails zwischen einzelnen Ordnern zu verschieben,

* in Ihren Ordnern nach einer bestimmten E-Mail zu suchen.

Neue Wörter

Am Ende dieser Lektion sollten Sie in der Lage sein, die folgenden Begriffe zu erklären:

* E-Mail-Weiterleitung

* Nur dem Verfasser antworten

* Allen antworten

Was Sie mit Ihren eingehenden E-Mails machen können

In Lektion 7.5 haben Sie gelernt, wie Sie eingegangene E-Mails aus der Nachrichtenliste anzeigen können: durch einfaches (um sie in der Vorschau zu betrachten) oder zweifaches (um sie in einem separaten Fenster zu betrachten) Klicken. In dieser Lektion werden Sie erfahren, welche unterschiedlichen Dinge Sie mit einer eingegangenen E-Mail tun können. Zusammengefasst sind das die folgenden Aktionen:

- Weiterleiten an eine andere Person
- Nur dem Verfasser antworten
- Dem Verfasser und allen anderen Adressaten dieser E-Mail antworten
- Text daraus in eine ausgehende E-Mail oder in eine andere *Microsoft*-Anwendung zu kopieren
- Die angehängten Dateien speichern oder löschen

Eine E-Mail weiterleiten

Die einfachste Methode eine erhaltene E-Mail an eine andere Person weiterzugeben, ist ganz einfach das *Weiterleiten* Führen Sie Übung 7.42 aus, um zu erfahren, wie es geht.

Übung 7.42: Eine E-Mail weiterleiten

Schaltfläche Weiterleiten

1) Wählen Sie die Nachricht, die Sie weiterleiten möchten, durch Klicken oder Doppelklicken aus.

2) Wählen Sie NACHRICHT/WEITERLEITEN oder klicken Sie auf die Schaltfläche WEITERLEITEN in der Symbolleiste.

Outlook Express blendet ein Fenster ein, das so aussieht wie das zum Erstellen neuer E-Mails, jedoch mit zwei Unterschieden:

- Das Feld *Betreff:* zeigt den Betreff der ursprünglichen E-Mail mit einem vorangestellten *Fw*.
- Die ursprüngliche E-Mail wird angezeigt und ist durch > vor den Zeilen zu erkennen.

Hier können Sie Ihre Kommenatare zur weitergeleiteten E-Mail eingeben

Originaltext der erhaltenen E-Mail

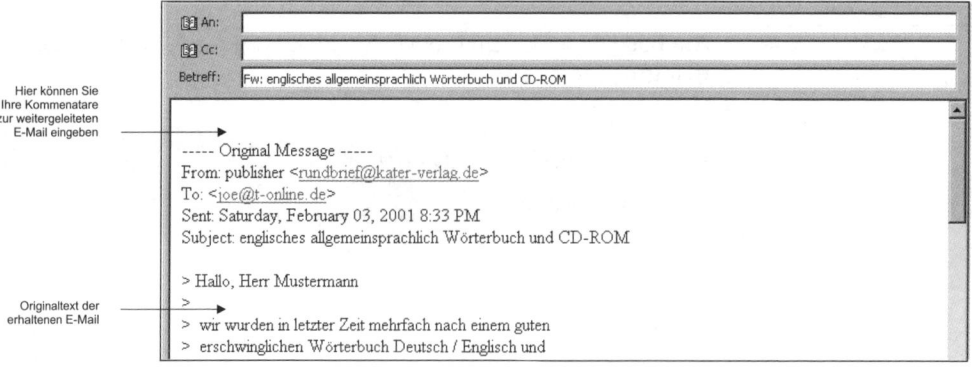

Information und Kommunikation

3) Im Feld *An:* geben Sie die Adresse der Person ein, der Sie die E-Mail weiterleiten möchten.

4) Geben Sie im Textbereich eigenen Text ein. (Es ist für den Empfänger der Nachricht hilfreich, wenn Sie klar zwischen Ihrem Text und dem Originaltext der E-Mail unterscheiden.)

5) Klicken Sie auf SENDEN.

E-Mail-Weiterleitung

Der Vorgang, eine empfangene E-Mail an eine andere Person weiterzuleiten. In der Regel schreiben Sie ein paar eigene Worte in die E-Mail, die Sie weiterleiten.

Nur dem Verfasser antworten

Wenn Sie eine E-Mail erhalten, können Sie entweder nur dem Verfasser dieser Nachricht antworten oder allen Personen, die diese Nachricht erhalten haben.

In den meisten Fällen werden Sie nur dem Verfasser der Nachricht antworten wollen. Übung 7.43 zeigt Ihnen, wie es geht.

Übung 7.43: Nur dem Verfasser einer E-Mail antworten

Schaltfläche
Nur dem Verfasser
antworten

1) Wählen Sie die Nachricht, auf die Sie antworten möchten, durch Klicken oder Doppelklicken aus.

2) Wählen Sie NACHRICHT/VERFASSER ANTWORTEN oder klicken Sie auf die Schaltfläche ANTWORTEN in der Symbolleiste. Das Fenster, das eingeblendet wird, sieht aus wie das zum Erstellen neuer E-Mails, jedoch mit zwei Unterschieden:

• Das Feld *An:* und das Feld *Betreff:* sind schon ausgefüllt.

• Die ursprüngliche E-Mail wird angezeigt und identifiziert.

Bereich für
den Antworttext

Text der E-Mail,
auf die Sie antworten

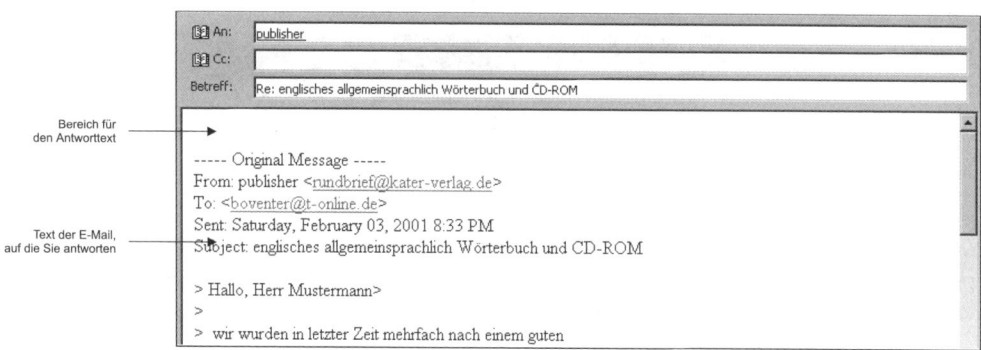

Sie können das Feld *Betreff:* bearbeiten, wenn Sie möchten. Sie können auch die ursprüngliche Nachricht oder Teile daraus entfernen.

3) Geben Sie Ihren Antworttext in das Nachrichtenfeld oberhalb der ursprünglichen Nachricht ein.

4) Klicken Sie auf SENDEN.

Denken Sie daran, dass es nicht sehr hilfreich ist, eine Nachricht mit nur einem Wort als Antwort zu bekommen (Ja oder 4:30). Die Person, die Ihre Antwort liest, könnte Hunderte von E-Mails versendet haben und liest Ihre Antwort vielleicht erst Tage später. Daher ist es immer ratsam, die Originalnachricht mit der Antwort mitzuschicken.

Wenn die Originalnachricht jedoch sehr umfangreich ist und Ihre Antwort einfach nur Ja ist, ist es hilfreich, wenn Sie den Teil des Textes, der nichts mit der Antwort zu tun hat, ausschneiden. So ist es eindeutig, auf was Sie sich beziehen.

Nur dem Verfasser antworten

Der Vorgang, auf eine erhaltene E-Mail zu antworten. Nur die Person, die Ihnen die E-Mail geschickt hat, bekommt die Antwort. Die Antwort enthält in der Regel den Text der Originalnachricht.

Allen Antworten

Die Option *Allen antworten* gibt Ihnen die Möglichkeit, auf eine E-Mail zu antworten, so dass jeder, der die ursprüngliche E-Mail erhalten hat, eine Antwort von Ihnen bekommt. Diese Funktion wird genau wie die Funktion *Antworten* (nur dem Verfasser) verwendet.

Schaltfläche
Allen antworten

Diese Funktion kann besonders hilfreich sein, wenn Sie mit mehreren Personen zusammen an einem Projekt arbeiten (beispielsweise das Aufsetzen eines Vertrags) oder eine Sache diskutieren, die eine von allen Zustimmung verlangt (beispielsweise Terminabstimmung für eine Sitzung).

Um diese Option bei einer erhaltenen E-Mail zu nutzen, wählen Sie NACHRICHT/ALLEN ANTWORTEN oder klicken Sie auf die Schaltfläche ALLEN ANTWORTEN in der Symbolleiste.

Allen antworten

Der Vorgang des Antwortens auf eine erhaltene E-Mail, wobei jeder, der die Originalnachricht erhalten hat, auch Ihre Antwort bekommt. Die Antwort enthält in der Regel den Text der Originalnachricht.

Den Text einer Nachricht kopieren und verschieben

Sie können den Text einer E-Mail in einer anderen E-Mail oder einem anderen *Microsoft*-Programm wieder verwenden. Und Sie können Text innerhalb einer Nachricht verschieben. In Übung 7.44 und 7.45 trainieren Sie Ihre Fähigkeiten, Text zu verschieben.

Übung 7.44: Den Text einer E-Mail innerhalb von Outlook Express verschieben

1) Öffnen Sie eine E-Mail oder erstellen Sie eine neue.

2) Markieren Sie den zu kopierenden Text, indem Sie an den Anfang des Textes klicken und dann den Cursor an das Ende des Textes ziehen.

3) Wählen Sie BEARBEITEN/KOPIEREN oder drücken Sie STRG+c.

4) Gehen Sie nun an die Stelle, an der Sie den kopierten Text einfügen möchten. Das ist entweder innerhalb der gleichen E-Mail oder in einer anderen E-Mail.

5) Wählen Sie BEARBEITEN/EINFÜGEN oder drücken Sie STRG+v.

Übung 7.45: Text aus einer E-Mail in ein anderes Programm kopieren

1) Wie schon in Übung 7.44, wählen Sie auch hier den Text aus, den Sie gern kopieren möchten, und drücken dann STRG+c.

2) Öffnen Sie das zweite Programm (wie z.B. *Microsoft Word*), positionieren Sie den Cursor an die Stelle, an der der kopierte Test erscheinen soll, und drücken Sie STRG+v.

In beiden Fällen können Sie den besagten Text auch verschieben (also an der Ursprungsstelle löschen und ihn an anderer Stelle einfügen), indem Sie BEARBEITEN/AUSSCHNEIDEN statt BEARBEITEN/KOPIEREN wählen oder STRG+x statt STRG+c drücken.

Text löschen

Um Text zu löschen, markieren Sie den Text, den Sie löschen wollen, und fahren Sie dann folgendermaßen fort: Wählen Sie BEARBEITEN/AUSSCHNEIDEN, drücken Sie STRG+x oder die Taste ENTF.

Dateianhänge erhalten

Die meisten E-Mails sind einfache Textnachrichten. Einige jedoch haben auch Dateianhänge wie Tabellen, formatierte Dokumente, Präsentationen, Grafiken oder Audiodateien. Sie erkennen eine E-Mail mit angehängter Datei folgendermaßen:

- In der Nachrichtenliste wird besagte E-Mail mit einer Büroklammer versehen angezeigt.

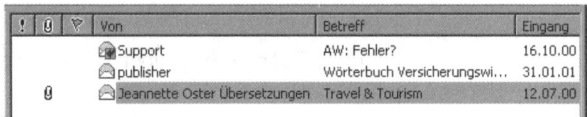

- Im Vorschaufenster wird im Nachrichtenkopf eine Büroklammer angezeigt.

- Wenn die Nachricht in einem separaten Fenster angezeigt wird, erscheint im Kopfbereich eine Zeile für Anlagen, mit Angaben zu Name und Größe der Datei.

Einfügen:	courseware1.doc (53,4 KB)

Einen Anhang öffnen

Sie können einen Anhang nur dann öffnen, wenn Sie über das entsprechendes Programm verfügen. Einen Anhang, der in einer Anwendung erstellt wurde, die nicht auf Ihrem Computer installiert ist (oder einfach nur in einer anderen Version), können Sie möglicherweise nicht öffnen.

Einen Anhang öffnen Sie auf zwei Arten:

- Wenn Sie die E-Mail in der Vorschau anzeigen lassen, klicken Sie auf das Symbol *Büroklammer* im Kopfbereich der E-Mail, damit der Name des Anhangs angezeigt wird. Wählen Sie  aus dem eingeblendeten Kontextmenü den entsprechenden Dateinamen.
- Wenn Sie die E-Mail in einem separaten Fenster anzeigen lassen, führen Sie einen Doppelklick auf den Dateinamen im Feld *Anhang*: aus.

Einfügen:	Modul6.doc (72,3 KB)

Anhänge speichern

Sie können einen Anhang auf zwei Arten speichern:

- Wählen Sie DATEI/ANHANG SPEICHERN. (Dieser Befehl steht zur Verfügung, egal ob Sie die E-Mail in der Vorschau oder in einem separaten Fenster anzeigen lassen.)
- Klicken Sie in der Vorschau auf das Symbol *Büroklammer* im Kopfbereich und wählen Sie ANHANG SPEICHERN.
- Wenn Sie die E-Mail in einem separaten Fenster anzeigen lassen, führen Sie einen Rechtsklick auf den Dateinamen im Feld *Anhang:* aus und wählen dann SPEICHERN UNTER aus dem Kontextmenü.

In jedem Fall geben Sie jedoch an, wo auf Ihrem Computer die Datei gespeichert werden soll. Akzeptieren oder ändern Sie den Dateinamen und klicken Sie dann auf OK.

Wenn Sie einen Anhang öffnen und ihn nicht speichern, können Sie ihn später nur über *Outlook Express* öffnen. Wenn Sie den Anhang jedoch speichern, können Sie ihn zukünftig auch über die entsprechende Anwendung öffnen.

Wenn Sie einen Anhang speichern und später löschen, werden Sie ihn weder über *Outlook Express* noch über die entsprechende Anwendung öffnen können. Und wenn Sie die E-Mail löschen, ohne vorher den Anhang gespeichert zu haben, so ist auch der Anhang gelöscht.

Vorsicht: Anhänge können gefährlich sein

E-Mail-Anhänge sind die beliebteste Art, Computerviren zu verteilen. Aus diesem Grund sollten Sie ein Antivirenprogramm auf Ihrem Computer installiert haben, das die eingehenden E-Mails bzw. Anhänge scannt.

Verwendung von E-Mail-Ordnern

Wenn Sie erst einmal anfangen, mit E-Mails zu arbeiten, werden Sie auch eine Menge davon bekommen. Einige der E-Mails sind wichtig, andere dagegen nur kurzlebig (Wir treffen uns zum Mittagessen, OK). Einige müssen Sie aufbewahren, um sich darauf berufen zu können (die TOP eines Projekt-Meetings). Einige der E-Mails sind einfach nur Massenmails bzw. Rundmails. Wie also können Sie da Ordnung halten, damit Sie das Gesuchte auch finden, wenn Sie es brauchen? Sie erstellen einfach Ordner für Ihre E-Mails.

Übung 7.46: Einen Ordner für E-Mails erstellen

1) Wählen Sie DATEI/NEU/ORDNER.

2) Schreiben Sie den Namen, den Sie dem neuen Ordner geben möchten.

3) Klicken Sie auf den Ordner, in dem Sie Ihren neuen Ordner ablegen möchten.

- Wenn sich der neue Ordner auf der gleichen Ebene wie *Posteingang*, *Postausgang* und andere Hauptordner in *Outlook Express* befinden soll, klicken Sie auf *Lokale Ordner*.

- Wenn der neue Ordner ein Unterordner eines bestehenden Ordners wie z.B. Ihres *Posteingangs* sein soll, klicken Sie auf den entsprechenden Ordner.

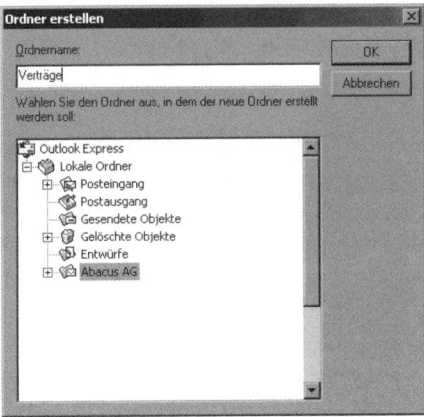

4) Klicken Sie auf OK.

<table>
<tr><td>

E-Mails zwischen
Ordnern verschieben

</td><td>

In Übung 7.47 verschieben Sie E-Mails von einem Ordner in den anderen.

</td></tr>
</table>

Übung 7.47: Eine E-Mail vom Posteingang in einen anderen Ordner verschieben

1) Öffnen Sie Ihren *Posteingang* in der Ordnerliste und markieren Sie die E-Mail, die Sie verschieben möchten.

2) Wählen Sie BEARBEITEN/VERSCHIEBEN NACH ORDNER.

3) Klicken Sie den Ordner an, in den Sie die Nachricht verschieben möchten.

4) Klicken Sie auf OK.

Wahlweise können Sie auch in der Nachrichtenliste auf die E-Mail klicken und sie in den Ordner in der Ordnerliste auf der linken Seite ziehen. Welchen Ordner verwenden Sie für Massen-E-Mails und für die *Einladung zum Essen* von letzter Woche? Natürlich den Ordner *Gelöschte Objekte*.

Wenn Sie in Übung 4.47 BEARBEITEN/KOPIEREN NACH ORDNER wählen, würde die E-Mail in den zweiten Ordner kopiert. Sie würde also in beiden Ordnern erscheinen.

<table>
<tr><td>

Einen Ordner löschen

</td><td>

Seien Sie vorsichtig. Es ist natürlich möglich, einen Mailordner zu löschen, aber Sie können es sich dann nicht mehr anders überlegen. Der Ordner mit seinem gesamten Inhalt ist für immer verschwunden. Folgen Sie den Schritten in Übung 7.48, um zu erfahren, wie das vor sich geht.

</td></tr>
</table>

Übung 7.48: Einen Ordner löschen

1) Klicken Sie in der Ordnerliste auf den Ordner, den Sie löschen möchten.

2) Wählen Sie DATEI/ORDNER/LÖSCHEN oder klicken Sie auf die Schaltfläche LÖSCHEN in der Symbolleiste.

3) Sie werden aufgefordert zu bestätigen, dass Sie den Ordner wirklich löschen wollen.

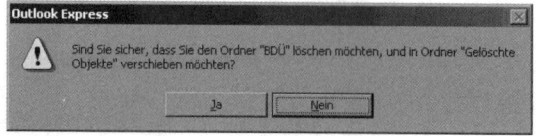

4) Klicken Sie auf JA.

<table>
<tr><td>

Nach bestimmten
E-Mails suchen

</td><td>

Sie wissen, dass jemand Ihnen Informationen über den neuen MP3 Music Player geschickt hat, aber Sie wissen nicht mehr, wer es war. Ihr Freund aus Australien hat Ihnen irgendwann um die Weihnachtszeit eine Nachricht geschickt. Sie brauchen alle Antworten, die Sie

</td></tr>
</table>

zum morgigen Meeting bekommen haben. Wie finden Sie das, was Sie suchen?

Die schnellste Methode, diese Stecknadeln im E-Mail-Heuhaufen zu finden, bietet die Funktion *Nachricht suchen*. Übung 7.49 zeigt ein Beispiel.

Übung 7.49: Eine bestimmte E-Mail suchen

1) Wählen Sie BEARBEITEN/SUCHEN/NACHRICHT oder klicken Sie auf die Schaltfläche SUCHEN in der Symbolleiste.

2) Wenn Sie wissen, in welchem Ordner sich die Nachricht befindet, klicken Sie auf DURCHSUCHEN und wählen dann den entsprechenden Ordner im Feld *Suchen in*.

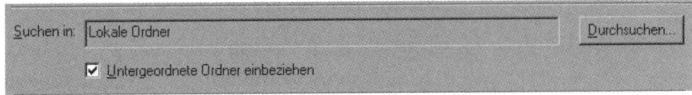

Wenn Sie nicht sicher sind, wo genau die E-Mail sich befindet, wählen Sie *Lokale Ordner und Untergeordnete Ordner einbeziehen*.

3) Geben Sie alles an, was Sie über die gesuchte Nachricht wissen. Von wem Sie kam (oder wann Sie die Nachricht versendet haben, an wen sie ging), den Betreff oder einige Wörter oder einen Satz aus dem Text der Nachricht. Sie müssen keine vollständigen Wörter benutzen. Sogar ein einzelner Buchstabe ist ausreichend. Sie können auch eine Serie von Datumsangaben eingeben.

4) Klicken Sie auf STARTEN. *Outlook Express* zeigt eine Liste mit Nachrichten an, die Ihre Kriterien erfüllen.

Wenn Sie die gewünschte Nachricht gefunden haben, öffnen Sie sie mit einem Doppelklick.

Nachrichten in einem Ordner sortieren

Eine weitere Methode, bestimmte E-Mails in einem Ordner zu finden, ist das Sortieren der Nachrichten im Ordner. Indem Sie Ihren *Posteingang* alphabetisch nach Verfassernamen sortieren (das Feld *Von*), können Sie alle Nachrichten einer bestimmten Person suchen und finden. Sie können aber auch nach Ihren zuletzt erhaltenen E-Mails suchen, indem Sie im Feld *Eingang* sortieren.

Übung 7.50: Den Inhalt eines Mailordners sortieren

1) Klicken Sie auf Ihren *Posteingang* in der Ordnerliste.

2) Klicken Sie in der Nachrichtenliste im Kopfbereich auf das Wort *Von*. *Outlook Express* sortiert die Nachrichten alphabetisch nach den Verfassernamen.

3) Klicken Sie noch einmal auf das Wort *Von*. *Outlook Express* sortiert die Nachrichten neu, diesmal in umgekehrter alphabetischer Reihenfolge.

4) Klicken Sie im Kopfbereich auf das Wort *Eingang*. *Outlook Express* sortiert Ihre Nachrichten nach dem Eingangsdatum. Wie schon zuvor, können Sie die Sortierung umkehren, indem Sie noch einmal auf *Eingang* klicken.

Wenn Sie fertig sind, können Sie *Outlook Express* beenden. Sie haben die Lektion 7.7 des ECDL-Moduls Information und Kommunikation beendet.

Zusammenfassung der Lektion: Das haben Sie gelernt

Outlook Express erlaubt es Ihnen, verschiedenen Handlungen an den E-Mails, die Sie von anderen Personen erhalten, vorzunehmen.

Sie können eine E-Mail an jemanden weiterleiten, in der Regel zusammen mit ein paar eigenen Worten, die Sie in den unteren Textbereich, oberhalb der ursprünglichen E-Mail eingeben. Sie können nur dem Verfasser der Nachricht antworten, so dass nur dieser Ihre Antwort sieht, oder Sie antworten allen Empfängern einer E-Mail.

Eine weitere Option ist das *Kopieren* und *Einfügen*. So können Sie Text aus einer erhaltenen E-Mail in eine ausgehende Nachricht oder in eine andere Anwendung wie z.B. *Microsoft Word* kopieren.

Outlook Express zeigt Ihnen an, ob eine eingehende E-Mail einen Dateianhang hat. Sie können solche Anhänge öffnen, speichern und löschen. Dateianhänge können Viren enthalten. Daher sollten Sie mit einem zuverlässigen Antivirenprogramm arbeiten, das die Anhänge scannt.

Mailordner erstellen Sie, um ein bisschen Ordnung in Ihre E-Mails zu bringen. Darüber hinaus können Sie die E-Mails in einem Ordner sortieren (nach Verfasser, Empfänger, Betreff oder Datum) und die Funktion *Suchen* verwenden, um bestimmte E-Mails zu finden.

Lektion 7.8: Adressbuch und Kontaktgruppen

Zu dieser Lektion

Sie werden sicherlich bemerkt haben, dass es recht schwierig sein kann, sich E-Mail-Adressen zu merken. Einige von ihnen sind kryptisch (bill@xyz.de), andere wiederum komplex (bs_p.sales@xy.pqr-corp.co.uk). Auch innerhalb der gleichen Firma oder Organisation verwenden einzelne Personen oft unterschiedliche Möglichkeiten der E-Mail-Adresse (peterschmitz, pschmitz,peter.schmitz, peter_schmitz, pschzt...). Wie also kann man all diese Adressen behalten?

Sie müssen diese Adressen gar nicht im Kopf behalten, Sie sammeln sie einfach in einem Adressbuch.

In dieser Lektion lernen Sie, wie Sie Kontakte in Ihrem Adressbuch organisieren, so dass Sie sich keine E-Mail-Adressen merken müssen. Sie fügen diese einfach jedes Mal, wenn Sie eine E-Mail versenden möchten, ein.

Weiterhin erfahren Sie, wie Sie Kontaktgruppen (so genannte Mailinglisten) zusammenstellen, so dass Sie dieselbe Nachricht in einem Arbeitsschritt an eine ganze Gruppe von Personen schicken können.

Neue Fähigkeiten

Am Ende dieser Lektion sollten Sie in der Lage sein,

- Ihrem Adressbuch Kontakte hinzuzufügen, sie zu ändern oder zu löschen,
- Kontaktgruppen zu erstellen, um in einem Arbeitsschritt eine E-Mail an eine ganze Gruppe von Personen zu senden.

Neue Wörter

Am Ende dieser Lektion sollten Sie in der Lage sein, die folgenden Begriffe zu erklären:

- E-Mail-Kontakt
- Adressbuch
- Alias
- Mailingliste (Kontaktgruppe)

Outlook Express verfügt über ein Adressbuch, in dem Sie Informationen zu Personen, mit denen Sie in Kontakt stehen, speichern können.

Sie können hier alle möglichen Details über Ihre Kontakte hinterlegen – selbstverständliche Dinge wie Name, Adresse und Telefonnummer (und E-Mail-Adresse) und weniger selbstverständliche Dinge wie Geburtstag oder die Namen der Kinder.

E-Mail-Kontakt

Eine Person oder Organisation, deren Details (wie Name und E-Mail-Adresse) Sie im Adressbuch Ihrer E-Mail-Anwendung hinterlegt haben.

Schaltfläche
Adressbuch

Um sich einen Überblick über die Vielfalt der Aufzeichnungsmöglichkeiten von Kontakten zu verschaffen, öffnen Sie *Outlook Express*, wählen EXTRAS/ADRESSBUCH oder klicken Sie auf die Schaltfläche ADRESSBUCH in der *Outlook-Express*-Symbolleiste. Klicken Sie als Nächstes auf die Schaltfläche NEU in der Symbolleiste *Adressbuch* und wählen Sie NEUER KONTAKT.

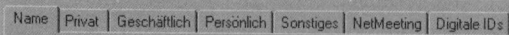

Klicken Sie hintereinander auf die sieben Register im Dialogfeld und schauen Sie sich die verfügbaren Felder an. Wenn Sie fertig sind, klicken Sie auf ABBRECHEN.

Adressbuch

Im Adressbuch Ihrer E-Mail-Anwendung speichern Sie detaillierte Informationen über Ihre E-Mail-Kontakte, um später darauf zurückgreifen zu können.

Kontakte eingeben

In Übung 7.51 üben Sie das Eingeben von neuen Kontakten in das Adressbuch von *Outlook Express*.

Übung 7.51: Ihrem Adressbuch einen neuen Kontakt hinzufügen

1) Öffnen Sie Ihr Adressbuch in *Outlook Express*, indem Sie EXTRAS/ADRESSBUCH wählen.

2) Klicken Sie auf die Schaltfläche NEU in der Symbolleiste *Adressbuch* und wählen Sie NEUER KONTAKT.

3) Geben Sie im Register *Name* den Vor- und Zunamen sowie die E-Mail-Adresse eines Kontakts ein.

4) Geben Sie im Feld *Rufname* eine kurze, leicht zu behaltende Version des Namens ein (auch einzelne Buchstaben). Der Rufname soll keine Leerschritte enthalten.

Sie können dann später den Rufnamen in das Feld *An:* in einer E-Mail schreiben. (Dieser Name wird auch als *Alias* bezeichnet.)

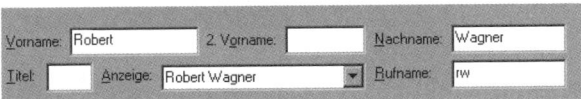

5) Klicken Sie auf OK.

Um mehrere neue Kontakte hintereinander einzugeben, klicken Sie auf HINZUFÜGEN, nachdem Sie die Informationen zu einem Kontakt eingegeben haben. Die Schaltfläche HINZUFÜGEN fügt neue Kontakte hinzu, ohne das Dialogfeld zu schließen. Über die Schaltfläche NEU wird der zuletzt eingegebene Kontakt eingefügt und das Dialogfeld geschlossen.

E-Mail-Alias

Eine verkürzte Form einer E-Mail-Adresse, die in das Feld An: in einer Nachricht eingegeben werden kann, statt der vollständigen E-Mail-Adresse des jeweiligen Kontakts.

Kontakte: Das Minimum an Information

Das Minimum an Information, das ein Kontakt in Ihrem Adressbuch enthalten muss, sind der Vor- und Zuname und ein angezeigter Name. Alle übrigen Detailangaben sind optional. Vor- und Zunamen geben Sie ein, die Anzeige wird dann standardmäßig von *Outlook Express* erstellt.

Der Name im Feld *Anzeige* ist der, der später im Feld *An:* erscheint, wenn Sie eine Nachricht an den Kontakt versenden, und auch im Feld *Von:*, wenn Sie E-Mails von dieser Person empfangen.

Sie können den standardmäßig eingefügten Namen im Feld *Anzeige* ändern oder eine andere Möglichkeit aus der Dropdown-Liste auswählen. Die Dropdown-Liste enthält verschiedene Variationen aus Vor- und Zuname und allem anderen, was Sie im Feld *Rufname* oder im Feld *Firma* im Register *Geschäftlich* eingetragen haben.

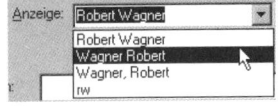

Kontakte bearbeiten

Sie können die Informationen zu den einzelnen Kontakten jederzeit ändern oder ergänzen. Gehen Sie folgendermaßen vor:

• EXTRAS/ADRESSBUCH, um das Adressbuch zu öffnen.

• Führen Sie einen Doppelklick auf den gewünschten Kontakt aus.

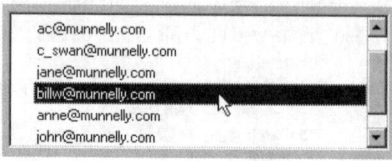

- Überschreiben oder löschen Sie Informationen oder fügen Sie neue hinzu.

Kontakte löschen

Zum Löschen eines Kontakts öffnen Sie Ihr Adressbuch, wählen den entsprechenden Kontakt aus und führen dann eine der folgenden Handlungen aus: Klicken Sie auf die Schaltfläche LÖSCHEN, drücken Sie ENTF oder wählen Sie DATEI/LÖSCHEN.

Kontaktinformation von einer E-Mail hinzufügen

In Übung 7.51 haben Sie gelernt, wie Sie einen neuen Kontakt durch Öffnen des Adressbuchs und Eingabe und Speicherung relevanter Informationen in Ihr Adressbuch aufnehmen. Ein neuer Kontakt lässt sich auf zwei weitere Arten hinzufügen.

- Lassen Sie sich die Nachrichtenliste des *Posteingangs* oder des *Postausgangs* zeigen und führen Sie einen Rechtsklick auf eine E-Mail aus. Wählen Sie dann ABSENDER ZUM ADRESSBUCH HINZUFÜGEN aus dem Kontextmenü.

- Wenn Sie auf eine E-Mail antworten, führen Sie einen Rechtsklick auf den Namen im Feld *An:* aus und wählen Sie dann ABSENDER ZUM ADRESSBUCH HINZUFÜGEN aus dem Kontextmenü.

Sie können *Outlook Express* auch so einstellen, dass es automatisch alle Empfänger von Antworten in Ihr Adressbuch einfügt.

- Wählen Sie EXTRAS/OPTIONEN.

> ☑ Adresse beim Antworten in das Adressbuch übernehmen

- Im Register *Senden* wählen Sie die Option *Adresse beim Antworten automatisch in das Adressbuch übernehmen* und klicken auf OK.

Ihre Kontakte sortieren

Sie erinnern sich an den Vornamen einer Person, aber nicht an den Nachnamen? Sie kennen die Telefonnummer, aber nicht den Namen der Firma? Mit einem normalen Telefonbuch hätten Sie jetzt ein Problem. Nicht jedoch mit *Outlook Express*. Übung 7.52 führt Sie durch die einzelnen Schritte.

Übung 7.52: Nach Vornamen sortieren (Methode 1)

1) Wählen Sie EXTRAS/ADRESSBUCH, um das Adressbuch zu öffnen.

2) Wählen Sie ANSICHT/SORTIEREN NACH.

3) Wählen Sie *Vorname, Nach-name* und *Aufsteigend*.

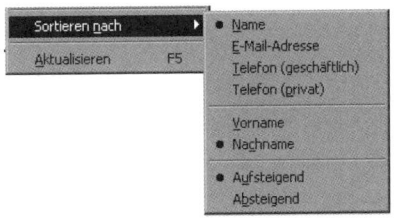

Eventuell müssen Sie Schritt 2 wiederholen, um genau diese Sortierung zu erreichen.

Sie können eine Person dann schnell und einfach anhand ihres Vornamens suchen, indem Sie durch die Liste scrollen.

Übung 7.53: Nach Telefonnummern sortieren (Methode 2)

1) Sollte das Adressbuch nicht geöffnet sein, wählen Sie EXTRAS/ADRESSBUCH, um es zu öffnen.

2) Klicken Sie auf *Telefon (geschäftlich)* in der Kopfzeile. Klicken Sie dann noch einmal auf die gleichen Wörter.

Die Reihenfolge ändert sich mit jedem Klick von aufsteigend in absteigend und wieder aufsteigend. Sie finden den gesuchten Namen, indem Sie zu der Telefonnummer scrollen, die Ihnen ja bekannt ist.

Mailingliste (Kontaktgruppe)

Wenn Sie regelmäßig E-Mail verwenden, um z.B. mit Ihrem Fußball-team, Ihrer Forschungsgruppe oder Ihrer weit verstreuten Familie in Kontakt zu leiben, können Sie, wie schon beschrieben, die gleiche E-Mail an alle Personen einer Gruppe versenden, indem Sie deren Namen in das Feld *An:* oder in das Feld *Cc:* schreiben. (Denken Sie aber daran, die Namen durch Semikolon zu trennen.)

Aber nach einer Weile kann diese ganze Schreiberei von Namen auch lästig werden. Was also kann man tun? Sie erstellen einfach eine Mailingliste, die in *Outlook Express* als Kontaktgruppe bezeichnet wird. In Übung 7.54 zeigt, wie man eine Kontaktgruppe erstellt und ihr weitere Mitglieder hinzufügt.

Übung 7.54: Eine Kontaktgruppe erstellen

1) Wenn Ihr Adressbuch nicht geöffnet ist, wählen Sie EXTRAS/ADRESSBUCH, um es zu öffnen.

2) Klicken Sie auf die Schaltfläche NEU und wählen Sie NEUE GRUPPE.

3) Geben Sie der neuen Gruppe einen Namen, der möglichst kurz und prägnant ist.

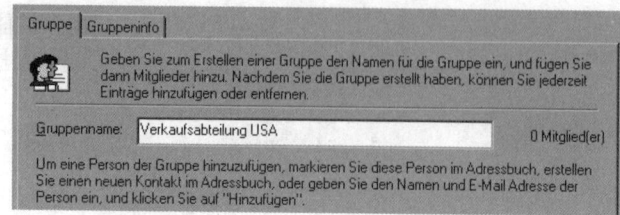

4) Nun gibt es zwei Möglichkeiten:

- Die Personen, die Sie in die Kontaktgruppe aufnehmen möchten, existieren bereits in Ihrem Adressbuch.

- Die Personen, die Sie in die Kontaktgruppe aufnehmen möchten, existieren noch nicht in Ihrem Adressbuch.

Wenn eine Person schon in Ihrem Adressbuch steht, klicken Sie auf MITGLIEDER AUSWÄHLEN. In einem neuen Dialogfeld wird eine Liste Ihrer E-Mail-Kontakte angezeigt. Klicken Sie auf den jeweiligen Namen, den Sie auswählen möchten, und dann auf AUSWÄHLEN ->.

Wenn Sie fertig sind, klicken Sie auf OK, um ins Dialogfeld zurückzukehren. Gehen Sie nun weiter zu Schritt 5.

Wenn die Personen, die Sie in die Gruppe aufnehmen möchten, noch nicht im Adressbuch sind, und Sie auch nicht möchten, dass sie sich dort befinden (weil Sie diese Personen nie einzeln ansprechen möchten), geben Sie die entsprechenden Namen und E-Mail-Adressen ein und klicken dann auf HINZUFÜGEN.

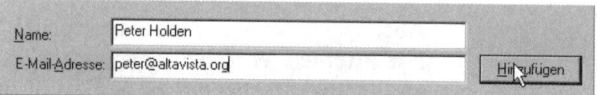

Fahren Sie mit der Eingabe von Namen und E-Mail-Adressen fort und klicken Sie jedes Mal auf HINZUFÜGEN, bis Sie alle Personen, die nicht in Ihrem Adressbuch sind, eingegeben haben.

5) Wenn Sie fertig sind, klicken Sie auf OK.

Wenn Sie erst einmal eine Gruppe erstellt haben, brauchen Sie nur noch den Namen der Gruppe in das Feld *An:* einer Nachricht zu schreiben und *Outlook Express* sendet die E-Mail an jede Person dieser Gruppe.

Mailingliste/Kontaktgruppe

Eine Liste von E-Mail-Adressen, die es ermöglicht, allen Personen einer Gruppe in einem Arbeitsschritt eine E-Mail zu senden, indem man den Namen der entsprechenden Gruppe ins Feld An: *in der Nachricht schreibt.*

Eine Kontaktgruppe kann weitere Kontaktgruppen enthalten. Ihre überregionale Verkaufsgruppe enthält z.B. drei weitere Gruppen – Europa, USA, Asien.

Eine Einzelperson kann dabei auch Mitglied in mehr als einer Gruppe sein. Sie können die Zusammensetzung einer Gruppe jederzeit ändern, indem Sie Mitglieder hinzufügen (siehe Übung 7.54) oder Mitglieder löschen (siehe Übung 7.55).

Übung 7.55: Mitglieder aus einer Gruppe löschen

1) Wenn Ihr Adressbuch nicht geöffnet ist, wählen Sie EXTRAS/ADRESSBUCH, um es zu öffnen.

2) Führen Sie einen Doppelklick auf den Namen der gewünschten Kontaktgruppe aus.

3) Klicken Sie auf den Namen der Person, die Sie entfernen möchten, und dann auf LÖSCHEN.

4) Klicken Sie auf OK.

Wenn Sie einen Namen aus einer Gruppe löschen, bleibt er dennoch weiterhin in Ihrem Adressbuch bzw. in jeder anderen Gruppe, in der er Mitglied ist. Wenn Sie jedoch einen Namen in Ihrem Adressbuch löschen (oder ändern), wird dieser Name in jeder Gruppe, in der die Person Mitglied ist, gelöscht (oder geändert).

Glückwunsch! Sie haben die Lektion 7 des ECDL-Moduls Information und Kommunikation beendet.

Ein E-Mail-Kontakt ist eine Person oder Organisation, deren Details (wie Name und E-Mail-Adresse) Sie in einem Adressbuch einer E-Mail-Anwendung gespeichert haben. *Outlook Express* erlaubt Ihnen die Eingabe vieler verschiedener Informationen zu Ihren Kontakten. Es stehen Ihnen dafür sieben Register eines Dialogfelds zur Verfügung.

Das Minimum an Information, das ein Kontakt enthalten muss, sind der Vor- und Zuname und ein angezeigter Name. Vor- und Zuname geben Sie ein, die Anzeige wird dann standardmäßig von *Outlook Express* erstellt. Ein E-Mail-Alias (Rufname) ist eine verkürzte E-Mail-Adresse, die statt der vollständigen E-Mail-Adresse des jeweiligen Kontakts in das Feld *An*: eingegeben werden kann.

Das Adressbuch einer E-Mail-Anwendung speichert Ihre Kontakte, damit Sie einfach und schnell darauf zugreifen können. Sie schreiben Informationen zu Kontakten direkt in Ihr Adressbuch oder Sie übernehmen Kontaktinformationen von eingehenden und ausgehenden Nachrichten in Ihr Adressbuch.

Outlook Express erlaubt es Ihnen auch, Kontaktinformationen zu bearbeiten und Kontakte nach Überschriften wie Nachname und Telefonnummer zu sortieren.

Eine Mailingliste oder auch Kontaktgruppe ist eine Liste von E-Mail-Adressen, die es ermöglicht, allen Personen einer Gruppe in nur einem Arbeitsschritt eine E-Mail zu senden, indem man den Namen der entsprechenden Gruppe ins Feld *An:* in der Nachricht schreibt. Eine Kontaktgruppe kann auch andere Kontaktgruppen enthalten. Die Zusammensetzung einer Kontaktgruppe lässt sich durch Hinzufügen und Löschen von Mitgliedern verändern. Eine Einzelperson kann dabei auch Mitglied in mehr als einer Gruppe sein.

Die Buch-CD

Die Buch-CD enthält einen Diagnosetest, mit dessen Hilfe Sie Ihren Wissensstand überprüfen können. Empfehlenswert ist dies vor Beginn des Unterrichts oder des Selbststudiums und natürlich vor der Prüfung. Als Testergebnis erhalten Sie eine Auswertung der von Ihnen beantworteten Fragen und bei Fehlern oder ungenügenden Antworten auch einen Verweis zu der Lektion im Buch, in der Sie den jeweiligen Stoff nochmals nachlesen und festigen können.

CD installieren/ starten

Die Benutzung der CD ist sehr einfach. Legen Sie sie in Ihr CD-ROM-Laufwerk ein, das Programm startet automatisch. Danach brauchen Sie nur noch den Anweisungen am Bildschirm zu folgen.

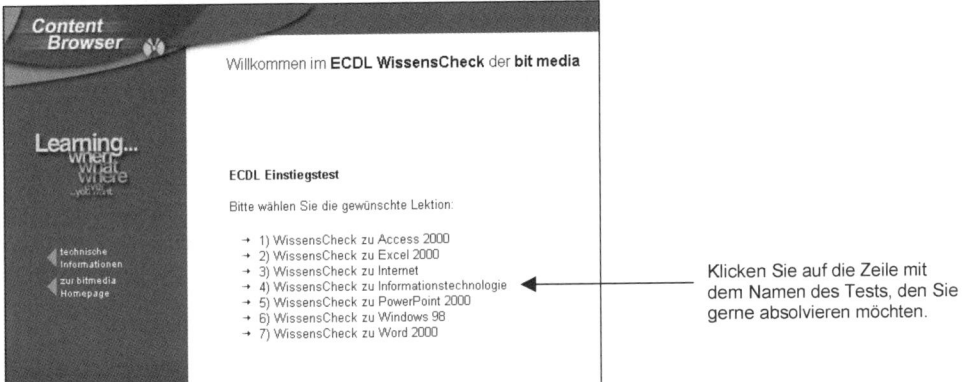

Klicken Sie auf die Zeile mit dem Namen des Tests, den Sie gerne absolvieren möchten.

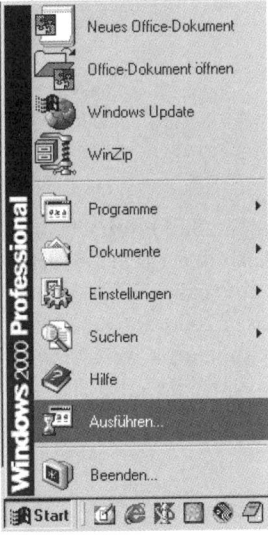

Sollte der automatische Start nicht erfolgen, dann wählen Sie im Windows-Startmenü *Ausführen*, geben *D:start* ein und bestätigen mit *OK*. »D:« entspricht der Bezeichnung des Laufwerks. Dieses kann je nach Rechnerkonfiguration auch einen anderen Namen haben, z. B. *E:* oder *F:*. Ersetzen Sie gegebenenfalls *D:* durch den Buchstaben Ihres CD-ROM-Laufwerks.

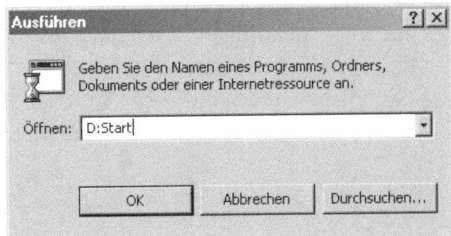

Softwarevoraussetzungen:

Internet Explorer ab Version 4.0 oder Netscape Navigator ab Version 4.0

Hardwarevoraussetzungen:

Jeder handelsübliche PC, der nicht älter als etwa sechs Jahre ist. Wenn Sie es genauer wissen möchten: Pentium mit 64 MB Hauptspeicher, Farbtiefe 16 bit HiColor, mindestens 800x600 SVGA Auflösung, Maus oder kompatibles Zeigegerät, mindestens 8-fach CD-ROM-Laufwerk, Microsoft Windows 95/98/ME/2000/NT 4.0 ab Service Pack 3.

Wenn Sie gar nicht zurecht kommen:

Falls die CD defekt ist oder fehlerhaft arbeitet, können Sie sich gerne mit uns in Verbindung setzen:

Technischer Support

E-Mail: support@bitmedia.cc

Tel.: 0049 (0) 89 5111 59 89

bit media e-Learning solution

Ostdeutscher Weg 46

D-29690 Schwarmstedt

Tel.   +49 (0) 5071/913197

Fax   +49 (0) 5071/913199

http://www.bitmedia.cc/de

E-Mail: officede@bitmedia.cc

Ergänzend zu dem vorliegenden Buch können Sie Ihre Prüfungsvorbereitung auch mit unseren zertifizierten ECDL-Online-Kursen in der Pearson Virtual University kombinieren. Das Kurspaket ECDL besteht aus folgenden Einzelkursen: Access 2000, Excel 2000, Informationstechnologie 2.0, Internet, Power Point 2000 Grundlagen, Windows 98 Grundlagen und Word 2000 Grundlagen. Die Kurse lassen sich sowohl einzeln als auch im Komplettpaket buchen.

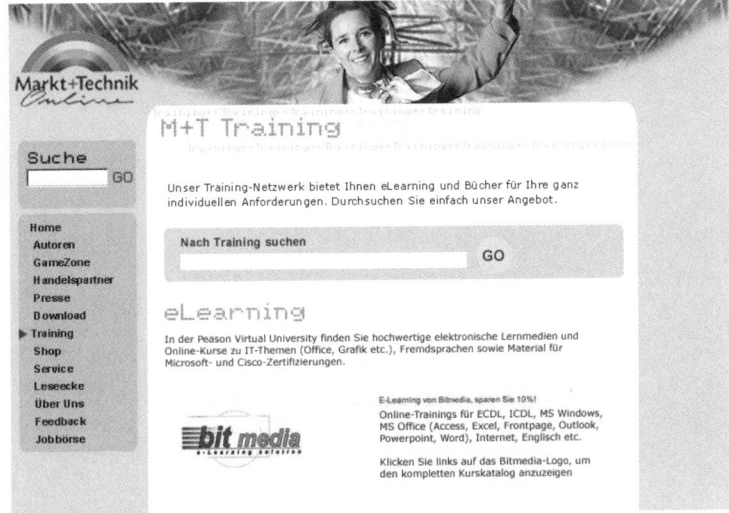

Detaillierte Informationen zum Kurskatalog, zur Registrierung und zum Zugang sowie unsere Angebote zu weiteren Schulungs- und Trainingsunterlagen, z.B. zu MCSE- und Cisco-Zertifizierungen, finden Sie auf unserer Website unter *www.mut.de/training*.

Übungsmaterial zum Download

Zusätzliches Material zum Einüben der gelernten Inhalte und zur Unterrichtsvorbereitung finden Sie auf unserer Website *www.mut.de/books/3827260345*.

Dort steht für Sie bereit:

- pro Modul 50 Fragen und die dazugehörenden Antworten im Stile der Prüfungsfragen (Download kostenpflichtig, 1,50 €)
- pro Modul 3 komplexe Übungsaufgaben mit Ausgangsmaterial und Lösungsvorschlag (Download kostenpflichtig, 1.50 €)
- Stoffverteilungsplan für Trainer und Lehrer
- alle Übungen aus dem Buch als Word-Datei, geeignet zur Weiterverarbeitung für den Unterricht
- die Beispiele aus dem Buch

Index

T

Tabelle *200, 367*
    auswählen *377*
    erstellen *200*
    formatieren *202*
Tabellen-Assistent *377*
Tabellendaten *242*
Tabellenkalkulations-Programm *242*
Tab-getrennt *356*
Tabstop *205*
Tab-Taste *149*
    verwenden *149*
Tabulatoren *205*
Taktfrequenz *25*
Taskleiste *81, 84*
Tastenkombination *123, 162*
Tausender Trennzeichen *322*
Telex *62*
Terminal *31*
    dummes *31*
    intelligentes *31*
Text *144*
    als Blocksatz ausrichten *163*
    ausrichten *162*
    ausschneiden *161*
    auswählen *157*
    bearbeiten *144*
    einfügen *160*
    eingeben *144*
    ersetzen *183, 295*
    formatieren *159*
    kopieren *160*
    links ausrichten *162*
    löschen *575*
    mit Tabulator verschieben *148*
    rechts ausrichten *163*
    suchen *181, 295*
    über mehrere Spalten *328*
    zentriert ausrichten *163*
Text kopieren *559*
Text-Beschriftung *341*
Textfeld *456*
Textkonvertierungs-Assistent *358*
Textrichtung *291*
Tiefgestellt *168*
Tintenpatrone *43*
Tintenstrahldrucker *42*
Titel *419*
Titelleiste *87*

Tonerkartusche *43*
Touchpad *41*
Touchscreen *41*
Trackball *40*
Typenraddrucker *42*

U

Uhrzeit einstellen *129*
Umschalttaste *145*
Universalmaschine *28*
Unterordner
    erstellen *114*
URL *519*

V

VDU *39*
Verarbeitung *29, 32*
Verlauf *542*
Viren *54*
visual display unit *39*
Vorlage *470*
Vorschaufenster *549*

W

Währungssymbol *322*
WAN *58*
Webadresse *519*
    erneut besuchen *540*
    speichern *538*
Webbrowser *484, 509*
Webseite *506*
    drucken *503*
    speichern *507*
Webserver *509*
Website *508*
    besuchen *500*
Web-Suchmaschine *529*
Web-Verzeichnissite *526*
Weiterleitung *573*
Werkzeug
    Ellipse *455*
    Linie und Pfeil *455*
    Rechteck *455*
Wert-Beschriftung *341*
Wide Area Network *59*
Wiederherstellen *150*
    Feld *86*